妖怪文化叢書

妖怪文化の伝統と創造

The Library of YOKAI-Culture Studies

絵巻・草紙からマンガ・ラノベまで

小松和彦 編

KOMATSU Kazuhiko

せりか書房

妖怪文化の伝統と創造　目次

【再創造される妖怪】

【妖怪で町おこし】

序

小松和彦

怪異・妖怪文化は、世界に誇るべき日本文化である。私は最近、そのような思いをますます深めている。しかも、この文化は、身分の高い者や金持ちばかりではなく、市井に住む庶民も大いに享受してきたありふれた文化である。その証拠に、私たちの日常生活のなかには、怪異・妖怪文化に由来するたくさんの文物・語彙を容易に見出すことができるはずである。考えようでは、私たちは怪異・妖怪文化にどっぷりと浸かって生活しているのである。

にもかかわらず、いや、だからこそというべきかもしれないが、そうした怪異・妖怪文化に関する本格的な学術研究は、ほとんどなされてこなかった。その種の文化は、迷信であり、子どもだましの文化、娯楽の文化であるので、大学等に属する研究者たちが、大まじめに論じるような対象ではない、と長らくみなされてきたからである。本書所収の山田雄司論文には、関係学会におけるそのあたりの雰囲気がよく伝えられている。

しかし、私たちは、ありふれた文化であるからこそ、そのような怪異・妖怪文化を抜きにしては、日本文化を、できるかぎり全体的に、またできるだけ奥深いところから理解することはできない、と考えるのである。

日本の文化史のなかに、怪異・妖怪文化の役割を位置づけなければならない。そう思った私は、そこで、私と同じような思いや関心を抱く研究者を募って、これまで、科学研究費補助金や所内経費等を得て、国際日本文化研究センター（日文研）において、さまざまな角度から共同研究を重ねるとともに、研究環境の整備に努めてきた。

最初の試みは、日文研の共同研究「日本における怪異・怪談文化の成立と変遷に関する学際的研究」で、このプロジェクトは一九九七年に発足し、三年間の共同討議と一年間の成果編集過程を経て、『日本妖怪学大全』（小松和彦編、二〇〇三年、小学館）を刊行して終了した。

本書のもとになったのは、このプロジェクトの終了後、その後継のプロジェクトとして五年後に組織されたもので、伝統ばかりでなく創造の面も十分に考慮しようということで、「怪異・妖怪文化の伝統と創造」と銘打つことにした。これは、平成一八年四月〜平成二二年三月までの四年間かけて行われた。

二つのプロジェクトの間には五年もの間隔が置かれているが、共同研究が中断していたわけではない。同研究に参加した研究者たちの支援をえて、別のプロジェクトを発足させ、進行させていた。それは科学研究費補助金による二度にわたるプロジェクトで、共同研究会を行なうとともに、怪異・妖怪文化関係の資料収集、そしてデータベースの制作にも取り組んだ。

その研究成果は、とりあえず『妖怪文化研究の最前線』（小松和彦、二〇〇九年、せりか書房）として刊行するとともに、データベースは「怪異・妖怪伝承データベース」と「怪異・妖怪画像データベース」を作成した。とくにデータベースは、一般にも公開したところ、予想をはるかに越えるアクセスを得ている。すなわち、本書のもとになったプロジェクトは、こうした日文研における一連の共同研究の延長上に組織されたものであったわけである。

自画自賛になるが、こうしたいくつかの共同研究を媒介にして、共同研究参加者によって本格的な怪異・妖怪文化関係の研究書も生み出され、その結果、怪異・妖怪文化研究は、人文・社会科学系の諸分野の一角を占めることが容認されつつあるかに思われる。こうした研究が、ブーム的なものとして終わることなく、定着していくためには、若手の研究者が次々に途切れることなく輩出してくることが望ましいわけであるが、本書の執筆陣をご覧いただくとわかるように、若手研究者の台頭は著しいものがあり、しかも熱のこもった力作揃いである。

本書に寄せられた論文は二九本もの多数に及び、しかも目次を一瞥しただけでもわかるように、研究素材やテーマも多岐にわたっており、したがって、とても一つひとつにコメントを付してゆくことはできないのだが、収録諸論文を読みながら、気がついた点をいくつか指摘しておこう。

第一に指摘したいのは、近世の怪異・妖怪文化に関する研究が急速に深化していることである。高田衛氏や近藤瑞木氏、今井秀和氏、佐藤至子氏、木場貴俊氏たちは、近世の庶民文化としての怪異・妖怪文化の細部へと下降して行っているようである。その成果の一つとして、たとえば、佐藤至子氏の『妖術使いの物語』(二〇〇九年、国書刊行会)を挙げることができるだろう。人口に膾炙している、妖術使いが蝦蟇の上に乗り、巻物を口にくわえて祈る、という構図の起源も、この本で詳しく説き明かされている。本書に寄せられた論文もその延長上にあるものである。

第二に指摘したいのは、画像を使用した研究が急速に進展していることである。一〇年前までは、絵巻や錦絵などを全画面、カラーで見ることは容易ではなかった。したがって、その種の研究は、したくてもなかなかできなかったのであるが、IT機器の発達と情報公開の浸透によって、近年では、それがかなり容易になってきた。徳田和夫氏や桑野あさひ氏、今井氏、木場氏、そして私の論文も、そうした状況の変化がもたらした研究成果とも言える。今後、ますますこうした方向での研究が増えるものと思われる。その点からも、『別冊太陽　妖怪絵巻』のような大型本として、怪異・妖怪関係の資料を見ることができるようになってきたのは、喜ばしいことである。

第三点は、近代から現代に至る素材の発掘や研究も活性化しつつあることである。怪異・妖怪文化研究では、近代の研究が大幅に遅れていたのであるが、本書では、湯本豪一氏や横山泰子氏、齊藤純氏、志村三代子氏らが、このテーマに取り組んでおり、さらに、松村薫子氏や安井眞奈美氏は、文化遺産としての妖怪の町おこしのための活用や教育のための活用・妖怪創造にまで研究の手を伸ばしている。今後は、こうした、現代文化としての怪異・妖怪文化の研究も増えてくるのであろう。

このように、怪異・妖怪文化研究の領野は、着実に広がり、また深化しているのだが、気になるのは、そのいっぽう、細分化が進み、それらの研究の全体を見渡す視点が見えにくくなる怖れも生じてきており、その結果、私は、根本的な問題を議論する機会が少なくなるのではないかと危惧もしている。怪異・妖怪文化研究は、人間文化研究でもあり、日本文化研究や日本文化史研究の一環なのだという大きな枠組みをますます意識しなければならないのではなかろうか。

その点からいっても、しっかり受け止めなければならないと思ったのは、横山泰子氏の問題提起である。横山氏は、昔話のアマノジャクが絵本になる過程で、アマノジャクのイメージが再話作家・絵本作家によってかなり自由に創造されていることを取り上げ、「妖怪はみんなが知っていて、誰のものでもない」ものを、勝手に作り変えてよいのか、という批判にどのように対処すべきか、という問題を提起している。同様の問題を、数年前、日本口承文芸学会での講演で、天人女房譚の絵本化を素材に、私も提起したことがある。口承文芸学会では、なんとなく絵本は口承文芸の外にある素材なので関係ないといった反応だったのであるが、今後、どこかできちんと議論すべきであろう。

日本の怪異・妖怪文化については、日本のコミックやアニメが欧米で人気があることと関連して、外国の日本研究者も本格的な研究を始めているようである。本書に寄稿されている論文でいえば、韓国の金容儀氏の日韓の道具の妖怪の比較研究などは、その一例である。鳥山石燕『画図百鬼夜行』のような基礎資料の英訳作業も行われている。したがって、私たちは、国内ばかりでなく、国外の研究者による怪異・妖怪文化研究の状況にも、そろそろ本腰を入れて気を配る必要が出てきている。そこには、外国人ならではの視点からの分析があり、きっと私たちの研究に大いに参考になるはずである。その意味からも、戦前にドイツで刊行された『日本妖怪書』を素材にしながら、ドイツにおける日本妖怪画への関心の動向を扱った安松みゆき氏の論文も興味深い。

本書のもととなった共同研究「怪異・妖怪文化の伝統と創造」は、本書の刊行で一区切りしたわけであるが、ここに集った研究者の研究意欲はますます燃え上がっている。このため、これを引き継ぐかたちの共同研究が間もなく開始される。したがって、当分の間は、怪異・妖怪文化研究の裾野はなお拡がり、いっそう豊かな稔りがもたらされるものと大いに期待されるのである。

Ⅰ　伝統／近世

【造形化・図像】

〈さまざまな怖ろしげなるものたち〉の図像化をめぐって

小松和彦

はじめに

「鬼」という言葉を聞いたならば、どのようなイメージを抱くだろうか。おそらく、①頭には角をもち、②口からは牙がのぞき、③手には金棒をもった、④虎の皮のふんどしを締めただけのほとんど裸同然の、そして⑤赤とか黒、青といった原色の肌をした、⑥筋骨たくましい、⑦人間に似た生き物、を思い浮かべるのではなかろうか。子どもたちが楽しむ絵本などに登場する鬼たちは、ほぼ間違いなく、こうしたイメージにそって描かれている。いいかえれば、現代の日本人は、幼いころから、こうした鬼のイメージを絵本や漫画などを通じて刷り込まれて育つわけであるから、上述のようなイメージを思い描くのは当然のことなのである。

しかしながら、鬼の歴史をさぐってみると、鬼のイメージは最初から上述のように語られていたわけではなく、まことに多様な姿かたちをとっていたことがわかる。たとえば、鬼が跳梁した平安時代末期の説話集である『今昔物語集』（巻一四の第四二）は、「尊勝陀羅尼の験力で鬼の難を遁るるものがたり」と題され、西三条右大臣（藤原良相）の若君が、両親の夜間外出厳禁の言い付けを破って、こっそり女のもとに忍んで行く途中、異形の者に遭遇するが、お守りの尊勝陀羅尼のお陰で難を逃れたという話であるが、そこには「さまざまの怖ろしげなる形なり。これを見て鬼なりけり」、と記されている。ここで述べられている「鬼」は、さまざまな怖ろしい姿かたちをした者であって、上述のような鬼が含まれていたとしても、それに限定されるわけではなさそうなのである。

では、当時の人々は、こうした「さまざまの怖ろしげなる形」をどのように理解していたのだろうか。どのようにイメージしていたのだろうか。私は『百鬼夜行絵巻の謎』等において、こうした問題について簡単に議論してきた。この小論の目的は、そこでの議論を、事例の細部に目を向けつつ、改めて検討することにある。

一　説話に描かれた〈さまざまな怖ろしげなるものたち〉

まず、説話のなかの文字での描写を探ってみよう。たとえば、右の事例を語り直した『古本説話集』（下の第五二）「西三条殿の若君、百鬼夜行に遇ふ事」では、次のように表現されている。「手三つ附きて足一つ附きたる者あり。目一つ附きたる者あり」。ここでは、身体上の異形さが強調されているようである。

また、同じ『今昔物語集』（巻一三の第一）「修行僧義睿、大峯の持経仙にあうものがたり」と題された話も参考になる。この話は、回国の修行僧である義睿が、熊野の大峯山の奥に分け入った先で、法華経を信仰する老僧の庵に行き当たり、一夜の宿を乞う話であって、この老僧には身辺を給仕する護法童子が従っていることや、その験力は水瓶を飛ばして道案内をさせたほどであった、といった神秘的な事柄が語られているわけであるが、その中心となるのが、夜になって「かすかに風が吹き、戸の隙間から覗き見ると、さまざまな異類の形をした多くの鬼神が来た。ある者は馬の頭、ある者は牛の頭、あるいはまたある者は鳥の首、あるいは鹿の形をしている。このような姿かたちをした多くの鬼神がそれぞれ香花や供物を捧げてやってきて、庵の前の庭に高棚をこしらえて、そこに置いて、礼拝・合掌して立ち去っていった」というエピソードである。

ここで語られている「さまざまの異類の形の鬼神ども」という表現は、西三条右大臣の若君が遭遇した異形の者たちについての「さまざまの怖ろしげなる形なり。これを見て鬼なりけり」という表現と一致する。したがって、若君が遭遇した鬼たちは、手が三つで足が一つの者や、目が一つの者、目が三つの者、馬の頭をした者、牛の頭をした者、あるい鳥の首の頭をした者、鹿の形をした者など多様な姿かたちをしていた、ということが推測できるだろう。

さらに、これを補足する事例として、『宇治拾遺物語』（巻一の三）「鬼に瘤とらるる事」のなかの「おおかた、やうやう、さまざまなるものども、あかきいろには青き物をき、くろきいろには赤き物をたふさぎにかき、大かた、目一つある者あり、口なき者など、いかにも言ふべきにもあらぬ者ども、百人ばかりひしめきあつまり……」や、同じく『宇治拾遺物語』（巻一の一七）「修行者、百鬼夜行にあふ事」の「百人ばかり、此堂の内に来集ひたり。ちかくて見れば、目一つつきたりなどさまざまなり。人にもあらず、あさましき物どもなりけり。あるひは角おひたり。頭もえもいはずおそろしげなる者ども也」などといった描写も挙げることができるだろう。すなわち、上述の姿かたちに、さらに肌の色が赤や黒の者、角を生やした者なども、付け加えられるわけである。

しかも、こうした群れをなして夜に出没する「さまざまの鬼」は、「百人ばかり」と表現されていることからもわかるように、「百鬼夜行」とも呼ばれていた。もっとも、この「百」は、いつも百人の鬼の群れということではなく、ひしめくほど多くの、しかも多様な姿かたちの鬼たちというふうに理解すべきであり、またその出没場所は、都の大路だけでなく、上述のいわゆる「瘤取りの翁」の事例が物語るように、山奥でも群れをなして出没したのであった。

二　現代人が抱く鬼のイメージを離れて考える

さて、群れをなして出没する鬼たち、つまり「百鬼夜行」の姿かたちの多様さを確認したわけであるが、このような指摘はなにも私が最初ではなく、伊藤昌弘や黒田日出男などによってすでに指摘されていることである。私がこれから検討してみたいのは、上述のような文字で描写された〈さまざまな怖ろしげなるものたち〉を、絵画によって表現したならばどのように描かれたのだろうか、ということにある。視覚を重視する現代人にとって、その点こそがもっとも関心をそそるところではなかろうか。

鬼を絵画化した作品は多い。したがって、そうした画像を探し出し、それらを集積することで、〈さまざまな怖ろしげなるものたち〉の姿かたちが具体的に浮かび上がってくるはずである。

たしかにそのとおりなのだが、しかしながら、そもそもの出発点となる「鬼」をどのように規定するかによって、探し出すべき「鬼」が異なってくる。もっとはっきりいえば、規定が異なれば、鬼の一部しかすくい上げることができないのではなかろうか。

たとえば、すでに黒田日出男は「絵巻のなかの鬼」という論文によって、こうした問題に挑戦している。しかしながら、黒田のイメージする鬼は、その論文で上述のような〈さまざまな怖ろしげなるものたち〉つまり「百鬼夜行」に言及・吟味していながらも、絵巻のなかに鬼を探すときには、冒頭で述べたような、現代人が幼いことから刷り込まれてきた画一化した鬼のイメージに捉えられているためであろう、知らず知らずのうちに、その種の鬼、すなわち現代の日本人がそれを見たらすぐに鬼だとわかるような鬼を拾い出すに留まっている。すなわち、彼が取り上げたのは、『北野天神縁起絵巻』のなかの地獄図に描かれた地獄の獄卒としての鬼、『餓鬼草子』

の餓鬼＝疫病神としての鬼、『吉備大臣入唐絵詞』のなかの阿部仲麻呂の亡霊としての鬼、『長谷雄草紙』の朱雀門の楼門の上で長谷雄と双六の勝負をする鬼などである。

このような鬼は、現代の日本人に浸透している典型的な鬼であるので、見た目にもすぐに鬼とわかり、議論もしやすい。しかしながら、どう考えても、そうした鬼は、上述の〈さまざまな怖ろしげなるものたち〉としての鬼たちとはかなり異なっていると言わざるをえない。したがって、私たちが平安時代末期から鎌倉時代あたりの時代に考えられていた百鬼の絵画イメージを探し出すためには、現代の鬼の絵画イメージを括弧にくくって、その当時のイメージをそのまま表現したと思われる異形の者たちの絵像を探さねばならないのである。

当然のことながら、そうした絵像は、今日の日本人がその絵像を見てもにわかには鬼と判断できないような姿かたちをしている可能性が高い。たとえば、「手が三つで足が一つの者」の絵画化したイメージを想像していただきたい。はたして現代人がそれを見てすぐに「これは鬼だ」と判断できるだろうか。鳥の頭をした者を「これも鬼だ」と判断できるだろうか。おそらくは、「これは化け物だ、妖怪だ」と判断するのではなかろうか。

黒田日出男の論文について批判めいた言葉を述べたが、じつは私自身も、絵巻などに鬼の絵像を探すさいに、ついつい現代人が抱く鬼のイメージを手がかりにして絵像を探してきたようである。たとえば、鬼といえば、絵巻にその物語が描かれている、大江山の「酒呑童子」や鈴鹿山の「大嶽丸」が有名であるために、こうした鬼に焦点を合わせて鬼を論じてきたのである。しかしながら、自分自身への反省を込めて言うならば、上述のように、平安時代から鎌倉時代の鬼イメージの形成期の鬼の絵像探しは、もはや現代人からみれば鬼とはみなされないような「鬼」探しなのだ、ということである。いいかえれば、これから試みる〈さまざまな怖ろしげなるものたち〉の絵像探しは、「百鬼夜行」の絵画表現探しであるとともに、現代人にとっての「妖怪・化け物」の絵像上の先祖探しでもあるわけである。

図1　『不動利益縁起絵巻』（東京国立博物館蔵）

三　〈さまざまな怖ろしげなるものたち〉の絵像を探る

　さて、こうしたことを十分に肝に銘じて、中世の絵巻やそれから時代がやや下った絵巻を順次繰り直してゆくと、いくつかの絵巻のなかに、百鬼夜行を描くことが目的ではないにもかかわらず、話の流れの必要上から〈さまざまな怖ろしげなるものたち〉を絵画化することになったのではないか、と思われる場面を見出すことができる。

　その一つは、『不動利益縁起絵巻』（東京国立博物館蔵、鎌倉時代）の一場面（図1）に描かれた「異形な者＝疫病神」である。この場面自体はそれほど珍しいものではない。「安倍晴明」と彼が操る「式神」が描かれているということで、拙著『憑霊信仰論』において取り上げて以来、あちらこちらで紹介されてきた場面である。今回この場面を取り上げたのは、安倍晴明が描かれているということではなく、

図2

図3

図4

図5

従来では、晴明の祈祷――師の智興の命を救うために、弟子の証空が身代わりとなるための祈祷――によって調伏される「疫病神」として説明されてきた、右手側の晴明と祭壇を挟んで向かい合っている左手側の異形の者たちが、上述の「百鬼夜行」を絵画化したものではなかろうか、と思われるからである。

描かれている疫病神は五人、いずれも個性豊かな異形の者たちである。順に見ていこう。右端の疫病神は、拡大して見るとよくわかるが、「五徳」（鉄輪）を頭にした妖怪で、身体は獣画を思わせる。「五徳」を逆さにして、その三本の足を角もしくは髪に見立てており、その下に造形された顔は異形ではあるが、なんとなくユーモラスである（図2）。その左隣は、明らかに「角だらい」を立てて頭にした妖怪で、やはり獣を思わせる身体を持っている。角だらいの底に目鼻口を付けた顔も、やはり滑稽である（図3）。これに対して、残りの三体は無気味な感じの妖怪で、中央、角だらいの左脇の妖怪は、大きな口を開き、細長い頭にはたくさんの目が付いている。よく見ると、鼻の上の目は三つあり、その上に両眼と両眉のセットが三セット重ねることで造形されている。身体は豹の皮を思わせる斑模様である（図4）。その隣、絵では下方の妖怪は、顔は年配の人間に似ているが、手の様子は四つ足の動物を思わせる。身体は長頭多眼の妖怪のそれとそっくりである（図5）。その右脇、一番下の妖怪は長いくちばしを持ち、腰から下の身体は明らかに鳥の羽を思わせるので、鳥の妖怪のようである（図6）。この鳥の妖怪は、上述の〈さ

図6

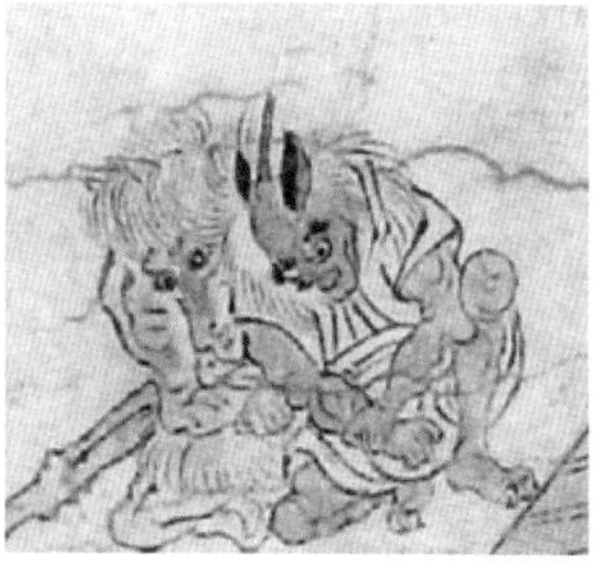

図8

図7

まざまな怖ろしげなるものたち〉のうちの「鳥の首の鬼」に対応するような絵ではなかろうか。

ところで、この絵巻には、これまであまり注目されてこなかったが、別の場面にも、〈さまざまな怖ろしげなるものたち〉の仲間と思われる異形の者たちが描かれている。それは、智興の身代わりとなった証空の、そのまた身代わりとなった不動明王が、閻魔宮に捕縛・連行されていく場面に登場する。不動明王を閻魔宮に連行していくのは、閻魔王の家来たちであるから、地獄の獄卒＝鬼たちともいいかえることができるだろう（図7、図8）。そのような家来がここに描かれているわけであるが、その姿は、馬の面をした異形の者と牛の面をした異形の者である。この牛頭・馬頭の者は、おそらく上述の説話で語られていた「ある者は馬の頭、ある者は牛の頭の鬼」を絵画化したものに相当すると思われる。つまり、回国修行僧の義睿が大峯山の奥で目撃した、「さまざまの異類の形をした鬼神ども」（百鬼夜行）を絵画化して示すならば、当時の人々は、右で見た『不動利益縁起絵巻』に描かれていた異形の者たちとして描くのではなかろうか。

図9　『融通念仏縁起絵巻』（クリーブランド美術館蔵）

四　「百鬼夜行」の絵画表現

もちろん、こうしたイメージは、〈さまざまな怖ろしげなるものたち〉の一部でしかないだろう。もっと多様な異形な者たちで構成されていたはずである。そう思って、当時の絵巻を探ってゆくと、そのことを如実に物語る画像に出会うことができた。『融通念仏縁起絵巻』（クリーブランド美術館蔵、鎌倉時代）の「正嘉疫癘の段」の一場面に描かれた「群集する疫病神」（図9）たちである。私が都の大路や平野の街道などを群行する「百鬼夜行」を描いた最古の絵ではなかろうかと推測しているものである。この場面の背景を説明しよう。

武蔵国与野郷の名主の家で、疫病から逃れるために融通念仏宗の信者が集まって念仏を唱えていた。そのとき、名主の夢に、大勢の異形の者たちが、群れをなして名主の門前に押しかけ、門内に乱入しようとしていた。驚いた名主が、疫病神たちに念仏勧進の次第を説明すると、疫病神たちも、名主が差し出した名帳（結衆交名帳）に次々に名前を記入し、随喜の思いで結縁に加わったのであった。

『融通念仏縁起絵巻』には多くの伝本があるが、伝本によってこの場面で描かれる「疫病神」（百鬼夜行）たちの数は異なっている。私が知る限りでは「疫病神」をもっとも多く描いているのは、伝本中でも最古とされるこのクリーブランド美術館蔵のものであろう。群集する異形の者たちは総勢一九人。名主の面前にいる鬼は、差し出された名帳に自分の名前を記入している。残念ながら、これらの鬼がなんという名前の鬼なのかまではわからない。絵師は、この場面を描くために先行の説話のなかの〈さまざまな怖ろしげなるものたち〉を想起したり、あるいはその絵画化されたものを参照したり、あるいはまた自らの想像力を駆使して、これら一九人の疫病神を描いたに違いない。

これら一九人の異形の者たちすべての顔を、顔写真風に拡大して抜き出してみた（図10〜図28）。一瞥すればわかるように、まったく同じ顔の鬼がいない。明らかに絵師はさまざまな「百鬼」を描こうとしていたのである。ここに描かれた鬼たちは、現代人がこれは鬼だと判断できるような者も混じっているが、単体で示されたならば、鬼とは言い難く、化け物・妖怪と表現してしまうだろう鬼たちもたくさんいる。これが当時の鬼たちの姿かたちだったのである。

これらの鬼たちには、それぞれ由緒・出自があったであろうが、残念ながら、私には判断できない。しかしながら、若干の目立った特徴を述べることはできそうである。これらの鬼たちは、おおむね髪を逆立たせている。この逆立つ髪が、鬼であり、また怨霊でもあることを物語っているようである。三つ目の鬼が二人と、多眼の鬼が一人いるので、鬼は目に特徴があったこともわかる。鳥のような鬼もいるし、牛や豚を思わせる者もいる。また、頭に動物の骸骨を乗せている者がいるが、これはおそらく骸骨となったこの動物の怨霊が鬼となっただろう。さらに、ここには、『不動利益縁起絵巻』のなかにいた「五徳の鬼」と「角だらいの鬼」も見出すことができる。これは五

図12

図11

図10

図16

図13

図14

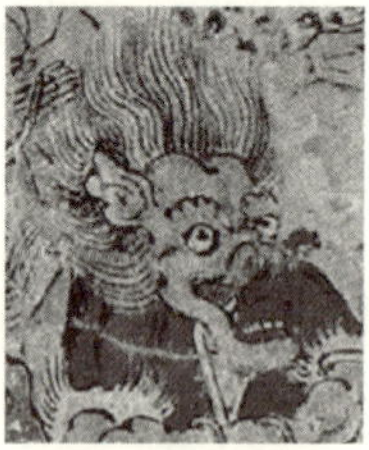

図15

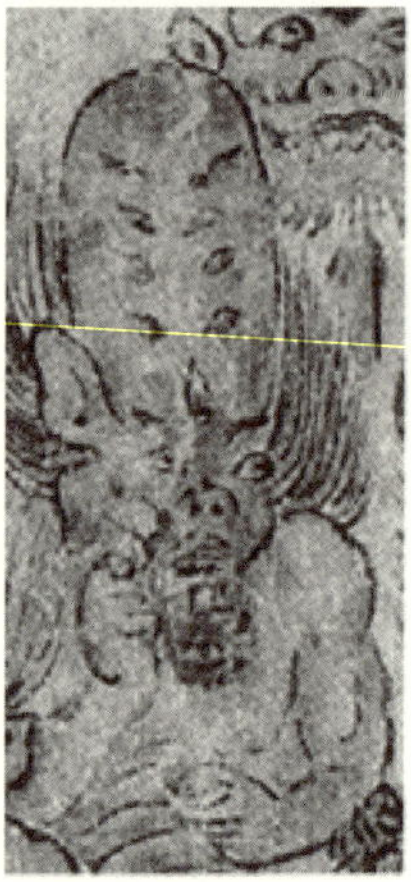

図19

図18

図17

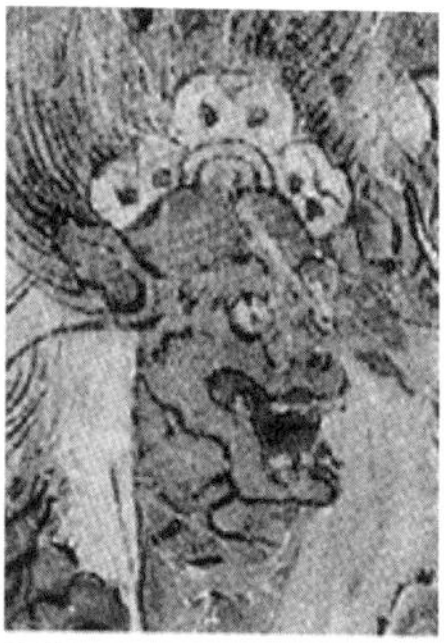
図 20

図 21

図 22

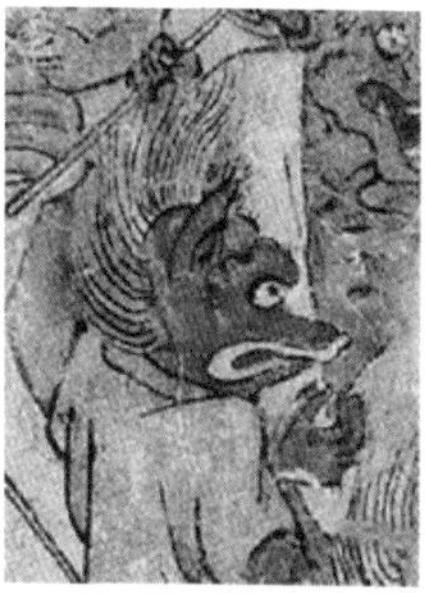
図 23

図 24

図 25

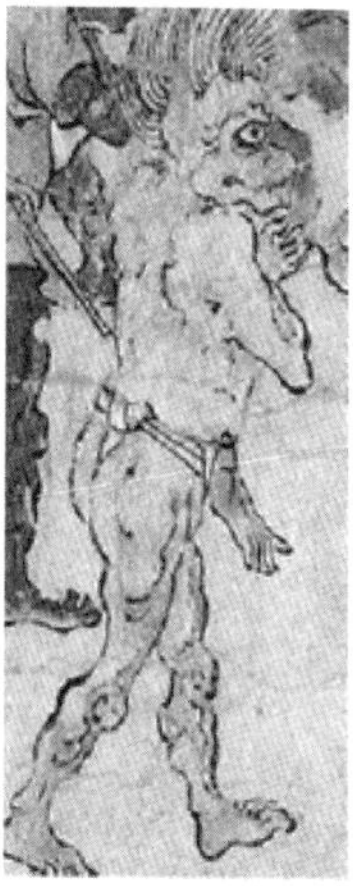
図 26

図 27

図 28

図29

図30

徳や角だらいが鬼化＝怨霊化したものであろう。のちに「つくも神」と総称される道具系の妖怪の先祖である。

じつは、これらの鬼たちのなかで、気になるのが、群れの左下方の描かれている「紙製の御幣をもった二人の鬼」（図27、図28）である。御幣とは布や紙で作られた祭祀の道具であって、神の依代とか、鬼を追い払うための道具として使われたりした。

これに関連すると思われるのが、『不動利益縁起絵巻』や『泣不動縁起絵巻』（清浄華院蔵）のなかに描かれた、安倍晴明に従う「式神」である。

式神は陰陽師の呪力で使役される鬼神の一種で、その姿かたちは百鬼夜行のたぐいなのだが、人間に災いをなす疫病神＝鬼神のたぐいを追い払うために活動する。図29や図30の式神の絵をご覧いただくとわかるように、御幣をもち、疫病神（疫鬼）をそれで追い払っている。したがって、ここに描かれた御幣をもつ鬼も、仏法の力で駆使されている「式神」や「護法」に相当する者かもしれない。とくに下方左端（図28）の、御幣を振り回して駆けつけている鬼は、式神を思わせるのだが、いかがなものだろうか。今後も検討を重ねる必要がありそうである。

さて、こうした多様な鬼が存在していたことがわかってくると、今日の鬼は、そうした鬼のうちの一部、つまり、角を持った異形な者に限定されていることもわかってくる。すなわち、「角を持たない鬼」は、鬼の仲間から次第に排除され、「化け物」と称されるようになっていったのである。今日でいう「化け物」と総称される異形の者たちを意味する語であった「鬼」が、「化け物」にその総称としての役目を奪われてしまったわけである。

中世の鬼という語は、「化け物・妖怪」の総称であって、その姿かたち、その由緒・出自も多様であったということを確認することは、とても有意義である。というのは、当時の文献に登場する鬼を、そうした脈絡で考え直す必要を迫るからである。たとえば、当時の文献のなかに「鬼」という文字が出てきたときに、私たちはついつい「角を持った筋骨逞しい異形の者」をイメージしてしまうのだが、その文献の記述者はじつは「多眼の鬼」をイメージしていたかもしれないし、「角だらいの鬼」をイメージしていたかもしれないからである。

五　『大江山絵詞』のなかの〈さまざまな鬼たち〉

鎌倉時代に製作された『不動利益縁起絵巻』や『融通念仏縁起絵巻』では、〈さまざまな怖ろしげなるものたち〉は、物語の展開上、たまたま描かれることになったものである。ところが、中世のなかごろの南北朝時代前後から、そうした鬼たちの集団を武将たちが退治するという絵物語が生み出されるようになる。それが『大江山絵巻』(『酒呑童子絵巻』)や『土蜘蛛草紙絵巻』などの絵巻である。しかも、そのような鬼集団の頭目や主立った家来には名前が与えられ、鬼の代名詞として、アンチ・ヒーローとして、広く人々に知られるようになっていった。その代表が大江山に根拠を置いていたという「酒呑童子」であり、鈴鹿山に住んでいた「大嶽丸」であった。すなわち、鬼といえば酒呑童子や大嶽丸をイメージするようになっていったのである。

こうした絵巻の登場は、鬼の歴史に照らしてみたとき、古代から成長してきた鬼伝承・鬼信仰の頂点を物語っているようである。というのは、この時代あたりから鬼のイメージは、「角を持った筋骨たくましい異形の

図31

図32

者」へとイメージが固定化し始めたからである。こうした鬼のイメージの固定化は、すでに見たように、逆にいえば、さまざまな怖ろしげなるものたちの宗旨替え、つまり「鬼」から「化け物」へと代わっていくことを意味した。

大江山の酒呑童子と称する鬼を頭目にいただく鬼の集団は、見方を変えれば『融通念仏縁起絵巻』の群れをなす鬼の一団を主人公にした物語であるというふうにも理解できる。酒呑童子の手下たちは群れをなして都に出没し、人をさらって食べていたのであるから、その活動はまさに「百鬼夜行」そのものであったと言えるだろう。

もしそうだとすれば、私たちが探し求めている〈さまざまな怖ろしげなるものたち〉は、鬼の頭目だけではなく、その家来たちの鬼たちでもある、ということになる。ところが、これまでの私たちの関心は酒呑童子に注がれて、ほとんどその家来の姿かたちにまで説き及ぶことがなかった。名もないその他大勢の家来の鬼として片づけられていたのであった。

しかしながら、〈さまざまな怖ろしげなるものたち〉としての「百鬼夜行たち」という観点から、こうしたその他大勢の家来の鬼を眺めてみると、意外な発見があることがわかる。というのも、たとえば、最古の伝本であるとされる逸翁美術館蔵の『大江山絵詞』を見ると、彼らの姿かたちは、明らかに、それ以前の絵巻などに描かれていた「百鬼夜行たち」の流れを汲んでいることがわかるからである。

この絵巻は、大江山の奥にある鬼の城が主な舞台であるために、絵巻の随所に家来の鬼たちが描かれている。図31や図32には、絵巻に描かれた家来の鬼たちが、控えの間で、ゴロ寝したり、おしゃべりをしているらしい様子が描かれている。これらの鬼たちの顔を顔写真風に列挙してみたものが三〇頁の一覧である（図33〜43）。

ここには、多様な鬼が描かれており、なかには三つ目の鬼や馬面の鬼もいる。しかもそのほとんどの鬼に角がない。もっとも、明らかに道具の鬼や鳥の鬼あるいは長頭多眼の鬼の姿は見えない。ここには、〈さまざまな怖ろしげなるものたち〉の伝統を継承しつつも、鬼のイメージが固定化の方向に向かっていることが示唆されているようである。

図 33

図 34

図 35

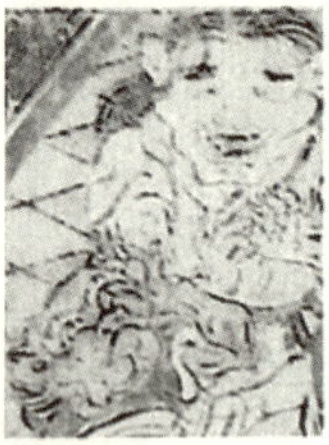
図 36

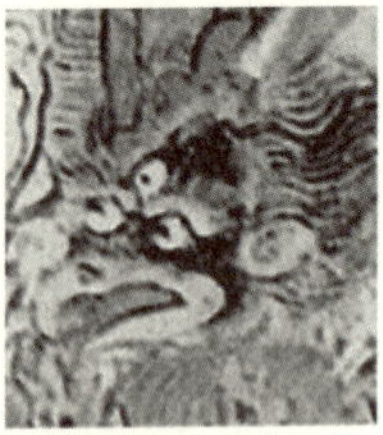
図 37

図 38

図 39

図 40

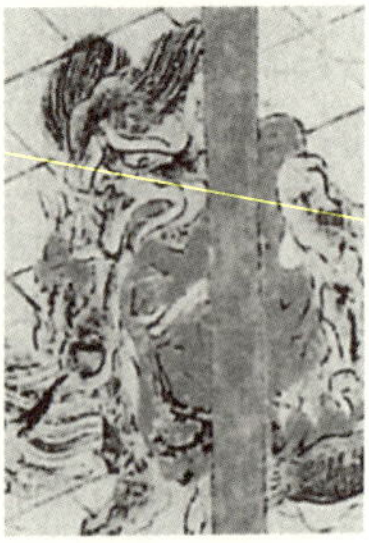
図 41

図 42

図 43

「大江山（酒呑童子）絵巻」はその後もたくさんの模本・転写本が制作された。しかし、これらの模本絵巻に描かれた家来の鬼の姿かたちは、〈さまざまな怖ろしげなるものたち〉の伝統を留めつつも、時代が下るにつれてさらにいっそう多様性が失われて、角を持った筋骨たくましい異形の者たちが増加してゆく傾向が見られる。

それにしても妖怪研究にたずさわりながら、うかつだったのは、こうした著名な絵巻にも、古代末から中世に形成された〈さまざまな怖ろしげなるものたち〉として「百鬼夜行たち」が描かれていたにもかかわらず、そのことに注意を払わずに見過ごしてきたことである。この絵巻の伝本は近世になってもなお描かれ続けたのであるから、その系譜と変容の過程をきちんとたどるべきだったと思う。私たちは、現代広く世間に浸透している「鬼は角がなければならない」という固定観にとらわれて、多様な鬼の歴史を見逃して来たようである。

六　「百鬼夜行絵巻」の誕生をめぐって

さて、この小論を締めくくるにあたって、室町時代に登場した「百鬼夜行絵巻」について、少し議論を進めておこう。これまでの考察から、「百鬼夜行」とは群れをなして出没する〈さまざまな怖ろしげなるものたち〉のことであった。また、そうした「百鬼夜行」は、都などでは大路に出没することになるが、その出没場所は必ずしも大路に限られていたわけではなく、山の中であれ、屋敷であれ、どこにでも出没する可能性があった。

私は、ここではそれをとりあえず「大路出没タイプ」「山中出没タイプ」「屋敷出没タイプ」の三つに分けることにする。

「大路出没タイプ」の百鬼夜行たちは、本稿の冒頭で紹介した『今昔物語集』（巻一四第四二）「尊勝陀羅尼の験力で鬼に難を遁ること」の事例などを挙げることができるだろう。

また「山中出没タイプ」の百鬼夜行の事例としては、『宇治拾遺物語』（巻一の三）「鬼に瘤とらるる事」を挙げることができる。

そして、「屋敷出没タイプ」の百鬼夜行の事例としては、『宇治拾遺物語』（巻一の一七）「修行者百鬼夜行にあふ事」などもこれに相当するが、もっとも典型的な事例としては『今昔物語集』（巻第二七の三一）「三善清行宰相家渡りのものがたり」を挙げることができるだろう。

「三善清行宰相家渡りのものがたり」は、化け物が出るということで売れないでいた家を、陰陽道の知識にも明るい三善清行が安く買って引っ越したところ、その晩、化け物が次々に出没する、という話である。まず、天井の組み入れ格子ごとに人の顔が出るが、清行が少しも騒がずにいると、今度は南の庇の板敷に、丈が一尺ほどの馬に乗った者たちが四五十人が西から東へ移動する。さらに、塗籠から丈が三尺ほどの異様な服を着た色気漂う女が顔を扇子で隠して出現する。最後に、庭から翁が現れ、平伏して、ここに住む者だ、といい、苦情を述べて、一族の者を引き連れて退去する。作者はこの〈さまざまな怖ろしげなるものたち〉を「鬼」と述べている。ほぼ間違いなく、当時の考えでは「百鬼夜行」である。

さて、こうした三つのタイプの百鬼夜行出没の物語は、文字で読んでも面白いが、それを絵巻に仕立て直したらさらに面白いものになるのではなかろうか。もしそのような絵巻があれば、それは上述の分類にしたがって「大路出没タイプの百鬼夜行出没絵巻」「山中出没タイプの百鬼夜行出没絵巻」「屋敷出現タイプの百鬼夜行出没絵巻」ということになるはずである。室町時代の作とされている『付喪神絵巻』（崇福寺蔵）は「大路出没タイプの百鬼夜行出没譚」の影響を受けて制作された絵巻であり、南北朝期の作とされる『土蜘蛛草紙絵巻』は、「屋敷出没タイプの百鬼夜行出没譚」の影響を受けて制作された絵巻であろう。そして、右の二つの絵巻ほど直裁ではないが、上述の『大江山絵詞』は「山中出没タイプの百鬼夜行出没絵巻」と言いうるものである。そして、この種のタイプの物語絵巻はいずれも、その後も連綿と描かれ続けているのである。

明らかに、こうした絵巻群は、〈さまざまな怖ろしげなるものたち〉を描いた絵巻であり、古代末から中世に流布した「百鬼夜行」の系譜を引いているという意味で、〈百鬼夜行絵巻〉といいうるはずである。

しかしながら、そうはならなかった。「百鬼夜行」という語はそのような意味で定着・継承されていかなかったのである。というのも、すでに述べたように「鬼」のイメージがしだいに限定・固定化するにつれて、多くの〈さまざまな怖ろしげなるものたち〉が「鬼」のカテゴリーから除外され、「化け物」としてカテゴリー化されるようになり、排除された鬼たちを描いた絵像は「化け物絵」となり、そうした鬼を登場させた絵巻は〈化け物絵巻〉と呼ばれることが多くなっていったからである。すなわち、鎌倉時代の者が見れば「百鬼夜行」と認識されるであろう異形の者たちは、室町時代以降はしだいに「化け物」と認識されるようになっていったのである。

したがって、これまでの議論にしたがって見ると、「百鬼夜行」（群れをなしている鬼たち）のたぐいが描かれた絵巻は、〈百鬼夜行絵巻〉と総称することができるものであり、また〈化け物絵巻〉とも総称できるものなのである。

ところが、個別の絵巻の命名において、当時の人が、上述のような観点から、『土蜘蛛草紙絵巻』を、これは「屋敷出没タイプの百鬼夜行出没絵巻に属する絵巻である」などと注記しなかったし、するわけもなかったので、「百鬼夜行」の理解に大きな変化が生じることになったわけである。

すなわち、大路を群行していると思われる〈さまざまな怖ろしげなるものたち〉が描かれた『百鬼夜行絵巻』と称する個別絵巻が登場したが、山中や屋敷に出没する〈さまざまな怖ろしげなるものたち〉だけの「百鬼夜行絵巻」と名づけられた絵巻は登場しなかったのである。「大路出没タイプ」の「百鬼夜行絵巻」だけがもてはやされ、その模本・転写本が多数制作されたのであった。たとえば、大徳寺真珠庵所蔵の『百鬼夜行絵巻（百鬼夜行図）』もその一つであり、京都市立芸術大学所蔵の『百鬼夜行絵巻』や国際日本文化研究センター所蔵の『百鬼夜行絵巻（百鬼ノ図）』もそうである。

その結果、「百鬼夜行」は二重の限定を受けることになっていった。その一つは、「百鬼夜行絵巻」とは「大路出没タイプ」の絵巻に限定される傾向が強くなり、「山中出没タイプ」や「屋敷出没タイプ」の百鬼夜行出没絵巻を「百鬼夜行絵巻」と名付けがたくなっていったこと、もう一つは「百鬼夜行」が「大路タイプ」の「百鬼夜行出没絵巻」に描かれた〈さまざまな怖ろしげなるものたち〉に限定されるようになっていったことである。

さらにやっかいなことには、いくつか制作されたこうした「大路出没タイプ」の「百鬼夜行絵巻」のなかでも、「道具の鬼」の絵柄におおむね特化した「大路出没タイプ」の「百鬼夜行出没絵巻」、すなわち真珠庵本系の「百鬼夜行絵巻」が人気を博したこともあって、「百鬼夜行絵巻」といえば「道具の鬼（化け物）」を描いた絵巻を想起する傾向が強くなっていったことである。つまり、「百鬼夜行」といえば「道具の鬼（化け物）」を想起するようになっていったのであった。

しかしながら、鬼の歴史、「百鬼夜行」の歴史、〈さまざまな怖ろしげなるものたち〉の歴史、そしてその絵画化の歴史を鳥瞰するならば、そうした「道具の鬼たち（化け物）」は、さまざまな鬼たちの一部にすぎない。そのことをしっかりと念頭に置くことによってこそ、真珠庵本系統の「百鬼夜行絵巻」を含めた「百鬼夜行出没絵巻」をより深いところから理解できるのである。

たとえば、『付喪神記』（つくも神絵巻）は、捨てられた古道具が変化の能力を獲得して「鬼」になって悪行の限りを尽くすが、高僧によって派遣された護法童子に調伏され、それまでの悪行を反省して仏教修行に励んだ末に成仏した、という物語を描いている。つまり、つくも神とは古道具の鬼であり、古道具の怨霊なのである。しかも、道具に手足や目鼻が付いている状態の「道具の鬼」は、完全な鬼の姿かたちになるまでの過渡期の状態として描かれている。あるいはまた、『土蜘蛛草紙絵巻』の土蜘蛛の精もまた「鬼」の姿で源頼光たちの前に出現している。つまり、『付喪神記』（つくも神絵巻）も『土蜘蛛草紙絵巻』も、〈さまざまな怖ろしげなるものたち〉としての「百鬼夜行」の思想を背景にもつことで成り立っている物語であり、道具の鬼（化け物）、土蜘蛛の鬼（化け物）の物語なのである。今日、「百鬼夜行絵巻」と総称される絵巻の鬼（化け物）たちも、そうした文化史的脈絡のなかで把握しなければならないのである。

思うに、〈さまざまな怖ろしげなるものたち〉の歴史、そしてその絵画化の歴史をたどることは、鬼の歴史をたどることであるとともに、「化け物」の歴史をたどることでもある。その意味で、「鬼」は妖怪文化史を考えようとする私たちにとって、なおいっそうの探求が求められている存在だといえるだろう。

参考文献
伊藤昌広「『百鬼夜行』譚」（『鬼』怪異の民俗学①、河出書房新社、二〇〇〇年）
黒田日出男「絵巻のなかの鬼」（『鬼』怪異の民俗学①、河出書房新社、二〇〇〇年）
小松和彦『百鬼夜行絵巻の謎』集英社新書、二〇〇八年
――「『百鬼夜行絵巻』誕生の謎を解く」（『人間文化』一〇号、人間文化研究機構、二〇〇九年）
田中貴子『百鬼夜行の見える都市』ちくま学芸文庫、二〇〇二年

付記　本書で利用した画像は、次の書籍から引用したものである。『頬焼阿弥陀縁起　不動利益縁起』（続々日本絵巻大成、中央公論社、一九九五）、『土蜘蛛草紙　天狗草紙　大江山絵詞』（続日本絵巻大成、中央公論社、一九八九）、『融通念仏縁起絵巻』（続日本絵巻大成、一九八三年）、小松和彦『百鬼夜行絵巻の謎』集英社。

石燕妖怪画の風趣

『今昔百鬼拾遺』私注

近藤瑞木

はじめに

鳥山石燕の妖怪画集四作（『画図百鬼夜行』〔安永五年刊〕、『今昔画図続百鬼』〔安永八年刊〕、『今昔百鬼拾遺』〔安永十年刊〕、『画図百器徒然袋』〔天明四年刊〕）に描かれた妖怪画については、稲田篤信、香川雅信、北城伸子、京極夏彦、高田衛、多田克己、横山泰子等による諸方面からの研究が備わる。究明すべきは石燕の作画の発想と論理であるが、石燕の妖怪画は未だ意図のよくわからないものも多く、個々の画について、なお調査・分析を進める必要がある。四作品は作風も一様ではないが、本稿では三作目に当たる『今昔百鬼拾遺』所載の妖怪画をとりあげ、いささか断片的ながら、所見を述べてみたい。

一　「ことば」の妖怪

1　泥田坊と古庫裏婆

「泥田坊《どろたぼう》」（『今昔百鬼拾遺』上之巻・雲）について、『鳥山石燕　画図百鬼夜行』（国書刊行会）所載『今昔百鬼拾遺』

の解説（稲田篤信執筆。以下「稲田稿」とする）は未詳としているが、昨今はこの妖怪を石燕の創作とする見方が強まっている。特に狂歌師「泥田坊夢成」こと紀州藩御殿医品川玄瑚をモデルにしたものであるという説が流布しており、これは京極夏彦の小説「泥田坊」（『小説現代２０００』、二〇〇〇年。後『今昔続百鬼　雲』収載）中の言説等が元になっているようだ。同作が泥田坊夢成を品川玄瑚とするのは、元々「日本小説作家人名辞書」（山崎麓『日本小説書目年表』）の「泥田坊夢成」の項に基づくと思しいが、この説はすでに中村幸彦によって訂正を受けており、玄瑚は「泥田房」号をもつが夢成とは別人で、江戸の狂歌師鳴滝音人（池沢権右衛門）が「泥田坊（房）夢成」である（「洒落本の作者」、『中村幸彦著述集　第十四巻』所収。論文初出は一九四八年）。モデル論の正否については尚検討を要するが、京極は前掲作品に於いて「泥田坊」と諺の「泥田を棒で打つ」（「泥田に棒」、「泥田棒」とも言う。めちゃくちゃなこと、無益なことの喩え。転じて、ぐうたらなこと）との関係性にも言及しており、私も諺に着想したものと見て良いのではないかと思う。この諺は『雑俳語辞典』（明治書院）、『江戸語大辞典』（講談社）などにも登載され、「日よりとも雨ともこれは知れぬ也・こなた衆こそどろた棒たち」（宝永三年刊・雑俳書『湯だらひ』）、「またつしゃれ今こそげては泥田坊」（宝永六年刊・雑俳書『軽口頓作』。「泥田坊」と表記する）、「お前のやうな泥田棒ぢや始まらねえ」（万延元年刊・人情本『春色恋廼染分解』二編巻之下）などの用例がある。件の「泥田坊夢成」という狂名もこの諺のもじりと見て良かろう。『今昔百鬼拾遺』には「火間虫入道（文字遊びの「へまむし入道」の妖怪化）」（中之巻・霧）の画もあるが、これらは要するに擬人的な言葉（でくのぼう、きかんぼうなどと言うのと同じ）を妖怪に見立てたものである。

図１　『今昔百鬼拾遺』「古庫裏婆」

図2　『絵本花葛蘿』下巻

「泥田坊」の見開きの反対面は「古庫裏婆《こくりばば》」（上之巻・雲）（図版1参照）であり、この絵については、『絵本花葛蘿』（明和元年刊。禿帚子編・鈴木春信画）下巻所載の老女の画（図版2参照）を妖怪に見立てたものであるとの指摘がある[1]（信多純一「春信と『和漢朗詠集』」、『にせ物語絵　絵と文　文と絵』［平凡社、一九九五］所収）。図様については信多説で動かぬと思われるが、内容については「古庫裏婆」なる妖怪伝承が確認できるわけではなく、不明とされてきた。詞書には、「僧の妻を梵嫂《ぼんさう》といへるよし、輟耕録に見えたり。ある山寺に七代以前の住持の愛せし梵嫂《つま》、その寺の庫裏にすみゐて、檀越の米銭をかすめ、新死の屍の皮をはぎて餌食とせしとぞ。三途河の奪衣婆よりもおそろしく〳〵」とあり、これは、見開き反対面の「泥田坊」と一対になって（石燕の妖怪画集には、見開き左右に何らかの意味で関連性［類似、対照等］のある妖怪画を配する傾向がある）、執着心から妖怪化した人間の夫婦（特に「坊」と「梵嫂」という僧侶の夫婦）という取り合わせになっているのではないか。また、「古庫裏婆」はネーミングが言葉遊びである点も「泥田坊」に通ずる。「古庫裏婆」は、「古（年を経て妖怪化した）」と「庫裏婆（一般的には、寺の台所を預かる老女を言う）」とを組み合わせた造語と一応は解し得る（古い庫裏を意味する「コクリ」という熟語はない）。しかるに、このやや不自然な組み合わせによる「コクリ」という訓みは、鬼や恐ろしいものの喩えに用いられる「むくりこくり」（「蒙古高句麗」を宛てる。俳書『山の井』［正保五年刊］下巻冬部に、「節分は都の町のならはしに…夜にいればむくりこくりのくるといひて。せど門窓の戸などかたくさして…」）を響かせたものではなかったか[2]。すなわち、「古庫裏婆」の名には「鬼婆」の意が含まれるということである。

2　蛇骨婆と白粉婆

「蛇骨婆《じゃこつばば》」（上之巻・雲）も正体の判然としない妖怪である。石燕の詞書は「もろこし巫咸国は女丑の北にあり。右の手に青蛇をとり、左の手に赤蛇をとる人すめるとぞ。蛇骨婆は此の国の人か。或説に云、『蛇塚の蛇五右衛門といへるもの丶妻《め》なり。よりて蛇五婆《じゃごばゝ》とよびしを、訛《あやま》りて蛇骨婆《じゃこつばゝ》といふ』と。未詳。」というものだが、「或説」は故事付けめいており、そんな説があるのかどうかも怪しく思われる。末尾に「未詳」などとしているのも、ことさらに考証めかしたユーモアではないか。「蛇骨婆」[3]の名は歌舞伎の登場人物として、『金門五山桐』（初世並木五瓶作。安永七年四月、大坂角の芝居初演）、『壮平家物語』（初世並木五瓶作。文化三年十一月、江戸市村座初演）、また黒本『（小栗／吹笛）乾局《いぬいのつぼね》』（鳥井清経画。明和五年刊）にも見える。『金門五山桐』の蛇骨婆は、貴人真柴久秋の許嫁である遊女九重の母を騙り、大炊之助館に金をせびりに来る乞食婆である。[4]『乾局』は、小栗判官物の黒本であり、本作の蛇骨婆は、六浦に流れ着いた照手を養子娘として引き取った浦辺の太夫の妻である。照手の美貌を妬んで松葉燻しにする性悪な婆であり（図版3参照）、これらから察するに、「蛇骨婆」とは邪慳な悪婆をイメージする名として用いられているように思われる。『金門五山桐』、『乾局』は成立が『今昔百鬼拾遺』に先行するので、石燕がこれらに直接ないし間接的に拠った可能性もあろうが、むしろ「蛇骨婆」は悪婆の称として、当時知られたものであったと考えた方が良いかも知れない。老女を妖怪に譬る卑罵的呼称として、『日本国語大辞典（第二版）』には、「安達婆」「火車婆」「猫股婆」などの語が見られるが、近世には、徒名

図3　『乾局』。「蛇骨婆」が照手を松葉燻しにする図

として「〜婆」という呼称を用いる慣習もあった。児買いの「金時婆」（享保年間刊『怪談御伽桜』三之巻「丹波の山猿」）、嫁いびりが酷いと評判の「荒浪婆」（寛政十二年刊『怪談破几帳』巻之四「荒浪婆」）などという類である。「蛇骨婆」と呼ばれる具体的なモデルがあったかどうかはわからないが、この呼称は芝居などを通じて、邪慳な老婆をイメージさせる呼称として、ある程度通行していたのではないだろうか。すなわち、老女の卑罵的呼称を妖怪として図像化したのが、石燕の「蛇骨婆」だということである。

老醜を妖怪視する発想は、見開き反対面の「白粉婆《おしろいばば》」（上之巻・雲）にも通ずる。石燕は「おそろしきもの、しはすの月夜、女のけはひとむかしよりいへり」（「白粉婆」詞書）と述べており、これは源氏物語注釈書の『河海抄』（貞治年間成）巻第九第十五に、「清少納言枕草子　すさまじきもの　おうな（老嫗也）のけさう　しはすの月夜と云々」と見える（多田克己「絵解き画図百鬼夜行の妖怪」「白粉婆」、『怪』VOL.18、二〇〇五）[5]。近世には、「すさまじき物は老女の化粧して　師走の月の夜鷹にぞ出る」（享保十九年刊。狂歌本『由縁斎置土産』）、「むかしを忍ぶ　かくれざと　老女の化粧《けわい》物凄き」（安政五年成。長唄「忍び車」）といった用例も見られる。このような「老女の化粧」という、老女を揶揄する譬えを戯画化したのが本図であると見て良いのではないか。石燕が伝承としての「オシロイバアサン」（『改訂綜合日本民俗語彙』に所載。稲田稿の指摘）を知っていた可能性も否定し得ないが、いずれにしても、本画には石燕のアイロニーが込められていると見て良かろう。

3　機尋と蛇帯

「機尋《はたひろ》」（中之巻・霧）の画では、機織物が蛇身に変じた妖怪が描かれている。本画は、石燕の妖怪が、往々にして言葉（フレーズ）から発想されたものであることを示す好例と言える。機織に由来する「機尋」という妖怪の伝承があるわけではなく、この妖怪は浄瑠璃や歌舞伎などで、大蛇の巨大さを表す類型的表現である

「二十尋《はたひろ》」（約三六メートル）から着想されたものと見て良かろう。本画の詞書にも「その一念はたひろあまりの蛇となりて」とあるが、以下、時代順にいくつか用例を掲げておく（傍点は近藤による）。

「『かの太刀、刀を取りて、しばしも楽しまん』とて、後ろの浜へ行き見れば、太刀は二十尋《はたひろ》の大蛇《だいじゃ》と現じ、刀は小蛇となって、近づく者を呑まんと追つかくる」（『浄瑠璃十二段草紙』。御伽草子。室町中期以降成。第十一段）[6]

「『今御門のなんのすくはんため、かりにすがたをあらはしたり。うたがいおさんぜよ』とそのたけはたひろの大じやとなり、しんぜんゐんへぞいり給ふ」（『宇治の姫切』。浄瑠璃正本。岡清兵衛重俊作。明暦四年刊。六段目）

「『いで本身を現し、雑人輩を退治せん』と廿尋《はたひろ》の大蛇となり、悪人を滅し、神体氷川の明神と拝まれ給ふぞありがたし」（『関東小禄』。歌舞伎。作者未詳。元禄十一年三月上旬江戸中村座。四番目）[7]

「いづくに恨の有るべきぞと。祈り祈られかっぱとまろぶと見えけるが。二十尋《はたひろ》あまりの大蛇《じゃ》となって角をふり立て。うろこを鳴らし夫をめがけて。鐘にむかってつく息は。猛火となって立ちのぼり」（『用明天王職人鑑』。浄瑠璃。近松門左衛門作。宝永二年十一月大坂竹本座初演。三段目。能の「道成寺」を摂取する）[8]

「母が転寝《うたたね》の夢妄想に、二十尋《はたひろ》のうはばみ鼻の穴へたくり込むと見て、忽ちつっ孕んで」（『男伊達初買曾我』。歌舞伎。宝暦三年一月江戸中村座。三幕目）[9]

「機尋」と同じ巻に載る蛇系統の妖怪に、「蛇帯《じゃたい》」（中之巻・霧）がある。蛇と帯の形状の連想から生まれた妖怪だろうが、近世の説話や演劇に「帯が蛇となる」モチーフが多く見られることは、『女人蛇体』（堤邦彦。二〇〇六）の第三章Ⅰ・Ⅱに詳細である。但し、本画の「蛇帯《じゃたい》」というネーミングは石燕によるものであり、これはやはり「蛇体《ジャタイ》」を掛けると思しい。謡曲『道成寺』の詞章にも、「あれ見よ蛇体《じゃたい》は。現れたり」[10]と見える。また本画の詞書に、「妬る女の三重《みえ》の帯（近藤注・もの思いのために痩せ、一重の帯を三重に結ぶことをいう）は、七重にまはる毒蛇ともなりぬべし」とあるが、これも『道成寺』の、女が毒蛇になって鐘を七巻したという下り（「一

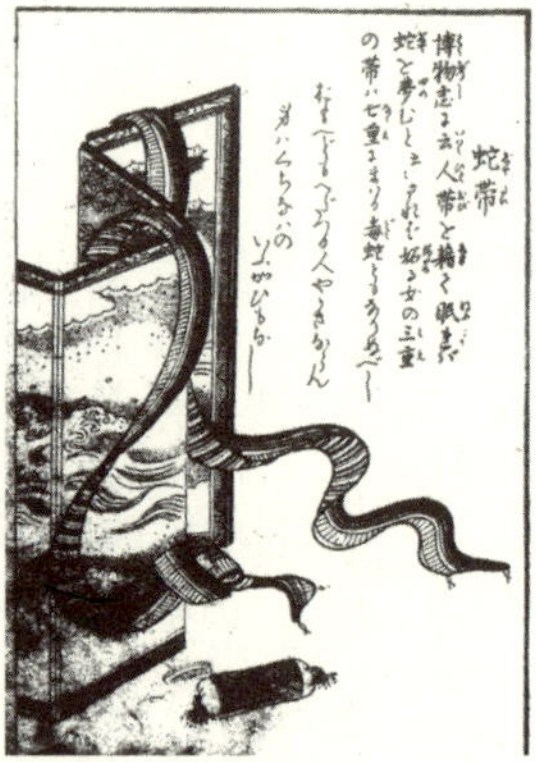

図４　『今昔百鬼拾遺』「蛇帯」

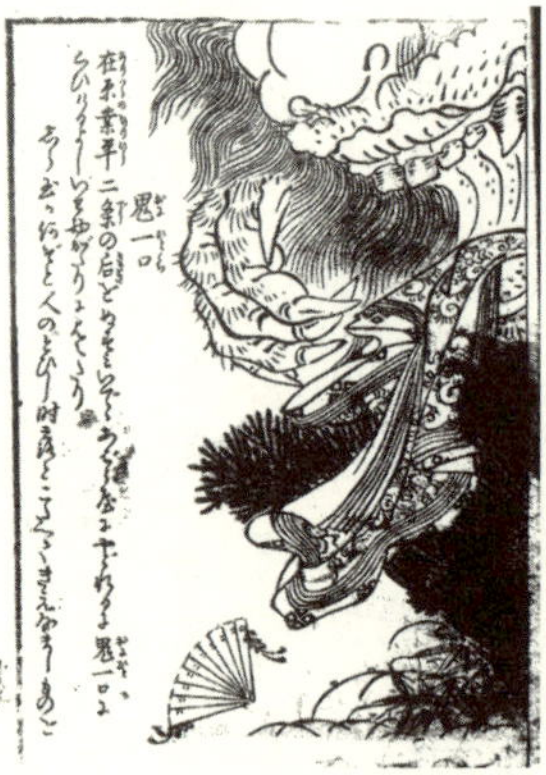

図５　『今昔百鬼拾遺』「鬼一口」

念の毒蛇となつて。川を易々と泳ぎ越し…鐘の下りたるを怪しめ。竜頭をくはへ七まとひ纏ひ…」）を踏まえるものであろう。石燕の妖怪画が謡曲に多く依拠していることについては次章で述べるが、「蛇帯」にも、『道成寺』の面影が宿ると思しく、蛇帯の掛かる屏風絵（波涛を描く。図版４参照）も、毒蛇が渡った日高川に見立てたものか。

4　鬼一口

昨今では石燕妖怪画の「言葉遊び」的性格の解明が進んでおり、右に挙げた「古庫裏婆」や「機尋」、「蛇帯」なども同音異義（掛詞）性を持つということでは、その類に入るだろう。香川雅信は、石燕妖怪画のかかる性格と、石燕の俳諧・狂歌作者としての資質との関連性を示唆しているが（『江戸の妖怪革命』第三章「『画図百鬼夜行』とパロディ」、二〇〇五）、本章に見てきた妖怪画にも、俳諧的な「ことば」への拘りとセンスが強く感じられる。[11]「泥田坊」や「機尋」などは、恐らくは言葉から着想された妖怪であり、諺や謡曲、浄瑠璃等で知られるフレーズを異化（俳諧化）したものにほかならない。「鬼一口」（中之巻・霧）もそういった類であり、これは詞書に明示される通り、『伊勢物語』六段の芥川説話を絵画化したものである。しかし問題は、この画が「鬼一口」と題されていることであり、石燕の興味はこの題名に端的に表れているように思われる。「鬼一口」というフレーズは近世には諺化し、日常語化していたが（『和漢故事要言』〔宝永二年刊〕巻之三「鬼一口ト云ハ、余ナル小事ニテ為二足ズト云ノ心。又心ヤスク為ヤスキ事ニテ取カヽリサヘスレバ瞬ノ間ニモ出来ル抔ト云心ニ云也」）、石燕はこの表現本来の面白さ、インパクトを感じ取り、それを誇張的に視覚化（絵画化）して読者に投げかけている（図版5参照）。石燕に於いて、妖怪（画）を創る行為は、言葉の発見と結びついていた。

二　石燕妖怪画の「雅」と「俗」

1　青行灯

『今昔百鬼拾遺』の特徴の一つとして、『源氏物語』や『平家物語』のような古典文学や、これらを本説とする謡曲に多く取材する点が指摘されている（稲田篤信「妖怪の名」、『名分と命禄　上田秋成と同時代の人々』第二部第二章、初出は二〇〇二年）。謡曲は近世武士・町人の基本的教養であり、石燕も「紅葉狩」（『今昔百鬼拾遺』「霧」の巻）の詞書に、「余《よ》五《ご》将軍《しやうぐん》惟茂《これもち》、紅葉がりの時山中にて鬼女《きぢょ》にあひし事、謡曲にも見へて皆人のしる所なれば」（傍点は近藤）と記している。特に石燕の画には、古典や謡曲といった「雅」の題材を「俗」（当代）[12]の素材と組み合わせることで、趣向を複雑化しているものが少なくない。本章では、そのような作をいくつかとりあげてみたい。

図6　『今昔百鬼拾遺』「青行灯」

「青行灯《あをあんどう》」（中之巻・霧）の画は、「灯《ともしび》きえんとして又あきらかに、影憧々としてくらき時、青行灯といへるものあらはるゝ事ありと云。むかしより百物語をなすものは、青き紙にて行灯をはる也。昏夜《こんや》に鬼《き》を談ずる事なかれ。鬼を談ずれば、怪《くはい》いたるといへり」という詞

図７　『画図百鬼夜行』「生霊」

書の通り、「百物語」という怪談習俗と関連づけて説明されることが多い。「百物語」は確かに本画の主題の一つであるが、ここでは絵に描き込まれたモノに着目してみたい（図版6参照）。行灯の前に置かれた裁縫道具に櫛、簪、そして文函からはみ出した手紙は、行灯の下で、夫が他の女から貰った恋文を読んだ本妻が、嫉妬の念に駆られた状況を暗示する。[13] このことは、石燕の同趣の画である「生霊」（『画図百鬼夜行』前編・陽）を参照するとわかりやすいだろう（図版7参照）。嫉妬の生き霊と言えば、『源氏物語』の六条御息所が想起されるが、六条御息所の生き霊の登場する謡曲に、『葵上』（『源氏物語』「葵」を本説とする）がある。同曲では、後シテが六条御息所の生き霊を「般若」の面で演じるが、「青行灯」の、行灯の背後に浮かび上がる鬼の風貌には、般若を思わせるところがないだろうか。本画が能の怨霊物のイメージを媒介にしているかどうかは尚検討の余地があろうが、少なくともここで嫉妬の執心が主題化されていることは疑いない。

2　あやかし

「あやかし」とは、「惣て船中にてあやしき事の有をあやかしと云也。怪《アヤカシ》と書。『雑々拾遺』に妖怪《アヤカシ》と書」（明和九年刊『謡曲拾葉抄』巻十三「船弁慶」）[14] とある通り、本来は海上で経験される怪異の総称である。水死者や舟幽霊の類をそう呼ぶこともあるが（宝暦頃成『怪談老の杖』巻之二「化物水を汲」など）、むしろ博物学的に、海の生き物としてこれを捉えた文献も少なくない。船の運航が妨げられる時、海中の動物の所業と考えられ、「小判鮫」（宝暦九年刊『広倭本草』別録巻下雑部）、「蛸」（文禄年間成『義残後覚』巻四「大蛸の事」）などの動物が「あやかし」の正体に擬せられたわけである。『今昔百鬼拾遺』「あやかし」（中之巻・霧）の「西国の海上に船のかゝり居る時、ながきもの船をこえて二三日もやまざる事あり。油の出る事おびたゞし。船人力をきはめて此油をくみほせば害なし。しからざれば船沈む。是あやかしのつきたる也」という説明も、随筆『譚海』巻九（天明末〜寛政初の執筆記事）や『耳袋』巻三（天明末〜寛政期の執筆記事）等に見える「いくじ」ないし「いくち」と呼ばれる海蛇風の珍獣の伝承に拠っているようである（柴田宵曲『随筆事典　奇談異聞編』、一九六一）。但し、前掲『広倭本草』に、「博山魚　和名アヤカシ。一名小判魚。余嘗テ著ス所ノ『班荊間譚』ニ載セテ云フ。小判魚。一名阿薬葛失《アヤカシ》。安宅ノ海中ニ生ズ。大ナルハ三四尺。小ナルハ尺許リ。…時ニ或イハ群集シテ船底ニ粘シテ、進ムコトヲ得ザラシム。甚シキハ舟ヲ覆スニ至ルト云…今西海尤モ多シ。船弁慶ノ謡ニ、『此船ニハアヤカシガ付テ候』ト云シハ。此魚ノコトナリ。俗ニ平家ノ亡魂ナリト云ハ誤ナリ。昔ヨリ有ル魚ナリ」とあるように、「あやかし」と言えば、謡曲『船弁慶』の右の場面が古来有名であり、そのためこれを「平家ノ亡魂」と結びつける俗説もあった。石燕の「あやかし」に於いても、『船弁慶』ひいては知盛の怨霊などが連想されてしかるべきであるが、この画の詞書はそれらには一切触れず、むしろ当代の随筆に見られるような、珍獣的なあやかし（いくち）の情報を示すのである。しかし絵に於いて、石燕は珍獣的な「あやかし」を描きながら、平知盛のイメージをも潜在させている。謡曲『碇潜』は、知盛の幽霊が船の碇を戴き入水する様子を描くが、この趣向は、同曲や『船弁慶』に拠った『義経千本桜』（浄瑠璃。延享四年十一月大坂竹本座初演）の「碇知盛」（二段目「渡海屋」「大物浦」の通称）でもよく知られている。そして『今昔百鬼拾遺』「あやかし」の船の中央部に描かれた大

図8　『今昔百鬼拾遺』「あやかし」

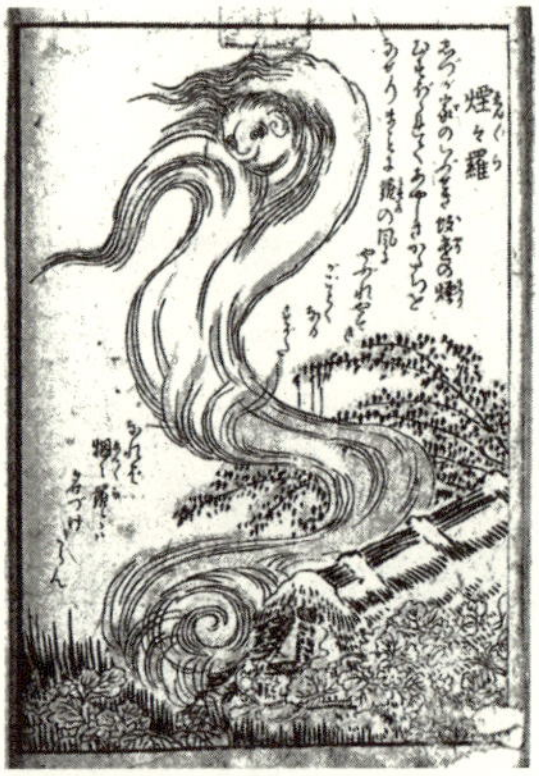

図9 『今昔百鬼拾遺』「煙々羅」

きな碇（図版8参照）も、平知盛を暗示すると見てよいのではないか。すなわち、本画に於いては民間伝承的（ないし博物学的）な世界と古典の世界とが重層化されている。

3 煙々羅

「煙々羅《えんえんら》」（上之巻・雲）という妖怪画（図版9参照）の詞書には、「しづが家《や》のいぶせき蚊遣《かやり》の煙《けぶり》むすぼゝれて、あやしきかたちをなせり。まことに羅《うすもの》の風にやぶれやすきがごとくなるすがたなれば、烟々羅《ゑんゑんら》とは名づけたらん」とあり、賤が家から立ち上る煙の妖怪を描く。画中、賤が家の手前に繁茂する植物の蔓に、瓢箪形の実（図版10参照）が生っている点に着目したい。今日の植物学ではヒョウタンはユウガオの変種とされ、『和漢三才図会』（正徳二年頃成）巻百「蓏菜類」の「苦瓠《ひょうたん》」の項目も、「苦瓠［俗に瓢箪という］は壺盧《ゆうがお》と同類の別種[15]」とする。但し同書によれば、俗に「ゆうがお」の称は「長瓠、懸瓠、匏瓜、蒲盧（瓢箪）」等の総称として用いられていたようで、俳諧歳時記の『滑稽雑談』（正徳三年成）にも「夕顔」をとりあげて、「或は長瓠《ながひさご》又懸瓠、匏壺、蒲盧、これらの種類、皆夏日に花咲てみのる。この花みな昼は萎みて夕は開く。故に夕顔の花と称す。此類通じて夕顔の花と呼べども、其愛すべきは蒲盧《ひやうたん》の花なるべし。源氏物語の夕顔の宿りも、蒲盧と心得べき歟[16]」（傍点近藤）と言う。『源氏物語』「夕顔」を本説とする謡曲『半蔀』でも、蔀屋の作り物を瓢箪で飾り付ける（詞章にも「さながら宿りも夕顔の。瓢箪しばしば空し」とある）。従って、「煙々羅」に描かれて

図10 「煙々羅」のしづが家の夕顔（拡大図）

いるのも「賤が家の夕顔」と見て良いのだが、その直接の典拠は『源氏』の「夕顔」ではなく、『徒然草』一九段「六月の比、あやしき家にゆふがほの白く見えて、蚊遣火ふすぶるもあはれなり」であろう（但し、この『徒然草』の行文は『源氏物語』「夕顔」を踏まえる）。[17] 石燕は後に『画図百器徒然袋』で『徒然草』を素材とする妖怪画集を作ることになるが、本図にその片鱗が見えるわけである。本画は、「あはれなる」風情とされた賤が家の蚊遣火の煙を妖怪へと転じたものであり、古典的情趣の俳諧化を試みたものと見て良かろう。

4 雨女

「雨女《あめおんな》」（中之巻・霧）に石燕が付した詞書は「もろこし巫山《ふざん》の神女《しんぢょ》は、朝には雲となり、夕《ゆうべ》には雨となるとかや。雨女もかかる類《たぐゐ》のものなりや」というものである。『改訂綜合日本民俗語彙』によれば、「アメオンバ」という妖怪伝承が長野県下伊那郡に伝わるようだが、「雨女」という妖怪伝承があったかどうかは未詳である。しかし、石燕のモチーフが奈辺にあるかは、雨女の手前に描き込まれた「誰也行燈《たそやあんどん》」[18]に明らかだろう（図版11参照）。

図11 『今昔百鬼拾遺』「雨女」

誰也行燈は吉原風俗の一つで、妓楼の店先に立てられた屋根付の行灯である。つまり、石燕の「雨女」は女郎を妖怪に見立てたものであり、雨を舌でなめるポーズもセクシュアルな連想をともなうものと思われる。「雲雨」、「朝雲暮雨」などは男女の交情を表す熟語だが、これらの出典は、詞書に見える「もろこし巫山の神女」の故事である。すなわち、稲田稿に示される通り、宋玉の「高唐賦」（『文選』）に見える、楚の懐王が夢で巫山の神女と契ったという話であり、この神女が王との別れ際に、「妾は巫山の陽《みなみ》、高丘の阻《そ》に在り。旦《あした》に朝雲と為り、暮

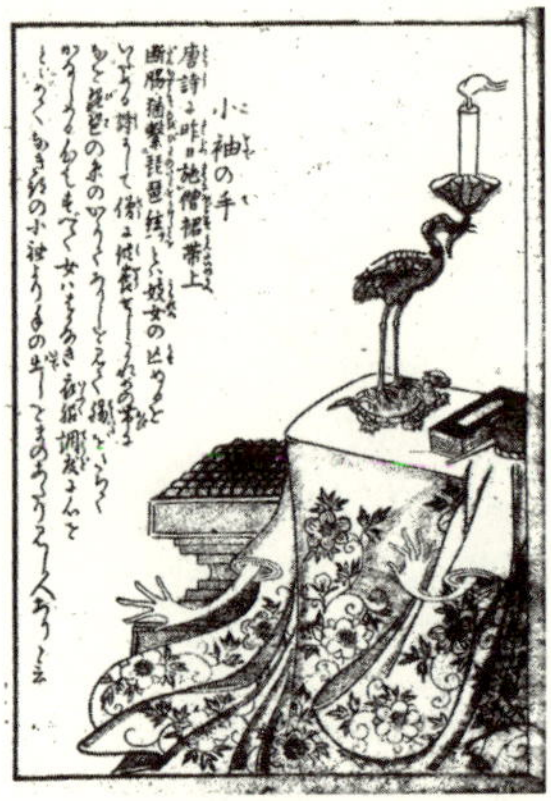

図12 『今昔百鬼拾遺』「小袖の手」

れに行雨と為る」と言ったというのである。石燕は吉原の女郎をこの唐土の神女に比した。女郎を妖怪に見立てる発想は、黄表紙などにもしばしば見られ、時に下卑た表現にもなりかねないものだが、これを詩文の世界に取り合わせた所に石燕の雅趣がある。なお、「雨女」は前掲「青行灯」の反対面に配されており、この見開き一面では、「嫉妬」と「好色」という、女性の妖怪化する二大契機が一対になっている。

5 小袖の手

「小袖《こそで》の手《て》」（中之巻・霧）は、「唐詩に、『昨日施レ僧裙帯上《さくじつさうにほどこすくんたいのうへ》 断腸猶繋二琵琶絃一《だんちやうすなをびわのいとをかけしことを》』とは妓女《うかれめ》の亡《うせ》ぬるをいためる詩にして、僧に供養せしうかれめの帯に、なを琵琶の糸のかゝりてありしを見て、腸《はらはた》をたちてかなしめる心也。すべて女ははかなき衣服調度に心をとゞめて、なき跡の小袖より手の出《いで》しをまのあたり見し人ありと云」という詞書をもつ（図版12参照）。ここには唐の朱褒の詩として伝わる「魂帰廖廓魄帰泉。只住人間十五年。昨日施僧裙帯上。断腸猶繋琵琶絃」（『全唐詩』巻七三四「悼楊氏妓琴弦」）[19]の後半部が引かれているが、これとは別に本画の典拠と推測される作に、江戸板の怪談集『諸州奇事談』（寛延三年刊・静観房好阿作）巻之二「執着の小袖」がある。これは東武のある家の奥に勤めるつぼねが、古着の行商人から買い取った小袖に、以前の持ち主（密通して成敗された女）の執心が留まっており、袖から手を出したという話である。但し、『諸州奇事談』には改題本などのバリエーションが多く、また小袖から手が出る説話も少なくない。[20]『怪談御伽猿』（明和五年刊・大江文坡作）巻四「衣桁の小袖より手をいだし招く事」も類話の一つだが、石燕の画の興趣は、むしろこちらに近いところもある。同話は、十六歳で病死した若妻の小袖を檀那寺に納めると、寺の衣桁に掛けられていた小袖から手が出たというもので、恐らくは「執着の小袖」の改作であろう。が、「執着の小袖」が話の背景に密通者の成敗という陰惨なものを置いているのに対し、「衣桁の小袖より手をいだし招く事」の方は、むしろ十六歳の若さで死なねばならなかった妻女の悲劇性を強調している。またこれらの話からさらに遡って連想されるのが、『好色五人女』（貞享三年刊）巻四「恋い草からげし八百屋物語」の「大節季はおもひの闇」であり、お七が吉祥寺で「いかなる上臈か世をはよふなり給ひ、形見もつらしと、此寺にあがり物」の小袖を見て無常を感ずる場面である。命のはかなさと死の悲しみを象徴する「遺品」の存在感、夭折した女性の悲哀というモチーフ（これはお七自身の悲劇性と繋がっている）は、石燕の「小袖の手」にも通ずるだろう。石燕がこの画に、件の唐詩――十五歳の若さで亡くなった妓女の死を悼み、「昨日僧に布施した妓女の帯に、まだ（彼女の弾いた）琵琶の絃が残っているのを見ると断腸の思いだ」と、痛切な感情を詠じた詩――を取り合わせた意図もそこにある。「小袖の手」のイメージの嫋やかさ、開いた手の弱々しさが、執念よりも哀れさを漂わせる所以である。

尤もこの画には「哀れさ」と同時に「おかしみ」も含まれているのではないか。画中に描き込まれているのは、鈴、経、鶴亀の燭台、常香盤といった仏前の備えであり、小袖が前机（仏具を置く机）の敷蔽いに使われているところが本画の趣向であろう。「恋い草からげし八百屋物語」にも見られるように、故人の衣類を寺に寄進することがあるが、供養のために旛や天蓋などに仕立て直して奉納する慣習もあった。本画の小袖も、持ち主の成仏を祈念され、仏具へと生まれ変わった――はずであったのだろうが、そんな小袖が化けてしまった（執着未だ果てぬということか）という、アイロニカルな図案なのである。

おわりに

『浮世絵師歌川列伝』（飯島虚心著。一八九四年成）「歌川豊広伝」に、次のような言説が見える。「無名氏曰く、古えの浮世絵を善くするものは、土佐、狩野、雪舟の諸流を本としてこれを画く。…中古にいたりても、鳥山石燕のごとき、堤等琳のごとき、泉守一、鳥居清長のごとき、喜多川歌麿、葛飾北斎のごとき、亦みな其の本とするところありて、画き出だせるなり。故に其の画くところは、当時の風俗にして、もとより俗気あるに似たりといえども、其の骨法筆意の所にいたりては、依然たる土佐なり、雪舟なり、狩野なり。俗にして俗に入らず、雅にして雅に失せず。艶麗の中卓然として、おのずから力あり」。この趣旨は「本絵（石燕の場合、狩野派）」の骨法を基礎に持つものは、浮世絵を描いてもおのずから俗に堕ちない（かつ雅に失することもない）ということだろうが、本稿ではまた別の角度から、風雅にして軽妙洒脱な石燕の画境に分け入ることができたように思う。「俗」の素材も、古典や詩文の世界と溶け合うことで俗臭を脱する。一方で、古典を題材とする妖怪画には、風雅世界の妖怪化（俳諧化）も見られる。いずれにしてもこれらは「雅俗融和」[21]の産物と言えるだろう。「人魚」（上之巻・雲）は浮世絵風の美女ではなく、異獣として描かれ、平清盛が髑髏の群れと睨み合った怪事件（『平家物語』巻五「物怪之沙汰」）も、子供の遊び（「目競」。にらめっこの意）に見立てられる（下之巻・雨）。それが古典的規範や大衆的なイメージに落着しようとしない、ウイットに富んだ『今昔百鬼拾遺』の魅力なのである。

注

1　信多論文では、鈴木春信のこの絵が『絵本倭比事』（寛保二年刊。西川祐信画）巻九「蜷川智営妻」図に拠っていることも指摘されている。図様からは、石燕が見ていたのは春信の『絵本花葛蘿』の方であると判定される。

2　妖怪狂歌集「月下之柳」（ウェブサイト雨月妖魅堂のコンテンツ。http://mouryou.ifdef.jp/moonlit.htm、二〇〇五）に、「古庫裏婆」の歌（「古庫裏にむくりこくりと住む姥は　三途の河の婆よりおそろし」）があり、「むくりこくり」の語について解説を付す。「むくりこくり」については、今井秀和「モクリコクリについて」（『日本文学研究』四七、二〇〇八年二月）にも詳細である。尚、多田克己は古庫裏婆に関して、真宗で僧侶の妻を「御庫裏」ということに言及しているが（「絵解き　画図百鬼夜行の妖怪（四）」季刊『怪』第参号、一九九八）、その場合、音は「オクリ」である。

3　そもそも「蛇骨」とは、文字通り蛇の骨を言うこともあるが、『雲根志』上巻に「蛇の骨の化せし物といふはあやまり也。土中に産して白く骨に似たる石也」云々と言うように、「珪華」（温泉沈殿物からできたたんぱく石の一種）を俗に「蛇骨」と呼び、薬用に用いられていたようだ。

4　但し、筋書き上は、この蛇骨婆は、実は善玉の人物が悪婆に扮したものであったというドンデン返しがある。尚『壮平家物語』の蛇骨婆については詳細不明であるが、『歌舞伎年表』には、「鴫立沢の蛇骨婆ア　実ハ為朝めのと鳴尾」とあり、『金門五山桐』と作者も同じであるから、あるいは類似した役柄であったかもしれない。

5　『河海抄』の本文は『紫明抄 河海抄』（山本利達校訂。角川書店）による。但し、管見の範囲では現存の枕草子諸伝本にこのフレーズのあるものを見出し得ない。

6　『新潮日本古典集成 御伽草子集』による。

7　『元禄歌舞伎傑作集　上巻』（早稲田大学出版部）による。

8　『日本古典文学大系　第五十　近松浄瑠璃集 下』による。

9　『日本名著全集　第八巻　歌舞伎脚本集』による。

10　以下、謡曲の引用はすべて『謡曲大観』（明治書院）による。

11　『今昔百鬼拾遺』に看取される多重的な意味生成のありようは、俳文芸の発想に由来するところが大きいと考えられる。

尚、石燕の俳歴については未解明の部分が大きいが、当時の俳壇に於いて最も深い交渉が認められるのは、江戸座の東柳窓燕志である。

12　近世の「雅俗」観、及び「雅俗融和」については、『十八世紀の江戸文芸――雅と俗の成熟』（中野三敏、岩波書店）一章を参照のこと。

13　『蜻蛉日記』の上巻、作者が夫兼家の文箱の中に愛人あての手紙を発見して嫉妬に駆られる下り（「筥のあるを、手まさぐりにあけてみれば、人の元やらんとしける文あり」）の連想もあるか。

14　『国文註釈全書　第六　謡曲拾葉抄』（國學院大学出版部）による。

15　『和漢三才図会　18』（東洋文庫532・平凡社）による。

16　『滑稽雑談』（ゆまに書房）による。

17　『徒然草』本段につき、林羅山の『徒然草』注釈書『埜槌』（寛永期刊）は、『拾遺風体抄』の慈鎮歌として、「しづの男の煙いぶせき蚊遣火にすすけぬものは夕顔の花」を引く（同歌は松永貞徳の『なぐさみ草』にも引かれる）。但し、この歌、『拾遺風体和歌集』の続群書類従本（『続群書類従』十四輯上）ほか数種の伝本に確認できず、存疑。

18　これが「誰也行燈」であることは、青山学院大学文学部日本文学科ゼミ「日本文学演習［4］」（二〇〇八年度実施・担当近藤）にて、藤井彩乃が行った報告に拠る。

19　この詩は諸書に引かれ、妓女の年令を「十八年」とするなど、文言に若干の相違がある。宋代の『芥隠筆記』に、「温州朱史君」の作として載るものが古く、同記事は『秦再思記異録』を典拠とする（『芥隠筆記』は叢書『説郛』等にも収録される）。『山堂肆考』巻一一二は「唐温州刺史朱褒悼亡奴詩」としてこの詩を載せる。また、これを韋荘の作とする異伝もある（『万首唐人絶句』巻六九等）。『全唐詩』には、巻七〇〇に韋荘、巻七三四に朱褒の作として重出する（本注、文淵閣四庫全書所収本文に拠る）。

20　『諸州奇事談』の改題本等については、拙稿「黄表紙『怪談夜行』をめぐって―黄表紙と怪異小説」（『都大論究』四二号、二〇〇五）を参照のこと。短編怪談では、安永二年刊『怪談名香富貴玉』巻之三「女の執着小袖に残る」（『諸州奇事談』の剽窃）、寛政三年刊『怪談旅硯』巻之五「振袖小袖の怪異」などもある。説話内容の諸要素、出版地等を勘案するに、石燕の典拠は『諸州奇事談』（ないしその改題本等）と思しいが、本論に引いた『怪談御伽猿』などを合わせ見ていた可能性もある。
21　注12に同じ。風雅世界の俗化（俳諧化）も、逆から見れば、俗なる物（妖怪）の風雅化（サブライム）ということになる。

附記　本稿に引用した図版のうち、『画図百鬼夜行』、『今昔百鬼拾遺』の図版1、4、5、6、8、11、12は国会図書館蔵本（二本を使用。1のみ［W166-N5］、他は［わ-27］）を、図版7、9、10は、川崎市民ミュージアム蔵本を、『絵本花葛蘿』（図版2）、『乾局』（図版3）は東北大学附属図書館狩野文庫蔵本を底本に用いた。図版掲載を許可下さった各所蔵機関に感謝申し上げたい。
尚、本稿に於ける古典籍の引用には、読み易さを図り、原典又は引用元の活字本の表記を改めたところがある。また、本稿の妖怪に関わる記述には、今日の人権上の観点から見れば不適切な表現が含まれることをお断りしておく。

『婚怪草紙絵巻《こんかいぞうしえまき》』、その綾《あや》なす妖《あや》かし

狐の嫁入り物語

徳田和夫

はじめに

十九世紀の中ごろ、『婚怪草紙《こんかいぞうし》』と銘うった絵巻物が創られた。奇抜なタイトルである。「怪婚」ならまだしも、「婚怪」としている。字面《じづら》にテーマらしきが浮かびあがっているが、こうした用字は語彙史上、唯一ではなかろうか。ちなみに「婚怪」の読みは、旧仮名遣いで表記すれば「こんくわい」である。

幕末の絵師、浮田一蕙《うきたいっけい》（寛政七年《（一七九五）》〜安政六年《（一八五九）》）は、田中訥言《とつげん》、岡田為恭《ためちか》らとともに復古大和絵派とされている。一蕙は十二〜十四世紀のやまと絵に習った作品を描き、また数かずの古典絵巻の模写をおこなっていた。『婚怪草紙絵巻』は、彼の手によって成った。絵だけで構成され、詞書（本文）をともなわない絵巻である。

その絵画史上における意義づけは、代表的なところでは辻惟雄《つじのぶお》氏によってなされており[1]、十四世紀初頭の高階隆兼《たかしなたかかね》画『春日権現験記絵巻』の画面を転用・借用していることも知られている。また、一蕙は尊王攘夷運動に与《くみ》したかどで投獄されている。これを踏まえて、作品は安政五年《（一八五八）》における皇女和宮の徳川第十四代将軍家茂《いえもち》への降嫁を批判・風刺したものといわれてきた。さらに近年では、別役《べっちゃく》恭子氏が一蕙による多くの獣類・異形類の戯画や、奇祭に取材した『祭礼図屏風（今宮安楽祭・太秦牛祭）』等を紹介し、その機智あふれる営為から『婚怪草紙絵巻』をとらえている。[2]

しかし、これまで文芸や民俗に照らした分析はなされてこなかった。じつに古典説話や各種の芸能と、また民間伝承と題材が共通しており、その方面からの考察が欠かせない。だいぶ前からこの作品に関心を寄せてきたが、このたび始終の熟覧がかなえられた。[3]これを機に、新たに説話・伝承学の観点から検討し、絵画表現の意味を探りだしてみたい。

図1

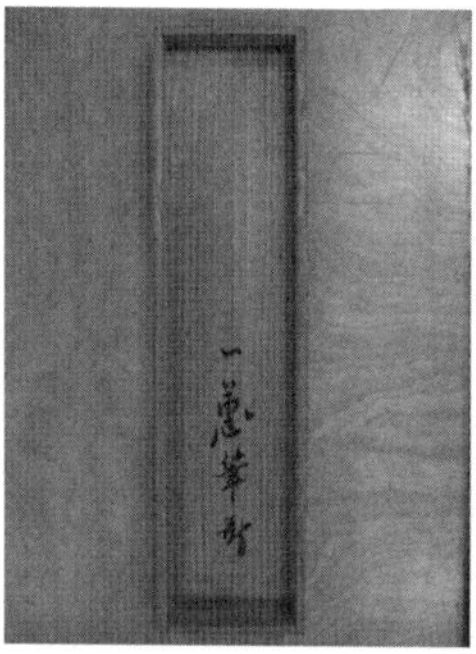

図2

端的にいえば、『婚怪草紙絵巻』は狐にまつわる怪異を綾なして描いており、中世からの妖怪絵巻に連なる作品としてよい。妖怪はおおよそ道具・器物系と動物・植物系に分けられる。先人は自然崇拝《アニミズム》を基底としてそれに霊性《スピリチュアリティ》を観想し、異形《いぎょう》に変化《へんげ》すると信じてきた。歳を重ねた道具や器物は、あるいは打ち棄てられると、その霊が立ち現れて「つくも神《がみ》」（九十九神・付喪神）になるとされた。この思念は現代のポップカルチャーに息づいている。動・植物類では、狐・狸や蛇、猫、鼠に、また椿、榎に怪異伝承が多い。とくに狐は、荼枳尼天《だきにてん》や稲荷神の眷属とされてきたから突出している。[4]『婚怪草紙絵巻』はその到達体としてよい。それは『百鬼夜行絵巻』の妖怪形象や、お伽草子の異類物とも響きあっており、異彩を放っている。

作品の書誌と形態をあらあら記しておこう。

メトロポリタン美術館蔵。一軸。二重箱入り。外箱の貼紙に「一蕙筆／婚怪草／詞《(ママ)》／繪巻」と墨書する。また、内箱の蓋表に「婚怪草詞」（図1）、同裏に「一蕙筆（花押）」との墨書がある（同筆）（図2）。表紙（原装）は浅黄地、唐草模様の緞子装であり、題簽はない。

法量は縦33・0センチ、紙高は縦27・6センチ、全長777・2センチである。[5] 天地および巻首、巻尾に金紙表装がなされている。制作期当初からのものか、あるいは改装や補修を施すことがあって、その折に装着されたものか定かではない。

この一巻は、十六紙を継いで成り立っている。絵には計十一紙を当てており、一紙あるいは二、三紙をもって一段（一連続場面）とし、全五段構成となっている。また、薄茶地の霞を引いただけの料紙が五紙あり、段の間や巻末に配している（計五ヶ所）。

絵巻において、このように霞引きだけの料紙を合間に置くのは特異である。あるいは、近・現代の一時期に、関連する段（絵）の存在を想定して補ったのであろうか。しかし、後述のとおり、五段で物語の始終は整っている。また、後補のための位置取りとするには、幅五〇センチほどの料紙は大きに過ぎる。そこで、この五紙は現状の段構成を鑑みてその役割をとらえておくべきであろう。辻氏はこれを詞書の記載のために用意したものとされる。[6] 絵巻の構想時あるいは表装時に、詞書の記載を計画していたが、何らかの理由でそこまでには至らなかったようだ。

付言すると、巻頭は絵から始まっている。これは、〈詞・絵〉の組み合わせで一段とする通常の絵巻形態ではない。それからすれば、唐突の感がある。また、巻末に無記無彩の料紙が置かれているのも半端な印象にある。この〈絵・詞〉の構成は、やはり絵を仕上げて並べた後に詞書用の料紙を配したとのことを示唆している。本来は絵の前に詞書料紙を置くべきであるが、さすがに霞引きだけの料紙を巻頭に据えるのは避けたということであろうか。もしそれを巻頭に配したならば、巻末にも付けることはせずにすんだことになる。

一　「狐の嫁入り」物語

計五段の絵は、世におこなわれてきた「狐の嫁入り」伝承に取材して、一連の物語に仕立てている。その伝承は、「狐火」の俗信と多く結びついて語られてきた。また、晴れているのに突然、雨が降り出す異変を「天気雨」（「日照り雨」「戯雨《そばえあめ》」）というが、これは狐が嫁入りをしているとも言い伝えられてきた。

「狐火」は、日暮れて山野にぽうぽうと青白く出現する明かりや、虚空に輝く飛翔体を呼び習わしたものである。燐が自然発火しているとも、天空の発光現象ともいわれてきている。不気味な現象であることから、怪火（＝「鬼火」）とみなして、古くから狐が気を吐いている、馬の骨をくわえている、尾を打ちつけているなどとされてきた。十五世紀の百科事典『塵添壒嚢抄《じんてんあいのうしょう》』は、

狐火ヲ燐《クツネ》ト云フ事アリ。此ノ燐ノ字ニ馬ノ血ノ心アリ。此レヲ以テ世俗ニ狐《クツネ》火トハ、馬ノ骨ヲ燃《モヤ》スナンド申スニヤ。（巻八）

として、「馬の骨」説を取りあげている。この「狐火」について、室町期における使用例を『俳諧連歌抄《はいかいれんがしょう》』（新撰犬筑波集《いぬつくばしゅう》）』や『長興宿禰記《ながおきすくねき》』文明十四年（一四八二）九月九日条から掲げて、時代人の心象を考察したが、[7] 新たに手許のカードから一例を加えておこう。『実隆公記《さねたかこうき》』長享二年（一四八八）二月二日条に、

抑、左府、今朝自二江州御陣一帰京、直参内、云々。夜前於二野路一、有二狐火一、迷二路地一之由、被二相語一。驚

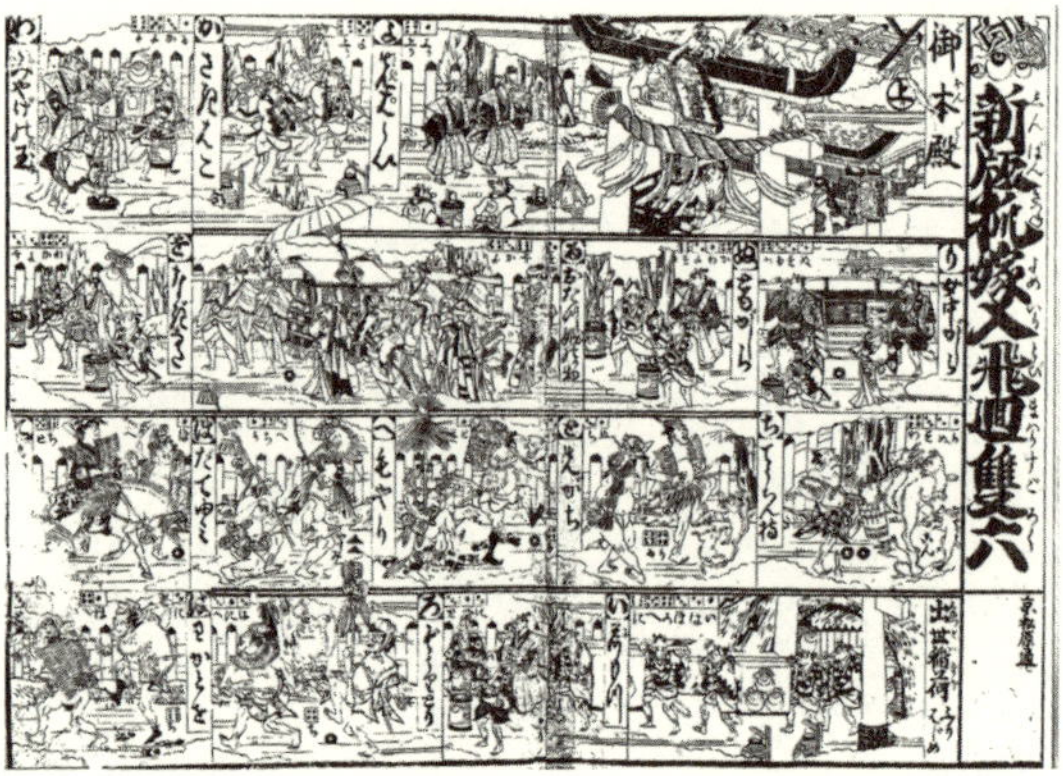

図３『新版狐嫁入飛廻雙六』

入者也。

とある。左大臣（徳大寺実淳《さねあつ》）は近江の戦陣からの帰途、野原で不明の火と遭遇し、道に迷ってしまったという。それを狐に化かされたとみて、「狐火」と使った。それを聞いた三条西実隆は、不気味なことと驚き入っている。このように、怪しい火を「狐火」と見なすことは、広くおこなわれてきた。前近代を通じての〈俗信〉であり、現代においても時おり報告されるものである。

狐の嫁入り伝承は、暗闇の奇怪な火を狐の仕業とする心意に萌《きざ》し、「狐火」伝承と結びつけて形象化したのであろう。その間には、民間説話「狐女房」や説教浄瑠璃『信太妻《しのだづま》』（「葛《くず》の葉子《はこ》別《わか》れ」）のような狐の変化《へんげ》と異類婚姻説話[8]からの連想も働いたことだろう。

「狐火」は古くの文献にとどめられている。対して、「狐の嫁入り」に当たる書きとめは十八世紀に現れる。天明六年（一七八六）刊『譬喩尽《ひゆづくし》』に、「狐の嫁入《よめり》　照つて降る雨をいふ」と載る。また、書名に当たると、安永八年（一七七九）刊・清長画『日照雨狐之嫁入《ひでりあめきつねのよめいり》』、寛政八年（一七九六）刊『昔語狐娶入《むかしがたりきつねのよめいり》』、寛政十二年（一八〇〇）刊・長秀画『絵本狐《えほんきつね》の嫁入《よめいり》』（ニューヨーク公共図書館スペンサーコレクション蔵）等がある。以降も、文政二年（一八一九）刊・十返舎一九『萬福《まんぷく》きつねの嫁入《よめいり》』や、黒本『狐《きつね》の娵《よめ》いり』（東洋文庫蔵）等が知られ、江戸末期刊の一枚刷り『新版狐嫁入飛廻雙六《しんぱんきつねよめいりとびまはりすごろく》』（架蔵）と続く（図３）。これを踏まえると、まずは「狐火」が先行していたとしてよい。

そこで、「狐の嫁入り」の成立には次のような経緯が考えられる。人間社会での婚礼は通常、日暮れてからおこなわれていた。[9] また、異類（＝妖怪）は深夜に跋扈するものとされてきた。[10] その現実の嫁入りの行列のさまに、異類の跳梁する風景が重ねられた。この心象には、夜間での田楽《でんがく》の群舞や、祭礼等の風流《ふりゅう》における奇抜な仮装行列も作用した。[11] 群舞や異形による狂騒は不安感をもたらす。暗がりを提灯の火がいくつもうごめく。そこに狐の火を想起する。すなわち、行列を狐が集団で移動しているとイメージして、嫁入りの所行と発想した、と。

では、狐の嫁入り伝承を〈天気雨〉に引きつけるのは、いつ始まったのだろうか。「天気雨」は、古くは「日照り雨」といった。十四世紀初期の『夫木和歌抄《ふぼくわかしょう》』に「とにかくに三笠《みかさ》と申せ夏ふかき末《すゑ》のはら野に日てり雨降る」とみえる（巻十九）。ただし、これは単に自然現象を指していて、狐にまつわる妖異観はみられない。そのようにとらえる事例はかなり降ってから現れる。精査しきっていないが、享保十七年（一七三二）初演の浄瑠璃『壇浦兜軍記《だんのうらかぶとぐんき》』に、

　ヤアたつた今迄くわん〳〵した空であつたが、エヽ聞こえた、狐の嫁入のそばえ雨、晴らして往かうと辻堂に立ち寄る内の高話《たかはなし》、

とある（日本古典文学全集『浄瑠璃集』）。「くわん〳〵した空」とは、夏の強烈な日差しの「かんかん照り」を狐の鳴き声（後述）にかけたものである。そこに「そばえ雨」が降ってきて、それを「狐の嫁入り」によるものとしている。十八世紀前期には、こうした謂われがおこなわれていた。必然、「狐の嫁入り」はそれ以前からの伝承としてよいだろう。

『婚怪草紙絵巻』は、そうした「狐の嫁入り」をテーマとして、次のように展開する。絵一 荒れ屋敷の風情、絵二 婚礼使者の到来、絵三 同屋敷と庭・池の情景、絵四 嫁入り行列、絵五 嫁家での祝言と宴会、そして夜明

けの場面である。なお、絵四での嫁入り行列では「狐火」が揺らめいており、夜間の場面である。もっとも、これを人間社会からみれば、「天気雨」になっていたわけで、昼間の出来事ということになる。

二　狐の鳴き声

作品名の「婚怪」は、何に着想したのであろうか。別役氏は、「吼噦《（こんかい）》」なる語に注目された。[12]「吼噦」をおおまかに探索してみると、狂言『釣狐《つりぎつね》』の台本に行きあたる。[13] 狐の鳴き声を「こんくわい」と聞きなして、それに漢字を宛てたのである。「こんくわい」に適うものとして、獣の激しい吠え声を意味する漢字「吼《コウ》」と「噦《クワイ》」から合わせ作った。その作意は、後述のとおり、「コウ」が「コン」と音便化していくことからうなずける。たとえば、大蔵虎明《とらあきら》本に「別れの後に鳴く狐〱、こんくわいの涙なるらん」とある（『大蔵虎明本狂言集の研究』本文篇下）。同箇所を虎寛《とらひろ》本は「～吼噦の泪成るらん」としている（岩波文庫『能狂言』）。なお、和泉流の天理本狂言六義《りくぎ》は「こんくわい」である（後掲）。また、鷺流では同曲を『今悔』と表記している（古典全書本。保教本は『釣狐』なし）。以上の台本の注釈はおおむね、「吼噦」と宛てるようになり、さらに「後悔」を掛けたとする。ちなみに、同曲や浄瑠璃『信太妻』をベースにした江戸の長唄に「狐會《こんくわい》」「狐會出端《こんくわいでは》」「稲荷塚《いなりづか》狐會《こんくわい》」「廿四孝狐會《にじふしかうこんくわい》」がある（元禄十六年《（一七〇三）》刊『松の葉』三、日本古典文学大系。続帝国文庫『日本歌謡類聚』上）。

念のため、「吼噦」は室町期以前（十六世紀以前）の文献や古辞書には見いだせない。諸橋『大漢和辞典』にも登載されておらず、大陸将来の漢語ではないようだ。したがって、十七世紀以降の狂言諸流における台本の新写や上演にともなって、狐の鳴き声ないし狐そのものを表すために「吼噦」を作り用いたのである。あらためて、一蕙が絵巻を「婚怪」と名づけたのはどこからか。「吼噦」から「婚怪」を発想したとすませるのは、不十分ではなかろうか。おおもとの狐の鳴き声「こんくわい」からの検討も必要である。「こんくわい」は、「吼噦」とはかかわることなく、人口に膾炙しており、仮名で表記するのが通例であった。

狐の鳴き声の音写は「こうく」に始まって、続いて「こんく」「くわんく」「くわいく」のように展開している。次のように狐を描写する文献に当たってみると、古くは十二世紀末期に見いだされ、中世、近世を通じて広く採取できる。以下、紙面の都合で作品名およびその章段名だけを掲げた。

「こうく」型（「こう」型）

『今昔物語集』二七・38、39、40、41。『沙石集』「連歌事」（旧大系491頁）。『曾我物語』（真名本五「三原・長倉の狩」、米沢本・慶長古活字本五「三原野の御狩の事」）。[14]『源平盛衰記』（巻一「清盛行㆓大威徳法㆒」）。お伽草子『十二類絵巻』。安永四年（一七七五）（一七七五）頃『しみのすみか物語』（巻上「信太《しのだの》森の狐の事」）（後掲）。

「こんく」型（「こうく」の転。「こん」型）

『連珠合璧集』「狐トアラバ…こんといふ」。『誹諧連歌抄』（雑258）。お伽草子『獣太平記』。小絵巻『木幡狐』（江戸初期、ローマ国立東洋美術館蔵）画中詞。[15]御伽文庫本『木幡狐』。同『のせ猿草子』。狂言『狐塚』（『狂言記』）。『新版狐嫁入飛廻雙六《しんぱんきつねよめいりとびまはりすごろく》』（「ち」）画中詞。

「こうく、こんく」型

江戸前期・横型奈良絵本『木幡狐』画中詞。[16]

「くわんく」型（「くわん」型）

江戸前期『木幡狐』絵巻（くもん子ども研究所蔵）画中詞。[17]

「くわいく」型（「くわい」型）

狂言『釣狐』（虎明本・虎寛本、狂言記『こんくわい』）。狂言『今悔』（鷺流・古典全書本「かいく」）。寛文三年（一六六三）刊『曾呂利物語』（巻四・三「狐再度《ふたゝび》化くる事」）。

「こう〱、かい〱」型（「こうかい」型）

狂言『狐塚』（鷺流・古典全書本）。

「こん〱、くわい〱」型（「こんくわい」型）

狂言『釣狐』（同右）。万治二年（一六五九）序・寛文十年（一六七〇）刊『私可多咄《しかたはなし》』（巻五・四）。寛延二年（一七四九）刊『新著聞集』（巻八「鈍狐、害をかふむる」）。寛政十年（一七九八）頃刊『無事志有意《ぶじしうい》』（「野狐」）。

このように、「こう〱」以下、音韻変化によるバージョンを多く拾いだすことができる。まさに時代を越えて広範に用いられている。〈こんくわい〉は『釣狐』に限った用語ではなく、誰もが日常で当たり前に使ってきた擬音語なのである。「吼噦」と比べて、その使用状況の高いことは歴然としている。そこから、「婚怪」は狐の鳴き声の音写に直接よったものとみることもできる。戯画絵師たる一蕙も、そのプリミティブな音声「こんくわい」に慣れ親しんでいたはずである。そうした体験のもと、「吼噦」に拠らずとも、狐の嫁入り物語の怪異をアピールしようとして「婚怪」を着想することも十分にあり得る。ちなみに、「婚怪」に「狐怪《こくわい》」を掛けているならば、一蕙ますます為《し》おおせたり、である。

三　蘭菊《らんぎく》の叢《くさむら》（第一段）

絵・第一段は、二紙で構成されている（図Ⅰ—①、②）。大きく霞を三筋引いて、上部の霞の始まりに満月を配している。その下方に、前門と塀を描き出す。塀の屋根と側面は土がむき出しになっている。この辺りには、枯れ草が点在する。続いて、中門となり、その塀には格子、遣り戸がはめられている。どちらの門も屋根には草が生え、また苔が付いていて、手入れが行き届いていない。さらに、庭が広がっており、一帯には点々と秋草が繁っている。菊、女郎花、桔梗と思われるそれが花を付けている。そこに一匹の狐が座るようにいて、顔を右上方に向けている。月を眺めているのである。

こうした古くなって荒れすさんだ住居は、たとえば『源氏物語』蓬生では、

もとより荒れたりし宮のうち、いとど狐のすみかになりて、うとましうけ遠き木立に梟の声朝夕に耳ならしつつ、

と表現され、梟とともに必ず狐が引き合わせられている。これは元をたどれば、白居易（白楽天）『白氏文集』巻一の「凶宅」における一節、

図Ｉ－①

図Ｉ－②

梟、鳴キ二松桂ノ枝ニ一、狐、蔵《かく》ル二蘭菊ノ叢《くさむら》ニ一。蒼苔、
黄葉ノ地、日暮レテ多シ二旋風一。

に発している（漢詩大系12『白楽天』）。なお、「凶宅」とは不吉な家をいう。その寂しく荒れた様子を、狐が蘭・菊の草むらに潜んでいるほどだというのである。この言説は広がりをみせていて、能『殺生石《せっしょうせき》』に、

那須野の原に立つ石の、苔に朽ちにしあとまでも、

執心を残し来て、また立ち返る草の原、ものすさまじき秋風の、梟、松桂《ショケイ》の枝に鳴き連れ、狐、蘭菊の草に蔵《カク》れ棲む、この原の時しも物凄き秋の夕べかな。（新潮古典集成『謡曲集』）

とある。この曲は、狐が化けたという妖女の玉藻前《たまものまえ》の物語を題材としている。風のすさぶ、暮れなずんだ寂しい野原の表現として、いかにもふさわしい。[18]

さらには、狐の説話とは無縁な曲である『錦木《にしきぎ》』にも同様なものを見いだす。

秋寒げなる夕まぐれ、嵐、木枯し、村時雨、露分けかねて足引きの、山の常陰《とかげ》も物さび、松桂に鳴く梟、蘭菊の花に隠るなる狐棲むなる塚の草、もみじ葉染めて、錦塚は是ぞと言ひ捨て、塚の内にぞ入りにける、夫婦は塚に入りにけり。（同右）

秋深いころ、風雨のなか、草深い里を案内されて行く。その寂しいさまは、「凶宅」の詩句が引かれることで、夢現《ゆめうつつ》の風情となっている。このように、すっかり荒れてしまって、訪れる人とてない屋敷は、梟と狐が棲みつくほどだと理解されてきた。『徒然草』に「主《あるじ》なきところには、道行き人みだりに立ち入り、狐・梟やうのものも、人気《ひとけ》に塞《せ》かれねば、所《ところ》えがおに入り棲み、木霊《こだま》などいふ、けしからぬかたちも現はるるものなり」（第二三五段）とある。

立ちもどって、それは狐の怪異性、すなわち狐を妖怪ととらえたところに形成され、定着したものであった。室町前期（十五世紀）の『連珠合璧集《れんじゅがっぺきしゅう》』の寄合《よせあい》では、「狐トアラバ」に、「昼、古塚、火をともす、化かす、（略）蓬生の宿、こうといふ」と付けている（中世の文学『連歌論集』）。なお、降って承応三年（一六五四）刊跋『世話焼草《せわやきぐさ》』（ゆまに書房刊）の第三・十四「以呂波寄《いろはよせ》」には、「狐」の項に「格子、梟、傾城、蘭菊、（略）」とある。
この絵第一段は、まさに蓬生の宿の風景であり、狐が月を愛でるほどの閑寂な邸を描きだしている。すなわち、著名な詩句から派生した文芸に取材しており、それだけに静寂感に加えて抒情性をかもし出しているといえよう。

四　狐の化け方（第二段）

絵・第二段は、画面に動きが見られる。三紙を継いだ長大な場面は、ある屋敷に婚礼の使者が着いたところから始まる（図Ⅱ―①）。

この屋敷は、絵・第一段に描かれた門の奥に広がっている。屋根には苔が散らされていて、濡縁は板がはずれて枯れ草がのぞいている。狐は人間の衣服を付けており、擬人化されている。使者は細纓《さいえい》・緌《おいかけ》を著した随身《ずいじん》の姿であり、細い杖棒を捧げもつ。その先には、白布で包んだものが付けられている。いわゆる文挟《ふみばさ》みであり、口上の文書なのであろう。また、それには柿の枝が結わけられている。そのうしろに立烏帽子の使丁《してい》（「しちょう」とも）がいる。朱の衣服を抱えており、姫君の嫁入り衣装と察せられる。地面には長持が一基。魚・海老・貝が入っており、また酒の角樽、山の珍味を入れたと思われる網袋が二つ置かれている。濡縁《ぬれえん》の前にも使丁が三人座っている。酒肴を運んできて侍しているのだろう。

図Ⅱ－①

画面はさらに屋内の景と移っていく（図Ⅱ―②）。なお、この辺りから次の庭の景までは、『春日権現験記絵巻』巻五・第二段絵の構図を利用している。濡縁

図Ⅱ－②

図Ⅱ－③

図Ⅱ－④

にはやはり草が生えている。座敷に垂纓《すいえい》の冠《かんむり》に束帯のものが、濡縁に狩衣姿のものがいて、二人は対面している。前者は、屋敷の主人であろう。その衣装からすると、高位の者である。後者はその家司《けいし》と認められる。主人が立ち姿であるのは、家司が参じて来たので、これとばかりに色をなしたからである。家司は右方を指し示している。使者の到来を告げているのだ。

続いて、庭の風景となる（図Ⅱ―③）。狐どもが走り回っており、うち一匹が魚をくわえている。祝いの御馳走をかすめ取ったのであろう。奥の方の簀子《すのこ》を敷いた殿舎は釣殿《つりどの》であろう。内部は敷板がはずれていて、狐が四匹いる。一様に頭や肩に青い草をまとっている。また、釣殿の前の狐二匹は使丁の服をまとっているが、着付けは中途半端で、妙にだらしない。これは変化《へんげ》の最中か、化けそこなっていることを表わしているようだ。

さらに左方には池（泉水）が広がっている。池に面した縁には、女房装束（いわゆる十二単）を付けた、長い黒髪のものがいる。白狐である。初めての登場であり、この家の姫君なのであろう。すなわち女主人公である。しかし、いまだ白い背面をさらしており、これも着付けはしどけない。そして、姫君は池に向かって手を伸ばしている。その先の池中には狐が一匹いて、水中から草をすくい出して、姫君に捧げだしている。姫君はそれを受け取ろうとしているのである。汀や池の中には、ほかの狐が七匹いて、皆が皆、頭や身に水草を垂らしている（図Ⅱ―④）。

この水草を身につける狐の図は、狐の変化《へんげ》伝承の考察には無視できない。狐を語る古文献や、それを描く絵巻、絵本に同様なものをみるからである。

さしあたっては、室町後期（十五～十六世紀）の『狐の草紙』絵巻である。[19] 土佐光信の絵と伝えられ、お伽草子（室町物語）における五種類の「狐物《きつねもの》」[20]では初期のものである。老僧のもとに、狐が美女に化けて現れる。僧はいそいそとその屋敷に出向いた。歓待を受けて我を忘れているところに、錫杖《しやくじよう》の音が響く。それを聞くや、狐どもは逃げ惑った。地蔵菩薩が妖異を破却したのである。僧はといえば、荒れた堂の縁の下に、ぽつねんと座っているのであった。辺りには、きたない蓑や馬の骨が散らばっていた、…。その絵・第五段は屋敷内の二場面を続けて描いている。右図では僧と美女が寄り添っており、左図ではもとの姿にもどった狐が逃げだしている（図４）。

図４

後者の四匹の狐に注目すると、うち一匹は障子のうしろに走り入ったが、手前の三匹は誑《たぶら》かしたとばかり笑っている。そして、詞書（本文）では触れていないが、左から一匹目は頭に髑髏を戴いており、二匹目は背中に典籍を結わえつけており、そして三匹目は首に長い草のようなものを巻きつけている。髑髏は、諸書や民間伝承でいう、狐が化けるときに用いるアイテムである。[21] 典籍は、おそら

図5

図6

図7

く荼吉尼天《だきにてん》（荼枳尼天）か北斗七星にちなむ法術書（事相書）なのであろう。[22] では、長い草のごときものは何であろうか。『婚怪草紙絵巻』が描くところと極めて似ている。藻（＝水草）とみてよい。

お伽草子にはまた『木幡狐《こわたぎつね》』がある。その絵巻のローマ国立東洋美術館本（江戸初期）と、くもん子ども研究所本（江戸中期）の絵も看過できない。[23] 木幡の里に棲む狐の姫君きしゅ御前は、人間の三位中将《さんみのちゅうじょう》に恋した。そこで、人間の女房に化けて近づこうとする。その場面において、二本とも詞書では触れていないが、きしゅ御前は明らかに手に藻をさげている。立ち姿であり、顔つきは女房のそれとなっており、上体は裸のままである。また、いまだ尻尾が残り、両足は狐の後肢のままである。変化《へんげ》の途中なのである（図5）。後者の絵には、地面に花を付けた水草が置かれる。きしゅ御前は顔や髪が女房のそれとなっているが、首から下はいまだ狐のままである（図6）。狐狸の変化は頭、胸、腰へと上半身からなされているが、[24] そのときに欠かせないのが藻であった。

降って、江戸末期の浮世絵をさらってみよう。一勇齋歌川國芳《うたがわくによし》（寛政九年《（一七九七）》～文久元年《（一八六一）》）に『道外《（どうけ）》狐へん化《（げ）》の稽古』（図7）、『狐に化かされる図』（三枚組）がある。[25]

『狐 変化《へんげ》の稽古』は、暮れなずんだ川べりが舞台である。右手の二基の稲積みは、稲荷を連想させる。その隣の植物は菊であろうか。まさに、狐の夫婦が、若狐、子狐に化け術を教習している。父狐の前には、両端から炎を揺らめかす白棒が置かれている。馬の骨である。左側では、二匹の狐が頭に藻を載せて、川を覗き込んでいる。水鏡である。狐は僧侶、子守り女、易者、町人に化けた。しかし、まだ狐の身をさらしていたり、狐顔であったり、尻尾が出ていたりで、化けおおせていない。子守り女が地蔵を背負っているのも面白い。遠景には、新造とおぼしき女性が供を連れていて、狐と向かいあっている。無論、この狐は人の姿を取っているはずだ。

『狐に化かされる図』は右、中面にやはり稲積みを配している。左面に注目したい(図8)。遠くの黒ずんだ森の前を、提灯をかざす者が通りかかっているから、夜間の風景である。男二人が狐にたぶらかされている。手前の半身をさらした男は地蔵坐像に抱きついている。女と信じて抱き寄せたらしい。右上の頬かむりの男は、酔い呆《ほう》けたさまで踊る。胸もとには草履を吊るしている。財布のつもりか。右手にもつ鳴子《なるこ》は扇子と思い込んでいるのだ。この男二人は、奥手にいる女人にだまされたのである。女の立膝をしたあたりに目を凝らすと、足は狐のそれである。その後ろで、下半身だけ服を付けた狐が女と何やら話を交わしている。その左にも狐が二匹いて、これも半身に着物を付けた体で、魚籠《びく》をのぞき込んだり、魚をぶちまけている。手前に釣竿が置かれてあるから、男たちは釣りの帰りだったようだ。さても、狐の二匹はやはり頭から首にかけて藻をまとっているのである。

図8

狐が人間をたらし込もうとするとき、藻は必須のアイテムであった。そのようにいう古文献を次に挙げておく（引用に際し、濁点・漢字を宛て、送り仮名を補った）。

『祖聞下語』（『時代別国語大辞典・室町時代篇』所引）

狐狸ト云《(いふ)》ワ《(ハ)》、ムジナ、タヌキ也。キヤツガ色々《イロイロ》ニ口ニ火ヲ含ミ、頭ニアヲミドリヲカムツテ、化ケタゾ。

『釣狐』（中世の文学『天理本狂言六義（上）』）

…（シテ狐）とかく、食へと云ふ事であらふほどに、食わふ。さりながら、あをみどりを身にかけていれば、身が自由にならぬほどに、脱いで食わふと云ひて、太鼓打ちの後ろへ入る也。（略）（アド）「狐がかかつた」と云ひて引きこむ時、「すこん〳〵」と鳴いて、手を合はせて拝むしまひ也。同「抜書」（次第）名残の後の古狐〳〵、こんくわいの涙成らん。

『きつねの藻』（安永四年（一七七五）頃・叙。洒落本大成6）

狐、藻を把て躊躇す。人は是を見て狐を歎鳴乎。虚実、爰に有乎。依つて、狐の藻と号く。長居は恐れ、尾の出ぬうち、草をかき分け、露滴りて筆をすすぎぬ。

『しみのすみか物語』（文化二年（一八〇五）刊。石川雅望作。噺本大系19）

信太の森のあたりに狐ありけり。あだし狐にも似ず、あさましく愚かなりければ、化けて人をたぶらかす事もなしえざりけり。我より若き狐どものよく化け習ひて、高名なるも有りければ、其術を友だちに問ひ聞きけり。教へつるやうに、あたりなる池にひたりて藻を取り、頭にうちかぶりみるに、しとど濡れて、滑らかなる物なれば、頭にえたまらで滑り落ちぬ。（略）こうこうと鳴きて、草むらの中にはひいりけるを、釣りする人の確かに見たりけるとて、帰りきて語りけるとなむ。（巻上「信太森《しのだの》の狐の事」）

『化物一年草《ばけものひととせぐさ》』（十返舎一九作・勝川春栄画。文化五年（一八〇八）刊。アダム・カバット『江戸化物草紙』）

十一月は顔見世のごとく芝居始まり、いつも狐、狸が立役に化け、女形に化け、いろ〳〵に化けて狂言をするゆへ、別に衣装いらず。かつらといふもなく、髑髏《しやれかうべ》と藻の草あれば、それにて何もいらぬとは重宝なものなり。

このように、室町時代以降、狐が化けるときに藻を用いるとする言説は数多い（補記参照）。民間においても根強く語り継がれていたと思われる。一蕙はそれを自家薬籠中のものとしていた。『婚怪草紙絵巻』がそれを描きだすのも宜《うべ》なるかな。なお、『きつねの藻』は吉原遊郭での是否を評論したもので、遊女との付きあいを化かしあいとみて書名としたのである。また『しみのすみか物語』には挿絵があり、やはり藻を載せている狐を描いている（図9）。

図9

図Ⅲ－①

図Ⅲ－②

図Ⅲ－③

五　嫁入り行列（第三段）

絵・第三も、三紙を継いでいて長大なものとなっている（図Ⅲ—①、②、③）。嫁入りの行列が始まった。描きも描いたり。徒歩《かち》のもの、騎馬のもの、格子板の輿に乗るもの、荷を担うものなどが続い

図10

て、総勢五十三匹のオンパレードである。一目みて、貴家の婚礼行列と知れる。最後尾の舎人姿のものが反対方向に行こうとして、仲間に注意されており、ユーモアも仕掛けられている。行列の中心をなすのは牛車《ぎっしゃ》（御所車）である。大きく立派に描かれ、中に姫君が乗っている。その屋根には女房姿の女狐が三匹乗っている。

また、一行のうち、四匹は藻を付けたままであり、衣服を着ていない。化けきらずに出立したようだ。先頭を行く一匹は、加えて瓜をかぶっていて、なかから顔をのぞかせている。瓜でもって烏帽子の代わりとしたのであろう（次章、参照）。

行列中の十か所で、緑と赤で彩った火がちらちらしている。また、太い尾の先に火を灯すものも四匹いる。なかに、逆立ちして歩んで、尾を高く上げているものもいて、笑いを誘う。いずれも狐火であり、もって夜中の嫁入り行列の提灯としている。狐が尾の先に火を灯す図は、早くに十二世紀後期の『鳥獣人物戯画』甲巻にみられ（図10）、また江戸末期刊行の『新版狐嫁入飛廻雙六《しんぱんきつねよめいりとびまはりすごろく》』にいたるまで定番となっている（「(ち)てうちん持」）。この狐火図像については次章でさらに考察したい。

それに付けても、こうした嫁入り行列は、異類の物語においては重要な設定なのであった。十六世紀前後のお伽草子には異類物が多いが、それを懇切に長々と描きだしていることが思い合わされる。場面の詞章はいたって簡潔であるのに、その絵は延々と続いて、微に入り細に入りとなっている。

『鼠の草子（鼠の権頭《ごんのかみ》）絵巻』諸本はその典型である。人間の姫君と鼠との怪婚譚（異類婚姻譚）であり、その嫁入り行列が長大な絵となっている。サントリー美術館本、天理図書館本から当該本文を引いておく。さらに、鼠どうしの婚姻をものがたる別本の甲子園学院本も付しておく[26]。いずれも記述は簡略で、委細は絵に託している。

［サントリー美術館本］（日本古典文学全集『御伽草子集』）

さて、権頭《ごんのかみ》、ななめならず喜び、「さてはこれより、御輿《こし》よろづ取り計らひ、我が身は御先へこそ参り候はん。御供《とも》のことは、穴掘《あなほり》の左近尉《さこんのじょう》を物主《ものぬし》として、それぞれに取りなし、御先へ」とて、参らせけれ。（絵①）さて、左近尉は、姫君の御道具残るところなく調《ととの》へ、我が身、際《きは》を打ち、ゆゆしき体《てい》にてこそ、御供申しけれ。（絵②）

右の絵②には、擬人化した鼠が五十六匹も続いて、それぞれ役に当たって歩んでいる。画面に擬人名とともに書き散らされたせりふ（画中詞）は仔細であり、さんざめきが聞こえてくるようだ。なお、ここでは花嫁は馬に揺られている。

［天理図書館本］（天理図書館善本叢書『古奈良絵本集一』）

やう〳〵月日重なり、夏の末になりぬれば、重ねがさね玉章遣《たまづさや》り、なびきければ、良き日を選《ゑら》び、権頭《ごんのかみ》、すでに御前迎《ごぜむか》いの用意《ようい》、ひまもなし。孫兵衛《まごびやうへ》、小六などいふ郎等《らうだう》を迎《むか》いにいだしにけり。（絵）

こちらでは、擬人体のものが二十四匹歩んでおり、花嫁は輿で運ばれている。また、権頭邸の前には、「近迎《ちかむか》い」に出た「俵《たわら》くじりの孫兵衛」「胡桃割《くるみわ》りの小六」「櫃捜《ひつさが》し助五郎《すけごら》」「縄切《なわき》りの彦五郎《ら》」が居並んでいて、畳み提灯を下げて待っている。

［甲子園学院本］
日取りを定めけるほどに、婿殿方には新《あたら》し殿を建てさせ、東西南北飾らせらる。そんぢやうその日と定まれば、この事、世に隠れなくして、在々処々より馳せ集まりける。幾千万といふ数を知らず、我《われ》御供、誰《たれ》御供とぢぢめき、雲霞のごとく馳せ参る。（略）既にその夜となりければ、婿殿方には山海の珍物、国土の菓子を調へ、今や〳〵と待つ裏舟、婿の心は焦がるらん。

たくさんの鼠が様ざまな衣装に身を固め、酒肴・諸道具・輿を担い、警護方とともに隊列を組んでいる。婿殿の屋敷からの迎え方も加えると、その数はおよそ百匹にも及ぶ。行列では、高位のものは馬の代わりに兎に乗っている。中には長い棒に提灯を掲げるものが数匹いる。また迎え方も提灯を提げており、時刻はまさに夜である。なお、花嫁は輿の中にいる。

さらに、住吉如慶画『虫妹背《むしいもせ》物語絵巻』（細見美術館蔵）[27] も見逃がせない。玉虫姫と蝉の右衛門督《えもんのすけ》の婚姻物語である。右の甲子園学院本のように異類どうしの結婚であり、『婚怪草紙絵巻』の設定と相通じる。玉虫姫は牛車のなかである。天理図書館本の本文を掲げておく。

日も暮れゆくまま、御車、寄せ奉り、出《いで》給う装《よそ》ひ、目も彩《あや》なり。御車副へ、舎人にいたるまで、いたらぬくまなく見え給ふ。（絵）（室町時代物語大成13）

この簡単な叙述に対して、日暮れての行列を描く絵は極めて長い。やはり画中詞が多く記載されていて、場面をにぎやかなものにしている。牛車は大きな蛞蝓《なめくじ》が引いている。

　こうした異類の物語は、じつに同時代の『百鬼夜行絵巻』[28]諸本とも密接にかかわっている。異類物は動物を擬人化してものがたり、現実とは対極の虚構世界を構築している。また、物語の時間帯を夜とする作品が目だち、妖怪の絵画表象（＝造形）と近似するからである。これを換言すれば、『百鬼夜行絵巻』は広い意味で異類物としてよい。妖怪の造形じたい、擬人化の所為と通いあっている。

　右の『虫妹背物語絵巻』では、蛙に乗る虫類が四匹いる。蛙を馬の代わりとしている。これとよく似た図像を『百鬼夜行絵巻』に探ると、国際日本文化研究センター蔵『百鬼ノ図』の、烏帽子を著した蛙が大亀に乗っている図にいき当たる（図11）。異類の描写は、おのずと妖怪のそれと近似するようになる。

　そこで、『百鬼夜行絵巻』の京都市立芸術大学本（＝京都芸大本。十八世紀）と狩野《かのう》養信《おさのぶ》画の東京国立博物館本（＝東博異本。十九世紀）に注目したい。両者は図柄が反転一致し、同系統本である。牛車を描いており、大顔の女と天狗が乗っている。牛車は妖怪世界を描きだすときのモティーフとして定着していたようだ。それを曳いているのは「大蝦蟆《カイル》」（蟾蜍《ひきがえる》）である（図12）。『婚怪草紙絵巻』での牛車は、狐の使丁が轅《ながえ》に寄り集まって引いている。あるいはこのように描く絵が別にあって参考にしたのであろう

図 11

図 12

か。ともかくも右の二本では、牛車の傍らには、榻《しじ》（＝踏み台）を抱えて付き従う使丁がいる。狐である。様ざまな妖怪と動物が登場するなかで、狐の役としている。この「牛車と狐」の組み合わせが妖怪表象において固定しているならば、それは『婚怪草紙絵巻』の描出とも響きあってくる。

加えて、その嫁入り行列のなかに、天秤棒を担って、前に指樽《さしだる》、後ろに太鼓《たいこ》樽《だる》を下げて歩む狐がいる。この構図は、京都芸大本での白風呂敷の妖怪（図15参照）や東博異本での猿の酒樽担いと完全に一致している。一蕙は明らかに『百鬼夜行絵巻』に接していた。そして、京都芸大本などのテキストから部分的に構図を借用していたのである。

図Ⅳ - ①

このように、異類物が嫁入りの場面を設けて、絵巻テキストに表現する場合は、その行列風景を絵にゆだねる。享受者はそれを楽しむのである。これは、動物や異類異形は行列行進するという共通認識に立っての表象と考えられ、さらにそれを題材とする絵巻は常套的な手法としていたとみてよいだろう。『婚怪草紙絵巻』における狐の嫁入り行列もそうした一連の異類の祝祭図ととらえるべきである。一蕙の賛をこらした画面の背景には、異類物の行列イメージが蓄積されている。

六　婚礼祝言、狐火（第四段）

絵・第四は一紙を用いている（図Ⅳ—①）。『春日権現験記絵巻』巻三・第二段の邸宅構図を巧みに転用して、婚礼の酒宴を描きだしている。奥に座る花婿も白狐である。手前には花嫁と女房を配して、その十二単の裳が美しく、画面は華やかである。

全体に優雅な場面となっているが、一蕙はさらに仕掛けをほどこしている。まずは笑いの喚起である。前段の行列シーンの先頭で瓜をかぶって歩んでいた狐が、ここでは上部に点描され、倒立して尾先に火を灯している。灯かりならば、我が狐火の術をご覧あれとばかりに、燭台《しょくだい》を蹴倒して逆さ踊りをしている。これは、別役氏が指摘する通り、『鳥獣人物戯画』丙巻の、猿の験比べの図の巧みな転用である。[29] また、子狐二匹のうち一匹が几帳《きちょう》からのぞきこんでおり、座敷の端では舎人がことの成り行きをうかがっていて、そのひょうきんな顔つきが重厚な雰囲気をやわらげている。

さて、手前の狐火の図像に注目してみよう。畳上に座った狐が、直立した太く長い尾を両手で抱えている。この図像股をくぐらして前に出したのである。尾先には火が揺らめき、得意満面の面持ちである（図Ⅳ—②）。この図像にも先蹤がある。ついては、別役氏はこの絵巻にかかわる作品として、お伽草子『付喪神《つくもがみ》絵巻』の崇福寺本（室町後期）を挙げる。異類・妖怪絵巻の先駆的な位置にあり、一蕙自身もこれを模写していたというから、顧慮すべきことである。しかし、崇福寺本には類似図は見いだせず、直接の構図転用は認められない。

その点で留意しておくべきは、『付喪神絵巻』にはＡＢの二系統があることだ。このうちＡ系に当たるのが崇福寺本である。では、Ｂ系はいかがであろうか。現在のところ、京都市立芸術大学本、西尾市岩瀬文庫蔵本などの十一本が知られている（寛文六年《一六六六》元奥書。江戸後～末期写）。[30] この系統では一様に狐火を描きだしている。夜間の山中にあれこれの妖怪が集まって酒宴をしている場面

図Ⅳ－②

図13

図Ⅴ－①

である（図13）。まさにこれが『婚怪草紙絵巻』第四段の狐火図像と一致している。一蕙はこれを借用したと断定してよい。画面は婚礼場面ゆえに典雅にして優美な雰囲気である。それにさらに、『付喪神絵巻』B系から狐火図を配して、妖異さをただよわせることになった。

　一蕙の古絵巻の閲覧・模写は室町期のお伽草子の異類物（＝妖怪物）絵巻にも及んでいた。言い換えれば、『婚怪草紙絵巻』は中世からの妖怪絵巻の面貌も体している。

七　夜明け、そして終末（第五段）

絵・第五段は二紙を継いでいる。御簾《みす》越しに舎人たちが宴会を催しているのがうかがえる。透かし絵のようになっている（図Ⅴ—①）。

　左に視線を送ると、烏帽子を著けた狐が縁をあわてて走り来たっている（図Ⅴ—②）。何事か。末尾には、真っ赤な球体が配されている。下から上へと上昇するように描かれ、朝日と知れる。すなわち、夜明けを最終場面としている。その陽光に驚いて、知らせに走ったようである。尾を出しており、正体を顕している。また、庭に出ていた三匹はまぶしくてたまらず、扇で顔を隠し、仰向いて倒れている。やはり尾を出している（図Ⅴ—③）。

赤い球体の出現で、妖怪や異類の世界が崩壊している。そうしたことを描きだす絵巻がある。やはり、『百鬼夜行絵巻』であり、大徳寺の真珠庵に蔵される十六世紀の作とされるものが著名である。この真珠庵本系統の伝本は多数あり、近世を通じて親しまれた。ついては、別役氏は真珠庵本を引き合わせているが、いかがなものであろう。それは、真っ赤な球体を天から降ってきたように描きだしている。地平から昇る朝日ではない。おそらく、『尊勝陀羅尼経』の呪文・真言を具現化したものであろう。しかし、『婚怪草紙絵巻』では明らかに朝日を形象しており、真珠庵本系統とはまったく異なっている。

　では、巻末に朝日の出現を配した作品はあるのだろうか。先の京都芸大本や、東京大学総合図書館本（蔭山源広迢《かげやまみなもとのひろとお》画『百鬼夜行図』、江戸中期）がそれである。とくに京都芸大本の、朝日を見て逃げ惑う狐や異類の姿は極めてよく似ている（図14）。それどころか、反転させてみると、まったく一致する。濡縁《ぬれえん》をあわてて走る狐も、先頭の猿の図像を反転して作ったものである。一蕙は狐の嫁入りの物語絵巻の創出にあたって、その末尾を『百鬼夜行絵巻』に倣《なら》った。ただし、そ

図Ⅴ－②

図Ⅴ－③

図14

図15

図16

れは真珠庵本系統ではない。現段階では、京都芸大本だと考えられる。京都芸大本は、先の嫁入り行列における酒樽担いの図でも一致していた（図15）。

なお、『百鬼夜行絵巻』には末尾を奇怪な大きな黒雲を出現させて終わる系統もある。その一本の国際日本文化研究センター蔵『百鬼夜行絵巻（百鬼ノ図）』も無視できない。恐ろしい黒雲に圧倒された妖怪は地に倒れ伏している（図16）。『婚怪草紙絵巻』において、騒ぎ動転する狐の描出は、この構図とも酷似しているからである。しかし、一蕙がこれに直接によったとは考えがたい。朝日を描出して終えているからである。ともかくも、類似の構図であるのは、京都芸大本と『百鬼夜行絵巻（百鬼ノ図）』とが何らかの転写関係にあったとみるべきで、そこから解き明かすべきことである。

狐の怪異を文芸や民間伝承から巧みに取りこんだ『婚怪草紙絵巻』は、妖怪を観想する精神文化の探求に有意な作品である。一蕙は多くの先行絵巻に接して自己の画業を豊かなものにしてきたが、とくに本絵巻は狐火の図像をお伽草子『付喪神絵巻』B系伝本から用い、狐の嫁入り物語を『百鬼夜行絵巻』の〈朝日出現型〉[31]に倣って閉じていた。幕末から明治にかけて、妖怪をよく描いた絵師に一勇齋國芳（前出）と川鍋暁斎《かわなべきょうさい》（天保二年（一八三一）〜明治二二年（一八八九））がいる。時同じく、一蕙は動物・異形の戯画を描きつつ、この『婚怪草紙絵巻』を巧みに綾なした。

絵筆は妖怪にまつわる通時的な伝承を鮮やかにとどめたのであり、國芳・暁斎と相並ぶ妖怪表象作家としてよいだろう。

注

1　辻惟雄「浮田一蕙とその代表作『婚怪草紙絵巻』について」（在外日本の至宝7『文人画・諸派』一九八〇年三月、毎日新聞社）。

2　別役恭子「浮田一蕙の絵画─作品にみる戯画─」（『日本の美学』15、一九九〇年一〇月）。論中、『婚怪草紙絵巻』と部分絵が合致する『婚怪図屏風』を紹介し、絵巻の前段階のものとする。同「『婚怪草紙絵巻』の風刺に関する一考察」（『日本研究』8、一九九三年三月、国際日本文化研究センター）。

Yasuko BETCHAKU「A Study of 'The Tale of a Strange Marriage', Konkai Zoshi Emaki, by Ukita Ikkei in the Metropolitan Museum of Art」（『國際東方學者会議紀要』No.33,1988）

3　『特別展 やまと絵─雅の系譜─』（東京国立博物館。同図録、一九九三年一〇月）にて寓目した。調査・撮影（二〇〇九年十一月）に当たって、メトロポリタン美術館学芸員の渡辺雅子氏に格別の御配慮を賜った。記して感謝申し上げる次第である。

4　徳田和夫「いつの世とても狐の話─近世における中世─」（『国文学　解釈と教材の研究』49・5、二〇〇四年四月）、「伝承文芸と図像─中世説話、お伽草子、近世絵画─」（福田晃氏 古希記念論集刊行委員会編『伝承文化の展望─日本の民俗・古典・芸能─』二〇〇三年一月、三弥井書店）。［対談］小松和彦・徳田和夫「室町の妖怪─付喪神、鬼、天狗、狐と狸─」（『国文学』50・10、二〇〇五年十月）。

なお、中村禎里『狐の日本史─古代・中世篇─』（二〇〇一年六月、日本エディタースクール出版部）、『(同)─近世・近代篇─』（二〇〇三年十月）、大森惠子『稲荷信仰と宗教民俗』（一九九四年十二月、岩田書院）、「狂言『釣狐』の演出と稲荷信仰」（前出『伝承文化の展望』）、星野五彦『狐の文学史』（一九九五年十月、新典社）、鈴木棠三編『日本俗信辞典─動・植物編─』「狐①〜⑧」（一九八二年十一月、角川書店）がある。

5　各紙の幅寸法を記しておく（単位cm）。表見返し（25・5）、絵一（第一紙49・4、第二紙50・4）、料紙一（第三紙50・0）、絵二（第四紙48・9、第五紙50・4、第六紙50・4）、料紙二（第七紙48・7）、絵三（第八紙35・7、第九紙47・9、第十紙44・0）、料紙三（第十一紙50・2）、絵四（第十二紙52・2）、料紙四（第十三紙49・4）、絵五（第十四紙50・2、第十五紙50・1）、料紙五（48・9）。

6　前注1。

7　徳田和夫「百花繚乱の物語草子―お伽草子学の可能性―」（『お伽草子 百花繚乱』二〇〇八年十一月、笠間書院）。同「妖怪行列、狐火」（人間文化研究機構連携展示『百鬼夜行の世界』図録、二〇〇九年七月、人間文化研究機構）。

8　徳田和夫「信太妻の周縁」（国立劇場第一五二回文楽公演プログラム、二〇〇五年九月）、「群馬の信太妻」（第7回群馬学連続シンポジウム「群馬の伝承と芸能」、群馬県立女子大学編『群馬学の確立に向けて3』二〇〇九年一月、上毛新聞社出版メディア局）。

9　伊勢貞丈編『貞丈雑記』（宝暦十三年《（一七六三）》～天明四年《（一七八四）》著述・追記）に「婚礼《コンレイ》は夜する物也。されば古法婚礼の時、門外にてかがり火をたく事、上﨟《ジャウラウ》蝋燭《シソク》をとぼして迎《ムカヒ》に出る事、旧記にある也。男は陽《ヤウ》也。女は陰《イン》也。昼は陽也。夜は陰也。女を迎ふる祝儀なる故、夜を用ル也。唐にても婚礼は夜也。されば婚の字は女へんに昏の字を書也。昏はくらしとよみて日ぐれの事也。然るに今大名などの婚礼、専午《モハラムマ》の中刻など用る事、古法にそむきたる事也。」とある（巻之一「祝儀之部」）。

また、たとえば『言継卿記』天正四年《（一五七六）》二月二十四日条に嫁迎えの記録がみえ、「黄昏、冷泉へ迎遣之。やゝ、ほた、茶々、輿等也。戌刻被来。従彼方、官女一人、侍両人、雑色一人、人夫両人、送ニ来、云々。今夜、待女房薄妻来。先引渡。（略）」とある。「戌刻」は午後八時である。澤井耐三「『鼠の草子（鼠の権頭）』の嫁入り行列図―諸本比較の過程から」（『愛知大学文学論叢』136、二〇〇七年九月）、「御伽草子・躍動する動物たち―『ふくろうの草子』・『鼠の草子』から」（石川透編『広がる奈良絵本・絵巻』二〇〇八年十一月、三弥井書店）。

10　前注7、二〇〇八年論文。および第五章「嫁入り行列」における『鼠の草子絵巻』『虫妹背物語絵巻』、同章および第六章「婚礼祝言・狐火」における『百鬼夜行絵巻』諸本を参照されたい。

11　徳田和夫「風流《ふりゅう》の室町」（「シンポジウム「中世文学と芸能」、『中世文学』55、二〇一〇年六月）、「妖怪の行進」（シンポジウム「百鬼夜行の世界」『人間文化』10、二〇〇九年十月、人間文化研究機構)。小林健二「芸能的な絵画世界」(同)。

12 注2別役英語論文。

13 『釣狐』は「天正六年《(一五七八)》七月吉日」と記す『天正狂言本』にも載るが、狐の鳴き声は記載していない。また、『釣狐』の上演記録の初出は『上山城久世郡寺田庄法堅法度万ノ書物』天正九年《(一五八一)》九月三日「キヤウケン(略)三番ニツリキツネ」である。橋本朝生「中世狂言史年表」(『狂言の形成と展開』一九九六年十月、みづき書房)。

なお、次に掲出した狐の鳴き声を記す文献類は、徳田が調査したものに、山口仲美「われは狐ぢゃこんこんくわいくわい」(『犬は「びよ」と鳴いていた―日本語は擬音語・擬態語が面白い』二〇〇二年八月、光文社新書)における事例の一部を加えた。

14 『沙石集』『曾我物語』のそれについては、徳田和夫「物語草子の世界」、岩波講座・日本文学史6『一五、一六世紀の文学』一九九六年十一月)にて取り上げた。

15 佐伯英里子「新出の『木幡狐』について」(東北大学『美術史学』13、一九九一年三月)。

16 岡見弘道「異本『こはたきつね』解題翻刻紹介」(『大阪成蹊女子短期大学研究紀要』34、一九九七年三月)。

17 『浮世絵の子どもたち』図録(一九九四年、くもん子ども研究所編)断簡九図中、六図掲載。ちなみに、平成二年《(一九九〇)》十一月の古典籍下見展観入札会にて初めて出品された。

18 延宝二年《(一六七四)》(一六七四)刊・古浄瑠璃『信田妻《しのだづま》』にも「頃しも今は秋の風、梟、松桂の枝に鳴きつれ、狐、蘭菊の花に戯れ棲むとは、古人の伝へしごとく」とある。

また、お伽草子『鳥獣戯歌合物語《ちょうじゅうぎうたあわせものがたり》』(十七世紀後期カ)に、「狐、重而《(かさねて)》申(し)けるは、(略)後京極殿、故郷《ふるさと》の軒《(のき)》端《ば》の檜皮《ひはだ》草荒《あ》れてあはれ狐の棲《す》みどころ哉《(かな)》、と侍るにやと申(し)、火をとぼし、うち振《ふ》りて、座に直《なを》りける。」とある(典拠:『夫木和歌抄』巻二七雑「九 動物」。第五句「伏しところかな」)。

19 奥平英雄編『御伽草子絵巻』(一九八二年五月、角川書店)、口絵。また、注4鈴木編著、参照。

20 『狐の草子』『玉藻の前』『玉水物語』『木幡狐』『いなり妻の草子』の五種。

21 例えば寛文六年《(一六六六)》刊、浅井了意編『伽婢子《おとぎぼうこ》』の「狐の妖怪」(巻二‐三)に、「道の傍らに一つの狐駆け出でて、人の曝髑髏《しゃれこうべ》を戴き、立ち上がりて、北に向かひ礼拝するに、彼の髑髏、地に落ちたり。又、取りて戴き礼拝するに又落ちたり。落ちれば、又戴く程に、七、八度に及びて、落ちざりければ、狐、則ち立ち居、心の儘にして、百度ばかり北を拝む。小弥太、不思議に思ひて立ち止まりて見れば、忽ちに十七、八の女になる。」とある（高田衛編『江戸怪談集』中、一九八九年四月、岩波文庫）。挿絵あり。

22　前注21参照。また十六世紀末〜十七世紀初期のお伽草子『獣《けだもの》の歌合《うたあわせ》』（『四生《ししょう》の歌合』の内）第五番「逢はざる恋（狐・狸）」に、「狐塚《きつねづか》の穴右衛門《あなゑもん》／北窓《きたまど》や昼《ひる》も見《み》まくの星《ほし》の陰白々《かげしらじら》しくも化《け》なば化《け》なん」、「（判詞《はんじ》）左歌は、北斗《ほくと》を拝《はい》して変化《へんげ》して人となると左伝《さでん》に有り。万葉《まんやう》の歌にも、人も皆あなしら〳〵し老狐《おひぎつね》いとども昼の交《まじ》らひなせそ、といふ歌《うた》を取《と》りたると聞《き》こゆ。」とある。なお、判詞中の引用歌は『夫木和歌抄』を典拠とする。

23　注15論文、17書所収。なお、ローマ国立東洋美術館本の撮影（一九九七年七月）にはロベルタ・ストリポリ氏の御助力を得た。

24　十五世紀のお伽草子『十二類絵巻』に、狸が十二支軍に負けた悔しさから、鬼に化けて復讐を企て、うまく化けたかと水鏡に映してみる場面がある。その絵では、上体が鬼、下半身は狸のままとなっている。

25　注2別役・一九九三年論文に取り上げられている。惪《いさお》俊彦編『国芳妖怪百景』（一九九九年五月、国書刊行会）。

26　龍沢彩「甲子園学院所蔵『鼠の草子絵巻』について」（『金鯱叢書』34、二〇〇八年三月）。

27　「きりぎりす物語」と伝えるが、『虫妹背物語絵巻』が正しい（一九九九年十二月調査・撮影）。また、くもん子ども研究所蔵本（伝如慶画・大覚寺宮空性親王筆）は「玉虫物語絵巻」としている。注17図録。

28　いわゆる『百鬼夜行絵巻』諸本については注7図録に掲載される。また、『図説 百鬼夜行絵巻をよむ』（ふくろうの本、一九九九年六月、河出書房新社）もある。以下も、これらによった。

29　注2別役・一九九三年論文。

30　注7、二〇〇八年論文。近年知られた伝本に成蹊大学図書館本がある（江戸後期、奥書「円融房 無相／尾州妙行寺」）。

31　なお、妖怪絵巻において末尾が「朝日」型のものは、国際日本文化研究センター、他蔵『化物婚礼絵巻』（江戸末期）、『土佐お化け草紙絵巻』（江戸後〜末期）の二種がある。後者では、一本は末尾に鶏を、他一本は朝日を描く。湯本豪一編『妖怪百物語絵巻』（二〇〇三年七月、国書刊行会）。

補記

本稿は、科研「スペンサーコレクション絵入り本解題目録作成のための総合的調査研究（スペンサー科研）」研究会（二〇〇九年十二月五日、於・国文学研究資料館）にて発表したものを基に成稿した。また、伝承文学研究会・第三八〇回東京例会（二〇一〇年五月二二日、於・学習院女子大学）にても発表し、両席上、御教示をいただいたことに感謝申し上げる。

なお、初校時に伊藤慎吾氏から狐と藻（水草）に関する資料をお教えいただいた。大田南畝《おおたなんぽ》作・狂歌集『千紅万紫《せんこうばんし》』（文化十四年（一八一七）跋、蜀山人全集2）に、「狐、藻をかつぐ画に／浜むらの大夫さんには藻をかつぐ／きつねもかなやせん女なるべし」とある。

妖怪図像の変遷

「片輪車」を中心に

今井秀和

一　『諸国百物語』の片輪車（男）と『諸国里人談』の片輪車（女）

「片輪車」とは、近世の怪談集などに記される妖怪の名称である。夜間に音を立てながら通りを行く車の怪が片輪車であり、その姿を見た者には災いがもたらされる。かつて柳田國男は、片輪車の起源を暗闇祭などの夜間に行われる祭に求めた。[1]しかし、夜更けに通りを行く車の怪である以上、これはむしろ百鬼夜行の系譜上にあるものと捉えておいた方がよい。後に触れる『諸国百物語』の片輪車が京都に現れるのも、夜の平安京を脅かした百鬼夜行と無関係ではないはずである。歌を詠むことによって片輪車の難を逃れる話もあるが、これも尊勝陀羅尼で百鬼夜行の難を逃れる説話の影響下にあるものと考えられる。

本稿では、片輪車や、それと深い関係を持つ妖怪図像のうち、主だったものを採り上げる。そして、妖怪図像の変遷といったテーマについて考えていくこととする。筆者はすでに、拙稿「片輪車という小歌――妖怪の母体としての言語」（以下「前稿」）において、「片輪車」図像の変遷について簡単に触れた。[2]しかし前稿の趣旨は、妖怪「片輪車」の母体として、その成立以前から存在した「片輪車」という言葉や、その名を冠せられた流行歌があることを示すところにあった。その為前稿では、妖怪「片輪車」図像の変遷に関して、詳しく論じることが出来なかった。本稿では各種の図版を用いつつ、図像を中心に論を進めていきたい。

本論に入るに先立って、前稿の趣旨を簡単にまとめておく。片輪車という名を持つ妖怪が最初に表れるのは、『諸国百物語』においてである。そこでの片輪車は男として描かれている（図1）。延宝五年（一六七七）刊、作者不詳『諸国百物語』から、片輪車に関する部分を挙げる。

京東洞院《きやうひがしのとうゐん》かたわ車《くるま》の事　京東洞院通《とをり》にむかし片輪車《かたわくるま》と云ふばけ物ありけるが、夜な〳〵下《しも》より上《かみ》へのぼるといふ。日ぐれになればみな人をそれて往来《わうらい》する事なし。ある人の女ばう是れを見たくおもひて、ある夜、格子《かうし》のうちよりうかゞひゐければ、あんのごとく夜半すぎのころ、下《しも》よりかたわ車のをとしけるをみれば、牛もなく人もなきに車の輪ひとつまわり来たるをみれば、人の股《もゝ》のひききれたるをさげてあり。かの女ばうおどろきおそれければ、かの車、人のやうに物をいふをきけば、「いかにそれなる女ばう、われをみんよりは内に入りてなんぢが子を見よ」と云ふ。女ばうをそろしくおもひて内にかけ入りみれば、三つになる子をかたより股《もゝ》までひきさきて、かた股《もゝ》はいづかたへとりゆきけんみへずなりける。女ばうなげきかなしめどもかへらず。かの車にかけたりし股《もゝ》は此子が股にてありしと也。女の身とてあまりに物を見んとする故也。[3]

図1　太刀川清校訂『百物語怪談集成』二八頁、国書刊行会一九八七年

『諸国百物語』の次に片輪車について記すのは、同書刊行から六十数年を隔てて刊行された『諸国里人談』である。寛保三年（一七四三）刊、菊岡沾凉『諸国里人談』から、片輪車に関する部分を引く。

片輪車　近江国甲賀郡に、寛文のころ片輪車といふもの、深更に車の碾音して行あり。いづれよりいづれへ行をしらず。適にこれに逢ふ人は、則絶入して前後を覚えず。故に夜更ては往来人なし。市中も門戸を閉て静る。此事を嘲弄などすれば、外よりこれを詈りかさねて左あらば祟あるべしなどゝいふに、怖恐て一向に声も立ずしてけり。或家の女房、これを見まくほしくおもひ、かの音の聞ゆる時、潜に戸のふしどより覗見れば、牽人もなき車の片輪なるに、美女一人乗たりけるが、此門にて車をとゞめ、我見るよりも汝が子を見よと云におどろき、閨に入て見れば、二歳ばかりの子、いづかたへ行たるか見えず。歎悲しめども為方なし。明けの夜、一首を書て戸に張りて置けり。

罪科は我にこそあれ小車のやるかたわかぬ子をばかくしそ

その夜片輪車、閨にてたからかによみて、やさしの者かな、さらば子を帰すなり。我人に見えては所にありがたしといひけるが、其後来らずとなり。[4]

一見して、『諸国百物語』『諸国里人談』双方の話に共通する点は多い。「牛もなく人もなきに車の輪ひとつまわり来たる」（『諸国百物語』）、「牽人もなき車の片輪」（『諸国里人談』）とあることから、どちらの場合もこれが牛車など大型の乗り物の片輪を指していることが分かる。片輪車の通る日は、戸を固く閉めて決して通りを覗いてはいけないという禁忌があり、それを破った女が子を攫《さら》われてしまうという筋書きも共通である。

しかし、片輪車の性別や出現する土地、また結末が異なる。『諸国百物語』は文中で片輪車の性別を明示しないが、言葉遣いや挿絵から、それが男であったことが分かる。一方『諸国里人談』における「片輪車」は、「牽人もなき車の片輪なるに、美女一人乗たりける」という姿をとっている。『諸国百物語』の片輪車（男）は子供を引き裂いて殺してしまうが、『諸国里人談』の片輪車（女）は、母親が悲しみと後悔を込めて詠んだ歌によって怒りを鎮め、子供を母親の元へと返す。

『諸国里人談』での片輪車(女)には図像が存在しなかったが、後に鳥山石燕によって姿を与えられることになる。また、『諸国百物語』の片輪車（男）は図像を伴っていたが、石燕はこちらの図像的要素に「輪入道」の名を与えて、片輪車（女）とは別個の妖怪画を作り出した。さらに「朧車」も、石燕が片輪車から派生させたものであった。妖怪「片輪車」図像の変遷を追うには、石燕によるこれら三種の妖怪画の成立背景を正しく押さえておく必要がある。この問題については後に詳述する。

では、はじめに『諸国百物語』に記された片輪車は、どのように成立したのだろうか。戦国末から江戸初期にかけての記事をまとめた歴史書『當代記』（成立年不明）には、妖怪「片輪車」に影響を与えたと思しき「やぶれ車」の記事が載っている。[5] 以下に、『當代記』巻三、慶長十一年（一六〇六）の記事を引く。

やぶれ車と云変化の物京中に在レ之、縦は車の通音する間、見レ之所に、目にも不レ見、昔年両度如レ此怪異有レ之き、二度共に凶兆と云々[6]（引用者注：旧字は適宜新字に改めた。以下の引用も同じ）

破れ車とは、片輪車と同じく壊れた車を指す言葉である。『當代記』に載る「やぶれ車」は京に二度出現するが、音だけで姿は見えない。そして、その出現は凶兆と捉えられている。『當代記』の「やぶれ車」が『諸国百物語』において「片輪車」に変化を遂げたことには、連歌集『菟玖波集』等における破れ車・片輪車（どちらも壊れた車を指す）を詠み込んだ歌からの影響があったものと思われる。詳細は前稿「片輪車という小歌――妖怪の母体としての言語」を参照されたい。

一方『諸国里人談』での片輪車は女に変化を遂げ、出現場所も近江になっている。さらに、「片輪車」という流行歌が物語の筋にも影響を与えている。山岡元隣『誰我《たが》身の上』[7]等に記録される「片輪車」という小歌「君にとがなやうらみはせまじ、やぶれ車でわがわるい」が、『諸国里人談』における「罪科は我にこそあれ小車のやるかたわかぬ子をばかくしそ」の歌に影響を与えたものと考えられるのである。[8]『諸国里人談』とほとんど同一の話は、貝原益軒『朝野雑載』にも収録される（同書は益軒の遺稿をまとめたもの）。また寛政七年（一七九五）成立、津村淙庵『譚海』にも片輪車の話が載る。しかし、そこにおいての出現場所は京都ではなく信州になっている。片輪車の話ではないが、松浦静山『甲子夜話三篇』巻六十七の二に載る火車の話は、『諸国里人談』に書かれる片輪車（女）の話によく似ており、注目に値する。

天祥庵の僧話《かた》る。遠州相良に平田寺と云あり。此辺に五六歳ばかりの小児ゐしが、或日鬼形の者来り、此児ぜんせいの罪に依て、迎として来れり。門前に火車有り、これに載て返り往かんと。時の住持聞て、斯児前罪有と雖も、冀は十四歳に及ぶまで、其罪を宥し給へと、洒詩を作て鬼に与ふ。鬼も亦これを和して賦す。両詩とも今忘れたりと[9]

火車（鉄車）とは地獄の獄卒が牽く車のことだが、現世に現れて人を攫い、地獄に連れ去るとも言われていた。『甲子夜話三篇』では、鬼が火車を牽いて子供を攫いに来る。しかし鬼に許しを請うた平田寺の住持が漢詩を作って鬼に捧げると、鬼もそれに応えて詩を作ったという。具体的に言えば、両者の間には「車」という共通要素がある。さらに妖怪的存在（火車／片輪車）による子供の誘拐に際し、保護者（僧／母）が歌（漢詩／和歌）でその難を逃れるという、歌徳説話の形式をとっているという共通点も挙げられる。『甲子夜話三篇』に関しては結末が省略されているが、鬼が応えたということは子供も助かったものとみてよかろう。『甲子夜話三篇』の成立は『諸国里人談』よりも下る。しかし、『甲子夜話三篇』に収録された火車の説話と『諸国里人談』の片輪車（女）の間には、前者から後者に向けての、何らかの影響関係があるように思われる。

二　石燕の「片輪車」と「輪入道」

さて、『諸国百物語』の片輪車（男）と『諸国里人談』の片輪車（女）、これら二種類の片輪車の影響を経て作られたのが、安永八年（一七七九）刊、鳥山石燕『今昔画図続百鬼』の「片輪車」（図2）、また「輪入道」（図3）である。これらは『諸国百物語』、『諸国里人談』の内容を元に、石燕が新たな解釈を加えて図像化したものである。石燕は輪入道の図に添えられた詞書に「輪入道　車の轂《こしき》に大なる入道の首つきたるが、かた輪にてをのれとめぐりありくあり」[10]などと記し、あたかもそれが片輪車に近似した別種であるかのような扱い方をしている。

図2　高田衛監修、稲田篤信・田中直日編『鳥山石燕　画図百鬼夜行』一三五頁、国書刊行会一九九二年

図3　同上、一三六頁

しかし輪入道なる名称を持つ妖怪は、石燕以前には存在しない。輪入道は、石燕が片輪車の図像から派生させた妖怪なのである。すでに知られているように、石燕描く輪入道は『諸国百物語』における片輪車図像

を参考にしている。片輪車を描いた最初の図像は、『諸国百物語』のものであった。石燕はこの、男の坊主頭が車輪の中心にある「片輪車」（男）の図像をもとに、「輪入道」という新たな妖怪を創作したのである。

石燕描く輪入道の来歴は分かった。では、石燕版「片輪車」の図像は、一体何を参考に作られたのであろうか。それとも、石燕オリジナルの図像なのであろうか。『鳥山石燕　画図百鬼夜行』（国書刊行会）の解説において稲田篤信は、石燕版「片輪車」も輪入道と同じく『諸国百物語』の「片輪車」を参考にしたのだろうとする。しかし、『諸国百物語』の片輪車（男）と石燕版「片輪車」との間には、車が描かれていること以外に共通点を見出せない。

図４　大阪市立博物館編『社寺参詣曼荼羅』「熊野勧心十界図」（部分）、平凡社、一九八七年

石燕版「片輪車」のモチーフとして浮かび上がるのは、『熊野勧心十界図』や『地獄極楽図』等の中に小さく描かれている「火車」（図４）の図像である。石燕はこれを参考にして、自らの「片輪車」図像を作り出したとおぼしい。先述したように、火車は、地獄の獄卒が牽く車を指す。そもそもは獄卒が牽く車という位置づけだったが、後には火車という名の独立した妖怪としても考えられるようになった。

地獄絵などにおける火車の図像的要素と、石燕版「片輪車」とを比べてみれば、これらの間に関係があることは一目瞭然である。しかし、そこにはトリミング（もとの画面から不要な部分を切り取り、構図を整える作業）や、図像的な要素の取捨選択による加工が行われている。『熊野勧心十界図』や『地獄極楽図』などに描かれる火車の場合、車を牽く動作主は牛頭鬼や鬼などである。そこにおいて、火車に乗せられた女はあくまでも受動的な「被害者」であった。しかし、『今昔画図続百鬼』の片輪車図像の場合、車はあってもそれを牽く者がいない。女自体が、車と一体化した妖怪的存在となっている。トリミングによる引き算の加工によって、女は受動から能動へ、言い換えれば被害者から加害者へと変化を遂げているのである。見事な操作と言うほかない。

石燕は何故、『諸国百物語』にすでにあった図像を用いて片輪車を描かなかったのだろうか。この図像を参考に絵を描き、それにわざわざ「輪入道」なる新たな名まで与えていることから、『諸国百物語』の片輪車図像を気に入っていなかったとは考え難い。しかし、それを「片輪車」として描くことはしなかったのである。おそらく石燕は、『諸国里人談』における片輪車（女）のほうに、より高い物語性を感じていたものと考えられる。そこには「子を攫う女」という、陰惨かつ古風な物語性が加えられているからである。子供の生き胆を抜く鬼女や、死んだ女が子を抱いて現れる「姑獲鳥《うぶめ》」を始め、「女と子」という組み合わせは、怪異譚のひとつの定番パターンだと言える。

三　片輪車から派生した石燕の「朧車」

石燕以降、片輪車の図像は絵入り狂歌本や歌留多の絵柄（「京」の札）などとしても登場することになる。これらの大半が、石燕による絵の強い影響下にあると言ってよい。すでに述べたように、片輪車から派生して後世の妖怪図像に影響を与えた石燕の絵は、安永八年（一七七九）刊、『今昔画図続百鬼』の片輪車と輪入道および、翌安永九年刊、『今昔百鬼拾遺』における朧車《おぼろぐるま》の三種類である。この朧車も輪入道と同じく、石燕が片輪車から派生させたものと考えられる。以下にその理由を示す。

図5　高田衛監修、稲田篤信・田中直日編『鳥山石燕　画図百鬼夜行』二一一頁、国書刊行会　一九九二年

まずは朧車（図5）の図像的要素を眺めてみよう。朧車の車輪は上部のみで、下半分は描かれない。またその背景には半月（あるいは、下半分が雲に隠されている満月）が描かれている。これらは、意

図6　源豊宗・西村兵部・吉田光邦・元井能生・河原正彦『日本の文様　車』「9　片輪車螺鈿蒔絵手箱　蓋表」（部分）、光琳出版社出版、一九七九年

匠「片輪車」（図6）を暗示するものと推察される。この意匠は、車輪の下半分が描かれなかったり、もしくは波などによって隠されていたりするものである。もともとは、牛車などの車輪が乾いてひび割れるのを防ぐ為、水に浸けている時の形を図案化したものと言われる。この意匠を施された「片輪車螺鈿蒔絵手箱」（平安時代後期）、「片輪車蒔絵螺鈿手箱」（鎌倉時代）はそれぞれ国宝に指定されている。

月を意匠「片輪車」に見立てるといった行為は、古く『菟玖波集』の中に見出すことができる。『菟玖波集』は、延文元年（一三五六）に成立し、翌年勅撰に準ぜられた連歌集である。以下に、その一部を引く（良阿法師　巻一　春上）。

片端（輪）にみゆる春の三日月
小車のなかばは花に木がくれて[11]

また『菟玖波集』には、「やぶれぐるま」を詠み込んだ次のような歌も収録される（救済法師　巻十九　雑體）。

ひだるきにつのひかるゝぞ心えぬ
やぶれぐるまをかくるやせうし[12]

片輪車という言葉はほかに一輪の車や、片方の車輪が外れてしまった車のことも指す。石燕は、壊れた車を表わす片輪車と同じ呼び名を持つ意匠「片輪車」を暗示させることによって、朧車が壊れた車の怪であることを示している。さらに言えば、朧車《オボログルマ》という名称それ自体が、オンボロ車にかけた名なのであり、この名称は「破れ車《ヤブレグルマ》」の音をも意識して付けられたものと推測される。

朧車の詞書には、「むかし賀茂の大路をおぼろ夜に車のきしる音しけり。出てみれば異形のもの也。車争の遺恨にや[13]」とある。これは『源氏物語』葵巻における車争いのエピソード、さらには月とあいまって同書の登場人物「朧月夜」の名をも想起させる仕掛けとなっている。朧車は、『源氏物語』葵巻だけでなく、同巻のエピソードをもとに作られた能「葵上」からも影響を受けているようだ。能「葵上」の謡において、車争いに敗れた六条御息所の車は、遣るかたなき「破れ車」と表現されている。また、恐ろしげな朧車の顔には、鬼面を着けて表現される六条御息所の姿が反映されているとおぼしい。

石燕以降、絵入り狂歌本や歌留多、玩具絵などにおいて、石燕の「片輪車」「輪入道」「朧車」に影響を受けた図像が多く描かれるようになる。それらは「輪入道」系、あるいは「朧車」系の図像であっても、多く「片輪車」もしくは「破れ車」の名を以て描かれている。つまり、石燕以降の絵師達は、輪入道や朧車の図像が片輪車の派生であることを正しく認識していたことになる。輪入道や朧車が、独立した妖怪としてカウントされるようになったのは、むしろ現代以降の現象であるようだ。

四　近世文芸における片輪車の展開

石燕の影響を受けつつも比較的独自性が強い片輪車の図像は、文化三年（一八〇六）刊、山東京伝作・歌川豊

図7　佐藤深雪校訂「善知安方忠義伝」高田衛・原道生責任編集『叢書江戸文庫18　山東京伝集』二〇頁、国書刊行会、一九八七年

図8　同右、一一〇頁

国画『善知安方忠義伝《うとうやすかたちゅうぎでん》』に描かれる二つの片輪車図像であろう。その内のひとつは鬼女の下半身が車輪になっており（図7）、もうひとつは片輪の御所車に乗った鬼女の姿をとる（図8）。この内、鬼女の下半身が車輪になっている図像は葛飾北斎にも影響を与えたようで、北斎の画稿中にはこれによく似た図が存在する。[14]

『善知安方忠義伝』における片輪車の話は、『諸国百物語』と『諸国里人談』の話を組み合わせて、読本の本筋に組み込んだものである。出現するのは女の片輪車だが舞台は京で、歌を詠んでも子は食い殺されてしまう。また時代下って『兎園小説』には、これまで紹介してきたものとは大分様相を異にする片輪車の図像も登場する。『兎園小説』は、奇事異聞を披露する会「兎園会」における記録をまとめたものである。兎園会は、滝沢解（曲亭馬琴）や山崎美成《よししげ》を中心に毎月一回開かれていた。同書においては山崎美成による片輪車の実見が披露され、図像も付される。しかし、これは流行に踊らされる若者の異装を茶化して「片輪車」に見立てたものであった。

兎園会の中心人物だった曲亭馬琴も、畢生の大作『南総里見八犬伝』の中で片輪車を扱っている。『八犬伝』における犬江新兵衛の幼名「大八」は、左の拳が開かないことから片輪車を、転じて大八車を連想して名付けられたものであった。そして、高田衛が指摘するように、この「大八」という名は八大童子を暗示する重要な謎かけでもあった。[15]

黄表紙等の草双紙類にも、片輪車の系譜に位置する妖怪が少なからず登場する。例えば安永元年刊、作者未詳『今様風俗　栄花物語』（黒本・青本に分類される書であり、歴史物語の『栄花物語』とは無関係）には、堀川の顕光の亡霊が片輪車や大入道になって洛中に現れる場面がある。天明八年（一七八八）刊、鳥文斎栄之画の黄表紙『模文画今怪談』には、片輪車（女）の話とともに、石燕版「片輪車」の影響を受けた図が載る（図9）。同じく天明八年刊の黄表紙、北尾政美画『天怪着到牒』には、「くるまめぐり」（車巡り）なる妖怪が描かれる（図10）。これは、車輪の中央に人の顔が配置されており、『諸国百物語』の片輪車（男）、あるいはその流れを汲む「輪入道」の影響下にある図像であることが分かる。

片輪車の図像的要素は出版メディアの枠を超え、歌舞伎の舞台装置にも採り入れられる。『御狂言楽屋本説』に「火車くび」として紹介される仕掛けは、明らかに『諸国百物語』の片輪車（男）系統の図像をもとに作られている（図11）。回転する車輪には焼酎火が仕込まれていたという。同じく『御狂言楽屋本説』で紹介されるように、『東海道四谷怪談』にも片輪

図9　近藤瑞木『百鬼繚乱——江戸怪談・妖怪絵本集成』四九頁　国書刊行会、二〇〇二年

図10　アダム・カバット校注・編『江戸化物草紙』四六頁、小学館　一九九九年

図11　『歌舞伎の文献2　御狂言楽屋本説』一一七頁、国立劇場調査養成部・芸能調査室、一九六七年

図12　廣末保『四谷怪談——悪意と笑い』八五頁（部分）、岩波書店、一九八四年

車を意識したとおぼしき仕掛けが登場する。お岩が回す糸車に火が移り、くるくると回りだす仕掛けである。文政八年（一八二五）初演、四世鶴屋南北『東海道四谷怪談』の絵本番付では、この場面を、燃え盛る糸車にお岩が乗っているように描いている（図12）。これは、片輪車（女）を図像化したもの、すなわち石燕版「片輪車」の影響下にあるものと考えられる。

さて、すでに確認したように、そもそも妖怪「片輪車」成立の背景には、『當代記』にノンフィクションとして記録された「やぶれ車」の存在があった。それが「片輪車」としてフィクションに生存の場を移すことで命を永らえ、さらには様々な形に展開してきた経緯についても、すでに見てきたところである。そして、フィクションの世界で存在感を増した片輪車は、再びノンフィクションとして世間話に表出することになる。

以下に引くのは、天保七年（一八三六）成立、小寺玉晁『諸家随筆集』に収録された随筆の内の一本、『年号記』の記事である。『諸家随筆集』は九種の随筆を合わせたもので、同書収録の『年号記』自体は文政二年（一八一九）書写の奥書を持つ。

〔寛延三庚午年〕六月五日、雨天。熱田祇園祭リ延、同七日ニ渡ル。此時、祭車楫取二人ヒカレテ、一人ハ即死、一人ハ一命アリ。同月十六日ニハ名古屋祇園祭、片端ノ大車ノ跡、車一向廻り不レ申、帰リ之節、本町通リヒキ候猿ノ車、松前屋ニテ九歳ノ娘、四才ノ弟ヲ負、雨降ベクト人之イソギケレバ、右娘弟ヲ落シ、車ニテ身ヨリ頭マデ引ワリ死。町医佐藤円中召仕ノ子ト云[16]（引用者注：原文割注）。

寛延三年（一七五〇）、六月五日、雨天の熱田祇園祭りにおいて、二人の楫取りが祭車にひかれた。一人は即死し、一人は一命をとりとめたという。同月十六日の名古屋祇園祭では、「片端ノ大車ノ跡」が発見された。やはり雨天の中、幼い弟を背負った姉が人混みの中で弟を落としてしまい、落ちた弟は身体から頭までを車に引き割られて死んだという。

同じ月に行われた熱田祇園祭、名古屋祇園祭の両方で、雨天に交通事故が起きて人が死亡している。現代的に言えば、祭りのごたごたの中で起きた交通事故の記事である。しかし、生々しいこれらの事故の記事の合間にあって、突如「片端ノ大車ノ跡」、すなわち一輪だけの大わだち（タイヤ痕）が確認されていることに留意しておきたい。そこには、フィクションの中で育まれてきた片輪車のイメージが色濃い影を落としている。弟を車にひき殺されてしまった姉の姿にも、片輪車に子供を殺された母親のイメージが重ねられていると見るべきである。

「やふれ車」について記した歴史書『當代記』は、江戸初期の成立と考えられている。一方『年号記』は、江戸後期の随筆である。『當代記』の「やふれ車」は音のみの怪であったが、『年号記』においては、「片端ノ大車ノ跡」が視覚的に確認されている。あまり単純な図式に落とし込むことは控えておくが、両者が持つ時間的な隔たりの中で、片輪車の視覚化が進められてきたことについては本稿で見てきた通りである。

音のみの怪「やふれ車」は、文芸における「片輪車」として視覚化を進められていった。そして同時に、図像化に伴う宿命的な問題として、怪異の戯画化という問題をも抱え込むこととなった。ところが『年号記』においては、「片端ノ大車」が残したわだちのみが確認され、片輪車自体の姿が目撃されるわけではない。逆に言えばそこに、洗練された都会の怪異譚が持つドライなリアリティを認めることができる。片輪車は都市の世間話によって、視覚化を逆手に取ったかたちで再度「怪談」に昇華させられたのである。

五　火車、片輪車と車輪のシンボリズム

以上、本稿では妖怪「片輪車」とそれに関連した妖怪の図像に焦点を絞って考察を進めてきた。しかし、片輪車の周縁を巡るテーマに関しては、未だ論を尽くしていない。例えば本稿でも触れたように、片輪車より早い時代から現れ始める妖怪に火車がある。この火車から片輪車に至る連環の図式に関して、本稿では簡単に触れることしか出来なかった。火車自体、語られる場面によって様々な姿をとる複雑な存在であり、片輪車と火車の関係性を明らかにするには、様々な火車の在り方に関して詳細に見ていかねばならない。火車と仏教説話の関わりについては、堤邦彦「火車説話の変容」が詳細を極めている。[17]

また、「車」や「輪」といったモチーフが持つ、象徴的な意味にも大きな問題が含まれている。例えばそれは、仏教における「輪」である。そもそも仏教の教えと「輪」のイメージは、密接なつながりを持っている。偶像崇拝の禁止されていた初期仏教において、釈迦は円形を以て表現されており、これが後に仏像の光背になるともいう。『信貴山縁起絵巻』で剣の護法童子と共に描かれる「法輪」（もともとはインドの回転武器に、煩悩を断ち切るという意味を託したもの）のような表象をはじめとして、仏教の説く「輪廻」や「因果応報」といった概念を視覚化した「輪」は数多い。

かつて日本の民衆は、曼荼羅などの仏教絵画に象徴された円環構造や、寺院の境内にある後生車（一回転させると、一度読経したのと同じ功徳が得られると考えられていた）、さらには死んだ子供に供えられた風車などの玩

具を通して、輪のシンボリズムと繋がっていた。火車や片輪車も、こうした、民間における仏教思想の受容という文脈の中に位置付けて考える必要がある。御伽草子『熊野の本地』のラストにおいて、天竺の大王、王妃、王子は飛車に乗って日本に渡り、熊野権現の垂迹となる。ここでの乗り物が空飛ぶ車であったことにも、相応の意味があると考えておくべきだろう。その証拠に『熊野の本地』には「念仏は車の両輪のことし」[18]という表現が見える。仏教説話と密接に結び付いた火車を間に挟んだ場合、片輪車もこうした表現と無関係ではないように思われる。

仏教を抜きにして考えてみても、「輪」すなわち円形は、人間にとって大きな意味を持つ図形である。物理的に、物質が安定を保とうとする際のひとつの形状が球体なのであり、それを視覚的に捉え、二次元として表現し直したものが「円」となる。人間にとって最も身近かつ深遠な意味を持つものには、球体が多い。太陽や月、また水滴などは人間生活におけるその有用性とも相俟って、神聖な意味を持ち得た。そしてそれらは好んで形象化され、平面においては円として描かれたのである。

やがて車輪という回転機構の発明以降、円形は車輪を思わせるようにもなった。従って車輪に込められたシンボリズムには、円に含まれる神聖かつ畏怖すべきイメージも継承されている。さらに妖怪「片輪車」にあっては、そのどこかに、命なき車が「事故」によって人の命を奪い得るという、機械文明がもたらした「ねじれ」の表象が含まれているようにも思われるのである。

付記　本稿は、国際日本文化研究センター共同研究会「日本における怪異・妖怪文化の伝統と創造——前近代から近現代まで」第七回研究会（二〇〇七年一二月一五日　於国際日本文化研究センター）における口頭発表「データベースとしての江戸随筆――『甲子夜話』を中心に」の一部を元にしている。発表の機会を与えて下さった日文研の小松和彦先生はじめ、当日貴重な御意見を下さった皆様に厚く御礼申し上げます。

注

1 柳田國男「日本の祭」『定本柳田國男集』第十巻、筑摩書房、一九六九年。
2 今井秀和「片輪車という小歌――妖怪の母体としての言語」『日本文学研究』四六号、大東文化大学日本文学会、二〇〇七年。
3 「諸国百物語」太刀川清校訂『百物語怪談集成』国書刊行会、一九八七年。
4 「諸国里人談」『日本随筆大成』第二期第二四巻、吉川弘文館、一九七五年。
5 『當代記』の「やふれ車」と片輪車の類似性については既に、香川雅信「妖怪図鑑――博物学と「意味」の遊戯」『江戸の妖怪革命』河出書房新社、二〇〇五年において触れられている（木場貴俊の教示を得て、香川が紹介）。
6 「當代記」『史籍雑纂』第二巻、国書刊行会、一九一一年。
7 山岡元隣「誰我身の上」『近代日本文学大系一　仮名草子集』国民図書、一九二八年。
8 この小歌に類する歌は『山家鳥虫歌』その他にも収録される。また、「片輪車」という歌は薩摩の座当歌の一種としても記録されている（佐藤成裕『中陵漫録』）。
9 中村幸彦・中野三敏校訂『甲子夜話三篇』第六巻、平凡社、一九八三年。
10 「今昔画図続百鬼」高田衛監修・稲田篤信、田中直日編『鳥山石燕　画図百鬼夜行』国書刊行会、一九九二年。
11 「菟玖波集抄」『岩波古典文学大系　連歌集』岩波書店、一九六〇年。
12 注11参照。
13 「今昔百鬼拾遺」高田衛監修・稲田篤信、田中直日編『鳥山石燕　画図百鬼夜行』国書刊行会、一九九二年。
14 該当の図版は『肉筆　葛飾北斎』（八〇頁）にある（『肉筆　葛飾北斎』財団法人北斎館、一九九六年）。

15 高田衛『完本　八犬伝の世界』筑摩書房、二〇〇五年。
16 「諸家随筆集」『鼠璞十種』上巻、中央公論社、一九七八年。
17 堤邦彦「火車説話の変容」『江戸の怪異譚』ぺりかん社、二〇〇四年。
18 九州大学国語国文学研究室編『松濤文庫本　熊野の本地』勉誠社、一九九七年。

「幽霊」の足　山東京伝の合巻における幽霊の図像分析と考察

桑野あさひ

一　はじめに

草双紙は、江戸時代の絵入の本で、現代でいえば漫画のように、子どもから大人までたくさんの人々に読まれた。本の表紙の色や形状から、赤本・黒本・青本・黄表紙・合巻と変化し、徐々に長編化していき、中でも合巻は、仇討や勧善懲悪の作品が多く、妖術使いや幽霊が活躍する。

特に、文化・文政（一八〇四〜一八三〇）頃の合巻をみると、生首が飛び、幽霊・怨霊の類の描写が非常に目にとまる。この頃の草双紙が、怪異凄惨な傾向にあることは、これまでに指摘されてきた通りであると思われるが、[1]それでは、草双紙にはどのくらい「幽霊」が描写されているのであろうか。そして、どのような形で出現し、作中でどのような役割をしているのだろうか。これらは非常に単純な問であるが、明確な答えが得られていないようだ。答えは、一朝一夕で求められるものではないけれども、本稿では、その端緒として、山東京伝の合巻七〇作品に[2]幽霊・怨霊・陰火等の図がどのくらい描かれているのか調査し、その後、幽霊の図像の描かれ方、主に幽霊の出現の際の「形」と幽霊の「足の形」について、考察を行いたい。[3]

二　京伝の合巻には、どのくらい幽霊が描かれているのか

京伝の合巻七〇作品から幽霊の図像を取り上げ、一覧にした。この一覧では、「幽霊」に限らず、幽霊に類すると考えられる「霊魂」「亡魂」、「死霊」「怨霊」など、さらには「陰火」「心火」を描いた図像を扱っている。詳しくは、表の【凡例】を参照していただきたい。

参照した七〇作品のうち五九作品に、幽霊や陰火等の描写がみられた。これは京伝の合巻の約八割にあたる。図の総数は七九四図であった。この数字は、京伝が合巻を手掛けた文化四年（一八〇七）から文化十三年（一八一六）まで、幽霊や死霊の類が、いかに作品構成の一要素として重要であったのかを示すものであり、また、合巻が商品として消費されていた背景を考えると、当時の読者の怪奇・怪談への関心と嗜好の反映であると考えることもできるだろう。

三　幽霊のかたち――出現時の姿の分析と分類

図像を分類していくと、幽霊[4]出現の際の形は、大きく三つに分類することができる。

①人間の姿（生前の姿）　三七〇図
②（動物や虫・器物などの）別の姿　一三三図
③心火・陰火・魂の形　二九一図

図1　『勇雲外記節』（十一ウ十二オ）

①の「人間の姿（生前の姿）」は、文字通り、死後に再び生前の姿で、人間の形をとって現れる場合である。七九四図のうち、三七〇図がこの形であった。京伝の合巻で、「死霊」や「怨霊」、「幽霊」などの語が指すものは、この形が該当する。生身の人間との違いは、足の形や衣装、髪型、現れる場所などによって表される。『松梅竹取談《まつとうめたけとりものがたり》』（文化六年〔一八〇九〕）の（八ウ九オ）には、「生霊」が登場するが、この場合も元の人物の姿で現れている。

②の「（動物や虫・器物などの）別の姿」は、死後に魂が別の形をとって現れる場合である。①の人間の姿（生前の姿）に比べ、②の描かれ方は、一三三図と少ない。例えば、『勇雲外記節《いさましやくものげきぶし》』（文化九年〔一八一二〕）では、邪魔助が、でく平に殺され、井守ケ淵に落ちると、邪魔助の悪念が「井守ケ淵のいもりに還着して[5]霧の内に（十一ウ十二オ）」現れる、という話になっており、邪魔助は殺された後、いもりと化して出現する（図1）。図1では、邪魔助の前にいもりが描かれ、邪魔助がいもりとなって出現したことを示す図柄となっている。邪魔助といもりの後ろの点描は、霧雨を表している。[6]『二人虚無僧《ふたりこむそう》』（文化九年〔一八一二〕）では、大日坊の怨念がカマキリの姿で表され、『ヘマムシ入道昔話《にうどうむかしばなし》』（文化十年〔一八一三〕）では、藻の花の魂魄がすっぽんにとりつき、現れる。『勇雲外記節』では、人間の姿の邪魔助と

いもりの両方が描かれているが、人間の姿は描かずにいもりや蝶など、別の姿だけを描く場合もある。その場合は、動物や虫・器物等のそばに陰火が描かれるなど、単なる動物・虫・器物ではないことが示される。

③の「心火・陰火・魂の形」は、出現する際に、人間（生前）の姿や他の形をとらずに、炎の形で表される場合である。京伝の合巻では、この形は二九一図みられた。炎の大きさや形によって、死んだ人物の感情や場面での状態、登場人物との関係（敵対するのか、仲間なのか）などといった情報を読み解くことができる。炎が単独で描かれるだけではなく、①の人間の姿や②の（動物などの）別の姿と共に描かれる場合も多い。陰火が飛ぶことにより、その人物が生身の人間ではないこと、さらに単なる動物や虫、器物ではないことが表されている。また、幽霊の足元から激しく燃え上がる描写もある。

四　幽霊の足

幽霊の形の分類①（人間の姿）をみると、陰火や服装、出現場所などから、生身の人間でないことは、一目でみてとれる。つまり、そこには「幽霊」が「幽霊」として認識され、人間ではない存在であることを示す特徴が描かれていると考えられる。図を一つひとつ検討し、京伝の合巻における幽霊の特徴を明らかにしていきたいところであるが、本稿では、数ある表現の中から、「幽霊の足」に注目し、分類してみたい。

四―一　足のない「幽霊」

「幽霊」一覧に掲げた図像から、人間の姿で描かれている幽霊の足（下半身）をみていくと、私たちが想起する

図2　『於六櫛木曽仇討』（二十二ウ二十三オ）

幽霊像と同様、ほとんどが「足がない形」で描かれている。足のない状態を示す描き方には、二通りある。ひとつは、①歌舞伎衣装の「漏斗」[7]のように先までを細く描く形であり、もうひとつは、②下半身を途中までしか描かない形である。人間（生前）の姿で描かれた三七〇図のうち、一九七図が①②の形で描かれたものであった。

足先が細く描かれている形は、四三図あり、『於六櫛木曾仇討《おろくぐしきそのあだうち》』（文化四年〔一八〇七〕）の久方の亡魂（図2）や『無間之鐘娘縁起《むけんのかねむすめえんぎ》』（文化一〇年〔一八一三〕）の榊葉の幽霊（十六ウ十七オ）などが、該当する。

足先が細くなっていく形は、細くなった先の部分が描かれない場合と細くなっていった足の先が炎で燃え上がっている場合がある（図3・図4）。

例えば、『敵討天竺徳兵衛《かたきうちてんぢくとくべい》』（文化五年〔一八〇八〕）（図3）では、賤機の霊魂が若君である月若と弟の前に現れ「名残惜しや若君様、別れ難なや五郎又」と言って、別れが悲しくて泣いている。このとき、賤機の霊魂の足は、腰から徐々に細くなっていき先の部分が描かれずに終わっている。さらに、図4は、同じく賤機の霊魂で、賤機を殺した天竺徳兵衛を追い掛けている場面である。徳兵衛の背負う葛篭には、賤機にとって大事な月若が入れられている。怒りに燃える賤機の下半身は、腰から足先が徐々に細くなっていき、その先が炎で燃え上がっている。幽霊の感情が足先に反映されているのである。

②（下半身が途中までしか描かれない場合）は、上半身のみ、または膝、足首など下半身の途中まで描き、そ

図3　『敵討天竺徳兵衛』（十七ウ十八オ）

図4　『敵討天竺徳兵衛』（十ウ）

の下を描かないことで足がないことを示している。この②の形がもっとも多く、一五四図がこの形に該当した。図5は、『濡燕子宿傘《ぬれつばめねぐらのからかさ》』（文化一一年〔一八一四〕）の遠山の亡魂であるが、膝から下が全く描かれていない。このように、足の部分を全く描かないことで、生身の人間ではない存在であることを示している。この形の派生形として、下半身が途中で描かれなくなり、炎や雲などに包まれている描写もある（図6）。図6は、『笠森娘錦笈摺《かさもりむすめにしきのおいずり》』（文化六年〔一八〇九〕）からの場面で、

図5　『濡燕子宿傘』（三オ）

図6　『笠森娘錦笈摺』（十八ウ十九オ）

松の上に足元から炎を上げている滋太夫の姿がみられる。滋太夫は曲者に斬られ亡くなった人物で、息子半七の危機を救う早見唐内に力を与えている。

四―二　足のある「幽霊」

「幽霊」が一様に足がないわけではなく、「足がある」幽霊も描かれている。足がある場合（③）は、人間との区別がつきにくいが、この場合は「陰火」など何らかの形で、「人間」以外の存在、または何か力を得た存在であることが示されることが多い。[8]「幽霊一覧」では、足のある図は、七七図あった（内二八図は古戦場で遠景）。

『志道軒往古講釈《しだうけんむかしがうしやく》』（文化六年（一八〇九））の荒五郎の霊魂（二十八ウ二十九オ）や『釣狐昔塗笠《つりきつねむかしぬりがさ》』（文化九年（一八一二））の景清の亡霊（図7）などは、足先がはっきりと描きこまれており、荒五郎の霊魂にいたっては、悪者を踏付けて退治する。この二つの図では、荒五郎は黒雲に乗って現れ、景清は塚から現れるため、足があっても生身の人間ではない存在であることがわかる。『籠釣瓶丹前八橋《かごつるべたんぜんやつはし》』（文化九年（一八一二））の麻波良八郎為頼、『二人虚無僧《ふたりこむそう》』（文化九年（一八一二））の長崎勘解由佐衛門、『朝妻船柳三日月《あさづまふねやなぎのみかづき》』（文化一〇年（一八一三））の小栗判官、『春相撲花之錦絵《はるすまふはなのにしきゑ》』（文

図７　『釣狐昔塗笠』（四ウ）

図８　『うとふ之俤』（十一オ）

化一〇年（一八一三）の藤原純友も足が描かれている場面があり、武人は、比較的足を描く傾向にあるようだ。

また、死を知らない人物の前に、生前の姿で現れる場合には、足が描かれている。『うとふ之俤《のおもかげ》』（文化七年（一八一〇））の善知次郎保方は、謀反を企てる兄弟を諌言するため、大政官の御正印と錦の旗を持って常陸の国へ旅だったが、二品を奪われ説得に失敗し切腹する。帰りを待つ妻錦木と千代童の元へ現れるが、その死を知らない錦木は、夫の帰りを喜んでいる（図８）。そこへ善知の死を告げに鷺沼太郎則為が現れ、錦木に善知の片袖を渡す（図９）。片袖を受け取った錦木は、

> これやこれ紛う方なき夫の片袖。とは言へ不思議と駈入て、奥を探せど影もなし。さては妻子を慕ふ魂が迷ひ来て、言葉を交はして下さつたか。ハアはつと、流涕焦れ嘆く

と泣いていたが、話はさらに展開する。鷺沼太郎則為が気づくと、家も人もなく、傍らをみると卒塔婆があり、「錦木の霊」と記されている。善知を待つ間、錦木に恋慕する村の狩

図9　『うとふ之俤』（十二ウ十三オ）

人老熊次郎に、錦木も殺され、すでに亡くなっているのであった。これはすべて鷺沼太郎の一睡の夢の出来事で、「夫を慕ふ一念にて、我が夢の内に目見へ、此片袖を受取りしか」と説明されている。

図8、図9では、すでに善知保方、錦木も亡くなっていたが、二人は生前の姿で、足が描かれている。図8の善知は、錦木に自分の死を告げられず、生前の姿を現している。図9では、この時点では、錦木が亡くなったことは明らかにされておらず、錦木は足もあり、下駄も履いている。作中人物の鷺沼太郎だけでなく、読者も話の展開から多少の奇妙さを感じながらも、錦木は生きている人物と認識しているが、その後、本文で錦木の死が明らかにされることで、図9の錦木が生身の人間ではないことが理解できる。

人物に足先が描かれている場合には、本文での登場人物の死や「亡魂」等の説明、陰火等の書き込みがない限り、生身の人間と区別は難しい。人の姿をした図像において、足の有無は、生身の人間とそうでない存在の明確な違いを示す指標となっているといえる。

また、一見すると幽霊の姿だが生身の人間である場合がある。この場合は、足先が物影に隠れていない限り、必ず足が描かれている。『笠森《かさもり》娘《むすめ》錦《にしき》之《の》笈摺《おいずり》』（文化六年〔一八〇九〕）の箕四郎と其花は勘当されたが、母小柴の計らいにより白帷子を着て紙烏帽子[9]をあて、亡者（幽霊）の姿となって家に戻ってくる（図10）。図10の箕四郎と其花は指先までしっかりと足が描き込まれている。『桜《さくら》ひめ筆《ふで》の再咲《にどざき》』（文化八年（一八一一））にも、地獄極楽の練供養の場面で、亡者役・罪人役が登場する。この亡者役・罪人役の正体は人間であるので、指先まで描かれており、罪人役の婆は下駄を履いている。

図10 『笠森娘錦之笈摺』（二十一ウ二十二オ）

『累井筒紅葉打敷《かさねゐづゝもみぢのうちしき》』（文化六年（一八〇九））には、地蔵に拝む水子の姿が描かれている。水子は、裸で足が描かれている。

『妬湯仇討話《うはなりゆあだうちばなし》』（文化五年（一八〇八））の漁火の怨霊は、上半身が炎で燃え足だけが現れる（図11）。用例が少ないので例外的ではあるが、このように足だけの描写もある。

図11 『妬湯仇討話』（十六オ）

図12 『妹背山長柄文台』(十七ウ十八オ)

図13 『敵討天竺徳兵衛』(十一ウ十二オ)

『妹背山長柄文台《いもせやまながらぶんだい》』(文化九年〔一八一二〕)の久我之助の霊魂(図12)のように、④(着物に包まれていて足自体は見えないが立ち姿で描かれている描写)も、幽霊の足の描き方の一つとして、定形化している。④の姿は「幽霊一覧」では、一七図みられた。幽霊が座っている場合は、膝が描かれる(図13)。座っている姿は比較的多く、「幽霊一覧」では四五図数えることができた。

これまでの分類をまとめると、次のようになる。

① 歌舞伎衣装の「漏斗」のような形で、先まで細く描かれている

①-1 細くなった先が描かれない

①-2 細くなっていき足の先が炎で燃え上がっている

② 下半身の途中から描かれず、上半身のみ又は膝下あたりまで描かれている。

②-1 下半身の途中から描かれず、炎や雲などに包まれている

③　足が描かれている
　③-1　足だけ描かれている
④　足があるように描かれている（着物に包まれていて足自体は見えない）
⑤　座っている場合（膝が描かれる）

京伝の合巻の中で、人間の姿で描かれる幽霊の足は、この分類のいずれかの形で描かれている。ここに掲げた足の形は、京伝の合巻の幽霊像を形成する一つの要素であり、我々が「幽霊」を「幽霊」と認識する際の、一つの基準となっていると考えられる。

五　おわりに

京伝の合巻に登場する「幽霊」を一覧にまとめ、幽霊が出現する際の「形」と「足の形状」に注目して分析を行った。その結果、京伝の合巻における幽霊の出現の形は大きく分けて三通りあり、幽霊の足の形は五通りあることが指摘できた。足の有無は、生者かそれ以外の存在であるかの判断基準のひとつとなっており、足のある場合は、陰火や本文の表現等他の描写が組み合わさることで、生者との違いが明確にされている。

草双紙における「幽霊」の特徴について明らかにするため、陰火の描写分析や幽霊が現れる場所や条件、出現理由など、さらなる検討が必要である。

注

1　例えば、山口剛氏は、「そこへ出て来る幽霊にも、妖怪にも、もう金平物以来のこはい中にも、をかしい、愛嬌ぶりなどは、つゆほどもない。凄愴といはうか、惨烈といはうか、不気味な筋のみが続く」（「怪異小説について」『山口剛著作集』第二巻）と述べている。

2　文化一四年出板の『気替而戯作問答《きをかえてげさくもんどう》』は、佐藤至子氏によって山東京伝の弟山東京山の追善作の可能性が指摘されているため、京伝作としての扱いが難しいが、本稿では、作者名が京伝となっていることから、京伝に関わる作品群のひとつとみなし、「幽霊一覧」に加えた。

3　山東京伝は、安永（一七七二〜一七八一）から文化（一八〇四〜一八一八）にかけて活躍した戯作者である。とても人気があり、多くの作品を書きのこしていることから、ある程度まとまった分析が期待できるため、本稿の分析対象とした。

4　ここでの「幽霊」は、一般的な意味で「死んだ後の魂を指す言葉」として扱う。「霊魂」や「魂」の語を当てる方がよいとも思われるが、読みやすさと文中の統一性を考え、今回は「幽霊」と表記することにした。本文に図に該当する表現がある場合は、本文中の表現を用いることにする。

5　京伝は、このように他の姿を借りて出現するときには、「還着」という言葉を使うことがある。

6　本文では、「霧」と書かれているが、匡郭の外に、「霧雨ふる」とある。『角川古語大辞典』「霧」の項には、「空気中の水蒸気が凝結して、一面に立ち込める自然現象。乳白色を呈し、その中にある物を包み隠して視界をさえぎる。同種の霞が「たなびく」と表現されることが多く、距離を隔ててとらえられるのに対して、みずからをも包み込むものとして把握され、それの発生することを「立つ」「結ぶ」というのが普通」とあり、邪魔助が行く手を遮るこの場面では、「霧」である必要がある。また、歌では「鬱屈した心情の象徴としてとらえられる場合が多い」といい、「上代では（略）人の嘆きが霧になるという観念が見られ」るとあり、この図では、邪魔助の心象を表す意味でも、霧が果たす役目は大きいと考えられる。「霧雨」は、「霧のような細かい水滴が煙るように降る雨」（『角川古語大辞典』）「微小な水滴が、気流のかすかな流れに舞いながら煙るように降る雨」（『日本国語大辞典』）。図では、霧雨が風に煽られて斜め降っている。邪魔助のところからでく平のところへ向かう雨の動きは、邪魔助のでく平への怨念の激しさを象徴するように、動きのある図様になるよう構成されているのがわかる。
7　「歌舞伎の幽霊の衣装で、裾が漏斗の形に上から下へ次第に細くなっているもの」（『日本国語大辞典』）。
8　陰火やその他の表現との組み合わせについては、また別の機会に詳しく論じたい。
9　葬式の時に、近親者や棺かつぎ役が額に当てる三角形の白紙。死者につけさせるところもある（『日本国語大辞典』）。

【凡例】
一、一覧は、「形・名称・性別・足の有無・足の形状」の順に記述する。
一、〈形〉は、人間の姿（生前の姿）をしているものを「人」、陰火など炎の形で現れているものを「炎」、蝶などその他の形で現れているものは、その形を記した。
一、〈名称〉は、「幽霊」「亡霊」「陰火」「蝶」など本文中に表記された名称を反映するよう努めた。名称の記述が不明のものは、「―」を記入した。幽霊の名前がわかる場合は（　）に記した。
一、〈性別〉は、人の形で現れた場合に記した。形が炎やその他の場合は「―」を記入した。
一、〈足の有無〉は、明らかに下半身から下が描かれている場合は「有」、描かれていない場合は「無」を記した。不明な場合、炎やその他の形の場合は、「―」を記入した。
一、下半身の描かれ方は、描かれ方の違いを数字で表している。歌舞伎衣装の「漏斗」のような形で、先まで細く描かれている場合①、下半身の途中で描かれなくなる場合②、足が描かれている場合③、足があるように描かれている（服に包まれていて足自体は見えない）場合を④、座っている場合を⑤とした。足元に陰火が描かれている場合、足先が物影に隠れている場合は（　）で記した。形が炎やその他の場合は、該当しないため「―」を記入した。
一、京伝の合巻は、『山東京伝年譜稿』（水野稔、ぺりかん社、一九九一）を参考にした。
一、（二ウ二オ）は、（二丁裏三丁表）の略称である。
一、どの範囲までを幽霊（怨霊・亡霊など）とするのか区分が難しいので、今回の一覧では、百鬼夜行などの化物や人面疔などの怪異、また妖術によって現れた怪異（大蝦蟇など）は除いた。ただし、文化七年（一八一〇）の『戯場花牡丹燈籠』は、妖術による怪異であるが、「幽魂が惑わす」といった表記があったため、一覧に掲載した。
一、幽霊の描写がみられなかった作品は、次の一二作品である。『敵討岡崎女郎衆』（文化四年〔一八〇七〕）、『万福長者栄華談』

（文化六年〔一八〇九〕）、『糸桜本朝文粋』（文化七年〔一八一〇〕）、『梅之於由女丹前』（文化七年〔一八一〇〕）、『升繋男子鏡』（文化九年〔一八一二〕）、『朝茶湯一寸口切』（文化九年〔一八一二〕）、『今昔八丈揃』（文化九年〔一八一二〕）、『児个淵桜之振袖』（文化一〇年〔一八一三〕）、『安達原氷之姿見』（文化一〇年〔一八一三〕）、『長髢姿蛇柳』（文化一四年〔一八一五〕）、『大磯俄練物』（文化一四年〔一八一五〕）、『腹中名所図絵』（文化一五年〔一八一六〕（京山補））

【図版出典一覧】

図1『勇雲外記節』（十一ウ十二オ）東北大学附属図書館狩野文庫
図2『於六櫛木曽仇討』（二十二ウ二十三オ）東北大学附属図書館狩野文庫
図3『敵討天竺徳兵衛』（十七ウ十八オ）東北大学附属図書館狩野文庫
図4『敵討天竺徳兵衛』（十ウ）東北大学附属図書館狩野文庫
図5『濡燕子宿傘』（三オ）東京都立中央図書館加賀文庫
図6『笠森娘錦之笈摺』（十八ウ十九オ）東北大学附属図書館狩野文庫
図7『釣狐昔塗笠』（十五ウ）東北大学附属図書館狩野文庫
図8『うとふ之俤』（十一オ）東北大学附属図書館狩野文庫
図9『うとふ之俤』（十二ウ十三オ）東北大学附属図書館狩野文庫
図10『笠森娘錦之笈摺』（二十一ウ二十二オ）東北大学附属図書館狩野文庫
図11『妬湯仇討話』（十六オ）東北大学附属図書館狩野文庫
図12『妹背山長柄文台』（十七ウ十八オ）東北大学附属図書館狩野文庫
図13『敵討天竺徳兵衛』（十一ウ十二オ）東北大学附属図書館狩野文庫

〈付記〉　資料の図版掲載をご許可下さいました、東北大学附属図書館狩野文庫、東京都立中央図書館加賀文庫各位に、深謝いたします。

山東京伝合巻作品　幽霊一覧

文化四年（一八〇七）

『於六櫛木曾仇討』歌川豊国

丁数	形	名称	性別	足	足の形状
二オ	人	亡魂（久方）	女	有	④（膝があるが足先はみえない）
二ウ	炎	―	―	―	―
二十一オ	人	女の顔（久方）	女	無	―
〃	炎	―	―	―	―
二十一ウ二十二オ	人	亡魂（久方）	女	無	①
二十二ウ二十三オ	人	死霊（久方）	女	無	①
二十三ウ二十四オ	人	死霊（久方）	女	無	①
二十四ウ二十五オ	人	久方	女	無	②

『敵討鵆玉川』北尾重政

八ウ九オ	人	霊魂（老夫婦）	男女	無	②（炎）
〃	炎	―	―	―	―
後編九ウ十オ	首	（六人の）生首	男女	無	―
後編十ウ	首	（六人の）首	男女	無	―
後編十一ウ十二オ	首	（六人の）首	男女	無	（六人のうち一人は①）
後編十三ウ十四オ	人	魂魄／幽霊（老夫婦）	男女	無	②（炎）
〃	炎	―	―	―	―

『安積沼後日仇討』歌川豊広

三オ	人	霊魂（小鱃小平次）	男	無	②
三ウ	炎	―	―	―	―
二ウ三オ	人	死霊・幽霊（小鱃小平次）	男	無	不明（葛篭に隠れている）
十一オ	人	幽霊	女	無	②（草で見えなくなっている）
〃	炎	―	―	―	―
十一ウ十二オ	人	幽霊・霊魂	女	無	②
〃	炎	―	―	―	―
後編二ウ三オ	炎	心火	―	―	―
後編八ウ九オ	人	霊魂（小鱃小平次）	男	無	②
〃	炎	―	―	―	―
後編十二ウ十三オ	人	恨みの魂魄・霊魂（小鱃小平次）	男	無	②

『於杉於玉二身之仇討』歌川豊国

後編六ウ七オ	人	船幽霊	男女	無	②
〃	炎	―	―	―	―

文化五年（一八〇八）

『糸車九尾狐』歌川豊国

三ウ四オ	人	霊魂（九尾の狐）	女	有	④

『岩井櫛粂野仇討』歌川豊国

五オ	炎	心火	｜	｜	｜
四ウから五ウ	炎	｜	｜	｜	｜
十ウから十二ウ	炎	｜	｜	｜	｜
十三ウ	炎	｜	｜	｜	｜
十四ウから二十ウ	炎	｜	｜	｜	｜
二十一オから二十二オ	炎	｜	｜	｜	｜
二十四ウ二十五オ	人	霊魂（春雨）	女	無	②
〃	炎	｜	｜	｜	｜
二十五ウ	人	霊魂（春雨）	女	無	②
二十七ウ二十八オ	人	霊魂（春雨）	女	無	②
〃	炎	｜	｜	｜	｜
二十八ウ二十九オ	炎	｜	｜	｜	｜
二十九ウ三十オ	人	岩海阿闍梨	男	無	②（炎）
〃	炎	炎	｜	｜	｜
三十ウ	炎	｜	｜	｜	｜
三十一オ	人	阿闍梨の姿	男	無	②

『妬湯仇討話』歌川豊国

三オ	人	怨霊（漁火）	女	有	③（足だけ）
十二ウ十三オ	人	幽魂	女	有	不明（草に隠れ見えない）
十五ウ	炎	｜	｜	｜	｜
十六オ	人	怨霊（漁火）	女	有	③（足だけ）
十六ウ十七オ	人	悪霊（漁火）	女	有	③
二十四ウ二十五オ	青蜥蜴	一念	｜	｜	｜
〃	炎	｜	｜	｜	｜
二十五ウ	青蜥蜴	一念	｜	｜	｜
〃	炎	｜	｜	｜	｜
二十六ウ二十七オ	大蜥蜴	大蜥蜴	｜	｜	｜

『絞染五郎強勢談』歌川豊国

一ノ三ウ四オ	斑犬	｜	男女	｜	｜
〃	炎	｜	｜	｜	｜
六ウ七オ	斑犬	｜	｜	｜	｜
〃	炎	心火	｜	｜	｜
十四ウ十五オ	斑犬	｜	｜	｜	｜
〃	炎	｜	｜	｜	｜
十六オ	炎	｜	｜	｜	｜
十六ウ十七オ	斑犬	死霊	｜	｜	｜
〃	炎	｜	｜	｜	｜
十七ウ十八オ	斑犬	｜	男女	｜	｜
〃	炎	｜	｜	｜	｜
十八ウ十九オ	人	死霊	女	無	②
〃	人	死霊	女	無	②
〃	人	死霊	男	無	②
二十四ウ二十五オ	人	霊魂	女	｜	⑤
〃	人	霊魂	女	｜	⑤
〃	人	霊魂	男	｜	⑤

『侊侠双蛺蝶』歌川豊国

三オ	炎	｜	｜	｜	｜
十六ウ十七オ	人	霊魂／死霊	女	無	①
〃	炎	青き火	｜	｜	｜

十七ウ十八オ	人	幽霊（偽物）	男	有	③

『女達三日月於遷』歌川豊国

二ウ	人	霊魂（絹笠志賀之助）	男	無	②
八ウ九オ	人	霊魂（志賀之助）	男	無	②
〃	炎	猛火	―	―	―
十七ウ十八オ	人	魂魄／久堅が姿	女	無	②
〃	炎	陰火	―	―	―
十八ウ十九オ	人	亡き魂／霊魂（久堅）	女	無	①
十九ウ二十オ	人	霊魂（久堅）	女	―	⑤
二十四ウ二十五オ	人	幽魂（久堅）	女	無	②
二十五ウ	人	霊魂（久堅）	女	―	⑤
二十六オ	人	霊魂（久堅）	女	―	⑤
二十六ウ二十七オ	人	霊魂（久堅）	女	無	①
〃	人	絹笠志賀之助の姿	男	有	⑤
二十七ウ二十八オ	人	霊魂（久堅）	女	無	②（炎）
〃	炎	―	―	―	―
二十九ウ三十オ	人	―（久堅）	女	―	②
〃	人	―（志賀之助）	男	―	⑤

『八重霞かしくの仇討』歌川豊国

二オ	手	―	―	―	―
二ウ	人	怨霊（鵺の羽）	女	―	―（顔の拡大図で体は不明）

十二ウ十三オ	手	―	―	―	―
十八ウ十九オ	炎	―	―	―	―
十九ウ二十オ	人	鱗右衛門が姿	男	無	②（炎）
〃	炎	猛火	―	―	―
二十ウ	鼠	鱗右衛門が魂魄化したる鼠	―	―	―
二十一ウ二十二オ	人	怨霊（鵺の羽）	女	無	②（炎）
〃	鼠	鱗右衛門が怨恨	―	―	―
〃	炎	―	―	―	―
二十二ウ二十三オ	人	怨霊（鵺の羽）	女	無	②
〃	鼠	―	―	―	―
〃	炎	―	―	―	―
二十三ウ二十四オ	鼠	鱗右衛門が魂魄	―	―	―
二十六オ	首	首（浜風婆）	女	無	―（首のみ）
〃	炎	―	―	―	―
三十二ウ三十三オ	鼠	―	―	―	―
三十四ウ三十五オ	人	―（鵺の羽）	女	無	②（炎）
〃	炎	―	―	―	―
〃	人	―（鱗右衛門）	男	無	②（炎）
〃	炎	―	―	―	―
〃	首	首（浜風婆）	女	無	―（首のみ）
〃	炎	―	―	―	―

『白藤源太談』歌川豊国

三オ	炎	―	―	―	―
十一ウ十二オ	人	―	女	無	②

十六ウ十七オ	人	霊魂（栗之進）	男	無	②
二十四ウ二十五オ	人	霊魂（栗之進）	男	無	①（炎）
〃	炎	｜	｜	｜	｜

『敵討天竺徳兵衛』歌川豊国

二ウ	人	霊魂（賤機）	女	無	①
十ウ	人	霊魂（賤機）	女	無	①（炎）
〃	炎	｜	｜	｜	｜
十一オ	人	霊魂（賤機）	女	無	①
十一ウ十二オ	人	霊魂（賤機）	女	｜	⑤
十六ウ十七オ	人	霊魂（賤機）	女	無	①
十七ウ十八オ	人	霊魂（賤機）	女	無	①
〃	炎	｜	｜	｜	｜
二十六ウ二十七オ	人	霊魂（賤機）	女	無	①
〃	炎	｜	｜	｜	｜

文化六年（一八〇九）

『松梅竹取談』歌川国貞

二ウ三オ	人	｜（於杉）	女	無	不明（物影に隠れている）
八ウ九オ	人	生霊（梓）	女	無	②
四十三ウ四十四オ	猿	猿（見猿／言は猿／聞猿）	｜	有	③
〃	炎	｜	｜	｜	｜
四十四ウ四十五オ	猿	猿（見猿／言は猿／聞猿）	｜	有	③
〃	炎	心火	｜	｜	｜
五十九ウ六十オ	人	宮の御姿	男	無	②（炎）
〃	炎	猛火	｜	｜	｜

『累井筒紅葉打敷』歌川豊国

二ウ三オ	人	怨霊（累）	女	無	不明（提灯に隠れている）
〃	人	霊魂（願哲）	男	無	②
〃	炎	｜	｜	｜	｜
三ウ四オ	人	怨霊（累）	女	無	①
五ウ	人	怨霊（累）	女	｜	⑤
十六オ	炎	心火	｜	｜	｜
十六ウ十七オ	人	怨霊（願哲）	男	無	①
〃	炎	心火	｜	｜	｜
十七ウ十八オ	人	怨霊（願哲）	男	無	①
〃	炎	心火	｜	｜	｜
二十三ウ二十四オ	人	水子	｜	有	③
〃	人	力太郎	男の子	無	②
二十五ウ	人	力太郎	男の子	有	③
二十六オ	人	力太郎	男の子	有	⑤
二十六ウ二十七オ	人	霊魂（五郎左衛門）	男	無	②
〃	炎	｜	｜	｜	｜
二十七ウ二十八オ	人	霊魂（五郎左衛門）	男	無	②
〃	炎	｜	｜	｜	｜
二十九ウ三十オ	炎	｜	｜	｜	｜
三十一ウ三十二オ	人	霊魂（願哲）	男	無	②（草に隠れている）

〃	炎	助が怨霊	｜	｜	｜
三十四ウ三十五オ	人	死霊（累）	女	無	②
三十五ウ	人	累が姿	女	無	②
三十六ウ三十七オ	人	累	女	｜	⑤
〃	人	願哲	男	｜	⑤
『笠森娘錦之笈摺』歌川豊国					
四ウ五オ	人	幽霊	男女	無	②
〃	炎	｜	｜	｜	｜
十一ウ十二オ	炎	｜	｜	｜	｜
十二ウ十三オ	雀	雀	｜	｜	｜
〃	炎	｜	｜	｜	｜
十八ウ十九オ	人	滋太夫の姿	男	無	②
〃	炎	｜	｜	｜	｜
二十一ウ二十二オ	人	亡者の体（箕四郎）	男	有	③
〃	人	亡者の体（其花）	女	有	③
二十二ウ二十三オ	人	亡者の体（箕四郎）	男	有	③
〃	人	亡者の体（其花）	女	有	⑤
二十三ウ二十四オ	人	亡者の体（箕四郎）	男	有	③
〃	人	亡者の体（其花）	女	有	⑤
二十四ウ二十五オ	人	亡者の体（箕四郎）	男	有	不明（物影で見えない）
〃	人	亡者の体（其花）	女	有	不明（物影で見えない）
〃	人	亡者の体（染木）	女	有	不明（物影で見えない）
二十五ウ	人	亡者の体（唐内）	男	有	不明（物影で見えない）
〃	人	亡者の体（半七）	男	有	不明（物影で見えない）
〃	人	亡者の体（於花）	女	有	不明（物影で見えない）
二十六ウ二十七オ	雀	｜	｜	｜	｜
『風流伽三味線』勝川春亭					
二ウ三オ	人	幽霊（先の妻）	女	無	②
四オ	炎	｜	｜	｜	｜
五ウ	蛇	｜	｜	｜	｜
九ウ	人	此花が姿	女	無	②
〃	炎	心火	｜	｜	｜
二十三ウ二十四オ	人	魂（田左衛門）	男	無	②（雲に隠れている）
二十四ウ二十五オ	人	産女	女	｜	⑤
『志道軒往古講釈』歌川豊国					
一ウ二オ	人	怨霊（榊葉）	女	無	①
五オ	髑髏	怨霊（榊葉）	｜	｜	｜
〃	炎	｜	｜	｜	｜
十七ウ十八オ	魚	魂魄（榊葉）	｜	｜	｜
〃	炎	心火（榊葉）	｜	｜	｜
〃	炎	｜	｜	｜	｜

十八ウ十九オ	炎	心火（榊葉）	―	―	―
十九ウ二十オ	炎	心火（榊葉）	―	―	―
二十ウ	炎	―	―	―	―
二十三ウ二十四オ	人	榊葉の姿	女	無	①
二十五ウ	人	霊魂（榊葉）	女	有	④
〃	炎	―	―	―	―
二十六ウ二十七オ	炎	陰火	―	―	―
二十七ウ二十八オ	人	荒五郎が姿	男	無	②
二十八ウ二十九オ	人	霊魂（荒五郎）	男	有	③
二十九オ三十オ	人	霊魂（荒五郎）	男	有	③

『岩戸神楽剣威徳』勝川春亭

一ウ二オ	炎	―	―	―	―
〃	イモリ	執念	―	―	―
〃	炎	―	―	―	―
八ウ九オ	人	怨魂（多々羅兵衛）	男	有	③
九ウ十オ	人	幽霊（次郎太夫）	男	無	②
〃	炎	―	―	―	―
十ウ	イモリ	―（多々羅兵衛）	―	―	―
十七ウ十八オ	イモリ	―	―	―	―
二十二オ	人	剣刀斎が姿	男	有	④
二十七ウ二十八オ	イモリ	―	―	―	―
二十八ウ	イモリ	―	―	―	―
二十九オ	イモリ	霊魂	―	―	―

文化七年（一八一〇）

『うとふ之俤』歌川豊国

一ウ二オ	人	霊魂（善知保方）	男	無	②
〃	炎	―	―	―	―
〃	炎	心火	―	―	―
二ウ三オ	鳥	―	―	―	―
九ウ十オ	人	霊魂（善知保方）	男	無	①
十一オ	人	霊魂（善知保方）	男	有	③
十一ウ十二オ	人	霊（善知保方）	男	無	不明（物蔭に隠れている）
十二ウ十三オ	人	霊（善知保方）	男	有	③
〃	人	霊（錦木）	女	有	③
〃	炎	陰火	―	―	―
十三ウ十四オ	人	霊（善知保方）	男	無	②
〃	人	霊（錦木）	女	有	④
十四ウ十五オ	人	霊（善知保方）	男	無	②（炎）
〃	炎	―	―	―	―
〃	人	霊（錦木）	女	無	②（炎）
〃	炎	―	―	―	―
十五ウ	鳥	―	―	―	―

十六オ	人	霊魂（善知保方）	男	有	④
〃	人	霊魂（錦木）	女	有	④
二十四ウ二十五オ	人	霊魂（将門）	男	無	①
〃	人	霊魂（純友）	男	無	①
二十九ウ三十オ	人	善知夫婦の姿（善知保方）	男	有	④
〃	人	善知夫婦の姿（錦木）	女	有	④
『戯場花牡丹燈籠』歌川国貞					
二十六ウ二十七オ	骸骨	女郎花姫の幽魂	女	有	⑤
文化八年（一八一一）					
『暁傘時雨古手屋』勝川春扇					
二十八ウ二十九オ	炎	心火	｜	｜	｜
『昔織博多小女郎』鳥居清峯					
口ノ一ウ二オ	人	怨霊（木枯前）	女	有	④
〃	炎	｜	｜	｜	｜
後編十六ウ十七オ	人	尼子左衛門	男	無	②
〃	炎	｜	｜	｜	｜
十九ウ二十オ	人	老女呉竹	女	｜	⑤
〃	人	夕貝	女	｜	⑤
〃	人	苫之進	男	｜	⑤
〃	人	尼子左衛門	男	｜	⑤
『桜ひめ筆の再咲』歌川豊国					
二ウ三オ	炎	｜	｜	｜	｜
三ウ四オ	人	清玄法師	男	無	①

〃	炎	｜	｜	｜	｜
〃	人	霊魂（白露）	女	無	②（雲で隠れている）
〃	人	霊魂（篠村次郎）	男	無	②（雲で隠れている）
四ウ	炎	｜	｜	｜	｜
六オ	炎	心火	｜	｜	｜
六ウ七オ	炎	心火	｜	｜	｜
七ウ八オ	炎	魂魄	｜	｜	｜
九ウ十オ	炎	魂魄	｜	｜	｜
十ウ	炎	｜	｜	｜	｜
十三ウ十四オ	炎	｜	｜	｜	｜
十六ウ十七オ	炎	｜	｜	｜	｜
十七ウ十八オ	人	｜	女	有	③
〃	人	｜	女	有	③
十八ウ十九オ	人	｜	女	有	⑤
〃	人	｜	女	有	③
〃	人	｜	男	有	③
三十一ウ三十二オ	人	清玄の屍	男	無	②（炎）
〃	炎	｜	｜	｜	｜
三十二ウ三十三オ	人	霊魂（玉琴）	女	無	②
『男草履打』歌川豊国					
一ウ二オ	人	霊魂（冠者竜音）	男	有	④
『梅由兵衛紫頭巾』歌川豊国					
五ウ	炎	｜	｜	｜	｜
『播州皿屋敷物語』勝川春扇					
二ウ三オ	炎	｜	｜	｜	｜

四ウ五オ	炎	―	―	―	―
二十五ウ二十六オ	炎	―	―	―	―
二十六ウ二十七オ	人	お陸の姿	女	無	②
〃	炎	心火	―	―	―
二十七ウ二十八オ	人	霊魂（お陸）	女	無	②
〃	炎	―	―	―	―
二十九ウ三十オ	人	霊（お陸）	女	有	⑤

『娘景清襤褸振袖』勝川春扇

二十八ウ二十九オ	人	霊魂（粟木左衛門）	男	無	④（雲で隠れている）

『女俊寛雪花道』歌川国貞

二ウ	炎	―	―	―	―
十六ウ十七オ	炎	―	―	―	―

『咲替花之二番目』歌川国貞

二ウ三オ	鼠	―	―	―	―
四オ	鼠	―	―	―	―
四ウ五オ	炎	―	―	―	―
六ウ七オ	炎	―	―	―	―
十ウ十一オ	炎	―	―	―	―
十一ウ十二オ	人	阿闍梨の姿	男	無	②（雲に包まれている）
〃	炎	―	―	―	―
十八ウ十九オ	炎	心火	―	―	―
十九ウ二十オ	炎	陰火	―	―	―
二十ウ	人	死霊（怪玄）	男	無	①
〃	炎	―	―	―	―
二十三ウ二十四オ	炎	猛火	―	―	―
二十四ウ二十五オ	炎	心火	―	―	―

二十六ウ二十七オ	炎	心火	―	―	―
二十七ウ二十八オ	人	怨霊（柴の戸）	女	有	④
二十九ウ三十オ	人	柴の戸	女	―	⑤
〃	人	怪玄	男	無	②（雲に隠れている）

文化九年（一八一二）

『籠釣瓶丹前八橋』鳥居清峯

一ウ二オ	人	麻波良八郎為頼	男	有	③
八ウ九オ	人	亡霊（麻波良八郎為頼）	男	無	②

『薄雲猫旧話』歌川国貞

一ウ二オ	人	亡魂（不知火太夫）	女	無	②
〃	炎	―	―	―	―
六ウ七オ	蛇	蛇	―	―	―
十二ウ十三オ	炎	―	―	―	―
十三ウ十四オ	炎	―	―	―	―
十七ウ十八オ	炎	―	―	―	―
二十三ウ二十四オ	人	魂魄／儚き姿／死霊（衣紋の介）	男	無	②
〃	炎	―	―	―	―
二十四ウ二十五オ	人	魂魄／儚き姿／死霊（衣紋の介）	男	無	②

二十五ウ二十六オ	炎	心火	—	—	—
二十八ウ二十九オ	人	霊魂（袖）	女	無	②
〃	炎	—	—	—	—
〃	人	霊魂（袖）	女	無	②
〃	炎	—	—	—	—

『釣狐昔塗笠』歌川国丸

三ウ	人	—（玉藻）	女	無	②
四ウ	人	亡魂（悪七兵衛景清）	男	有	③
十五ウ二十オ	人	亡霊（悪七兵衛景清）	男	有	③
二十九ウ三十オ	鬼	佐上次郎の亡魂	男	有	④

『二人虚無僧』歌川豊国

一ウ	人	亡霊（長崎勘解由左衛門）	男	有	⑤
〃	炎	—	—	—	—
四ウ五オ	かまきり	大日坊の怨念	—	—	—
五ウ六オ	かまきり	大日坊の怨念	—	—	—
十一ウ十二オ	人	霊魂（長崎勘解由左衛門）	男	有	③
〃	炎	—	—	—	—
十二ウ十三オ	人	魂魄（長崎勘解由左衛門）	男	有	③
〃	炎	—	—	—	—
十三ウ十四オ	人	霊魂（長崎勘解由左衛門）	男	有	③
十四ウ十五オ	かまきり	大日坊の怨念	—	—	—
十六ウ十七オ	腕／炎	陰火	—	—	—
十九ウ二十オ	人	霊魂（大日坊）	男	有	⑤
二十ウ二十一オ	かまきり	大日坊の怨念	—	—	—
三十一ウ三十二オ	かまきり	—（大日坊）	—	—	—
三十二ウ三十三オ	かまきり	—（大日坊）	—	—	—
〃	人	—（大日坊）	男	無	②
三十三ウ三十四オ	かまきり	—	—	—	—
四十一ウ四十二オ	かまきり	—	—	—	—
〃	人	—	男	有	③

『勇雲外記節』歌川豊国

五ウ六オ	炎	—	—	—	—
十一ウ十二オ	人	邪魔助の悪念	男	有	③
〃	炎	—	—	—	—
〃	イモリ	—	—	—	—

十八ウ十九オ	イモリ	邪魔助の怨念	｜	｜	｜
〃	人	怨念	男	有	③
〃	炎	｜	｜	｜	｜
二十九ウ三十オ	鵺	怨霊（邪魔助）	｜	｜	｜

『妹背山長柄文台』歌川豊国

五ウ	炎	｜	｜	｜	｜
十七ウ十八オ	人	霊魂（久我之助）	男	有	④
〃	炎	｜	｜	｜	｜
二十一ウ二十二オ	人	久我之助	男	有	④
〃	炎	｜	｜	｜	｜
二十二ウ二十三オ	人	久我之助	男	有	④
二十七ウ二十八オ	人	霊魂（久我之助）	男	無	②

文化十年（一八一三）

『朝妻船柳三日月』歌川豊国

二ウ三オ	人	霊魂（小栗判官）	男	有	③
四ウ五オ	炎	｜	｜	｜	｜
十一ウ十二オ	人	霊魂（小栗判官）	男	有	③
〃	炎	｜	｜	｜	｜
〃	炎	｜	｜	｜	｜
十二ウ十三オ	人	霊魂（小栗判官）	男	有	③
〃	炎	｜	｜	｜	｜

『安達原氷之姿見』歌川豊国

三ウ四オ	炎	｜	｜	｜	｜

『重井筒娘千代能』歌川美丸・歌川国丸

一ウ二オ	蜘蛛	｜	｜	｜	｜
二ウ	炎	｜	｜	｜	｜
十六ウ十七オ	蜘蛛	土蜘蛛（赤星冠者の霊魂）	｜	｜	｜
二十五ウ	炎	｜	｜	｜	｜
二十七ウ二十八オ	蜘蛛	赤星が亡霊	｜	｜	｜
二十九ウ三十オ	人	霊魂（力太郎）	男	無	②
〃	炎	｜	｜	｜	｜
〃	人	霊魂（手越太夫）	女	無	②
〃	炎	｜	｜	｜	｜

『婚礼累箪笥』歌川国直

二ウ三オ	炎	｜	｜	｜	｜
三ウ	人	亡魂（不知火太夫）	女	無	②
〃	炎	｜	｜	｜	｜
四オ	手	怨霊（不知火太夫）	｜	｜	｜
六ウ七オ	炎	｜	｜	｜	｜
七ウ八オ	人	太夫が姿	女	無	①（炎）
〃	炎	｜	｜	｜	｜
〃	炎	｜	｜	｜	｜
十六オ	炎	｜	｜	｜	｜

十七ウ十八オ	人	魂魄（不知火太夫）	女	無	②
〃	炎	—	—	—	—
十八ウ十九オ	人	魂魄（不知火太夫）	女	無	②
〃	炎	—	—	—	—
十九ウ二十オ	手	執念（不知火太夫）	—	—	—
〃	炎	—	—	—	—
二十ウ	手	執念（不知火太夫）	—	—	—
二十一ウ二十二オ	人	不知火太夫が姿	女	無	②（炎）
二十四ウ二十五オ	人	不知火	女	—	⑤
〃	人	累	女	—	⑤
〃	人	宗玄	女	—	⑤

『春相撲花之錦絵』歌川国丸

四ウ五オ	人	霊魂（純友）	男	有	③
〃	炎	—	—	—	—
〃	人	霊魂（純友の家臣の霊魂）	男	無	②
七ウ八オ	人	幽霊	男女	無	①
〃	人	霊魂（純友）	男	無	②
〃	炎	—	—	—	—
〃	人	霊魂（平将門）	男	無	②
〃	炎	—	—	—	—
八ウ九オ	人	霊魂（純友）	男	無	②
〃	炎	—	—	—	—

〃	人	霊魂（平将門）	男	無	②
〃	炎	—	—	—	—
十六ウ十七オ	人	亡霊（将門）	男	無	②（海中に入っている）
〃	炎	—	—	—	—
二十八ウ二十九オ	人	霊魂（純友の家臣の霊魂）	男	無	②
〃	人	霊魂（純友）	男	無	②
〃	炎	—	—	—	—
〃	人	霊魂（平将門）	男	無	②
〃	炎	—	—	—	—
二十九ウ三十オ	人	霊魂（将門）	男	—	⑤
〃	人	霊魂（純友）	男	—	⑤
〃	人	霊魂（純友の家臣の霊魂）	男	無	②

『ヘマムシ入道昔話』歌川国直

九ウ十オ	炎	魂魄（藻の花）	—	—	—
十ウ十一オ	人	魂魄（藻の花）	女	無	②（膝を曲げている）
	炎	—	—	—	—
二十四ウ二十五オ	すっぽん	死霊（藻の花）	—	—	—
二十五ウ	人	死霊（藻の花）	女	無	②

『無間之鐘娘縁起』歌川豊国

七ウ八オ	人	怨霊（茨の前）	女	—	⑤
八ウ九オ	蜥蜴	—	—	—	—
〃	炎	—	—	—	—

十六ウ十七オ	人	幽霊（榊葉）	女	無	①
〃	炎	―	―	―	―
十七ウ十八オ	人	幽霊（榊葉）	女	―	⑤
〃	炎	―	―	―	―
十八ウ十九オ	手	―（榊葉）	―	―	―
〃	炎	―	―	―	―
二十一ウ二十二オ	炎	火焔	―	―	―
二十三ウ二十四オ	炎	瞋意の猛火	―	―	―
二十四ウ二十五オ	炎	―	―	―	―
二十七ウ二十八オ	炎	―	―	―	―
二十八ウ二十九オ	炎	―	―	―	―
二十九ウ三十オ	蜥蜴	茨の前の魂魄	―	―	―

文化十一年（一八一四）

『会談三組盃』勝川春扇

一ウ二オ	炎	―	―	―	―
三ウ四オ	人	男（羽生之助氏累）	男	無	②
〃	蝶	霊魂（佐国）	―	―	―
五ウ六オ	皿	怨霊（竜田）	―	―	―
七ウ八オ	蝶	―	―	―	―
八ウ九オ	炎	―	―	―	―
九ウ十オ	人	幽霊（竜田）	女	―	⑤
〃	炎	―	―	―	―
〃	人	幽霊（羽生之助）	男	有	⑤
〃	炎	―	―	―	―
〃	人	幽霊（佐国）	男	―	⑤
〃	炎	―	―	―	―

〃	蝶	―	―	―	―
十ウ十一オ	炎	―	―	―	―
十一ウ十二オ	炎	―	―	―	―
十六ウ十七オ	炎	心火	―	―	―
〃	蝶	―	―	―	―
十八ウ十九オ	蝶	―	―	―	―
二十ウ二十一オ	炎	陰火	―	―	―
〃	炎	―	―	―	―
〃	蝶	―	―	―	―
二十二ウ二十三オ	人	幽霊（累）	女	無	②
〃	人	怨霊（累）	女	無	①
〃	道具（盆提灯・南瓜など）	―	―	―	―
二十三ウ二十四オ	人	怨霊（累）／死霊	女	無	②
二十四ウ二十五オ	人	魂魄（累）	女	―	⑤

『黄金花奥州細道』歌川国直

二ウ三オ	人	霊魂（藤原実方朝臣）	男	無	②（雲に隠れている）
〃	雀	入内雀	男	―	―
三ウ四オ	人	霊魂	女	不明	―（顔のみ）
〃	炎	―	―	―	―

七ウ八オ	人	貴人の霊魂（藤原実方朝臣）／亡霊	男	有	④	
〃	炎	青き陰火	―	―	―	
〃	人	魂魄（小町）／霊魂	女	無	②	
〃	炎	―	―	―	―	
八ウ九オ	雀	雀	男	―	―	
九ウ十オ	炎	心火	―	―	―	
〃	炎	心火	―	―	―	
十三ウ十四オ	雀	実方朝臣の怨霊	―	―	―	
十五ウ	雀	―	―	―	―	
十七ウ十八オ	雀	―	―	―	―	
二十一オ	雀	雀	―	―	―	
二十六ウ二十七オ	炎	―	―	―	―	
二十六ウ二十七オ	雀	雀	―	―	―	
二十九ウ三十オ	人	霊魂（朝臣）	男	無	②	
〃	人	霊魂（小町）	女	無	②	

『磯馴松金糸腰簑』歌川豊国

四ウ五オ	金魚	怨霊（萍）	女	無	―	
五ウ六オ	炎	―				
九ウ十オ	金魚	怨霊（萍）	女	無	―	
十ウ十一オ	金魚	怨霊（萍）	女	無	―	
二十四ウ二十五オ	炎	心火	―	―	―	
〃	炎	心火	―	―	―	

二十八ウ二十九オ	人	望月御前（の女執念）	女	無	②	
〃	人	怨霊（萍）	女	無	②	
二十九ウ三十オ	人	望月御前	女	―	⑤	
〃	人	萍	女	―	⑤	
〃	人	破軍之助	男	―	⑤	
〃	人	小蝶	女	―	⑤	

『濡燕子宿傘』歌川豊国

二ウ三オ	人	亡魂（傾城遠山）	女	無	②	
三ウ四オ	玉	魂	―	―	―	
六ウ七オ	炎	―	―	―	―	
〃	炎	―	―	―	―	
十九ウ二十オ	人	幽魂（遠山）	女	無	②	
	炎	心火	―	―	―	
二十一ウ二十二オ	人	霊魂（遠山）	女	無	②	
二十四ウ二十五オ	人	霊魂（遠山）	女	無	①	
〃	炎	心火	―	―	―	
三十二ウ三十三オ	骸骨	骸骨	女	―	―	
三十四ウ三十五オ	人	―（褒姒）	女	無	②	（雲に隠れている）
〃	人	―（遠山）	女	無	②	（雲に隠れている）

文化十二年（一八一五）

『絵看板子持山姥』歌川豊国

四ウ五オ	人	霊魂（純友）	男	無	②	
〃	炎	―	―	―	―	

〃	人	霊魂（将門）	男	無	②	
〃	炎	｜	｜	｜	｜	
〃	人	幽魂（兵ども）	有	③	古戦場	
六ウ七オ	人	幽魂（兵ども）	有	③	古戦場	
〃	炎	｜	｜	｜	｜	
十四ウ十五オ	炎	心火	｜	｜	｜	
十七ウ十八オ	人	死霊	女	無	①	
〃	炎	｜	｜	｜	｜	

『女達磨之由来文法語』歌川豊国

中三ウ中四オ	人	幽霊（腰元）	女	｜	不明・⑤	

『猨猴著聞水月談』歌川国直

二十九ウ三十オ	炎	｜	｜	｜	｜	

『草履打所縁色揚』歌川美丸

一ウ二オ	人	霊魂（楊貴妃）	女	無	②	
四ウ五オ	炎	｜	｜	｜	｜	
十七ウ十八オ	炎	心火	｜	｜	｜	
二十一ウ二十二オ	手	｜	｜	｜	｜	
〃	炎	心火	｜	｜	｜	
二十三ウ二十四オ	人	霊魂（小紫）	女	無	②	
二十六ウ二十七オ	人	八重梅が姿	女	無	②	

『娘清玄振袖日記』歌川豊国

二オ	蝶	｜	｜	｜	｜	
〃	炎	｜	｜	｜	｜	
三ウ四オ	炎	｜	｜	｜	｜	
四ウ五オ	炎	｜	｜	｜	｜	
六ウ七オ	炎	｜	｜	｜	｜	
八ウ九オ	炎	｜	｜	｜	｜	
十一ウ十二オ	炎	｜	｜	｜	｜	
十三ウ十四オ	炎	心火	｜	｜	｜	
十四ウ十五オ	炎	｜	｜	｜	｜	
十七ウ十八オ	蛇	｜	｜	｜	｜	
〃	炎	｜	｜	｜	｜	
十九ウ二十オ	人	袖が姿	女	無	①	
〃	炎	心火	｜	｜	｜	
〃	蝶	｜	｜	｜	｜	
二十二ウ二十三オ	炎	｜	｜	｜	｜	
二十四ウ二十五オ	人	幽霊（小露）	女の子	無	②	
〃	炎	｜	｜	｜	｜	
〃	人	幽霊（小露）	女の子	無	②	
〃	炎	｜	｜	｜	｜	
二十六ウ二十七オ	人	幽霊（小露）	女の子	無	②	
〃	炎	｜	｜	｜	｜	

文化十三年（一八一六）

『石枕春宵抄』歌川豊国

二ウ三オ	炎	｜	｜	｜	｜	
八ウ九オ	炎	心火	｜	｜	｜	
〃	炎	心火	｜	｜	｜	
九ウ十オ	炎	｜	｜	｜	｜	
十一ウ十二オ	炎	心火	｜	｜	｜	
十二ウ十三オ	炎	心火	｜	｜	｜	
十四ウ十五オ	蛇	｜	｜	｜	｜	
十六ウ十七オ	炎	心火	｜	｜	｜	
二十七ウ二十八オ	炎	｜	｜	｜	｜	

二十九ウ三十オ	炎	｜	｜	｜	｜	
三十一オ	炎	｜	｜	｜	｜	
三十一ウ三十二オ	炎	心火	｜	｜	｜	
三十三ウ三十四オ	蛇	｜	｜	｜	｜	

『蝶鵆會我俤』 歌川国貞・歌川国直・歌川国芳

四オ	炎	｜	｜	｜	｜	

『黄金花万宝善書』 柳川重信

三ウ四オ	炎	｜	｜	｜	｜	

『琴声美人伝』 歌川豊国

四ウ五オ	鼠の姿	亡魂（願鉄）	男	無	②	
〃	炎	｜	｜	｜	｜	

文化十四年（一八一七）

『袖之梅月土手節』 歌川豊国

二十二ウ二十三オ	白鷺	霊魂（白露と小むろ）	｜	｜	｜	

『気替而戯作問答』 歌川豊国

十三ウ十四オ	人	幽霊	女	｜	⑤	
〃	人	｜	不明	｜	③	

文政五年（一八二二）

『家桜継穂之鉢植』 歌川豊国・渓斎英泉

七ウ八オ	炎	心火	｜	｜	｜	
〃	蛇	｜	｜	｜	｜	

【怪談・草紙】

上田秋成の初期妖怪小説について

老婆と猫の呪い

高田　衛

笑いと妖怪

秋成が『雨月物語』を刊行したのは安永五年（一七七六）、その九年前の明和元年（一七六七）に彼は浮世草子『世間妾形気《せけんてかけかたぎ》』四冊を刊行していた。その中にひとつ、強烈な妖怪小説があるのであった。この本のタイトルが示すように、本じたいが八文字屋本（西鶴以後の浮世草子の主流である）気質物の亜流として書かれ、享受されていたせいか、この秋成初期の妖怪小説のことが、あまり知られていないと思う。

これは彼が九年後に刊行することになる、『雨月物語』のように、古雅さと品位と格調をそなえた〈怪異〉世界をとりまとめたものではない。

全編がパロディ的笑いと、辛辣な人間批判から成る妖怪小説というべきものなので、後年の『雨月物語』の格調高き怪異をしのばせたり、あるいはその予兆を示すものはあまりない。おそらくそのゆえに、破調の気質物小説としてのみ享受され、ここに描かれる妖怪の酸鼻さにまでは読者の目がとどかなかったものらしい。

その話は『世間妾形気』の巻一（一巻三話から成る）その第二と第三説話を合わせて成るもので、こうした説話の作り方じたい、当時の浮世草子では破格なものであった。

具体的には、巻一の二、「ヤァラめでたや元日《ぐはんじつ》の拾《ひろ》ひ子が福力《ふくりき》」、巻一の三、「織姫《をりひめ》のほっとり者は取て置《おき》の玉手箱」である。

とりあえず、この連続二説話の梗概を紹介しておこう。はじめに「ヤァラめでたや元日の拾ひ子が福力」である。

丹後宮津に浦島の血脈と称され、代々長寿の医家で、浦島寿斎という老人がいた。この人、今まで男女七人の子をなしたが、どういうわけか皆が皆育たず、二十歳前で死んでしまった。妻も六十余歳で死去し、寿斎老人は七十歳もすぎて後嗣もない身の因果を嘆いていた。養子もこないのである。ある大晦日に例年の厄ばらい(門附芸人)がやってきて、フシおもしろく「ヤァラめでたいな、煎豆《いりまめ》に花さくこともあるぞかし」と歌い、小銭を貰ってゆくのも皮肉に思われる。寿斎は思いあぐねて切戸の磯の龍灯の松へ出かけて、竜女に願をかけつつ夜をあかそうとする。すると夢かうつつか、夜半に竜女があらわれ、老人をなぐさめて、家に久しき寿を与うるぞと玉手箱を置いて帰る――と見て目がさめた。夢であったのだが玉手箱は現実に其処にあった。家へ帰ると、なんと元日の自宅門前で捨て子の赤ん坊が泣いていた。寿斎はこれぞ竜女の賜物と喜び、女の子なのでお春と名づけ、大事に養育した。早いものでお春は美しく育って十八歳、市内旧家入江屋の次男甚蔵を婿にとって仲良く暮らす。寿斎は喜びつつ世を去る。

しかし、夫婦仲が良すぎてか、甚蔵は十年後、腎虚火動となり、憔悴してまだ三十五歳なのに病死してしまった。残されたお春の悲しみはいうまでもないが、月日が立って今度は体力自慢の伝三郎という舟乗りを婿に定めて、お春とは相性もよく円満に暮らすこととなった。ところがその男らしい伝三郎が嵐にあって舟は難船、行方不明のまま帰ってこない。お春は気をもんで、泣くやら神だのみやらして夫の帰還を待つが、一年たっても二年たっても帰らない。三年になる頃には、お春にも伝三郎はもう帰るまいと心を定めたが、もうその頃には閨淋しさに、毎夜お春の身体を揉む、按摩の六右衛門と出来ていたのである。かくしてお春は、伝三郎の三年忌を期に六右衛門を三人目の婿に迎える披露の宴をひらいた。ところが、伝三郎の追善法要を終って、六右衛門との婚儀披露が始まろうとした時、なんと伝三郎本人が元気いっぱいで戻ってきて、「やあ待たせたなあ、女房ども泣いただろ、実はなあ」と話し始めた。聞けば三年前の嵐で船は難破、大陸福州の舟に助けられ、朝鮮を経由してやっと戻りついたというのである。間が悪いことおびただしい。

そこで世話人が「伝三郎どの、実はな」と今までのわけを話した。可愛い女房の許へやっと帰ってきた伝三郎は怒ったの怒らないの、六右衛門は盲人であり、ひたすら縮こまり、それでも世話役の意見で、伝三郎とお春はもとの夫婦、六右衛門はお春の男妾分として隣家に住むということで、なんとか決着がついた。女一人に男二人という生活だが、お春は若々しく、男二人が、七十二歳と六十八歳で死んだときも、見かけは二十四、五歳の若女房姿で、次の夫を探し始める始末。人々はこれこそ玉手箱に寿命を封じた女、自分もああありたいものだと羨ましがった。

以上が話の趣旨であるが、何のことはない女の長寿不老譚で、妖怪などはどこにも登場しない。しかし、この話の書き出しはふるっていて、次のように始まっていた。

百《もゝ》とせに一とせたらぬつくも髪、われを恋らしおもかげにみゆ。堪《たへ》られぬ物、灸《きう》の端《はた》のかゆきと、老女房のしたゝるさとは清少納言の目こぼし。むかし〳〵若狭の国に八百比丘尼とて、千とせちかきまで春秋を見過ごせし人の物がたり、彼《かの》国に跡をとめてあがめ祭れるためしあれども。(以下略)

冒頭の引用和歌は、誰もが知っている『伊勢物語』六十三段からとっている。ついでに言えば、『妄形気』四冊十二話は、例外なく古歌の引用から本文をはじめるという、浮世草子にしてはペダンティックなスタイルを持つ。これは中国白話小説が「唱一回、説一回」といって、どの話を始めるにもその話にふさわしい詞《しい》（一種の歌謡詩）を引いて物語をはじめた型にならったもの。当時、秋成は和訳《わやく》太郎というペンネームを用いた。このペンネームは意味において、両義的なものであった。

さて『伊勢物語』からの和歌引用であるが、これは老い頽《くず》れた老女が、若い男に言い寄る姿をうたって、それは見方によっては不気味である。秋成は『枕草子』にかこつけて、「したゝるさ」と言っているが、人の言動の色っぽかったり、べたべたして気持がわるいことを示す古語である。この和歌引用を読むかぎり、話は老女の妖怪的な「したたるさ」にでもおよぶかと思うと、話を読むと大ちがいで、玉手箱女房お春（と呼ぶことにする）が、いつまでも女ざかりで美しいことを書き、それを羨ましがる人もいる——ということで終って、次話へつながるのである。

西鶴の読者なら、同じ年をとらず若く美しくあり続ける女房を書いても、その理由は、栄養、安楽、保養、富佑という、きわめて現実的な根拠にもとづいていることを、奇談にみせかけて、現実の生態のふしぎさとして面白く語っていたことを想起し、秋成との違いを痛感するところである。しかし、秋成はこれを玉手箱の奇蹟に托しているけれども、まだこの段階では、お春は妖怪ではない。ただ、この話が度をこえた笑いをもたらしていることは指摘しておく。女一人に男二人という性生活が、強烈な毒をふくんだ笑いを要素としていることはいうまでもないのである。

淫乱と独占と悪知恵

次の話（巻一第三話）は「織姫《をりひめ》のほっとり者は取て置《おき》の玉手箱」というタイトルである。わかりにくいが、全文を読むと、「取て置」が掛言葉になっていることがわかる。こんな話である。

唐の則天武后という人は、天性の淫乱で、文皇、高宗という親子の帝の妃となって、二人とも腎虚にして死なせたうえ、白馬寺の懐義和尚となずみ、男妾同様にして権力を与え、それに飽きてからこの男を殺害、代りに張易之、張昌宗という美少年兄弟を側から離さず、また大きな権限を与えたが、それとは違うがお春も似たようなもので、七十歳をこえて尚若々しい自分が嬉しくてならず、了見もかわり、「どうかいつまでも美貌が続き、よい男を百人ほど待たせ替えさせ給え」と玉手箱に祈る始末。その甲斐あってか、成相寺の住職の甥で多門という医学生が、故郷へもどってきた。多門は儒学を宇野三平に学び、医学は古医方を学んで博学であり、その上に京育ちの洗練された姿かたちをしており、これと縁組みしたお春はすっかり惚れこんで、この人とは長く共に生きたいと玉手箱がもう一つほしいくらいの打ち込み方である。

お春の四番目の夫となった多門は、一方で詩文を愛し、風雅をたのしむ風流人であった。丹後の景勝を愛し、四季をたのしみ外出すること多いうちに、一つの出逢いがあった。もともと丹後は京の西陣の技術が移って、丹後縞や丹後縮緬などの織物で知られる土地柄で、その織女たちも素朴ながら上品な少女たちが多かった。なかでも岩滝村の小染はなよやかで気だてもよく、立居ふるまいもしとやかで今小式部ともてはやされる少女であったが、いつの頃からか多門に見そめられ、都びた物言いで言い寄られて、男女の仲になってしまった。小染の兄は堅気の漁師で金太郎と言うが、多門は正式にその兄にも逢い、ゆくゆくまでも見捨てぬ関係を誓い、適当な木蔭を選んで瀟洒な妾宅を作り、小染との逢瀬をたのしんだのであった。

しかし、やがて此の事がお春にばれ、猛烈な嫉妬がはじまり、日も夜もなくつきまとわれ、多門も思うように小染に逢えなくなってしまった。多門を思う小染は、こんなに逢えないなら死んでしまいたいと嘆く。多門も今となってはお春の恋着がうとましくなり、何とかならないものかと考え、ある日ふと妙案を思いつき外出ついでに地黄煎玉《じおうせんたま》（薬草を飴で固めた物）を買って帰った。その夜、お春とあつい時を過ごし、彼女がぐっすり眠った隙に、神棚から例の玉手箱を下ろし、その隅に地黄煎玉をたっぷり塗りつけた。翌朝、「これはもう昼じゃ」と目をさました多門は、お春の寝姿を見ておどろく。「これはどうした」と揺り起されたお春はすさまじい老け方で、起きあがる際に腰はガクリ、「これはどうしたこと」という声はしわがれ、「そなたの姿はどうしたことじゃ」と手鏡をあてがうと、「私が何か？」と鏡を見れば、昨日まで油ぎった女房が、頭は総白髪で、ひたいは横皺ふかく、腰は弓より大きく曲り、百歳ちかき老婆の姿に、お春は夢かと驚き、「いったいどうして？」と泣きさわぎ、多門に「あなた、玉手箱に何かしたのでは」と睨む。「いや何もせぬ。念のため見てみよう」と、お春の前で神棚から玉手箱を下してみると、むざんや玉手箱は鼠に齧《かじ》られ大穴があいていた（箱に塗りつけた地黄煎玉のせいである）。齧る物は多いのに、この箱をかぢるとはと、お春は或いは怒り、箱を叩きつけ、或いは涙ながらにわめきちらした。「思えば敵《かたき》は鼠ぞ」と（以下原文を引く）〈恨みはかれにとゞまりて、地獄落し升《ます》落し、後は夜ごとにまどろみもせず、鴨居《かもゐ》膳棚走りさき、手づかみの鼠狩に、近所隣の悪くち、猫いらず鼠取婆といひはやしぬ。多門お春にいふやう、かゝる事も皆前世の因縁誰をか恨みん。今よりは女房の名を取をいて我為には養母《やしなひはゝ》よと、勝手だらけの孝行ぶり。何といらへん九十九《つくも》髪、いはでもこもる恨みの涙、今《いま》はに残す言《ことば》にも、我死しても有ならば、一念のとゞまる所、世の中の鼠のかぎり、殺しつくさである物かと、いかりさけびて死なれしより、此婆の霊を祭り、お猫様と尊敬《そんぎょう》して、鼠よけの守り神。塚の石をとりて家に祭れば、まさに鼠のあれぬよし、蚕飼《こがひ》する家ごとに、悪鼠の難をたすかりけると、幾野《いくの》あたりの人には聞きし〉。

以上である。

前話「ヤァラめでたや」（以下、前話と称す）では、ひたすら夫を慕い、結果的には第一の夫を過剰な性愛で死なせることになったが、けっして色情狂（ニンフォマニア）としては書かれていなかった。それが後話「織姫のぼっとり者」（以下、後話と称する）では、たんに性の欲望に一人寝が我慢できない女（これならざらに存在するであろう）であるにとどまらず、「よい男百人も持《もた》し替へさせ給へ」（傍点引用者）と玉手箱に祈る色情狂に進化してしまうのである。また、前話冒頭の、「百とせに一とせたらぬつくも髪、われを恋らし」の和歌の引用の意味も、これでわかるのである。梗概の終局を原文引用のかたちにしたのは、その妖怪の書き方の強烈さを紹介したいためであった。

妖亀と有歯女陰《ワギナデンタータ》

すぐに見当がつくように、この話は誰もが知る浦島伝説のパロディとして、書かれている。助けた亀に導かれて、竜宮城へ行った浦島子が玉手箱をみやげに故郷にもどった話である。玉手箱には浦島の寿命が封じてあり、これを開けたとたんに、彼は老いくたちてしまったという話である。

だが、主人公を女（お春）にしたとたんに話の内容は一変する。つまり男を求めてやまない女の生理という、秋成の当代社会・女性一般のありようをつよく反映した話に、質的に転化する。前話の方に限定して言えば、そこには西鶴の影響（『万の文反故』の内「南部の人が見たも真言《まこと》」、『懐硯』の内「案内しつてむかしの寝所」など）がある他に、中国白話小説『警世通言』第三十八話「蔣蒋淑真刎頸鴛鴦会」をモデルにした可能性をかつて私は指摘した。[1]

蔣淑真は見かけのいい女だが、自己の性愛を抑制できない女で、そのため夫になった男は次々に房事過多のため、衰弱死してしまうのである。かくして二人まで夫を見送り、三人目のマッチョな男とどうやら長続きするかに見えたが、男は商用で長旅に出たのである。夫の不在はもう一ヶ月余も続いた。淑真は一人寝のわびしさにやりきれなくなった。それでとうとう筋向かいのハンサムな青年朱秉中と通じてしまうのである。女はいい年だが若々しく美貌であったのである。やがて夫が帰り、折あしく姦夫と同衾中であったため、夫に斬り殺されたという話であった。

この話の美青年朱秉中を、秋成は按摩の六右衛門に転じた。按摩は毎夜呼ばれてお春の身体を揉んでおり、そこから生じたあやまちにしたのだが、お春は三年も孤閨に堪えており、美青年を按摩に転ずることで秋成は話題をいやらしくしているかに思われる。

長島弘明は、その他にもこの話に利用された可能性のある作品を指摘している。[2] たとえば江島其蹟の『世間娘気質』巻五の一「嫁入小袖妻を重ぬる山雀娘《やまがらむすめ》」など。山雀は短い間にあちらこちらにひょいひょいと枝移りする見かけから称したのであろう。米屋俵左衛門の娘おゆきは、十六歳で麹町の乾物屋与吉郎に嫁入りするが、与吉郎はおゆきを夜昼離さず熱愛して、新婚三十日目にして吐血して死ぬ。しかしおゆきは子を孕んでいて出産し、乾物屋から離別金を得て家を出、次に船持ちの魚屋に再嫁する。この家でも夫は早死に、赤子出産、引取金を得て、別な男にとつぐ。かくしておゆきは四十六歳になるまで、二十七ヶ所に縁付して、二十七人の子をもうけ、また多くの富を得た、という話である。美貌と若さが持続し、二十七ヶ所というもっともらしい数字がおかしい笑い話だが、秋成の物語に縁があるとすれば、「よい男百人ほど持ち替へ」を願う後話であろう。

実はこの種の話は、その深部において女陰恐怖という男に固有な思惟と幻想に支えられている。いわゆる有歯女陰《ワギナデンタータ》である。それは世界諸国に民話民譚形式で、怪談として伝えられることが多い。

日本では、こういう形式で語られた。

ある村の富豪の娘は、評判の美貌にくわえて気だてもよく教養もあり、青年たちの憧れの的であった。娘の家に男子がなく、この娘に婿入りすれば、この美人を物にするだけでなく、豪富まで手にいれることになる。男たちは争って、娘に求婚したが、最初の勝利者は、やはり村きっての好男子で旧家の次男坊であった。村中のそねみを受けながら、青年は婿入りしたが、なぜか初夜という日に事故死した。それでも希望者は多く、やがて二番目の男が択ばれ入婿したが、これまた初夜に死んでしまった。三人目が婿入りしたが同じことだった。その都度娘の悲しみは並大抵ではなく、やつれと欝のために、姿かたちも見るかげもない。そこへ四番目の若者があらわれ、強引に入婿したが、初夜は無事に過ぎ、新嫁となった娘も生きかえったように、美しさと若さがもどり、夫婦仲よく暮らした。夫となった若者は、自分の成功をある人にだけ、そのコツを洩らした。それは小さな鉄製の管（パイプ）であった。つまり娘は女陰に亀の歯のような歯があって、先の婿たちは初夜に自分のへのこを噛み切られて死去したのである。もちろん娘の生まれながらの畸形によるもので、娘に殺意などあったわけではない。逆に娘は被害者でもあったのだ。四番目の男は、それを察して、鉄管を付けて初夜にのぞみ、交わりによって娘の女陰の有歯を砕き、以後は娘を普通の身体にしたのである、と。

理由があってこの話の出所は記さない。ただ江戸期の板行された奇談集に掲載されていることを付記しておく。

江島其蹟『世間娘気質』の「嫁入小袖妻を重ぬる山雀娘」のおゆきは、右のような有歯女陰説話を背景にして作られた話である。おゆきは三十年間に二十七回の嫁入りをはたし、相手の男はいずれも結婚直後に死去している。ただし子種は得ており二十七人を出産、離縁のたびに和解金を得て富裕になったというお笑いで、有歯女陰譚の凄惨さを薄めているわけである。

念のために言えば、この話は実際に女陰が凶器でなくても成り立つ話なのだ。特定の女が、奇妙な成り行きで、連れ添う男を（結果的に）次々に死なせ、なお奇妙なことに、それにもかかわらず、次々に男がその女に吸い寄せられるような、よく有る現象を、かりに有歯女陰の妄想で培ったのは、多分、男たちの猥談から始まったのであろう。其蹟の小説が秋成のヒントとなったとすれば、お春が若さをたもち続けて、「よい男百人ほども持たせ替え」を祈り始めた後話の抽き出しとしてであろう。

長島論文はまた、浦島伝承の秋成的対応を具体的に論じている。私もかつて引いたが、『金砂剰言』といって、秋成七十歳の時の随筆にこんな文章があった。

さて浦島子が大亀にあひし奇怪の談をおもに墨敢斎奇観と云聖歎外書に、妖亀の、少年の美貌を愛して、女と化して情慾をほしきまゝにす。少年遂に疲労して死べかりしを、道人に扶けられ、亀は縛せられて、終に滅びし事を作りたり。亀も亦大物は妖魅の類にこそ。漁子が海に入りて蓬莱州にいたり、仙衆にあひしと云も、妖亀にや魅せられけんをしらず。すべて妖物は必婬を好む者也。

「墨敢斎奇観」という書はなく、聖歎は金聖嘆であろうが、三言二拍はともかく、この書との関係はあきらかではなく、この文章は老年の秋成の思いこみで書かれているという印象がつよいが、長島はこの文に秋成の中国小説などから会得した、妖異なるものの理解を読み、「その妖異性を媒介にして、浦島と亀は、お春という一人の人間の中に複合されてゆく」と読み解くのである。首肯しえる指摘であった。

則天武后譚

ただ後話には、もっと直接的なヒントと思われるものがあった。書き出し、和歌引用のあと、いきなり書かれる則天武后譚である。この人物のことは『資治通鑑』や『十八史略』に記されており、中国史上最大最悪の女帝として著名であったから、秋成の時代には儒者はもとより、一般の物識り、好事家はよく知っている歴史上の女傑であった。通史類のみならず、則天武后をめぐるエロ談義『如意君伝』など、さまざまな俗書もあったから、秋成がここで引く「天性の淫乱」以上の猛烈な女性であることは、知識人にとって常識であった。

秋成の本文の文皇・高宗は、太宗・高宗の誤記、二人は親子である。正史『則天武后本紀』（旧唐書巻六）に即して言えば、武后はもと小役人武氏の娘で昭と言った。十四歳で太宗の後宮に入ったが、二十四歳の時、太宗は高齢で死去し、後宮の女性は全員寺院に入り、剃髪する制度があった。武昭も尼になった一人である。しかしなぜか、次の皇帝高宗は武昭に目をつけて、自己の後宮に入れた。父親と息子とに武昭は色を売ったわけだが、それじたい表向きには忌避すべき事態なのである。当時高宗の後宮でも王皇后のほかに数人の寵妃がいたが、還俗して妃の一人になった武昭は次々と、その寵妃たちを追い落としてゆき、次第に温柔で凡庸な高宗をおのれの意のままに動かすようになった。そうなっていった過程に、武昭の「淫乱」と奸智とがあっただろうということは想像にかたくない。

「垂簾の政」という成語がある。朝議に臨んだ高宗の後ろに簾を垂れて坐し、臣下の上奏をいちいち聞いた上で、武昭妃が高宗に代って決断し、高宗は唯唯《いい》としてそれに従うのみであったことから、この語が成ったといわれている。武昭が強烈な上昇志向を持ち、高宗没後はみずから帝となった。帝となるために必要なことは唐の王家（李氏）を、その血脈を絶つことであった。武昭は、高宗との間にできた我が子二人までふくめて、李氏の王・皇子・宗族、係累のすべて、人数にして数百人を皆殺しにしたと言う。女一人にして、恐るべき権勢欲であり、実行力である。武昭はかくして唐の国を滅ぼし、国名を周と改ため、永昌元年（六八九年）みずから正式名は聖神皇帝と呼ぶ帝王となったのである。

秋成が書いた白馬寺怪僧葮懐義との情事と側近化は、李昭が帝（則天武后）になってからの話である。やがて彼に飽いた武后は、女官多数に命じて、この怪僧を圧殺した。また張氏兄弟を愛したのは、秋成の書いたとおり七十歳代になってからのことである。言いかえれば、それほど則天武后は美しい女であったのだ。

以上、くどいほどに則天武后の故事を、俗説もまじえて紹介したのはわけがある。秋成が書いた「天性の淫乱」である則天武后譚は事実の半面にすぎない、ということである。言い方が悪かったかもしれない。則天武后譚として、世に伝わるもっと強烈な話は次の事であった。

武后の他に、高宗が愛し、尊敬した女性が二人いた。ひとりは高宗の皇后王氏である。もうひとりは美貌で知られた蕭椒妃である。武后は嫉妬深い女であった。高宗が武后のいいなりになった奪権の後は、高宗のひそかな思いが、この二人への思い出にあると知ったとき、武后の残忍な怒りが燃えあがった。

儀仗兵（武后の私兵と化していた）を使って、武后は王皇后（其のときは皇后を退いていた）と蕭椒妃を捕縛し、高宗の知らない場所に連れ込んで、二人の両手、両脚を切りとった（普通ならこれで死ぬ。傷痕を焼いて出血を止めたか?）。その上、胴体だけの二人の女を酒壷に入れて生かし、その姿を眺めに行ったうえ、嘲笑し罵ったのだという。史上類例のない残酷な私刑と言えるであろう。

その時、王皇后は喪心状態であった。しかし蕭椒妃の方は死相の浮かんだ顔で、武后を睨みつけて言った。「おのれ阿武（武后）め。私はかならずお前を鼠にしてやる。私の死後、私は猫となってお前をいためつけ、食い殺してやる。かならずやってみせる。その時思い知れ」と叫びつつ死んだという。俗説がまじっているかもしれない。しかし、その後、武后が命じて洛陽中の猫狩りをしたという記述がある。また顔面から血を流した蕭氏が猫とともに、武后の夢にしばしば現れたという話も伝わる。

秋成の初期小説において、秋成は巧妙に古伝説・神話を用いることがあった。

玉手箱を齧られて、一夜にして「百年にひととせ足らぬつくも髪」と化したお春が、鼠をふかく呪詛し、「鴨居膳棚走りさき、手づかみの鼠狩」する生きながらの妖怪として書かれるのは、則天武后譚の蕭椒妃の呪詛談を利用したのであった。それにしても秋成の、これを「猫いらず鼠取婆」とか、「お猫様」、「鼠よけの守り神」とか、一片の同情もない笑いへ転換する非情な筆致には、目をみはるものがある。

お春の玉手箱を鼠がかじったについては、犯人がいたわけである。お春の嫉妬に閉口した、青年多門である。中村幸彦は、この多門のモデルを秋成二十代の頃の友人、医師の勝部青魚ではないかとする。[3] 勝部青魚ならば、当時の白話小説通であった。のみならず中国関係書にくわしく、秋成に浦島子譚はもちろん則天武后譚を知らせても不思議のない人物であった。

この推測が正しいとしたら、秋成は自己に知識と発想をもたらした人物をモデルにして、日本の伝説と中国故事を背景にしたその話の、あやしくおかしな笑いの怪異世界を作ったことになる。

お春は、この物語のなかで、恐るべき妖怪である。化猫といってもよい。それが世俗に、鼠防ぎの民間信仰を作っていったという話のまとめ方は、まさに秋成が妖怪と人間を、地つづきのものとして考え、かつ多くの古譚から、自己の怪談を笑いを軸に、切り紙細工のように創り出したことを示唆しているのである。

（付記）本稿は、先に発表した「怪説『妖尼公』」（ナイトメア叢書⑥『女は変身する』、二〇〇八年五月、青弓社刊、所収）と、内容上の一部が重複することをお断りしておきます。

注

1 高田衛「玉手箱女房説話の研究」（高田衛『上田秋成研究序説』、一九六八年、寧楽書房刊、所収）。
2 長島弘明「秋成浮世草紙と浦島伝承」（長島弘明『秋成研究』二〇〇〇年、東京大学出版会刊、所収）。
3 『中村幸彦著作集』第六巻「秋成に描かれた人々」（一九八二年、中央公論社刊）。

所帯道具の化物　草双紙を中心に

アダム・カバット

はじめに

草双紙《くさぞうし》は江戸で刊行された絵入りの小説の総称である。刊行時期は江戸時代中期から明治時代初期にわたるが、時代によって、形式と内容が変わっていく。しかし、どの時代の草双紙を見ても、化物が主題になっている作品がある。この作品群の一つの特徴は、所帯道具が化物として登場する場合が多く見られることである。本稿では、草双紙における所帯道具の化物に焦点を当てながら、表現の手法や作中の役割について論じてみたいと思う。なお、主な研究対象は初期の草双紙（赤本・黒本・青本）や黄表紙（安永四年［一七七五］から文化三年［一八〇六］までの間に刊行された草双紙）である。

一　「付喪神」という呼称について

あらゆる器物の妖怪の総称として、付喪神《つくもがみ》という言葉が挙げられる。専門用語として、よく見かけるが、おそらく研究者は室町時代の御伽草子『付喪神記』が念頭にあるようだ。役に立たなくなった古道具が道ばたに捨てられた後、「付喪神」（つまり、器物の化物）になる話で、化物になった道具が人間に対し、散々恨みを晴らすが、最後に心を改め成仏するというのが大まかな筋である。

『付喪神記』は注目すべき作品であるが、草双紙の所帯道具の化物の造型には、直接的な影響をそれほど与えていないように思われる。人間に捨てられたため、復讐をはかる道具の話、または心を改め成仏する道具の話は、草双紙のなかではほとんど見られない。何よりも、「付喪神」という言い方自体、草双紙のなかには見当たらない。[1] 草双紙は文章と絵の混合形式なので、絵でわかる器物の化物は、テキストのなかで、どのように説明されているのかも確認できる。五つの例を挙げてみよう。

①「台《だい》所騒《さは》がしく、鍋《なべ》、釜《かま》をはじめ、薬罐《やくわん》、擂《す》り鉢《ばち》、さな、まな板《いた》化《ば》けて踊《おど》り歩《ある》く」（『木曽四天王化物退治《きそしてんわうはけものたいじ》』富川吟雪画、安永二年［一七七三］刊）

②「夜鍋《よなべ》の火灯《くわとう》、まかり出《いで》て、化《ば》ける。すべて器財《きざい》によらず、何《なに》にても、古《ふる》きものは化《ば》けると言《い》ふ」（『妖怪《ばけもの》仕内評判記《しうちひやうばんき》』恋川春町画、安永六年［一七七七］刊）

③「勝手《かつて》の道具《どうぐ》、それ〲に化《ば》けて夜食《やしよく》の体《てい》に見《み》へける」（『歌化物一寺再興《うたのばけものいちじさいこう》』夢中庵作三作、勝川春英画、寛政五年［一七九三］刊）

④「道具立《どうぐだ》ても、皆化物《みなばけもの》ゆへ、引道具《どうぐ》などのときは、手を引合て、横《よこ》に歩《ある》くゆへ、道具《どうぐ》の加減《かげん》が違《ちが》ふといふ事もなく、さりとは重宝《てうほう》な事也」（『怪談筆始《かいだんふではじめ》』十返舎一九画作、寛政八年［一七九六］刊）

⑤「柳樽《やなぎだる》も提灯《てうちん》も、化物《ばけもの》ゆへ担《かつ》いでゆく世話《せは》いらず、さつ〲と歩《ある》いてゆく」（『化物《ばけもの》の娵入《よめいり》』十返舎一九作、勝川春英画、文化四年［一八〇七］刊）

①・②の例では、道具の化物は人間に対して攻撃的であるが、捨てられたために恨みを晴らしているという設定にはなっていない。確かに、②の場合、「古きものは化ける」という記述があるが、掃除不足で詰まっている火灯が煙を出して、人間を脅かしているという話になっている。③・④・⑤の例では、生命が入った道具は、本来の機能をより効果的に果たしているのであり、人間に対して悪さをしない。いずれの場合も、「道具が化けた」あるいは「道具の化物ゆへ」という言い方になっている。また、草双紙で見られる器物の化物の多くは、火鉢やたばこ盆のように、家に置いてある小道具である。従って、本稿では、「付喪神」という言い方を避け、「所帯道具の化物」という言い方で統一したいと思う。

二　所帯道具の化物と擬人化

所帯道具の化物を論じる上では、擬人化という問題が避けられない。伝統的な技法の一つである擬人化は、草双紙のなかにもしばしば使われている。とくにパロディーが多い黄表紙ではよく見かける。動物や器物はもちろんのこと、芝居の登場人物の特徴、人間の「心」と「気」、体のあらゆる部分、抽象的な概念までが、擬人化の対象となっている。ややこしいのは、動物と器物の擬人化が化物と重なる場合がある。例えば、狐と狸は実在の動物でありながら、伝統的な化物でもある。擬人化された形で、草双紙の化物の話によく顔を出すが、単に擬人化された動物として登場する場合もある。話の内容で、化物かどうかはだいたい判断できるが、絵だけでは区別が難しい。同じように、擬人化された器物も、すべてが化物だとは言いきれないのである。

では、草双紙のなかでは、所帯道具がどのように擬人化されているのか。元の器物の形が中心であるものと、器物が人間と合体するもの（器物の「人間化」）というように大別できる。さらに、次のような細かい区分も可能である。

1　器物の原型を崩さない方法として、
1-a　形は元の器物とほとんど変わらないが、自ずから動いているように見せかける。
1-b　形は元の器物とほとんど変わらないが、目鼻や手足がついている。
1-c　形は元の器物とほとんど変わらないが、いくつかの器物の組み合わせによって、別の物（見立て絵）になっている。

2　人間と合体する方法（器物の「人間化」）として、
2-a　頭は器物であり、体型は人間である。
2-b　頭は器物であり、体型は人間である。しかし、器物の頭に顔が描かれている。
2-c　人間の頭上に器物が載せてある。

この区分は、最も器物の形に近いものから、最も人間の形に近いものへの流れでもある。まず、それぞれの例を並べてみよう（図1、次頁）。事例②から⑬まではすべて十返舎一九（一七六五〜一八三一）による絵である。一人の絵師はそれぞれ違う擬人法をどうやって使い分けたのかという意味でも、参考にもなるだろう。所帯道具の形を変えないまま、生きているように見せるのは、最も難しい擬人法であろう。例は極めて少ないが、その一つとしては①が挙げられる。結納品の行列の一部として、台が大きな鯛を背負いながら、自ずから歩いている。台は写実的に描かれているが、直立している。しかし、台には足がついておらず、鯛より小さいので、むしろ鯛の力で動いているように見える。『腐《くさ》つても鯛《たい》』と言《い》ふが、てめへも俺《おれ》に負《お》ぶさるよふでは意気地《いくぢ》がな

図1　擬人化された所帯道具

⑪『化物小遣帳《ばけものこづかひてう》』（十返舎一九画作、寛政八年［一七九六］刊）
⑦⑩⑫『運次第出雲縁組《うんしだいいづものゑんぐみ》』（十返舎一九画作、寛政十二年［一八〇〇］刊）
⑬『忠臣陶物蔵《ちうしんせともものぐら》』（十返舎一九画作、享和二年［一八〇二］刊）
⑭『摹書筆回気《すきうつしふでのまわりぎ》』（壁前九年坊作、鳥高斎栄昌画、寛政一〇年［一七九八］刊）

図1　擬人化された所帯道具

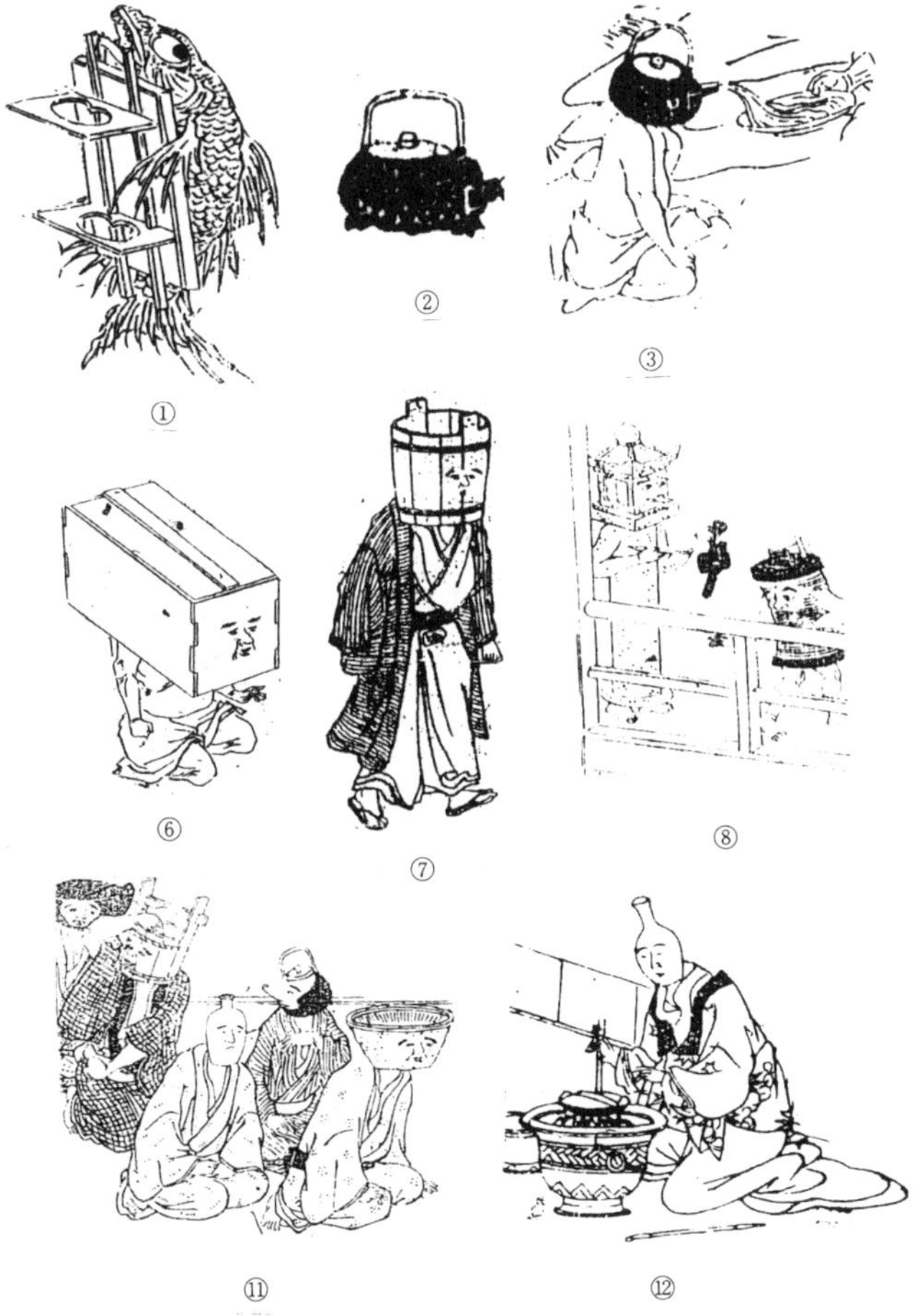

①『化物の娵入《ばけもの よめいり》』（十返舎一九作・勝川春英画、文化四年［一八〇七］刊）
②③⑧⑨『怪談筆始《かいだんふではじめ》』（十返舎一九画作、寛政八年［一七九六］刊）
④⑤『怪談宝初夢《ばけものたからのはつゆめ》』（十返舎一九画作、享和三年［一八〇三］刊）
⑥『人心両面摺《ひとごゝろりやうめんずり》』（十返舎一九画作、享和元年［一八〇一］刊）

いぞ」という台の台詞によって、初めて台が自ずから動いていることがわかる。[2]

⑤のなかで、まな板が鯛を押さえながら、踊っている絵が見られるが、印象は①とかなり違う。まな板に手足がついているので、説明の文章がなくても、動いていることがはっきりとわかる。しかも、鯛が落ちないように、片手でしっかり押さえている。まな板に目と口があり、鯛も人間らしい表情をしている。さらに、鯛の鰭の部分は、人間の手のように見える。この擬人化の工夫によって、写実的な①の台と鯛より意図が伝わりやすいし、①にはない愛嬌が感じ取れる。

②の銚子の絵も、かなり写実的であるが、よく見ると、小さな足がついており、注ぎ口も何となく鼻を連想させる。③の銚子は、人間と合体する擬人法であり、頭の部分だけが銚子になっている。しかも、②にはない目が銚子についている。じつはこの二つの銚子は同じ作品の絵である。なぜ同じ作品のなかで、一九は違う擬人法を使っているのか。③では、銚子が自ら遊廓の客に酒を注いでいる。「一ツおあがりなされませ」という台詞もついている。つまり、ここでは、銚子は本来の機能を果たしながら、人間がやるべきこともやっている。一九はこのように、ストーリーに合わせて、擬人法を変えているとも考えられる。

⑪の絵にも、人間と合体する銚子が見られるが、③とは形が若干違う。ここでは、本来黒いはずの銚子は、顔に当たる部分だけが白くなっており、目のほかに眉や口も描かれている。後ろの鍋の顔も同じである。所帯道具の「人間化」が進んでいるように思われる。

⑧と⑨の箱提灯は、同じ作品の絵であるが、二つの擬人法が利用されている。⑧の箱提灯は、手足がついており、折り目がない真っ白のところに顔が細かく描いてある。となりの石灯籠も、顔・手足だけが人間となっているが、灯籠の胴体そのものが形の上で人間の胴体に近いので、いっそう人間っぽく見える。また、たばこ入れや煙管を手にすることによって、人間らしさを増している。⑨の箱提灯は、③の銚子と同じように、人間の体を持っ

ている。なぜ⑧の箱提灯と違うように描く必要があるのか。この場面では、となりの見越入道と同じ高さで会話ができるという効果が考えられる。⑩の丸提灯は、⑨の箱提灯と同様の人間型だが、頭の提灯の部分には白いところがなく、顔も見えないので、印象が違う。顔はそもそもなかったのか、それとも袖で隠されているのかは不明であるが、丸提灯の折り目は微妙に悲しい表情を仄めかしているように思われる。

⑤・⑦・⑪では、擬人化された酒樽が見られる。手足だけが人間である⑤に対し、⑦・⑪は人間型である。とくに⑪の仕草や表情が人間らしさを感じさせる。⑪・⑫・⑬で見られる徳利はいずれも人間型である。⑪と⑫は、男女の違いがあるものの、擬人法が全く同じだと言ってよかろうが、⑬の場合は、顔がいっさい描かれていない。その違いは何を意味しているのだろうか。また、火鉢に向かう⑫の徳利は、人間らしい行動を取るが、擬人化されたどんぶりに酒を注いでいる⑬の徳利は、徳利の属性にちなむおかしな振る舞いをする。

⑥の米櫃は、擬人法からみると、③・⑪の銚子、⑨の箱提灯、⑦・⑪の酒樽、⑪・⑫の徳利、⑤・⑪の擂り鉢と同じだが、頭の大きさの違いで、印象が異なる。とくに銚子・徳利・提灯は、形の上で、人間の頭になりやすいが、大きな長方形の米櫃は容易に人間の頭にはなれない。この違和感によって感じ取れる滑稽さがそもそもの狙いだったとも考えられる。なお、③の銚子や⑤の擂り鉢と同じように、米櫃は褌をつけただけの丸裸であるが、ほかの人間型の例はすべて着物姿となっている。

明らかに違う擬人法としては、⑭の小筆の絵が挙げられる。これは、「人間の頭上に器物が載せてある」という、器物の面影が最も薄い擬人法である。擬人化された小筆だとはわかりにくいが、よく見ると、髪の上に小筆が一本置いてあることがわかる。小筆をかんざしや笄のように見せかけるのは珍しい工夫だが、人間の頭上に物を載せるという擬人法は草双紙でよく使われている。

また、趣きがほかのものと違うのは、④の見立て絵である。これは様々な道具の組み合わせによってできあがった擬人法である。④は勅使の一行の絵であるが、それぞれの人物は道具の組み合わせになっている。左側の茶釜と薬缶の組み合わせは狸に乗っている。となりの侍は頭がちろりで、体が七輪である。大小の柄はホタテ貝の杓子と丸いお玉杓子。後ろの侍は逆さまの角樽だ。槍は顔がついている箒となっている。確かに七輪と角樽の下半身は人間型となっているが、たくさんの所帯道具の妙な組み合わせが目を引くので、ほかの人間型の例とかなり印象が違う。

この事例のなかでは、どれが化物に当たるのか。擬人法の違いによって、化物かどうかを判断できる規則があるのか。

まず言えるのは、所帯道具の形に属しているもの、つまり人間型ではないものが、化物として登場する場合が多いことである。①・②・④・⑤・⑧の例は、すべて化物の話からの絵である。この場合では、所帯道具の化物が認知度の高い化物たち（例えば、見越入道、河童、ろくろ首、一つ目小僧など）と一緒に活躍している。

逆に、⑥・⑦・⑩・⑫・⑬・⑭という人間型の例は、厳密に言えば、化物ではない。話のなかでは、「化物」という言葉が出てこないし、誰でもわかるような化物も登場していない。つまり、これらのものが登場する物語は、化物とは関係のない、擬人化された所帯道具の話になっているのである。

だからといって、人間型の所帯道具はすべて化物ではないとは言いきれない。③の銚子や⑨の箱提灯は明らかに化物であり、先述したように、人間型ではない形でも、同じ作品に登場している。ややこしいのは、⑪の人間型の例である。『化物小遣帳《ばけものこづかひてう》』という黄表紙の一場面である。外題からは、化物関係の黄表紙の内容だと思われるが、じつは作中に「化物」という言葉が出てこないし、擬人化された所帯道具以外の化物も登場しない。話の内容は、中国から流れてきた黄金の釜が、銀の茶釜と深い仲になるが、横恋慕する分福茶釜が仲間の徳利や擂り粉木と一緒に黄金の釜を奪うというもの。タイプが違う化物たちが群をなして活躍するという「化物尽くし」のジャンルではなく、棚橋正博氏の言葉を借りて言うと、「異類騒動物」[3]のジャンルに属している。ここでいう「異類物」は、「人間以外の生物、無生物を擬人化して主人公とした」（『日本国語大辞典』）ものを示しており、たまたま擬人化された無生物は所帯道具となっているのである。もちろん、広くとらえると、「化物」も「異類」の枠に入れることができる。また、異類がよく登場する類の話（騒動物・合戦物・仇討ち物・嫁入り物）には、化物版のものも指摘できる。しかし、動物系の化物や所帯道具系の化物とは別に、擬人化と関係のない化物がたくさんある。おそらく当時の読者は、「化物」と「異類」を違うものとして認識していただろう。

それにしても、一九はなぜ「異類物」の外題にわざわざ「化物」という言葉を入れたのか。[4] やはり、擬人化された所帯道具に関しては、「異類」のイメージと「化物」のイメージが重なっているので、「異類騒動物」を「化物の話」として売り出しても、それほどの違和感がなかったのかもしれない。[5]

『化物小遣帳』の人間型の擬人法と違うのは、⑬の顔のない徳利とどんぶりである。これは黄表紙『忠臣陶物蔵《ちうしんせとものぐら》』の絵で、様々な瀬戸物を『仮名手本忠臣蔵』の人物に見立てている趣向である。徳利は斧九太夫、どんぶりは大星由良之助である。『忠臣蔵』では、九太夫が由良之助の主君への忠義を探るために、蛸を勧めるという名場面がある（主君の命日ということで、生臭い食べ物や酒が禁じられている）が、ここでは、徳利は手にしている酒の杯をどんぶり（由良之助の頭）のなかに入れることによって、由良之助の本心を探ろうとしている。元の話を踏まえながら、瀬戸物ならではの設定だともいえよう。

では、瀬戸物の特徴を強調するために、一九は意図的に顔を描かなかったのだろうか。つまり、「化物」は顔を描き、「異類物」では顔を描かないといったように、化物と区別するために、顔を描かない擬人法を使っていたのかということである。しかし、一九のほかの「異類物」の黄表紙では、擬人化された所帯道具には顔がきちんと描いてあるので、明確な規則ではないようである。

確かに、擬人化とは一つの記号でもあるが、草双紙の絵だけを見ると、擬人化された所帯道具は「化物」のつ

図2『化物見世開』国立国会図書館蔵

もりなのか、それとも「異類」のつもりなのかが判断しにくい。原型に近いものは化物である場合が多く、逆に、人間の形に最も近い⑭の例は化物として認められにくいが、多くの場合では、ストーリーの内容やほかの登場人物の描かれ方から判断せざるを得ないのである。

三　『百鬼夜行絵巻』と草双紙

室町時代の『百鬼夜行絵巻』（真珠庵蔵）は、江戸時代の妖怪関係の絵巻物にも、多大な影響を与えている。数多くの百鬼夜行の絵巻の相互関係を説くのは、困難な問題である。[6]では、『百鬼夜行絵巻』と草双紙の関係はどうなっているのか。

初期の草双紙（赤本・黒本・青本）では、『百鬼夜行絵巻』に取材した絵柄は今のところ確認できないが、初期の黄表紙の時期から、『百鬼夜行絵巻』をパロディー化した絵が見られる。この影響関係は合巻の時代まで続く。

『百鬼夜行絵巻』のなかでは、器物の妖怪がたくさん登場しているけれど、描かれ方は基本的に草双紙と違う。『百鬼夜行絵巻』の器物の多くは、動物や鬼、または得体の知れない「生き物」と合体している。場合によって、器物が動物や鬼の部分より小さく描かれているので、これが器物の妖怪かどうかは判断しづらい。詞書がいっさいないために、妖怪の正体がなおさらわかりにくい。すでに見てきたように、草双紙の所帯道具の化物は人間の胴体と合体する場合が多いが、動物や鬼との組み合わせは一般的ではない。つまり、『百鬼夜行絵巻』の道具・鬼・動物がごたごたした印象と違って、草双紙の所帯道具の化物は、独自のものとして存在しているのである。

十返舎一九画作の黄表紙『化物見世開《ばけものみせびらき》』（寛政十二年〔一八〇〇〕刊）には、『百鬼夜行絵巻』をパロディー化した場面が見られる（図2）。豪傑の坂田金平を恐れた化物たちが箱根の先に引っ越す場面だ。注目してほしいのは、右側の鍋や、左側の鍋の蓋を頭に載せている化物である。それぞれ、『百鬼夜行絵巻』から取った絵柄である（図3、4）。図3は「天秤を担いでいる鍋の妖怪」、図4は「鍋の蓋を載せた赤鬼」あるいは「蓋を載せた妖

図3『百鬼夜行絵巻』（部分）大徳寺真珠庵蔵

図4『百鬼夜行絵巻』（部分）大徳寺真珠庵蔵

図5『狂画苑』個人蔵（二又淳）

怪」というふうに一般的に説明されている。[7]一九の絵と比較してみると、その著しい共通性がわかる。とくに、手足の動き方が全く同じだといえよう。違うのは、『百鬼夜行絵巻』の赤鬼は、蓋以外に何も持っていないが、一九の化物の場合では、はたきや火吹き竹を褌に挟んでいる。[8]そのほかに、天秤からぶら下がっている小さな鍋が徳利になっている。

この場面は、百鬼夜行ではなく、あくまでも化物たちの慌ただしい引っ越しの場面であることを忘れてはいけない。引っ越しの際、当然、所帯道具をまとめて担ぐのだ。風呂敷を担いでいる後ろの化物は、引っ越しの荷物を背負っているのだろう。そう考えると、一九が描いた「鍋の妖怪」の正体は、擬人化された鍋の化物ではなく、鍋を頭にかぶっている別の化物なのかもしれない（テレビ番組『泣いてたまるか』の「ラッパの善さん」〔昭和四一年四月一七日放送〕で、家族が借金から夜逃げしたとき、子供が釜をかぶったまま、歩いていた場面が見られる）。[9]この化物の「こりやア、どこまでこふして行《ゆ》くのだ。いかに化物《ばけもの》の引《ひ》つ越《こ》しだとつて、当《あ》てなしの宿替《やどが》へもねへもんだ」という台詞は引っ越しの状況を示している。天秤からぶら下がった鍋を徳利に変えた理由は、酒好きの一九の遊びであろうか。また、蓋を載せた化物の褌に挟んでいる所帯道具は、引っ越しの雰囲気を高めるための工夫であろう。

この場面は、真珠庵蔵の『百鬼夜行絵巻』より、『狂画苑』（明和七年〔一七七〇〕刊）に近い（図5）。[10]しかし、『狂画苑』の場合、一九の絵と違って、鍋の後ろの化物が風呂敷を担いでいない。さらに、鍋の蓋を載せた妖怪の褌に何も挟んでいないところや、鍋の妖怪が小さな鍋を持っているところは、一九の絵ではなく、真珠庵蔵の『百鬼夜行絵巻』と共通している。

結局、先頭にいる行灯だけは、明らかに所帯道具の化物だが、『百鬼夜行絵巻』や『狂画苑』にはこの類のものが見られない。顔だけが描かれており、紐で吊されているので、まるで宙に浮いているように見える。

この場面で見られる多くの所帯道具は、化物たちの日常生活に欠かせないものとして、登場している。つまり、化物たちは、人間が普段使っている所帯道具を人間と同じように頼っているということだ。このように、『百鬼夜行絵巻』の器物の妖怪たちに新しいストーリーを与え、元の絵を調整することによって、「化物の引っ越し」といういかにも人間くさい物語が生まれたのである。

四　所帯道具の化物の役割

草双紙のなかでは、所帯道具の化物はどのような役割を果たしているのか。いくつかの事例を挙げながら、検討してみたいと思う。

所帯道具の化物の役割は次のように大別できる。

① 人間と対立し、攻撃する所帯道具の化物。
② ロボットのように自ずから動いて、本来の機能を果たす所帯道具の化物。
③ 見立て絵として、パロディーの材料になっている所帯道具の化物

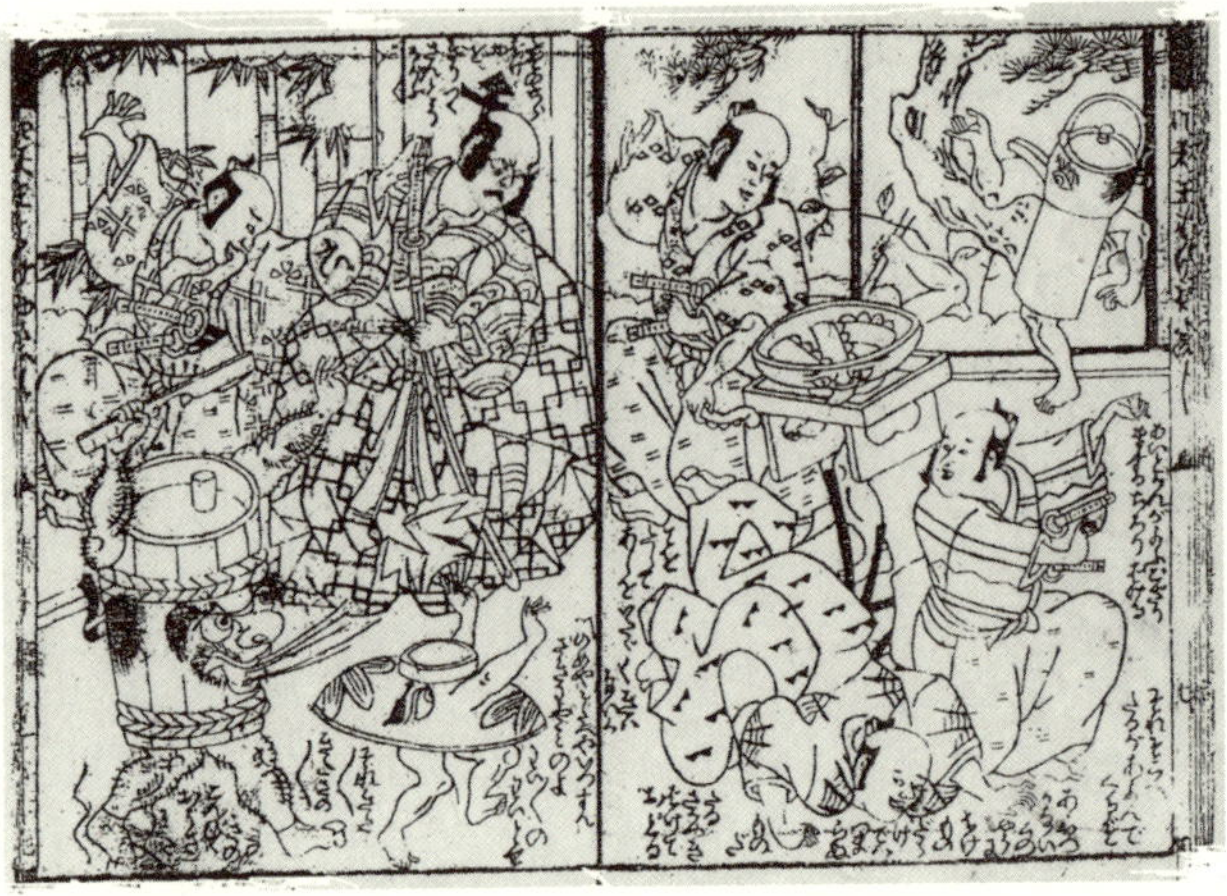

図6『木曽四天王化物退治』東京都立中央図書館加賀文庫蔵

まず、攻撃的な所帯道具の化物を見てみよう。化物は本来人間に退治されるべき存在だと考えると、所帯道具の化物も、人間と対立的な立場に置かれるはずである。とくに、初期草双紙の場合では、化物退治談が多く見られる。[11] 例えば、黒本『木《き》曽《そ》四天王《してんわう》化物《ばけもの》退治《たいじ》』（富川吟雪画、安永二年［一七七三］刊）を見てみよう。話の内容は、平家の怨霊が化物の形になり、木曽四天王を悩ませるが、それは土蜘蛛の仕業だというものである。そのなか、四丁にわたる場面では、様々な所帯道具の化物が登場する。図6では、樽・杯・膳・ちろりの化物が描かれている。恐ろしい顔をしている樽は口から火が出ており、筋骨隆々の手足がついている。手に持っている取っ手は武器として使うつもりなのか。となりの大杯は逆さまのまま、手足がついている。顔は細かく描かれていないが、眉と目が確認できる。ボロボロの扇を手にしている。右側の膳は写実的に描かれているが、上に載せてある椀には顔が描かれている。膳と椀とで一つの化物になっているとも考えられる。宙を浮かびながら、人間に攻撃しているように見える。手が掴んでいる箸はやはり武器のつもりだろうか。ちろりは足が一本しかついていないが、ちろりの形そのものは人間の体を思わせる。注ぎ口は鼻のように見える。

この所帯道具の化物たちは、四人の気が弱そうな使用人をいじめている。豪傑の楯六郎親忠はこの様子をじっと見つめている。しかし、絵をよく観察すると、所帯道具の化物が攻撃しているのか、それともただ踊っているのかわからない。例えば、黄表紙『怜悧怪異話《きのきいたばけものがたり》』（十返舎一九画作、文化三年［一八〇六］刊）の絵（図7）と比較してみる。ここでは、たくさんの化物たちが三味線に合わせながら、夢中になって踊っている姿が見られる。

図7『怜悧怪異話』東京都立中央図書館特別買上文庫蔵

なかには、鏡台・薬缶・角樽・鉢の化物が見られる。取っ手を持っている樽や、箸を持っている鉢は、図6の樽と椀に似ているが、ここでは、攻撃的な様子が描かれていない。むしろ、無邪気に踊っている姿には愛嬌が感じられる。

　図6と図7のそれぞれの所帯道具は化物らしい顔をしているものの、それ以上に動いている印象が強い。つまり、身近な道具が大いに騒いでいるという全体的な印象である。本来動くはずのない道具が、勝手に動き出すと、家のなかの風景が一変してしまうともいえよう。外の世界から侵入してきた得体の知れない化物よりも、いつも近くに置いてある道具の化けた姿には、ある「意外さ」が感じられる。そして、この意外さには一種の笑いも含まれているのである。

　人間に攻撃的な道具とは逆のパターン（すなわち人間が所帯道具の化物に対して攻撃的である図柄）も指摘できる。面白いのは、絵の雰囲気は攻撃的な所帯道具の化物の絵とさほど

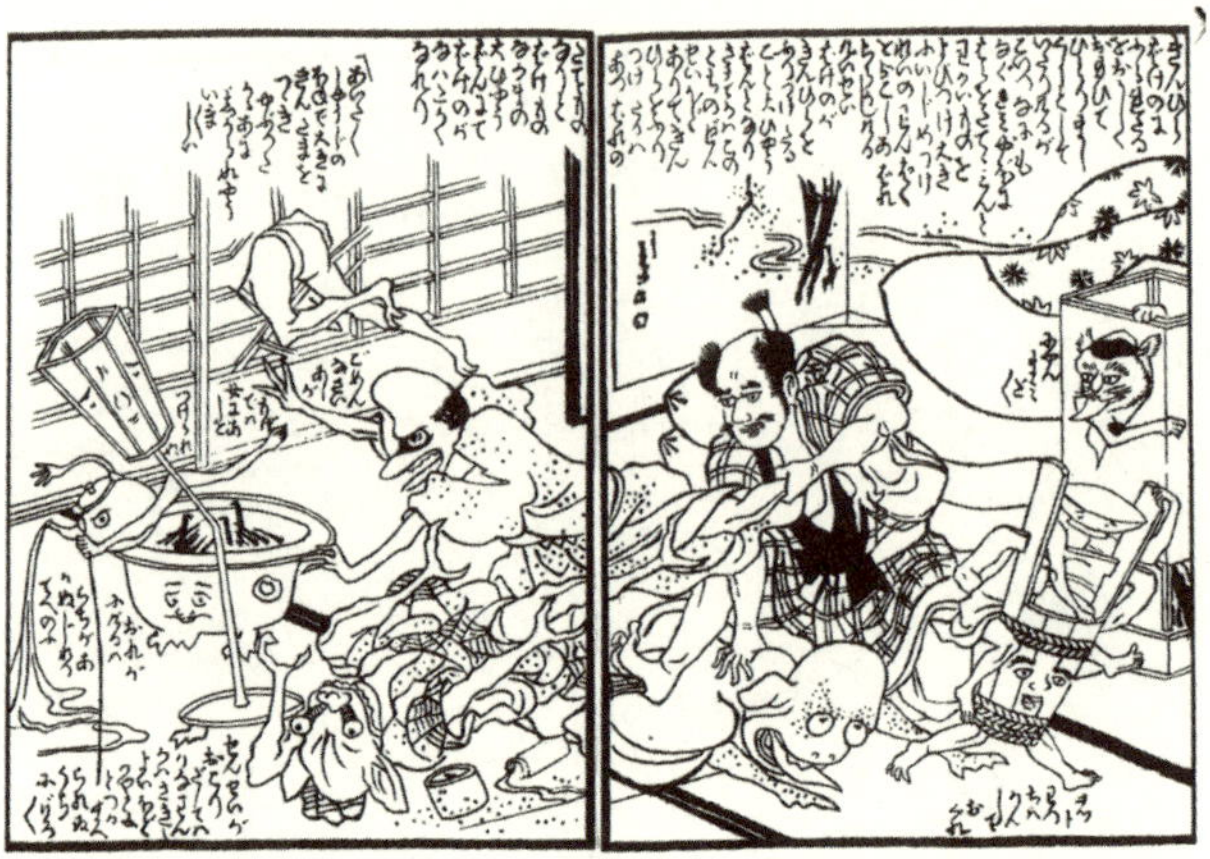

図８『怪談宝初夢』東京都立中央図書館加賀文庫蔵

変わらないことである。例えば、図8を先の図6と比較する。図8は、黄表紙『怪談宝初夢《ばけものたからのはつゆめ》』（十返舎一九画作、享和三年［一八〇三］刊）の絵である。ここでは、化物世界の遊廓を訪ねている坂田金平が暴れる場面が見られる。金平が狙っているのは、使用人の化物たちだが、たまたまその部屋にいた所帯道具の化物たちも、必死に逃げようとしている。杯・角樽・雪洞・火鉢・薬缶はいずれも化物となっている。図6の怖い顔と比べると、軟弱そうな顔をしているが、擬人法は基本的に同じである。ここでも、所帯道具の化物たちが動いている印象が強く、部屋の雰囲気は騒々しい。一生懸命に身を守ろうとしている所帯道具の化物たちの慌てふためく姿はやはり滑稽に見える。

　化物尽くしの草双紙のなかでは、人間がいっさい登場しない話もある。この作品群は、化物同士の合戦物や騒動物・文芸作品を見立てる物・化物世界を描く物というように大別できる。とくに、化物世界を描く作品では、本来の機能をより効果的に果たす所帯道具の化物（すなわちロボット系の化物）がよく見られる。人間が登場しない化物世界ならば、所帯道具の化物も人間と対立的な立場に置かれる必要がない。その代わり、化物の家に住みついている「協力的」な小道具になっている。ストーリーと直接関係のない脇役になっている場合が多い。

座敷ならば、たばこ盆・火鉢と火箸・膳・ちろり・薬缶・銚子・杯・椀と箸・蝋燭台・行灯の化物がよく見られる。台所の場面では、酒樽・まな板と包丁・擂り鉢と擂り粉木・竈・鍋・杓子などを指摘できる。ロボット系の化物の場合は、もちろん顔が描かれているが、顔よりも、手足の方が実用的である。手がついている蝋燭台は自ずから火の調節をする。足がついている膳はひとりでに主人のところまで歩く。

脇役のロボット系の化物は、話の筋からみると、いなくてもいい存在なのかもしれないが、絵が重視される草双紙にとっては、欠かせない存在だという見方もできる。おそらく当時の読者は、「もし自分の力で動いてくれる道具が実際あったとすれば、どれだけ便利だろう」という、憧れのような気持ちを抱いていただろう。それと同時に、小さな存在としての愛らしさも感じられていたはずである。とくに一九の絵では、所帯道具の愛嬌とあどけなさが強く感じ取れる。所帯道具の化物は、電気製品同様に機能をきちんと果たしている場合もあれば、図7のように、ただ遊んでいる場合もあり、図8のように逃げている場合もある。この便利なようで不便な所帯道具は大いに笑いを誘う。

最後に、見立て絵としての所帯道具について触れておきたい。前述したように、所帯道具が主題になっている見立て絵には、二種類ある。図1の④のような、道具の組み合わせの絵は当時流行っていた細工の見世物を連想させるし、流行の騙し絵の一種でもある。江戸人の遊び心を反映しているともいえよう。

人間型の擬人法ならば、何らかの文芸作品を見たてる場合が多いが、図1の⑬の『忠臣蔵』の例で見てきたように、擬人化された所帯道具は、必ずしも化物のつもりで描かれているわけではない。では、化物のつもりの所帯道具の例を一つ見てみよう。黒本青本『妖化役者附《ばけものやくしゃづけ》』（明和六年［一七六九］刊）の一場面である（図9）。この作品では、様々な歌舞伎狂言（「暫」「曽我物」「浅間物」「助六」「ひらがな盛衰記」）の名場面が化物によって演じられている。観客には河童やろくろ首といったお馴染みの化物や、動物系の化物が多く登場しているが、役者

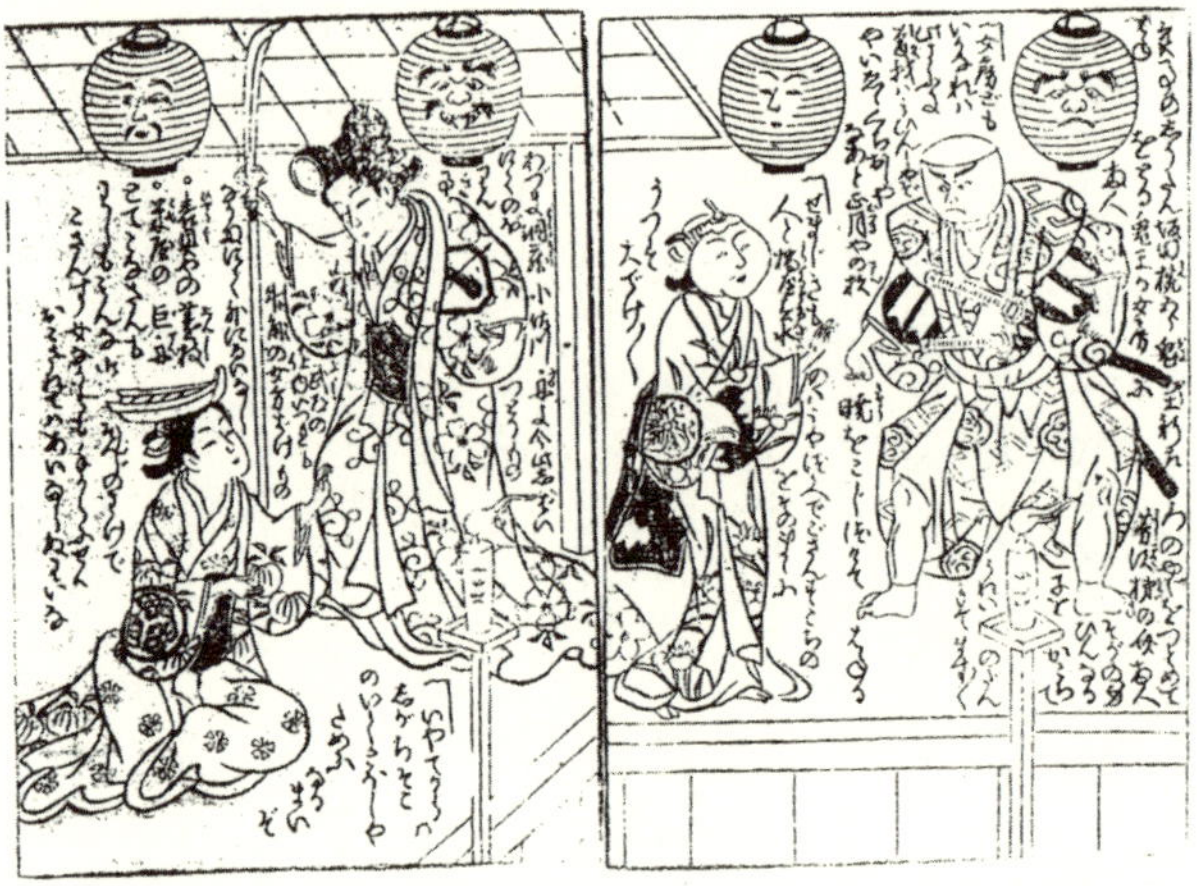

図９ 『妖化役者附』早稲田大学図書館蔵

は、すべて擬人化された化物になっている。なかには、擬人化された所帯道具も多く見られる。

図９は「曽我物」の見立て絵である。文章によると、右側の人物は坂田椀五郎が演じる鬼王新左衛門だとわかる。「坂田椀五郎」は「坂田半五郎」にかけており、従って、絵では鬼王の頭が椀になっている。となりの人物は鬼王の女房であり、芳沢柿の介（芳沢崎之介）が演じているので、やはり頭が柿になっている。左側の役者は吾妻銅蔵（右、吾妻東蔵）と小佐川舟世（左、小佐川常世）となっている。小佐川常世の俳名は「巨撰」だが、ここでは「巨舟」となっている。役者のもじった名前にちなんで、それぞれの頭の上に、分銅（？）と舟が載せてある。

要するに、文章では、役者の名前の地口が書いてあり、絵では、この地口が、人間型の擬人法によって、一種の「化物」になっている。文章を読まなければ、それぞれの化物の由来が非常にわかりにくいともいえよう。

この絵で見られる擬人法は統一されていない。椀と柿は人間の頭の代わりになっており、分銅と舟は頭上に載せてある。その違いはなぜなのだろうか。女形の美しい顔をそのまま描くための工夫なのかもしれない。あるいは、形の上では、分銅と舟は人間の頭にはなりにくいので、別の擬人法を使ったとも考えられる。

役者のほかに、舞台の提灯や蝋燭にも、顔が描いてある。これは、典型的な所帯道具の化物だといえよう。対照的に、擬人化された役者たちが、化物かどうかは判断しにくい。舟や柿などは誰でもすぐ認識できる化物ではない。確かに、擬人化された椀が所帯道具の化物と同じ形を取っているが、分銅と舟の擬人法は一般的な化物の形から離れている。結局、これらは「化物」ではなく、役者の名前にちなむ「異類」だというように定義すべきであろう。作者自身は、作中にこれらのものを「地口化物」と定義し、「御馴染みの化物たち」とは違う存在だと断っている。先に見てきた『化物小遣帳』もそうだが、「異類」と「化物」は「似たもの同士」だからこそ、明確な分類が難しいのである。

まとめ

所帯道具の化物はなぜ草双紙のなかで頻繁に顔を出しているのだろうか。今まで見てきたように、所帯道具の化物が、草双紙の重要な手法としての「擬人化」と深く関わっている。草双紙の定番の異類物・芝居の見立て絵・文芸作品のパロディーであれば、擬人化がよく使われている。そのため、擬人化された所帯道具は、化物尽くしの範疇を超え、様々なタイプの草双紙に登場している。これらの物が、すべて化物だと言いきれるかどうかについては、疑問の余地があるが、所帯道具の異類合戦物や異類騒動物のなかでは、「化物」という表記が見られる作品は少なくないのである。

草双紙の所帯道具の化物の形は、いずれも古くからあった擬人法によるものである。だからといって、新鮮さが全くないわけではない。とくに十返舎一九による化物尽くしの作品群のなかでは、愛嬌のある所帯道具の化物がよく見うけられる。小さな脇役の存在として、ロボットなみの役割を果たしているが、羽目を外して遊んでいる場合もあれば、人間から必死に逃げようとする場合もある。無邪気な間抜けた表情には一九の化物特有の可愛らしさや笑いが感じ取れる。

草双紙の所帯道具の化物の多くは、顔が描かれており、手足がついているが、道具の原型が崩れていない。または、『百鬼夜行絵巻』のように、動物などと混ぜられていない。つまり、読者は絵を見たとたんに、道具であることをすぐ認識できると同時に、生命があるように感じ取れる。この身近な物が持つ意外さは、読者を喜ばせる効果がある。これは、所帯道具の化物の特徴のみならず、草双紙（とりわけ黄表紙）の大きな特徴でもあるといえよう。

注

1 小松茂美によると、付喪神という言い方が特殊である。「付喪神という言葉も、通行の辞書などにはみえない。」（小松茂美編『能恵法師絵詞・福富草紙・百鬼夜行絵巻』中央公論社、一九七九年）一三四〜一三五頁。

2 同じ鯛と台の絵は『化物婚礼絵巻』（一九世紀）や、河鍋暁斎画とされる『化物の嫁入絵巻』に見られる。

3 棚橋正博『黄表紙総覧』中編（青裳堂書店、一九八九年）五二七頁。

4 「異類物」の草双紙の外題に「化物」という表記を使う例もほかにある。例えば、『化物曽我《ばけものそが》』（延享三年［一七四六］刊）や『（音曲《をんきよく》）妖道成寺《ばけものどうじやうじ》』（明和四年［一七六七］刊）がある。『（音曲）妖道成寺』の登場人物が擬人化された楽器となっている。およそ三分の一は頭上に物を載せる形で登場しているので、一般的な化物の印象が薄い。

5 『化物小遣帳』と同じ寛政八年に、十返舎一九画作の化物尽くしの黄表紙が三点刊行された。

6 最近の研究として『百鬼夜行絵巻の謎』（小松和彦、集英社新書、二〇〇八年）が挙げられる。

7 例えば、「赤鬼が釜のふたを頭に載せていく」（前掲『能恵法師絵詞・福富草紙・百鬼夜行絵巻』八五頁）や「鍋の蓋を頭に載せた赤鬼」（湯本豪一『百鬼夜行絵巻』小学館、二〇〇五年、四三頁）。「赤鬼」ではなく「妖怪」と呼ばれる場合もある。

8 『百鬼夜行絵巻』では蓋の取手は描かれていない。前掲『百鬼夜行絵巻の謎』一一五頁参照。

9 脚本は野村芳太郎による。「一番あとを行く善作もこわれたようなナベ・カマを背負っている。善作の背からカマがおちる。母親、善作の頭をコツンとやる。善作、引きかえしてカマを拾い、頭にかぶる。歩き出そうとするが……前が見えずにマゴマゴする。」『渥美清の泣いてたまるか　シナリオ集1』（サンマーク出版、二〇〇五年）一二頁。

10 『化物見世開』の絵柄が『狂画苑』と共通しているのは、二又淳「草双紙の挿絵」（『近世文芸研究と評判』第七十五号、二〇〇八年）で触れられている。

11 初期草双紙の退治談の多くは富川房信（吟雪）によるものである。拙稿『初期草双紙の化物尽くしの形成と発展（その一）』（『武蔵大学人文学会雑誌』第四十一巻第一号、二〇〇九年）参照。

残虐から幻妖へ

合巻に描かれた怪異

佐藤至子

はじめに

草双紙は一七世紀後半から一九世紀にかけて江戸で出版された戯作小説である。形態面の特色として、ほぼすべての紙面に挿絵があり、挿絵の余白に文字が書き入れられる点があげられる。また、草双紙はさらに赤本・黒本・青本・黄表紙・合巻の五種に分類される。もっとも初期に発生したものが赤本、末期のものが合巻である。

このうち黄表紙は一八世紀後半に隆盛し、滑稽味のある軽い読み物として人気を集めたが、寛政改革以後は世相を反映して、教訓めいた内容を打ち出すものが多くなっていった。とりわけ寛政末期から享和年間（一八〇一～一八〇三）には、敵討ちのてんまつを描いた作品（敵討物）が増え、このことが結果的に黄表紙から合巻への変化をうながした。文学史の上では、文化四年（一八〇七）以降を合巻の時代とするのが一般的である。

敵討物は典型的な勧善懲悪の物語である。基本的な筋立ては、殺人事件が起きて加害者が逃亡し、被害者の遺族や家来などが加害者を探索し、敵討ちを果たすというもので、これに複雑な人間関係やさまざまな挿話が組み合わされている。込み入った筋立てになればなるほど、一作あたりのヴォリュームは増していく。黄表紙は一巻（五丁＝十頁）を一冊に綴じ、長くても三巻三冊程度で完結するものが主流だったが、文化期に入ると複数の巻を一冊に合綴し（合巻の名称もこれに由来する）、五巻以上の長さで完結するものが多くなってくる。

黄表紙が滑稽性を指向するのに対して、合巻は忠孝思想と勧善懲悪の論理に裏打ちされた伝奇小説という性格が色濃い。たとえば『日本古典文学大辞典』では、合巻を「伝奇色と娯楽色の濃い絵画小説版本」と説明している。[1]合巻は人情本のように恋愛や愁嘆を描くわけではなく、滑稽本のように笑いを追求するわけでもなく、伝奇を指向する――このことは近世文学史の常識として、殊更に言い立てるまでもないことかもしれない。実際にいくつかの合巻をひもといてみれば、登場人物が数奇な運命をたどったり、複雑な人間関係に思いもよらぬ因果がからんだり、幽霊・精霊・異形の獣など非現実的なものが登場したりと、なるほど伝奇的と思える話にすぐ出会えるだろう。

だが、ひとつの文芸ジャンルがそのジャンル固有の性格を確立していく過程には、同時代のさまざまな事情が関与しているはずである。合巻における伝奇性の内実もまた、時代・社会との関係を抜きにしては語れないだろう。本稿ではこうした観点に立ち、文化期の草双紙を牽引した山東京伝の作品を例にとりながら、合巻の伝奇性の一端をになう怪異描写のありようについて考えてみたい。

一　京伝の敵討物における怪異

文化三年刊行の京伝の黄表紙『敵討狼河原《おいぬがわら》』『敵討両輌車《ふたつぐるま》』『敵討孫太郎虫』は、題名からも察せられるとおりの敵討物であり、黄表紙らしい笑いの要素はない。前述したように、一般には文化四年からが合巻の時代とされるが、京伝の場合は一年前の文化三年から、実質的には合巻と言いうる作品を書いたということになる。[2]

さて、これら三作品には、敵討ちの筋立てにからむかたちで、何かしらの怪異現象が描かれているという共通点がある。例えば『敵討狼河原』には、こんなくだりがある。

黒塚運蔵は志賀之介の妻久方に横恋慕する。運蔵は志賀之介の留守中に久方を誘拐しようとするが、間違えて志賀之介の母を葛籠に押し込み、拉致する。それを志賀之介の妹のお雪が追いかけるが、運蔵は葛籠に取りすがるお雪の両腕を切り落として逃げる。切断された両腕は葛籠の紐を握ったまま離れなかった。その後、運蔵は盗人の頭目となり、手下が誘拐してきた久方と偶然に再会する。だが脅しても賺しても久方がなびかないため、殺してしまう。運蔵が久方の死首を柱にかけて眺めていると、その死首の口から蛇が出てきて運蔵の膝に噛みつく。傷は腐って人面疔（人の顔のかたちをした腫れ物）となり、その人面疔がさらに蛇を吐き出して、運蔵を苦しめる。運蔵が志賀之介をとらえて殺そうとすると、炎につつまれた久方の首が現れて夫に力を添え、運蔵を討たせる。

運蔵のおこなった残虐な行為は、結局は怪異現象となってかれ自身に跳ね返ってきた。紐を握ったまま切断された腕。口から蛇を吐く死首。人面疔。十分に伝奇的な素材である。これらの怪異は挿絵にも描かれており、運蔵の非道と、因果応報の恐ろしさを否応なく伝えるものになっている。

もちろん、こうした身の毛のよだつような光景が、全ての敵討物の草双紙に出てくるというわけではない。だが京伝の作品が特別ということでもなかったようだ。大田南畝はこの頃の黄表紙について、次のように記している。

去年より絵草子高価にて定てうれかね可申と存候。大方敵討之世界殺伐之風、損春色候事に候

（文化二年二月四日、大田定吉あて書簡）[3]

草双紙は正月に新版を売り出すのが建前であった（実際は前年秋・冬から売り出した）。南畝は最近の「絵草紙」（草双紙）が、「大方敵討之世界殺伐之風」（たいていが敵討ちの話で、殺伐とした内容）であるとして、「損春色候事」（正月らしい気分を損なうもの）だと言う。たしかに残虐な殺人や怪異現象、異常な病などが（滑稽さは微塵もなく）描かれている小説は、めでたい正月に似つかわしいものではない。

しかし南畝のいだいたような感想は、青本の昔から草双紙を知っている世代に限られたものだったのかもしれない。草双紙は滑稽でほのぼのとした黄表紙から「殺伐」たる合巻へと確実に変貌しつつあり、その勢いは止まらなかった。

文化四年刊行の京伝の合巻も、『於六櫛木曽仇討』『敵討鵆《ちどりの》玉川』『安積沼後日仇討』『敵討岡崎女郎衆』『於杉於玉二身之仇討』と、いずれも書名に「仇討」「敵討」をうたっている。凄惨な殺人や拷問の場面、あるいは怪異を描いた場面があるのも前年同様である。

例えば『於六櫛木曽仇討』には、次のようなくだりがある。

牛嶋大之進は鶴見多門の妻久方に横恋慕し、多門を暗殺したのち久方と娘の雪野を誘拐する。だが久方が大之進を拒み続けたため、大之進は久方の目前で雪野の指や腕を切り落として苦しめたあげく、殺してしまう。さらに久方を腰まで穴に埋め、そこに蛇を放して責めさせる。久方は狂死し、野に捨てられ、死体は犬・狼の餌食になる。その後、大之進の妾さつきは鏡や盥の水にやせ衰えた女の顔が映る怪異に悩まされる。懐妊していたさつきは女の子を生むが、その子は生まれつき右腕がなく、左手も指が欠けていた。大之進は恐ろしくなり、赤子をひそかに殺すことにする。産室には久方の亡霊が何人も現れ、「見よ見よ」と笑う声が聞こえた。拷問、惨殺、死体遺棄。殺された人間の怨霊化と加害者への報復。やはり、悪人が残虐な行為の報いとして怪異現象に苦しめられる展開になっている。

翌文化五年刊行の京伝合巻でも同様の傾向が続く。例えば『八重霞かしくの仇討』には次のような場面がある。

辻風駄平太は浜荻鱗右衛門とその妻鵜の羽を殺害する。瀕死の鵜の羽は駄平太の膝に食いつき、その傷は腫れて悪瘡となる。駄平太が鵜の羽から奪った小袖を屏風に掛けておくと、その袖から手が出てきて駄平太の後ろ髪を引く。また、鵜の羽の巨大な顔が出現して駄平太にお歯黒を吹きかける。さらに鱗右衛門の怨霊が鼠の群れとともに炎に包まれながら現れる。駄平太は膝の傷から全身にかけて瘡ができ、苦しんでいたが、鼠たちはそのかさぶたを食らい、さらに駄平太をさいなむ。

悪人がおのれの手にかけた相手から噛みつかれ、その傷が悪瘡となる展開など、『敵討狼河原』に似ている。これもまた、悪人が残虐行為の報いとして怪異に苦しめられるというパターンである。

ところでこの年刊行の京伝合巻には、被害者ではなく悪人のほうが異形のものに化す話もある。例えば『妬湯《うわなりゆ》仇討話』では、大江判官の妾漁火が傍輩の有明を毒殺しようとするも、陰謀が露見して逆に拷問される。簀巻きにされ、煮えたぎる湯壺に漬けられた漁火は狂死し、怨霊となって有明を悩ませる。その姿は死んだ時のまま、つまり簀巻きにされ面体の崩れた姿のままである。

また『絞染五郎強勢談』では、悪心者の女岩穂が継子の露野を虐待したあげく売り飛ばすが、その後、実子の岨松が誤殺されたために狂気に陥り、岨松の遺体を食べてしまう。夫の牛九郎はその姿を恐ろしく思い、自らの手で殺害するが、岩穂の首は胴から離れながらも牛九郎に噛みつく。

いずれも、悪人自身がその報いとして異形のもの――怪異に変貌するというパターンが見てとれる。

二 「剛悪殺伐不祥之絵組」への規制

挿絵が多いことは草双紙の特色のひとつであるが、それは言い換えれば、挿絵の面白さが作品の成否を左右するということでもある。これまで例示してきた京伝の黄表紙・合巻においては、悪人の残虐行為やそこから生じる怪異現象は文章のみならず挿絵によっても表現されている。つまりこれらは、読者の目を惹きつける「絵になる」光景でもあったのである。

だが、まさにその挿絵が問題となった。

文化四年九月、小説類を出版前に検閲する絵入読本改掛肝煎名主が任命された。名主たちは京伝を呼び出して「著述の仕方」を尋ね、草紙読本類吟味の内意を聞かせた。その年の一一月、京伝は曲亭馬琴と連名で、草双紙・読本の制作に関する口上書を提出している（口上書の原文は高木元「江戸読本の形成」[4]に翻刻されている）。趣旨をまとめると次のようになる。

・われわれは御触を守り、草紙や読本には流行風聞に関わることは決して書かず、第一に勧善懲悪を正しくし、善人孝子忠臣の伝を主に書き、できるだけ子どもや女性の心得にもなることを作り設けようと心懸けてきた。

・しかし他の作者の中には不行き届きの者がいるかもしれない。近年、特に「剛悪之趣意」を専らに作り設け、

「殺伐不祥之絵組」ばかり描くものもある。こうしたものは売れ行きも格別よいと聞く。われわれはできるだけそうした場面や挿絵を省くようにしているが、かえって売れ行きは悪いと聞き、仕方なく少しはそうした挿絵などを加えている。しかし「勧善懲悪之趣意」は失わないように心がけている。

・先日京伝が伺った「御内意之趣」は、最近の読本の作風は「剛悪殺伐不祥之絵組」が多く、よろしくないので、われわれが申し合わせて作風を変えるようにせよとのことであった。もっともなことではあるが、「剛悪不祥之類」の多い作品は売れ行きがよいため他の作者たちは皆その作風にしたがっており、われわれ両人だけが慎んでも、なかなか作風が変わることはないように思う。

・読本を渡世としている作者たちと画工たちを呼び出し、今後、草双紙や読本の類には剛悪不祥殺伐の事柄や天災火災の絵などを慎み、書かないよう、仰せつけてはもらえないだろうか。それであれば、われわれ両人ならびに他の作者・画工たちで申し合わせ、来秋(文化五年秋)からの出板物には「殺伐不祥之儀」を省くようにする。

名主たちは草双紙・読本に見られる「剛悪之趣意」と「殺伐不祥之絵組」を問題視しており、京伝・馬琴は今後それらを作中から省くようにすると述べている。だが口上書を提出した時点で、文化五年新版用の合巻の制作は終わっていた。したがってそれらの作品においては、「殺伐不祥」を省く配慮はなされていない。前掲の『八重霞かしくの仇討』『妬湯仇討話』『絞染五郎強勢談』の内容を見ても、そのことは察せられよう。

文化五年九月、町奉行所はさらに具体的な規制をかけてきた。名主・地本問屋仲間を経て作者・画工たちへ、次のような「合巻作風心得之事」が通達されたのである。

去る九月二十日文化五年、蔦屋重三郎より文通之写、

合巻作風心得之事

一　男女共凶悪の事、

一　同奇病を煩ひ、身中より火抔燃出、右に付怪異の事、

一　悪婦強力の事、

一　女并幼年者盗賊筋の事、

一　人の首抔飛廻り候事、

一　葬礼の体、

一　水腐の死骸、

一　天災之事、

一　異鳥異獣の図、

右之外、蛇抔身体手足へ巻付居候類、一切◎此の間不明、夫婦の契約致し、後に親子兄妹等の由相知れ候類、都而当時に拘り候類は不レ宜候由、御懸り役頭より、名主山口庄左衛門殿被二申聞一候に付、右之趣仲ヶ間申合、以来右体の作出板致間敷旨取極致置候間、御心得にも相成可レ申哉と、此段御案内申上候

（馬琴『著作堂雑記』）5

前年に問題とされた「剛悪殺伐不祥之絵組」のなかみが具体的に示されている。佐藤悟氏は、九月二〇日というタイミングから、この通達は文化七年新版の合巻への取り締まりを目的としたものだったと推察し、実際に構想変更が行われた例として合巻『高野楓』（文化七年刊、十返舎一九作）を挙げている。そして、この通達が文化

期の合巻に与えた影響について、次のように結論づけている。

文化前期の合巻の挿絵の特色として嗜虐性と役者似顔絵に代表される演劇趣味を挙げることができる。嗜虐性については時代の風潮としては続いたものの、草双紙においてはその本来の祝儀性と文化五年九月の合巻作風についての通達によって薄れ、その結果として演劇趣味を発展させた『正本製』様式の草双紙が確立されるという史的展開を遂げることになったのである。（「草双紙の挿絵——文化五年『合巻作風心得之事』の意味」[6]）

文化期の合巻は、殺伐とした敵討物から演劇趣味、すなわち歌舞伎や浄瑠璃から題材・演出・表現方法などを積極的に取り入れる作風へと推移していく。その変化のきっかけの一つが「合巻作風心得之事」であったと結論づけた点で、重要な指摘である。

だが、嗜虐性の後退は、作中にまったく怪異を描かなくなるということとイコールではない。たしかに文化三年～五年刊行の京伝の黄表紙・合巻においては、残虐行為と怪異現象とが因果関係によって結びつけられるかたちで描出されていた。しかし両者はそもそも別のものである。「剛悪殺伐不祥之絵組」は両者を含み込むものではあるが、「合巻作風心得之事」は怪異全般を問題視しているわけではない。いま一度、この通達の内容を吟味してみよう。主に問題視されているのは次の二点である。

第一に、身体の異常や損傷に関わることがらを描くこと。「奇病を煩ひ、身中より火抔燃出、右に付怪異の事」「人の首抔飛廻り候事」「蛇抔身体手足へ巻付居候類」といった項目がそれである。「水腐の死骸」もこれに含めてよかろう。

第二に、邪悪な人間を登場させること。「男女共凶悪の事」「悪婦強力の事」「女并幼年者盗賊筋の事」などの項目がそれである。

つまり、過度な暴力表現や異常死への興味をあおるような表現、および反社会的な悪を肯定するような表現は禁止、ということであろう。文化三年〜五年刊の京伝の黄表紙・合巻に描かれていたような、残虐行為と結びついた怪異現象がこれに抵触することは一目瞭然である。

しかし怪異現象のすべてが問題視されているわけではない。通達のなかで「怪異」への言及があるのは「奇病を煩ひ、身中より火抔燃出、右に付怪異の事」という項目だが、ここに言う「怪異の事」は、身体の異常と関連づけられた限定的な怪異現象のことと理解できる。言い換えれば、それ以外の怪異現象なら問題はないということになる。作り手としても「剛悪殺伐不祥之絵組」をもつ作品の潜在的需要は見過ごせないであろうし、通達に抵触しない範囲で読者の嗜好に応える作品を生み出すことができれば、それに越したことはない。

事実、通達後の京伝の合巻にも、非日常的な怪異現象を取り上げているものは少なくない。次節ではそれらの分析を通して、京伝が通達にどう対処していったのか見ていくことにしたい。

三　妖術という怪異

文化七年刊行の京伝合巻は『うとふ之俤《おもかげ》』『梅之於由女丹前』『戯場花《かぶきのはな》牡丹燈籠』『糸桜本朝文粋』の四作であるが、いずれにおいても残虐行為や身体の損傷・奇病をあからさまに描いた挿絵は見当たらない。

例えば『うとふ之俤』。作中に、白猪婆という老女が墓場から女の死骸を掘り出し、その髪の毛を剃り落とす場面がある。文章には「新塚の土掘り返し、棺桶の蓋取り除けて、女の死骸を引き出だし、泣く子を片手に賺しながら剃刀を取り出だし、死骸の黒髪をごそりごそりと剃り落とし」とあるが、挿絵には、毛髪の束を手にして墓場にたたずむ白猪婆の姿が小さく描かれているにすぎず、死骸そのものは描かれていない。「剛悪殺伐不祥之絵組」を避けた結果と考えてよい。以前なら、白猪婆が死骸に手をかけている様子をはっきりと描くところであろう。

一方でこの合巻には、（原拠である京伝自身の読本『善知安方《うとう》忠義伝』〔文化三年刊〕の内容を受けてのことであるが）武士の幽霊や蝦蟇の精霊、その蝦蟇の精霊から妖術を伝授される武士の遺児などが登場し、挿絵に大きく描かれてもいる。幽霊たちは面体が崩れているわけでもなく、首だけの姿でもない。これらは怪異であることには違いないが、残虐性を強調する描かれ方にはなっていない。

『梅之於由女丹前』『戯場花牡丹燈籠』についても、同じようなことが言える。『梅之於由女丹前』には修験者が祈祷によって巨大な鬼や妖怪を出現させる場面があり、それらの姿は口絵や挿絵に描かれている。『戯場花牡丹灯籠』には蝦蟇の妖術使いや幽霊が登場し、巨大な蝦蟇が吐き出した白気の中に妖術使いの姿が浮かび上がるさまや、武士が宝鏡を用いて幽霊の正体（骸骨）を見顕す様子などが挿絵に描かれている。幻妖な味わいはあるが、血みどろの残虐性は感じられない描き方である。怪異をこのようなかたちで取り上げることが、通達に従いつつ読者の嗜好にも応える、京伝なりの対応だったと考えられる。

ところでこうした類の怪異は、既に文化五年・六年刊の京伝合巻にも描かれてはいた。

例えば『敵討天竺徳兵衛』（文化五年刊）には蝦蟇の妖術を使う天竺徳兵衛（実は藤原純友の残党今張六郎）が登場する。佞臣に見込まれ、御家騒動に加担する徳兵衛は、蝦蟇に変身し毒気を吹いて敵の目をくらます。これは歌舞伎の天竺徳兵衛もの（近いところでは文化元年七月に江戸・河原崎座で上演された『天竺徳兵衛韓噺』や文化三年六月に江戸・市村座で上演された『波枕韓聞書』）などの演出をふまえたものと考えられている。

また、『糸車九尾狐』（文化五年刊）では、三浦氏に滅ぼされた金毛九尾の狐の霊が蝮婆（実は滅亡した北条光時の妻岩手）に乗り移り、天下掌握の野望を遂げようとする。蝮婆は全身から光を発したり、分身を出現させたりする。金毛九尾の狐が女人に変じ、唐・天竺・日本の権力者を虜にして天下をわがものとしようとする話は読本『絵本三国妖婦伝』（享和三年〜文化二年刊、高井蘭山作）などでよく知られていた。全身から光を発するといった不思議な現象もこの読本に描かれているものである。

そして『松梅竹取談』（文化六年刊）には、修験者の天狗堂怪玄が御家騒動の佞臣にくみし、奪魂鬼・縛魄鬼という鬼を使役したり、巨大化した虫の妖怪を出現させたりする場面がある。

つまり「合巻作風心得之事」の影響を受ける前の京伝合巻においては、残虐行為と結びついた怪異現象を描く作もあれば、妖術のような幻妖味のある怪異現象を描く作もあったのである。通達後、京伝は前者を後退させ、後者を残す方向で対応したということになる。

さて、文化八年以降の京伝合巻にも妖術や妖術使いはしばしば取り上げられている。多いのは蝦蟇の術に関わるものである。『桜ひめ筆の再咲』（文化八年刊）では強盗蝦蟇丸が蝦蟇の術を使って霧を起こし、虹を吹き、人々の目をくらまして姿を消す。『ヘマムシ入道昔話』（文化十年刊）では謀叛人相模次郎ときゆきの一子大日丸（天竺徳兵衛）がヘマムシ入道から蝦蟇の妖術を授かり、姿を消したり、蝦蟇に変身したり、黒雲に乗って飛行したりする。『草履打所縁《ゆかりの》色揚』（文化十二年刊）では漁師天竺徳兵衛が蝦蟇の仙術を用いて足利将軍を滅ぼそうと考え、蝦蟇を使って密書や重宝を盗ませる。『娘清玄振袖日記』（文化十二年刊）では謀叛人天竺冠者大日丸（相模次郎としゆき）が蝦蟇の妖術を用い、蝦蟇に乗って空中に姿を消す。『石枕春曙抄』（文化十三年刊）では安部貞任が蝦蟇の妖術を使って姿を隠す。

ほかにも狐の妖術を扱ったもの（『釣狐昔塗笠』文化九年刊、『勇雲外記節』文化九年刊）、鼠の妖術を扱ったもの（『咲替花乃二番目』文化八年刊、『薄雲猫旧話』文化九年刊、『濡燕子宿傘』文化十一年刊）、犬神の術を扱ったもの（『磯馴松金糸腰簑』文化十一年刊）などがある。また、特に動物と関係づけられない妖術を描いたものもある。『娘景清襤褸《つづれの》振袖』（文化八年刊）では壬生の小猿が瘟鬼風の法という妖術を行おうとし、『妹背山長柄文台』（文化九年刊）では蘇我入鹿が謀叛を志し、妖術で敵を苦しめたり、自在に姿を現して宝物を盗んだりする。『蝶衛曽我俤』（文化十三年刊）では修験者くずれの男が妖術によって出没自在となる。

ところで、これら妖術使いの登場する作品は、いわゆる御家騒動物であることが多い。文化期の半ばには、敵討物の流行は下火となっていた（暴力の描写を禁止する「合巻作風心得之事」が一因であることは、前掲の佐藤悟氏の論考が示唆するところである）。京伝は『糸桜本朝文粋』（文化七年刊）の序文に「よくものをつもつてもごらうじませ。和歌八重霞は古風になり。浜の真砂といひながら。書尽たる敵討どうマア新手のあろぞいのう」と記している。敵討物は趣向が出尽くし、それに代わる新たな物語の枠組みが求められていた。そこで導入されたのが、佞臣が主家を横領し権力を掌握しようと陰謀を企て、それを阻もうとする忠臣と対立し、結局は滅ぼされるという御家騒動物（陰謀物）であった。浄瑠璃・歌舞伎にはこの枠組みをもつ作品が多く、合巻のなかにはそれらを典拠とするものも増えていった。

妖術使いは、この枠組みになじみやすい人物類型であった。合巻のなかの妖術使いたちは、佞臣・忠臣の対立においては多くの場合、佞臣側にくみし、妖術を使って陰謀に加担する。あるいは自らが政権を奪取するべく謀叛を企て、そのために妖術を駆使する。妖術とは怪異を自在にあやつることであり、御家横領や謀叛という目的のためにそれを行うなら、妖術使いは悪人であるには違いない。だが敵討物において残虐行為を行う悪人とは明らかに異なる点がある。妖術使いは妖術を用いて敵を攻撃する。その妖術は、虫を巨大化させたり鬼をあやつったりするものであり、現実味に乏しい。つまりこうしたものは、ただちに暴力をあおる表現とは見なしにくく、その点で文化五年九月の通達には抵触しない。

敵討物に代わる物語の枠組みとして御家騒動物（陰謀物）を採り入れつつ、通達を守って残虐性のある怪異描写を避け、かつ従来の読者の嗜好にも応える内容を提示する。そうした条件下での物語づくりにおいて、このように現実ばなれした幻妖味のある怪異、すなわち妖術という素材は格好のものであったと考えられる。残虐から幻妖へと軸足を移しながら、文化期の合巻における伝奇性は維持されていったのである。

おわりに

山東京伝は文化十三年に亡くなる。その後、文政・天保期の合巻界では曲亭馬琴や柳亭種彦らが活躍し、演劇や和漢の古典に取材した長編作品が多くなっていった。だが妖術使いの登場する合巻が絶えたわけではなかった。幕末には妖術使いを主人公とした長編合巻が人気を集め、明治期にいたる。

先鞭をつけたのは、天保十年に初編が刊行された『児雷也豪傑譚』（天保十年〜明治元年〔一八三九〜一八七七〕刊、全四三編、美図垣笑顔・一筆庵主人・柳下亭種員・柳水亭種清作）である。主人公の尾形周馬弘行は児雷也の通称で知られる盗賊だが、実は武家の遺児で御家再興を志しており、山中で仙素道人という異人から蝦蟇の妖術を伝授される。この合巻は約三十年前に出版された読本『自来也説話』（感和亭鬼武作、前編文化三年、後編文化四年刊）を原拠として構想されており、主人公の設定も『自来也説話』の主人公・自来也のそれをふまえている。前述のとおり蝦蟇の妖術使いは京伝が合巻にしばしば登場させていたものであり、武家の遺児が異人から蝦蟇の妖術を伝授され、御家再興を志すという設定も、既に京伝の読本『善知安方忠義伝』（文化三年刊）で使われていたものであった。そのような人物像が、天保期の合巻にも出現したのである。

天保改革を経て、『児雷也豪傑譚』の次に人気を博したのが『白縫譚』（嘉永二年〜明治十八年〔一八四九〜

一八八五）刊、版本は全七一編、柳下亭種員・二代目柳亭種彦・柳水亭種清作）であり、さらにその後を追ったのが『北雪美談時代加賀見』（安政二年〜明治十六年〔一八五五〜一八八三〕刊、全四八編、二代目為永春水・柳水亭種清作）である。実はこれら三作品には共通点が多い。主人公はいずれも滅亡した武家の遺児であり、御家再興や現政権の転覆という志を果たすため、妖術を使って敵を倒しながら道を切り開いていく。さらに、その妖術には小動物が関係している。『児雷也豪傑譚』の児雷也が操るのは蝦蟇の術、『白縫譚』の主人公・若菜姫は蜘蛛の術、『北雪美談時代加賀見』の主人公・藤浪由縁之丞は蝶の術という具合である。

長編合巻は数編から時には数十編もの長さに及び、何年もかけて刊行され続ける。作者はしばしば交代し、いつ結末を迎えるともわからない。と言うよりも、もともと結末に向かって一気に突き進むという物語構造になっていない。各編にそれなりの見せ場を設けるため、作中には主人公をめぐる筋立てに加えて適宜に脇役たちをめぐる筋立てが設けられており、枝葉末節を拡げながら物語全体がふくらんでいく。だが多くの人物が登場しようと、筋立てが錯綜しようと、やはり読者が続きを読みたいと思える内容でなければ、そもそも本として売れない。売れるためには、それなりに魅力のある人物なり、場面なりがあって、続きがどうなるのか気になるような展開がなければならない。

この点からすると、大志をいだいた主人公が妖術を使って艱難辛苦をのりこえていくという設定は、読者の興味をつなぐのに十分なものである。もちろん、めくるめく妖術はそれ自体が「絵になる」という良さもある。

具体的にはどんな妖術が描かれているのか、『白縫譚』を例にとってみよう。若菜姫が用いる妖術のありようを分類してみると、①蜘蛛を武器のように用いる（敵に噛みつかせる、敵を動けなくする）、②蜘蛛を部下のように用いる（物を盗ませる、人間に変身させて敵方に入り込ませる）、③蜘蛛を移動手段に用いる（蜘蛛の糸や蜘蛛の背に乗って移動する）などがある。

『児雷也豪傑譚』の児雷也の蝦蟇の妖術も、『北雪美談時代加賀見』の由縁之丞の蝶の妖術も、ありようとしてはこれと大きく異なるところはない。挿絵がとりわけ効果を発揮するのは、妖術によって蜘蛛や蝦蟇、蝶が巨大化する場面である。それらはわれわれがいだいている蝶、蝦蟇、蜘蛛のイメージをはるかに越えて、ほとんど妖怪のようである。こうした図像が、これらの合巻の人気を支える一要素であったことは間違いないだろう。

このように小動物と関連づけられた妖術も、やはり文化期の合巻において既に描かれていたものであった。文化期から幕末まで、いわば合巻史の全体において、妖術は怪異と結びつく伝奇的素材として命脈を保ったのである。

注

1 『日本古典文学大辞典』第二巻「合巻」の項（鈴木重三執筆）昭和五九年、岩波書店。
2 水野稔「京伝合巻の研究序説」（『江戸小説論叢』昭和四九年、中央公論社）。
3 『大田南畝全集』第一九巻（平成元年、岩波書店）による。
4 高木元「江戸読本の形成」（『江戸読本の研究』平成七年、ぺりかん社）。
5 『曲亭遺稿』（明治四四年、国書刊行会）所収「著作堂雑記抄」による。
6 佐藤悟「草双紙の挿絵――文化五年『合巻作風心得之事』の意味」（『国文学解釈と鑑賞』六三・八、平成一〇年八月）。

＊山東京伝の作品は『山東京伝全集』第五～九巻（影印・翻刻、平成七～二一年、ぺりかん社）および版本、『白縫譚』は『白縫譚』（影印・翻刻、平成一八年、国書刊行会）、『児雷也豪傑譚』『北雪美談時代加賀見』は版本を参照した。

上方落語の怪異空間

近世大坂・京都・江戸の都市空間認識

佐々木高弘

過去のある時代の、ある特定の地域社会の、そして特定の階層の人々が、彼らの住む同時代の都市を、どのように認識していたかを知る手掛かりは、実は数少ない。小説や絵画、あるいは絵図から探ろうとする試みもあるが、これら資料は作家や画家、地図製作者という個人性が問題となる。昔話や伝説などの口頭伝承には、特定の集団性を確保できるが、時代性の危うさが生じる。落語は笑い話、あるいは怪談や人情話という点から言えば、その起源を口頭伝承に見いだすことも出来るし、落語が師匠から弟子たちへ、口頭で伝えられ、また聞き手の反応に合わせ演者が改良を加えたりもして、現在の形を保っているという点でも、口頭伝承に似ていると言える。また落語は、成立し発展した時代も、地域も担い手も、特定することが可能である。つまり落語という資料は、集団性と時代性をある程度確保しつつ、上記のテーマを知る手掛かりとなりうる可能性があるわけだ。

であるなら、近世、主に江戸時代の大坂人はどのように大坂を見ていたのだろう、という問いに、落語は有効な資料を提示できるのだろうか。特にここでは、近世大坂人が恐怖を感じる場所、怪異が生じるならここだろうとイメージする場所に注目し、上方落語に描かれた怪異世界を探ってみよう。そのうえで、怪異をめぐる近世大坂・京都・江戸の都市空間認識の比較にまで、言及できれば、と考えている。

一　上方落語の歴史

落語の起源については、戦国時代の御伽衆、あるいは僧侶、江戸時代に京都で活躍した露の五郎兵衛、とするいくつかの説がある。これらの説の違いは、物語の一形態としての落語、あるいはそれを演じる落語家の、いずれに視点を置くかによる。物語の一形態としての落語とは、「短い滑稽な内容に、「サゲ」または「オチ」といわれる気の利いた結末」[1]がついたものを指し、落語家とはその落語を専業とする者のことである。

物話の一形態としての落語を追うのであれば、戦国時代の御伽衆、野間藤六をあげることが出来る。野間藤六は織田信長、信忠の御伽衆で、後の書である『為愚痴物語』巻三に「野間藤六女を誑し餅くふ事」があり、それが現在も演じられる「饅頭こわい」（表1の1）の源流として考えられている。また豊臣秀吉の御伽衆であった曽呂利新左衛門については、慶長末ごろ（一六一〇年代）の『戯言養気集』や元和末～寛永初期（一六二〇年代）の『きのふはけふの物語』に、落語の原型と思われる笑い話が掲載されている。

僧侶とする説は、安楽庵策伝（一五五四～一六四二年）に注目する。策伝は美濃生まれの浄土宗の僧侶で、晩年に京都の誓願寺（新京極）の法主となり、『醒睡笑』（一六二三年）に説教談や巷の噺を集めた。この『醒睡笑』には、現在も演じられる「牛ほめ」「子ほめ」「寝床」の原型があり、策伝を落語家第一号とする根拠にもなっている。しかし策伝をはじめ御伽衆たちは、落語を専業としていたわけではなかった。

このように両者を落語の起源とする説は、物語の形態に焦点を当てている。つまり現在の落語の形態は、この時期に既に成立していたとするものである。[2]それに対して、落語の歴史は、落語を専業とする落語家の誕生を待たねばならないとする説、[3]あるいは落語の歴史は落語家の歴史と同義であるとする説、[4]がある。それらによると、落語家の第一号は、露の五郎兵衛（一六四三〜一七〇三年）ということになる。彼は元日蓮宗の談義僧で還俗したのち、延宝年間（一六七三〜八一年）頃に、京都の真葛ヶ原、四条河原町、北野天満宮など人の集まる場所や、仏事祭礼の時に現れて「辻噺」を始めた。軽口本に『露がはなし』（元禄四・一六九一年）、遺稿集に『軽口あられ酒』（宝永二・一七〇五年）、『露休置土産』（宝永四・一七〇七年）があり、現在の「親子酒」「胴斬り」（表1の7）「池田の猪買い」「道具屋」などの原話が見られる。

さらに大坂落語の祖とされるのが、米沢彦八（不詳〜一七一四年）で、生國魂神社境内、道頓堀、天王寺などで「当世仕方物真似」の看板を出して辻噺を興行した。「彦八」の名は、落語（噺）家一般の代名詞となり、貞享元年（一六八四）に『軽口男』、元禄一六年（一七〇三）に『軽口御前男』、『軽口大矢数』（刊行年未詳）があり、現在の「寿限無」「景清」（表3の4）「貧乏神」の原話を見いだすことが出来る。現在上方落語と言えば、大坂落語のことを指すが、最初はこのように京都落語も入っていたのである。

ちなみに、江戸落語の祖とされるのは、鹿野武左衛門（一六四九〜一六九九年）で、紀州あるいは難波生まれとされる。三〇歳頃に江戸へ出て、延宝末年（一六八〇〜八一）頃から中橋広小路辺りで、小屋を作り噺を演じ始める。「座敷仕方噺」という、各地のお座敷で身振り手振りを交えた「仕方噺」も演じる。この主に座敷で演じる形態が、現在の江戸落語の特徴にもつながる。

このように上方落語の特性は、演じ方としては、辻噺から始まったため、はめものと言われる、生の伴奏音楽や音響が入る点にある。それは座敷で演じる江戸落語と違って、道を通る人たちの関心を引くためだったとされる。道具も音の出る小拍子などを使用し、見台や膝隠しを使う。ことばは、船場ことばが多く、船場の商家の旦那や、長屋の住人が主人公となる場合が多い。大坂は殿様不在の城下町と称されるように、武家の数は少なく、そのため江戸落語と違って、あまり武士は登場しない（表1〜5の登場人物を参照）。この点は、上方落語の怪異空間を考える上で重要であろう。つまり船場を中心とした商家やそこで働く人たちが、この怪異空間の主な認識の母体、と考える必要があるからである。

また、旅ネタが多いのも上方落語の特徴の一つである。特に二人の主人公（喜六と清八）が旅をする噺が多い。例えば、大坂を中心に、東の旅、西の旅、南の旅、北の旅と呼ばれる噺がある。特に東の旅は「伊勢参宮神乃賑」と呼ばれ、近世大坂人の伊勢参りをテーマとした長い噺で、実際はいくつにも分けて演じられる。これらは、大坂の安堂寺橋から出発する「東の旅・発端」から始まり、暗峠を越えて「奈良名所」「野辺」「煮売家」「七度狐」（表４の２）「軽業」「軽業講釈」、奈良の三輪で「うんつく酒」「常太夫義太夫」「鯉津栄之助」「三人旅」、そして伊勢で「宮巡り」、帰り道は「軽石屁」「これこれ博打」「高宮川天狗酒盛」（表４の３）、琵琶湖の矢橋から大津へ行く「矢橋舟」、大津の舞台から始まる「宿屋町」「こぶ弁慶」（表３の２）「走り餅」で京都に戻り、「三十石」で大坂の八軒屋に戻ってくる長い物語である。[5] かつては一日一時間ずつしゃべって半月はかかったというが、今は半分も残っていない。[6]

西の旅は「兵庫舟（兵庫渡海鱶魅入れ）」（表３の６）、北の旅は「池田の猪買い」、南の旅は「紀州飛脚」（表３の９）といずれも一つの噺になっている。これらの点から、近世の大坂人にとって伊勢参りが旅の中心であったことが分かる。また、これら旅ネタにも怪異を語るものがいくつかある。それらを地図化したのが図１、

図１　大阪市外の怪異の場所（番号のみは表３）

一覧としたのが表3・4の一部に出てくるものである。また異界を旅する噺もある（表5）。月に行くのが「月宮殿星都」、海の底へ行くのが「竜宮界竜都」、あの世へ行くのが「地獄八景亡者戯」、巨人の住む島へ行くのが「島巡り大人之屁」である。このように近世大坂人は、異界への旅も夢想していたのである。

これらを一覧、地図で見ると、上方落語は大坂の船場を基点に、大坂あるいは西日本を舞台としていることが分かる。このことは、近世の大坂人の空間認識を知る上で興味深い資料となるであろう。特に本稿では、上方落語に描かれた怪異の場所に注目し、近世大坂人の怪異空間を明らかにしてみよう。

二　上方落語に描かれた怪異の場所

さてここでは、上方落語で描かれた怪異の場所を具体的に見ていこう。上方落語には怪談が少ないと言われているが、笑い話と思われる噺のなかにも、怪異を語る部分は少なくない。例えば「饅頭こわい」（表1の1）は、誰もが知る落語の一つで、笑い話が中心と思われがちであるが、特に上方落語では前半部分で怪異が語られる。一つは狐に化かされる噺で、江戸落語ではこの部分は、「九郎蔵狐」として独立して別に演じられる。上方落語では、さらに幽霊に追いかけられる噺も語られる。なぜ笑い話に怪異が語られるのかというと、そもそも「饅頭こわい」という噺は、仲間が集まって順番に好きな物を言い合い、次に怖い物を言い合うという文脈のなかで、最後に饅頭がこわいと言う者が出てくるという筋だからである。その怖い物を言い合う中で、まず狐に化かされる噺や怪談が語られ、そして最後は誰もが知るオチ、「今度はお茶がこわい」で終わるわけである。戦国時代の御伽衆、野間藤六が語ったとされる「野間藤六女を誑し餅くふ事」というのは、「饅頭こわい」の餅ヴァージョンなのだろう。ただこの噺は、中国明代の『笑府』にもあり、藤六はそれを知っていて、アレンジしたのかも知れない。

このように上方落語には、笑い話のなかにも怪異譚が挿入される場合があり、怪談が少ないというイメージは、噺のタイトルに、怪異の内容が現れないことから来るのではあるまいか。確かに「饅頭こわい」を、怪談というジャンルに分類する者はいないだろう。しかし確かに、怪異はそのなかに語られているのである。

さて次に、近世の大坂人の怪異の場所を探るのであれば、例えば、この「饅頭こわい」に出てきた二つの怪異譚の場所に注目しなければならない。狐に化かされる噺は「大和の叔母はんとこへ行たんや、ああだいぶん田舎や」と表現されているのみで、大和つまり今の奈良県での怪異であることは分かるのだが、奈良県のどこで起こったことなのかは語られない。つまり詳しい場所が特定出来ないのである。それに対して、幽霊に追いかけられる噺は次のように語られる。


だいぶに古いこっちゃ。その時分わいの伯父貴というのが、南農人橋、お祓い筋をちょっと入ったところに住んでたんや。(中略)外へ出たのがもうかれこれ一時、雲が低うにたれこめて、陰気な晩じゃったな。スタスタ、スタスタ、スタスタと道をとって、農人橋を今渡ろうとして、ヒョイと見ると、橋の真ン中に、若い女が一人、ズボーッと立ってるやないか（中略）本町の曲りから、あのへんへかけて昼日中でもあんまり気色のええとこやなかった。[7]

このように、幽霊の噺はかなり具体的で、江戸時代の絵地図を見れば場所を特定することも出来る（図2）。この後、この男は農人橋から東横堀川に飛び込もうとする女性を、何とか助けようとするが、逆に女性に怪我をさせてしまう。その直後、女性は川に飛び込む。男は後悔しながら夜道を歩く、その後から、先の女性の幽霊が

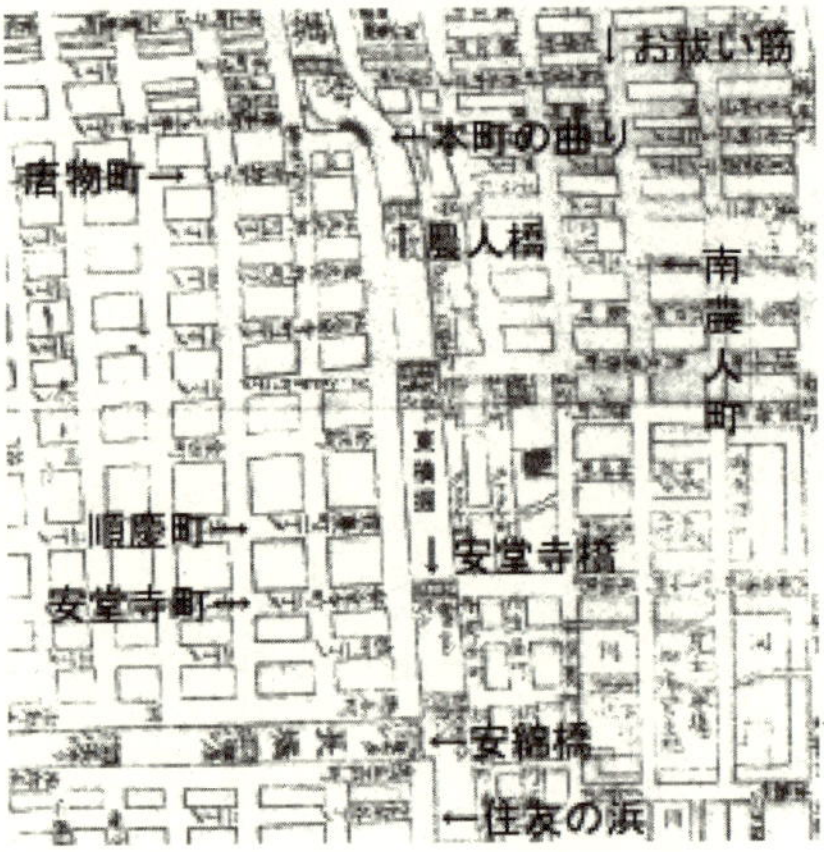

図２　文久３年大阪図に見る東横堀周辺図

追いかけてくる。その道も具体的に語られる。先の農人橋を、東岸から西岸に渡って、男は南へ折れ、河の岸を歩く（図2）。すると、後をつけるジタジタという足音が聞こえる。何かに隠れようと、道端にあったお堂の賽銭箱の後に身を入れ、その女の姿を垣間見る。

　こう、のぞいてみると、前へ行く一つの影。フラフラ、フラフラ、フラ…。安堂寺町の角、往来安全と書いた石灯籠。そのあかりのところまで来て、見失のうたなあという顔で、キョロ、キョロ、ヒョイと振り向いたのが、燈籠のあかりをうけてまともに見えた。最前の女や。ええ。欄干で当たった時の傷とみえて、これからこれが、むごたらしゅう割れて血みどろ、見当の違うた眼でヒョと賽銭箱に眼をつけると、ヒョロヒョロ、ヒョロヒョロと戻ってくるなり、賽銭箱の角へ、こう手をかけて、身体をヌーッ…さっき、助けてやろうとおっしゃったお方やなあ。[8]

このようにこの語りから、男は幽霊に、農人橋から追いかけられて、安堂寺町で追いつかれたことが分かるのである。この後この男は度胸がすわって、逆にこの幽霊を捕らえ、橋の上から投げ落とそうとする。橋の名は語られないが、ここまで来ると安堂寺橋であることは明らかであろう。図2は、この落語に語られた場所を文久三（一八六三）年の「改正増補国宝大阪全図」で確認したものである。ちなみに大坂では、南北の道を○○筋、東西の道を○○町と言う。さて、噺の結末はと言うと、男が逆に堀川に落ち、実は夢であったとする笑い話になる。

このように上方落語の場合、怪談でも必ず最後は笑わせるのである。この点も上方落語には、怪談が少ないと言われる所以だろう。

最初の引用にあった、本町の曲りとは、図2の中央を流れる東横堀川が、農人橋のすぐ北で東に少し曲がっている個所を言う。この辺りは、昼でも暗くて怖かったことを語る落語に、「次の御用日」（表1の2）があるが、この噺では当時の大坂の怖い場所が次のように語られている。

ゴテゴテ口喧嘩をしながら南へ南へ道をとって参ります。安綿橋…、長堀もなくなりましたが、安綿橋という橋がございました。東横堀の近くに…。その南詰に住友さんの屋敷があったので、住友の浜と昔は呼ばれておりました。ここは昼日中でもさびしかったそうで、ただいま大坂中探したかて、昼日中さびしいてなところ、ちょっとまあおまへんやろが、以前は大坂の市中でもそういうところがちょいちょいあったんやそうですな。船場では本町橋の西詰を南へ、唐物町の浜。本町の曲りというて夜はもちろん、怖いような所やったそうですが、昼でもあんまり人通りがない。南ではこの住友の浜。西では加賀の屋敷の横手。薩摩堀願教寺の裏手。江戸堀四丁目七ツ蔵。中之島、蛸の松やなんて、ずいぶん寂しいところがあっちこっちにあったと申します。[9]

図2の下部の、東横堀川と長堀川が合流する地点の、長堀川に掛かる橋が安綿橋で、現在は埋め立てられて無い。その南の東横堀川の岸を、住友の浜と呼んでいたようである。この噺の主人公は、安堂寺町二丁目、つまり船場の商家に奉公する丁稚で、旦那のお嬢さんのお供をして、この住友の浜を通過している時に、大入道のような妖怪に出会う物語である。むろん上方落語らしくオチがある。

遠くの方で打っております油絞めの掛矢の音が、コツーンコツーン、…なんとのう怖いなあと思いながら二人が道をとって行きますと、向こうのほうから出て参りましたのが、このとうやんのお父つぁん、堅木屋佐兵衛さんの借家に住んでます天王寺屋藤吉という男で、道頓堀の北詰のところに安井の屋敷というのがございまして、お稲荷さんがあったそうですな。道頓堀を創った安井道頓、道卜の子孫の屋敷、ここのまとい持ち、消防方をしている天王寺屋藤吉ちゅう男で…、昔のこってす、下は褌一丁、上はハッピ一枚、なんにも着てえしまへん。陽があたって暑いもんでっさかいにハッピをこう上のほうへかかげまして、陽除けにしながらこう歩いてる。遠いところから見ますと、えらい大きな男のようみ見えますんで、「常吉、あて怖いわ」…[10]

と、お嬢さん、この男の仕草を、遠見に大入道と見間違う。この住友の浜が、もともと怖い場所だったのが、そうさせたのだろう。

さて「饅頭こわい」では、二つの怪異が語られていたが、場所の視点から言うのであれば、一つは大阪市外で不特定、もう一つは大阪市内で特定することが出来る描かれ方であった。また近世大坂人が大坂をどのように見ていたのか、というテーマからすれば、一つ目の大和の噺は対象外ということにもなろうし、もともと大坂人が大坂人に対して語る落語にとって、身近でない遠方の地域の詳しい場所情報は不要、あるいは認識の範疇外であったのかも知れない。

このように上方落語の怪異譚に語られる場所を、特定・不特定、大坂内・外という基準で分類すると、おおよそ次の表のように整理できるだろう。表1、2はいずれも現在の大阪市内で生じた怪異を語るものであるが、表1の噺は特定の場所を語り、表2の噺は不特定の場所を語る落語である。さらに表3、4はいずれも大阪市外で

表1　上方落語の怪異の場所（大阪市内・特定）

	題	場所	登場人物	時代	江戸落語との関係	元ネタ	備考
1	饅頭こわい	農人橋 安堂寺橋	長屋の住人（竹・甲・乙・丙・丁・政・光・米）親方	江戸	前半は「九郎蔵狐」	『笑府』（中国明代の笑話集）「野間藤六女を誑し餅くふ事」『為愚痴物語』（1662年）	狐に化かされる噺は奈良県
2	次の御用日（しゃっくり裁判）	住友の浜・安綿橋 本町の曲がり 七つ倉中之島蛸の松	船場の商家の旦那（堅木屋佐兵衛・安堂寺町二丁目）、娘（糸）、丁稚（常吉）消防方の男（天王寺屋藤吉・堅木屋借家人）西町奉行	江戸	しゃっくり政談として江戸へ		船場‥本町橋の西詰を南へ、唐物町の浜、本町の曲り 南‥住友の浜 西‥加賀の屋敷の横手、薩摩堀願教寺の裏手、江戸堀四丁目七ツ蔵、中之島、蛸の松
3	天神山	一心寺 高津新地 安居天神	長屋の住人（源助・保兵衛）幽霊（西陣織屋清兵衛の娘糸）角右衛門（河内）	明治	安兵衛狐（亀戸から向島への萩見・萩寺：谷中の墓地）	『芦屋道満大内鑑　葛の葉の子別れ』	高津神社は「崇徳院」の舞台でもある
4	稲荷俥	高津神社 産湯稲荷	俥屋（梅吉・高津橋北詰東入、大浦米店前路地入）、長屋の人たち 紳士（商人）	明治			
5	怪談市川堤	越中橋 一心寺 高津橋	西陣織物問屋長男（越後屋次郎吉）薩摩の国侍（門藤兵左衛門）博打うち（熊五郎）芸者（紺、犬上軍太夫の妾）	江戸			
6	胴とり	越中橋	長屋の住人 田舎侍	江戸	上方から江戸へ移植		江戸では前半が首提灯と同じ。場所は芝の山内（増上寺前）
7	胴斬り	越中橋	長屋の住人 田舎侍	江戸		露の五郎兵衛の著書に原話あり	
8	高倉狐	高津神社 高倉稲荷	狐が化けた女 男		江戸へ移植され王子の狐に		場所は王子稲荷と扇屋（今もある）
9	解けやらむ下関水	四つ橋	芸者（梅乃、下関の稲荷町の松鶴楼）質屋の息子（利兵衛、南部町尾道屋）	明治			三遊亭圓長の『牡丹燈籠』や『真景累ヶ淵』を意識した上方落語では珍しい長編人情噺
10	まめだ	三津寺筋	役者（三津寺筋の膏薬屋の右三郎）市川右団治	明治		道頓堀界隈の伝説を元に三田純一作（昭和41）	
11	たちぎれ線香	宗右衛門町	若旦那、丁稚、番頭、お内儀（船場の大きな商家）芸妓（小糸）、男衆	江戸	上方から江戸へ移植「たちきり」	松富久亭松竹作（幕末）初代桂文治『落噺桂の花』	
12	辻占茶屋	四つ橋	鍛冶屋の源公（梶原源太）女郎（梅野、難波新地の神崎屋）甚兵衛	江戸	江戸へ移植して「辰巳の辻占」	安楽庵策伝『醒睡笑』	「ひらかな盛衰記」のパロディー。江戸では場所は辰巳は深川。身投げの場所は吾妻橋。

表2　上方落語の怪異の場所（大阪市内・不特定）

	題	場所	登場人物	時代	江戸落語との関係	元ネタ	備考
1	質屋蔵	三番蔵	質屋の旦那、番頭、丁稚（定吉）手伝いの熊五郎 菅原道真	江戸	江戸では横町の質屋	滝沢馬琴『昔話質屋庫』	田中貴子『百鬼夜行の見える都市』163頁によると『付喪神記』が『昔話質屋庫』へ影響
2	仔猫	船場の大きな問屋	横町の口入屋 問屋の番頭、女中、御寮、旦那	江戸			
3	猫の忠信	浄瑠璃の稽古屋	女師匠（静）弟子たち（次郎貴、六、吉野屋の常吉、おとわ）	江戸	明治期に東京に移植	『義経千本桜四段目』のパロディーとして笑福亭の祖といわれる松富久亭松竹作とされる	江戸では、吉野屋の常吉は神田の弁慶橋
4	応挙の幽霊	大坂の道具屋	道具屋 幽霊画を集めている旦那 掛け軸の幽霊	江戸		鶯亭金升作とされる	

表3　上方落語の怪異の場所（大阪市外・特定）

	題	場所	登場人物	時代	江戸落語との関係	元ネタ	備考
1	皿屋敷	姫路	親爺さん、若い衆（清八）お菊の幽霊	江戸		古典歌舞伎『播州皿屋敷』、元文6（1741）年大坂道頓堀の豊竹座で浄瑠璃として初演 初代桂文治作『落噺桂の花』（文化年間1804〜18）	
2	こぶ弁慶	京都の蛸薬師	喜六、清八（大坂の若い衆）大津の宿（岡屋半左衛門）の女中、番頭 よっさん（綾ノ小路麩屋町） 弁慶の瘤	江戸		初代笑福亭吾竹作（幕末）	東の旅の一部
3	骨つり	木津川・大川	若旦那、芸者、幇間（繁八）、喜六 幽霊（島之内袋物屋の娘ひな）	江戸	江戸では「野ざらし」	『笑府』（中国明代の笑い話集）	江戸では幇間の住まいは浅草門跡裏 釣りは向島
4	景清	京都清水観音	京都の目貫師（定次郎、綾ノ小路麩屋町） 甚兵衛 悪七兵衛景清（平家の武士）	江戸	三代目三遊亭円馬によって東京化	初代米沢彦八の著書に原話あり 初代笑福亭吾竹作（幕末）	江戸では上野の清水観音 最初に詣でるのは赤坂の日朝さま
5	狸の化け寺	大山崎	黒鍬（竜五郎）庄屋	江戸			
6	兵庫船	兵庫湊（鍛次屋町の浜）	船頭、客（大和の薬売り、三河、紀州、因州、播州、堂島、道頓堀、道修町、巡礼の親子）雑喉場の蒲鉾屋	江戸			西の旅

7	天狗さし	鞍馬山奥ノ院の大杉	大坂の若い衆、甚兵衛、奥ノ院の坊主				
8	天狗裁き	鞍馬山僧正ヶ谷	長屋の住人（喜六、お咲、徳兵衛、家主）、西町奉行、天狗	江戸	明治時代に八代目桂文治によって東京に移植	曽呂利新左衛門『曽呂利茶室落語』（明治）にあり	江戸では神田紺屋町家主徳兵衛
9	紀州飛脚	紀州街道	大坂の若い衆、子狐、紀州一円の狐の親分	江戸			南の旅
10	吉野狐	奈良町の野辺	心斎橋の時計屋の若旦那（島三郎）、うどん屋（木谷安平と妻まき）、吉野（女郎、新町南通り）	明治		二代目林家菊丸作	若旦那が瓦屋橋西詰にて身投げ

表4　上方落語の怪異の場所（大阪市外・不特定）

	題	場所	登場人物	時代	江戸落語との関係	元ネタ	備考
1	ふたなり	栴檀の森	大坂近郊農村の若い衆、親爺さん、息子、隣村の若い女、代官所の役人	江戸	東京へ移植されて「ふたなり」「書置き違い」		
2	七度狐	麦畑	喜六、清八、農夫、尼、婆	江戸			東の旅の一部
3	高宮川天狗酒盛	天狗杉	喜六、清八、宿屋の番頭、山賊	江戸			東の旅の一部
4	夏の医者	山の中	医者、農家	江戸	東京ネタ？		江戸では鹿島村から一本松で

表5　上方落語の怪異の場所（異界）

	題	場所	登場人物	時代	江戸落語との関係	元ネタ	備考
1	地獄八景亡者戯	地獄	長屋の住人（竜）、ご隠居、若旦那（船場の大家）、幇間（一八、繁八）、芸者、軽業師、医者、山伏、歯抜き師、三途の川の茶屋の女主人、鬼の船頭、閻魔	江戸	上方から江戸へ移植して「地獄めぐり」		
2	月宮殿星都	順慶町　天界	長屋の住人（徳兵衛、大坂順慶町）、雷の五郎蔵、雷の妻（イナ）、月宮殿の王様		上方から江戸へ移植されず	林家蘭丸作（幕末）	
3	竜宮界竜都	小倉　竜宮	船頭、大坂の唐物町の唐物屋の若い衆、客、龍宮の腰元、乙姫、浦島、猩々		上方から江戸へ移植され「龍宮」	林家蘭丸作（幕末）	小倉船　江戸では日本橋本町二丁目浦島屋
4	島巡り大人之屁						「東の旅　発端」で紹介される

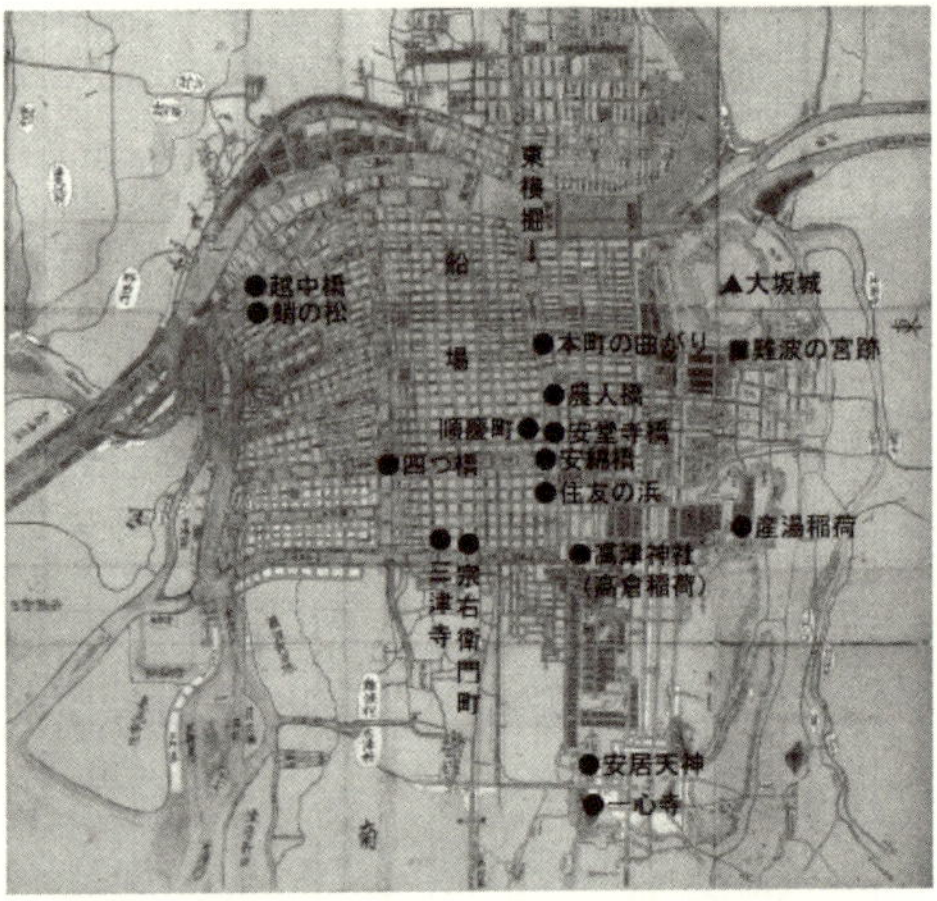

図3　上方落語に描かれる大坂の怪異の場所（江戸中期大坂　図に佐々木加筆）

の怪異を語る噺だが、表3は場所を特定する噺、表4は不特定とする噺である。さらに表5は空想の場所、つまり異界を訪問する噺をまとめたものだが、その舞台は特定されるものもあれば、ないものもある。例えば「月宮殿星都[11]」は、順慶町に住む男が鰻に乗って天界へ迷い込む噺であるが、天界で再会した雷も、かつて足を滑らして、この順慶町の男の家の庭に落下しており、これらの点から、この順慶町の男の家が天界への入り口、出口になっていると認識されていたようである。このように見るのであれば、この順慶町も大阪市内の怪異の生じる場所と考えてもいいのかも知れない。ただし、この順慶町は『摂津名所図会』に「本朝の昔、大内裏の御時、朱雀大路の官市もこれよりは勝らじとぞ思われ[12]」とあり、「順慶町の夕市」の賑わいはよく知られていたようで、今まで見てきたような寂しい場所ではなかった。

三　上方落語の怪異の集中する場所とその内容

さて、近世大坂人が見た大坂の場所イメージを探るために、ここでは主に表1の大阪市内で場所が特定されている上方落語に焦点をしぼろう。表1および、先に述べた「月宮殿星都」の順慶町を含めた場所を、江戸時代の大坂城下町絵図に落としてみたのが図3である。図3は江戸中期に描かれた「官正大坂図[13]」を利用した。これら怪異の場所を地図化してみると、いくつかの地域に集中していることが分かる。

一つは先に図2で確認した、東横堀川周辺に集中する怪異の場所で、本町の曲がり、農人橋、安堂寺橋、安綿橋、住友の浜、そして先の順慶町をあげることが出来る。ここでの怪異は、身投げした人の幽霊や、大入道の妖怪、さらに雷が落ちてくる家、あるいは天界に導かれる家などである。このように東横堀周辺は、まさに様々な怪異の生じる場所として、大坂人が認識していた界隈なのである。

図4　高津神社宮の下にあった黒焼屋（秋里籬島『摂津名所図会　第1巻』臨川書店、1996、516～517頁より）

もう一つは、船場から少し離れた、上町台地の南部に集中する怪異の場所群がある。表1の3、4、5、8にある高津神社、高倉稲荷、安居天神、一心寺、産湯稲荷は、かつてあった難波の宮や大坂城が築かれた上町台地に集中している。大坂はこの上町台地の開発が最も古く、古代には難波の宮、中世には石山本願寺が、そして秀吉が大坂城を築いている。この台地の西部は古くは海で、その後も湿地であった。東横堀川から西側に、この落語の舞台となる船場が開発されたのが、慶長三年（一五九八）で、道頓堀の完成が元和元年（一六一五）である。この船場よりも古く開発された上町台地に集中する怪異は、狐に化かされる噺が多い。

例えば、表1の3、4、8に出てくる高津神社は、『摂津名所図会』にもあるように、古くからの梅の名所で、社前には黒焼屋や湯豆腐屋もあって賑わいがあり（図4）、多くの上方落語の舞台にも選ばれている。表以外の落語では、「崇徳院」が有名である。ちなみに「崇徳院」は江戸に移植されて、その舞台を上野の清水観音堂としている。[14] また表1の8の「高倉狐」の舞台である高倉稲荷も、この高津神社境内にある。「高倉狐」も狐が化ける噺であるが、この狐、逆に人間に騙される。女に化けるところを、人に見られた狐が、そうとは知らず近くの湯豆腐屋に連れられて行き、酒を飲まされ、寝ている間に支払いを押しつけられる。この「高倉狐」は、江戸では「王子の狐」となり、王子稲荷を舞台とする。[15]

表1の3の「天神山」は、高津神社近くの長屋の住人が、花見ではなく一心寺に墓見に行って、女性のものと思われる墓に、酒をかけながら話しかけ、挙げ句の果てに、女の髑髏を懐に入れて持って帰ってしまう。この男の行為を、手向けと感じた女の死霊が、恩返しにと幽霊女房として押しかける。それを聞き知った、同じ長屋の男が、「そうか。ほた、わいも行って拾ってこう」と一心寺に行くが、今度は向かいの、安居天神で捕らえられた狐を助ける。そして、その狐が恩返しにこの男の女房になる噺である。この噺、最後は次のようにオチる。

保っさん帰りかけていますというと、今助けてもらいました狐、何を思いましたか藪の蔭からポイッと姿をあらわします。藁屑を頭に乗せますというと、くるっと一つ返り、二十二、三のきれいな女子に化けまして、保兵衛の後から追いかけて行て、押しかけ女房。保兵衛のほうもこれを狐とは知らず所帯を持ちます。子どもができます。男の子。童子という名前をつけまして、三年の間、まことに幸せに暮らしておりましたが、ある日のこと、狐ということを覚られまして、もうここにはおられん。寝ている子どもによーく言い聞かせて、保兵衛の留守に姿を消します。障子へ書き残しました歌一首、「恋しくばたずね来てみよ南なる天神山の森の中まで」、お芝居でやります、『芦屋道満大内鑑　葛の葉の子別れ』。[16]

古くは、歌舞伎の『芦屋道満大内鑑』のように、最後に曲書きを見せたり、踊ったりもしたらしい。この噺、昔話では「狐女房・聴耳型」[17]となり、先に述べたように、口頭伝承とのつながりも見いだせる落語でもある。この落語では、安居天神で捕らわれた狐が、高津神社近くの黒焼屋（図4）に売られようとするところを、男が助けるのである。

このように近世の大坂では、東横堀川周辺と上町台地に怪異の場所が集中しているが、生じる怪異はそれぞれ性格が異なるようだ。その他には宗右衛門町、三津寺、四つ橋（表1の10、11、9、12）、越中橋（表1の5、6、7）と蛸の松（表1の2）がある。これらの内、宗右衛門町や四つ橋の噺は、芸者にまつわる、いわゆる町衆の艶話の怪異譚である。また各藩の蔵屋敷のあった、中之島の越中橋に集中する噺は、田舎侍に町人が斬られる噺で、これらはそれぞれの地域的特性に関わる内容となっている。つまり芸者のいる道頓堀周辺と、武士のいる中之島周辺を舞台とした怪異譚なのである。

四つ橋を舞台とした表1の12の「辻占茶屋」は、難波新地の女郎と鍛冶屋の男の心中の噺で、正確には怪異譚に入らないかも知れないが、心中の名所として四つ橋が出てくるので、当時の大坂人にとっては、怖い場所の一つとして知られていたのだろう。この噺も江戸に移植され「辰巳の辻占」となったようだが、辰巳芸者とは、江戸城から辰巳の方角にある、つまりは深川芸者のことで、心中の場所は、その名所として大川の吾妻橋が選ばれている。[18]

また表1の5、6、7はいずれも越中橋で田舎侍と町衆の軋轢を描いている。この場所は、「次の御用日」で紹介した大坂の怖い場所、「西では加賀の屋敷の横手。薩摩堀願教寺の裏手。江戸堀四丁目七ツ蔵。中之島、蛸の松」に近い。この場所では、噺によっては武士に町人が斬られ（表1の6、7）、あるいは町人によって武士が殺害されている（表1の5）。越中橋はそのような場所として、近世大坂人にイメージされていたのである。この辺りは、大坂においては唯一といってよいほど、武士に出会う可能性のある場所だったようだ。類似の噺を江戸落語で探

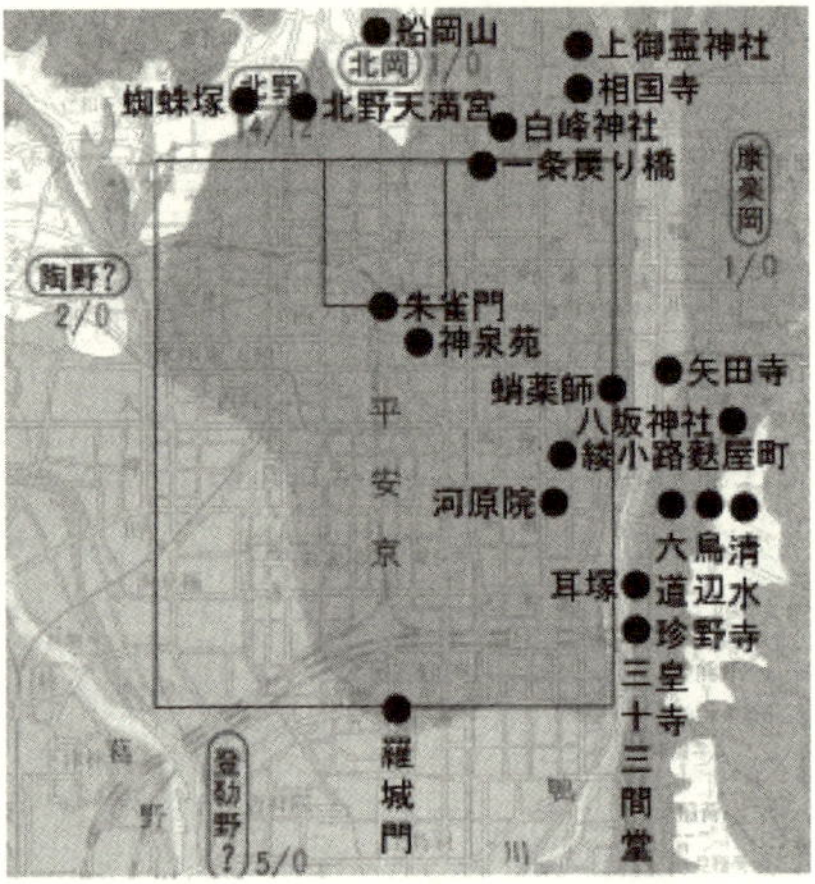

図5　京都の怪異空間（足利健亮編『京都歴史アトラス』中央公論社、1994、38頁に佐々木加筆）

すと、田舎侍に町人が斬られる噺に「首提灯」があり、その舞台を芝の山内（増上寺の近く）を選んでいる。[19] おなじく江戸でこの芝辺りは、武家地と寺社地が多かった。

このように、四つの地域に、怪異の集中する場所を分けることが出来るが、怪異の内容はそれぞれで違っている。宗右衛門町を中心とした南は、芸者のいた町、越中橋周辺は武士のいた地域で、これらの怪異の要因は、船場に住む人たちから見て、それぞれの地域性に帰することが出来るであろう。ところが、東横堀川周辺と上町台地については、どのように怪異のイメージが形成されていったのかが、今のところは、まだ分からない。

四　上方落語の怪異空間——京都・江戸との比較から

さて、東横堀川周辺と上町台地に、なぜ怪異の場所が集中するのだろう。地図上で見るのであれば、これら怪異の場所の集中するその方位は、語り手であり、聞き手である町衆の視点、特に上方落語で多くの舞台となる、船場を中心に見ると、東南方向に集中しているのが分かる（図3）。なぜ東南方向に集中するのだろう。ちなみに、京都の怪異空間の場合も、平安京を中心として見た場合、やはり東南あるいは北に位置し、ここでもある程度、東南方向に集中する傾向があることが分かる[20]（図5）。ちなみに大坂でも、近松の『曾根崎心中』のお初天神や『心中天の網島』の大長寺などを考慮すれば、北にも怪異空間があることになる。これらは単なる偶然なのだろうか。

それでは、東京ではどうなるのだろう。先にも少し事例としてあげた、上方落語が江戸落語に移植された場合、場所はどのように変化するのか。分かる範囲で調べた結果が、表1～5の江戸落語との関係、あるいは記入スペースの無い場合は、備考の欄に記した。例えば、表1の3の「天神山」では、大坂の一心寺の墓地が、江戸では谷中の墓地に変化している。[21] 表1の6の「胴とり」では先にも述べたように、芝の山内（増上寺前）に。また上方落語では、場所が不特定とされた噺が、江戸落語では特定されていたり、大阪市外に設定されている噺が、江戸城下に入っている場合もある。

例えば、表2の3の「猫の忠信」（江戸では「猫忠」）は、大坂では場所は不特定であるが、江戸では神田（紺屋町付近）の弁慶橋と特定される。[22] また大坂では城外の場所が、江戸城下に変化している噺は、表3の3の「骨つり」で、この話は「天神山」の前半部分にも似ているが、江戸では「野ざらし」と呼ばれ、場所は浅草門跡裏や向島が出てくる。[23] 表3の4の「景清」は、上方では京都の清水寺であるが、江戸では「崇徳院」同様に、上野の清水観音に変化している。[24]

また、江戸で発祥した落語の、怪異の場所も少し加味してみると、例えば「粗忽長屋」は浅草の雷門で怪異が生じている。[25] ちなみに私は、これを上方に移植した落語を聞いたことがあるが、そこでは一心寺となっていた。先にも紹介したように一心寺は、「天神山」で怪異が生じたとされた場所である。「怪談阿三の森」も江戸落語であるが、亀戸の臥龍梅や深川牡丹町・蛤町、割下水、向島が舞台となっている。[26] 本所の割下水を舞台とする怪異噺には、その他にも幽霊の出る「本所七不思議」[27]や、一つ目小僧や大入道、のっぺらぼうが出る「化物使い」[28]がある。また「猫怪談」も深川の蛤町、上野の不忍の池、谷中を舞台としている。[29] これらを文久二年（一八六二）の「分間江戸大絵図」[30]に基づいて地図化したのが図6である。江戸城にとって南東部は東京湾が大部分で、面積が少ないが、東、あるいは東北に多くの怪異の場所が位置していることが分かる。これも東側という点から見れば、大坂や京都と類似していると言えないこともない。なぜ地図上で、都市中心部の東側に怪異空間が偏るのだろう。

図６　江戸落語の怪異の場所（分間江戸大絵図、1862年に佐々木加筆）

抽象的な空間論を使って説明するのであれば、次のような点が指摘できる。地理学者のイーフー・トゥアンは著書『空間の経験』のなかで、様々な文化に共通する人間の普遍的な空間概念を、人間身体に基づいて想定している。彼は、様々な文化の言語や建築空間、儀礼や価値観を見渡しながら、私たちが身体に基づいて空間を認識している点を指摘し、図7のような概念図を描いた。それによると、私たちは普遍的に、身体に基づいて空間を分節化し、その上で、価値づけも行う。それによると、私たちの身体の上方は価値が増し、下方は価値を失う。同様に前方には未来の明るい展望が開かれており、後方は暗い過去となる。その際、明るい前方とは太陽の光、つまり南を意味することになる。また右がプラスの価値を帯び、対照的に左はマイナスとなる。[31] このように、そもそも漠とした自然である地表面に、私たち人類が自身の身体を中心に据え、漠然とした空間を分節化し、方位に価値を付与していったのである。

トゥアンの言うとおり、この概念図が相当に普遍性を有しているのであれば、まさに東側は都市の中心部に身体を置いたとき、左側に位置するマイナス空間となるわけだ。また北側にも怪異空間が集中するが、これもマイナス空間である。私は、かつてこのトゥアンの空間概念と、記号論で言う認識の三角形の隠喩を交差させ、人々が怪異を目撃する風景について論じたことがある。[32] 私たちが怪異を認識する場所は、私たちの身体を仲介として、私たちの内部にある空想の心的世界と、外部に実在する現実空間とを結節させ、その時代、空間の特徴を踏まえた上で、何かに喩えようとしている。さて、問題はその空間を認識している主体が、どの時代のどの集団で、どこに所在しているかである。最初に落語は、ある程度、空間認識の主体と時代が分かる資料である点を指摘した。上方落語で言えば、それは船場の商人やそこで働く労働者たちである。確かに船場を中心に見たとき、南面して左側、つまり東の方向に怪異空間が広がる（図3）。

京都の怪異の中心は、落語ではない。平安京の時代から語り継がれている、怪異の場所が多い。しかしながら、上方落語で京都を舞台とした怪異が無いわけではない。例えば先にも述べたように「景清」（表3の4）は清水寺を、また「こぶ弁慶」（表3の2）は綾小路麩屋町、蛸薬師を怪異の場所として選んでいる。これら場所は、やはり平安京の大内裏から南面して左側に位置する。つまり上方落語の時代、つまり江戸時代になっても平安京の大内裏を中心とした、身体的方位観と価値を人々が記憶していたのである。

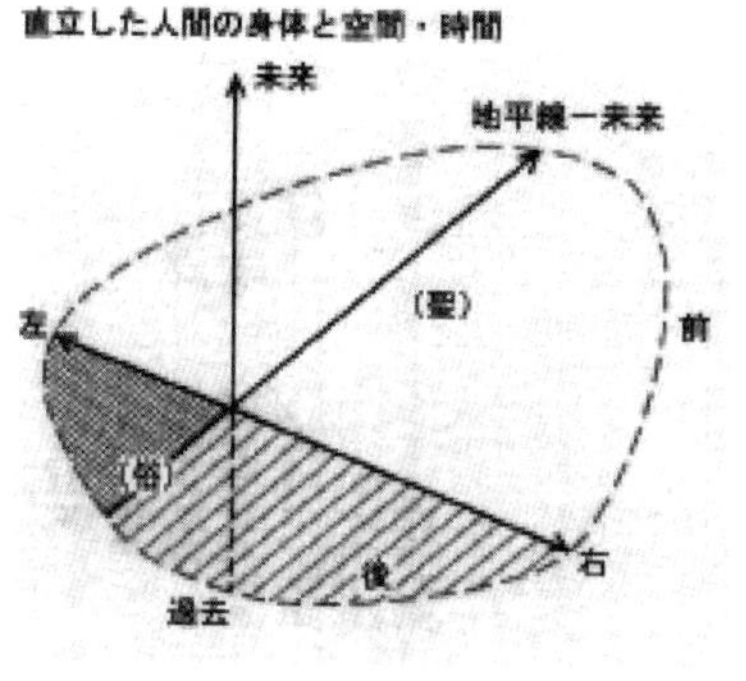

図7　直立した人間の身体と空間・時間
身体から投射された空間は、前方と右方へ偏向する。未来は前方と「上」にある。過去は後方と「下」にある（トゥアン『空間の経験』筑摩書房、1988、55頁より）

同様に、江戸の中心は武家の建造した江戸城である。江戸落語は、上方落語に比べて武家が登場する噺は多いが、やはり町衆のものである場合が多い。であっても、江戸の怪異空間は、江戸城の左側に位置するのである。つまり町衆が主体であっても、江戸城を身体の中心とし南面する方位観を持っていたのである。このように都市の成立史によって、そこに住む人たちの身体的方位観が、階層の別なく蓄積されていくのだろうか。

ところが大阪の場合、その成立史を見てみると、古代には、平安京以前より京都同様の天皇を中心とした難波の宮があり、そして江戸以前より東京同様の武家を中心とした大坂城もあっ

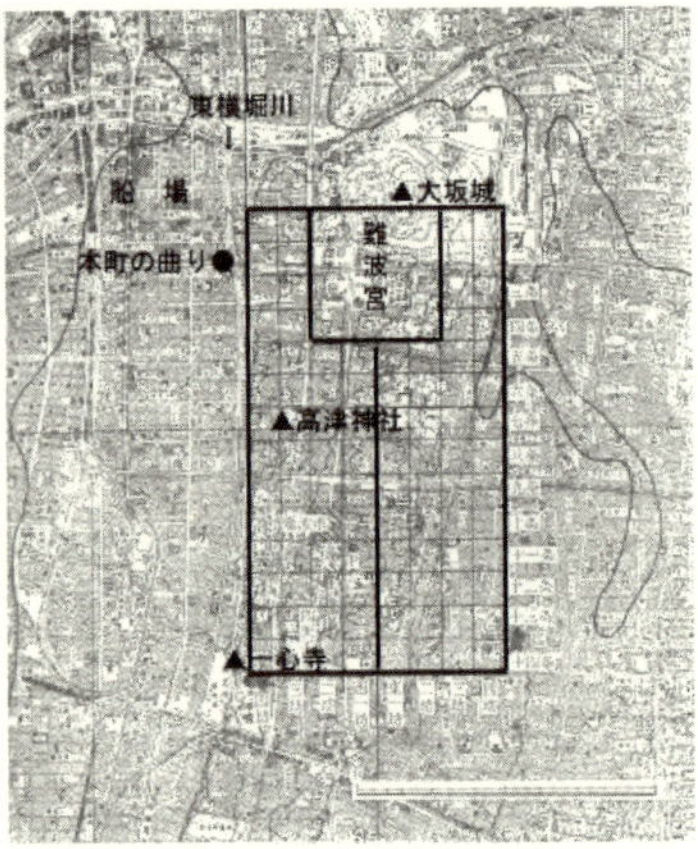

図8　後期難波京復原図と主要落語舞台（藤岡謙二郎編『講座考古地理学2　古代都市』（学生社、1983、105頁に佐々木加筆）

た。にもかかわらず、それらを中心に据えず、町衆の船場が主体となっている。そのことを、このトゥアンの概念図と上方落語の怪異空間とを、照らし合わすと明らかとなるのだ。なぜなら、もし都市の主体を難波の宮、あるいは大坂城とするのなら、怪異の空間はすべて西側に位置することになってしまうからである（図8）。大阪の場合、船場を中心に置くことによって、これら怪異空間は、見事に東側へと逆転するのである。

　落語という芸は、語るのが庶民で、聞くのも庶民である。であるのに、怪異空間を通して見ると、京都、江戸はかつての支配者の身体的視点が保たれている。大阪はかつて支配者が居て、それに基づいて町が発展していったにもかかわらず、彼らの視点を完全に放棄し、それより新しく出来た、町衆の身体的視点から都市を認識している。このことは現代人の、三つの都市の身体的方位観、あるいは都市の認識にも影響を与えつづけているのではないか。あるいは様々な文化的態度、価値観、笑いのセンス、あるいは行政にまで。であるなら、落語に描かれた怪異の空間を明らかにすることによって、当時の人たちの都市の認識の構造、そして現代の都市と人々の関係のあり方も見えてくるのではないか。いやむしろ、それらは、移ろいやすい人々の身体的視点ではなく、都市そのものが記憶する身体的方位観、つまり平安京の、江戸城の、そして船場自身の身体的記憶だったのかも知れない。

　このように私たち人類が、漠とした自然に都市を形成し、その中心を任意に位置づけ分節化しつつ、価値づけも行い、空想の怪異空間を設定していたのである。つまり、これら空想の負の空間は、私たちが都市を形成しない限り、存在し得ない空間でもあったのである。そしてそれらの過程を逆算するのであれば、怪異空間を通じて、私たちの身体感覚に基づく、過去の都市形成過程や都市空間認識が浮かび上がってくるのである。

注

1 山本進『図説 落語の歴史』河出書房新社、二〇〇六年、六頁。
2 上掲注、六―九頁。
3 桂文我『落語「通」入門』集英社、二〇〇六年、一〇―一一頁。
4 諸芸懇談会・大阪芸能懇談会編『古今東西落語家事典』平凡社、一九八九年、一頁。
5 桂文我監修『落語でお伊勢参り』小学館スクウェア、二〇〇八年、五四頁。
6 桂米朝『上方落語 桂米朝コレクション2 奇想天外』筑摩書房、二〇〇二年、二二〇頁。
7 桂米朝『上方落語 桂米朝コレクション8 美味礼賛』筑摩書房、二〇〇三年、二一一―二二頁。
8 上掲注、二四頁。
9 桂米朝『上方落語 桂米朝コレクション6 事件発生』筑摩書房、二〇〇三年、一五〇―一五一頁。
10 上掲注、一五二―一五三頁。
11 桂文我『珍品復活上方落語選集』燃焼社、二〇〇一年、二〇五―二三〇頁。
12 秋里籬島『摂津名所図会 第一巻』臨川書店、一九九六年、四九五頁。
13 大阪大学総合学術博物館・大阪歴史博物館監修『城下町大坂――絵図・地図からみた武士の姿』（大阪大学総合学術博物館叢書3）大阪大学出版会、二〇〇八年、一〇頁を使用。
14 古今亭志ん朝『志ん朝落語1 男と女』筑摩書房、二〇〇三年、二六三―二九五頁。
15 麻生芳伸編『落語百選 春』筑摩書房、一九九九年、一六〇―一七五頁。
16 桂枝雀『上方落語 桂枝雀爆笑コレクション2 ふしぎななあ』筑摩書房、二〇〇六年、三五―三七頁。

17 関敬吾『日本昔話大成2』角川書店、一九七八年、二一八―二二三頁。
18 川戸貞吉『落語大百科3』冬青社、二〇〇一年、一九一―一九二頁。
19 麻生芳伸編『落語百選　冬』筑摩書房、一九九九年、九三―一〇三頁。
20 本図の怪異は、主に小松和彦『京都魔界案内』（光文社、二〇〇二年）に基づいて作成した。また上方落語に登場する京都の怪異の場所も加味している。
21 前掲注（18）、三〇八―三一〇頁。
22 川戸貞吉『落語大百科4』冬青社、二〇〇一年、九〇―九三頁。
23 麻生芳伸編『落語百選　秋』筑摩書房、一九九九年、三四〇―三五五頁。
24 川戸貞吉『落語大百科1』冬青社、二〇〇一年、二九四―二九六頁。
25 前掲注（19）、四一五―四三一頁。
26 古今亭志ん生『志ん生古典落語2　黄金餅』弘文出版、二〇〇〇年、一六一―一八九頁。
27 古今亭志ん生『志ん生古典落語1　火焔太鼓』弘文出版、二〇〇〇年、九三―一〇五頁。
28 古今亭志ん朝『志ん朝落語4　粗忽奇天烈』筑摩書房、二〇〇三年、三五九―三九〇頁。
29 前掲注（23）、三二四―三三九頁。
30 平井聖監修『図説城下町江戸』（学習研究社、二〇〇九年）三頁を使用。
31 Tuan, Y.F. *Space and Place: The Perspective of Experience*, Univesity of Minnesota Press,1977, p.34-50.（トゥアン、イーフー『空間の経験――身体から都市へ』筑摩書房、一九八八年、五三―七八頁）。
32 佐々木高弘『怪異の風景学――妖怪文化の民俗地理』古今書院、二〇〇九年。

【妖怪論／怨霊をめぐって】

歴史的産物としての「妖怪」

ウブメを例にして

木場貴俊

はじめに

妖怪とは何か、という問いに回答することは困難を窮める。何故なら一般的にも学問的にもきちんとした定義がないからである。こうした現状に対し、京極夏彦氏は妖怪それ自体の定義ではなく、まず現在の通俗レベルで使われる「妖怪」という言葉が定義するモノゴト（言葉が領域としている対象）についての考察を行った。それは①前近代的である②民俗学的粉飾がなされている③通俗的であるという条件を満たす対象を指し、二〇世紀、特に昭和三・四〇年代に水木しげる氏らの手によって完成されたものであり、便宜上これを「通俗的妖怪」と名付けた。[1] また①と③と重なるかたちで、④江戸時代の「化け物」の属性をほぼ受け継いでいる点も指摘している。[2] 別に、京極氏は「妖怪は文化に定着した概念」[3] であるとも述べている。ここで思い至るのは、文化という時間の経過によって変化する事物に定着して妖怪が成立するのであれば、当然妖怪も時間の変遷によって変質するだろう、ということである。通俗的妖怪は、あくまで今現在という時間において通用する括りにすぎない。

要するに、妖怪は歴史によって作られる。

そうであるならば、過去から現代へ到る流れにおける妖怪の変化、言い換えれば、各時代の社会的・文化的状況に応じて獲得あるいは捨象されたであろう妖怪に内在する構成要素＝属性を時間軸に副わせて分析していくことが、冒頭の問いを考えていく上で重要になってくるだろう。[4]

本論では、こうした問題関心に立ち、水木氏『ゲゲゲの鬼太郎』や京極氏『姑獲鳥の夏』などで知られるウブメという通俗的妖怪をケーススタディとして考察を行うことにしたい。具体的には、ウブメを形成する主要な属性（後述）は前近代に出揃っているため、前近代を中心に属性が何時どのように取捨選択されていったのかを見ていく。

ただし、ひとつ注意しておきたいのは、妖怪という言葉である。上記を踏まえれば、当然時代によって妖怪という言葉の意味やその表現も変わってくる（江戸時代の「化け物」など）ので、言葉を使う以上は何らかの取り決めをしておく必要がある。そこで今回は便宜上、現代の通俗的妖怪に包含されるモノゴトの前近代段階における総体的呼称を、括弧付きで「妖怪」という表現を用いることで、本文を進めることにしたい。

一　ウブメとは？

具体的な考察に入る前に、ウブメに関する基礎情報を辞書類から確認しておこう。まず日本で一番利用されているだろう新村出『広辞苑』（第六版）[5]を引いてみる。

うぶめ【産女・孕女】
①子を生んで産褥にある女
②（「姑獲鳥」と書く）出産のために死んだ女がなるという想像上の鳥、または幽霊。その声は子供の泣き声に似、夜中に飛行して子供を害するという。うぶめどり。うぐめ。（省略）

通俗的妖怪として該当するのは②である。次に、村上健司『妖怪事典』[6]を引いてみると、以下の通りである。

【ウブメ】

産女。説話、怪談、随筆や各地の民俗資料に見える妖怪。地方や文献によって形態は様々に伝わるが、一般的にいわれているものは難産で死んだ女の霊が妖怪化したもので、夜の道ばたや川べりなどで子どもを抱いて泣いており、通りがかった者に抱いてくれるようせがむ。赤ん坊を他人に抱かせる理由にも色々とあり、成仏するために念仏を百万遍唱えたいからその間に抱いてくれとか、トイレに行きたいからといったほのぼのしたものまである。説話での初見とされる『今昔物語集』にも、源頼光の四天王である平（卜部）季武が、肝試しの最中に川中で産女から赤ん坊を受け取るというくだりがあるので、古くからいわれていることなのだろう。産女の赤ん坊を受け取ると、離そうにも離れず、どんどん重くなってついには殺されてしまうとか、赤ん坊と思っていたものが石や藁打槌、木の葉であったりする。また、赤ん坊を受け取ることにより、大力を授かるとする伝承もある。（中略）

各地の民俗資料を見ると、とても同じ妖怪とは思えないほどに様々な産女の形態が伝わっている。例えば九州地方では海上の怪火をウグメ、ウーメなどとよび、船幽霊のようなものまでもそうよんでいる。また産女を鳥とする伝承もあり、茨城県ではウバメドリとよんで、子供を害する存在として伝わっている。ウバメドリや長崎県壱岐のウンメドリ、三宅島のオゴメなどのように、その正体を鳥とするものは、中国の姑獲鳥（夜行遊女、天帝少女などともいう）に由来するもののようである。（ウバメドリ参照）

民俗学的な見地からすれば、産女は生活経験としての現象ではなく、口承文芸より派生した産物にすぎないものだとされている（傍線は筆者）。

そして参照にあげられている「ウバメドリ」は、次の通りである。

【ウバメドリ】
茨城県地方でいう妖怪。夜間に子どもの着物を干している、ウバメトリが自分の子供の着物に目印として自分の乳を搾る。その乳には毒があるといわれる。もともとこのウバメトリは中国の姑獲鳥のことらしく、『慶長見聞集』『本草啓蒙』『本草記聞』『本草綱目』といった中国の古書には、姑獲鳥は鬼神の一種であってよく人の生命を奪うとある。夜間飛行して幼児を害する怪鳥で、鳴く声は幼児のよう。中国の荊州に多く棲息し、毛を着ると鳥に変身し、毛を脱ぐと女性の姿になるという。他人の子どもを奪って自分の子とする習性があり、子どもや夜干しされた子供の着物を発見すると血で印をつける。つけられた子どもはたちまち魂を奪われ病気となるが、これを無辜疳というそうである。茨城県でいうウバメトリは、この中国の姑獲鳥そのものといっていいかもしれない（傍線は筆者）。

村上氏が「同じ妖怪とは思えない」ように、ウブメは女性であったり鳥であったり怪火であったり、子どもを攫ったり抱かせたりと同じものとは思えない多様な姿を見せる。また、「民俗学的な見地からすれば、産女は生活経験としての現象ではなく、口承文芸より派生した産物にすぎないものだ」という村上氏の言葉に注目し、この「口承文芸より派生した産物」を敷衍して表現し直せば、ウブメは口承文芸などの情報の集積によって生成されたもの、といえる。これに時間軸を設定すると、歴史的変遷を通じて情報＝属性が取捨選択され生産されたもの、すなわち歴史的産物としてウブメを位置付けることができ、「はじめに」で述べた歴史的変化を捉えるのに適した素材といえよう。

本論では、歴史的産物としてのウブメを構成する上で欠かせない属性、

①姑獲鳥
②図像
③音声
④出産で死んだ女性の変化
⑤名前

が何時どのように獲得あるいは捨象されていったのかを時間を遡行して考えてみる。言い換えれば、ウブメという歴史的産物の属性を、因数分解し解体していくのである。

なお、ウブメの表記は、これ以降便宜上ウブメの「産女の属性」「姑獲鳥の属性」を強調したい場合はそれぞれ「産女」「姑獲鳥」を用い、それ以外は「ウブメ」を用いることにする。[7]

二　姑獲鳥

本節では①について。今や有名となった鳥山石燕『画図百鬼夜行』ほか、姑獲鳥を「うぶめ」と読む場合は少なくない。『妖怪事典』にあるように、姑獲鳥は元来中国のものであるが、いつ頃日本にやってきたのだろうか。それは古く延喜一八年（九一八）の深江輔仁『本草和名』に、その名を確認することできる。

姑獲　一名乳母鳥、一名天帝少女、一名隠飛、一名夜行遊女、一名鬼鳥、一名女鳥、一名鉤鳥〈能く人の魂魄を収める〉

また、丹波康長による医書『医心方』（九八四年成立）第八九「治小児癇病方」には、

『小品方』に云ふ
玄中記に云ふ。天下に女鳥有り。一名姑獲、又の名は鉤皇鬼也。喜んで陰雨の夜過を以て飛鳴す。人の村里を徘徊し、得来と喚ぶ者是也。
鳥は専ら雌にて、雄无く、産せず。喜んで毛羽中の塵を落して、人の児の衣中に置き、便ち児をして癇病と作し、必ず死なしむ。便ち化して其の児と為す也。
小児を以て生れて十歳に至るまで、衣もて被い、露にせしむべからず。七月は尤も忌む、と。

とある。双方ともに中国の本草書や医学書を翻案したかたちで紹介されている。
そして、時を下って江戸時代になっても、姑獲鳥は本草書などの翻案を通じて紹介されていた。例として寺島良安『和漢三才図会』（一七一二年自序）巻四四山禽類を見てみる。

姑獲鳥《うぶめどり》
夜行遊女、天帝少女、乳母鳥、譩譆《いき》、無辜鳥《むこ》、陰飛《いんひ》、鬼鳥、鉤星
本綱（『本草綱目』禽部山禽部）、鬼神の類也。能く人の魂魄を収す。荊州に多く之有り。毛を衣て飛鳥と為る。

毛を脱げば女人と為る。是は産婦死して後、化して作る故、胸の前に両乳有り。喜んで人の子を取り、養って己が子と為す。凡そ小児有るの家には、夜衣物を露すべからず。此の鳥夜飛び、血を以て之に点け誌と為す。児輙ち驚癇及び疳疾を病む。之を無辜疳と謂ふ也。蓋し此の鳥もっぱら雌にして、雄無し。七、八月に夜飛て人を害す。

△按ずるに、姑獲鳥（俗に云ふ産婦鳥）相伝て曰く、産後死たる婦の化する所也。蓋し此れ附会の説なり。中華にては荊州、本朝にては西国海の海浜に多く有りと云はば則ち別に此れ一種の鳥にて、最も陰毒固まりて生ずる所の者ならん。九州の人謂ひて曰く、小雨ふり闇夜、不時に出ること有り。其の居る所、必ず燐火有り。遥かに之を視るに、状は鴎の如くして大きく、鳴き声も亦鴎に似る。能く変じて婦と為り、子を携えて、人に遇すば則ち子を人に負はれんことを請ふ。之におそれて逃ぐれば則ち憎寒壮熱甚だしくて死に至る者有り。強剛の者、諾して之を負ふれば則ち害無し。将に人家に近づくに背軽くして物無し。未だ畿内近国には狐狸の外に、此の如き者を聞かず。

ここで注目すべきは、『本草和名』から『和漢三才図会』に至るまで、いかに奇怪な由来があったり行動をしたりしても、姑獲鳥はあくまで鳥（山禽）として紹介されている点である。

これは鳥の姑獲鳥が、日本の産女と同一視されることを経て、「妖怪」ウブメの属性になったと考えられる。では、中国の姑獲鳥と日本の産女はどのような過程を経て同一視されたのだろうか。これについて以前考察したことがあるが、[8] 再度取り上げることにする。

産女と姑獲鳥が文芸上初めて一緒に掲載されたのは、『奇異雑談集』である。刊本（一六八七年刊、刊本以前成立の写本［一六四八年を成立の上限］もほぼ同文）巻之四「姑獲の事」を長いが全文引用する。

一、ある人、語りていはく

京の、西の岡辺の事なるに、二夜三夜、産女のこゑを聞に、赤子の泣くに似たり。その姿を見ばやといふて、二三人、里の外に出て、夜ふけてたたずみ、聞けば、一丁ばかり、東の麦畑に聞こえたり。火を明かして見んとて、七八人を誘ふて、弓槍、おもひおもひの兵具にて、たいまつの衆四五人、手分けをして行けば、麦の少なき所に、物影見えたり。近く四五間にして見れば、人のかたちにて、両の手を地につきて、跪きゐたり。人を見て驚かざるなり。

「みな、射殺さむ」といふを、古老の人のいはく、「射ること、無用也。化生の物なるゆへ、死すべからず。もし射てそこなひ、驚かさバ、あだをなし、在所に祟りをなす事あらん。ただ、みな、帰り給へ」といふて帰るなりと云々。この説不審也。

或いは世俗にいはく、「懐妊不産して、死せる者、其のまま野捨てにすれば、胎内の子死せずして、野に生まるれば、母の魂魄、形に化して、子を抱き養ふて、夜歩くぞ、其の赤子の泣くを、うぶめなくといふなり。そのかたち、腰よりしもは、血にひたつて力よはき也、人もしこれに会へば、負うてたまはれといふを、いとわずして負へば、人を福裕になす」と、いいつたへたり。これも、また、そのまことを知らざるなり。

唐に姑獲といふは、日本の産女なり。姑獲は鳥なり。かるがゆへに『本草（綱目）』鳥部にのせたり。その文にいはく、一名は乳母鳥、いふ心は産婦死し変化してこれになる。よく人の子をとつて、もつて己が子とす。胸前に両乳ありと云々。是は人の子を取つて我子として、乳を飲ませて養ふ事、人の乳母に似たるゆへに、乳母鳥といふなり。是は婦人子無ふして、子をほしがるもの、たまたま懐妊すといへども、産することを得ず、難産にして死するときんば、その執心魂魄変化して、鳥となりて夜飛び回りて、人の小子をとるなり。又いはく。玄中記にいはく、一名は隠飛、一名は夜行遊女、よく人の小子をとつて、これを養ふ。小子あるの家には、すなはち血その衣に点ずるをもつて誌とす。いまの時の人、小児の衣を夜露すことをせざるは、このためなりと云々。是は姑獲鳥、夜隠飛し、人の家に行て子をたづぬるに、小児の衣、夜外にをくときんば、その衣に触るゝゆへに姑獲の血、その衣に点ずるなり。これをみて姑獲の来たるしるしとするなり。姑獲は産婦死して変化なるゆへに、その身血におぼるゝが、日本にも小児の衣を夜にほすことをいむは此儀なり。

「化生の物」[9]である「日本の産女」と「唐に姑獲といふ」鳥が並べられて紹介されている。ここで気になるのは、産女と姑獲鳥の性格の違いである（波線部）。双方の特徴をまとめると、次のようになる。

産女…日本・出産で死んだ女性が変化したもの・子どもを抱かせる

姑獲（鳥）…中国・出産で死んだ女性が変化した鳥・子どもをさらう

たしかに、出産で死んだ女性の変化という出自は同じであっても、子どもの扱いは正反対である。性格的に相反する両者が何故等号で結ばれるようになったのか。

実は、その橋渡しを行ったと思しき人物が判明している。江戸時代初期の儒学者で、徳川幕府のブレインとして活躍した、林羅山その人である。

羅山は儒学者として有名だが、多くの学問分野で精力的に活動した。本草学もそのひとつであり、李時珍の『本草綱目』に収録された名称に適当な和訓を施した『多識編』（一六一二年成立）の整版本（一六三一年刊）には、以下のような記述がある。

姑獲鳥　今案ニうぶめどり、又云ぬえ

「今案」は、「今姑獲鳥に適切な和名を考えると」という意味であり、羅山の仲立ちによって姑獲鳥と産女は関係性を持ったといえる。[10]

しかし、この記述だけでは、産女と姑獲鳥は子どもの扱い方について正反対のままである。羅山はいかなる要因から結びつけたのだろうか。それを解く鍵は「うぶめどり」と一緒に掲げられた和名「ぬえ（鵺）」が大きく関係している。

鵺は当時「夜鳴く鳥」として知られていた。『徒然草』二一〇段には、古今伝授の三鳥の一つ「喚子鳥」は鵺とする段である。そして羅山の『徒然草』注釈書『野槌』（一六二一年成立）における鵺の注釈には、

又鵺と云鳥、頼政が射たるを以てみればおや《「あ」か》しき鳥也、皇明通紀にある黒青の恠、本草綱目にのせたる姑獲鳥、治鳥、木客鳥などいへる類にや

とある。

そもそも姑獲鳥は、これまで見てきた姑獲鳥の記述にあるように、夜活動する鳥＝夜鳴く鳥である。つまり鵺と姑獲鳥は、「夜鳴く」をキーワードにしてつながっている。

また羅山の『梅村載筆』によれば「夜中に小児の啼声のやうなる物を、うぶめとなづくといへども、それをひそかに伺ひしかば、青鷺なりと、ある人かたりき」とあり、羅山はウブメを「夜中に小児の啼声のやうなる物」として認識していた。

要するに「夜鳴く（啼く）」「出産で死んだ女性の変化」を媒介項にして、羅山は鵺＝姑獲鳥＝産女という図式

図1　苗村常伯『世話用文章』
（奈良教育大学教育資料館所蔵文書データベースより）

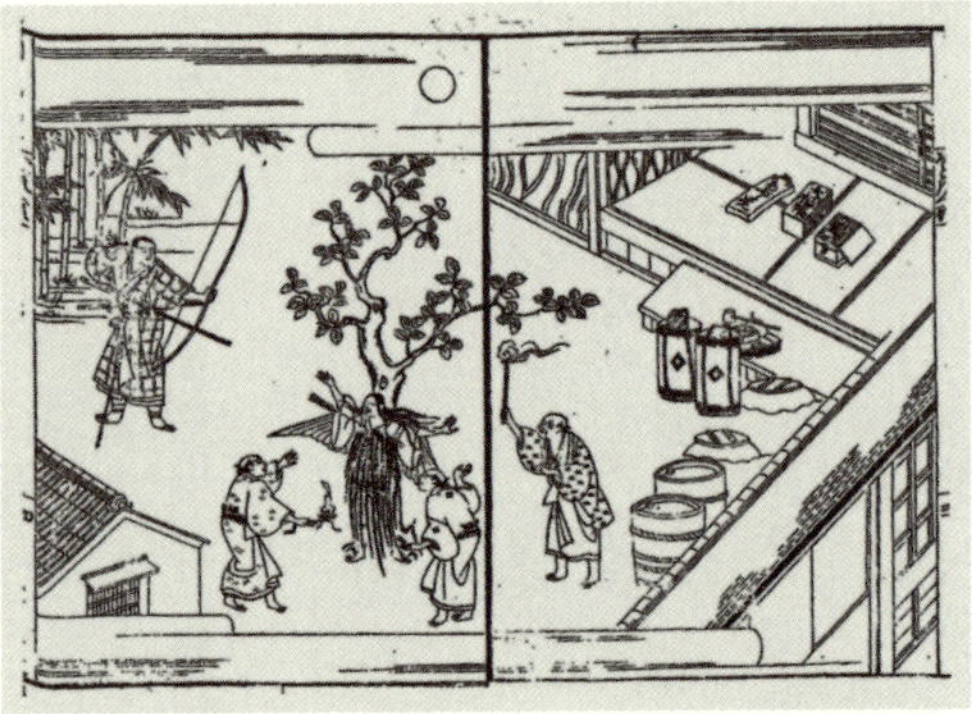
図2　苗村常伯『御伽人形』（『西鶴と浮世草子研究』二附録 CD-ROM）

を生み出したことになる。そして、『多識編』や『奇異雑談集』以降、産女＝姑獲鳥＝鵺という構図は一般化していった。[11]

こうしてもともと鳥だった姑獲鳥は、羅山をはじめとする知識人たちの手によって、「妖怪」の仲間入りを果たした。

三　ウブメ・コード――図像

さて、江戸時代のウブメの大きな特徴といえば、出版技術の発展に伴い多くの本が刊行され、ウブメの挿絵が数多く描かれたことである。そしてそのウブメの図像を見ると、いくつかの類似点つまりコード（記号）を確認することができる。これはウブメが複数のコード＝決まりごとの組み合わせによって構成されている、言い換えればコードさえあれば、見た人にはそれがウブメだと認識できたこと（それだけウブメが一般化している）を意味している。ここでは②図像という属性について考えてみたい。[12]

第一に①との関連で、姑獲鳥のコードを見る。いくつか列挙してみると、苗村常伯『世話用文章』（一六九二　図1）、苗村松軒『御伽人形』（一七〇五　図2）、恋川春町『其返報怪談』（一七七六）、滝沢馬琴作・葛飾北斎

図3　滝沢馬琴作・葛飾北斎画『皿皿郷談』（早稲田大学付属図書館古典籍総合データベースより）

図4　富尾似舩編『宿直草』（『西鶴と浮世草子研究』二附録 CD-ROM）

画『皿皿郷談』（一八一三　図3）、月岡芳年『和漢百物語』「主馬介卜部季武」（一八六五）など、明治期では河鍋暁斎『暁斎百鬼画談』（一八八九）で確認できる。そのいずれもが鳥そのものではなく、白装束をまとった女性に鳥の翼や足などの部分を接合させた姿や羽衣を着た赤子（後述）を抱く姿で描かれている。これは、ウブメに姑獲鳥という属性が定着したのが、『多識編』や『奇異雑談集』が刊行された一七世紀半ば以降であり、ウブメのコードとしては後発的なものだったといえる。[13] 要するに、ウブメ図像で大きな位置を占めていたのは姑獲鳥ではなく、産女の方だった。[14]

第二にその産女の姿について。産女は幽霊「像」の原型とも考えられているが、[15] その大きな特徴は下半身の出血（出産の記号）と白装束（死の記号）の二つである。両方の特徴が描かれているものとして、富尾似舩編『宿直草』（『御伽物語』一六七七刊　図4）巻三の二「古狸を射る事」や山岡元隣作・元恕編『（古今）百物語評判』（一六八六

図５　山岡元隣作・元恕編『（古今）百物語評判』（同上）

図６　井原西鶴『好色一代女』巻六「夜發の付声」（早稲田大学付属図書館古典籍総合データベースより）

図５）巻二の五「産婦の事」などや先に見た『世話用文章』（図１）や『御伽人形』（図２）がある。面白い例としては井原西鶴の『好色一代女』巻六「夜發の付声」で、主人公の一代女は老境にさしかかった折、「蓮の葉笠を着るやうなる子共の面影、腰より下は血に染て、九十五、六程も立ならび、声のあやぎれもなく、『おはりよおはりよ』と泣ぬ」ものを見て、「是かや、聞傳へし孕女《うぶめ》なるべし」という。これは一代女がこれまで堕胎してきた子どもたちを幻視しているのだが、その挿絵には、蓮の葉笠（胞衣の隠喩）を被り、白装束で腰から下が血に染まった姿、つまりウブメの格好で描かれている[16]（図６）。腰から下の出血は、基本的に腰蓑のような表現で描かれているが、現在確認できる最古と考えられるウブメ図像『せんみつばなし』（一六六一〜一六七七頃成立）を見ると、腰蓑ではなくスカートのように塗りつぶされており、また白装束ではなく点々が描き込まれたもの、つまり経帷子になっている。『せんみつばなし』からそれ以降の図像の推移を考えると、スカート状の塗りつぶしから腰蓑のような線描に、経帷子から白装束に、と図

像の簡略化があったといえよう。

第三に背景についてである。背景もウブメを指し示すコードとして利用されている。『百物語評判』のように墓場が描かれる場合もあるが、注目するのは流れ灌頂である。流れ灌頂とは、川辺に棚を作り、梵字が書かれた布を張って、柄杓を添え、通りかかった人に水をかけてもらう風習である。一七世紀の『因果物語』（片仮名本）では異常死をした者全般を弔う供養法として書かれているが、一八世紀を過ぎると出産で死んだ女性の供養として特化されたようで、ウブメの背景としてよく描かれるようになる。[17]代表的なものは、先述の『画図百鬼夜行』（一七七六　図7）をはじめ、十返舎一九『列国怪談聞書帖』（一八〇二）、天明老人撰『狂歌百物語』（一八五三）、『皿皿郷談』（図3）などがある。そして、鶴屋南北『東海道四谷怪談』（一八二五年）「蛇山庵室の場」の初演においてお岩は、流れ灌頂から産女の姿で登場する（現在は提灯抜け）。

図7　鳥山石燕『鳥山石燕画図百鬼夜行全画集』（角川書店、二〇〇五年）

そして雨も『画図百鬼夜行』などでよく描かれており、西鶴達による連句集『三鉄輪』（一六七八）「夜明のそら涙の雨ふる　俤や扨は孕女となりぬらん　おはれて自然秋はいぬめり」や『西鶴大矢数』（一六八一）「夫うぶめ作り咄しを聞にけり　降ルは涙の雨の夜の伽」など、雨とウブメは関連していた。これは血を洗い清める効果として描かれたのではないだろうか。

第四にウブメの抱く赤子である。鳥居清満『柳にまり』（一七五七）や山東京伝『怪物徒然草』（一七九二）では石の赤子（赤子に点々が書き込まれている）を抱いている。これは抱いた赤子が次第に重くなるという、おそらく江戸時代に入ってからの属性で、その重さを表現するための記号だといえる。[18]石の赤子以外の例としては『其返報怪談』では抱いている赤子の産着が羽衣になっており、姑獲鳥の属性を赤子の衣裳で表現している。

最後に、炎である。これは出産時の出血や出産した女性が堕ちる血の池地獄などといった血の赤と炎の赤の連関だと思われ、石燕肉筆の『百鬼夜行図巻』に見られる表現である。西川如見『和漢変象怪異辨斷・天文精要』（一七一五）巻之第七「野火并燐火神火」で、「産女ト号スル者アリ、是又火有テ哭声アリト云リ、或書ニ産女ト云ハ鳥ナリ、夜出ツ、其口気ニ火光アリ、日本東国ニ居レリトカヤ、此鳥ヲ見タル人ニ未逢、重テ可論」や『和漢三才図会』でも、姑獲鳥は陰火を伴って出現する。つまり炎の記号は、①鳥が発する火②出産にまつわる血③死骸に含まれる燐が燃えるという当時のさまざまなイメージ（死のイメージも付加される）の複合からの発想だったのではないか。

以上、ウブメの姿は、出版文化の展開を通じて人々に浸透していった。

四　音声

これまで①姑獲鳥②図像を見てきたが、これらは江戸時代に入って獲得された属性である。江戸時代以前から備わっていた属性として、次に③音声を見てみよう。

先述の通り姑獲鳥と産女をつなげる鍵の一つは、夜のなき声であった。また『奇異雑談集』の「赤子の泣くを、うぶめなく」、『梅村載筆』の「夜中に小児の啼声のやうなる物を、うぶめとなづく」とあるように、夜のなき声自体をウブメだとする事例もあった。

こうした夜のなき声だけをウブメだと認識するのは、室町時代の文芸からも確認することができる。それは『むらまつの物かたり』という作品で、夜中に主人公の母子が追われ棺の中に逃げ込むが、迫る追手の声に驚き子どもが泣いてしまう。棺を開けようとする追手に、け八という者が母子を守るために以下の発言をする。

や、とのばらたち、只今なきつるは、まことの幼ひものと思ふか。かかる古き、墓原には、うぶめといふものありて、かやうのとき、なくなり。うふめの、人につきたるは、いかにすれ共、粗忽に落ちずして、取り殺すなり。

人に取り憑くという点も見逃せないが、今重要なのは「かやうのとき、なく」ことである（この場面は、後年の奈良絵本『村松物語』でも記されている）。「かやうのとき」つまり夜中に子どものなき声がすることに対して、ウブメだと名付けが行われている。

さらに注意すべきはこのウブメは、モノ（物体）ではなくコト（現象）であることだ[19]。

音声のみのウブメというコトがいつまで遡れるかは不明だが[20]、室町時代には確認できた。そして少なくとも一七世紀までは、コトとしてのウブメとモノとしてのウブメが併存していたことになる。このコトとしてのウブメに注目すれば、今までウブメの重要な要素と考えられてきたモノとしてのウブメに関する属性（①②④）がなくても、ウブメは③⑤があれば成立するということになる。

五　出産で死んだ女性の変化――『今昔物語集』

④出産で死んだ女性の変化について考えよう。この④こそが、ウブメにとって最も重要な属性と従来考えられてきた。現在ウブメについて引用される最古のものが、『今昔物語集』巻第二十七「頼光の郎等平季武、産女に値へる語」第四三（一二世紀前半成立）である（先の『広辞苑』で省略した部分にこの話が引用される）。では、どんな話が見てみよう。

今昔、源の頼光の朝臣の美濃の守にて有ける時に、［　］の郡に入て有けるに、夜、侍に数の兵共集り居て、万の物語などしけるに、「其の国に渡と云ふ所に産女有なり。夜に成て、其の渡為る人有れば、産女、児を哭せて、「此れ抱け此れ抱け」と云なる」など云ふ（中略）九月の下つ暗の比なれば、つつ暗なるに、季武、河をざぶりざぶりと渡るなり。既に彼方に渡り着ぬ。此れ等は、河より此方の薄の中に隠れ居て聞けば、季武、彼方に渡り着て、行縢走り打て、箭抜て差にや有らむ、暫許有て、亦取て返して渡り来なり。其の度聞けば、河中の程にて、女の音にて季武に現に、「此れ抱け此れ抱け」と云なり。亦、児の音にて、「いがいが」と哭なり。其の間、生臭き香、河より此方まで薫じたり。三人有るだにも、頭毛太りて怖しき事無限し。何況や、渡らむ人を思ふに、我が身乍も半ば死ぬる心地す。然て、季武が云なる様、「いで抱かむ、己」と。然れば、女、「此れは、くは」とて取らすなり。季武、袖の上に子を受取てければ、亦、女追ふ追ふ、「いで、其の子返し令得よ」と云なり。季武、「今は不返まじ、己」と云て、河より此方の陸に打上ぬ。
然て、館に返ぬれば（中略　季武は）「其達極く云つれども、此［　］の渡に行て、子をさへ取て来る」と云て、右の袖を披たれば、木の葉なむ少し有ける。（中略）
此の産女と云ふは、「狐の、人謀らむとて為る」と云ふ人も有り、亦、「女の、子産むとて死たるが、霊に成たる」と云ふ人も有りとなむ語り伝へたるとや。（傍線は筆者）

この卜部季武の武勇譚の中に登場する産女の特徴をあげると、第一に川辺に出現していることである。なぜ川辺に産女が出るのかといえば、当時川辺が出産に関係した場所だったからである。当時出産が行われる場所、産屋は、川辺によく設置されていた。川辺に設置された理由は、死や血をケガレと見なす観念に基づき、川の流れでケガレを洗い清めるためだったと考えられている。[21] その影響からか江戸時代の図像でもウブメは、川辺に描かれている場合が少なくない（『画図百鬼夜行』『狂歌百物語』など）。

第二に、出産で死んだ女性が霊になることである（④）。出産時の死亡は女性特有のものであり、また当時の出産は死亡するリスクが高く、生者は産婦の死に立ち会う機会は今よりも頻繁にあったはずである。こうした状況が産褥で死んだ女性の霊という発想の温床になったと思われる。

第三に、「此の産女と云ふは、『狐の、人謀らむとて為る』と云ふ人も有り、亦、『女の、子産むとて死たるが、霊に成たる』と云ふ人も有りとなむ語り伝へたるとや」という説明である。この説明は後付のようなものであって、たとえこれがなくても話としては成立する。それに産女の正体として「出産で死んだ女性の変化」と「狐の変化」は同列の関係で提示されている。つまり「難産で死んだ女性の変化」という、ウブメの説明で最も重視される属性も、『今昔物語集』ではあくまで夜に産女がいることの説明の一つにすぎないのである。

そして、『今昔物語集』の鬼神部に収録されるこの話の不気味さは、実は産女そのものではなく、真っ暗な夜の川辺に産女が出没して赤子を抱くよう強要してくるシチュエーション（状況）＝コトにある。要するに、『今昔物語集』の産女の本質は、産女というモノではなく産女がいるコトにあった。[22]

六　ウブメのはじまり

ここまで①～④のウブメを構成する主要な属性を、時代を遡行しながら検討してきた。その結果、最も重要な属性だと思われていた④でさえ、『今昔物語集』ではコトに対する説明の一つにすぎなかった。

結局あと残っているのは、⑤「ウブメ」という言葉だけである。ウブメを説明する最古の文献、源順による百科事典『和名類聚抄』（九三一～九三八頃成立）巻二人倫部男女類を見ると、

孕婦　養性志云、孕婦〈和名うぶめ〉、酢を食し、面血色無し（省略）

とある。「孕婦」とは、元来産婦を指す言葉であった（『広辞苑』の①の意味）。そもそも『今昔物語集』は、産褥にある女性が夜中の川辺に出没するという不条理な状況を記していたにすぎない。

つまり、ウブメの原初は「妖怪」ではなく人だった。

おわりに

以上、①〜⑤までの属性を通じて、ウブメを因数分解していった結果、そこにもう「妖怪」ウブメはいなかった。『広辞苑』の②の意味から①の意味へスライドした、ともいえる。

この結果は、一体何を意味しているのだろう。

それは、ウブメが最初から「妖怪」として登場したのではない、ということだ。ある特定の状態にある女性に、①〜⑤の属性が時間の経過とともに変化する社会や文化に影響されながら、定着し形成されていったのが「妖怪」ウブメなのである（コトからモノへの変化ともいえよう）。そして、その形成過程がウブメを、歴史的産物として位置付けている。

大事なのは、本論で行ってきた分析の有効性はウブメに限った話ではないことだ。天狗や河童など、昔も今も全く変わらない「妖怪」などいない。全ての「妖怪」（通俗的妖怪）は歴史的産物なのだ。

さまざまな属性が時間の流れとともに複雑に展開していくことで、「妖怪」（通俗的妖怪）は生成されていく。この視座が、「妖怪とは何か」に答えるためには欠かせないと私は考える。

注

1　京極夏彦『妖怪の理妖怪の檻』角川書店、二〇〇七年。

2　この場合の「化け物」は、黄表紙に代表される「人ではないというコードで示されるキャラ」を指している（京極夏彦「妖怪の宴妖怪の匣」四『怪』vol.0027、二〇〇九年）。

3　京極夏彦「江戸化物草紙の妖怪画」（アダム・カバット編『江戸化物草紙』小学館、一九九九年）。

4　属性という視角は、化野燐氏による「属性分析による分類」（「妖怪の分類・試論」『怪』vol.0012～0022、二〇〇二～二〇〇七年）に大きく着想を得ている。

5　新村出編『広辞苑』第六版、岩波書店、二〇〇八年。

6　村上健司『妖怪事典』毎日新聞社、二〇〇〇年。

7　ウブメと類似したものとして、子育て幽霊がある。ウブメは個人的な情報が捨象され普遍性を獲得したものであり、一方の子育て幽霊は高僧出生譚など個人的な情報を有する場合が多く、ウブメとは一線を画している（注3京極氏論文）。こうした点を考慮に入れ、今回はウブメのみを扱うこととする。

8　拙稿「うぶめの系譜①——産女と姑獲鳥」（『怪』vol.13、二〇〇二年）、同「林羅山と怪異」（東アジア恠異学会編『怪異学の技法』臨川書店、二〇〇三年）。

9　「化生の物」について、当時の辞書『節用集』の諸本を見ると「妖恠　化生物也」とある（黒本本、両足院本など）。この「妖恠」という言葉は、生類門（畜類門・気形門）という鳥獣魚虫が入る部門に収録されている。それは当時の妖恠＝化生の物が生類≒人間ではないものを指す言葉として認識されていたことを示している。

10　一六二二年の草稿本『多識編（羅浮渉猟抄多識編）』には、「姑獲鳥　オニノトリ　ヌエ　ウブメ」と記されている。「オニノトリ」は『本草綱目』の「姑獲鳥」の別名「鬼鳥」の訓読である。また姑獲鳥＝うぶめという和名については、文和・延文年間（一三五二～一三六〇）の成立とされる安居院流唱導者の編による『神道集』巻第二「熊野権現事」の中で、斬首しようとする武士に対し女御が殺される前に出産させてもらおうと頼む場面で「（前略）身々（不）成死事、未来鵜羽妻鳥物成、胎内子取、堪難悲事」と書かれている。このまま身二つにならず死んだならば、来世で「鵜羽妻鳥」というものになって、胎内の子を取ってしまい悲嘆にくれてしまうという意味だが、貴志正造氏はこの鵜羽妻鳥を姑獲鳥であるとする（「解説」『神道集』平凡社、一九六七）。たしかにその可能性もあり、『多識編』の「今案」が複数ある候補から今選択するという意味を含むならば、候補として存在していたことも想定できる。ただし『神道集』以降の「熊野権現事」を本にした御伽草子「熊野の御本地のさうし」や説経「熊野の本地」には「鵜羽妻鳥」は出てこず、また本当に「うはめどり」は姑獲鳥なのかも不確定である。万一、鵜羽妻鳥＝うぶめどりであったとしても、御伽草子や説経では語られていない点などから、姑獲鳥＝うぶめどりであると一般的に普及させたのは『多識編』であることに変わりはないと考える。

11　一般への普及している例として、当時俗文芸の代表であった俳諧を見ると、安原貞室（羅山と交流のある松永貞徳の弟子）は「みどり子がべゞぬらしてはかたいざり　うぶ女は溝にすむときくなる　月くらき雲間に叫ぶ鵺の鳥」（『正章千句』一六四七年）、「血になくや　うぶ女の化鳥　郭公《ほととぎす》」（『玉海集追加』一六六七年）という句を作っている。郭公は、鵺と同じく喚子鳥の正体とされていた鳥である。また、延宝六年（一六七八）松尾芭蕉の弟子其角による句合『田舎の句合』には、「俗にいう　うぶめ成べし　よぶこ鳥」という発句がある。この発句に対し芭蕉は、喚子鳥について、師の北村季吟に尋ねたところ、こうした古今伝授は俳諧には無用のことだと言われたといい、「うぶめ、李時珍が説（『本草綱目』）に姑獲鳥とかけり。鳥と云字によせて、おもひ出られ候にや」と判じている。

12　ウブメの図像コードについては、以前「うぶめの系譜②――描かれたうぶめ」（『怪』vol.14、二〇〇三年）で検討したことがある。今回掲載してない図像については拙稿を参照のこと。

13　『和漢三才図会』や『頭書増補訓蒙図彙』（一六九五年刊）では、鳥の姑獲鳥が描かれているが、あくまでこれらは鳥として紹介されている。

14　実際当時の社会で認識されていたウブメは産女の方であり、『日葡辞書』（一六〇三年刊）のウブメの項には「出産で死んだ女の亡霊で、後まで残り留まっていると、ゼンチョ（異教徒≒僧侶）が想像しているもの」、また数少ないウブメについて言及のある一七世紀末期の日記史料『河内屋可正旧記』では「また難産にて死たる者ハ、うかむ事あたハず、うぶめと云者に成て、哀れなる声を出し、なきさけび、夜な〳〵来ると云者有」（宗順物語之事）とある。

15　高田衛「幽霊の〈像〉の変遷」（『全生庵蔵三遊亭円朝コレクション幽霊名画集』ぺりかん社、一九九五年）。

16　この蓮の葉笠のモチーフは『熊野観心十界曼荼羅』の図像に求めることができる。また図1・4・5などに見られる杖をつき、片手を顔にあてる仕草は『地蔵菩薩発心因縁十王経』を絵画化した、いわゆる『十王図』に見られる「中有の旅」の場面をモチーフにしたと考えられる。これは中有すなわち四十九日の間、死者の魂が暗闇の中（この世とあの世の間）を彷徨っていることを意味する記号である。『十王図』に関しては、鷹巣純氏のご教示による。

17　産女は、仏教による女人救済、つまり迷う魂を救い、遺族たちに心の安息をもたらすための教導話材としてよく用いられていた。流れ灌頂も仏教の女人救済との関係で用いられたのかもしれない。仏教と産女の関係については、堤邦彦「近世仏教の学問と俗文芸――教義と唱導説話の落差をめぐって」(『文学』八―三、二〇〇七年)、同「産女の夫 与八から与七へ」(『西鶴と浮世草子研究』二、二〇〇七年)を参照のこと。

18 なお『柳にまり』は、九丁裏に「ちにいけのくるしみたへがたや」と血の池地獄との関連が記され、十丁表に「うぶめ鳥」や夜干しの禁忌の説明とともに姑獲鳥が描かれており、さらに十丁裏には辻で石の赤子を抱いた産女が描かれ、赤子を抱くことを強要しており、さまざまなウブメの表現が見られる点で興味深い。

19 コトやモノについては、京極夏彦「モノ化するコト――怪異と妖怪を巡る妄想」(東アジア恠異学会編『怪異学の技法』臨川書店、二〇〇三年)を参照のこと。

20 後で見る『今昔物語集』には「産女、児を哭せて」とあり、まず産女が赤子を泣かせて、その存在を認識させている。つまり、『今昔物語集』の産女は、はじめに赤子の泣き声がし、次に産女が出現するという二段構えであった。

21 飯沼賢司氏は、当時の出産にまつわるケガレ(産穢)を、血ではなく死との関係から忌まれたとする(「中世前期の女性の生涯　人生の諸段階の検討を通じて」『日本女性生活史』二、東京大学出版会、一九九〇年)。

22 享保五年(一七二〇年)井沢長秀(蟠竜)の考訂によって刊行された『今昔物語』巻一三怪異部「平季武値姑獲鳥語」を見ると、『今昔物語集』の「産女」が「姑獲鳥」に統一表記されており、なおかつ最後の説明が削除されている(腰から下が塗りつぶされた(線描か)産女の挿絵もあり)。これも、説明が必要ないほどウブメ(姑獲鳥の表記も含む)が一般的に認知されていた証左といえる。『今昔物語』は、久留島元氏のご教示による。

引用文献

『本草和名』(『続群書類従』第三〇輯下、続群書類従完成会、一九二八年)

『医心方』(『医心方』筑摩書房、二〇〇六年)

『和漢三才図会』(『日本庶民生活史料集成』二八、三一書房、一九八〇年)

『奇異雑談集』(高田衛編『江戸怪談集』上、岩波書店、一九八九年)

『多識編』(中田祝夫・小林祥次郎編『多識編自筆稿本刊本三種研究並びに総合索引』勉誠社、一九七七年)
『野槌』(『徒然草古註釈大成　徒然草拾遺抄・徒然草野槌』日本図書センター、一九七八年)
『梅村載筆』(『日本随筆大成　新装版』第一期第一巻、吉川弘文館、一九七五年)
『好色一代女』(『決定版対訳西鶴全集』三、明治書院、一九七九年)
『柳にまり』(『青本集』第四冊、東北大学附属図書館狩野文庫蔵)
『三鉄輪』(『定本西鶴全集』一三、中央公論社、一九五〇年)
『西鶴大矢数』(前田金五郎『西鶴大矢数注釈』勉誠社、一九八六年)
『和漢変象怪異辨斷・天文精要』(『西川如見遺書』五、一八九九年)
『むらまつの物がたり』(『室町時代物語大成』一三、角川書店、一九八五年)
『今昔物語集』(『今昔物語集』本朝部下、岩波書店、二〇〇一年)

怨霊から妖怪へ

井上内親王伝説の軌跡

大森亮尚

はじめに

播州姫路（兵庫県姫路市）には「姫」という字が付く地名の縁であろうか、女性にまつわる怪異譚や伝説が目立つ。まずは「お菊」――女性の幽霊の東の横綱を「お岩」とすれば、西の横綱は皿屋敷の「お菊」であろう。江戸にも「番町皿屋敷」伝説があるが、姫路にもどちらを本家とすることも難しい「播州皿屋敷」伝説があり、姫路城内にある「お菊の井戸」を始めとして、お菊を祀る神社、またお菊の亡魂がジャコウアゲハ蝶の幼虫になったという「お菊虫」まで生まれ出て長く語り継がれてきた。

あるいは狂乱の恋で一世風靡した「お夏清十郎」の「お夏」は西鶴や近松などの筆によって一層、全国に知れ渡る女性になった。

さらにこのふたりの女性に一歩もひけをとらない存在として、姫路城大天守閣最上層に棲むという「刑部《おさかべ》姫」がいる（「おさかべ姫」は刑部、長壁、小刑部、於佐賀部などさまざまな表記があるが、本章では一応「刑部」に統一することを念のため申し添えておく）。

姫路城歴代城主を天守閣に呼びつけて挨拶をさせ、姫路城築城以来、あるいは築城以前からその地に鎮座し、わが国の世界文化遺産第一号になった姫路城の天守閣最上層に今も小祀ながら「刑部大神」として祀られている

「刑部姫」。泉鏡花の『天守物語』や岡本綺堂の『小刑部姫』などの作品でその名が知られた刑部姫も、平成二一年（二〇〇九）一〇月より五年間に渡って姫路城の天守閣の平成大修理が行われることになり、工事期間中、素屋根（作業用足場）ですっぽりと覆われることになると、さぞや窮屈な思いをされるであろうから、不満が怨念になって発動されても困るので、刑部姫へのお見舞いと鎮魂を兼ねて、この章で刑部姫の伝説とその正体を探っていってみたいと思う。

一　姫路城と妖怪の歴史

まず、姫路城の歴史をたどりながらその刑部姫の姿を浮かび上がらせてみよう。

姫路城のある丘陵地はかつて『播磨風土記』などで「日女道丘《ひめぢをか》」、後には「姫山」と呼ばれていたのだが、そこに地元の豪族赤松氏が合戦に備えての城砦を南北朝の頃の貞和二年（一三四六）に築いたのがはじまりと伝えられる。その後、黒田氏が城郭として整備し、天正八年（一五八一）豊臣秀吉が本格的な城郭と周辺の城下町を作り、その折、姫山東峰にあった刑部大神・富姫明神などの社を他に遷して姫山全域を城郭としたという。

そして関が原の合戦後、城主となった池田輝政は慶長六年（一六〇一）から秀吉が築いた姫路城に大改修を施し、現在の五層の大天守閣が建設されたという。

長壁（鳥山石燕『画図百鬼夜行全画集』より）

その頃から池田輝政の周辺には異変が生じ、命が惜しければ城内に「八天堂」なる祭祀施設を建立せよと、城主に迫る有名な「天狗の書状」が城内で発見され、輝政は病に倒れることになる。輝政の病を調べてみると、刑部大神の祟りで、それは秀吉が姫山の地主神である刑部大神を築城の折、他へ遷したことが起因していることがわかったので、城内に刑部大神の社殿を還座したという。刑部という神の名を長壁と変更したのも秀吉の時だったといわれる。

こうした話がベースになって怪異譚として語られたのが『諸国百物語』(延宝五年[一六七九])の「はりま国池田三左衛門殿わづらひの事」「播州姫路の城ばけ物の事」の二話である。まず「はりま国池田三左衛門殿わづらひの事」を原文で紹介してみよう。

播磨《はりま》を御取りなさるる池田三左衛門殿、御わづらひ、既に大事に及ぶとき、叡山より阿闍梨《あじゃり》を請《しょう》じ、天守《てんしゅ》にて、いろいろの祈祷、七日七夜なさるる時、七日めの夜半のころ、年三十ばかりなる女、薄化粧をして、練《ねり》の衣《きぬ》をかづき、阿闍梨にむかつて、「何とてさやうに加持《かじ》し給ふぞ。とてもかなはぬ事也」。はやはや止め給へ」と云ひて、護摩《ごま》の壇へ上り、

阿闍梨を睨みて立ち居ければ、阿闍梨もとより尊とき僧にて、「何物なれば、女人《にょにん》のかたちにて、それがしに向つて言葉を交はす」と、いろいろ問答しければ、そのとき、かの女、俄《にわ》かに丈《たけ》二丈《じょう》ばかりの鬼神《きじん》となりてみせければ、阿闍梨、側《そば》なる剣《けん》を抜き持つて、すでに突かんとし給へば、かの鬼神、いひけるは、「我は此の国に隠れなき権現《ごんげん》なり」とて、阿闍梨を蹴殺し、かき消すやうに失《う》せ給ふと也。池田の家の侍衆、語り侍る。

(岩波文庫『江戸怪談集』下より引用)

姫路城天守閣に年齢三〇歳ほどの薄化粧をし、宮中務めの上臈のような衣装の女性の妖怪が城主輝政の病気平癒の祈祷をしている僧侶の前に現れたのである。そして「丈二丈ばかりの鬼神」の本性を現し、「我はこの国に隠れなき権現」、つまり地霊とも言うべき地主神だと名告り、僧侶を蹴殺して消え失せたという。

もう一話の「播州姫路の城ばけ物の事」は、次のような話になっている。

「播磨姫路の城主秀勝」（該当者不明、寛永十五年［一六三八］に城主となった本多正勝か）が、ある夜、天守閣の五重目に夜な夜な灯る怪火の正体を見届けて来る家臣を募集したが、誰も応じる者はいなかった。そこに十八歳の若侍が名告り出たので、提灯を渡し、怪火を証拠にとって来いと命じた。

若侍が天守に登ってゆくと「年の頃十七、八なる女臈《じょろう》、十二単《ひとえ》を着て、火をとぼし、ただ一人」居たという。主人の命で火を貰いに来たというと、心安く火を分けてくれたが、帰りの三重目で火が消えてしまった。若侍がもう一度頼みに行くと、今度は蝋燭を取り替えてくれ、証拠の品として櫛を授けてくれた。

城主秀勝は若侍の報告を聴いて感激し、その火を消そうとするが消えず、若侍が消すことともなく消えたという。そして証拠の櫛は、鎧、兜などを入れる具足櫃《ぐそくびつ》の中に入れておいた一対の櫛であった。そこまでが話の前半である。

後半は、天守に興味をもった秀勝が今度はひとりで登って行く。と、灯火は点っているが、若侍が会ったという十二単を着た若い女臈はいない。しばらくするといつも側に呼ぶ座頭がやって来たので、何しに来たのだと問うと、殿がお淋しいのではと思い参上したと告げ、持参した琴の爪箱の蓋がとれなくて難儀していると訴えた。秀勝がどれといって爪箱を受け取ると、その箱はそのまま手にくっついて取れなくなってしまう。さては化かされたと思い、その箱を足で踏み割ろうとするが今度は足もくっついて取れなくなってしまう。するとその座頭は身の丈一丈ほどの鬼神となり、

「われはこの城の主也。我をおろそかにして、尊《たつ》とまずんば、ただ今引き裂き殺さん」とすごんできたので、秀勝は詫びを入れ、爪箱からやっと解放され、ほどなく夜が明けてみると、天守の五重目にいたはずなのに、いつもの居間であったという。

前半の話は後世、宮本武蔵や荒木又右衛門の英雄譚につながって行き、天守五重に上がった武蔵は十二単の女性から短刀を授かり、又右衛門は櫛を授けられる。更に武蔵はその刑部姫の正体を暴くと全身銀色の毛に覆われた八百歳になる老狐であったという話になる。

こうした怪異譚を整理してみると、天守閣には武家社会時代よりもはるかに古い、平安時代の宮廷生活を髣髴とさせる装束の高貴な女性がまず登場し、次に怖ろしい鬼神が現われるという二段構成になっていることがわかる。

そうなると、鬼神がまず姫の姿に身をやつして登場し、それから鬼神の本性をむき出しにして現われるという二重構造になっているのか、それとも姫と鬼神は別々の存在で、天守閣に同居共棲していて順次現れるという段取りなのか、そのあたりの見極めが難しいのである。

では刑部姫、刑部大神、富姫明神とはいったいどういう存在、いやどのような妖怪なのであろうか。

二　刑部姫のルーツ

『播州小刑部社記』、『姫路記』、『播磨鑑』などの旧記から刑部伝説の整理を試みたのは藤澤衛彦氏(『播磨の傳説』)、橋本政次氏(『姫路城史』)、埴岡真弓氏(「姫路城刑部姫伝説の成立と展開」『播磨学紀要』第五号所収)などの諸氏であるが、いずれも錯綜する諸説に手をこまねいている様子がその労作からうかがえる。

天武天皇の皇子、忍壁《おさかべ》皇子とその娘小刑部姫説から、高師直《こうのもろなお》の娘小刑部姫、更に霊狐説、柳田國男の蛇神説まで、その刑部大神、刑部姫の正体は混沌の極みにあるといえよう。

その諸説の中にあって異彩を放ち、『播州小刑部社記』にも「実とすべし」とある有力な説が井上内親王とその子他戸《おさべ》親王との近親相姦説である。

それは、第四十九代光仁天皇の皇后井上内親王とその息子他戸親王が近親相姦に及び、その結果、富姫、またの名を槇尾姫という姫が生まれたので、井上皇后は獄舎に入り、他戸親王は隠岐に流罪となり、二人の間に生まれた富姫は播磨の国へ追放され、鷺山に居住したので、その山を姫山と称するようになったという。またその後、富姫は播磨大領角野明国に乞われてその妻となり、死後、富姫明神として姫山に祀られるようになったと伝える。

時空を超えた荒唐無稽な起源説ではあるが、なぜ時代も場所も違う井上皇后、他戸親王親子が姫路にまで担ぎ出されたのであろうか。そこで、井上内親王の事跡を改めて検証してみることにしたい。

井上内親王の事跡の詳細については拙著『日本の怨霊』（平凡社）で述べたので、ここでは彼女の人生をかいつまんで紹介することにしよう。

井上内親王は奈良時代を代表する天皇、聖武天皇を父とし、県犬養広刀自を母として養老元年（七一七）頃誕生した。聖武天皇がまだ皇太子時代の首《おびと》皇子と呼ばれた頃で、第一皇女である。翌年、首皇子は藤原不比等の娘の光明子との間にも一女をもうける。その皇女が後の阿倍内親王、孝謙・称徳天皇である。

神亀元年（七二四）、聖武天皇が即位した後、井上内親王はわずか十一歳の身で伊勢斎宮として伊勢神宮に派遣されることになる。それからおよそ二十年、彼女は神に仕える聖女としての生活を送る。その間、都では長屋王の変、藤原広嗣の乱、弟の安積皇子の変死など激動の政変が続く。井上内親王が伊勢斎宮の任を解かれ、都に戻ってきた時は、三十路の坂を越えた頃であった。やがて聖武天皇の譲位、異腹の妹、孝謙天皇の即位の後、彼女は当時としては異例の高齢結婚をする。相手は万葉歌人・志貴皇子の息子、白壁王である。天智天皇の血を引く皇孫ではあるが、皇位継承争いの渦中から逃れる術なのか、酒に身を韜晦《とうかい》させていたという四十半ばを越えたうだつの上がらぬ王であった。白壁王には渡来系の高野新笠との間に山部王（後の桓武天皇）など幾人かの子、あるいは妻妾もいたが、彼女はその白壁王の正妃として迎えられたのである。おそらく彼女の希望というより、娘の穏やかな後半生を願う父、聖武天皇の意向が働いた縁組だったのだろう。

しかし、井上内親王はこの結婚を形式的なものに終わらせるのではなく、驚異的な形で実のあるものにする。天平勝宝六年（七五四）、酒人《さかひと》内親王の誕生である。井上内親王は三十八歳という高齢で初産を果たしたのである。そればかりでなく、四十五歳で第二子、他戸親王を産む。十代の出産が当たり前の時代、平均寿命も短い当時にあって、三十代後半の初産、四十歳半ばの第二子出産は、元・伊勢斎宮のまさに神がかり的偉業といっていいだろう。もっとも他戸親王については養子説などが早くから噂され、その出生について疑問視する説もあるのだが、後の刑部姫の近親相姦出生説につながるので、とにかく井上内親王の驚異的な高齢出産の事跡については注目しておきたい。

その間も時代は激しく揺れ動く。恵美押勝（藤原仲麻呂）の乱、淳仁天皇淡路島配流、弓削道鏡の暗躍など、皇位継承を巡って政変が繰り返される内、二度目の即位をした称徳女帝が後継者も定めないで神護景雲四年（七七〇）に崩御する。その跡を継いだのが、当時六十二歳の高齢に達していた井上内親王の夫、白壁王、第四十九代光仁天皇である。

白壁王の即位についてもかなりもめたようであるが、聖武天皇の第一皇女を正妃に迎えているということが評価されたものか。光仁天皇の即位を受けて、井上内親王も晴れて皇后に立つ。翌年、宝亀二年（七七一）他戸親王も皇太子に立つ。やっと井上内親王が歴史の晴れ舞台に立つ時がきたのである。

しかし至福の時は一瞬で消滅する。宝亀三年（七七二）三月、井上皇后は「巫蠱《ふこ》」の罪で突然皇后の位を廃されることになる。長年に亘って夫である天皇を呪詛《じゅそ》、つまり呪いをかけていたというのである。そしてその三ヶ月後、他戸皇太子も廃太子にされ、皇族の身分まで剥奪され庶人に格下げされる。原因は母にあるという。

宝亀四年（七七三）、他戸親王に代わって山部王が皇太子に立ち、井上内親王母子は都から遠く離れた大和国宇智郡（現在の五條市）の没官宅に幽閉されることになる。そんな状況にあっても井上内親王の娘、酒人内親王は親子二代に渡る伊勢斎宮に選ばれ、伊勢神宮へ赴く。

そして宝亀六年（七七五）四月二十七日、井上内親王、他戸親王母子はその幽閉先で同日死去する。暗殺されたのか、それとも母子心中したのであろうか。とにかく自然死ではなかろう。井上内親王は還暦、他戸親王十五歳であった。

いったい井上内親王は何をしたのだろう。夫の死を願って呪いをかけたのだろうか、それとも皇位略奪を狙う山部王周辺の陰謀にはまったのであろうか。

後世の歴史書『水鏡』には色欲に溺れた井上内親王の悪女ぶりが描かれているが、彼女の本当の素顔は見えない。しかしやがて彼女たちのもう一つの人生が始まる。怨霊になってゆく死後の人生である。

天変地異が起こり、天皇、皇太子をはじめ宮中内外に異変が続出するようになり、以後、井上内親王母子は光仁から桓武へと続く平安朝以降の天皇家に祟る強烈な怨霊として長く記憶されていくのである。

三　井上内親王伝説から刑部姫へ

奈良県五條市は井上内親王母子が亡くなった地ということで、親子の陵墓をはじめ、彼らを祀る御霊神社が本宮を中心に市内に二十数社も点在しているのであるが、不思議な伝説も語り継がれている。

井上内親王が宇智郡の没官宅に幽閉された時、実は妊娠していたというのである。その時、彼女は五十七歳、常識的に考えてもありえない話である。老女と呼んでもいい年齢に達しているこの夫人になぜこうした妊娠伝説が付きまとうのであろう。驚異的な高齢出産の印象が拭えないからだろうか。いったい誰の子を身籠ったというのであろうか。

五條市の北に荒坂峠という地がある。そこはかつて「荒血坂《あらちさか》」と呼ばれたという。懐妊中の井上内親王がここを護送中に荒血が下りたことから名付けられたという。

そしてその付近の山の峰で出産したので、そこを「産屋《うぶや》の峰《みね》」と呼ぶようになった。

生まれた子は成人した後、母や兄の悲惨な死を知り、そこでふたりの恨みを晴らそうと、現身《うつしみ》で雷神になって天に昇り、帝都をはじめ諸国七道に至るまで天地を動かし、風雨雷電を起こして天下に災いをなしたという。その雷神は産屋の峰に「宮前霹靂神社《みやさきかむとけ》」として祀られ、地元の人々には「産屋の明神さん」と呼ばれている。御霊神社本宮近くにも「火雷神社」として祀られ、年に一度秋に親子の対面式が今も五條市で行われている。

また慈円の『愚管抄』には、井上内親王を陥れたといわれる藤原百川が穴を掘って獄を作り内親王をそこに押し込めようとした時、井上内親王は現身に龍になって百川を蹴殺し天に昇っていったという。母は龍になり、子は雷神となる怖ろしい親子伝説である。

一方、母と同じ日に亡くなった他戸親王にも不思議な話が語り伝えられている。母子の死後四年目の宝亀十年（七七九）六月に周防国（山口県）に他戸親王を名告る人物が現れ、民衆をたぶらかしたので伊豆に流罪にしたという。他戸親王生存説である。この話は正史『続日本紀』に記載されているので、信憑性のある話だったのだろう。『水鏡』にはそれがもっときわどい話になっており、天皇の命令で他戸親王の確認に向かう使者に藤原百川が圧力をかけたので、本物の他戸親王がまぎれもなく生きていたが、偽者だったと言わざるを得ず、詰め寄る他戸親王の側近たちに「もし私が嘘を言っていたら、この二つの目が抜け落ちるだろう」と言い逃れした後、その使者の目が二つとも抜け落ちたとある。

こうした井上内親王母子の事跡や伝説を踏まえて、もう一度姫路城に立ち戻ってみることにしよう。『播磨鑑』に「小刑部大神諸説」を紹介する中に筆頭に挙げたのが〈井上皇后不義説〉で、次のようにある。

孝謙天皇の御妹井上内親王光仁天皇の御后に立たせ給ふ。又他部親王者井上内親王の御子たり。此親王、内親王と交会乱妨に及び女子を生す故に親王を以て隠岐に配流し内親王を以て獄舎す終命し給ふ。此御女富　姫又槙尾姫とも申す。播磨桜木井大領角野明国預る。後赦免に依て角野請乞て嫁す。（後略）

こうした説はもちろん『続日本紀』などの史書にはない。

①「井上内親王の不義密通―母子相姦」
②「他部親王の隠岐への流罪」
③「富姫（槙尾姫）の誕生と播磨への流謫―角野明国との婚姻」

など、怨霊となった井上内親王伝説の中に今まで語られることのなかったこれらのファクターが新たに加味されているのである。いったい誰が、いつ、どういう理由でこうした歴史譚を創造し、怨霊から妖怪へ、奈良から姫路への転身導入をはかったのであろうか。

ではこれらの新要素を分析すれば、井上内親王伝説の姫路流入のプロセスが解明できるのであろうか。徒労に終わるかもしれないが、刑部姫の履歴を明らかにすることができるのなら取り組んでみるのも無駄ではなかろう。

①「井上内親王の不義密通と母子相姦」

井上内親王とその皇子他戸親王の間には近親相姦の事実はまずなかったといってよかろう。唯一この母子がひとつになったことといえば、同じ日に宇智郡の幽閉先で死んだということである。母は還暦を迎える年、子はまだ十五歳である。

ただし、井上内親王の不義密通といえば、前に少し触れた『水鏡』の記事である。宝亀三年（七七二）に光仁天皇と井上皇后が賭け事をしていて、天皇が「もし私が負けたら壮年の男をあげよう。皇后が負けたら美女を斡旋してくれ」といって賭けをしたところ、皇后が勝ってしまった。皇后はその後、天皇に男を要求して責め続けたので、藤原百川の進言で、皇后の義理の息子にあたる山部親王をあてがうと、五十六歳になる皇后は三十六歳になる壮年の親王を溺愛して手放さなかったので天皇は苦々しく思っていたという。色欲に溺れた悪女のような井上内親王が描かれているが、彼女が聖女なのか悪女なのか、歴史書に一切彼女の性格が紹介されていないので判断がつきかねる。

参考になるとすれば、井上内親王の娘、酒人内親王である。彼女は母の後で伊勢斎宮になった女性であるが、山部皇太子が井上内親王の怨霊に苦しめられ「枕席不安」――ノイローゼのような症状に陥った折に、山部皇太子の子、朝原内親王を産んだという奇妙な婚姻出産履歴を持つ。

『東大寺要録』によれば酒人内親王は「容貌姝麗《ようぼうしゅれい》」――つまり大変な美人であったが、朝原内親王を産んだ後には、性格が傲慢で、情操が修まらず、淫行が増え、それを自制することができなかったとある。それを桓武天皇は怒りもせず気ままにさせていたという。

虚構も混じっているとはいえ、母娘二代に渡る山部王・桓武天皇とのからみに、伊勢斎宮という神に仕える聖女の履歴が交差して、どこかで姫路城の天守閣を守る刑部姫の姿が微かに繋がっているようにも思えるのである。ちなみに酒人内親王の産んだ朝原内親王も後に、伊勢斎宮になる。母子三代にわたる伊勢斎宮は斎宮の歴史で唯一であり、更に朝原内親王はあろうことか、桓武天皇の息子、平城天皇の夫人になる。これも母子三代に渡る因縁であり、母子相姦よりももっと淫靡で濃密な人の世の因業の深さを思いやられる。

ちなみに在原業平は平城天皇の孫にあたる。その彼が『伊勢物語』で伊勢斎宮と一夜を過ごす艶話が夢のように語られ、伝説かもしれないがその折斎宮の腹に生まれた子が高階師尚で、そうした背神的出生のせいで後世まで高階氏は伊勢神宮に参拝を許されなかったという。こじつけかもしれないが、刑部姫のもう一つの履歴、高師直の娘小刑部姫説の高師直という南北朝の武将はその高階家の末裔であることを申し添えておきたい。

②「他部親王の隠岐への流罪」

他部親王の隠岐への流罪は歴史的事実としては確認されていない。また井上内親王の子の表記は他戸親王であって、他部ではない。しかし後に刑部親王を姫山に祀るようになって刑部大神の名が伝わったというのだから「他戸」「他部」「刑部」「小刑部」の類似する名は注意していてよいだろう。

前にも述べたように、他戸親王生存説は早くから語られていた。こうした死んだ人が実は生きていたという生存伝説は日本文化では多く語られてきた。源平合戦の末期、壇ノ浦で入水した安徳天皇が実は生きていて鹿児島県の硫黄島でその生涯を終えたとか、源義経が衣川の合戦で死なずに北海道にまで落ち延びたという伝説などがそれである。そうした歴代の生存伝説の中ではこの『続日本紀』で語られる他戸親王生存説は最も古い説と考えられるので、これも看過できないであろう。

他戸親王を名告ったという男は周防国周防郡の人で、外従五位上、周防凡直「葦原之賤男公」という名で、民衆をたぶらかした罪で伊豆へ流罪になったという。この男がその後どうなったのかは不明である。もし生き延びて他戸親王を名告り続け、あるいは他部親王、刑部親王と字を変え、諸国を漂泊して井上母子の不幸な生涯を語り続けたら、桓武帝政に不満を抱く分子にとってみれば歓迎すべき「貴種流離譚」になったであろう。

それに加えて、栃木県から広島県へ、全国に点在する「刑部郷」という地名も気がかりである。その多くは山間部にある地名なのだが、そもそも「刑部」は万葉時代よりもはるかに古い允恭天皇の皇后忍坂大中姫の御名代部である。御名代部とは古代、天皇・皇后・皇子などの名を後世に伝えるために、氏族や土地にその名を冠した皇室の私有民のことであり、允恭記にはその御名代の始まりとして「刑部」の名が恭しく定められたことが語られている。『万葉集』の防人歌にも駿河国や上総国の防人の名前に「刑部」姓が数人登場するのも、早くから「刑部郷」が各地にあったことの証拠になろうし、あるいは天武天皇の息子の忍壁親王の御名代として重ねて分布したとも考えられる。橋本政次氏が主張する刑部大神は古代の刑部氏の氏神であるとする説もそれゆえ納得ゆくが、そうした御名代部の郷に「他戸親王生存説」や「井上内親王母子の不幸な境遇」説話が入り込めば、彼らは他人事とは思わずに大切に保存継承していったのではなかろうか。なぜなら刑部氏が祖と仰ぐ允恭天皇の皇后忍坂大中姫の産んだ子で、時の皇太子の軽太子と軽大郎女の同母兄妹は、近親相姦の罪で不幸な生涯を送ったことで古代から『古事記』や『万葉集』で一世風靡した歌や物語を語り伝えているからである。自分たち一族の名の祖となった皇后、皇子、皇女たちの悲劇を語り伝えることが、彼らのアイデンティティ、生存理由になるのだから、こうした刑部に近い名の他戸親王の不幸を彼らが取り込むことは十分考えられよう。

世間では歪んだ婚姻として白い目で見られる近親相姦も、軽太子兄妹説話を持つ彼らから見れば扱い易い伝承説話になるのであろう。

怨霊となった古代の井上内親王母子の伝説が、時空を超え姫路城天守の妖怪刑部姫にまでつながる一本の導線を探るとするならば、やはりその導線を名誉として保持し続ける古代からの地方氏族「刑部氏」の存在は無視できないだろう。伝説とは、語りはじめたその時から、はるか古代であろうが、時空を超えて瞬時に現実の話として蘇るものなのである。

③「富姫（槙尾姫）の誕生と播磨への流謫――角野明国との婚姻」

井上内親王とその子他戸親王との近親相姦の結果生まれたのが富姫であるという。そして播磨の国に流され、その身を預かった土地の豪族角野氏とその後結婚し、死後、父刑部親王とともに姫山に祀られ「刑部大神」「富姫明神」となったといわれる。

富姫や槙尾姫の名の由来は分からないが、前述の「貴種流離譚」や「不幸な生い立ちを背負い漂泊する娘の物語」などの類型をあてはめると彼女が姫路に漂着することもありえないことではない。「長壁神社并富姫明神社略記」には延暦二年（七八三）に角野氏の夫人になっていた富姫が長壁神社を再建したとあるので、桓武天皇治世下の時代の延暦年間なので時間的齟齬はさほどない。そして嵯峨天皇の弘仁六年（八一五）に彼女はその地で亡くなり、その後姫山に神として祀られるようになったと伝承されている。

富姫が流謫地を姫路に求めたのも、角野氏の関係で解くことができよう。奈良朝時代から播磨の大領であったといわれる角野氏も御名代部の「刑部」氏の系譜を引く氏族だったからである。岡山、鳥取、広島など各県にまたがる中国山地に刑部郷が点在していることと、その中国山地の東の出口になる姫路の角野氏との関係も今後の課題になろう。

死んだと思っていた他戸親王が実は周防の国に生きていたという巷説が、流罪によって握りつぶされたのなら、次には他戸親王には実は母との近親相姦によってできた娘がいて、播磨の国に流され、角野氏の夫人になって生きているという、第二弾の巷説が語り伝えられたとも考えられるだろう。民衆は時の政治に虐げられるものであるが、彼らの口はそれで塞がれることはない。井上内親王母子が皇位継承を巡って不幸な死を遂げた時、正面切っての批判はできないけれど、こうした巷説によって民衆は井上内親王母子の不幸を慰め、その怨念を鎮魂しようとしたのではないだろうか。

平安朝以降、天皇家にとりつく怨霊の嵐は凄まじさを加速し、清和天皇の貞観五年（八六三）京都の神泉苑で官民一体となって「御霊会」が修せられるようになって、御霊信仰は日本の社会に定着した。昔の死者や怨念を鎮魂しなければ今の自分が保てないという思想は鎮魂の思想として受け継がれていったのである。

姫路城天守に棲むという刑部姫も、本来は聖地ともいうべき姫山にかつては祀られていた地霊のような存在であったのだろうが、いつしか城の守り神のように崇められてきたのであろう。

沖縄などを例にとると、城（ぐすく）はもともと軍事上の拠点ではなく、神を祀る聖地から出発しているのが本来の城郭なのである。その視点を入れると本土の城郭も軍事上の拠点としてではなく、聖地としてのシンボル的拠点、崇めるべき天守閣としての役割の方が大きかったともいえよう。

そうした城郭の中にあって天守閣はまさに神々の鎮座する空間であるので、そこに仕える伊勢斎宮のような役割を担った聖女が必要とされたのであろう。

姫路城天守に棲む、いや住んでおられる刑部姫、富姫こそ姫路城の斎宮といっていいのではなかろうか。

国宝、世界文化遺産の姫路城——平成の大修理に入るこの城が永遠に続くかぎり、天守に住む刑部姫も永遠の命を保って生き続けることだろう。

（追記）本稿を成すにあたって『姫路市史』をはじめ、橋本政次氏の『姫路城史』その他多くの文献を参考にしたが、中でも埴岡真弓氏の「姫路城刑部姫伝説の成立と展開」（『播磨学紀要』第五号）にはお世話になったので改めて謝意を表します。尚、本稿は「姫路獨協大学特別研究助成」の一環として作成されたことも併記しておきます。

怨霊研究の諸問題

山田雄司

はじめに

私はここ十数年、怨霊を中心に研究を進めてきた。それは、好事家的興味から取り組んでいるわけではなく、怨霊こそ日本文化の基軸にあり、研究が深められなければならないと考えるに至ったからである。これは怨霊という思想を持たない他民族と比較した場合、より明確に意識することができよう。

しかし、近代の「科学的」歴史学は、「迷信」で「非科学的」な怨霊など研究するに値せず、歴史の法則性や発展段階論について議論することに腐心してきた。そうしたあり方は現在でも残存しており、拙著『崇徳院怨霊の研究』(思文閣出版、二〇〇一年)に対する竹内光浩の書評は、「本来虚構を旨とすべく物語に物理的事実を要求するといった土台無理な作品解釈」「くそリアリズム」「怨霊という「実体のない存在」を論じるにあたって、著者の研究姿勢ほど怨霊研究に無縁な精神はない」と、全く的外れな批判をしている。[1] このような姿勢は、『古事記』『日本書紀』の記述を「絵空事」として切り捨てる手法と共通するものであり、こうした特定の思想に呪縛された研究姿勢が歴史学を不毛なものにし、「民衆史」を標榜しながら、逆に一般の人々から歴史を遠ざけたのであった。

怨霊にしても、積極的に研究を進めてきたのは民俗学・宗教学・国文学の方面であり、私の着目した崇徳院怨霊に関しても、豊富な史料がありながら、歴史学においては本格的に研究されてこなかった。こうしたことへの批判は、梅原猛や井沢元彦らによってたびたびなされており、それが影響したのか、近年では怨霊に関する実証的研究は以前と比べて増えており、日本文化の一側面としての怨霊が認知され、実証的な研究がなされてきている。
　このような怨霊研究の歴史的背景を踏まえ、本稿では自らの研究も含め、これまでの怨霊研究の問題点を指摘した上で、今後の研究の方向性を示したい。

一　怨霊の位置づけ

　怨霊の「発生」をいつに求めるのか、またその理由は何なのかという点については難しい問題であり、未だ見解の一致を見ていないと言ってよい。「怨霊」という語の初見は、『日本後紀』延暦二十四年（八〇五）四月甲辰（五日）条の以下の記事である。

　令下二諸国一奉二為崇道天皇一、建二小倉一納二正税四十束一、并預中国忌及奉幣之例上、謝二怨霊一也、

長岡京遷都の過程で起きた造長岡宮使藤原種継暗殺事件の際、桓武天皇の実弟早良親王は事件の首謀者とみなされて廃され、山城国乙訓寺に幽閉されるも、無実を訴えて絶食し、延暦四年（七八五）九月二十八日、淡路に配流される途中で憤死した。そして屍は都に戻されることなく淡路に葬られたが、その後皇太子となった長子安殿親王の病や疫病の流行などにより、その原因を占ったところ、早良親王の祟りという結果が出たため、淡路に使いを遣わして早良親王の霊に奉幣して謝したり、崇道天皇と追称したり、都を平安京に遷都したりなどの対処が

なされた。

そうした中、『日本後紀』延暦二十四年二月丙午（六日）条には、霊安寺に一小倉が造られて稲などを納めたことが記されている。

造二一小倉於霊安寺一、納二稲卌束一、又別収二調綿百五十斤、庸綿百五十斤一、慰二神霊之怨恨一也、

ここでは、一小倉が造られたのは「神霊の怨恨」を慰めるためだと記述されており、「怨恨を抱いた神霊」を縮めて「怨霊」としたのではないだろうか。[2] なぜこの時から「怨霊」の語が用いられるようになったのかという点については別に考察されなければならないだろう。しかし、実態として「怨霊」の範疇に入れることのできる現象はそれ以前から存在していた。

鎌倉初期の天台座主慈円は、『愚管抄』で怨霊について以下のように述べている。[3]

怨霊ト云ハ、センハタヾ現世ナガラフカク意趣ヲムスビテカタキニトリテ、小家ヨリ天下ニモオヨビテ、ソノカタキヲホリマロバカサントシテ、讒言ソラ言ヲツクリイダスニテ、世ノミダレ又人ノ損ズル事ハタヾヲナジ事ナリ。（中略）

先如レ此ノ事ハ怨霊トサダメラレタル人ニトリテコソサル例多ク候ヘ。

慈円によれば、怨霊とは現世において深く怨みをもち、仇を選んで転倒させようとし、讒言虚言を作り出し、それが天下にも及んで世を乱れさせ人に危害を加えたりするものであり、現世でできなかったことを冥界で晴ら

す存在だとしている。そして、怨霊になると定められた人の場合にこそ怨霊となるのだとしている。こうした理解は現在に至るまで有効であり、慈円の理解の深遠さを感じさせる。

ところで、「怨霊的」現象はいつから存在するのであろうか。史料上明らかにすることは極めて難しいが、我が国においては非常に古くから存在したのではないだろうか。縄文時代以来の埋葬のあり方から、死者の霊魂を丁寧に扱おうとしていた姿勢が読み取れ、それは裏を返して言えば、霊魂が祟ることを恐れていたとも言えよう。『古事記』『日本書紀』『風土記』では「怨霊」という語は見られないが、それと似た現象として「祟」が存在する。タタリの原意は「神の示現」であって、それはよい場合もあれば悪い場合もあるとされるが、後にはもっぱら悪い意味に限定されて用いられていく。[4]

『古事記』垂仁天皇段には以下の話が記されている。天皇の子である本牟智和気は大きくなっても言葉を発することができず、それに落胆した天皇は病気になって寝込んでしまった。すると夢に神が現れて、「我が宮を天皇の宮殿と同じように整えたならば、御子は話すことができるようになるであろう」と語った。夢から覚めた天皇は太占で占って、どこの神の心かと占ったところ、その祟りは出雲大神の御心によるものだった。このように、神の意思の表れとして祟りが存在していたことがわかる。

また、『常陸国風土記』には祟りが二例見られるが、そのうち行方郡の項には以下のように記されている。古老の言うことには、継体天皇のとき、箭括麻多智という人物が西の谷の葦原を開いて田にしようとしたところ、蛇身で角のある夜刀の神が群れをなして妨害し、耕作をさせなかった。麻多智は反撃して打ち殺したり山に追い払いなどし、山の登り口に杖を立て、ここから上を神の地、下を人の田とし、今後は私が祝となって永代敬い祭るので、どうか祟ってくれるな、恨むなと告げ、社を造って夜刀の神を祭った。この例でも、祟りは神による祭の要求であり、「祟」とは神の要求を意味していると考えられている。[5]

このような神の祟りは、記紀・『風土記』・『萬葉集』以降は八世紀末になるまでは見られなくなり、宝亀年間に災異に対してそれが神の祟りにより発生したものだとする記事が頻出する。このころになると神祇官の亀卜によって祟りの主体が判定されるが、こうした祟りも神意の現れのために起こったとみなされている。

以上のような国家による祟りの認識とは別に、民衆はさまざまな場面で祟りを感じていたのではないだろうか。それは自然と密接な暮らしをしていることにより、自然の恩恵により生活を送ることができる反面、災害などにより生死を左右されており、かつさまざまなところに神の存在を感じていた原始・古代の人々にとっては当然なことであろう。

それはまた、死者の霊魂をも恐れ、異常死などの場合に祟りの存在を感じていたのではないだろうか。『続日本紀』天平二年（七三〇）九月庚辰（二十九日）条には、安芸・周防で妄りに禍福を説いて多く人衆を集め、死魂を妖祠することがあったことが記されているが、これは、それだけ死者の霊魂が重要視され、畏怖されていたことのあらわれである。こうしたあり方を受けて、天平宝字元年（七五七）七月甲寅（八日）に、民間で亡魂に仮託して浮言する者は軽重を問わず同罪に処すという勅が出された。これは、死者の霊魂の祟りが広く認識されていたことのあらわれであり、そうした流言飛語は社会を混乱させることになるため、国家によって取り締まられたのである。

国家の中枢を震撼させた怨霊として史料的に確認できるのは、平城遷都が行われた奈良時代以降のことであり、怨霊となった人物として明確に確認できるのは長屋王（六八四？―七二九）である。長屋王は密かに左道を学んで国家を傾けようとしていると密告され、それを受けて藤原宇合らの率いる軍勢が長屋王邸を包囲し、長屋王は妻子とともに自害した。

このことに関して、『日本霊異記』中巻「恃二己高徳一刑二賤形沙弥一以現得二悪死一縁第一」には、長屋王に関わった人々の屍は平城京の外に捨てて焼き砕いて河に投げ散らし、海に捨て、長屋王自身の骨は土佐国に流した。そうしたところ土佐国では多くの人々が死んだ。そこで人々は、親王の気が原因で国内の人々が皆亡くなってしまったに違いないと訴えた。そのため天皇は少しでも都に近づけるために、紀伊国海部郡椒抄の奥の島（有田市初島町）に骨を置いたと記されている。

『日本霊異記』の長屋王怨霊譚は、『日本霊異記』が編纂された九世紀初頭の早良親王怨霊譚をもとにつくられた部分もあると考えられるが、長屋王の怨霊自体は、同時代の人々から恐れられていたものと思われる。[6]長屋王が亡くなった後、天平七年（七三五）から九年にかけて天然痘が流行し、藤原武智麻呂・房前・宇合・麻呂の四兄弟が相次いで亡くなった。こうした状況を受けて、聖武天皇は自らの不徳を認め、諸社への奉幣、護国経転読などを行ったが功を奏さず、安宿王・黄文王・円方女王ら長屋王の子女の位階昇叙が行われた。また、光明皇后は燃燈供養を行って長屋王の菩提を弔ったり、「五月一日経」書写を発願して、長屋王に対する罪障の滅罪を意図していたと考えられる。[7]

なぜ奈良時代になって史書に怨霊と呼ばれるような現象について明確に記述されるようになったのかと言えば、そこにはいくつかの背景が考えられるが、最も大きいのは恒常的な都の成立ではないかと拙著において指摘した。都が成立することによって、見かけ上閉鎖的な空間に貴族たちが集住することになる。皇族・貴族たちは政争を繰り返し、自らの出世・昇進のために敵を追い落とす。そして都から追放されて非業の死を遂げた人物は、死後再び都に戻って政敵を倒そうとするものと考えられた。そのため、自身および周辺の人物が相次いで変調を来し、さらには天変地異が頻発するようになると、その原因を怨霊に求めるようになっていく。とりわけ、怨霊は疫病と関係あるものとされた。それは、疫病が地方から次第に都へと伝わって短期間に多くの人々を死に追いやるものであり、そこに地方へ配流されて非業の死を遂げたことにより、怨みを抱いて都を目指してのぼってくる怨霊が重ね合わされたからである。

また、怨霊と御霊との違いについて、これも見解の一致を見ていないが、私は拙著において、御霊とは怨霊に包摂される概念であり、「御」という敬称を霊魂に与えることによって荒魂から和魂への転換を加えようとする鎮魂の方法であり、これによって和魂への転換がはかられ、社として祀られることにより神格化された霊魂のことを指していることを指摘しておいた。そして恐懼される存在としての怨霊から、災いを祓い祈願を受ける神としての御霊として崇められるようになっていくのである。

次に、近年研究成果が積み重ねられている怪異との関連も重要である。[8] 怪異とは、神社や内裏などの国家と密接な関わりのある場所において、鳴動など尋常では起きないと考えられている現象が発生した場合、それを神霊の現れとみなして、卜占などによって神意を解読していかなる現象の予兆か判断し、今後甚大な被害が起きないよう、奉幣や慎みなどにより未然に防いでいこうとするシステムのことである。

日本においては、怪異は予兆として神霊が現れる現象であるのに対し、怨霊は過去に自らが犯した過ちの譴責として霊魂が登場する現象のことを言う。どちらも背後には霊の存在があり、古代・中世においては国家にとって放ってはおけない重大な現象だった。両者がどのように結びついているのか、今後の検討課題である。

二　怨霊と神

一般に、怨霊は神として祀り上げられることによって鎮魂が図られるとされているが、[9] 果たして奈良時代の怨霊について、この考え方が適用できるであろうか。私はこれに否定的である。藤原広嗣を祀る鏡神社や井上内親王・早良親王・他戸親王を祀る御霊神社など、後の時代に神社となった例はあるが、同時代的に神社を建立して怨霊を慰撫した例は見あたらない点に注意すべきであろう。神社の由緒では創建を古く遡らせ、奈良時代に設定しているものも見られるが、神社としての創建は早くても平安時代中期以降であろう。
井上内親王らを祀る史料は、『日本後紀』延暦二十四年（八〇五）二月丙午（六日）条に、

令下僧一百五十人、於二宮中及春宮坊等一、読中大般若経上、造二一小倉於霊安寺一、納二稲卅束一、又別収二調綿百五十斤、庸綿百五十斤一、慰二神霊之怨恨一也、

とあり、神霊の怨恨を慰めるために、一小倉を霊安寺に造ると記述されており、そこに稲などが納められたのであった。霊魂の管理は霊安寺でなされていたことがわかる。また、貞観五年（八六三）五月二十日に神泉苑で行われた御霊会では、霊座六座が設けられているが、そこで儀式を行ったのは律師慧達であった。

最澄の高弟光定による『伝述一心戒文』には「以レ怨報レ怨怨不レ止、以レ徳報レ怨怨即尽」の記述があり、これは「同法宏勝霊」「同法命延霊」に対して、怨を断って徳をもって怨に報いるよう命じている。死霊が怨恨を捨てるのならば七難が消滅し、成仏できるとしているのである。[10]怨霊の鎮魂には仏教があたり、怨の連鎖を断ち切って成仏するように怨霊に説いたのであった。このように、平安中期まで、怨霊の鎮魂にあたっていたのは僧侶であり、仏教の修法により霊の鎮魂が図られたのである。そのため、怨霊を神として祀り上げることもない。

怨霊の鎮魂にあたって大きな転換となったのは菅原道真の場合である。道真の場合は北野天満宮という神社が建立されて二十二社という国家にとって最重要の神社の一つとされ、道真には天満大自在天神という神号が与えられた。これは崇徳院や藤原頼長の場合も同様で、彼らを祀る神祠が建立され、神として祀り上げられたのであった。以後、怨霊鎮魂の作法として神祠を建立するというあり方が一般化していく。怨霊の研究上、菅原道真が重要な位置を占めることは、笠井昌昭も主張するところである。[11]

十世紀後半に、なぜ菅原道真が神として祀り上げられたのか。この問題について、これまでは、承平・天慶の乱後の地方からの志多良神入京事件や、『本朝世紀』天慶元年（九四一）九月二日条に載せる、東西両京大小路衢において木で刻んだ男女対の神を作り、それに冠をかぶせて丹で体を塗ったり男女の性器を刻み、その像に幣帛を捧げたり香花を供えたりして、岐神だとか御霊だとかと称してもてはやす風俗との関連が指摘されており、当時巻き起こってきた民衆運動との関わりから、古代から中世への転換を見ていこうとする考え方が定説化している。[12] しかし、菅原道真の場合は、国家によって神として祀られたのであるから、国家の神祇政策の転換を第一に考慮しなければならないのではないだろうか。その点、近年研究の進展した二十二社・一宮制などの神祇政策との関係をみていく必要があろう。[13]

また、神格化の過程で、廟との関係も考慮しなければならない。祖先の霊を祀る廟は中国の影響を受けて日本でも作られていったことから、東アジア全体の中で日本の位置づけを考えていく必要がある。日本では古代より、仲哀天皇を祀る香椎廟をはじめとして、叡福寺の聖徳太子廟、多武峯の鎌足廟、高野山における空海をはじめとした諸大名等の廟、親鸞を祀る大谷廟など、数多く存在する。また、寺院において開山・宗祖などの御影を祀る御影堂も、僧侶らが「神格化」された事例と言えよう。宗廟に関する研究は、伊勢神宮・石清水八幡宮との関係で深められているが、[14] 廟一般に関する研究はほとんどなされていないので、この点も議論を深めていく必要がある。

ところで、こうした怨霊に関する研究は、以前は古代の研究が中心だったと言ってよい。近年歴史学の方面からは、崇徳・後鳥羽・後醍醐天皇の怨霊に関する研究が深められてきており、古代・中世社会において、怨霊は国家を震撼させた存在であり、その根底には日本が「神国」であるという認識があったことが明らかになってきた。[15]

それが室町時代以降、次第に変化していき、神の地位の相対的低下にあわせて、怨霊も次第に国家においては議論されなくなっていった。しかし、史料的には室町・戦国時代の怨霊も散見され、これら怨霊に対する研究も深められる必要があろう。

そうした中注目されるのが、能に登場する「幽霊」を研究した田代慶一郎の議論である。[16] 田代の議論は以下のごとくである。能の世界では、世阿弥は「怨霊」という語のかわりに「幽霊」を用い、怖ろしくない「幽霊」を創作した。そして、他の方面においても次第に「怨霊」という語よりも「幽霊」が用いられることが一般的となったが、怖くない「幽霊」は能の中だけで、一般には「怨霊」のかわりとして怖い「幽霊」が用いられるようになったという。世阿弥が能の中で「怨霊」でなく「幽霊」を用いたのは、中国文献などをもとに能の台本を書き上げていく際、日本でしか用いられていない「怨霊」ではなく、漢語である「幽霊」に合わせたのではないだろうか。

幽霊に対しては国家による対応がなされることはなかった。しかし、庶民の間では怖ろしいものとして江戸時代以降認識され、出版物や演能などを通じて人口に膾炙していった。お岩さんなどがその代表例であるが、江戸時代にはさまざまな怪談話や幽霊画などが作られ、それは現在に至るまで恐れられ、夏になればお化け屋敷や怪談話が大盛況であるように、日本文化の代表例のひとつと言えよう。幽霊研究と怨霊研究とはあまり交渉がなく、別個に行われていることから、両者をつなぐ中世末から近世初期の状況について詳しく検討される必要がある。

また、近年、國學院大學研究開発推進センター「慰霊と追悼研究会」などにより、戦死者の慰霊に関する研究が深められており、[17] 現代の慰霊・追悼・顕彰につながる歴史的背景の一つとして怨霊にも注目が集まっているので、こうした観点から怨霊研究を行っていく必要もあろう。

三　他分野研究との連携

これまで怨霊に関する研究は、歴史学・宗教学・国文学・民俗学・美術史学など、さまざまな側面から行われている。こうしたそれぞれの分野からの研究はますます深められていく必要があろう。

とりわけ注目されるのが、中野玄三による美術史学からの研究である。[18] 中野の説を要約すると以下のとおりである。

古代における観音信仰は、しばしば国家的見地に立ってなされており、藤原四兄弟の後の橘諸兄政権の際、藤原広嗣が吉備真備と玄昉を追放せよと天平十二年（七四〇）九州で反乱を起こしたが、乱の鎮圧のため国別に像高七尺の観音像一体を造立させ、『観音経』十巻を書写させたのがその例としてあげられる。

玄昉は渡唐して多くの雑密経典を持って帰国したが、その天平七年（七三五）ごろから急速に変化観音が製作されたことが、現存する仏像から言える。そして、官寺仏教側における変化観音製作と平行して、山林における変化観音も出現した。それらは災害の因をなす怨霊の鎮圧を願って造立され、特に後者の場合、政敵を厭魅呪詛することにも用いられた。例えば、奈良霊山寺の十一面観音の怪奇な姿は、怨霊を鎮圧しうるだけの恐るべき威力をあらわしていると同時に、怨敵を祈り殺す呪詛の像としての性格をも付与された変化観音であると言える。

また、義浄訳七仏薬師経は、中国で盛んに信仰されていたこともあり、驚くべき勢いで日本全土に広まった。国分寺では当初計画された本尊釈迦如来像が薬師如来像に変更されたが、これは国を挙げて薬師仏の強大な威力にすがって怨霊の猛威から逃れようとしたことに原因がある。七仏薬師の力は怨霊の祟りを鎮魂すると信じられた一方、逆にこの強大な威力をもって政敵を呪詛しようとする祈祷に用いられた。

神護寺本尊薬師如来立像は、和気氏を悩ませた道鏡の怨霊の祟りを鎮圧し、また和気氏を呪詛する道鏡一派の呪詛を排除するために製作された。仏教が初めて固有信仰と習合し、固有信仰に特有の怨霊の祟りに対する防護と、政敵に対する呪詛を組み込み、死におびえる日本人に対する救済宗教として出現したものである。

以上のように、仏像の形相をもとに怨霊との関係を考察した中野の論考は大変興味深いが、これまで歴史学においてはこの成果がほとんど生かされていないと言ってよい。玄昉の果たした影響を考察するとともに、他の時期における造仏・造寺、法会等についても検討していく必要があろう。

宗教学・思想史の方面では、近年霊魂観に関する研究が進展している[19]。そうした中、怨霊と怨親平等思想との関係をより明確に考察していく必要がある。「怨親平等」の辞書的説明では、「敵・味方の差別なく、絶対平等の慈悲の心で接すること[20]」とか、「怨敵と親しい者とを平等にみるという意味。仏教の根本精神は大慈悲であるから、にくい敵であるからといって憎むべきではないし、また親しい者であるからといって特に執着すべきではなく、平等にいつくしみ憐れむべきことをいう。日本では戦いの終ったあと、敵味方区別なく戦死者の供養塔を建立したという例があるが、これはこの精神の現れとみられる[21]」とか、「敵も味方もともに平等であるという立場から、敵味方の幽魂を弔うこと。仏教は大慈悲を本とするから、我を害する怨敵も憎むべきでなく、我を愛する親しい者にも執着してはならず、平等にこれらを愛憐する心をもつべきことをいう。日本では戦闘による敵味方一切の人畜の犠牲者を供養する碑を建てるなど、敵味方一視同仁の意味で使用される[22]」と解説されている。

「怨親平等」という語は、五世紀に漢訳された『過去現在因果経』巻第一にすでに登場しており、そこでは、すべての衆生に対して、信じているか信じていないかにかかわらず平等に施すことを述べている。日本での「怨親平等」の使用例は、最澄・空海に遡ることができるが、そこでは、仏法を信じているか信じていないのかに関わらず、すなわちすべての者に平等であるべきだという意味で「怨親平等」という語を用いており、敵味方区別なく供養するという意味では用いられていない。

一方、「怨親平等」という語は用いられないものの、敵味方関係なく供養するというあり方は、すでに奈良時代から見られるが、特に院政期以降顕著になっていき、「怨親平等」の語も使用されるようになり、上杉禅秀の乱での双方の死者を弔うために建立された清浄光寺境内の「敵御方供養塔」などさまざまな事例が残されている。

この思想はさらに近代戦争を体験する中で武士道と結びつき、戦争後は敵味方関係なく戦死者を供養して慰霊碑などが建立される際の思想的根拠となった。そして現在に至るまで多くの日本人の心底にこの思想があると言ってよいだろう。「怨親平等」思想に基づく供養と怨霊の鎮魂とは、基づく思想が異なっているが、ときに密接にからみあっている。両者の関係をしっかり整理して時代の中に位置づけていく必要があろう。

民俗学との連携もより深めていかなくてはならない。集落に接近したところに遺体を放置しておくと、怨霊が村の中に入り込んでしまうため、旅の念仏聖たちが怨霊を鎮めるため村の人に雇われ定着し、念仏その他の呪術で押さえようとしていたとか、十三塚は戦死者の怨霊を慰撫するため、修験者たちの影響で生まれたといった、聖・修験者・巫女などの民間宗教者の活動が注視されている。[23] また、非業の死を遂げた人に対して、東北地方ではイタコ・イチコと呼ばれる民間巫女を招いて口寄せをしたり、沖縄でも思い残りを晴らすためにユタを招いてマブイアカシ（魂分し）、カンピトゥバカーズ（神人分れ）などの口寄せをすることが紹介されており、こうした民間宗教者に対する歴史学の側からの研究は今後ますます深めていかなければならない。[24]

また、芸能との関係については、御霊会が遊行聖などの関与により、疫神送りの習俗となって現在に至るまで続けられていたり、神楽・田楽・風流踊りなども疫神鎮送の目的で神社に奉納されていることが明らかにされ、踊念仏や虫送りにおける鎮魂についての研究が深められているが、[25] 戦国時代の戦乱における戦死者供養を起源とするさまざまな祭が現在まで伝えられており、それらの詳細な調査とともに全体的把握も必要である。また、民俗事例については、国際日本文化研究センターの「怪異・妖怪伝承データベース」で容易に検索できるようになったため、今後これをどう活用していくかが課題であろう。

総じて、民俗学的研究と歴史学的研究とは、それぞれの分野における研究が独自に進められていて、現在のところ相互の研究成果を用いた理解が深められていない。歴史学の側からは、堀一郎、五来重、桜井徳太郎らの研究成果をどのように発展させていくべきか考えていかねばならないだろう。

そして最後に、怨霊を日本一国内で理解していくのではなく、各民族と比較していくことが大変重要であることを指摘しておきたい。中国・韓国人の霊魂観に関する研究は多数あるが、日本人の霊魂観との比較、影響関係についてはまだまだ探求の余地があろう。[26]また、西欧諸国からは日本文化の一面として、怨霊や幽霊に対する注目が古くからなされているが、日本人の視点から諸民族の「怨霊的」思想に言及していく必要がある。こうした作業により、日本とは何か、日本人とは何かという問題について、再認識していくことができるはずである。

おわりに

以上、怨霊研究におけるいくつかの課題について述べてみた。怨霊に関しては古くから注目され、現代とは違う日本人の心性を推し量れる存在として研究されてきた。その結果これまでにさまざまな研究成果があげられてきている。しかし、その内実、語句の定義や怨霊の「発生」、鎮魂のあり方といった基本的事項についてさえも確定しているとは言いがたく、この分野での研究の遅れを実感させるものである。それはおそらく、近代歴史学が、怨霊という前近代的「迷信」を切り捨ててきたことに原因があるものと推測される。さらに、これまでの研究は、ある思想に基づいていたり、比較的狭い範疇の中での研究だったりして、そうしたものから解放された、新たな怨霊研究が求められている。

幸い、近年新たな視点からの怨霊研究がなされてきており、硬直化した状況を打破しつつある。また、急速に周辺領域の研究が深められてきていることから、怨霊自体の研究の深化を図ることはもちろん、さまざまな領域の研究成果を取り入れたグローバルな視点での怨霊研究が求められているのではないだろうか。

注

1 『歴史評論』六四一、二〇〇三年。

2 「恨」はうらみが自分に向かうのを表すのに対し、「怨」はうらみが他者に向かうのを表すとされるので、「怨霊」とされたのであろう。水俣病患者の補償運動の中で使われた「怨旗」も、こうした語のもつ意味から用いられたという。

3 大隅和雄校注『中世神道論』(岩波書店、一九七七年)。

4 折口信夫「『ほ』・『うら』から『ほがひ』へ」(『折口信夫著作集』四、中央公論社、一九九五年)。

5 古代における祟りの諸相については、大江篤『日本古代の神と霊』(臨川書店、二〇〇七年)などに詳しい。

6 長屋王の怨霊については、史実として認められないとする考え方もあるが(井上満郎「御霊信仰の成立と展開」『奈良大学紀要』五、一九七六年、のち柴田實編『御霊信仰』雄山閣出版、一九八四年所収)、『日本霊異記』だけでなく、他の同時代史料から長屋王の死後に尋常でない対応がとられていたことがわかるので、長屋王の怨霊を認めてよいと思われる。

7 寺崎保広『長屋王』(吉川弘文館、一九九九年)。

8 東アジア恠異学会編『怪異学の技法』(臨川書店、二〇〇三年)、同『怪異学の可能性』(角川書店、二〇〇九年)などにまとまって怪異関係の論文が収録されている。

9 柳田國男「人を神に祀る風習」(『柳田國男全集』一三、ちくま文庫、一九九〇年)をはじめ、民俗学では人から神への時代的変遷をあまり考慮していない。

10 八重樫直比古「空と勝義の孝―古代仏教における怨霊救済の論理―」(石田一良編『日本精神史』ぺりかん社、一九八八年)。

11 笠井昌昭「天神信仰の成立とその本質」(『日本の文化』ぺりかん社、一九九七年)。また、この点に関しては「怨霊から神へ―菅原道真の神格化―」(『日本歴史』七四六、二〇一〇年)で言及したので、参照していただけたら幸いである。

12 戸田芳実『日本中世の民衆と領主』(校倉書房、一九九四年)、河音能平『天神信仰の成立』(塙書房、二〇〇三年)。

13 上島享「中世宗教秩序の形成と神仏習合」(『国史学』一八二、二〇〇四年)、同「中世国家と寺社」(『日本史講座3 中世の形成』東京大学出版会、二〇〇四年)、井上寛司『日本の神社と「神道」』(校倉書房、二〇〇六年)など。

14　吉原浩人「八幡神に対する「宗廟」の呼称をめぐって―大江匡房の活動を中心に―」（『東洋の思想と宗教』一〇、一九九三年）のち、中野幡能編『八幡信仰事典』（戎光祥出版、二〇〇二年）所収。

15　徳永誓子「水無瀬御影堂と臨済宗法燈派」（『日本宗教文化史研究』五―二、二〇〇五年）、八木聖弥「後鳥羽院怨霊と後嵯峨院皇統」（『日本史研究』八―一）、同『太平記的世界の研究』（思文閣出版、一九九九年）、森茂暁『後醍醐天皇』（中央公論新社、二〇〇〇年）、松尾剛次『太平記』（中央公論新社、二〇〇一年）など。

16　田代慶一郎『夢幻能』（朝日新聞社、一九九四年）。

17　その成果として、國學院大學研究開発推進センター編『慰霊と顕彰の間』（錦正社、二〇〇八年）が刊行されている。

18　中野玄三『悔過の芸術』（法蔵館、一九八二年）、同『日本仏教美術史研究』（思文閣出版、一九八四年）。

19　佐藤弘夫『死者のゆくえ』（岩田書院、二〇〇八年）が代表的な研究成果で、『季刊日本思想史』七三（二〇〇八年）では怨霊観の変遷の特集がなされている。

20　『広辞苑　第六版』（岩波書店、二〇〇八年）。

21　『ブリタニカ国際大百科事典』（ブリタニカジャパン、二〇〇八年）。

22　中村元『仏教語大辞典』（東京書籍、一九八一年）。

23　堀一郎『我が国民間信仰史の研究』（東京創元新社、一九五三年）、宮田登『霊魂と旅のフォークロア』〈宮田登　日本を語る七〉（吉川弘文館、二〇〇六年）。

24　『シリーズ近世の身分的周縁』（吉川弘文館、二〇〇〇年）などが歴史学からの代表的研究であり、こうした試みはさらに深められていく必要がある。

25　大森惠子『念仏芸能と御霊信仰』（名著出版、一九九二年）。

26　霊魂観については、『アジア遊学』一〇一（二〇〇七年）で「日中韓の霊魂観の違い」が特集されるなどして、それぞれの国の霊魂観が紹介されているが、影響関係についてはあまり考察されていない。さらに「怨霊的」思想についての研究はこれまでほとんどなされていない。

能に現われる怨霊

永原順子

はじめに

題に「能に現われる怨霊」と書いた。

怨霊というと、非業の死をとげた人物の霊が、個人もしくは社会全体にたたる、というイメージが一般的である。ある人物が、何らかの理由で理不尽な死に方――もっと言えば、客観的に見て無念な死に方――をする。しばらくして、天災、人の変死など、〝よくない〟ことが起こる。するとその〝よくない〟ことは、先頃死んだあの人物が、無念をはらしているのでは、と人々が連想する。人々はその人物の執心がひき起こすたたりにおそれ、さらに〝よくない〟ことが起こることを避けるために、人物の霊をまつり、慰め、祈り、その魂を鎮めるよう試みる。言いしれぬ不安、〝よくない〟ことへの畏怖、などの感覚が、人々を鎮魂という儀礼に駆り立てる。

一方、能はよく「鎮魂の芸能」と呼ばれる。それは、能といえば次のような話の展開が想起されるからであろう。

一つめは、「成仏型」である。武士（主に平家）、貴族の男女、市井の男女などの亡霊（シテ：主人公）があの世からやってきて、ありし日の思い出を語り、心情を吐露する。聞き手は多くの場合、旅の僧（ワキ）であり、亡霊たちは「成仏したい」と僧にすがる。僧が亡霊たちの話を導き、読経して弔うと、霊は成仏して（したかのように暗示させて）、消え失せる。

もう一つは、「調伏型」である。こちらの主人公には、貴族の男女、市井の男女のほか、歴史的に怨霊として取り上げられる人物も名をつらねる。生霊の場合もある。霊が、成仏することを目的とするのでなく、恨みをストレートに表すためにやってくる。それらの霊が個人や社会に悪影響を及ぼし、もしくは及ぼそうとしていると、聖や修験、陰陽師によって調伏される。

能というと、こういった作品が典型的であるとされ、よって「鎮魂の芸能」と言われるのであろう。特に二つめの「調伏型」はまさに荒ぶる魂を鎮めているという感じを直に受ける。

しかし、能は「霊がやってきて成仏するか調伏されるかして、またどこかに消える」というかたちをとるものばかりではない。生身の人間はもちろんのこと、神、鬼神、妖怪、生霊、草花の霊、……様々な主人公たちの物語が描かれる。

確かに、霊の「成仏物語」や「調伏物語」は、演劇として、芸能として、非常に興味深い表現方法であり、それらにスポットをあてて「鎮魂の芸能」と称するのは間違ってはいない。そこには、冒頭で述べた、「人々が霊におそれ、その魂を鎮めようとする意思」が如実に反映されているからだ。しかし、能全体を「鎮魂の芸能」とするにはいささか問題がある。

まずは、能全体において、以上にみられる「成仏型」、「調伏型」の曲の位置づけはどのようなものか、また、能は霊魂をどのように扱うのか、を踏まえなければ、能に出てくる怨霊については語れない。また逆に、怨霊というキーワードをもとに、能による霊魂の扱い方を検討することによって、能に描かれる魂の世界も立体的に見えてくると思われる。

よって本論文では、能に描かれた怨霊を分析することで、能に反映された、人々のおそれの感覚の特徴を探ることを目的としたい。

一　能に描かれる〝もの〟――霊魂という観点から

次のような質問を受けたことがある。

「能っていろいろ怨霊が出てきますよね？　将門の能とかないんですか？」

答えは否である。おびただしい数の亡霊が登場してくる能の舞台に、いわゆるメジャー級の怨霊はほとんど現われない。では、具体的にどのような霊や人間、そのほかのものが描かれるのか、を以下に概観する。

能のカテゴリーとしては、江戸時代あたりに端を発する五番立を由来とする、「神・男・女・狂・鬼」の五種類が一般的である。しかしここでは、怨霊の位置づけを再確認するため、霊の種類（生者か死者か、人間かそれ以外か、など）に着目して分類する。

現在能………現実世界のできごとを描く。様式は描かれる内容によって様々である。
　生身の人間が中心となって話が展開する。
　物狂物………恋慕、親子の情から、もしくは憑物から物狂となる。
　劇物………義経・弁慶の物語、曽我兄弟の敵討など。
　以下のように、超越的存在が現れることもある。
　霊験物………神仏が人間界に現れて霊験を示す。
　＊現在能のうちの、次の二つが「調伏型」である。

鬼退治物、天狗物………鬼や天狗が人間界に害意をもって襲いかかる。
執心物………恨みを持つ人間の霊が生きている人間に害をなそうとする。

夢幻能………超現実的存在を主人公として過去を回想する。様式がほぼ統一されている。

主人公（シテ）が、名所を訪れた旅人（ワキ。旅の僧、勅使など）に、その地にまつわる物語や身の上を語る。前後二場に分かれ、前場は現実の人間の姿（化身）で、後場は在りし日の姿や霊の姿（本体）で登場する。一場の夢幻能も若干ある。シテの演技が中心で、ワキはシテの演技を引き出すのが主な役割である。全体がワキの見た夢や幻想だと考えられる（実際にそのように言及される曲もある）ことから、夢幻能の名が付けられた。「成仏型」はこれにあたる。

以上のように「成仏型」や「調伏型」だけでなく、能には実に幅広い題材が取り込まれている。そして、冒頭に述べた将門のような社会全体に影響を及ぼす〝怨霊〟が扱われる曲は数えるほどで、道真をシテとする一連の作品（『雷電』、『菅丞相』、など）、崇徳院をシテとする『松山天狗』、がそれにあたる。もし仮に国家規模の鎮魂を目的として能が作られたのならば、もっとメジャー級の怨霊が出てきてもよさそうに思えるのだが。

それよりも目を引くのは、「鉄輪」、「通小町」、「綾鼓」などに見られる、個人的な恨みを持つ怨霊たちである。彼らのほとんどは、恨みを晴らしにやってくるのだが、調伏され、もしくは改心して去っていく。

一方、生身の人間を中心に取り扱う、いわゆる現在能の数も多い。現行曲のほぼ半数にものぼる。この人間ドラマの面白さは、後に多く歌舞伎に取り入れられ、歌舞伎独自の変化を遂げていくことになる。そのほか、人間の霊だけでなく、妖怪、草木、昆虫の霊、ありとあらゆるシテが描かれる。

この曲種選択の偏りはどこから来るのか。

能においては、演者がすなわち作者であり、プロデューサーでもある。パトロンからの直接的な要求、または観衆や時代背景からの間接的な要求を汲んで、見る側に〝うける〟能を作る必要があった。人気がなくなれば、その演劇集団は存在できなくなる。見る側の要求にこたえることは、能役者にとってまさに死活問題である。

能を大成させ、一世を風靡した観阿弥世阿弥親子、特に世阿弥の作った能の曲を模範としつつ、後世の能作者は、その時代にあった〝うける〟の能を次々と作り出していく。そして模範とされただけに、世阿弥が作った曲が今でも数多く演じられ、同時に人気曲であることが多い。よって、次の章では、世阿弥はそれぞれの曲種についてどのような見解を持っていたのかを再検討し、曲種選択の意図を探ることにする。

二　世阿弥の意識

世阿弥は、能を作ることは、「種・作・書」の「三道」からはじまるという（『三道』）。

一に能の種を知る事、二に能を作る事、三に能を書く事也。

「本説」すなわち、能の典拠となる物語が種とされ、それをはじめとして能を作っていくという。その「種」について、世阿弥は次のようなものを例示する。

たとへば、物まねの人体の品々、天女・神女・乙女、是、神楽の舞歌也。男体には、業平・黒主・源氏、如此遊士、女体には、伊勢・小町・祇王・祇女・静・百萬、如此遊女、是は皆、其人体いづれも舞歌遊風の名望の人なれば、これらを能の根本体に作なしたらんは、をのづから、遊樂の見風の大切あるべし。又、放下には、自然居士・花月・東岸居士・西岸居士などの遊狂、其外、無名の男女・老若の人体、ことごとく舞歌によろしき風体に作入て、是を作書すべし。如此大切の本風体を求め得るを、種と名付。

次に、世阿弥は、能のシテの基本として、老体、女体、軍体、の三種類（三体能作）をあげている。老体は、ほぼ脇能＝神をシテとする能をさす。この能は、前場で老人が姿を現し、その実体が後場に神となって現われるという形をとる。

つづく女体は、「貴人」の女体＝「女御・更衣・葵・夕顔・浮船など」、さらに「玉の中の玉を得たるが如くなる事」と称せられる、「六條の御息所の葵の上に付き祟り、夕顔の上の物の怪に取られ、浮船の憑物など」である。また、女物狂にも高い評価を与える。

軍体については、「源平の名將の人体の本説」であり、「平家の物語のまゝに書くべし。」とある。

以上の三種類が基本となる三体であるが、その後に補足説明のように、放下、すなわち游狂物、物狂などをシテとする能の作り方が続く。

一、放下。是は、軍体の末風、砕動の態風也。自然居士・花月・男物狂、もしは女物狂などにてもあれ、其能の風によりて、砕動の便風あるべし。

「末風」とは、「派生的風体」であり、これらは軍体からの派生形態であることがわかる。ここに「砕動」というキーワードが登場する。次の章ではそれが詳しく解説されている。

一、砕動風鬼の能作。是、軍体の末流の便風也。是は、形鬼心人也。かやうの能、他分、二切れの能也。初め三段、もしは二段ありとも、短か短かと書て、後の出物、定めて霊鬼なるべし。

（中略）

又此外、力動風鬼有。力動風鬼ハ、勢形心鬼也。其人体、瞋ル態相ノ異風也。此風形、当流ニ不得心。只、砕動風鬼、以此見風ト成所也。

「砕動風鬼」は軍体の派生形態であり、「形鬼心人」すなわち、形は鬼であるが、心は人、という体である。それに対して、「勢形心鬼」＝勢いも形も心も鬼、という「力動風鬼」もあげられるが、世阿弥の流派では「不得心」、すなわち演じられることがない、とされる。

さらに、具体的な曲の例をあげている。

一、大よそ、三体の能懸、近來、押し出だして見ゑつる世上の風体の数々。
八幡　相生　養老　老松　塩釜　蟻通　如此老体数々。
箱崎　鵜羽　盲打　静　松風　百萬　浮船　桧垣　小町　如此女体。
道盛　薩摩守　實盛　頼政　清經　敦盛　如此軍体。
丹後物狂　自然居士　高野　逢坂　如此遊狂。

恋の重荷　佐野の船橋　四位の少将　泰山もく　如此砕動風。
此能共を以て、新作の本体とすべし。

老体、女体、軍体、遊狂、砕動風、と続き、さきほど「不得心」とされた力動風の能は入れられていない。

さてここで、前章で試みた分類と比較してみる。まずはじめに気づくことは、世阿弥は、シテが神か人か、また魂の生死の別、などは、全く気にしていない、ということである。

たとえば、女体にあげられている「松風」のシテは、行平を慕う美女姉妹の亡霊（シテは姉）であるが、一方、「百万」のシテは、物狂の女、生きている人間で、さすらった末、我が子と再会する、という人間ドラマを繰り広げる。「箱崎」、「鵜羽」のシテは女神である。女体、という括りがあるだけで、魂の種類にはこだわっていないことがわかる。ちなみに、砕動風には、冥府の鬼神である泰山府君（「泰山もく」）と、恋した若き女に亡霊になりながらもなおつきまとう老人の霊（「恋の重荷」）が並んでいる。

世阿弥の興味の中心は、能の種＝本説（能の典拠となる物語）であり、それを背負ってたつシテの立ち姿によって分類されており、シテが内側にもつ魂には目を向けていない。

しかし、かろうじて「砕動風」の説明に「心」ということばが見られ、シテの内面への視点が伺える。次にあげる『二曲三体図会』では、挿絵と共にさらに詳しく「砕動」と「力動」の説明がなされている。

砕動風　形鬼心人　身動足踏生曲出所

此砕動風、形は鬼なれ共、心は人なるがゆへに、身に力をさのみ持たずして立ふるまへば、はたらき細やかに砕くる也。惣じて、はたらきと申は、此砕動之風を根体として、老若・童男・狂女などにも、事によりて砕動之心根可有。花鏡云、「身強動足宥踏、足強踏身宥動。」云。

力動風　勢形心鬼

是は、力を体にしてはたらく風なれば、品あるべからず。心も鬼なれば、いづれもいかつの見風にて、面白きよそほひ少なし。然共、曲風を重ね、風体を尽くしたる急風に一見すれば、目を驚かし、心を動かす一興あり。さるほどに、再風はあるべからず。可心得。

ここでも「形鬼心人」が述べられ、他の体にも「砕動之心根」がある、と指摘される。一方、力動風は、高く評価されない。ただし、『三道』のように全く否定するのではなく、一時的な感興は生じる可能性もあると指摘される。

次に、『花伝書』「第二物学条々」にある、鬼の項を見てみよう。

鬼

是、ことさら大和の物也。一大事也。凡、怨霊・憑物などの鬼は、面白き便りあれば、易し。あひしらひを目がけて、細かに足・手を使ひて、物頭を本にして働けば、面白き便りあり。

まことの冥途の鬼、よく学べば、恐ろしきあひだ、面白き所更になし。まことは、あまりの大事の態なれば、これを面白くする物、稀なるか。

前者の鬼は、非常に面白いとされていることから、ここでいう「怨霊・憑物などの鬼」が砕動風鬼を、後者の面白くないとされる「冥途の鬼」が力動風鬼を、それぞれ示唆するものと思われる。怨霊の鬼は鬼でも、人の心のある鬼としてとらえられるのである。『三道』に「恋の重荷　船橋　四位の少将　泰山もく　如此砕動風」とあったように、執心をもつ霊、いわゆる冒頭で述べた「調伏型」の能がこれにあたる。

以上、三体（老体・女体・軍体）に遊狂、砕動風、を加えたものを中心として、能の作品は生まれていった。力動風の能は、前述のように世阿弥の時代には重視されていなかった。しかし、見た目が派手で、ショー的な要素を持つため、後世の作者たちはそのような能を多く書く傾向にあり、それらが後の鬼退治の能にもつながっていく。

ここで、世阿弥の作能の姿勢を今一度確認してみる。前述したように、世阿弥の能作者としての意識には、魂への興味は感じられない。霊魂の種類、というものを軸としてはいないのだ。たとえ作曲していった結果として、魂を描くことになったとしても、最初から「魂を描く」という意識はなかったということである。

登場人物が、亡霊であろうと、生身の人間であろうと、神であろうと、世阿弥は意に介さない。本説をもとに、様々な物語を舞台に展開していくことが眼目であった。本説のおもしろさがあればよい。魂の種類がどうのこうのというよりも、物語や世界観にその意識の中心がある。

ただ、唯一、怨霊とのつながりを見せるキーワードがある。世阿弥の伝書のあちこちで触れられている「砕動風鬼」である。そして、「形は鬼なれ共、心は人なる」というシテの心情を、シテ―ワキの形によって引き出してきて、いかに本説を効果的に語らせるか、というところに重点が置かれている。では、次にこの「怨霊・憑物などの鬼」について詳しく見ていくことにする。

三　「砕動風鬼」――「調伏型」に描かれる怨霊たち

『三道』にあげられている、砕動風鬼の曲の例は、「恋の重荷　船橋　四位少將　泰山もく」である。「恋の重荷」は、身分違いの恋にやぶれた老人が自ら命をたち、その恋心を踏みにじった女御にとりつく。「船橋」では、非業の死をとげた男女の亡霊が現れる。男が通い道の橋板を女の親にはずされて川に落ち、死後、女とともに悪霊となってこの世にやってくる。「四位少將」は、今の「通小町」とされている。深草少将と小町の霊があらわれ、生前、自分を無碍に扱った小町にとりつき、小町を苦しめる。「泰山もく」は金剛流にのみ現存する「泰山府君」とされる。これだけ毛色が少し違い、冥府の王が、桜の命をのばすという趣向である。

「泰山もく」以外の三曲に共通する点は、亡霊が恨みをはらしにやってきて、その結果調伏されるか、もしくはその末に改心し、翻って守護となることを約束して消えていくところである。彼らの立ち姿はものすさまじく、おどろおどろしいが、その心は大きな傷を負い、苦しんでおり、それをワキに吐露する。まさに「形鬼心人」なのである。

では次に、これら「本体」と呼ばれる模範例の能と、菅公や崇徳院を描いた能との異同を見ていきたい。

菅原道真に縁のある曲は大別して次のように二分できる。一つは比叡山の僧、法性坊僧正と道真のやりとりから道真が天神となる経緯を中心に描いたもので、「一夜天神」「菅丞相」「雷電」「妻戸」「来殿」がある。もう一つは天神ゆかりの寺社や土地、神仏を描いたもので、「老松」「藍染川」「道明寺」「右近」「輪蔵」などがそれにあたる。今回は直接的な本説を下敷きにした、前者のもののみ取り扱う。

それらの曲に関しては、小田幸子氏が詳細な分析を試みている。[1] 観阿弥時代から、「天神の能」と表記される曲が存在している。以下は、『申楽談義』二十二段でに見られる奇術で、これが天神を題材にした初期の能である。

飛出は、菅丞相の柘榴くわっと吐き給へるところを打つ。天神の面、天神の能に着しよりの名なり。

この「天神の能」とは、「菅丞相」か「一夜天神」であろうとされる。昨年に復曲されるまで、「菅丞相」の詞章は残存していながら廃曲状態、「一夜天神」の詞章は散佚している。これら二曲に関して、小田氏は両曲の作者が似た立場に立っていることのみを指摘してその二つのどちらかには決着していないのに対し、天野文雄氏は「菅丞相」が「天神の能」である可能性が高い、としている。[2]

「一夜天神」の残存する詞章には、筑紫太宰府まで護送されてきた道真が、あまりの悲しさに一夜で白髪となった様が描かれている。これは応永年代に禅徒の中に生まれた「一夜白髪天神説」を下敷きにしていると思われる。「菅丞相」はその「一夜白髪天神説」に触れつつ、道真の怨霊がいかにして天神となるかの顚末を中心に物語が進行する。これらは『北野天神縁起』や『太平記』[3]などに取材したものである。次頁に「菅丞相」と「雷電」の相違点をまとめた。

「菅丞相」では道真は同情すべき対象、また、畏敬の念を抱く、根強い御霊信仰の対象として現れる。それに対して「雷電」では道真は人間味をほとんど失い、調伏すべき鬼として現れる。これらから小田氏は、「菅丞相」を「復讐型」鬼能、「雷電」を「調伏型」鬼能であると結論づけ、さらにそのような「雷電」の特色は後代の作品に見られることから、「菅丞相」を翻案したものが「雷電」であると結論づける。

	「菅丞相」	「雷電」
(前)	一夜白髪の逸話、太宰府までの旅とそこでの生活と無念をしみじみ語る。	僧正との再会を喜び、師弟の契りを確認。無念さよりも、師への恩を語ることに重点がある。
(後)	内裏に向かう僧正（ワキ）の車を妨害し、火雷神（ツレ）が賀茂川と白川を氾濫させる。道真（後シテ）が登場、僧正の懇願により内裏まで車を案内する。	内裏で祈祷する僧正（ワキ）、内裏に襲いかかる雷神＝道真（後シテ）僧正と雷神の対決→僧正の勝利。
後場におけるシテの位置	道真（後シテ）は雷神を従えた絶対神として現れる。登場直後に圧倒的な力で内裏をおびやかし、道真が優位に立つ。	登場直後から僧正（ワキ）と雷神（後シテ）の対決が描かれる。道真より僧正が優位。
小田氏の分析	復讐型	調伏型

「菅丞相」、「雷電」いずれも、前場の最後に、怒りをあらわにした道真の霊が、妻戸に柘榴をはきかけて炎上させて去るが、後場は大きく変化がある。

「菅丞相」に描かれる道真は、心情を吐露し、後でも、道真の霊は雷神とは別に描かれる。それは、道真の人間の部分と鬼の部分を分けるかのようである。道真の霊は、僧正に諭されると、あっけなく納得し、僧正を内裏まで送り届け、国家鎮護の助けとなると約束して去る。一方、「雷電」の道真は、後において、いきなり雷神となって現われ、法性坊と真っ向から対決したあげくに退治され、改心を強要されてしまう。

また、宝生流では現行曲に「雷電」はなく、かわりに「来殿」がある。宝生流を篤く庇護した加賀の前田家の祖先が菅原道真ということで、道真が雷神となった末に調伏されてしまうという後場の演出を嫌い、前田斉泰《なりやす》が菅公九五〇年忌にあたる一八五二年、「雷電」上演の際、「雷電」を「来殿」として当時の宝生太夫に改作させた。後場を大幅に変更し、和解と祝福の能に作り変えている。前場の最後の部分の「なる雷となり内裏に飛び入り。われに憂かりし雲客を蹴殺すべし。」という詞章はなくなり、「恨みは今によも尽きじ」と、より穏やかなものへと変更されている。この「来殿」は他四流の「雷電」とは全く異なり、神号を賜ったことへの感謝の舞が表現される。妙なる音楽の中、菅丞相の霊は天満天神となって現れ、大富天神の神号を賜った君恩を喜び、早舞（舞事の一種。高貴な人の優雅な舞）を舞う。そして再び神霊は北野へ移っていく、というものである。しかし、能の構成としては、あまりにも前と後の統一性がなく、また前から後への変化にも唐突な感があり、評価は低い。金剛流も一九二九年から「金剛流謡本昭和版」に「来殿」にならった「妻戸」を組み入れたが不評、七一年に廃曲、現在は「雷電」を所演曲としている。

ここに、怨霊をあつかった能の苦悩が現われている。一旦、道真から離れた鬼の存在にも、やはり生前の道真が色濃く影を落としており、改作を余儀なくされている。前述のとおり、「菅丞相」が観阿弥世阿弥のころからあったとすれば、同曲は、砕動風の能の一つに数えられていたと思われる。しかしその後さまざまな改曲がなされる。そして、「菅丞相」は廃曲となり、「雷電」、「来殿」も非常に遠い曲（ほとんど上演されない曲）となってしまう。

次に崇徳院をシテとする「松山天狗」である。前場、西行が崇徳院ゆかりの地を訪れると、老人が現れて崇徳院の生き様を語り、自分は天狗で、崇徳院を慰めるものである、と告げて姿を消す。後場において、崇徳院が「来殿」の後シテと同じような姿かたちによって高貴なものとして表現される。そこに天狗たちが院を慰めにやってくる。

地「かくて舞楽も時過ぎて。かくて舞楽も時過ぎて。御遊の袂を返し給ひ。舞ひ遊び給へば。又古の都の憂き事を。思し召し出し。逆鱗の御姿。あたりを払つて。恐ろしや。

地「あれあれ見よや白峯の。あれあれ見よや白峰の。山風あらく吹き落ちて。神鳴り稲妻しきりに満ち満ち雨遠近の雲間より。天狗の姿は現れたり。

〈早笛〉

ツレ「そもそもこれは。白峯に住んで年を経る。相模坊とは我が事なり。詞「さても新院思はずも。此松山に崩御なる。常々参内申しつゝ。御心を慰め申さんと。小天狗を引き連れて。地「翅をならべ数々に。翅をならべ数々に。此松山に随ひ奉り。逆臣の輩を悉く取りひしぎ。蹴殺し会稽を雪がせ申すべし。叡慮を慰め。おはしませ。

〈働〉

シテ「其時君も悦びおはしまし。地「其時君も悦びおはしまし。御感の御言葉数々なれば。天狗もおのおの頭を地につけ拝し奉り。これまでなりとて小天狗を。引きつれ虚空にあがるとぞ見えしが。明け行く空も白峯の。明け行く空も白峰の梢に。又飛びかけつて。失せにけり。

生きながらにして天狗になるという『保元物語』の記述や、天狗を束ねる大天狗になったという『太平記』の記述から、崇徳院と天狗との結びつきは明らかであるが、気になるのは、前シテが天狗の化身、後シテが崇徳院というねじれが起きていることである。これはあまりほかの曲では見られない。さきほどの「菅丞相」の例に比するとと、道真の荒ぶる魂が鬼として分割されたように、天狗の形を借りて崇徳院の怒りを表現したと考えられる。

「松山天狗」も、崇徳院を天狗と結合すれば「雷電」型になったはずであるが、残念ながらそのような曲は見あたらない。「雷電」が「来殿」に改作されたように、崇徳院を調伏するというのが憚られたのかもしれない。

以上をまとめると、菅公、崇徳院は、形は鬼、心は人という「砕動風鬼」のかたちにのっとり、怨霊としての苦悩や恨みをあらわす人間のかたちとして現われ、社会へ害をなす荒ぶる部分が鬼や天狗として分離されたと見ることができる。

では他の「砕動風鬼」の能とは、何が違うのか。他の曲では、個人的な恨みをはらしにやってきた怨霊が、そのまま〝単体〟で調伏されるか、僧の回向をうけて恨みが解消され、去っていく。模範とされた前述の三曲だけでなく、「鉄輪」「葵上」など、ほかの怨霊を描く能でもそうである。なぜ菅公、崇徳院のみ魂の分割がなされるのか。鍵は〝調伏〟という行動にある。

四　能に描かれる怨霊へのおそれ

道真、崇徳院、これら社会全般に祟ってくる怨霊は、国家的規模の鎮魂が必要である。人口に膾炙した怨霊に対する人々のおそれも並々ならぬものであっただろう。それらに対して、ほかの怨霊と同様、そのまま〝調伏〟するという行動は不可能であり、タブーであったはずだ。それは、道真の能がさまざまに改訂されたことからも明らかである。かといって、ただまつりあげるだけでは、「砕動風鬼」の「面白き」ところがなくなってしまう。そこで魂をわけ、怨霊の人である部分を「形鬼心人」として取り出し、荒ぶる魂は別のかたちとして描くという対処がとられたのではないか。

この動きは、能の変遷を知る上でも重要である。「砕動風鬼」から「力動風鬼」的な能への移行を少なからず暗示させているからだ。「雷電」が「菅丞相」の後に作られたということの裏付けにもなるだろう。

さらに指摘したいのは、本説および怨霊に対する強力なカウンターパートの有無である。能作の種としての本説は、世阿弥が重視したように、能の中心となるべきものである。まずは怨霊を取り巻く物語があり、それらが流布していることに加え、菅公に対する法性坊尊意、崇徳院に対する西行、という怨霊と対等に語り合える存在が必要なのである。それは、下から上へという「まつりあげる」行動でもなく、上から下へ「調伏する」行動でもなく、人間と人間として対等な視点であるともいえる。そこまでそろってはじめて、メジャー級の怨霊は能の舞台に立てたのだろう。

ここで、一つ疑問が残る。本説、すなわち物語が基底にあり、しかも対等な視点としての人間の存在もある。では能の怨霊たちは怖くないのか。実際、「松山天狗」の崇徳院を見ると、姿かたちも生前のまま、貴族の優雅なかたちとして現れている。直接的な恐れはそこからは感じられない。

蛇足を省みず考察すると、「繰り返しの恐怖」にたどりつく。次の「鉄輪」の一節(曲の最後の部分)を見てほしい。

まづこの度は帰るべしと。いふ声ばかりはさだかに聞こえて、いふ声ばかり聞こえて姿は、目に見えぬ鬼となりにける。目に見えぬ鬼となりにけり

すなわち、「今日はここで帰るけれどもまたやってくるぞ」という声を残して去っていくのである。能の形態に落とし込むということは、同時に繰り返し可能、再生可能なものとなるということである。ほかの怨霊の能では、この「鉄輪」のようにはっきりと表現されないが、暗黙のうちに了解されているであろう。怨霊の物語は、

繰り返されるたびに人の心に恐怖を想起させ、自らを増殖させていくことができる。崇徳院の『雨月物語』しかり、菅公の菅原伝授しかり、である。そこでの恐怖は、物語を通してじわじわと伝わってくる間接的な恐怖といえる。砕動風鬼の曲という恐怖の再生産装置とともに、人間と適度な距離を保ちつつ、能の怨霊は存在し続けていくのである。

注

1 小田幸子「「一夜天神」考」（『能―研究と評論―』九、月曜会、一九八〇年十二月二十日、二八―四四頁）、「天神の能」（『芸能史研究』七十三、芸能史研究会、一九八一年四月三十一日、一―八頁）。

2 天野文雄「《菅丞相》と「天神の能」―『申楽談儀』第二十二条「面の事」再検―」（寄進御能菅丞相パンフレット菅丞相詞章、二〇〇二年四月二十六日）。

3 巻十二「大内裏造営事附聖廟御事」。

付記　なお、本文中における能の詞章は、名著全集本『謡曲三百五十番集』（日本名著全集刊行会）に、世阿弥の伝書に関するものは、日本思想体系『世阿弥・禅竹』（岩波書店）によった。

蚊帳と幽霊

常光　徹

歴史的に蚊帳の記録は早くから確認できるが、庶民のあいだに普及したのは江戸時代になってからだという（小泉　一九八九）。最近では見かけることが少なくなったが、蚊の害を防ぎ夏の夜の安眠を得るための夜具として、長いあいだ重要な役割を果たしてきた。人びとの生活と深く関わりながら重宝されてきた道具だけに、蚊帳にはさまざまな言い伝えや儀礼が伝承されている。五月に吊り始めたり九月に仕舞うことを忌む禁忌や、蚊帳作りに伴う儀礼など蚊帳の民俗は多様だが、本稿では蚊帳をめぐる魔除けと怪異について考えてみたい。

一　雷除けと蚊帳

雷除けの呪いは全国的に伝承されており内容も変化に富むが、ここでは主に蚊帳と関わる事例を中心に取り上げてみたい。「雷鳴のときには蚊帳の中に入ると安全」との俗信は全国的といってよい。土地によってはただ蚊帳に入るだけでなく呪的な行為を伴っている場合も少なくない。よく知られているのは「くわばら、くわばら」という唱えごとだろう。長野県南箕輪村では「くわばら、くわばら越後へ行け」と言って蚊帳の中に入るという（南箕輪村　一九八四）が、ところが一方、新潟県栃尾市では「ここはくわばらですけ、信濃に飛んでくれ」と言い（鈴

木　一九八二）、お互いに押し付けあっている。長野県内には「くわばら、くわばら上州へ行け」と言う土地もある。雷が桑原を避ける由来については諸説ある。たとえば、江戸時代の『夏山雑談』には「桑原といふ所は、むかし菅家のしろしめしたる処なり。延長の霹靂、其後度々雷の堕たりし時、此桑原には一度もおちず。雷の災のなかりしとかや。これによつて京中の児女子、いかづちの鳴時に桑原々々といひて咒しけるとなり。今にいたりてかくいふ事なり」とみえる（日本随筆大成　一九七四）。また、和泉国の桑原の井戸に落ちた雷を土民が井戸に蓋をし、雷を謝らせた。それから桑原に落ちることがなくなったともいう（『和泉名所図会』）。沖縄では「クワーギヌマタ、クワーギヌマタ（桑木の叉、桑木の叉）」などというが、その訳について、伊波普猷の『古琉球』には、雷が桑木に落ちてその叉にはさまれて死んだので桑木の叉という呪文が唱えられるようになったと紹介されている（北中城村史　一九九六）。こうした伝承の源には、桑には邪気を払い魔を避ける力があるとする考えが横たわっている。この点について中村義雄は、古く宮中において、お産の際に辟邪や邪気をはらう狙いで桑の弓・蓬の矢が用いられた例を示し「雷鳴のときや不吉のおりなどにクワバラ、クワバラととなえる俗信も、桑を神聖な霊木で、災厄をはらう呪力があると信じられてきたことを物語るもの」と指摘している（中村　一九七八）。奈良県大和地方で、雷鳴のときには庭や門に鍬を立てるとよいというのは、あるいは桑からの連想によるものかも知れない。

徳島県小松島市では「雷が鳴るときは蚊帳の中で線香を立てて寝ておれば落雷しない」という（小松市史　一九七七）。土地によっては、門口や竈に線香を立てるだけとか、線香を立ててから蚊帳に入る場合もありそのやり方は一様でないが、線香も雷が嫌う代表的なものの一つである。林宏の『大和まじない資料集』には「雷ハ火ヲ怖れて、火ノ側ニハ近付カヌトイフ。ダカラ、必ズシモ線香ニ限ラズ、煙草ヲ喫ッタリかまどノソバニイルノモヨイ」とみえている。線香のほかにも「年越のふくわうちの時の煎った豆を別に残しておき、びんに入れて高い所へ虫のつかないようにつっておく。雷がなったら蚊帳の中で、その豆を食べると雷がおちない」という（三重県大山田町)。岡山県倉敷市でも「大晦日に煎った鬼の豆を枡に入れて神棚に供えておき、初雷のとき蚊帳の中で食べると雷が落ちない」と伝えている。初雷のときに節分の豆を食べる所は多い。落雷を除けるだけでなく、悪難をのがれる(高知)とか中風にかからない(滋賀)などといって重宝する。鬼の退散に用いた豆には特別の力から宿っていると考えるのは自然で、はやく、『時慶卿記』慶長一〇年(一六〇五)二月二五日の条に「初雷ナレバ節分大豆ヲ用」とあり、この習俗の古いことがわかる(鈴木　一九八二)。

雷鳴のとき蚊帳に入って難をのがれようとするのは一般的だが、その際、秋田、岐阜、愛知、京都、和歌山、岡山、高知などでは、わざわざ麻の蚊帳に入れといっている所がみられる。福岡県太宰府市では「雷が鳴る時は麻の蚊帳に入り線香を立てるとよい」といい、なかには、麻の蚊帳は「幾分電気を防げるし、又電気は蚊帳を伝わって中の人体には伝わらないと考えたもの」と合理的な解釈をしている例もみられる(大内町教育委員会　一九八二)。蚊帳の素材は麻のほかに木綿など何種類かあるが、とくに麻が強調されるのは麻と魔除けの関係が意識されているからに他ならない。災いを防ぎ祓う呪的な手段に麻が登場する例はいくつもある。生児に初めて着せる産着に麻の葉模様の布地を用いるのは一般的といってもよい。成長の早い麻にあやかって子どもの健やかな成長を願う意味が込められているが、それとともに、麻の葉模様自体に魔除けとしての力が宿っていると考えたからであろう。この点について、近藤直也はつぎのように述べている。

赤子から子供へと変革するためには、どうしても赤子としての性格を祓い去らねばならなかったのである。祓いと解釈すれば、麻の葉模様・×形・三角紋を産着につける必然性が明らかになる。生まれ出る子供にとって、胎内にある時期は胎児であり、出産によって初めて赤子になれる。ところが、民俗では産着を着るまでは、まだ胎児と見做されていた。ボロヅツミの習俗はその反映である。呪符のついた産着を着せる行為は、単なる魔除けではなく、祓いによって、胎児から赤児へ変革させることを意味する(近藤　一九八二)。

×や△が魔よけの意味をもつことについてはつとに知られているが、この点から麻の葉模様に注目すると、確かに、多数の斜十字(×)と三角(△)の組み合わせが連続する図柄である。おそらく、そこに邪悪なモノの侵入を防ぐ強力な力を認めてきたのであろう。他にも、麻の葉は周りがぎざぎざの鋸歯の形状である点も見逃せない。

蚊帳と雷の関係でいまひとつ興味深いのは三隅蚊帳の習俗である。蚊帳を取り付けるときには四隅の吊り手を長押の鉤などに掛けるが、吊り手の一つを外した状態をミスマカヤとかミスミカヤという。蚊帳の三隅を吊って入ると雷が落ちない(愛知・佐賀・福岡)といい、福岡市では「雷ひどいときは、蚊帳を三角につって入り、くわばらくわばらというと落ちない」と伝えている(高津)。愛知県の『西春町史』には「雷が鳴ると蚊帳に入るということは、西春町全体で聞かれたが、地区によって細かい点で相違がある。蚊帳が麻でなければならないことは共通している。麻は電気を通さないという理由のようだが、麻の蚊帳は高価なので、木綿の蚊帳しかない家が多かった。だから、実際には蚊帳であれば何でもよかった。このとき、蚊帳の四隅を吊ることが多かったが、一隅を吊らずに入ることがあった」と記されている(西春町史　一九八四)。三隅蚊帳は葬送の習俗とも結びついているが、それにしてもわざわざ吊り手の一つを外した状態に特別の効果を期待する根拠は何であろうか。筆者自身は三隅を吊った状態の蚊帳を見たことはないが、おそらく三角柱のような形になると思われる。そうであれば、意図的に三角を表す空間をつくりだしてその中に籠もるためと考えられないだろうか。

凄まじい雷鳴とともにときには落雷の被害をもたらす雷は、昔も今も畏怖の対象だが、かつては人知を超えたものの仕業として一層怖れられていた。蚊帳はこうした雷の害を防ぐことができると信じられてきた身近な生活の道具である。蚊の侵入を防ぐための利用にとどまらず、その背後には素材である麻の呪性や特別の吊り方、あるいは網目模様など、蚊帳は人びとの心意と深くかかわりながら生活のなかで独自の民俗を形成している。

二　死者と蚊帳

雷除けに三隅蚊帳に入る例を紹介したが、実は三隅蚊帳は中に死者を安置する蚊帳でもある。新潟県佐渡では「タテ棺からネセ棺に移るのは、だいたい海府方面などでは、昭和初期からであるが、死者はすぐ北枕に臥せて合掌を組ませ、一方のつりてをはずしたミスマ蚊帳をつって、オガラを十文字にした魔除けを蚊帳の上にのせた」という（新潟県　一九八四）。死者を蚊帳で覆う習俗は九州から沖縄に顕著にみられる。長崎県対馬では「死んだら北枕に寝せてその上に一つの吊り手だけを外した三方の蚊帳を吊る。豆酘ではこれを『みすみ蚊帳』と称していた」（斎藤　一九八六）といい、鹿児島県大根占町でも「死人に用いる蚊帳は三角を張れ」という。高重義好は「大島郡三島村の葬制」で「南島でも死者に猫の近付くのを警戒している。ムシロをたて回すのも、死者をかくすというより猫（邪霊）の侵入を防ぐためと考えられる。三島は意外と猫が少ないが、猫の多い屋久島では三隅カヤを吊り警戒する」と報告している（高重　一九七一）。長崎県北松浦郡小値賀島では「元は死人の湯灌は蚊帳を三ところだけつって、その中でしていた。だから、ふだん三ところはつらぬ。また棺の中に、蚊帳の切れを少し切って入れる」という（柳田　一九七五）。

蚊帳はそれ自体が邪悪なモノの侵入を防ぐ役割を担っていることは雷除けの伝承をみても明らかで、猫に象徴される邪霊から死体を守る意図で蚊帳が吊られているのは容易に想像される。しかし、わざわざ三隅蚊帳にすることの意味は今ひとつ判然としない。常日頃はふつう行わないという点では、死の現場でしばしば顕在化する逆転した行為の一つといえよう。井之口章次は、死者の経帷子を縫う際に糸尻を結ばないのは「完全な形に縫いこめることを嫌ったためであろう」とし、三隅蚊帳もこれと一つながりの心持であると推測している（井之口一九六五）。これを受ける形で井本英一は「三隅蚊帳の理由の一つに、『満つるを嫌う』という心性があるとするのは、否定できない。完成してしまわないのは、多くの文化では、悪魔の邪視を避けるためだとされる。本来、四つあるべきものが三つしかないのは、日常的なものに対し、非日常的なものを考えさせる」と述べている（井本　一九九九）。先に三角を表象することに意味があるのではないかと言ったが、いずれにしてもこの状態が外敵に対してより強力な防御壁になるとの認識があったわけで、ここから雷除けにも転用されたのではないかと思われる。沖縄県竹富町で「ンナカチャー（人の寝ていない蚊帳）は魔物が寝るといってきらわれる。また、三隅蚊帳は魔物が入らないとされ、寝床につくまでは三隅だけつって一方をはずしておく」（上勢頭　一九八五）というのも、魔除け効果の高い三隅蚊帳を日常的な利用に用いた例といえよう。

三隅蚊帳の習俗は広く分布するが、沖縄県糸満町兼城集落では、遅く亡くなってその日に荼毘に付すことができない場合は「ダビガチャを二耳だけつるし、近親者だけが集まり、婦人は蚊帳の内側、男子は外側で死者と共に一夜を明かす」といい、蚊帳を吊るのは、猫が死者を飛び越えないためと説明している（琉球大学　一九六九）。また、蚊帳を二人で吊ってはならないという所も沖縄には多いが、これは、蚊帳で死者を隠すときには二人で吊るため、普段この行為を忌むのであろう（島袋　一九七七）。三隅蚊帳に限らず沖縄では死者を蚊帳の中に寝かせる所が方々にある。酒井卯作は、死者を覆う蚊帳について、これを喪屋の略式とする『禁忌習俗語彙』の解説や、同様の見解を示した谷川健一の考えを参照しつつ「屋内を喪屋とした名残ではないか」と推測しているが、その一方で「死者を蚊帳で囲むという琉球列島の広い地域の風習も、悪霊、つまり死マブイから死者を守ろうという意図がその根底になかったかどうか、これは喪屋の機能と共に考えてみる問題だと思う」とも述べている（酒井　一九八七）。沖縄では死者を蚊帳で覆うのは当日に葬式がだせない場合との例がみられ、また、この習俗は沖縄に限らず広い地域で確認されており、これが喪屋の名残であるかどうかについては慎重な検討が必要だろう。ただ、いずれの事例も、死の現場に徘徊する邪霊から死者を守るという点は共通している。

三　蚊帳をのぞく幽霊

「蚊帳は一日で縫い上げるもの」（秋田・徳島・長崎）とか「蚊帳は八人して一日に縫い上げるもの」（島根）「蚊帳は大人数で一潮に縫うもの」（山口）といい、一人で縫うことを忌む（青森・秋田）。井之口章次は、長崎県北松浦郡小値賀島の蚊帳を作る様子について「このあたりの蚊帳仕立て祝いはすこぶる盛大なもので、嫁とる前に張らせる蚊帳だから大きく祝うのだとか、長男の蚊帳をつくるまでは母親は母親の責任を果たしてないとまでいう。蚊帳を縫うときはヒシテ（一日）で作り上げねばならぬものとしており、女どもが何人もトヤカカッテ（とりついて）つくる」と報告している（柳田　一九七五）。

『郷土研究』四巻九号（一九一六年）には蚊帳作りについて、宮武粛門の次のような興味深い報告がみえる。

肥前川上郷（長崎県）の話拾遺　蚊帳を縫うているうちに雷鳴があると不吉だと言い、近所の者手伝いに来て一日の中に縫い上げる。出来上った時はコウバン（炒麦粉）を出して、先ず四天王に供えた後、手伝いに来た一同の者と共に新調の蚊帳の中で之を食べる。私の郷里東讃津田郷でも、蚊帳は一日に仕上げるものとしてやはり近所から手伝いに来るが、是は雷を厭う為とは言わず、縫いさしにして置くと火災に罹ると言う俗信があるからである。又四天王と言うのは、蚊帳の上端四隅に普通赤色三角の布きれを当てた所のことであるが、何故か甚だ之に重きを置き、布団などにも同じく四隅に四天王の縫綴じがあり、女の湯具にもそれが付けてある。

蚊帳を作るにあたっては、さまざまな禁忌や儀礼を伴っていたことがわかる。それは、外から近づいてくる邪悪なモノを遮断し、内にいる人間の魂の安全を担う役割をもった道具だからであろう。とくに、複数の人間で一日のうちに仕上げねばならない点が強調される。蚊帳は一日で縫い上げろと各地でいうのは、夜を跨ぐなという意味であろうが、なぜ、夜を挟んだ二日がかりの製作を忌むのだろうか。未完成の蚊帳が、夜という人間がコントロールできない時空間に置かれることで邪悪なモノの影響を受けるかも知れないという心配から発しているようにも思えるが、それよりも、本来一つづきのまとまりとしてあるべきものが、夜を挟むことで二分されてしまうという意識があったのではないだろうか、言い換えれば、縫う日が異なることで、一つの蚊帳のなかに異なる二つの同じものが存在するという状態が生れることへの忌避、つまり、一軒の家に二人の妊婦がいることを忌む相孕みの俗信などに通ずる不安があるのではないかと考えられる（常光　二〇〇六）。

ところで、一日で仕上がらなかった場合はどうなるのだろうか。秋田県雄勝郡や山本郡では「蚊帳は一日で縫い上げないと幽霊が入ったり又ひっくるまったりする」といい、由利郡では「親戚が死んだ時は魂が来る、其の際蚊帳を吊って置けば入らない」という土地がある（東北更新会　一九三九）。同県平鹿郡でも、一日中に縫い終えぬ蚊帳には幽霊が入るといって、蚊帳を縫う時に手の足らない家では親しい人に手伝いを乞い、必ず一日中に縫い終えると伝えている。言い換えれば、一日で縫い上げた蚊帳には幽霊は入らないということである。沖縄県大宜味村では「幽霊に追われたら蚊帳の中にかくれよ。入口が無いから入れない」といって幽霊除けの効果を説いている。人々が蚊帳に邪霊の侵入を遮る力を認めてきたことはすでに述べたが、そのなかでも、蚊帳と幽霊の関係は一種の取り合せのようになっていて俗信以外の場面でもしばしば登場する。

湯本豪一編『明治期怪異妖怪記事資料集成』(国書刊行会)は、明治期の新聞に載った怪異・妖怪記事を集めたものだが、このなかの幽霊を取り上げた記事には同時に蚊帳が描かれている例が少なくない。「西京新聞」明治一三年八月三一日にはこんな幽霊話が紹介されている。

> 下京区第弐拾組建仁寺町四条辺の野村某(三十七)は、去る廿日夕暮女房を相手に一杯やつている所へ、友人が二人来て何所へ行かふといふから否とも言はれず四条河原を彷徨《うろつき》藤屋の床で飲直し夫から八坂新地富永町切通し東へ入南側の或青楼《をちやや》へ上り芸妓小秀歌玉尾の三人を招き十一時頃三盃で雑魚寝をしたるが、野村は何か気に障つた事があり次の間で一人転んで居るうちうつ〳〵眠入三時頃不図目が覚めたので四方を見ると、廿五六の娘が島田に髪を結て鳴海の浴衣に浜縮緬の細帯《しごき》を前で結び徐《そろ》り〳〵と蚊帳の外を廻つて居るゆゑよく〳〵見ると、宵に呼んだ芸者でもなし此楼の嫁さんでもなし是まで会ふた事も見た事もなひ素的滅法界な別嬪だから、思はず慄《ぞつ》と身の毛が立気味悪くなつたので、一生懸命誰ぞといふたらフッと消えて姿は見へず

話は続くが、実はこの娘は首をくくって死んだ芸妓の幽霊であろうという(湯本 二〇〇九)。「九州日の出新聞」明治四一年七月五日にも「幽霊蚊帳を廻る」と題した記事が載っている。ここでも女の幽霊が「する〳〵と音も無く動き歩るきて、蚊帳の周囲を一廻り、二廻り、三廻りばかり廻りたりと思ふ間も無く掻き消す如く姿は見えずなれり」と書かれている(湯本 二〇〇九)。両話とも蚊帳の中から女の幽霊を目撃しているが、幽霊は蚊帳の外を廻るだけで中には入らない。「名古屋新聞」明治四二年八月一二日の記事「蚊帳越しの女」でも「藤田がフト目を覚まして、何んの気なしに蚊帳の天井を仰ぎ見ると、意外、凄い程白い若い女の顔が目たたきもせず、凝《ち》

つと一心に自分の蚊帳の中を覗いて居る」とある（湯本　二〇〇九）。幽霊と蚊帳を描いた挿絵もいくつか確認できるが、幽霊の出現に蚊帳のなかで動転している構図が多い（図1）（湯本　二〇〇九）。蚊帳は夏の夜具であり幽霊話ももっぱら夏の夜の話題としてもてはやされるところから、両者が結びつくのは自然の成り行きだが、しかし、そこでの幽霊の行動は蚊帳の周囲を廻ったり、覗き込んだりするだけである。蚊帳には邪霊を防ぐ力があるとされていて、幽霊は中には入ってこないという観念があったためと考えられる。

蚊帳を覗きこむ幽霊の記事を紹介したが、このモティーフはそれ以前からよく知られている。四世鶴屋南北作『小幡小兵次』（歌舞伎脚本）に登場する、蚊帳越しに覗きこむ幽霊を描いた葛飾北斎の「百物語　こはだ小平二」は有名だが、歌川豊国「小平次、妻の二役　尾上松助」でも、両手を垂れた小平次の幽霊が蚊帳の中で眠る妻を覗きこむ場面が描かれている（図2）。蚊帳の上部の隅には赤い布の上に×印がみえる。赤色と×は魔除けの意味を帯びていると思われ、蚊帳のなかでは上端のこの四隅が重要視されていることがわかる。東京谷中の全生庵が所蔵する幽霊画、歌川国蔵「こはだ小平次」（紙本着色）も蚊帳の上から覗きこむ幽霊を描いたものだが、同じコレクション

図1　「絵入朝野新聞」明治16年8月4日（湯本豪一編『明治期怪異妖怪記事資料集成』国書刊行会）

図2　歌川豊国画「小平次、妻の二役・尾上松助」（中右コレクション、中右瑛著『江戸の劇画・妖怪浮世絵』里文出版）

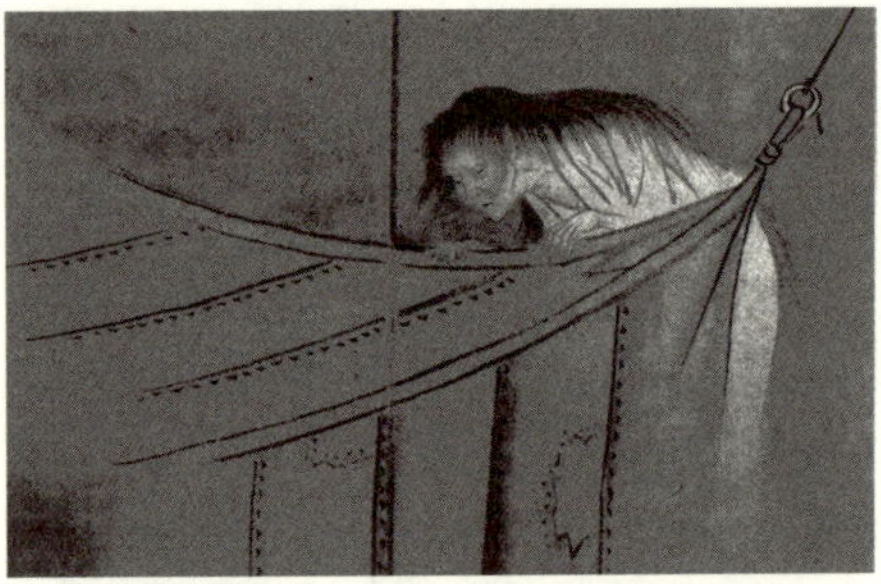

図3　蚊帳をのぞく幽霊（『百鬼徒然袋』）

のなかの、菊池容斎「蚊帳の前に坐る幽霊」は、蚊帳の前に静かに坐る女の幽霊が主題で、不思議なことに蚊帳の向こうに透けて見える横顔の一部が他の部分よりもはっきりと見えている（辻ほか　一九九五）。蚊帳の上から覗きこむ幽霊は国立歴史民俗博物館所蔵の『百鬼徒然袋』にも描かれている（図3）。

宮田登は『歴史と民俗のあいだ』（一九九六年）で、『金沢古蹟志』にでている「藤田邸宅奇談」の記事をもとに次のように述べている。

この屋敷である時、一人の男が泊番で、蚊帳の中で寝ていた。すると、唐紙・障子をさらさらあけて入って来る者がいる。よく見ると、「うつくしき女の紅粉色をましたるが、色よき装束にて蚊屋の外に踞《うずくま》りて、右の手の食指と母指にて蚊屋の寸尺を取りて帰るに、元のごとく唐紙、障子をさらりくと立てゝぞ行きける」という怪異があった。この場合、蚊帳（屋）が妖しい女の侵入を防いでいたことになる。蚊帳の占める空間が、籠りの聖域とみなされていたことの残存であろう（宮田　一九九六）。

早くに、蚊帳が妖しいモノの侵入を防ぐ夜具であることを指摘していて示唆に富む。

また、倉本四郎は、蚊帳の異界性について「はじめて蚊帳を吊るとき、私たちは、それが部屋のイメージを一変させるのに、まずおどろくだろう。それはまるで、いきなり異種の世界が出現したかのような、めざましい変容である。そのめざましさは、内部にもとどいていて、横たわっていると青い水底の国におりたような気にもなる。私の感想では、この空間の変容こそ、蚊帳を呪いのバリアーとして決定づけた要素である」と述べている（倉本　二〇〇〇）。

しかし、妖しいモノに対して蚊帳は常に万全というわけでもないようだ。近世の『因幡怪談集』（十八世紀成立）には、蚊帳のすそをあげて入ってきた亡霊に脛を押えられたという気味悪い話が載っている（堤ほか二〇〇三）。備後三次の稲生平太郎（のちの武太夫）がさまざまな妖怪に襲われる様子を描いた江戸時代の『稲生物怪録絵巻』には、蚊帳の中に侵入する妖怪が登場する。ことの発端は、平太郎が権八と行った百物語で、怪異は七月に入って次々と発生する。七月一二日には、夜、押入れから飛び出してきた蟇蛙が蚊帳のなかで寝ている平太郎の上に這い上がってくる。翌朝見ると蟇蛙は葛籠が化けた化物だった。七月一四日の詞書には、「夜半のころ、目覚めて天井のかたを見れば、大なる老婆の顔あらわれ、やがて赤き舌をいだし、蚊帳をつらぬき、武太夫をねぶりしが、取合もせず、其儘すて置しかば、次第に消うせしとなん」とあり（谷川　一九九四）、蚊帳を突き抜けてたれ下がる老婆の巨大な舌が描かれている。図4は国立歴史民俗博物館所蔵『武太夫物語』の当該場面である。安全な空間であるはずの蚊帳の中が再三妖怪に犯されるが、だからといって、平太郎や権八たちが蚊帳を軽視しているわけではない。七月一七日に起きた怪異の際には、そのとき家に来ていた朋友たちは平太郎の蚊帳の中に逃げ込んでこわごわ外の様子をうかがっている。また、稲生平太郎自身が書き記したという『三次実録物語』では、最初に妖怪が出現した寛延二年七月一日に、「権平申候は、『私は、今晩、殊の外、何ともなくおそろ

図4　蚊帳をつきぬける老婆の舌
（『武太夫物語』）

しく、一向爰に得ふせり申さず候間、何卒、あなた様の蚊屋のはしにねさせ被下候』と申。『これ一向相ならず、纔《わずか》の人、只一つ所へふせるは不用心なり』と申せば、一向に握み付くよふに、『天窓《あたま》の毛たち、おそろしく御座候間、何卒天窓ばかりなりと、蚊屋へ入れさせ下され候』と申せば」と、二人のやり取りが書かれている（谷川一九九四）。ただならぬ気配を感じた権平が、頭だけでも蚊帳の中に入れさせてもらいたいと懇願しているのだ。平太郎の傍にいたいという思いとともに、難を除けるには蚊帳の中が安全との意識がにじみでている。しかし、平太郎を襲った妖怪たちはいとも簡単に蚊帳を突き抜けてしまう。日常的な発想が通用しない、つぎつぎに意表を突く怪事を惹き起こし、強烈な印象を喚起する妖怪たちである。

四　網と蚊帳

先に、死者を蚊帳で覆う習俗を取り上げたが、沖縄県宮古島狩俣では、夜間に亡くなって葬儀がその日のうちにできないときには、近親者や友人が集まって線香をたいて夜を明かしたが、その時、死者には網をかぶせたという（琉球大学　一九六六）。また、幽霊から逃れるには蚊帳の中に入ればよいという点についても、島袋源七の『山原の土俗』には「幽霊に追われた時は、網の中に入るか又は簾の掛かった家に這入れば良い。網は魔よけだ」（島袋　一九七七）とみえている。井之口章次は「西彼杵半島（長崎県）では死体の顔に網の切れを被せて害敵の侵入を防ぎ、肥前小値賀島では棺の中に蚊帳の小切を入れ、さらに死体を蚊帳の中に寝せる風は広くおこなわれている。これが害敵――普通には火車など想像上の害敵――の侵入を防ぎ、同時に現実の世界から隔離するものであったことは、いまさら云うまでもない」と述べている（井之口　一九五二）。酒井卯作が、死者の上に蚊帳を吊る習俗を喪屋の名残と推測していることについては二章で触れたが、酒井は、蚊帳が一般的に使用されるようになった歴史を考えると、蚊帳よりも「古い形としては網をはったり、縄を下げたりする風習から出発しているとみられるので、おそらく、最初は屋内に死者を留めておいて網を覆うて隠しておいたのではないかと想像される」と、蚊帳に先行する網の存在を指摘している（酒井　一九八七）。

蚊帳と網は病気に罹ったときにも用いられてきた。長崎県北松浦郡小値賀島では「はやり病気の流行したとき、蚊帳をつってはいっていると病気がはいってこない。天然ぼうそうのとき蚊帳の中に寝せると、はたにうつらぬ」という（柳田　一九七五）。菅江真澄の『えぞのてぶり』寛政三年（一七九一）六月八日の条には「ときには、アヰノの家屋の戸や窓に、のこらず網をはりわたすことがある。これは病気のはいってこない呪いである。これにならってシヤモの漁師たちも、疫病になったり天然痘になると、軒端やまたは病人の枕もとにも網をはるそうである」と書き留めている（内田ほか　一九七二）。こうしてみると、俗信の機能としては蚊帳と網のあいだにはいくつかの点で共通性がみられ、その意味で二つの道具は置換可能な関係にあるといってよい。酒井卯作は、魔除けに網が用いられる根拠として「目数の多さが悪霊を畏縮させる効力をもっていたのであろう」と説いている（酒井　二〇〇〇）が、目数の多さは同時に多数の結び目と十字の連続でもあり、この点に魔除けの力を求めることもできよう（常光　二〇〇六）。また、蚊帳のように細かい網目から透かし見ることのできる道具は、ときに、日常では見ることのできない世界を覗き見るための呪的な道具に変身する。

引用・参考文献
安八町（一九七五）『安八町史　通史編』安八町
市橋鐸（一九七〇）『俗信と言い伝え』泰文堂
逸木盛照（一九六九）『紀州民俗誌』紀州民俗誌刊行会

井之口章次（一九五二）「隠れ蓑笠――昔話の趣向とその背景」（『民間伝承』一六巻四号）
井之口章次（一九六五）『日本の葬式』早川書房、九二―九三頁
井本英一（一九九九）『聖なる伝承をめぐって』法政大学出版局、一八八―一八九頁
岩倉市史編集委員会（一九八五）『岩倉市史　下巻』岩倉市
内田武志・宮本常一訳（一九六六年）『菅江真澄遊覧記２』平凡社、二三八頁
上勢頭亨（一九八五）『竹富島誌　民話・民俗篇』法政大学出版局
大内町教育委員会（一九八二）『迷信と俗信』大内町教育委員会
大宜味村史編集委員会（一九七八）『大宜味村史　資料編』大宜味村
大島町誌編纂委員会（一九五九）『周防大島町誌』山口県大島町役場
大根占町誌編さん委員会（一九七二）『大根占町誌』大根占町長坂本左武郎
北中城村史編纂委員会（一九九六）『北中城村史　第二巻　民俗編』北中城村役場、五一六頁
倉本四郎（二〇〇〇）『妖怪の肖像――稲生武太夫冒険絵巻』平凡社、一七一頁
久留米市史編さん委員会（一九八六）『久留米市史　第五巻』久留米市
小泉和子（一九八九）『道具が語る生活史』朝日新聞社、八九―九一頁
小松市史編纂委員会（一九七七）『小松市史』徳島県小松市役所
近藤直也（一九八二）『祓いの構造』創元社、一四五頁
斎藤たま（一九八六）『死とものの け』新宿書房、四九頁
酒井卯作（一九八七）『琉球列島における死霊祭祀の構造』第一書房、一四五―一五三頁
里村郷土誌編纂委員会（一九八八）『里村郷土誌　上巻』鹿児島県薩摩郡里村役場総務課
島袋源七（一九七七）『山原の土俗』名著出版（初版は一九二九年。郷土研究社）
鈴木棠三（一九八二）『日本俗信辞典』角川書店
高島義好（一九七一）「大島郡三島村の葬制」（『南島民俗』二四　南島民俗研究会）
高津美保子「わが家の俗信」（『聴く・語る・創る』四号　日本民話の会）

谷川健一編（一九九四）『稲生物怪録絵巻――江戸妖怪図録』小学館
大宰府市史編さん委員会（一九九三）『太宰府市史　民俗資料編』太宰府市
辻惟雄監修（一九九五）『全生庵蔵・三遊亭円朝コレクション　幽霊名画集』ペリカン社
堤邦彦・杉本好伸編（二〇〇三）『近世民間異聞怪談集成』国書刊行会、五一六―五一七頁
常光徹（二〇〇六）『しぐさの民俗学――呪術的世界と心性』ミネルヴァ書房、一九三―二一〇・二七七―三〇七頁
東北更新会秋田県支部（一九三九）『秋田県の迷信・俗信』東北更新会秋田県支部
中村義雄（一九七八）『魔よけとまじない――古典文学の周辺』塙書房、一七三頁
長野県（一九八七）『長野県史　民俗編第一巻（三）東信地方』長野県史刊行会
新潟県（一九八四）『新潟県史　資料編23』新潟県、一八九頁
西春町史編集委員会（一九八四）『西春町史　民俗編2』西春町役場
日本随筆大成編輯部（一九七四）『日本随筆大成〈第二期〉20』吉川弘文館、二八一―二八二頁
林宏『大和まじない資料集』（孔版）発行年不明
美杉村史編集委員会（一九八一）『美杉村史　下巻』
南箕輪村誌編纂委員会（一九八四）『南箕輪村誌　上巻』南箕輪村誌刊行委員会
宮田登（一九九六）『歴史と民俗のあいだ――海と都市の視点から』吉川弘文館、一三三頁
柳田國男指導日本民俗学会編（一九七五）『離島生活の研究』国書刊行会、六四四頁
湯本豪一（二〇〇九）『明治期怪異妖怪記事資料集成』国書刊行会
琉球大学民俗研究クラブ（一九六六）『沖縄民俗』一二、琉球大学民俗研究クラブ、四九頁
琉球大学民俗研究クラブ（一九六九）『沖縄民俗』一六、琉球大学民俗研究クラブ、八四頁

【妖怪論／日本と海外・天狗と鬼】

西王母と赤松子

杉原たく哉

墓門の牛首神と鳥首神

中国漢代の墳墓には、「画像石墓」と呼ばれるものが数多く存在する。祠堂（地上の祈りの場）の壁面、地下の墓室の壁面にレリーフを刻んだものをいう。そこには神話伝説を描いた図や、宴会や厨房の様子といった古代人の生活風景など、様々なモチーフが刻まれており、文献だけでは窺い知れない、生き生きとした当時の実態を把握することができる。たいへん貴重な歴史資料となってはいるが、その研究の歴史は浅く、いまだに何を表現したものなのか解明されていないモチーフも数多く残されている。

地下墓室への入り口「墓門」は「死後世界への入り口」の役割を担っている。いわば「墓の顔」として墓全体のテーマを示す最重要の位置づけがされる場所である。そこに表現されたモチーフの解釈は、画像石墓理解の根幹になるといってよいだろう。本稿では、その墓門に表現された「牛首人身の神」と「鳥首人身の神」の分析を通して、中国における死後世界の主神であり崑崙山の主、半獣半人の鬼女であり、のちに美女の代名詞ともなる西王母について考究する。

図1は、陝西省横山県出土の墓室門柱の拓本である。前漢の首都長安の北方、陝西省の中部から山西省の西部に

かけては、画像石墓が多数発見されており、山東省・河南省・四川省とならぶ画像石の宝庫といえる。この地域の墓室門柱には、他地域にはない特色あるモチーフが散見する。牛首神と鳥首神のセットはそのなかのひとつである。

まず、図の最下部にいる人物を見てみよう。彼はしゃがみこんで、顔を上向きにし、口に何かを銜えている。これは風神が口から暴風を噴き出している図である。銜えているのは小さなラッパ。風の音をラッパで表し、その先から息が噴き出している。

では、中段は何を表しているのか。しゃがんだ人物が筒状の物を持っているように見える。実は、下段から上がってきた暴風が、家の屋根を吹き飛ばしている図なのである。筒状の物は家の柱で、実際には人物の後方に立っている。暴風で屋根が飛ばされる図は、画像石によく見られるモチーフである。[1]

前漢時代以来、儒教社会であった中国においては、この世は天帝によって支配されていると考えられており、地上の人間は常に天帝のご政道「天道」を意識し、儒教道徳に則った行いを義務づけられていた。不徳の行いがあれば、天帝は暴風、雷雨、地震などの天変地異によって人間に注意を与えたり、懲罰を加えたりするのである。つまり、図のような暴風は、当時は「天帝の怒り」と認識されたのである。不徳の行いをした人間に対する譴責として、天帝が「反省の督促」のために派遣するのが風神・雷神であった。家内でしゃがんでいる人物は、反省によって「君子の務め」を果たしているのである。ここでは儒教社会における「君子のあるべき姿」が提示されている。

図1　横山孫家園子墓室壁組合画像

問題は上段の怪物である。体は人間、頭は牛。「牛首人身」といえば、農業と医薬の祖「神農」の特徴だが、[2]墓門に神農が表現される例は皆無に近く、自然現象との関わりも含めて、

図2　米脂黨家溝墓門左・右立柱画像

別神の可能性を探る必要があるだろう。そこで、この神の正体を考える上での重要なヒントとして図2を挙げておきたい。陝西省の画像石墓の特徴のひとつとして、墓門の左右に牛首神と鳥首神が対置される傾向が見られるが、これはその一例である。陝西省の北部、米脂県で発見された地下墓室に刻まれていたもので、死後世界への入り口である墓門の左右の柱に分けて刻まれていたものを、筆者が一図にまとめた。

　樹木のように見えるものは崑崙山である。崑崙山は中国西方にあると信じられていた聖山で、太陽や月もそこから出入りするほど高く、人が死ぬと魂はこの山に昇り永遠の命を得るといわれていた。その形は日本人の山のイメージと大きく異なり、図にあるごとく、樹木のように細く立ち上がり、全体として「山」の字の三山形になっていることが多い。また、山上がテーブル状に広がりT字形となることも特徴といえる。ここでは山上に人身牛首の神と人身鳥首の神が坐っている。

　不老不死の神仙境である崑崙山の主は、もちろん西王母である。画像石墓の墓門には、死後世界への入り口として、しばしば左右に崑崙山上の西王母と東王父が対で表現される。陝西省北部の画像石墓では、この二神に併置されるかたちで、牛首・鳥首の二神もよく登場してくる。当然、崑崙山の住人といえるが、この異形の神々はいったい何者なのか。かつて小南一郎氏は、鳥首神を「桃都樹や扶桑樹の頂上にいる天鶏」、牛首神を「牽牛の本来の機能と関わりがあったもの」とする説を提示された。[3]

　筆者はこれとは考えを異にし、牛首神は「狡」、鳥首神は「胜遇」とみなしている。『山海経』西山経にまた西に三百五十里、これを玉山という。西王母の居る所である。西王母の姿は、人間のようで豹の尾、虎の歯をもち、よく嘯く。蓬髪に玉勝を戴く。天の災いと刑罰を司る。獣がいる。その姿は犬のようで、豹の模様がある。その角は牛のようである。名は狡という。その声は犬の吠え声のようだ。これが現れれば、その国は豊かになる。鳥がいる。その姿は翟のようで赤い。名は胜遇という。魚を食う。その声は録(鹿?)のようだ。これが現れた国は洪水になる。

とあるように、後世、美女の代名詞ともなる西王母は、その出現初期においては豹の尾と虎の歯をもつ半獣半人の鬼神とされていた。日本の山姥とも通じる恐ろしげな容貌をした山の鬼女なのであった。その周囲に侍る眷属もまた奇怪な存在であった。「狡」は、姿が犬に近く、体表に豹の文様があり、頭には牛のような角がある、豊穣をもたらす吉獣である。とくに牛角をもつことに筆者は注目している。牛は世界諸文化において「豊穣」と「性」の象徴されている。狡が牛角をもつということは、それが豊穣の神であることの証となるからであり、犬に似ているとと記されてはいるが、牛神の性格を継承していると考えてよいであろう。「胜遇」は赤いキジのような鳥で、洪水をもたらす悪獣、もしくは水神として描かれている。『山海経』のこの記述では、牛神と鳥神が対となって西王母の眷属として語られていることを重視しておきたい。

牛首の神と鳥首の神について、文献的な検証では「狡」と「胜遇」とするのが筆者のとりあえずの結論である。だが、それはあくまで文献操作上の局所的な議論であって、名称がどうであれ、大局的な視点でいえば、西王母という崑崙山の女神が牛と鳥の要素をもった眷属とともにいるという事の方が重要であると考えている。なぜなら、このほかにも『山海経』では牛・鳥にかかわる神が西王母の周辺に出現するからである。

『山海経』海内北経には

蛇巫の山。……この山は亀山ともいう。西王母は机にもたれ、頭に勝を戴き杖をもっている。その南に三羽の青鳥がいる。西王母のために食を取る。崑崙虚の北にいる。

とある。崑崙山の北側に、西王母の食料調達係として「青鳥」というものが三羽いるという。西王母は本来、半獣半人の鬼女であった。その食料は動物の血なまぐさい肉というイメージもあったのではないか。

　現代の都市生活者たちは、鳥が餌を運ぶというと、小鳥たちが雛鳥に虫や穀物などの餌を運ぶ姿を想像しがちである。だが、近世までの農耕社会では上空から舞い降りてウサギやモグラなどの小動物をさらっていく猛禽類の姿を、人々はしばしば目にしていたではずである。田畑の畦道に乳飲み子を置いて農作業をしているうちに、猛禽類にその子をさらわれるということも、たびたび起きていた事件であった。[4] 鳥が西王母の食料調達係である背景には、人里で多発していた猛禽類のこうした捕食行動が下地として存在していたと思われる。それは山の鬼女の僕としても相応しいものであったはずだ。

図3　綏徳四十里鋪墓門楣画像

　図3は、その青鳥が描かれた画像石である。頭に華勝をのせ正面を向く女神が西王母で、その左にいる鶏頭の僕が青鳥である。食べれば不老不死となる仙草を西王母に捧げている。その左には太陽の象徴である「三足烏」、月の象徴で不老不死の仙薬を搗く「兎」、後世の妖女の代表ともなる「九尾狐」がいる。猛禽類のイメージから

出発しつつも、画像石では従順なる僕として鶏頭の姿をとるようになっている。青鳥の青という色は、五行説では東の方角を表す色である。東は朝日の昇る方角であることから、朝を告げる鶏の姿を借りるということにもなっているのであろう。また、鳥には風の神としての性格もあり、[5] 後述する雨神としての赤松子とともに風神・雨神のセットとして図2を考えることも可能である。

赤松子と西王母のつながり

図2に見られるような牛首神と鳥首神は、ともに崑崙山の住人であり、西王母の僕でもあることを文献であとづけることができた。陝西省の画像石ではさらに、図4のような例も見られる。これも門柱左右の図を筆者が一図にまとめたものだが、左柱に崑崙山の西王母、右柱に同様の山上の東王父を表現している。両者の下には門番の姿をした牛首神と鳥首神がいる。墓が南面していたとすれば、左柱が西、右柱が東にあたり、王母・王父の配置もそのようになっている。そして東方の鳥「青鳥」も東王父の下にいる。牛首神はその配置から、西方と西王母と強い繋がりをもつものと考えてよいだろう。

図4　離石馬茂荘二号墓前室東壁右側画像

前節でこの牛首神に、『山海経』にある「狡」という神を当てた。ここでは、同時にもう一人の神の存在が重なっていることも指摘しておきたい。それは「赤松子」である。赤松子は王子喬とともに「松喬」と併称され、不老不死の仙人の代表として後世ながく語られる存在となった。古鏡の文様に仙人としてその姿が表現されていることも指摘されている。[6] また、六朝期の『赤松子経』の内容をもとに十二世紀に成立した道教経典『赤松子中誡経』では、人の禍福の原因などを赤松子が黄帝に語って聞かせており、[7] 道教思想の功過格の展開においても、後世、重要な位置を占めている。

ところで、『列仙伝』には、こうした「不老不死の仙人」や「人の運命を知る神」とは異なる個性的な赤松子像が記されている。

赤松子なる者は、神農の時の雨師である。仙薬としての水玉を服用して、それを神農に教えた。火中に入ることができ、自らを焼いても平気であった。往々にして崑崙山の上に至り、常に西王母の石室の中に止まった。風雨に従って崑崙山を上り下りしていた。炎帝の少女が赤松子を慕って追いかけ、仙人となることができ、赤松子とともに崑崙山を去っていった。高辛の時になり、赤松子はまた雨師としてまた出現した。今の雨師は赤松子がもとになっている。

『列仙伝』の内容は、後漢時代に成立したものと考えられており、[8] 画像石の製作された時期と対応するものである。まず「神農の時代の雨の神」ということだが、この点は風の神の鳥とうまく対応する。次に、医薬神の神農に不老不死の仙薬を教えている。神農は別に「炎帝」ともいう。そのつながりから「火中に入って自焼することができる」という記述が生じていると考えられる。火と水の力を自在にコントロールできるということであろう。雨神であるゆえ、風雨とともに崑崙山を昇り降りし、普段は西王母のいる洞窟中に居住するという点は、とくに重要な問題をはらんでいる。西王母は崑崙山上ではなく、洞窟中にいるということは、『山海経』「大荒西経」にもその外に炎火の山がある。物を投げ込むと燃える。人がいる。頭に勝を戴き、虎の歯と豹の尾をもち、洞穴に住んでいる。名前は西王母という。この山には万物が備わっている。

と記されており、『漢書』地理志の「西王母石室、金城臨羌西北塞外にあり」という記述とも符合する。

神農の時代の雨神ゆえに、神農とも関係が深かったと考えられていたのか、その赤松子を炎帝（神農）の娘が見そめたということで、「神農の娘が赤松子を慕って追いかけ、二人で去っていった」という記述につながっていく。

赤松子と牛首

図5　神農㊨／赤松子㊧

さて、文献からたどれる赤松子のプロフィールはこれだけであり、僅かな記述からその容姿を想像することは困難を伴うものであろう。前述したように、漢鏡の文様に表現された赤松子像の指摘はあるが、一般的な羽人の姿と異なることはない。筆者は羽人姿とは別に牛首神としての容姿があり得たと考えているので説明しておきたい。

最大のポイントは「神農の時代」という点である。中国古代の農業神であり、医薬の祖でもある神農は「牛首」という特異な身体的特徴を持つ神であった。[9] 農業の耕作動物として牛が使われてきたことの影響であろう。漢代画像石には牛に犁を引かせて畑を耕す農民の姿が表現されることが多い。図5は明代版本の挿絵である。右は神農、左は赤松子。ともに牛首の名残として頭の上に角の跡があり、木の葉で作った蓑を着て、草を持っている。牛角の跡、草蓑、手に薬草、これらは医薬神としての神農の図像的特徴である。赤松子独自の特徴は、雨の神としての水瓶と虎皮の腰巻きである。

漢代から遥かに下る明代の図像とはいえ、中国世界における赤松子イメージのあり方をこの図は端的に表しているのではないだろうか。神農の時代の神であり、神農に仙薬を教え、神農の娘と結婚した神であるならば、神農に似ているはず。そうした想像も古代人の心の中で働いていたと考えられる。神農の「牛首」を継承し、「西王母の石室に出入り」する存在としての赤松子。それを、筆者は図2の牛首神の解釈として提示したい。前述した豊穣をもたらす牛角の「狡」とも重なるものであり、風神の鳥首神と対置される雨神としても機能するのである。

女神と牛、その神話的象徴性

西王母と牛首神という組み合わせは、一見不可解で中国古代の特殊な関係に思われるかもしれない。だが、「地母神」と「牛」という要素に置換して世界各地の神話と比較すると、浮かび上がってくる共通項が存在する。神話学的に牛は「生産と豊穣のシンボル」であり、とくに牡牛は「セックス・シンボル」である。角は無敵の力と男根の象徴とも言える。

西王母は春秋・戦国時代に西方から中国に伝えられた新来の神であると、最近言われるようになっている。[10] 西アジアからギリシアやインドにまで広がる地母神の系譜の中に西王母はおり、崑崙山にある西王母の石室とは、地母神の子宮といってもよいであろう。風雨とともに崑崙山を上下し、西王母の洞窟に出入りする赤松子は彼女の愛人的存在、女神世界への男性原理の供給者なのではないか。西王母は最終的に東王父との夫婦関係が成立するが、その前に、赤松子は神農の娘と山を去っていった。この神農の娘との駆け落ちも、性の匂いを漂わせる。

赤松子は雨の神であることも、性との関係を示唆させるものである。たとえば「雲雨」という言葉は、肉体関係を含めた「男女の交情・情愛」を表している。「巫山雲雨」の故事に所以するもので、戦国時代末期（前三世紀前半）の楚の人、宋玉（屈原の弟子といわれる）の作『高唐賦』（『文選』所収）にその物語が語られる。概ね次のような内容である。

むかし楚の懐王が巫山に行き、高唐の楼観で昼寝をされた。そのとき、夢にひとりの女性が現れ、こう言った。「私は巫山の山頂に住む娘です。王様がこちらにお出かけと聞きましたので、寝所にお仕えしたいと思って参上しました」。

そこで懐王はこの女性と一夜をともにした。夜明け前、女性は去るにあたり、こう言った。「私は巫山の南の険しい頂きに住んでいます。朝は雲となり、夕べは雨となって、朝な夕な、この楼台のもとに参るでしょう」。

朝になり、懐王が巫山の頂きを眺めると、言葉のとおり雲が沸き起こっていた。そこで懐王はこの神女のために廟を建て、朝雲廟と名付けた。

この説話は、神女や美女と男の交わりを語る一連の類話の原型となったもので、曹植の「洛神賦」、謝霊運の「江妃賦」、司馬相如の「美人賦」などに影響を与えている。

そもそも西王母は、すでに多くの研究者が指摘するごとく、神話学上の「聖婚の花嫁」として位置づけられている。たとえば、戦国時代の伝承を伝える『穆天子伝』では、西周の穆王が崑崙山へ旅し、西王母が宴を催してもてなしている。両者の関係は肉体的結合も推定されるもので、小南一郎氏は、「太陽神としての穆王」と「月神としての西王母」の「聖婚」[11]であり、宇宙と王朝の「復活と再生」というテーマが浮かび上がることを指摘している。森雅子氏はさらに踏み込んで、古代オリエントの「シュルギ王讃歌」の中国への伝来と影響を想定している。[12]西王母と地上の天子との関係は、穆王以後も展開を続ける。後世の説話では西王母が黄帝・堯・舜・禹・漢の武帝などを訪問するという形で継承されており、最終的に東王父との婚姻が確率されるまで紆余曲折の過程をたどっているのである。

地母神信仰と牛犠

画像石における西王母と牛首神の関係は、地母神信仰とその祭祀における牛犠との関係とも対応している。古代ミケーネ文明をはじめギリシアやオリエントにおいては、神官による牡牛の儀礼的殺害「牛犠」が行われている。それは太陽の化身・豊穣のシンボルである牡牛と月の女神との聖婚により、生の更新と再生、豊穣の回帰を目指すものであった。

ギリシア神話においては、牡牛の太陽と月の王女（女官）との聖婚物語は五回繰り返される。つまり、白い牡牛に化けたゼウスと美女エウロペの関係、その結果生まれた牡牛の息子としてのミノス王と妻パシパエーの関係、ポセイドンが送った牡牛とパシパエーの関係、海神にして牛神でもあるポセイドンの息子テセウスとアリアドネーの関係、酒神にして牡牛でもあるディオニューソスとアリアドネーの関係である。これらは、無限に繰り返される「太陽と月の結婚」を象徴するものといわれる。[13]

図6の牛首神は、ギリシア神話のミノタウロスである。彼は、クレタ島のミノス王の后が牡牛と交わって生まれた半獣半人の怪物である。宮殿地下石室の迷宮に幽閉され、テセウス（図左）によって退治されるまで人間を食らって生きていた。地下の迷宮石室は、西王母伝説における王母石室に対応し、地母神の子宮として男性原理の侵入を秘密裏に許容する母胎である。テセウスによるミノタウロスの殺害は、豊穣と再生の牛犠の展開形と考えてもよいであろう。

古代の小アジアで崇拝されていた地母神キュベレは、その祭祀に牛を殺す儀式タウロボリウムを伴っていた。キュベレの信仰は古代ローマにも伝わり、戦勝祈願と無事帰還の神としても崇拝され、タウロボリウムでは牛の去勢が行われ、その生殖器が奉納されていた[14]。奉納者は、自らをキュベレの恋人アッティスと同一化して地母神との絆をかためる意味を込めた行為とされる。それにより不老不死と特別の保護が得られると考えられていたのである。

こうした世界の古代文化に共通する男性原理の象徴としての牛の存在と女神との関係は、そのまま牛首神と西王母との関係にも適用できるものと筆者は考えている。漢代画像石には、西方から伝わった牛犠を彷彿とさせるものがあることも、その傍証として提示しておきたい。

図7は上下ともに河南省出土の画像石である。立派な角をもった牡牛が突進しており、後ろ足近くに屈強な体躯の人物がいる。しばしば「闘牛」と説明されるが、よく見れば人物は牛の「睾丸」をナイフで

図6　ミノタウロス

図7　方城城関画像

切り取ろうとしており、おそらく「去勢」の場面であろう。人物の風貌を見ると、どちらも頭に尖頂帽をかぶり、膝下までの短いズボンをはいている。上の人物は上半身に半袖の上着を着ているが、下の人物は上半身裸で毛深い肌の様子がはっきりと表現されている。顎のあたりにも濃い髭があらわされている。尖頂帽をかぶり、短いズボンをはき、毛深いという特徴をもつ人物は、画像石においては西域から来た胡人と解釈される。[15]

前漢の武帝の命令により張騫が初めてシルクロードを切り開いて以来、西域からはさまざまな文物とともにヨーロッパ系の胡人が中国世界に流入するようになった。彼らは傭兵として、官僚として、門番として、商人として、サーカス芸人として中国世界で活躍の場をひろげ、多くの画像石にその姿をとどめている。

図7の胡人による牛の去勢は、牡牛をおとなしくさせたり、肉を柔らかくするといった畜産的行為ではないだろう。走り暴れる牡牛に近づいて素早く睾丸を切り取る曲芸、つまり漢代に西域から伝わり、当時の人々の心に驚異の記憶として刻みつけられたエンターテインメントではないかと、筆者には思えるのである。その芸能の原形は、はるか西方で行われていた地母神にささげるタウロボリウムであると考えている。

おわりに

さて、ここまで画像石に表現された西王母の眷属としての鳥首神と牛首神について論じてきた。鳥首神は、文献的には胜遇や青鳥であることは前述した。数年前、筆者は拙著『天狗はどこから来たか』[16]において、アジアに広範囲に分布する半鳥半人の鬼神が日本の天狗に大きな影響を与えていることに言及した。

従来は「日本独自の妖怪」とされてきた天狗が、実は中国の妖怪であることは川野明正氏によって近年明らかにされた。[17]中国では紀元前から流星を「天を翔ける黒い犬」と考え、地上に「戦乱をもたらす不吉の予兆」、あるいは庶民の結婚や出産などを妨害し「子孫繁栄を阻害する妖獣」として認識してきた。天狗が現代中国でも広く知られる「ごく一般的な妖怪」であることは、日本の妖怪研究に大きな衝撃を与えるものであった。

ただし、日本天狗は、その出現当初から鳥の翼や嘴をもつ半鳥半人の鬼神、通称「カラス天狗」の姿をしており、中国の「黒い犬」とはまったく異なるものであった。なぜ日中で容姿が異なるのかについては、いまだ議論は手つかずの状態であった。

筆者は川野氏の業績を継承しつつ、中国の黒い犬とは全く違う「カラス天狗」として出現する日本の天狗の図像的源流の探索を行った。まず、流星としての「天狗」の語が、インドの仏教経典を中国で漢訳する際に、「流星」の同義語として経典中に混入していることを明らかにした。日本人の天狗受容は、中国民間信仰の天狗をそのまま受け入れたのではなく、平安時代の仏教僧が、密教や浄土教の研究のなかで仏教経典中に天狗を再発見していったことによることを跡づけた。そして、唐時代から宋時代にかけての仏教美術にしばしば出現する「半鳥半人の雑鬼神」（図8）を天狗（図9）の姿として認識したことを、さまざまな美術資料を用いて説明した。こうした作業は、日本オリジナルの妖怪とされていた天狗を

図8　天狗の偽来迎

図9　観舎利光図、「五百羅漢図」の部分

図10　天河配

アジアの鬼神像の展開の中に位置づけ、アジアの妖怪として相対化するものであった。

天狗の背後には、西王母の青鳥などの半鳥半人の古代鬼神たちの系列が存在する。こうした鳥首神たちはアジア諸国の神話のなかで、概ね天界神そのもの、あるいは天界神の使いとして位置づけられ、正邪のどちらの性格も割り当てられている。地母神であり、半獣半人の鬼神でもある西王母が鳥首神を伴うのも、そうした神話上の傾向を継承しているのである。仏教の鬼子母神が最初は人間の子供を食料とする悪鬼であり、手下の半鳥半人の鬼神に子供をさらわせていたことも同工異曲といえる。この点は、バルトルシャイティスが『幻想の中世』[18]において提起した、東アジアの有翼鬼神のヨーロッパへの伝播ということともからんで、さらに筆者の興味をかきたてる問題である。

地母神や天界神は、その化身や眷属、あるいは祭儀の生贄として鳥と牛がセットとなって関わってくる場合が多く、西王母にもそれがあてはまった。七夕伝承の牽牛織女にしても、男神は牛飼いであり、織女との天の川の上での出会いをかなえるために橋となるのは鵲の群であった（図10）。男性原理と豊穣の象徴としての牛、天界神の化身・使者である鳥。この関係は、中国古代の赤松子と西王母の関係にもしっかりと継承されているのである。

注

1 林巳奈夫「漢代鬼神の世界」(『東方学報(京都)』第四六冊、一九七四年)、拙稿「風神——神々の闘争と融和」(『中華図像遊覧』大修館書店、二〇〇〇年)。

2 拙稿「神農図の成立と展開」(『斯文』一〇一号、斯文会、一九九二年)。

3 小南一郎『西王母と七夕伝承』(平凡社、一九九一年)、一六五頁。

4 奈良東大寺の開祖・良弁が幼時に鷲にさらわれた逸話もその一例。

5 鳥形の風神の代表が鳳で、その羽ばたきで大風を起こすといわれる。

6 桜井龍彦「王子喬・赤松子の研究」(『龍谷紀要』第六巻一号・二号、第七巻一号、一九八四年)、大形徹「松喬考——赤松子と王子喬の伝説について」、『古代学研究』第一三七号、一九九七年)。また、日本における赤松子史料については、吉原浩人「平安朝漢文学における赤松子像——神仙への憧憬」(『早稲田大学大学院文学研究科紀要』第一分冊、二〇〇三年)を参照。

7 吉岡義豊「赤松子中誡経と功過思想」(同『道教と仏教』第二、国書刊行会、一九七六年)。

8 桜井龍彦、前掲論文(『列仙伝』赤松子伝の成立」の項)。

9 注2参照。

10 森雅子「西王母の原像——中国古代神話における地母神の研究」、『史学』第五六巻・第三号、三田史学会、一九八六年。小南一郎、前掲書。森雅子『西王母の原像・比較神話学試論』(慶応大学出版会、二〇〇五年)。森雅子「西王母の原像・再考——古代中国における比較神話学試論」(篠田知和基編『天空の神話——風と鳥と星』、楽瑯書院、二〇〇九年)。また、西王母信仰についての近年の研究に、重信あゆみ「西王母信仰について——文献資料と出土資料から探る」(坂出祥伸先生退休記念論集刊行会編『中国思想における身体・自然・信仰』、東方書店、二〇〇四年)、須藤洋一「〈虚〉の西王母——その子はわたしだ」(『日本中国学会報』第六〇集、二〇〇八年)などがある。

11 小南一郎『中国の神話と物語』(岩波書店、一九八四年)六七、八七頁。

12 森雅子、前掲書、第四章。

13 アン・ベアリング『図説　世界女神大全』I(原書房、二〇〇七年)一六七頁。

14　M・J・フェルマースレン『キュベレとアッティス』（新地書房、一九八六年）一六九、一七〇頁。
15　画像石に表現された胡人については、拙稿「漢代画像石に見られる胡人の諸相――胡漢交戦図を中心に」（『早稲田大学文学研究科紀要別冊』第一四集、一九八八年）、友田真理「胡漢交戦図の分布とその歴史的背景」（『中国考古学』第八号、二〇〇八年）を参照。
16　拙著『天狗はどこから来たか』（大修館書店、二〇〇七年）。
17　川野明正「天翔ける犬」（『饕餮』第八号、北海道大学中国文学会、二〇〇〇年）。
18　ユルジス・バルトルシャイティス『幻想の中世――ゴシック美術における古代と異国趣味』（リブロポート、一九八五年）。

図版出典

図1　横山孫家園子墓室壁組合画像、『中国画像石全集』5・陝西・山西漢画像石（河南美術出版社、二〇〇〇年）、図版二三〇
図2　米脂黨家溝墓門左・右立柱画像、『中国画像石全集』5・陝西・山西漢画像石（河南美術出版社、二〇〇〇年）、図版四九、五〇
図3　綏徳四十里鋪墓門楣画像、『中国画像石全集』5・陝西・山西漢画像石（河南美術出版社、二〇〇〇年）、図版一七七
図4　離石馬茂荘二号墓前室東壁右側画像、『中国画像石全集』5・陝西・山西漢画像石（河南美術出版社、二〇〇〇年）、図版二四五、二四八
図5　赤松子、『列仙全伝』、鄭振鐸編『中国古代版画叢刊』三（上海古籍出版社、一九八八年）、二七頁
神農、『歴代古人像賛』、鄭振鐸編『中国古代版画叢刊』一（上海古籍出版社、一九八八年）、三九九頁
図6　ミノタウロス、前六世紀から前五世紀の陶器画。カール・ケレーニイ『ディオニューソス』、白水社、一九九三年、一一三頁、図版三〇

図7　方城城関画像、後漢、河南省方城城関鎮墓出土、河南省南陽漢画官所蔵、『中国画像石全集』6・河南漢画像石（河南美術出版社、二〇〇〇年）、図版四九

図8　方城東関画像、後漢、河南省方城東関墓出土、河南省南陽漢画官所蔵、『中国画像石全集』6・河南漢画像石（河南美術出版社、二〇〇〇年）、図版四四

図9　天狗の偽来迎、『天狗草紙』（伝三井寺巻、中村家庸一郎氏所蔵）、鎌倉時代、一二九六年、『新修　日本絵巻物全集』第二七巻・天狗草子・是害坊絵（梅津次郎編、角川書店、一九七八年）オフセットカラー6

図10　観舎利光図、「五百羅漢図」の部分、ボストン美術館所蔵、『ボストン美術館の至宝　中国宋・元画名品展』カタログ（そごう美術館編集・発行、一九九六年）、図版二〇

天河配、『中国民間年画史図録』下（王樹村編、上海美術出版社、一九九一年）図六九六

阿蘇・高千穂の鬼八伝説

狩猟・野焼きとの関連性

永松　敦

はじめに

熊本県の阿蘇地方から宮崎県高千穂地方にかけては、今も鬼八（きはち）伝説が語り継がれている。鬼八は退治されたあとも、祟りで稲の収穫時に霜を降らせるとされ、阿蘇では火焚き乙女が火を焚き続けて鬼八の霊を慰め、高千穂では人身御供の代わりに猪を神社に奉納して、その怒りを鎮める儀礼が、今日もなお伝承されている。

阿蘇の火焚き神事については杉本尚雄『中世の神社と社領』[1]（一九五九）以後、早くから研究対象となっていたが、高千穂の鬼八伝説とこれにまつわる「ししかけ祭り」については、比較的最近の論文である山口保明「高千穂神楽とその周辺――修験道との関わりを視座に」[2]（一九八一）によってようやく世に知られるようになった。

地理的に見て、阿蘇と高千穂は近い距離にある。高千穂に阿蘇信仰の影響が及んだとしても不思議ではない。近世初期に椎葉山も一時期、阿蘇社領となったことがあり、日向北部地方と阿蘇との関わりは深い。

阿蘇地方は草千里に代表されるように一面が大草原地帯である。阿蘇と火との関わりを考える場合、早春の野焼きを抜きにして語ることはできない。阿蘇の大草原は毎年行われる大規模な野焼きによって維持されているからである。阿蘇の火焚き神事が何を意味しているのか、そして、高千穂のししかけ祭りが、なぜ、鬼八に対する生贄を捧げなければならないのかを、火を通して見直すことにしたい。

一　阿蘇の鬼八伝説と儀礼

阿蘇と高千穂の鬼八伝説については、多くの文献史料を博捜しその変遷とこの二地域での伝承の交錯過程を仔細に考察した佐藤征子の論文「阿蘇と高千穂の鬼八伝説」[3]がある。また、阿蘇の火焚き神事が行われる役犬原地区の霜宮と火焚き殿に関する儀礼については、村崎真知子『阿蘇神社祭祀の研究』[4]に詳しい。本章では、お二人の論文に依拠しつつ阿蘇と高千穂の鬼八伝説と儀礼について紹介したうえで、野焼きという新たな視点を加えることによって、当地における妖怪の特質を別の角度から述べてみたい。

写真1　的石

（一）現在の阿蘇の鬼八伝説

阿蘇市役犬原に霜神社（以下、霜宮と称す）が鎮座している。阿蘇の地に霜を降らせる鬼八を鎮め祭る神社である。阿蘇は九州のなかでも極めて寒冷な土地である。作物が多大な霜害を受けることは、この地を訪れた者ならば容易に想像がつく。現在の火焚き神事の由来は次の通りである。

阿蘇の神である健磐龍命《タテイワタツノミコト》が外輪山の大石（的石）を的にして、弓の稽古をしていた（写真1）。放った矢を鬼八に拾わせていた。鬼八は矢を九九本までは拾って持っていたが、次第に、拾うのが面倒となり、とうとう百本目で矢を足で蹴り返した。この鬼八の仕草に健磐龍命が怒り、阿蘇中を追い回して首を斬ってしまう。鬼八は死に際に「死んだら天に昇って霜を降らせ、五穀に害を与えるだろう」と言った。その後、阿蘇の民は霜害に苦しんだために、命は鬼八を神として祭るからと許しを請うた。すると、鬼八は「斬られた首の傷が痛むのから温めてほしい」と言ったので、命は霜宮を建立し、火焚き行事を始めたとされる。[5]

ちなみに、霜宮のある役犬原地区では鬼八のことを金八法師《きんぱちほうし》と称している。神社近くには金八の首を埋めたとされる塚がある（写真2）。

写真２　金八法師首塚

この説話では、霜害の原因が、健磐龍命が斬殺した鬼八の祟りであると説明している。そして、火焚き神事の起源を、鬼八の首を温めるためだとしており、何とも理解しがたい理由が述べられている。

現在の霜宮火焚き神事を見ておこう。神事は霜宮と神社から少し離れたところにある火焚殿、そして、火焚殿のすぐ傍らにある天神の三箇所で行われる。

霜宮のご祭神は、天つ神七柱、天の七星、北斗七星、鬼八法師などと言われており、現在神楽殿に取り付けられた棟札には次のように記されている。

神殿に二体の神像あり

国狭槌命　　山の神

岡象女命　水の神
大御中主命
軻遇突智命　火の神
句句廼馳命　木の神
高皇産霊命
金山彦命　金山の神
速秋津日命　水分の神
垣山姫命　山の神
霜宮

行事は次のように毎年行われる。

八月一三日　注連卸し　霜宮社・火焚き殿・天神の掃除、注連の張替えが行われる。
八月一九日　乙女入れ　火焚き乙女がはじめて火焚殿に入る日である。火焚殿は火焚所という土間を供えた社務所のような施設で、平成二一年九月に全焼してしまった。ただ、火焚殿はこれまでにも幾度か建て直されており、古い形がどのようなものであったかは記録も少なく不明な点が多い。午前中、宮司は七神を祭るための七本の御幣を切る。火焚き乙女は、上役犬原・下役犬原・竹原の三地区が毎年輪番制で一人あてることになっており、大人になる前の小学生の中学年以下の女子が選ばれる。また、乙女には必ず祖母がつく。宮司が火を起こして杉葉に火を移して火焚所に持って行き、火焚き乙女が薪をくべて火をたき続ける。現在は、火焚き乙女が火を焚くのは初日と、一〇月一六日の乙

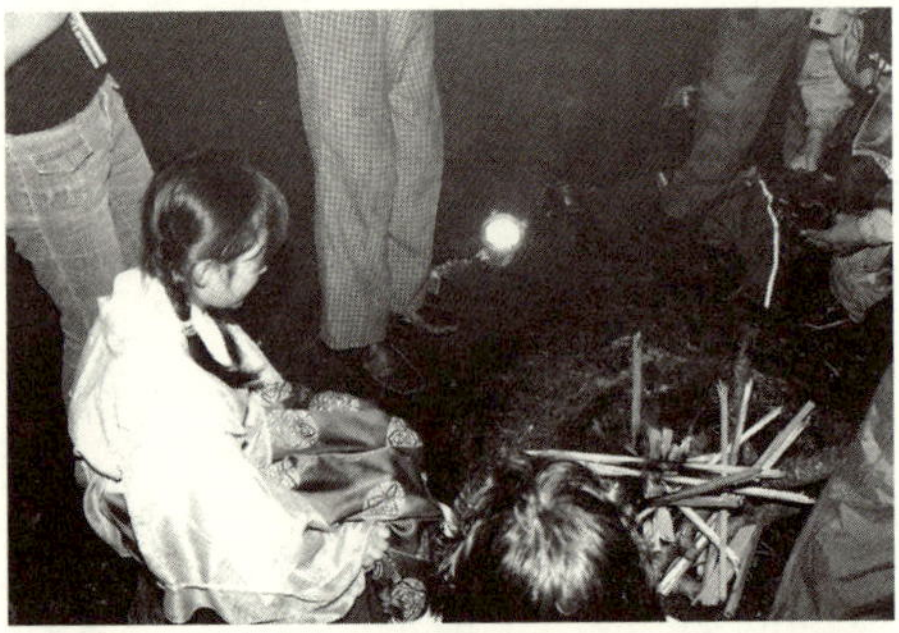

写真３　乙女入れ

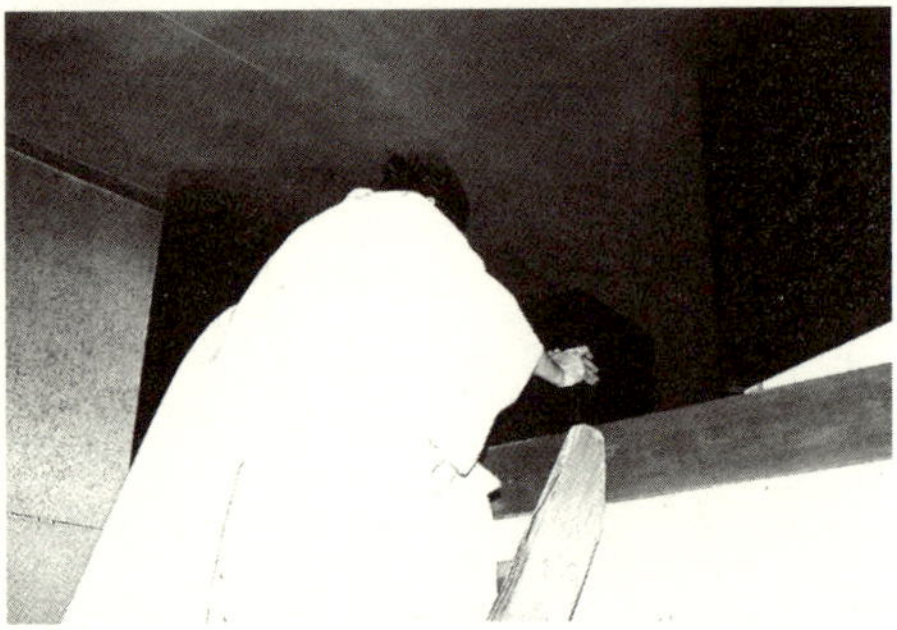

写真４　御神体（鬼八の首）を温める

女揚げだけである。この間は当番の地区が交代で火を守る（写真3）。
同日午後、神社から御神体（鬼八の首とも伝えられる）の入った木箱を神輿に乗せる。木箱は真っ黒に煤けている。神輿は一旦天神により、祝詞奏上がある。その後、火焚殿に入り、火焚所の上に御神体である木箱を納める。木箱を温めるというよりは、木箱を薪の煙で燻していると言ったほうが自然かも知れない（写真4）。

九月一五日　温め綿入れ（ぬくめわたいれ）
季節的に冷えがくるので、鬼八の首を温めるために、真綿でくるむ神事である。火焚き乙女が窓越しに火を見つめることがある。

一〇月一六日　乙女揚げ　火焚き乙女が宮司と一緒に、シャベルで灰を被せて火を消して終了する。五九日間、御神体を温め続けた火が消されることになる。御神体の木箱を神輿に乗せて天神で祝詞奏上、最後は霜宮に納めて終了する。平成二一年は火焚殿焼失のため、神楽殿で神事の続きが執り行われた。

一〇月一八日　夜渡（よど）　夜渡とは、夜通しの祭りの意味で、阿蘇ではよく使われる用語である。本来はこの日からが神楽殿での神事となる。神楽殿で神事があり、宮司が七本の御幣を持って、松明役や太鼓役などと行列を組んで天神に行き、祭礼がある。神楽殿内では火が焚かれる。ここで、天神を七本の御幣に遷すのだとされる。行列を組んで天神から神楽殿に戻る際に、神楽殿の周囲を七回半、右回りに回ってから入る。なかでは、宮司が神楽「幣舞」を舞う。このときは焚き火の煙が神楽殿内に充満している。途中、休憩をとりながら、「幣舞」を舞ったり、禊が行われる。火焚き乙女も足だけは水で禊をする。

この間、宮司や火焚き乙女は霜宮には行かないが、神社境内では青年によって夜渡の相撲が行われる。

一〇月一九日　夜渡の続き　早朝五時に、宮司が幣舞を舞い、最後に焚き火を御幣で鎮める儀式を行う。さらに、火がほとんど消えたあとに、火焚き乙女と宮司は一緒に火の周囲を左回りに五回廻り、最後は火を踏んで歩く。これを火渡りと称している（写真５）。火渡りが終わると、宮司と火焚き乙女が三々九度の杯を酌み交わす。その後、再び、行列を組んで天神にお参りして終了する。

さらに、午前一〇時頃に、霜宮で秋季例祭がある。

一〇月二九日　満願日　すべての行事が終了して満願となりその年の最後の祭礼となる。

写真５　火渡り

この簡単な報告からも伺えるように、火焚殿が霜宮と天神のそれぞれに関わりながら二重構造的な祭礼を執り行っていることが認められる。鬼八伝説にまつわる火焚き神事は霜宮と火焚殿との関係において行われ、夜渡の祭りは、火焚殿と天神との関係が重要視される。特に後者は、北斗七星を祭るとも言われることや、火渡りの儀式があることなどから見ても修験道との関わりは無視できない。佐藤が指摘するように、元禄三年（一六九一）の井沢蟠龍『阿蘇宮記』では、霜宮の祭神は、天の七皇（木・火・土・金・水・日・月）としており、陰陽道、修験道が深く関わる信仰であることが認められる。

霜宮から御神体を火焚殿に遷しての鬼八伝説にまつわる神事は、八月一九日～一〇月一六日の五九日間の火焚きで終了しているわけであり、一〇月一八～一九日の天神を勧請する夜渡の祭りとは分けて考える必要があると思われる。重要なことは、この二種の神事を連続させるものは、火焚き乙女が火焚殿と神楽殿両方の鎮火に関わっているということである。

中世の年代不詳『阿蘇社年中神事次第写』（『阿蘇文書』）の「霜宮御祭之次第」では、七月一日の祭礼に注連が用意され、七月七日に、「火焼屋ニ明神御遷被成」とあり、この日に御遷宮があったことが認められる。八月朔日には「ぬくめの御綿奉着」があり、現在の火焚き乙女については「コモリ女」という記述が見られる。九月六日には「御宮移被成候時」とあることから、この日で御神体が霜宮に還御したことを示している。続く、「同七日籠屋所ニテ餅ヲ宮人ニ備、酒三献、火ノ神之舞殿ニテ灌頂之祝詞」とあり、現在の乙女揚げから夜渡の祭りへ移行するときのように、一旦、還御があり、その後に、火の神の舞殿において、灌頂（勧請カ）の祝詞という密教の性格を帯びた火の儀礼、まさに、修験道儀礼が執り行われていたことを示す一文が見られる。祭礼は九月九日に成就するとある。

まさに、七夕から八朔を経て、重陽に至るまでの節供ごとに行われていたということになる。

ただ、中世の史料では遷宮するのは「明神」とあるだけで、鬼八の名称は見られない。佐藤によると、鬼八に関する初見史料は一八世紀初頭の『肥後国誌』まで待たなければならないとされる。

土俗ノ説に昔大明神ノ使臣鬼八法師ト云者アリ、或時大明神的石ヲ的ニシテ蛇ノ尾山ヨリ弓ヲ射給ヒ鬼八法師矢取ナリシニ太タ労シテ足ノ指ニ挟ンテ矢ヲ投返シタルヲ大明神怒リテ追給ヘハ逃走リテ高森ニ至リ岩ヲ穿チテ天上シ頻リニ霜ヲ降セシカハ霜ノ宮ト祝ヒ、其体ヲ綿ニ包テアルニ四天人肌ノ如シ、此尻ヲ疎カニ焼ケハ早ク霜降スト云々

この頃、俗説として鬼八法師が阿蘇大明神、即ち、健磐龍命に矢を足で投げ返したことで退治されたという伝説が流布していた。慶応二年（一八六六）「南郷事蹟考」では、「土俗金八ブシト云鬼角ヲ落タリ」とり、現在の南阿蘇村中松では角宮の由来として、金八ブシ（法師）が角を落としたところだと伝えており、阿蘇では、一八世紀以後、金八法師の名称で広く語り継がれていたことが佐藤論文によって確認されている。

写真６　イノカミサマ祭り

阿蘇霜宮の火焚き神事は最後の神主と火焚き乙女との三々九度を交わすことで終了する。まさに、霜宮の神と火焚き乙女との聖婚の儀式が執り行われる。明治期までは、同日「かたげ夜渡」と言って、意中の女性を担げて連れ去ってよいとされた。神楽殿では聖婚があり、同時に、地域では男女の性の解放が行われた[6]。霜宮神事の本質は、まさに農作物の豊饒を約束したものであり、鬼八伝説は霜を降らす悪霊として利用された感が否めない。

一月一一日には下犬役原の下役という僅か一一戸ほどの集落で、イノカミサマ祭りが行われる（写真６）。イノカミサマ（猪の神様）とは、中世に行われた阿蘇大明神の御狩神事である下野の狩で捕獲された猪を池の水で洗い、俎板のかたちをした岩で解体したところとして祭られた狩猟神であると言われる。現在は、道路拡張工事のため、池の下に俎板状の岩が埋まっ

てしまったとされるが、工事前は、近隣の水洗い場になっていたという（写真7）。

イノカミサマを祭った場所と、金八の首塚はごく至近距離にあり、下野の狩の伝承と結び付くことは注意を要する。下野の狩は、鎌倉から慶長年間に至るまで行われた大規模な巻狩の神事で、このときの狩猟法は野焼きをしながら獣を追い出すという焼狩が行われたものであった。即ち、火による狩猟によって捕獲された動物類の鎮魂が、鬼八の眠る役犬原地区でなされたということである。

写真7　イノカミサマの池

二　高千穂の鬼八伝説

高千穂の鬼八伝説の初見史料は高千穂神社文書の文治五年（一一八九）「十社大明神記」とされる。[7] 高千穂神社は近世まで十社大明神と称されていた。内容は鬼八退治のあと、十社大明神の別当神宮寺が天下泰平・国土安穏の祈祷をした札を同神社の神主が携えて京に上り鎌倉殿に献上したところ、十社大明神に対して高知尾山国を寄進する御判を渡したという伝説を記したものであり、文書の制作年代は単に頼朝の年代に合わせただけで疑いが残る。同神社には他に、建武五年（一三三八）「高千穂神社縁起」が残されている。内容的には先の「十社大明神記」よりも詳細かつ本地垂迹説が濃厚に認められ、中世文芸としての体裁が整っている。

鬼八を退治するのは、「十社大明神記」では「丹部野大じんむね重」と「若丹部野大じん佐田重」と人物名が記されているのに対して、「高千穂神社縁起」では次のような説話が語られる。「神む天王（神武天皇）の御こ三人の王子とは、てろいせんの四方てんの王になしたてまつる。いまの十しゃ大明神（十社大明神）これなり。本たい釈迦如来にてましますｰ。」とあるのに続いて、「一人の御まこは須弥山のこし、南州国の王子」となり、他の二人は大天竺の浄土にある「きんくうさいしょたんへ山」において、「わかたへ山の左大臣」と「たへ山の右大臣」と官職名を述べているだけで特定の人物名は現されていない。このことからも、文治五年の「十社大明神記」よりも、内容的には、建武五年の「高千穂神社縁起」の方がより古体を留めていると考えたほうが自然であると思われる。ここでは「高千穂神社縁起」を中心に述べることにしたい。

神武天皇の三人の皇子は日向国高知尾峰に赴く。古老が語るには、この里の谷を通るたびに多くの人が死ぬという「鬼かさ」とも「忌わしきわたり」とも言われるところがある。姥嶽の主である大明神の皇子である、いなおの明神の娘である、うのめの明神が乳の窟という洞窟で、鬼八法師（「きんはちほうし」とも称される）という恐ろしき妖怪に連れ去られて一緒に暮らしているという。三人の皇子は鬼八退治のために、乳の窟に赴く。なかでも、太郎の王子は一部八巻の法華経を頭に巻きつけ天の橋を渡して、鬼八を討ち取り、八尺の石を載せて二度と現れないようにした。太郎の王子はうのめ明神と契りを結ぶ、二人の皇子は左大臣・右大臣となったとしている。

鬼八法師は土蜘蛛伝説と同じく「まつろわぬ神」であり、大和政権と対峙する旧勢力の象徴として、この縁起に記されている。しかし、阿蘇で見られたように、鬼八が霜を降らせるといった伝説は見当たらない。

文久三年（一八六三）『高千穂庄神跡明細記』には、「荒振神鬼八墓」と題して、次のような記事が見られる。[8]

此神本名走建なりを中古法師の何事も事謀りしころ諡して鬼八法師と名を改しよりすへての人鬼八といひしなし已に此所に建たりし墓に鬼八申霜宮是也とかけり、（中略）、さて書紀をミるに三毛入野命ハ常世国に入給ふとあるに此高千穂に正しく此御古事を始め崩給ふよし定るに十社明神と祭り奉る（後略）。

写真８　高千穂神社　三毛入野命

写真９　高千穂神社　鬼八

とあり、鬼八法師は元来、走建《はしりたて》と呼ばれていた。高千穂には「鬼八申霜宮是也」と書かれた墓石がある（現存している）。三毛入野命（神武天皇の兄）が常世国に入るときに高千穂に行き十社大明神として祭られたとしており、鬼八を退治したのはこの三毛入野命だとしている。高千穂神社には三毛入野命が鬼八を退治した像が社殿に刻まれている（写真８・９）。続いて、

此御旧跡所々にあり正しき御古事なり、此塚ハ切給ふ頭なりといへり此走建力ある大蜘蛛にて殺されたる体幾たびも一ツになりて動めきけれハ分ちて所々に埋め玉ふといへり、其埋め給ふ一所ハ肥後の国内にあり此鬼死後もさたさたの祟あれハ生贄を供へ祭り給ふ例なれハはしめハ如何斗の祟りなしけむ年経るなと□法師等ケユミて附会の事もあるへしその時代に鬼八法師と云名も諡りしと聞けり神代の名ならぬハ後の諡なれハさもあるべし故今も猪祭とて岩井川村より年毎に十二月三日に猪もて来りて祭ることあるハ古きことと聞けり

とあり、この墓石は鬼八の頭を切って埋めたところで、いくつかに切って埋めても再び一つの体に生まれ変わるので、さらに、細かく分断して各所に祭ったとあり、走建の祟りがあるので生贄を供えていたとされる。今では

猪祭りとして岩井川村（現、宮崎県日之影町）から毎年一二月三日に猪を持ってきて祭るとしている。

　これが現在も高千穂神社で続けられている猪掛祭りである。旧暦一二月三日に、鬼八塚で祝詞を上げたあと、神社に戻り神前に猪の丸物を供える。宮司が両手に笹を持って、直立したまま神歌を歌って笹振り神楽を行い、続いて、参列者が順次、猪に向かって同様の所作を行う（写真10）。

写真 10　高千穂神社　レレかけ祭り

　現在の伝承では、三毛入野命が退治した鬼八の霊が霜を降らして民衆を困らせるので、生贄として女児を捧げた。戦国期の高千穂を治めていた三田井家の武将である中崎城主（現宮崎県日之影町岩井川）であった甲斐宗摂という人物が女児を生贄として捧げていたのを猪に替えたという。一説には、甲斐宗摂の娘に白羽の矢があたったからだとも言われている。在地の伝承では、甲斐宗摂は高城山（標高九〇一メートル）での巻狩で得た猪を奉納したと言われ、一一月二一日から一七日間、十社大明神の鬼餌《おにえ》の狩として集団狩猟が行われたという。

『高千穂庄神跡明細記』には阿蘇と高千穂との関係が説かれる。

　命是を鎮めんとて手足を切放して所々に埋み玉ふ、其中半身を埋め給ふ所今肥後国内にあり此身を埋めたる所にて此祭ありを霜の祭といふなり、十三以下の娘竈を取て竈に当礼ハ其としての祭を勤るに八月の行日とハいふより九月に及ふまて毎夜此塚に火をたくといへり。此祭霜を恐れてする祭なりと云へり。（中略）。ここをすて霜宮とハ云ふカ此塚を祭るに岩井河村より年々猪の生贄を祭るに又あやしむことあり、此祭る所の猪のソジシと云所を取除き持帰りて岩井川村の太子大明神と云に祭る、此神ハ大山祇神也、神代

巻そじしの空国などいふ事もありいかにも故ありけ也、岩井川村に問明らむへき事そ

高千穂側から見た阿蘇の伝説は、鬼八の体の一部分を埋めたところが肥後国にあり、その後は、阿蘇の霜宮の火焚き乙女の祭儀について語られている。佐藤が阿蘇の資料を丹念に読み込んで、阿蘇の霜宮の信仰と高千穂の鬼八伝説とが交錯したことを明らかにしているが、高千穂側の資料からも同様のことが明らかとなっている。『高千穂庄神跡明細記』の作者自身も阿蘇と高千穂の伝承が混同している節があり、阿蘇霜宮に鬼八の半身を埋めた塚があるとして、岩井川の猪の贄を阿蘇に供えているような記述も見られる。この頃（文久三年当時）、阿蘇と高千穂の伝承は相当混同していたことが伺える。

『高千穂庄神跡明細記』の記事では、鬼八を退治したことによって、高千穂が霜の害にあったという記述は見当たらない。佐藤が指摘するように、阿蘇の霜宮信仰が高千穂に流入したことがよくわかる。高千穂では、書紀に現れる国家権力側の神々が、在地の神である鬼八を退治することにより、国を治めた土蜘蛛伝説の体裁をとっているのであって、鬼八が「まつろわぬ神」の象徴として語られているに過ぎないのである。

阿蘇で言えば、国造神社に祭られた地主神である鯰に該当する。『高千穂庄神跡明細記』の作者が「岩井川村に問明らむへき事そ」と書き記したほど、猪の生贄の作法が興味深かったに違いない。「此祭る所の猪のソジシと云所を取除き持帰りて岩井川村の太子大明神と云に祭る、此神ハ大山祇神也」とあるように、高千穂の鬼八塚に一旦、猪の丸物を供え、その後に、ソジシ（肩から背中の肉）を剥ぎ取って、在地の太子大明神に供えるということが書き留められている。

ソジシは重要で、宮崎県椎葉村では火の神ジシとも称される部分の肉である。猪が獲れると、しし宿と称される民家に持ち帰り、解体する。このとき、真っ先にソジシを毛のついたまま剥ぎ取って竹串に刺して、家の台

所に祭られる火の神に供える。また、女房に対して真っ先に渡す肉でもある。女房が山の神なので猟に参加した男衆が口にするよりも、先に渡して食べてもらうということが今も行われている。[9] つまり、鬼八塚に一旦生贄として猪を供えても、最も重要な部分は岩井川の鎮守の神に奉納しているということになる。

近世の『日向記』「高千穂十社大明神之事」には、狩猟に関して次の記述がある。[10]

人牲ハ今ノ祝部ノ前ニカヽル也、然共所々人民是ヲ悲ム、故ニ猪ニ申カヘテ高千穂十社鬼江ノ狩トテ高千穂ノ内岩井川ト云邑ニ狩場定リ、神代ヨリ今ニ至ルマテヘンセサルハ此狩之事也。日本ニテハ頼朝冨士ノマキカリ、九州肥後阿蘇ノ狩日本三所ノカリハ此＝狩之事也

写真 11　高城山頂の茅場

ここで、十社大明神に捧げられる鬼餌の狩のことが記される。オニエは御贄のことと考えられる。岩井川の巻狩りというのは、先に少し触れたように在地の伝承では、岩井川の高城山の山頂で行われたとされる巻狩りを指している。高城山山頂付近は、現在も茅場の状態になっており、近隣地域の重要な茅場であった（写真11）。現在は野焼きをせずに、茅を刈り取ることで茅場を維持しているが、かつては大規模に野焼きが行われていたと言われている。

近世の『高千穂庄神跡明細記』及び『日向記』にしても、鬼八に人身供犠がかつて行われて、それが猪に替えられたことは記されるが、人身御供の対象が少女であったとはどこにも記されていない。甲斐宗摂の娘に白羽の矢が当たったことから、猪に替えたという伝承も、人身供犠の対象が少女であるとい

う認識がなければ成り立たない話である。これは明らかに『高千穂庄神跡明細記』に見られるように、阿蘇霜宮の火焚き乙女のところに鬼八塚があるとした伝承と相通じており、阿蘇の火焚き乙女役の少女が、高千穂では鬼八への人身供犠の対象として誤解され語られるようになったと考えるのが妥当であろう。

三　狩猟と野焼きと動物霊の崇り

高千穂の鬼八に対する猪の贄の献饌役は、天保一〇年（一八六三）頃、岩井川村から三田井村（現、高千穂町）へ引き継がれたとされる。[11] 高城山の巻狩が実際に行われていたか否かは判然としないが、山村において茅場が狩倉であったとする伝承は、椎葉村尾手納地区でも聞くことができる。ここが近世の椎葉山不土野掛の庄屋の狩場であったと言われ、現在も広大な茅場を野焼きによって維持している。一方、阿蘇地方は阿蘇山を中心に外輪山一帯に及ぶまで広大な草原が広がり、毎年、大規模な野焼きが行われていることで知られる。日本のような温暖で湿潤な気候では、草原を維持するためには、毎年火入れをして草を焼かないとすぐに森林化してしまうのである。温帯湿潤気候では火入れによって人為的に草原を維持していることから、半自然草原と称されている。ここでは、阿蘇と高千穂に伝承される鬼八伝承解明の一視点として、日の影と阿蘇に共通する野焼き・草原における動物霊の祟りについて触れておきたい。

日之影町には、次のような野焼き・焼畑にまつわる蛇の説話が語られている。[12]

逆巻大明神由来①

日之影町の崎の原というところに逆巻大明神のほこらがある。宮永と大人（おおひと）をつなぐ竜天橋の下で、昔はその下を流れる五ヶ瀬川が、逆巻ふちという深いふちをつくっていた。

近くの村に住む男があるとき、この付近のヤボを切り始めた。ヤボ切りは、山の斜面の木や草を切り払って乾燥させ、ころ合いを見て焼き畑にすることである。

この場所に大きな木があって、その根元の洞穴に大蛇の夫婦がすんでいた。雌蛇はお産のために休んでいた。男はそんなこととは知らず、木に登って切り始めた。大蛇は木を揺すって振り落とそうとしたが、男が歌う仕事歌に聞きほれて、落とすことができなかった。

大蛇は男の夢の枕に立ち、「火を入れるのをあと七日待ってくれ。この願いを聞いてくれれば、お前の家に幸福をもたらしてやる」と言った。男は、夢に現れた蛇の話を信じようとしなかった。

そして、焼き畑に火を入れる朝となった。

雄蛇は産後の雌蛇のため、二神山の乳ヶ窟というところまで薬を求めに行った。その帰り、舟ヶ原というあたりまで来たとき、燃えているのが見えた。雌蛇は生まれたばかりの子蛇とともに焼け死んでしまった。

雄蛇は男の仕打ちを恨んで怒り狂い、その夜中、男の家に巻きついて家を倒してしまった。男の家では、その後も災いが続いた。男は夢まくらに立った蛇のことを思い出し、後悔した。男は大蛇の恨みを慰めるためにほこたを建て、逆巻大明神として祭った。また、斜面の見える近くの森に礼拝するところをつくり、朝夕大蛇の霊魂に祈りをささげたという。

逆巻大明神由来②
延岡市桜ケ丘の奥の山に蛇谷《じゃだに》というところがあり、ここにある二つの滝に夫婦蛇がすんでいた。雌蛇はお産が近くなったので、出産の場所になっている日之影の山に向かった。途中、宮水という村で野焼きをするところであった。雌蛇はそれを知って村の庄屋の夢まくらに現れ、野焼きを止めようとしたが、果たせなかった。翌日雌蛇は子どもとともに焼かれて死んだ。この後、村ではいろりでやけどをする子どもが増えた。村人は蛇のたたりを恐れ、その霊を祭り、逆巻山と呼んだ。

（『みやざきの神話と伝承101』より）

日之影町の逆巻大明神の由来二種である。二話ともに、野焼き・焼き畑の火入れでお産をする蛇が焼け死に、その祟りがあったとされる。特に①の話では、雄蛇が赴くのは高千穂の乳ヶ窟であり、鬼八伝説と重なる要素を持ち合わせているのが注目される。同種の説話は宮崎県北郷町の蛇権現[13]、大分県日田市[14]、新潟県の佐渡島[15]にも伝えられる。これまで野焼きに関する昔話という視点がなかったために、調査によってはさらに採録される可能性がある。

椎葉村の焼き畑では火入れの際に、次のような呪文を唱える。

これからヤボ（藪のこと）に火を入れ申す。ヘビ・ワクドウ（蝦蟇ガエルのこと）・虫けらども、早々に立ち退き給え、山の神様・火の神様・宇納間の地蔵様、火のあまらんよう（延焼しないように）、御守りやって給うれ[16]

これは焼き畑の火入れの際に、蛇や蝦蟇、昆虫類が焼け死なないように唱える呪文である。こうした蛇除けの呪文を唱える背景には、先の日之影町に伝わる説話が心意として根底にはあったものと推定することができる。しかも、蛇の出産に関わる土地が、鬼八の棲む乳ヶ窟と重なるところを見ると、岩井川高城山の草原における巻狩で得た猪を鬼八の贄とすることと、焼き畑・野焼きとの関係が見えてくる。

野焼きは九州地方でよく使われる呼称で、中国・近畿地方では山焼きの名称で呼ばれることが多い。野焼き・

山焼きと霊を祭ることの関係については、奈良、若草山の山焼きの例がある。山頂には、鶯塚という古墳があり江戸末期にはウシ墓と呼ばれていた。一月までに山を焼かなければ牛鬼という妖怪が出ると言われたとある。[17] また、中世文芸の世界では『曽我物語』の仇討がなぜ、富士の巻狩で果たされなければならなかったかという問題を追及した福田晃は、富士野が御霊を祭る場所であったことを示唆している。[18]

このように草原は霊を祭る祭祀場としての性格を色濃く帯びているのである。その原因は、草原を維持するために、野焼き・山焼きを毎年行うことによって多くの動物・昆虫類が焼死するという現実があるからであり、草原を維持するためには生類の霊を祭り続けなければならなかったと言えよう。

阿蘇では外輪山を含む広大な土地で野焼きが行われていた。現在の花粉分析からは一万年前から野焼きがあった可能性も示唆されている。[19] これらの動物・昆虫類の霊をどこで祭っているのかが問題である。阿蘇では天正年間まで行われた下野の狩神事で大規模な狩猟が行われ、その贄は地主神である国造神社に捧げられた。高千穂の鬼八伝説では岩井川高城山の草原において巻狩を行い、その贄である猪で鬼八の霊を祭る。恐らく、岩井川高城山の伝説は、阿蘇の下野の巻狩の影響を受けて成立したものだろう。下野の狩の神事では広大な草原の霊を祭る要素が加わっているとみなすべきであろう。

飯沼賢治は、阿蘇神である建磐龍命《たけいわたつのみこと》が阿蘇のカルデラ湖を蹴破って水を流した場所がこの下野の地に相当することから、下野の狩の本義を、阿蘇を流れる黒川が排水される場所に、巻狩によって猪鹿を追い込むことは、うまく川が氾濫することなく排水できることを願う儀礼であるという見解を示している。中世の「風逐い祭」で狩が行われ、獣を風の化身に見立てて「風穴」に追い込む神事と共通するとしている。[20]

「風逐い祭」は単に風を追い込むだけではなく、悪霊の送りも行われていると考えられることから、下野の狩においても、排水という実質的な生活面と共に、霊送りの性格も同時に帯びていたと考えるのが自然であろう。

さらに言えば、霜宮の火焚き乙女が本来七月七日から九月九日という七夕から重陽の節句までの期間に火が焚き続けられることから、阿蘇が修験道（西巌殿寺）の影響を受けて、七日盆、盂蘭盆会を通しての動物霊供養を行っていることも可能性としては考慮する必要がある。火焚き乙女の火渡り神事があるように、この神事は明らかに修験道の影響を強く受けている。野焼きに対して、仏教的な殺生罪業観が存在したとしても不思議ではない。

霜宮の鎮座する役犬原地区の「イノカミサマ祭り」では、中世下野の狩の動物を解体し供養したところと伝えられ、鬼八伝説と下野の狩における動物霊とが融合したかたちで残ることは注目される。下野の狩は国造神社への贄が目的として行われるものであって、決して鬼八伝説と結び付く神事儀礼ではない。高千穂における鬼八伝説の阿蘇地方への流入により、草原における動物霊の供養の性格も霜宮の火焚き神事に混入されたと考えることができるのではないだろうか。

結論

阿蘇と高千穂の鬼八伝説を整理すると次の表のような関係が認められる。

	阿　蘇	高千穂
地主神	大鯰（国造神社）	鬼八（鬼八塚）
鬼八伝説	『肥後国誌』明和九年、（一七七二）ほか	「高千穂神社縁起」建武五年（一三三八）
霜宮	霜宮・火焚き乙女	石碑「霜宮鬼八是也　享保十年九月吉日」（一七二五）

祭祀の奉仕役（少女）	火焚き乙女（実在） 中世の年代不詳『阿蘇社年中神事次第写』（阿蘇文書）では「コモリ女」	生贄の少女　（伝説）
巻狩	下野の狩　（史実）	高城山の巻狩（伝説）
巻狩による贄の対象	国造神社（大鯰）	高千穂神社（鬼八） 岩井川　太子大明神

中世においては、阿蘇の霜宮信仰と高千穂の鬼八伝説とが各々別個に存在しており、一八世紀半ばに両者が交錯し、各々の伝説を作り上げていったことがよく認められる。佐藤の緻密な史料操作による実証的研究には光るものがある。

筆者は両者に共通する事象として、野焼き・巻狩りに伴う殺生、ならびに、贄の問題を考察した。広大な茅場（牧）である野を維持するために、毎年野焼き（山焼き）を営んで半自然草原をつくりだすためには、大量の蛇や昆虫などの動物類を殺害することになる。このため、昔話や伝説となり、また、焼き畑の火入れの呪文となって、動物霊の祟りが恐れられることになる。阿蘇では大規模な巻狩である下野の狩によって、動物霊の駆除も含めて様々な悪霊を祓い、且つ、地主神である大鯰を祭る国造神社に贄を捧げるのであり、高千穂では、伝説ではあるが高城山山頂付近の草原において捕獲した猪を鬼八に供えたのである。つまり、大地の様々な悪霊や祟り神の除去、鎮めの頂点に位置するのが、阿蘇の大鯰と高千穂の鬼八といった地主神ということになり、為政者側から捉えた場合は妖怪ともなりうる存在である。

草原における狩猟による贄の確保は、広大な野焼き・山焼きによって生じる動物霊や悪霊などの除去、供養が深く関わっており、小規模な狩猟とは異なり、集団狩猟によって広範囲に活動しながら贄を捕獲することは大地の霊を鎮め祭ることと密接な関係にあると言わねばならない。このことは、奈良、三笠山の山焼きにおける牛鬼が出現する妖怪譚や中世の富士の巻狩の御霊信仰とも相通ずるものであり、今後、野と霊に関する調査研究が望まれるところである。

注

1 杉本尚雄『中世神社と社領――阿蘇社の研究』吉川弘文館、一九五九年。
2 山口保明「高千穂神楽とその周辺――修験道との関わりを視座に」(『修験道の美術・芸能・文学』(Ⅱ) 山岳宗教史研究叢書第一五巻、名著出版、一九八一年)。
3 佐藤征子「阿蘇と高千穂の鬼八伝説」(『史叢』第3号　熊本歴史学研究会、一九九九年七月)。
4 村崎真知子『阿蘇神社祭祀の研究』法政大学出版局、一九九三年。
5 村崎、前掲書五二一頁。
6 村崎、前掲書五一七頁。
7 佐藤、山口前掲論文。
8 『宮崎県史』(別編　神話・伝承) 宮崎県、一九九四年。
9 拙稿「猟師と異界」(小松和彦編『日本人と異界観』せりか書房、二〇〇六年)。
10 『宮崎県史』(別編　神話・伝承) 宮崎県、一九九四年。
11 『日之影町史』(九　資料編4　民俗) 日之影町、二〇〇〇年。
12 『宮崎の神話と伝承101』宮崎県編、宮崎日日新聞社、二〇〇二年。
13 12と同じ。
14 『全国昔話集成』(十七巻　大分昔話集) 岩崎美術社、一九七六年。

15 浜口一夫「佐渡の烏言葉と昔話」(『日本民俗学会報』通巻 第十四号、日本民俗学会、一九六〇年一一月)。

16 拙稿「九州山間部の焼畑耕作」(『九州民俗学』第二号) 九州民俗学会、二〇〇二年三月。

17 村井古道著・喜多野徳俊訳・註『南都年中行事』綜藝舍、一九九六年(若草山の牛鬼伝説については、本研究会のメンバーである齋藤純氏からご教示をいただいた)。

18 福田晃「曽我御霊発生の基層——狩の聖地の精神風土(上・下)」(『伝承文学研究』第四六号・四八号、一九九八年一月・一九九九年一一月)。

19 総合地球環境学研究所 研究プロジェクト(研究代表者 湯本貴和)「日本列島における人間——自然相互関係の歴史的・文化的検討」において、佐々木尚子氏が指摘されている。

20 飯沼賢治「火と水の利用からみる阿蘇の草原と森の歴史——下野の狩神事の歴史を読みとく」総合地球環境学研究所研究プロジェクト(研究代表者 湯本貴和)「日本列島における人間——自然相互関係の歴史的・文化的検討」のシリーズ本 第2巻『野と原の環境史』(文一総合出版) 掲載予定の論旨の一部。

本研究は、総合地球環境学研究所 研究プロジェクト(研究代表者 湯本貴和)「日本列島における人間——自然相互関係の歴史的・文化的検討」、および、平成二一年度科学研究費補助金「草原の狩猟——日本における半自然草原の狩猟文化の研究」(基盤研究(C))の研究成果の一部を取り入れている。

鬼八伝説に関する資料は、宮崎県高千穂町、高千穂町コミュニティーセンター、高千穂町歴史民俗資料館学芸員の緒方俊輔氏から多大なご協力を頂いた。心から謝意を表したい。現地調査に際して、阿蘇霜神社宮司、宮川修一氏および氏子の皆様方・高千穂神社宮司、後藤俊彦氏に謝意を表したい。

韓国のトケビと日本の「付喪神」

器物の妖怪としての韓国のトケビの性格

金容儀

一　器物の妖怪としての韓国のトケビ

日本の説話や絵巻物には、「付喪神」と言われる妖怪が伝わっている。「付喪神」とは、器物の妖怪のことである。ここでいう「つくも」とは、九十九の歳月を意味するという。古くから日本人の間では、九十九年もの長い歳月が経った器物には霊が宿り、化ける能力を獲得する、と考えられていたようである。器物の中でも、特に古道具が妖怪に化けると信じられていた。この「付喪神」は、「百鬼夜行絵巻」や「付喪神絵巻」をはじめとして、「不動利益縁起絵巻」「土蜘蛛草子絵巻」「融通念佛縁起絵巻」に脇役として登場するなど、多くの日本の絵巻物に描かれている。[1]

妖怪の研究において「付喪神」が注目される理由は、この世における妖怪の発生を考える上で重要な意味を持っているからであろう。つまり人間に捨てられた古道具が「付喪神」という妖怪に化けることから、いかにして妖怪が発生するかという、一つの端緒を得ることができるのである。

「付喪神」の起源を古代まで遡っていけば、いわゆるアニミズムにたどりつくかも知れない。いまでも日本の神社などに行けば、「筆塚」、「包丁塚」などと呼ばれる、古くなった筆や包丁を供養している「塚」が目につく。

古くなった道具を「塚」という形式で供養しているのであるが、これらの「塚」に供養されている古道具も、多分アニミズムもしくは「つくも神」と何らかの形でつながっていると言えよう。

ところで興味深いことに、トケビという韓国の代表的な「妖怪」からも、日本の「付喪神」に見られるような性格がうかがえる。トケビとは、その属性において部分的に日本の鬼や河童に対比できる妖怪である。このトケビについては、韓国と日本の研究者のあいだで、日本の妖怪との比較研究の重要性が論じられたり、実際に比較研究が試みられたことがある。[2]しかしそれらの比較研究においては、韓国のトケビと日本の付喪神の属性が重なっているということについては、ほとんど注目されなかった。

トケビは、説明しようにも一筋縄ではいかない。それほど多種多様な性格を持っている妖怪である。日本の鬼、天狗、河童などの属性を合わせて持っている、妖怪そのものである。大筋では人間に富をもたらしたり、害を与えたりする両面性を持った超自然的な存在として理解されている。トケビについての話は、南から北まで韓国各地に広く分布している。また、地域によっては民間信仰の対象にもなっている。[3]

本稿では、『韓國口碑文學大系』[4]に収録されている、いくつかのトケビ伝承に注目することによって、多種多様なトケビの属性のなかに、日本の付喪神のような属性があることについて論ずる。これによって歴史的に見て、少なくとも韓国人と日本人の妖怪認識の底辺には、人間に捨てられた古道具が妖怪に化けるという、共通の認識があったことを明らかにしたい。

二　器物が化けたトケビ

筆者の調べによると、『韓國口碑文學大系』には、合わせて二一三話にいたるトケビ伝承が収録されている。[5]

それらのトケビ伝承のなかで、トケビの正体を確認してみたら、実は器物であったという話は、合わせて一九話が収録されている。

〈表〉は、筆者が合わせて一九話にわたる話を話名、伝承地域、登場人物、主なモチーフ、トケビの正体などにわけてまとめたものである。伝承地域は、京畿道、江原道、全羅北道、全羅南道、慶尙南道など、ほぼ全国各地にわたって広く伝承されている。また主なモチーフとしては、〈相撲を挑む〉〈刀でトケビを刺す〉〈トケビを縛り付ける〉〈トケビに食べ物を狙われる〉などがあげられる。

〈表〉によると、トケビの正体としては、箒、パンアコンイ（水車の杵）、パガジ（瓢）、チョリ（笊籬）、トリケ（殻竿）などがあげられている。パンアコンイ（水車の杵）とは、穀物をつく時に使われる道具であり、木を削って作られるものである。またパガジ（瓢）とは、瓢を真っ二つに割り、中身をくり抜いてから干して作った容器で、水や酒などの液体を汲むのに使われる道具である。そしてチョリ（笊籬）とは、研いだ米をすくうのに使う網じゃくしで、その材料は竹である。トリケ（殻竿）とは、いね、むぎ、まめなどの脱穀に使われる農具のことである。

ここにトケビの正体としてあげられているものは、韓国のトケビ伝承に限られたものではない。日本の妖怪伝承にもよく見られるものである。例えば、江戸時代中期に備後三次藩の藩士の稲生武太夫が体験したという妖怪にまつわる怪異をとりまとめた『稲生物怪録』（平田本）にも瓢箪、擂木、棕櫚箒などが登場する。[6]

〈表〉を見ると、およそ二つの点が目につく。まずトケビの正体としてあげられているものは、すべてが農事の道具あるいは家庭内の道具として日常的に頻繁に使われていたものであることである。またそれらの道具は、すべてその材料が「木」（チョリの場合は竹）であるという特徴がある。韓国のトケビ伝承における、この二つの特徴は何を意味するのであろうか。結論から言えば、もともとトケビには、日常的に使いなれた道具から化けるという、一つの属性があることを意味する。特に道具のなかでも、女性に使い捨てられた道具がよくトケビに化けると言われる。[7] そしてそれらの道具というのは、すべてがいわゆる自然界に属するものであるということである。これから事例を取り上げて、この問題について具体的に追究していくことにしよう。

〈表〉韓国のトケビ伝承における器物の正体

	話名	伝承地域	登場人物	主なモチーフ	トケビの正体	出典	備考
1	トケビの話	京畿道驪州郡金沙面	ポクゼおじいさん	トケビがかかってくる、腰紐で縛り付ける	トリケ（殻竿）	1-2	
2	トケビの話	京畿道揚平郡丹月面	友だちのお父さん	トケビが相撲を挑む、刀でトケビを刺す	箒	1-3	本文の〈事例1〉
3	パンアコンイ（水車の杵）が化けたトケビ	京畿道南楊州郡渼金邑	ハムチョンの人	いっしょに酒を飲む、トケビとけんかをする	水車の杵（パンアコンイ）	1-4	本文の〈事例3〉
4	トケビの話1	京畿道甕津郡永宗面	ある人	トケビがかかってくる、腰紐でトケビの目玉をかけておく	トリケ（殻竿）	1-8	
5	トケビの話3	京畿道甕津郡永宗面	ソンサンおじいさん	トケビがついてくる、刀でトケビを刺す	トリケ（殻竿）	1-8	
6	オクサン浦のトケビ伝説	江原道春川市	銃を持った人	柩を担いで通る、銃を撃つ	パガジ（瓢）	2-2	本文の〈事例4〉
7	トケビにまつわるもの	全羅北道扶安郡茁浦面	ある人	トケビを縛り付ける	箒	5-3	

8	血がついてトケビに化けた箒	全羅北道扶安郡茁浦面	あるおじいさん	トケビが相撲を挑む、草で縛り付ける、血のついた箒がトケビに化ける	箒	5-3	本文の〈事例2〉
9	トケビの話	全羅南道昇州郡月燈面	ある人	トケビが手を握る、腰紐で縛り付ける	箒	6-4	
10	トケビの話	全羅南道海南郡馬山面	母方のひいおじいさん	トケビとけんかをする、腰紐で縛り付ける	チョリ（笊籬）	6-5	本文の〈事例5〉
11	トケビにつかれた老人	全羅南道新安郡荷衣面	あるおじいさん	トケビに引っ張られる、トケビをやっつける、トケビが夢に現れる、トケビと相撲を取る	箒	6-6	
12	トケビの話(1)	全羅南道和順郡清風面	ある人	トケビに足をかけられる、蔓で縛り付ける	トリケ（殻竿）	6-10	
13	箒のトケビ	全羅南道和順郡梨陽面	ある人	トケビに牛肉を狙われる、棒でトケビを殴る	箒	6-11	
14	トケビの話(1)	全羅南道和順郡東福面	ある人	トケビが悪戯をする、トケビを縛り付ける	箒	6-11	
15	トケビの話(2)	全羅南道和順郡東福面	占い師（巫女）	トケビに食べ物を狙われる、腰紐で縛り付ける、血のついた箒がトケビに化ける	箒	6-11	
16	トケビとけんかした話	全羅南道寶城郡得粮面	ある人	トケビが相撲を挑む、トケビを縛り付ける	箒	6-12	

17	肉をねだるトケビ火（トケビプル）	全羅南道寶城郡得粮面	ある人	トケビ火が現れる、トケビにお肉を狙われる、トケビが相撲を挑む、縛り付ける	血のついた箒	6-12	
18	トケビの話	慶尙南道河東郡金南面	ある人	挽き臼でお粥を作る、トケビに狙われる、トケビを縛り付ける	トリケ（殻竿）	8-14	本文の〈事例6〉
19	トケビの話	慶尙南道河東郡岳陽面	お父さん	トケビが相撲を挑む、腰紐で縛り付ける	箒	8-14	

＊出典の数字は、『韓國口碑文學大系』の巻数を表わす。

(1) 箒が化けたトケビ

〈事例1〉トケビの話

これは私の友だちのお父さんの話である。トケビに三回か四回ほどだまされたことがある。ところで、そのうち一回はペンギョ、ペンギョと言って祭祀を行なう場所で起きた。そこに本家があって、本家に寄って、黄昏時にまちへ帰ってくるときのことである。何者かが現れて、「相撲（シルム）を取ろう」と言い出したそうである。上衣（デゥルマギ）を脱いでおいて相撲を取ったが、トケビのほうが負けた。トケビはまた「相撲（シルム）を取ろう」と言い出した。昔の老人は小さな刀を持っていたが、その刀を出してトケビを刺した。そして上衣（デゥルマギ）を置いたまま、逃げてきたという。翌朝その場所へ行ってみたら、箒に刀がさし込まれていたと

いう。箒というものはね、女が下に置いて座るものでも、やたらにほうり投げるものではないんですよ。（日本語訳、筆者）

〈事例1〉は、京畿道揚平郡丹月面で採集された話の全文である。[8] 話者の友だちのお父さんが、黄昏時にまちへ帰ってくるとき、トケビに相撲（シルム）を挑まれたあげく、持っていた刀でトケビを刺したが、その正体は箒であったという。

〈事例1〉は、様々なトケビ伝承のなかでも、典型的な類型話の一つである。多くのトケビ伝承には、だいたい夜遅くなって家に帰る人が、途中でトケビに会い、不思議な体験をした、というふうに語られている。〈事例1〉に語られている、トケビが「人間に相撲（シルム）を挑む」というモチーフは、様々なトケビの属性のなかの一つである。〈表〉を見ると、他にも第4話、第8話、第11話、第12話、第16話、第17話、第19話などに、トケビと相撲（シルム）を取ったというモチーフが確認できる。そしてトケビと相撲を取る時には左のほうから組まないと勝てないとか、次の〈事例2〉のように、トケビに勝つためにはトケビの左足に絡むか右足に絡むかによるとか、いろいろと伝えられている。

ところで人間に相撲を挑むという属性は韓国のトケビに限ったものではない。例えば、日本の河童あるいは天狗伝承においても、河童や天狗が人間に相撲を挑んだという話が頻繁に伝えられている。その理由は、河童や天狗が相撲を好んだのではなく、民俗社会（農村）の人々のほうが相撲を好んだからであろう。[9]

〈表〉によると、トケビの正体が箒であったという話は、第1話、第7話、第8話、第9話、第11話、第13話、第14話、第15話、第16話、第17話、第19話で、合わせて一一話にわたる。つまりトケビに化ける器物としては、箒がもっとも多いわけである。それでは箒はどのようにしてトケビに化けるのであろうか。〈事例1〉には、そのことについては具体的に語られていない。ただ話者が「箒というものはね、女が下に置いて座るものでも、やたらにほうり投げるものではないんですよ」と語っているところから、かつて箒を粗末にしてはいけないという言い伝えがあったことがうかがえるだけである。また第13話には、「人間が古くなるまで使った箒がトケビに化ける」と語られている。そして〈事例1〉と第13話を引き合わせて考えると、もともと箒というものは、人間が粗末にしてはいけないもので、それを守らずに粗末にしたらトケビに化けるという認識があったことがうかがえる。

ところで、第8話の「血がついてトケビに化けた箒」には、箒がトケビに化ける原因について明確に語られ、箒はどのようにしてトケビに化けるのかを理解するうえで興味深い。事例を取り上げてみよう。

〈事例2〉血がついてトケビに化けた箒

ある老人がお酒をたくさん飲んで歩いていた。広い道に草が生えていたが、急に草が立ち上がった。そしてトケビが現れて相撲を挑んだ。相撲でトケビに勝つためには、トケビの左足に絡むか、右足に絡むかによる。トケビを倒した後、草で縛り付けてやった。翌日、夜が明けてから行ってみたら、それは箒であった。箒を草で縛り付けておいたのである。「おれは、何者かにつかれたのだろう」と思った。ところで、何が原因かと言えば、台所で包丁を使っていて血が出たからだ。指から血が出て、その血が箒につくと、トケビに化けるという話を聞いたことがある。それがトケビに化けると言われる。(日本語訳、筆者)

〈事例2〉は、全羅北道扶安郡茁浦面に伝わる話の一部である。[10] 話の筋から見ると、〈事例1〉とほぼかわらない。即ちお酒が好きな老人が、夜中に家に帰る途中、トケビにあって相撲を挑まれたが、トケビを倒してから草で縛り付けてやり、翌日確認してみたら、その正体は箒であったという話になっている。〈事例2〉が注目されるのは、箒がトケビに化ける原因について語られているからである。〈事例2〉には、「台所で包丁を使っていて血が出たからだ。指から血が出て、その血が箒につけられると、トケビに化ける」と、箒がトケビに化ける原因が語られている。つまりここで箒は人間の血を媒介としてトケビに化けるのである。第15話、第17話にも、血のついた箒がトケビに化けたと語られ、トケビと血が深くかかわっていることがわかる。

トケビの属性の一つとしてよくあげられるのは、トケビが血を恐れるということである。特にトケビは馬の血を非常に恐れると伝えられている。[11] トケビと血の関係については、例えば韓国の全羅南道珍島で小正月に行なわれる、「トケビグッ（トケビ祭り）」と呼ばれる女性儀礼があげられる。[12] この女性儀礼では、村からトケビを駆逐するために女性の月経がついた下着が用いられる。女性の血（月経）を持って村からトケビを追い出しているのである。

ところが〈事例2〉では、人間の血がついた箒がトケビに化けると語られているのである。〈事例2〉をどういうふうに解釈したらいいのだろうか。この〈事例2〉の場合は、どうも「人間の血」のほうよりも、箒のほうに意味があるようである。つまり「箒に血がついた」ということは、「箒を粗末に扱った」ということにつながり、それが原因で箒はトケビに化けたと解釈することができるであろう。

(2) パンアコンイ（水車の杵）が化けたトケビ

〈事例3〉　パンアコンイ（水車の杵）が化けたトケビ

江原道のハムチョンに住んでいたある人が、楊口邑で夜通しで酒を飲んでいた。まだ夜があけてないのに、まわりの人々が引き止めたにもかかわらず、家に帰ることにした。ハムチョンの近くまで来たら、ある人が現れて、「一杯飲みに行こう」と誘われた。誘われるまま、いっしょに酒を飲んだが、どうも変な気がした。「きっとこいつは人間ではないだろう」と思うようになった。その人に言われるまま、後をついていったが、後を振り向いて、あるところを指さしながら、「お寺へ行こう」と言い出した。ハムチョンの人は、「あそこは薮の中だから行けないよ」と拒んだ。それで二人はもめはじめた。昔は小さな刀を持っていたが、その刀を出して力いっぱい刺した。刺された人は後に倒れてしまった。ハムチョンの人も驚いて家へ逃げ込んだ。翌日、夜が明けてから、自分の息子にそのことを告げた。父親からすべての話を聞いた息子が、その場所へ行ってみたら、パンアコンイ（水車の杵）に刀がささっていたという。トケビというものは、実際に存在するものではない。（日本語訳、筆者）

〈事例3〉は京畿道南楊州郡渼金邑で採集された話の要約である。[13] 話の筋は、〈事例1〉や〈事例2〉とだいたい類似している。即ち、ある人が夜遅くまで酒を飲む→帰りにトケビに会う→トケビを退く→翌日確認してみる→トケビの正体がばれる、というふうに話が展開する。ただ酒に酔って家に帰る途中、トケビに誘われたままいっしょに酒を飲んだというところがかわっている。

〈事例3〉のトケビの正体は、パンアコンイ（水車の杵）であった。パンアコンイ（水車の杵）とは、水車小屋に設置された水車の付属品で、穀物をつく時に使われる道具であり、普通木を削って作られる。〈事例3〉には、パンアコンイ（水車の杵）がトケビに化ける理由などについては語られていない。しかしパンアコンイ（水車の杵）は、脱穀という農事に欠かせない道具であること、そしていわゆる自然界に属する木を材料にして作るものであるということだけは確認しておきたい。即ちこの〈事例3〉にも、日常的に使われる道具からトケビに化けるという認識が読み取れるのである。

(3) パガジ（瓢）が化けたトケビ

〈事例4〉 オクサン浦のトケビ伝説

昔、オクサン浦には梨の畑があった。家々には梨の木が植えられて、村中に梨の木があふれていた。夜になるとトケビが現れた。ある銃を持っていた人が、「トケビとは何者だ。やっつけてやろう」と思った。すると、朝鮮松の茂った森で、トケビたちがまるで人間のように、柩を担いで通っていた。銃を持っていた人が、そこに向けて銃を撃った。トケビたちは、「こりゃ、朴僉知がなくなったな」と叫んだ。翌日行ってみたら、古くて形のよくないパガジ（瓢）に、銃弾の穴があいていたという。骸骨のようなパガジ（瓢）だった。（日本語訳、筆者）

〈事例4〉は、江原道春川市で採集された話の一部分である。[14] トケビの正体がパガジ（瓢）になっている。パガジ（瓢）とは、瓢を真っ二つに割り、中身をくり抜いて干して作った容器で、水や酒などの液体を汲むのに使われる器の一つである。いわゆる自然界に属するものである。〈表〉を見ると、パガジ（瓢）がトケビに化ける話はこの〈事例4〉が唯一である。

〈事例4〉は、今まで紹介してきた〈事例1〉、〈事例2〉、〈事例3〉とは、話の筋がかなり違うことがわかる。つまり〈事例4〉の「銃を持っていた人」は、偶然トケビに会ったのではない。銃を持っていただけに、日頃から「トケビとは何者だ。やっつけてやろう」と思っていた、勇敢な人であった。朝鮮松の茂った森で、トケビたちが柩を担いで騒いでいる様子を見て、みずから銃を持っていってトケビに撃った。翌日行ってみたら、古くて形のよくないパガジ（瓢）であったという。

この「古くて形のよくないパガジ（瓢）」は、韓国のトケビの発生を考えるうえでかなり重要な意味を持っていると言えよう。〈事例1〉の「箒というものはね、女が下に置いて座るものでも、やたらにほうり投げるものではない」という認識、〈事例2〉の「指から血が出て、その血が箒につくと、トケビに化ける」という認識とも、つながっているからである。〈事例4〉には明確に語られていないが、トケビの正体が「古くて形のよくないパガジ（瓢）」であったことから、ここに出てくるパガジ（瓢）は、古くなるまで人間に使われた後、やたらに捨てられたものであったと考えられる。つまり人間に対する一種の怨みからトケビに化けたのである。〈事例4〉で「朝鮮松の茂った森で、トケビたちがまるで人間のように、柩を担いで通っていた」と語られているところもかなり興味深い。なぜならば、他のトケビ伝承ではあまり見当たらない場面だからである。[15]

(4) チョリ（笊籬）が化けたトケビ

〈事例5〉 トケビの話

昔はトケビの話が多かったと伝わっているが、これは私の母方のひいおじいさんの話である。ひいおじいさんはお酒が大好きで、すぐ飲んでしまうから、お酒を持ち歩くことができなかったという。ある日、お酒をたくさん飲んで、ケボン面アゾ山の奥にあるタンサンというところを通りすぎた。村の入口近くまで来て、何者かと夜が明けるまでけんかをした。ひいおじいさんは力持であった。「この野郎」とどなりつけて、けんかに勝って帰った。翌朝、「昨夜、だれかとけんかになり、そいつをやっつけて腰紐で木に縛りつけておいたから、

だれかようすを見に行ってくれ」と言った。行ってみたら、チョリ（笊籬）が木に縛られていたという。（日本語訳、筆者）

〈事例５〉は、全羅南道海南郡馬山面で採集された話の全文である。[16] この〈事例５〉は、話の筋が〈事例１〉、〈事例２〉、〈事例３〉とほぼかわらない。つまりある人が夜遅くまで酒を飲む→帰りにトケビに会う→トケビを退ける→翌日確認してみる→トケビの正体がばれる、というふうに話は語られている。トケビと相撲を取ったとは、直接語られていないが、「ひいおじいさんは力持であった」ことを考えると、この話でも多分トケビと相撲を取ったのであろう。

ところで〈事例５〉に出てくるトケビの正体はチョリ（笊籬）であった。チョリ（笊籬）とは、研いだ米をすくうのに使う竹製の網じゃくしのことである。言うまでもなく、このチョリ（笊籬）という道具も、〈事例１〉や〈事例２〉の箒、〈事例３〉のパンアコンイ（水車の杵）、〈事例４〉のパガジ（瓢）と同じく自然界に属するものである。チョリ（笊籬）がトケビに化けるという話はめずらしい事例で、〈表〉を見ると、あわせて19話の話のなかで、チョリ（笊籬）がトケビの正体として語られているのは、この〈事例５〉が唯一である。

⑸ トリケ（殻竿）が化けたトケビ

〈事例６〉 トケビの話

昔は、挽き臼で挽いてお粥を作っていた。豆のお粥を作ろうと思い、挽き臼で豆を挽いていたところ、何者かが現れて、「豆をくれ」、「お粥をくれ」とねだった。そこで与えると、噛む音が聞えるはずなのに、かわった音が聞えた。いくら与えても、ねだるばかりであった。「この野郎、痛い目にあわせてやろう」と思い、腰紐を解いて、木に縛り付けてやった。翌朝、訪ねてみたところ、折れたトリケ（穀竿）であった。それを二つに折ってみたら、その中に豆がぎっしりと詰まっていたという。人間が、古くなるまで使っていたものがトケビに化けたのである。（日本語訳、筆者）

〈事例6〉は、慶尚南道河東郡金南面で採集された話の全文である。[17]〈事例6〉でのトケビの正体はトリケ（穀竿）であった。トリケ（穀竿）とは、いね、むぎ、まめなどの脱穀に使われる農具のことである。〈表〉を見ると、他にも第1話、第4話、第5話、第12話に登場するトケビの正体がトリケ（穀竿）になっている。即ちトケビの正体としては、箒についで二番目に多い。

この〈事例6〉に登場するトケビは、かなり異色である。まずトケビが現れた場所の問題から考えてみよう。今まで紹介してきた〈事例1〉から〈事例5〉までは、トケビが現れた場所として、すべての話が村と外部世界の境、いわゆる境界にあたる空間であった。しかし、〈事例6〉にはそれがはっきりと示されていない。ただ「挽き臼で挽いてお粥を作っていた」ところを見ると、多分トケビが現れたのは家のなかであったろう。

また、翌朝トケビの正体を確認してみたらそれはトリケ（穀竿）で、そのトリケ（穀竿）を「二つに折ってみたら、その中に豆がぎっしりと詰まっていた」と、「豆をくれ」とねだったのはやはりトリケ（穀竿）に間違いなかったという「証拠」まで語られている。どちらかと言えば、全体的にユーモラスな雰囲気が漂っていることがわかる。この部分と「かわった音が聞えた」と語られている部分を引き合わせて考えると、どこか日本のザシキワラシに似ているようにも見える。

〈事例6〉でいちばん注目されるのは、「人間が、古くなるまで使っていたものがトケビに化けたのである」と語られている部分である。つまり、ここには「古道具がトケビに化ける」という認識が明確に示されているのである。特に〈事例1〉の「箒というものはね、女が下に置いて座るものでも、やたらにほうり投げるものではないんですよ」と語られている部分と結び付けて考えるともっと明確になる。つまりここで人間に捨てられた、あるいは粗末にされた古道具がトケビに化けるという、ひとつのパターンがもっとも明確に浮かび上がってくるのである。

三　韓国のトケビと日本の付喪神

いままで『韓國口碑文學大系』に収録されている、合わせて一九話にわたる韓国のトケビ伝承を分析することによって、多種多様な性格を持っているトケビには、農事の道具（器物）あるいは家庭内の道具として頻繁に使われていたものが、トケビに化けるという属性があることがわかった。またそれらの道具はすべてその材料が「木」で作られたもの、つまり自然界に属するものであることが確認できた。

ところで韓国のトケビ伝承に登場する道具（器物）の妖怪（トケビ）の面々の正体を見ると、それは韓国のトケビ伝承に限ったものではないことがわかる。即ち日本で「付喪神」と言われる器物の妖怪の面々を見ると、もっと多種多様な妖怪が活躍しているからである。例えば『稲生物怪録』（平田本）には、韓国のトケビ伝承のように、瓢箪、擂木、棕櫚箒などが登場している。また室町時代に製作され、器物の妖怪が多いのが特徴であると言われる「百鬼夜行絵巻」（真珠庵本）には、実に多種多様な器物の妖怪が描かれている。

それでは、道具（器物）の妖怪としての韓国のトケビ、器物の妖怪としての日本の「付喪神」、この両者のあいだにはどういうところに類似が見られ、どういうところに差異が見られるのか。そしてその差異は、比較文化という視点から見て、どういう意味をもつのであろうか。おわりにこれらの問題についてふれたい。

　韓国のトケビに古道具から化けるという属性があるという点については、いままで具体的に事例を取り上げて充分述べてきたつもりである。この点においては、日本の「付喪神」の属性とほぼかわらない。トケビと「付喪神」の属性における目立った差異というのは、妖怪に化ける器物の種類にある。即ち韓国のトケビの場合は、箒、パンアコンイ（水車の杵）、パガジ（瓢）、チョリ（笊籬）、トリケ（殻竿）など、主に農事の道具あるいは家庭内の道具、それも「木」という自然界に属するものに限られている。要するに妖怪（トケビ）に化ける品目が限定されているのである。

　これに比べて日本の「付喪神」の場合は、自然界に属するものに限られず、実に様々な器物が妖怪に化けている。例えば「百鬼夜行絵巻」（真珠庵本）に描かれた器物の妖怪を具体的にあげてみよう。そこには琵琶、琴、沓、払子（ほっす）、鰐口、如意、扇子、笙、鳥兜、草鞋、傘、紺布、鉦、鍋蓋、釜、鋏などが描かれ[18]、「木」で作られたものつまり自然界に属するものに限られていない。むしろ「文明」に属するものが多いことがわかる。

　韓国のトケビと日本の「付喪神」は、同じく器物の妖怪としての属性を持っているにもかかわらず、どうしてその器物の種類においては、このように目立った差異が見られるのか。この点については、トケビに化ける道具のすべてが自然界に属している反面、日本の「付喪神」のほうは「文明」に属していることから求められる。つまりトケビ伝承に語られた、トケビに化ける道具というのは韓国の農村文化の産物であり、日本の「付喪神」のほうは日本の都市文化の産物という目立った特徴があるのである。

　韓国ではそもそもトケビそのものが農村文化の産物であり、したがってトケビに化ける道具も、主に農村で使われた農事の道具あるいは農村の家庭内で使われた道具に限られざるをえなかったのである。これとは対照的に日本の「付喪神」の場合は、どちらかと言えば都市文化の産物であると言えよう。「百鬼夜行絵巻」（真珠庵本）

に登場する琵琶、琴、沓、払子（ほっす）、鰐口などを見れば、ここに描かれた「付喪神」がどれだけ都市文化の産物であるのか、よく理解できるのである。

本稿では、主に韓国のトケビという妖怪のなかにも、日本の「付喪神」に類似したような属性があることに注目して、両者のあいだの類似と差異について、農村文化（韓国）と都市文化（日本）の違いという視点から考察した。これから韓国と日本のアニミズムの伝統という視点から論を広げていきたい。

注

1 「付喪神」については、小松和彦（一九九二、二〇〇八）を参照。

2 主な研究としては、張籌根（一九七五）、崔仁學（一九八七）、松原孝俊（一九八五）、依田千百子（一九八五）などがあげられる。

3 例えば、韓国の濟州島地域におけるトケビ信仰を論じたものとして、張籌根（一九七五）、玄容駿（一九九二）、文武秉（一九九三）などがあげられる。特に張籌根（一九七五：一一三〜一一四）においては、沖縄のキジムナとの類似性が指摘された。

4 この『韓國口碑文學大系』は、韓国精神文化研究院（現、韓國學中央研究院）語文研究室が中心になって、一九七九年から一九八四年にかけて、全国で六〇の郡（全国の郡地域の約四割にあたる）を対象にして行なわれた説話調査の成果である。昔話、伝説などの説話ジャンルに限らず、民謡や巫歌なども幅広く採集されている。『韓國口碑文學大系』の刊行の経緯および具体的な内容については、韓国精神文化研究院語文研究室（一九八九）、川森博（一九九四）などを参照。

5 『韓國口碑文學大系』に続いて別冊附録として刊行された韓国精神文化研究院語文研究室編（一九八九）の『韓國説話類型分類集』では、合わせて二一三話にいたるトケビ伝承を類型分類している。参考のために紹介すると次のようである。数字は類型分類の番号を示している。634—1 トケビの騒動、634—2 トケビと対決する、634—

3　トケビのおかげで失ったものを取り戻す、634―4　偉人になる人を見分けたトケビ、634―5　トケビの頭巾、634―6　トケビとの約束をやぶって滅びる、634―7　トケビによる土木工事、634―8　トケビとつきあって利益を得る、634―9　トケビから富を得た人を真似して失敗する。本稿であつかう合わせて一九話のトケビ伝承は、類型分類ではほとんどが「634―2　トケビと対決する」に分類されている。

6　『稲生物怪録』（平田本）のなかで、瓢箪は七月二日、擂木は七月七日と七月二十三日、そして棕櫚箒は七月九日に現れることになっている。テキストは東雅夫（二〇〇三）に収録されているものを参照した。

7　任東權（一九八一：一九）。

8　『韓國口碑文學大系』一―三所収。

9　金容儀（一九九四）において、人間に相撲を挑む河童の属性について追究したことがある。

10　『韓國口碑文學大系』五―三所収。

11　任晳宰（一九八一：五八）。

12　このトケビグッ（トケビ祭り）の詳細については、李鉉洙（一九八六）を参照のこと。

13　『韓國口碑文學大系』一―四所収。

14　『韓國口碑文學大系』二―二所収。

15　この場面は、どこか日本の「付喪神記」に描かれた祭礼行列のなかの付喪神を思わせるところがある。この問題についてはこれから追究してみたい。

16　『韓國口碑文學大系』六―五所収。

17　『韓國口碑文學大系』八―一四所収。

18　「百鬼夜行絵巻」（真珠庵本）に描かれた器物の妖怪の種類については、小松和彦（二〇〇八：三四～四三）を参照。

参考文献

張籌根　一九七五　「배서낭과 도깨비（ベソナンとトケビ）」『한국의 향토신앙（韓国の郷土信仰）』乙酉文化社

任東權　一九八一　「민간신앙에서의 도깨비（民間信仰におけるトケビ）」『한국의 도깨비（韓国のトケビ）』悦話堂
任晳宰　一九八一　「설화 속의 도깨비（説話のなかのトケビ）」『한국의 도깨비（韓国のトケビ）』悦話堂
李鉉洙　一九八六　「진도　도비굿攷（珍島のトケビグッ攷）」『月山任東權博士頌壽紀念論文集』集文堂
崔仁鶴　一九八七　「도깨비의 遡源考（トケビの遡源）」『한국・일본의 설화연구（韓国・日本の説話研究）』仁荷大学校出版部
韓国精神文化研究院語文研究室編　一九八九　『韓国説話類型分類集（韓國口碑文學大系別冊附録Ⅰ）』韓国精神文化研究院
玄容駿　一九九二　「令監本풀이와 令監놀이（令監本解と令監遊び）」『무속신화와 문헌신화（巫俗神話と文献神話）』集文堂
文武秉　一九九三　「済州島堂信仰研究」済州大学校大学院博士学位論文
金容儀　一九九四　「相撲と河童伝承――『相撲を挑む』モチーフをめぐって」『待兼山論叢』（日本学篇第二八号）大阪大学文学部
金容儀　一九九六　「한일 요괴설화비교 연구의 과제（韓日妖怪説話の比較研究における課題）」
韓国精神文化研究院語文研究室編　一九八〇～一九八八　『韓國口碑文學大系』（全八二巻）韓国精神文化研究院
松原孝俊　一九八五　「妖怪トケビと人間のコミュニケーション」『ユリイカ』一九八五年二月号　青土社
依田千百子　一九八五　「農耕民の山神信仰」『朝鮮民俗文化の研究』瑠璃書房
川森博　一九九四　「韓国口承説話の分類体系――比較研究の視点から」『日本民俗学』第一九九号　日本民俗学会
東雅夫編　二〇〇三　『稲生モノノケ大全　陰之巻』毎日新聞社
小松和彦　一九九二　『日本妖怪異聞録』小学館
小松和彦　二〇〇八　『百鬼夜行絵巻の謎』集英社新書

Ⅱ　創造／現代

【妖怪近代化の明治】

明治期の海外邦字新聞および海外関係記事にみる怪異情報序説

湯本豪一

はじめに

近代における怪異情報の動向と展開を探る資料として新聞がある。とりわけ、時代が劇的に変化し、近代社会がスタートした明治という時代は新しく出現した情報源として新聞は大きな位置を占めており、そこに記録された情報の調査は近代における怪異を知るために不可欠といえよう。

明治期における怪異記事については『明治期怪異妖怪記事資料集成』（国書刊行会、二〇〇九年）を刊行して四五年間を俯瞰し、その巻頭において「明治期の新聞における怪異記事」を掲載した。また、それに先立ち、『日本人の異界観』（せりか書房、二〇〇六年）に「明治期の新聞にみる怪異記事の動向と諸相」を寄稿しているが、それらを踏まえつつ、海外邦字新聞における怪異記事情報と国内紙の海外怪異情報について考えてみたい。海外の邦字新聞と国内紙における海外情報の調査は明治期における怪異情報の広がりを知るうえで重要な要素であり、江戸時代の怪異記録にはほとんど現れてくることのなかった海外との関連から怪異情報の動向を探るという視点は近代における怪異調査には不可欠な要素といえるのである。

一　海外邦字新聞における怪異記事について

明治年間における海外での邦字新聞は近隣諸国を中心に発行されている。それらの国のなかには明治時代に日本に併合されたケースもあるが、ここでは併合後も含めて海外邦字新聞と捉えて、『明治期怪異妖怪記事資料集成』から抽出して紹介して行きたい。

先ずは、海外邦字新聞における量的動向をみるために、各年の掲載月日と掲載紙および見出しの順で紹介したい。（末尾の数字は便宜上の通番）

三〇年
　一月二八日　『台湾新報』「伏姫の再来」1
　七月十三日　『台湾新報』「枋橋の怪物屋敷」2
三一年
　なし
三二年
　四月八日　『台湾日日新報』「不思議の仏貝」3
　七月三〇日　『台湾日日新報』「満花楼の怪談」4
　九月八日　『台湾日日新報』「覇王樹の怪異」5
　十二月三日　『台湾日日新報』「河童の腕」6

三三年
四月二四日　『台湾日日新報』「歓看楼の怪談」（四月二九日まで六回連載）7
八月二八日　『台湾日日新報』「毒蛇二十余羽の雛鶏を育つ」8
三四年
二月九日　『台湾日日新報』「お菊の幽霊（?）」9
六月三〇日　『台湾民報』「女の一念 怪談血汐の玉章」10
七月二日　『台湾民報』「女の一念 怪談血汐の玉章（続）」（七月十一日まで九回連載）11
十一月一日　『台湾日日新報』「猫の怨霊」12
三五年
四月十二日　『台湾民報』「狐憑」13
五月十七日　『台湾日日新報』「天狗の爪」14
六月一〇日　『台湾民報』「幽霊が出た」15
六月二七日　『台湾民報』「怪談女の泣声」（七月五日まで八回連載）16
七月十五日　『台湾民報』「破れ数珠」17
八月十五日　『台湾日日新報』「艋舺の怪談」（八月十七日まで三回連載）18
八月十六日　『台湾民報』「まんか怪談実は台日の怪談」（八月十九日まで三回連載）19
九月十二日　『台湾日日新報』「稀有の大海蛇」20
一〇月二日　『台湾日日新報』「海蛇を捕ふ」21
一〇月三日　『台湾日日新報』「薩摩守の霊」22

一〇月四日　『台湾日日新報』「珍しき足跡」23
一〇月一〇日　『台湾日日新報』「猫、犬子を産む」24
十一月十四日　『台湾民報』「中圧仔圧怪談不知火」25
十一月十四日　『台湾日日新報』「大稲埕の怪火」（十一月十五日まで二回連載）26
十二月二日　『台湾日日新報』「鳴響石寄附」27
三六年
七月十一日　『台湾日日新報』「縁喜幽霊」（七月十二日まで二回連載）28
三七年
一月二三日　『台湾日日新報』「怨恨の白骨」29
六月十五日　『台湾日日新報』「怪談良人の亡魂」30
六月二五日　『台湾日日新報』「正夢」31
九月四日　『台湾日日新報』「怪談露人の迷信」32
三八年
九月十六日　『台湾日日新報』「琴水の狸」33
一〇月八日　『台湾日日新報』「兎を喰う植物」34
一〇月二二日　『台湾日日新報』「稀代の怪猫」35
三九年
四月二〇日　『台湾日日新報』「活きながら石に化す」36
六月七日　『台湾日日新報』「台中の怪火」37

六月十三日　『台湾日日新報』「眼の中より出産」　38
一〇月十三日　『台湾日日新報』「栄菊の幽霊」　39
一〇月二六日　『朝鮮新報』「不思議の夢」　40
十一月二一日　『台湾日日新報』「少女の幽霊」　41
十二月五日　『朝鮮新報』「妖怪屋敷」（十二月九日まで五回連載）　42

四〇年

五月二六日　『朝鮮新報』「不思議物語」　43
六月七日　『台湾日日新報』「霊魂の重量」　44
七月四日　『朝鮮新報』「化物屋敷」　45
八月二五日　『朝鮮新報』「化物屋敷」　46
十一月十七日　『京城新報』「お化銀杏の崇り」　47
十一月二八日　『台湾日日新報』「大龍峒の怪火」　48
十一月二九日　『台湾日日新報』「大龍峒の怪火詳報」（十一月三〇日まで二回連載）　49
十二月六日　『台湾日日新報』「不思議の疾患」　50

四一年

三月十七日　『満州日報』「海の迷信」　51
三月二〇日　『満州日報』「満州狐の仕業」　52
六月一日　『満州日日新聞』「幽霊の研究会」　53
六月十一日　『朝鮮新報』「清栄楼の幽霊」（六月十三日まで三回連載）　54

七月十六日　『京城新報』「龍山の化物屋敷」　55
八月四日　『満州日日新聞』「東京の怪物騒」　56
一〇月三日　『京城新報』「人面牛身の怪獣」　57
一〇月七日　『台湾日日新報』「稀有の畸形牛」　58

四二年

一月十五日　『満州日日新聞』「綾衣の幽霊」　59
一月二八日　『台湾日日新報』「古狸を打殺す」　60
一月二九日　『台湾日日新報』「幽霊存在説」　61
二月二七日　『台湾日日新報』「大阪控訴院の古狸」　62
四月十一日　『北清時報』「怪鬼現われ巡警気絶す」　63
四月二一日　『満州日日新聞』「吉野町の化物屋敷」　64
五月六日　『満州日日新聞』「雨の日怪猫物語」　65
五月九日　『満州日日新聞』「化猫の化の皮」　66
五月十二日　『台湾日日新報』「アリャ唯の猫」　67
六月一〇日　『満州新報』「幽霊新妻を悩ます」　68
六月十五日　『台湾日日新報』「狐の難産」　69
六月十八日　『満州日日新聞』「銘刀と怪し火」　70
六月二四日　『満州日日新聞』「野狐恩を忘れず」　71
七月三日　『満州日日新聞』「古狸美人に化ける」　72

七月六日　『満州日日新聞』「鬼の子を生む」７３
七月二三日　『満州日日新聞』「三尺の大墓」７４
八月三日　『満州日日新聞』「耳の生えた大蛇」７５
八月六日　『満州日日新聞』「慶長年間の古猫」７６
八月六日　『満州日日新聞』「夜泣きする陣羽織」７７
八月六日　『満州日日新聞』「開戦前兆の奇魚」７８
八月十四日　『満州日日新聞』「化物屋敷藪抜け」７９
八月十七日　『満州日日新聞』「怪け狸探検」８０
八月二〇日　『北清時報』「女幽霊」８１
八月二〇日　『朝鮮新聞』「桜井町の化物屋敷」（八月二六日まで五回連載）８２
八月二二日　『朝鮮新聞』「猛獣現わる」８３
九月四日　『満州日日新聞』「佐賀の大蛇と妖怪」８４
九月七日　『満州日日新聞』「四つ目の三目入道」８５
九月九日　『満州日日新聞』「美人蛇となる」８６
十一月十三日　『台湾日日新報』「雨夜のぶらり火」８７
十一月十九日　『朝鮮新聞』「牝牛老婆を産む」８８
十二月二三日　『満州日日新聞』「化物屋敷の幽霊会」８９
四三年
一月二六日　『満州日日新聞』「女房の幽霊」９０

二月三日　『台湾日日新報』「鐘を喰う虫」９１
二月五日　『台湾日日新報』「雨の夜の幽霊会」９２
四月一日　『台湾日日新報』「迷信兇賊の霊」９３
四月二三日　『布哇殖民新聞』「不思議の怪物」９４
六月十五日　『台湾日日新報』「淡水河の水鬼」９５
六月十六日　『台湾日日新報』「十年出続けた幽霊」（六月二三日まで五回連載）９６
六月二一日　『樺太日日新聞』「不思議の漁船」９７
六月二一日　『樺太日日新聞』「不思議の石降る」９８
六月二三日　『樺太日日新聞』「怪談古猫」９９
七月五日　『満州日日新聞』「幽霊に逢って失神」１００
七月八日　『満州日日新聞』「幽霊で名高い処」１０１
七月十四日　『樺太日日新聞』「妖怪嶋の探検」１０２
七月十五日　『樺太日日新聞』「妖怪嶋の正体」１０３
七月二八日　『樺太日日新聞』「妖怪嶋探検後聞」１０４
八月十四日　『満州新報』「化物の出現」１０５
八月二三日　『朝鮮新聞』「朝鮮の怪談」（二回目以降「朝鮮奇聞」とタイトルを変え九月九日まで十五回連載）
１０６
八月二六日　『台湾日日新報』「怪鳥？の出現」１０７
九月三日　『満州新報』「果たして事実斯」１０８

九月四日　『満州日日新聞』「水牛に似たる怪獣」　１０９
九月二八日　『朝鮮新聞』「朝鮮奇聞（中）」（一〇月五日まで六回連載）　１１０
九月二八日　『大陸日報』「蛇の執念」　１１１
一〇月二八日　『樺太日日新聞』「十五年間飯を喰わぬ婦人」　１１２
十一月十二日　『樺太日日新聞』「幽霊に悩まさる」　１１３
十一月十八日　『満州新報』「先妻の怨霊」　１１４
十二月十八日　『桜府日報』「サンオーキン河の怪物」　１１５

四四年
二月十八日　『樺太日日新聞』「雪中の怪光」　１１６
二月十九日　『京城新報』「龍山化物屋敷探検」（二月二一日まで三回連載）　１１７
三月二日　『台湾日日新報』「全身鱗の人」　１１８
三月三日　『台湾日日新報』「火の玉の飛行」　１１９
三月八日　『大陸日報』「人の言葉を話す犬」　１２０
三月一〇日　『大北日報』「怪物横行のルーム」　１２１
三月十九日　『台湾日日新報』「玄妙不可思議」（三月二二日まで四回連載）　１２２
三月二八日　『台湾日日新報』「白髭大明神公判」（三月二九日まで二回連載）　１２３
四月二七日　『満州日日新聞』「八丁堀の幽霊屋敷」　１２４
四月二九日　『満州日日新聞』「稀代の大貝」　１２５
五月一〇日　『満州日日新聞』「怪しげな鳩の泣音」　１２６

五月十九日　『満州日日新聞』「石の降る家」１２７
五月二三日　『満州日日新聞』「怪談銀杏の精」１２８
五月二三日　『満州日日新聞』「阿弥陀如来泣く」１２９
五月二七日　『満州日日新聞』「木像が涙を零す」１３０
五月三一日　『満州日日新聞』「不思議なる黒煙」１３１
六月十二日　『満州日日新聞』「天狗と同棲した男」１３２
六月二三日　『満州日日新聞』「悪鬼の怪異」１３３
六月二八日　『満州日日新聞』「熊本師団の一不思議」１３４
七月十五日　『台湾日日新報』「台北の中央に化物屋敷」（七月十六日まで二回連載）１３５
七月二六日　『台湾日日新報』「北門楼上の幽霊」１３６
七月二七日　『満州日日新聞』「珍物博覧会」１３７
七月二七日　『台湾日日新報』「北門の幽霊見物」１３８
七月二七日　『台湾日日新報』「化物の影法師」１３９
七月二八日　『台湾日日新報』「滑稽幽霊探検」１４０
八月三日　『満州日日新聞』「刀の祟り」１４１
八月十二日　『満州日日新聞』「身長三尺の怪猫」１４２
八月二九日　『樺太日日新聞』「魂は眼に見える」１４３
一〇月一日　『満州日日新聞』「老狐の轢死」１４４
一〇月八日　『満州日日新聞』「極楽を見た人」１４５

十一月一二日　『満州日日新聞』「奇談幽霊の飲食」１４６
十一月二一日　『満州日日新聞』「夢の様々」１４７
十一月二三日　『京城新報』「怪獣の出没」１４８
十二月十六日　『京城新報』「三田光一の幽霊」１４９
十二月十九日　『満州日日新聞』「不思議な井戸」１５０
十二月二三日　『満州日日新聞』「神秘心霊現象の研究」（十二月二八日まで五回連載）１５１
四五年
一月二七日　『台湾日日新報』「松の江の化物」１５２
二月十六日　『樺太日日新聞』「怪鳥を捕う」１５３
五月十五日　『台湾日日新報』「身長九尺の木乃伊」１５４
五月十八日　『朝鮮新聞』「狐に誑かされた様な話」１５５
六月二日　『朝鮮新聞』「亡霊に悩まされる囲者」１５６
六月十三日　『朝鮮新聞』「明治町の化物騒ぎ」１５７
六月二二日　『朝鮮新聞』「化物屋敷から拘引」１５８
七月七日　『台湾日日新報』「解決されざる化物屋敷」（七月九日まで二回連載）１５９
七月十二日　『朝鮮新聞』「朝鮮で人魚が捕れる」１６０
七月二三日　『台湾日日新報』「柱の祟り 御幣担ぎの事」１６１
七月二三日　『台湾日日新報』「紅魚の怪 嘉義土人の迷信」１６２
七月二六日　『満州日日新聞』「金州城の白狐」１６３

明治三〇年以降、翌三一年を除いて四五年まで毎年どこかの邦字新聞に怪異記事が掲載されていることがみてとれる。『大陸日報』（カナダ）、『桜府日報』（アメリカ）、『大北日報』（アメリカ）、『布哇殖民新聞』（アメリカ）といったアジア以外での邦字新聞も散見できるが、そこでの記事は直接的には日本と関連がなく、現地における怪異事件情報が掲載されており、数も少ない。数的には近隣諸国の邦字新聞での怪異記事が圧倒的に多く、そのなかには日本国内の怪異を報じているものがある。通番で示すとつぎのとおりである。

1、6、14、16、20、21、22，23、24、27、31、34、35、38、40、47、50、51、53、56、58、60、62、65、66、67、69、70、71、72、73，74，75、76、77、84、85、86、91、92、98、99、108、112、124、125、126、127、128、129、130、131、132、134、142、144、145、146、150、154

計六〇記事で、カナダやアメリカの新聞を除いた海外邦字新聞の怪異記事全体の三八パーセントほどを占めていることがわかる。政治、経済などと異なり、三面記事的題材である怪異記事についても地元の話題とともに日本国内の情報がかなり取り上げられていたことがみてとれる。それは明治三〇年代以降において新聞というツールによって単なる伝承や昔話などではなく、リアルタイムの怪異情報が海外へ広く伝播していたことを意味している。その怪異情報も決して一様ではない。六〇記事のなかで日本国内の新聞に掲載されたものが四一記事ほどもあり、七割弱が日本国内と情報を共有していることがみてとれる。それらは日本国内で記事になった話題を転載しており、独自の取材網で取り上げた日本国内の怪異記事ではない。日本国内の新聞では同じ怪異でも別情報が書かれるなど、各新聞社がそれぞれに取材して記事にした形跡が窺えるケースも少なくないが、海外邦字新聞では既に掲載された日本国内紙の情報を一紙からそのまま、あるいは二紙以上から抽出して自らの記事として掲載していたものと考えられる。こうした傾向は外国の話題を取り上げたケースにおいても同様で、アメリカで霊魂の重量を実験した「霊魂の重量」（44）、イギリスでの霊魂の存在を確かめる研究を記した「幽霊存在説」（61）などがその事例である。いわば日本を経由して得た外国情報である。すなわち、一つの特徴として日本国内の既存の情報を丸ごと報道するといったケースがあることがわかる。それらの記事は一度日本国内で報道されたものについては自ら取材してさらに深い内容の記事を書くという姿勢ではない。

しかし、いっぽうでは日本国内での怪異にもかかわらず日本国内の新聞が取り上げない話題を海外邦字新聞が掲載しているケースもみうけられる。「伏姫の再現」（1）、「河童の腕」（6）、「怪談女の泣声」（16）、「薩摩守の霊」（22）、「鳴響石寄附」（27）、「正夢」（31）、「兎を喰う植物」（34）、「不思議の疾患」（50）、「東京の怪物騒」（56）、「大阪控訴院の古狸」（62）、「鬼の子を産む」（73）、「夜泣きする陣羽織」（77）、「佐賀の大蛇と妖怪」（84）、「怪談古猫」（99）、「怪談銀杏の精」（128）「阿弥陀如来泣く」（129）「木像が涙を零す」（130）、「不思議なる黒煙」（131）「天狗と同棲した男」（132）、「熊本師団の一不思議」（134）、「身長三尺の怪猫」（142）、「極楽を見た人」（145）、「奇談幽霊の飲食」（146）などがそれだ。こうした怪異記事には日本からやって来た人からの情報に基づいているケースがある。「怪談女の泣声」（16）の書き出しに「茲に掲ぐるは多少の物の道理も弁へたる去る本島人の話を物語り的に綴ったもので……」なる一文がある。また、「奇談幽霊の飲食」（146）では冒頭で「之れは記者の信じて居る友人の話だから我輩丈は全く事実を信じて居る」と断り書きがあって怪異記事が記されている。決して多くはないものの、このような独自の怪異情報も含まれている。いっぽう、それ以外の記事については情報源が不明だ。しかし、日本国内においても怪異の起った地元の新聞は報じていないのに全く離れた地方の新聞に出来事が載っているようなこともみうけられる。同様のことが海外邦字新聞にもいえると考えてさしつかえないのだろう。こうした多様な状況から日本国内の怪異情報を収集、考察するという視点からも海外邦字新聞は決して単なる日本国内新聞掲載の情報の広がりを知るだけの資料ではなく、日本国内新聞からは得られない情報をもたらしてくれる貴重な情報源であることがわかるのである。しかし、日本国内でしばしばみられる各紙が競争して一つの話題を載せるといったことはなかったようで、そのことから一斉に流れた情報ではなく、膨大で多種多様な情報の中からピックアップされて記事となっていったのであろうことが推測される。それゆえに、日本国内で掬い上げられることのなかった情報が記録されているのであろう。いっぽう、「阿弥陀如来が泣く」（129）と「木像が涙を零す」（130）は同じ出来事を掲載したもので、前者は明治四四年五月二三日、後者は同年五月二七日掲載で、僅か四日ほどの間隔であり、どちらも掲載紙が『満州日日新聞』であるにもかかわらず、事件のあった寺や事件当事者の名前などが微妙に違っている。どうして僅か数日の間に同じ話題を『満州日日新聞』が掲載したのかは不明だが、記事からすると別情報によってそれぞれの記事が書かれた可能性が高い。同じ出来事でも複数の情報がもたらされていたということなのだろう。

以上のような日本国内の怪異情報の展開とは別に地元における怪異事件の掲載がある。それらのなかには連載や複数の新聞が取り上げた怪異などもあり、それぞれの地元において大きな話題となった出来事であったことがみてとれる。なかには続報を掲載するなどのケースもあるほどで、日本国内と同様に記者が直接現地に赴いて取材している記事もあるくらいだ。こうした記事のなかには日本国内の新聞が後追いで載せているものも散見できる。明治三五年八月十五日～十七日までの三回にわたって『台湾日日新報』に掲載された「艋舺の怪談」（18）が同年八月二九日から三回連載で『福岡日日新聞』に「台湾の怪談」として紹介、明治三八年九月十六日の『台湾日日新報』に掲載された「琴水の狸」（33）が同年九月二七日の『神戸新聞』に「古狸の帰順」と題され紹介、明治四二年十一月十九日の『朝鮮新聞』に掲載された「牝牛老婆を産む」（88）が同年十一月二一日の『九州日報』

に「牝牛老婆を産む」として紹介されるなどしている。

ところで、この三件の事例をみてみると、海外邦字新聞の怪異情報が日本国内に入ってくるにあたり一様でないことが窺われる。「艋舺の怪談」は前述のように明治三五年八月十五日、十六日、十七日と連載されている。その内容は台北市内の艋舺なる場所のある家でポルターガイストなどの怪異現象が続発し、警察をも巻き込んだ大騒動になったという事件である。この怪異は取材にあたった記者も目撃したことが記され、その信憑性を強く打ち出している内容となっている。しかし、この連載が最初に掲載された翌日（十六日）に『台湾民報』に「まんか怪談実は台日の怪談」という記事が載った。この記事は十七日、十九日の全3回にわたって連載されている。すなわち、十六日、十七日の2回分は『台湾日日新報』の記事と同じ掲載日なのである。そして、「まんか怪談実は台日の怪談」では『台湾日日新報』の記事をことごとく否定し、「艋舺の怪談」は作り事だと論じているのだ。『台湾日日新聞』と『台湾民報』は真っ向から対立したのである。では『福岡日日新聞』の「台湾の怪談」はどのようなスタンスだったろうか。「台湾の怪談」は八月二九日から連載がスタートしているので、『台湾民報』の「まんか怪談実は台日の怪談」も知っている筈である。事実、「まんか怪談実は台日の怪談」から得た情報が含まれている。事件の起こった番地などは「艋舺の怪談」の記事には書かれておらず、「まんか怪談実は台日の怪談」によって知ることのできる情報だ。すなわち、「台湾の怪談」は事実関係で対立する「艋舺の怪談」と「まんか怪談実は台日の怪談」を知ったうえで、敢えて「まんか怪談は台日の怪談」を無視し、怪異事件という視点から「艋舺の怪談」を日本国内の読者に提供したのだ。

いっぽう、明治三八年九月十六日の『台湾日日新報』の「琴水の狸」を「古狸の帰順」と題して載せた同年九月二七日の『神戸新聞』では全くといっていいほど「琴水の狸」を踏襲している。さらに、明治四二年十一月十九日の『朝鮮新聞』の「牝牛老婆を産む」を紹介した同年十一月二一日の『九州日報』では「牝牛老婆を産む」

と見出しさえも同じで内容はほとんど同一といってよいものだ。この話題は『九州日報』と同じ十一月二一日に『福岡日日新聞』も「迷信小豆粥」と題して紹介しているが、その文末に「京城通信」と書かれている。これは京城からの情報ということであろうが、『朝鮮新聞』の掲載日などから考えるとすぐさま日本国内にもたらされたものであることがわかる。このように、日本国内の複数の新聞に同時に掲載されるような情報もあったのである。しかし、日本国内で取り上げられた怪異が地元の新聞には掲載されていないケースもあることも指摘しておかなくてはならない。また、明治三三年八月二八日の『台湾日日新報』が掲載した「毒蛇二十余羽の雛鳥を育つ」、明治三七年九月四日の『台湾日日新報』が掲載した「怪談露人の迷信」、明治三九年四月二〇日の『台湾日日新報』が掲載した「活きながら石に化す」、明治三九年十二月五日から同月九日まで5回にわたって『朝鮮新報』に掲載された「妖怪屋敷」、明治四四年十一月二一日の『満州日日新聞』に掲載された「夢の様々」など、欧米諸国の怪異情報で日本国内の新聞に紹介されていない話題が載っていることもある。さらには、明治四二年八月六日の『満州日日新聞』が「開戦前兆の奇魚」と題した韓国の話題、明治四四年十二月十六日の『京城新報』が「三田光一の幽霊」と題した大連での話題など、隣国の怪異を掲載しているが、こうした情報は日本国内の新聞には掲載されていない。

こうしたことから、海外邦字新聞の情報は決して単に日本国内紙の焼き直しという性格でないことがみえてくる。日本国内で取り上げなかった情報や日本とは関わらずに隣国同士でやりとりされた情報など、多面的要素を含んでいることがわかる。また、海外邦字新聞からの情報を日本国内紙が掲載するにあたってのさまざまな状況をも垣間見せてくれる。それらは日本国内紙だけの調査では浮かび上がってこない要素も多分に含まれたもので、海外邦字新聞の存在は怪異情報の抽出と伝播を知るうえで、単に日本国内紙調査の補完という位置づけにはとどまらず、怪異情報の全容を把握するためには不可欠な要素ということができよう。

二　日本国内の新聞における海外の怪異情報について

前節で海外邦字新聞の怪異情報の動向をみてきたが、いっぽうで、日本国内の数々の新聞では海外の怪異情報がどのように伝えられてきただろうか。海外の怪異ということから日本国内の新聞が直接取材することは難しく、ほぼ例外なくどこからかの情報をもとに記事として掲載されているようだ。しかし、その情報源については必ずしも一様でないこともみてとれる。大別すると、

1、外国の新聞からの情報
2、外国の新聞などからの情報を掲載した日本国内紙からの転載
3、来日外国人や海外からの帰国者からの情報
4、国内外国語新聞などからの情報
5、情報源が記されていない

などである。いずれにしても外国のメディアからの情報が中心であり、そのことから怪異の現場もヨーロッパ、南北アメリカ大陸、アジア、アフリカ、オーストラリア、さらには洋上などほぼ世界を網羅していることがわかる。情報源として海外の特定の紙誌名が記されたものをピックアップしても、『ヘラルド新聞』『パイチニール新聞』『ポスポル・エジプチャン』『シンシナチタイムス』『アベルデーン新聞』『エレクトリシャン新聞』『グローブ』『上海マーキュリー』『英国輿論新誌』『新紐ヘラルド新聞』『波士頓ヘラルド新聞』『倫敦デイリーテレグラフ』『クロッス新聞』『ペルメルガゼット新聞』『英国医事新聞』『デーリーエクスプレッス』『紐育ヘラルド』などが挙げられ、必ずしも特定の新聞情報だけに頼っているのではないことが窺われる。これらの新聞は海外から船便でもたらされたも

のから怪異ニュースをピックアップしたケースが多かったと思われ、紙名の前に「近着の」「最近着の」などといった言葉が書かれているケースも散見できる。また、「横字新聞に見えました」「此程の西字新聞に記せし実話」「或外国新聞」「仏国通信に見えたり」「巴奈馬の通信の載せたり」「外字新聞の記す所を見るに」「同地通信に見ゆ」などといった記載がある記事もあるところから幾多の海外新聞を実際に目にして海外の怪異記事を翻訳掲載していたことがわかる。しかし、すべて国内新聞が海外新聞から直接情報を得て翻訳掲載していたわけではない。明治十五年四月二九日の『京都新報』はアラビアのアデンで人魚が見世物として縦覧されているという情報を、つぎのような記事としている。「近ごろ欧州の紅海にて猟夫が捕へたる人魚をアラビア国のアデン港の観物場に持出し衆人に縦覧せしむるを見しとて英国パイチエール新聞の通信者より其本社へ報する所に據れば其腰より上は全く人に異ならず唯眼の頭後にあるが魚の如くなり腰より以下は大魚にて其手は人と同じ指の長さ一「フート」身の長八「フ井ート」周囲二「フ井ート」半程もあらん初め網を被せて捕へし時其手を以て網を引裂きしと実に奇物なれば近日之が写真を逓送すべし云々とあり」。いっぽう、同じ情報を明治十五年四月三〇日の『函館新聞』は「人魚」という見出しで「昔しより人魚と云ものゝあるよし聞伝へしが去ものにても有か近頃欧州の紅海にて漁夫が捕へたる魚をアラビヤ国のアデン港にて観物に持出したるは其腰より上は全く人と異ならず唯眼の頭後にあるが魚の如くなり腰より以下は大魚にて其手は人と同じ指の長さ一フート身の長は八フ井ート周囲二フ井ート半程もあらん初め網を下し捕へし時其手にて網を引き裂きしといふ実に不思議の珍物なりとぞ」という内容の記事にしている。『京都新報』では通信者が人魚のことを新聞社の本社に伝えたことや近日中に人魚の写真も逓送されるということにも触れており、実際に人魚が報じられた新聞を見て記事を書いているように思える。いっぽうの『函館新聞』はそうした記述はなく、『京都新報』などからの二次情報の可能性も少なくない。しかし、二次情報のほうが充実した怪異情報にしているケースも見受けられる。明治九年一月二五日の『朝野新聞』は「海蛇の鯨を食ふ話」と題してイギリス船がアフリカに向かう途中で鯨を巻きしめて海中に引き込んだ巨大な海蛇を目撃した話が載っている。この記事がいかなる情報源によって書かれたかは記事からは読み取れないが、この記事が掲載された四日後の一月二九日の『東京平仮名絵入新聞』は同じ記事を絵入りで再録し、文末には「朝野新聞に見えましたが珍らしい話し故図を加へて出します」との一文を記し敢えて紹介している。この姿勢は単なる二次情報記事ということではなく、転載情報をもとに読者にアピールする記事を書こうとしているのだ。このように同じ二次情報記事でも決して一様ではなく、海外新聞からの怪異情報も日本国内にはさまざまな形で伝えられていったのである。

しかし、海外の怪異情報がもたらされたのは海外新聞からだけではない。日本国内の外国語新聞も情報源の一つだ。明治十八年十一月十一日の『函館新聞』に「神経の奇感」と題して掲載されたフランスでの怪異記事の文末には「本年十一月三日東京日々新聞事実は去月三十一日のジャパンガゼット」と記されている。これはこの記事の出所が『ジャパンガゼット』であることを示している。また、明治二〇年四月十九日の『めざまし新聞』は「不思議の研究」と題したイギリスの話題を記事としているが、その冒頭で「去る十日発兌の羅馬字雑誌の雑報に英国にて精神学上不思議なる事を研究する為め……」と書いており、『羅馬字雑誌』からの情報であることがわかる。

また、記事として掲載されていない情報がジャーナリストから直接もたらされるケースも見受けられる。明治十三年一〇月六日の『東京絵入新聞』に掲載された中国での怪異情報は岸田吟香からであった。記事には「上海地方に流伝へ既に同地の新報にも載る所となりしといふ」と記し、さらに、「記者いはく右の一話は益友岸田吟香子のもとへ上海の知友より報じ来る所なりとて吟香子より寄せられたれば挿絵となしてここに掲げぬ」とある。こうした直接的に人からの情報は来日外国人や海外からの帰国者からもたらされたケースも散見できる。明治四五年四月一日の『北国新聞』には井上円了がハワイの日本人から怪異体験を告げられたことを「妖怪退治 井上円了博士の珍話」と題して記しているが、こうした研究者だけでなく、一般の帰国者からの怪異情報ももたらされている。また、明治十五年八月二九日の『いろは新聞』は太平洋上での怪異を伝えているが、その記事で「此程横浜へ入港せしストンウオルジャクメン船は今度大洋にて……」と記している。これは船員か乗客からの情報を記事にしたものと思われる。また、明治四二年三月五日の『東京朝日新聞』には横浜に入港したイギリス船が台湾沖で目撃した怪獣の記事が載っているが、その記事中に「一昨三日横浜へ入港せし英国汽船サルタン号の船長ハーバード氏の直話に依れば……」とあり、船長からの直接の情報であることがわかるが、これらは来日外国人からの情報といえる。

こうした多様な情報源によって海外の怪異は新聞記事となっていったのであるが、なかには明治十六年九月六日の『郵便報知新聞』が「霊魂非虚空」と題して報じた珍しい情報源のケースもある。記事の内容は霊魂を現出して人に見せるという話だが、記事は「東京新聞の通信なりとて英国新聞に掲げたる一奇談あり果して斯る事を掲載せし新聞ありしやその穿鑿は暫く置きその記事に箱館に日本人の理学者あり自ら其霊魂を現出して人に示すの法を発明せり……」と書き出し、最後に「右は事実なり確証を求めらるることあらば現に目撃したる日本人の姓名をも通知すべし云々」と結んでいる。すなわち、日本国内の怪異を日本の新聞が報じ、その情報でイギリスの新聞が記事にし、その記事をもとに『郵便報知新聞』が掲載したものなのだ。

以上は、それぞれさまざまなルートからではあるものの情報源がわかる記事である。しかし、それらは全体からすると少数で、情報源が記されていない記事が多数を占めていることも事実である。そうした記事は時代が下るにつれて多くなる傾向にあるが、海外からのさまざまな分野での情報量の多さによって情報源をいちいち明記しなくなる傾向だったのだろう。しかし、海外の怪異情報が単純に時代とともに増加していったわけではない。海外の怪異情報は明治八年は1件、九年は3件、十三年は1件、十五年は8件、十六年は9件、十七年は16件、十八年は2件、十九年は18件、二〇年は13件、二一年は4件、二二年は4件、二三年は7件、二四年は3件、二九年は5件、三〇年は1件、三一年は4件、三五年は4件、三六年は1件、三七年は1件、三九年は3件、四一年は7件、四二年は13件、四三年は7件、四四年は7件、四五年は4件を数える。明治時代の怪異記事全体の数的動向については「明治期の新聞における怪異記事——その分析と考察」(『明治期怪異妖怪記事資料集成』所収)において指摘したところだが、明治二〇年まで増加傾向にあった怪異記事が二一年から三三年までの一三年間は減少傾向となり、三四年以降は日露戦争期を除いて大幅な増加に転じている。海外の怪異情報記事はこうした傾向とも連動していないようだ。また、記事の増減について明確な傾向も見出せないことから、新聞全体における怪異記事の動向とは直接的関連はなかったといえよう。いっぽう、挿絵があるものは九年に2件。十三年に1件、二三年に2件、二九年に1件、三五年に1件、三九年に3件、四一年に2件、四二年に4件、四三年に1件といった具合で絵入新聞の消長とも直接的関連を見出せない。こうしたことから、海外の怪異情報記事は国内の状況とは無関係で適宜紹介されていたと考えるべきだろう。では、その選定はどのような基準だったのだろうか。記事の内容は多様で、必ずしも基準があって掲載されたとは思えないが、挿絵に関しては一つの傾向がみられる。未見の動物が中心ということだ。九年の2件は鯨を襲う巨大海蛇、馬を一飲みした砂漠の大蜥蜴、十三年の1件は鬼となって孫を戒めた祖父、二三年の2件は羅漢蛇、フロリダの海蛇、二九年の1件は人を栄養分とする奇木、三五年の1件は太平洋の怪物、三九年の3件は海中の不思議な鯨、歌を歌う魚、鉄を喰ふ虫、四一年の2件はアラスカの巨大怪獣、さまざまな海蛇、四二年の4件は台湾近海の怪獣(3件)、読心術、四三年の1件はニューギニアの巨大怪獣である。すなわち、十三年、二九年、四二年の各1件を除いて15件が未見の動物で占められている。その例外の3件は十三年は中国の出来事、二九年は植物、四二年は読心術で描かれた象の図だが、二九年はマダガスカルの出来事を描いたもので、大木の周りに人物は描かれているものの、すべてが影絵のように黒一色で輪郭がわかる程度でしかない。また、四二年の記事はイギリスでの出来事だが、読心術の様子ではなく、ただ読心術で読み取った象の絵が紹介されているだけである。唯一、十三年の出来事だけが辮髪姿の人物や中国風の女性の姿、家や庭の状況などが描かれており、具体的なイメージとしての挿絵となっている。そして、この挿絵は記事を基にして『東京絵入新聞』が独自に描いたものである。辮髪など中国風の挿絵ならば読者の誰もが理解できる範疇であったことが、こうした具体的な挿絵として登場したのであろう。それは、他の挿絵が出来事が起った場所やその出来事に遭遇した人などを描いていないことと対照的でさえある。十三年の中国の事例のように人物や周りの風景、風俗などを描く挿絵は日本国内の怪異記事では当たり前のように行われていることだ。しかし、そうした手法が遠く離れた欧米などの怪異を取りあげるときには描く側が国情や風俗など彼地に対する情報を十分持っていなかったり、見る側である読者の理解力などからして決して日本国内や近隣諸国の出来事と同じように背景を交えて描ききるということは困難だったに違いない。三九年の「鉄を喰ふ虫」ではアメリカでレールが虫に喰われて汽車が脱線した事件をとりあげているが、ここでも脱線した汽車だけを描き、人物などは描かれていないのも同様な理由だったのであろう。こうしたなかで、挿絵は誰でもが無難に納得できる未見の動物が中心となっていったのではあるまいか。未見の動物については見世物などで人魚、鬼、河童など、目にする機会もあり、そうした不思議な生き物が世界のどこかに棲息しているという記事は説得力のあるもので、そこに描かれた挿絵が事実と異なっているかといった詮索など必要ないのである。海外からの怪異情報記事の挿絵に関してはこうした傾向を読み取ることができるであろう。明治四五年五月八日の『神戸新聞』には「巨人の木乃伊来る―長九呎の黒い屍体」なる記事が掲載されている。その記事によると、九フィートもある巨人のミイラを携えて四日に北野丸で神戸に入港アメリカの興行師が七日に日本丸にミイラを積みかえるに際して新聞記者に公開したと報じている。それを実見した記者は「全身薄黒くした堅く顔面の両側にある垂髪、手足の爪、陰茎等何れも原形を具へ手を垂直に垂れ仰向きとなり……」とレポートしているが、この記事のインパクトは相当なものだったようで、五月九日の『三重新聞』、五月九日の『東洋新聞』、五月十一日の『九州日報』、五月二八日の『沖縄毎日新聞』などに次々と転載されていった。また、五月十五日の『台湾日日新報』にも掲載されるほどだったが、それらはいずれも実際にミイラを見たという内容は書かれておらず、『神戸新聞』からの情報だったと思われる。しかし、こうした情報があちこちの新聞に転載されるという事実は未知の不思議な生き物に対するなみなみならない興味のあらわれといえよう。挿絵に未知の不思議な生物が描かれたのも、それを実際に見ることができるかも知れないという読者心理にマッチしていたともいえるもので、そうした傾向が『神戸新聞』の情報の大きな広がりにも通じるものがあるのではないか。それは新しい時代における人々の世界観の広がりにも裏づけられているに違いない。海外の怪異記事の圧倒的多数が近隣諸国のものではなく、西洋からもたらされた情報に基づいているといった事実からも見てとることができよう。

以上のように、海外の怪異情報はいくつものルートからもたらされ、それが国内新聞に掲載されるにあたってはさまざまな要因によって料理されて読者に提供されていたのである。それは当時の怪異に対する心情のあらわれであり、明治という時代になって新たに加わった海外の怪異にいかに向き合っていたかを示す多様な事例を抽出する手段として新聞記事の分析はきわめて重要といえるのである。

おわりに

明治期の新聞における怪異情報の海外との関わりは二つの点において重要である。一つは日本の怪異が海外、とりわけ近隣諸国にどのように伝わり影響を与えていったのか否かということであり、もう一つは海外の怪異情報、とりわけ西洋からの情報がどの程度もたらされ、それに接することによって日本における怪異観がどのように変遷していったのか否かということである。海外情報での怪異記事の挿絵には未知の動物に関するものが大多数であることなど、いくつかの指摘をしたところだが、本格的分析にはさらに深い調査が必要と思われる。本稿はこうした課題を認識しつつ、先ずは今までに得られた海外との関連のなかでの新聞記事の怪異情報分析の最初のステップとして記したものである。

怪しい獣から「怪獣」へ

齊藤　純

だから怪獣映画ができていなかったら、ぼくたちは、ＳＦ［映画］もない、怪獣もいない、ひどくつまらない世界に育たなければならなかったんだよ。（横田順彌・會津信吾『新・日本ＳＦこてん古典』より。［　］は筆者補足）

一　「怪獣」の定義

「怪獣」という言葉は、少なくとも昭和三〇年代以降に幼少期を過ごした日本人には独特の響きがある。しかし、本来の語義は「怪しい獣」で、言葉自体にさほど複雑な意味はない。昭和三〇年（一九五五）の『広辞苑』第一版（岩波書店）をみると「あやしいけもの。不思議な獣。」昭和四八年（一九七三）『日本国語大辞典』第一版（小学館）も「正体不明の不思議なけもの。常識では考えられない能力をもっていたり、行動をしたりする動物」である。怪しい姿や能力を持つ点では、動物の「妖怪」ともいえ、近世の随筆や瓦版などにこうした怪獣がしばしば登場する（齊藤　一九九九）。

が、私たちの「怪獣」にはもう少し違う意味合いが含まれている。あるいは、「怪獣」の一部に取り込まれた要素が、他を圧倒して目立つようになっている。

それを明記した定義もある。昭和四七年（一九七二）の『新明解国語辞典』第一版（三省堂）は、「①正体の分からない、怪しい獣。②化石時代にすんでいた爬虫類などにヒントを得て漫画・映画・テレビなどで創作された、不気味で大きな動物」と記す。昭和六三年（一九八八）『大辞林』（三省堂）には「①怪しいけもの。正体のわからないけもの。②太古に栄えた恐竜などをモデルに創作された、超能力をもつ動物。」平成七年（一九九五）『大辞泉』（小学館）も「①正体の知れない不思議な動物。②多く恐竜に模して創作した、巨大な動物」である。すなわち、モデルとして恐竜に代表される化石爬虫類がある点、また、巨大である点が従来の「怪獣」とは異なるのである。こうした要素は、どのようにして「怪獣」に組み込まれたのだろうか。

筆者は、かつて「妖怪と怪獣」（齊藤　一九九九）「怪獣もいる科学史」（齊藤　二〇〇八）で、こうした経過の概観を試みた。特に後者では、「恐竜」という言葉がまだない頃、後に「恐竜」で代表される存在がどのような言葉で捉えられていたかを、ヴェルヌ『地底旅行』の翻訳を通じて考察した。まず、それを振りかえろう。

二　恐竜以前

（一）明治一八年の『地底旅行』

周知のように、「恐竜」は、絶滅した化石爬虫類の一群 Dinosauria の訳語である。Dinosauria は、一八四二年にリチャード・オーウェンが『イギリスの化石爬虫類に関する報告』で提唱した分類名で、直訳すると「恐ろしいトカゲ」。この Dinosauria を「恐竜」と訳した最古の例は、伊藤恵夫の調査によると明治二八年（一八九五）の横山又次郎『化石学教科書』である（伊藤　一九九二）。

一方、『地底旅行』の邦題で知られるジュール・ヴェルヌの *Voyage au Centre de la Terre* は一八六四年に発表された。これも周知のように、主人公が叔父の教授や案内人とともに洞窟から地底に入り、絶滅した化石動物に出会う小説である。その動物の中にイクチオサウルス（魚竜）、プレシオサウルス（長頸竜・首長竜）など化石爬虫類があった。これらは、後世、「恐竜」とみなされることにもなる存在である。[1] この *Voyage au Centre de la Terre* が、明治一八年（一八八五）に『拍案驚奇　地底旅行』として翻訳された（三木・高須　一八八五）。[2] また、「恐竜」という語が現れる前のことである。

　筆者は、この『拍案驚奇　地底旅行』の本文と題目から地底の動物、すなわち絶滅した化石動物の描写、形容、言及で使用される言葉を抜き出した。以下、そのリストで、（　）の数字は使用回数である。[3]

＊化石爬虫類：大《おほい》なる守宮《もり》（1）、海中の守宮《もり》（1）、海獣《かいじゅう》（4）、怪獣《くわいじゅう》（2）、海蜥《かいせき》（1）、海豚《かいとん》（2）、怪物《くわいぶつ》（6）、鰐魚《がくぎょ》（4）、亀（2）、鯨（1）、怪妖ノ獣（1）、蝙蝠（2）、大蛇（1）、動物（3）、鳥（1）、蛇（2）、白鳥（2）、妖怪《やうくわい》（1）、妖物《やうぶつ》（1）　＊化石哺乳類：怪獣（1）、動物（1）　＊化石鳥類：飛族（1）　＊化石魚類：魚（9）、奇異ノ魚（1）、小魚（1）、水族（1）　＊その他：禽獣（1）、鱗介（2）

化石爬虫類に使われた言葉の中に、哺乳類、鳥類、現存動物が混じっているのが変にみえるかもしれない。が、これは形容や比喩として、そうした動物が引き合いに出される場合である。「恐竜」の語がないのは当然だが、後世の訳で「恐竜」とされる場合がある爬虫類の骨格標本に対し「大なる守宮」が使われている（原書仏語は sauriens。翻訳によっては「爬虫類」とする場合もある）。

　これらの言葉のうち、対象の特異さを示す総称として注目されるのが「怪物」「怪獣」「怪妖ノ獣」「妖怪」「妖物」である。

　まず「怪物」は、イクチオサウルス、プレシオサウルス。あるいは、やがてそれらと判明するもの。また、化石爬虫類の標本にも使われる。本書はロシア語からの重訳らしい上、意訳なので、原書の仏語に対応しない表現もあるが、だいたい monstres にあたる。「怪獣」もイクチオサウルス、プレシオサウルス、さらにメガテリウム（大懶獣。ナマケモノの仲間の哺乳類）に使われている。原書では animaux と antédiluvien で、後者は「洪水以前」、すなわちノアの大洪水以前の存在を意味する形容。それを「怪獣」としたのである。

「妖怪」はイクチオサウルス。原書では monstrueux にあたる。「怪妖ノ獣」はイクチオサウルスとプレシオサウルス。訳者が独自につけた第十回（第十章）の題名中の言葉で、「波間垂釣獲奇異魚　水上留船見怪妖獣」（波間釣垂テ奇異ノ魚ヲ獲　水上船ヲ留テ怪妖ノ獣ヲ見ル）とある。「妖物」も、やがてイクチオサウルスかプレシオサウルスと判明するもの。原書では monstres である。

以上、後に「恐竜」とされる対象は、「大なる守宮」のように手近な存在で比喩的に表現される。一方、そうした存在の総称で、今なら巨大さや奇怪さ、怖ろしさを表すのに「恐竜」で用が足りるところを、それがない時代、「怪物」「怪獣」「妖怪」「妖物」が使われていたのである。

もちろん、いわゆる恐竜（＝化石爬虫類）にだけこれらの言葉が使われたのではない。他の存在に対しても用いられたはずである。[4] が、やはり、絶滅したという、様々な想像を喚起する存在で、通常の動物と隔絶した姿の化石爬虫類は、その主な使用対象の一つであったと考えられる。

（二）恐竜と怪獣

たとえば、ステゴサウルス（剣竜）は特に奇怪な姿で知られ、しばしばその点が取りあげられた。明治二八年（一八九五）に「恐竜」という言葉を導入した横山又次郎『化石学教科書』を見ると、この動物について次のような説明がある（傍線筆者。以下、引用文について同じ）。

頭小ニシテ後肢強大ニ背ノ正中線ニハ一列ノ多角形大骨板ヲ荷ヒ尾端附近ノ皮膚中ニハ四対ノ棘ヲ生セリ長サ三丈余ニ達スル最モ奇形ノ怪獣ナリ北米ノ侏羅ニ産ス（横山　一八九五　三九四）

また、明治四二年（一九〇九）、押川春浪が雑誌『中学世界』第一二巻第一四号（一一月号）に「奇怪／珍妙／前世界の大動物」という記事を載せた。その中に次のような記述がある（適宜ルビを省略。以下引用文について同じ）。

四、中生代の爬虫類／（中略）学者の説に依ると、中生代に於ける爬虫の種類は非常に多かったさうだ、現代産の爬虫は亀鼈《かめ》、蛇、鰐魚《わに》、蜥蜴《とかげ》の四種に過ぎないが、中生代の爬虫類中で最も有名なるものゝみでも魚龍、蛇頸龍《だけいりう》、鰐魚《がくぎよ》、恐龍、翼龍の五種である（押川　一九〇九a　一三四）。

八、奇怪極まる剣龍／魚龍といひ蛇頸龍といひ、見て余り気持ちのいゝものではないが、茲《ここ》に尚一層奇怪な奴が居る。それは恐龍といって、頗《すこぶ》る変梃《へんてこ》な怪獣《かいじゆう》である。此処《ここ》に挿んだ骨格図（筆者注・「剣龍」の図）を見て、此獣《こいつ》が生きていた処を想像すると、実に形容の出来難《できがた》い、一種異様の悪感《あくかん》が湧く。無論陸上動物であったのだが、豪州産のカンガルーの如く、其長い太い後肢《あとあし》でヌックとばかり立上り、野となく山となく飛歩いた処を見たら、恐らく何人でもアッと気絶するであらう。

九、禽龍は現世界に生存しつゝあるか／前のは恐龍の一種剣龍といふ奴であるが、同じく其一種で禽龍《きんりう》といふのがある、体の長さは剣龍と同じく三丈位であったさうだ。二年ばかり前にアラスカで発見された怪獣といふのは、慥《たし》かに此の禽龍の遺族であったに相違ない、例のウワイドウオールドといふ雑誌には当時の状況が精《くは》しく出て居る。それにしても、何百万年か何十万年か前に居た動物が、今頃になって発見せらるゝとは、実に奇々怪々の事ではないか。／恐龍にはまだ雷龍《らいりう》だの、三觭龍《さんきりう》だの、載域龍《さいいきりう》だのといふのがある。雷龍の五丈、三觭龍の三丈も驚くが、就中《なかんづく》、載域龍の十二三丈もあったといふに至っては、実に何といってよいか、吾人唯其恐しさにあきれるの外ない（押川　一九〇九a　一三六）。

学生用の啓蒙的文章で、恐竜に向けられた当時の視線がよくうかがえる。なお、本記事の続編が同巻第一六号（一二月号）に掲載され、「五　氷期に於ける南米の怪獣」の項に「大懶獣《だいスロツス》」が取りあげられている（押川　一九〇九b　三三）。メガテリウム、すなわちナマケモノの一種の哺乳類で、恐竜だけが「怪獣」ではないことが確認できる。ただし、その怪しさの言及は大きさのみで、前号の恐竜の説明に比べ分量も少なく調子も落ち着いている。

その恐竜の説明を見ると、代表としてまずステゴサウルスを取りあげ、これを「怪獣」と呼び、その怪しさを縷々記述するのが注目される。恐竜が姿の奇怪さ、そこから想像される行動の奇妙さで関心を集めていたことをよく物語る。なお、ステゴサウルスの歩き方に誤解があるようだが、ほかの恐竜について推測された生態を、恐竜の代表のものと混同して理解したのだろう。

また、「禽竜」つまりイグアノドンの現存について話が及ぶ。詳細は不明だが、アラスカで見つかった「怪獣」が恐竜かと取り沙汰されていたらしい。[5] これも絶滅という特性と裏腹になった化石動物特有の関心の持たれ方である。それが辺境で「怪獣」として存在するというのも大変興味深い。時間的・空間的な隔たりが「怪しさ」を支え、さらに時間・空間の両者の距離感同志が相互に通じあうことがうかがえるからである。

三 『失われた世界』の恐竜・怪獣・妖怪

(一) 大正期の翻訳

その後、「恐竜」という語はいかに普及したか。また、恐竜に代表される化石生物とのかかわりで「怪獣」や「妖怪」はどうなったのか。『地底探検』同様、「恐竜」を扱った小説として有名なコナン・ドイルの『失われた世界』の翻訳を通して考えたい。

現在、『失われた世界』の邦題で知られる *The Lost World* は一九一二年に発表された。南米アマゾン川上流に外界と隔絶した台地があり、絶滅した化石生物と現存生物が同居する。そこを訪ねた旅人の遺留品をもとに探検隊が台地に向かい、イグアノドン(禽竜)、大型肉食恐竜、類人猿などと出会う。そして、証拠のプテロダクティル(翼竜)をロンドンに持ち帰るという物語である。

この小説が、大正四年(一九一五)に「亡くなつた世界」という題で翻訳されている。新聞『新愛知』誌上で七月二七日から九月一九日まで四九回連載。最終回末尾に「(佐野生訳)」とある。署名通り、訳者は「佐野」某のはずだが詳細は不明。抄訳である(佐野 一九一五)。

また、大正一一年(一九二二)には『中学世界』の第二五巻第六号(五月号)から第一五号(一二月号)まで「怪物界探検」の題で連載された。訳者は石野芳喬で、これも抄訳(石野 一九二二)。さらに大正一四年(一九二五)、新東信の訳により、『没落の世界』という題で金剛社から出版された(新東 一九二五)。残念ながら石野芳喬も新東信も詳細不明である。[6]

これらの翻訳について、『地底旅行』同様、動物を示す言葉を取りあげて考察する。具体的には大正四年の「亡くなつた世界」と、大正一一年の「怪物界探検」の言葉のリストを作成する。また、リストはできなかったが、大正一四年の『没落の世界』について、特徴ある言葉を取りあげる。

(二) 大正四年「亡くなつた世界」の恐竜

まず、大正四年(一九一五)「亡くなつた世界」の言葉だが、設定では、恐竜を含む化石爬虫類は南米の台地上に生息する。そこで、この台地の動物についてリストを作成することにした。これには台地外の世界で、台地の動物に言及・描写した場合も含んでいる。たとえば台地を訪れた者のスケッチや報告といった記述である。一方、恐竜は台地外の過去の世界にも存在していた。そのため台地外の存在としても言及がある。たとえばヨーロッパの化石学者の研究対象として。そこで、台地外の化石爬虫類についてのリストも作成した。

また、台地には絶滅動物だけでなく、人間(インディオ)を含む現存動物もいるという設定である。このうち、哺乳類、鳥類、魚類は現存か絶滅か十分に区別できない。一方、化石爬虫類については現存爬虫類と区別が可能であり、さらに恐竜、恐竜以外、恐竜か恐竜以外かが不明なもの、に区分した。以下、リストである。

○台地上の動物

*化石爬虫類(恐竜):アロソール(1)、イグアノドン(12)、恐龍《イグアノドン》(1)、怪獣(4)、怪物《くわいぶつ》(5)、前世紀の怪物(1)、袋鼠《カンガルー》(1)、恐龍《きようりう》(2)、巨獣(2)、獣《けだもの》(17)、鹿(1)、始祖鳥(1)、犀龍《ステゴソール》(1)、象(2)、駝鳥(1)、恐龍《デノソール》(1)、肉食大恐龍《デノソール》(1)、動物(10)、草食動物(1)、蜥蜴《とかげ》(2)、鳥(1)、鶏(1)、怪物《ばけもの》(1)、爬虫類(4)、肉食巨大爬虫類(1)、蟾蜍《ひきがえる》(2)、袋鼠《ふくろねずみ》(1)、斑龍《メガロソール》(1)、野獣(4) *化石爬虫類(恐竜以外):悪魔(1)、羽龍《うりう》(27)、怪物《くわいぶつ》(4)、鵠《くげ》(3)、蝙蝠(1)、大蝙蝠(1)、獣類(1)、燕(1)、動物(3)、

原始動物（1）、前世紀動物（1）、鳥（5）、白鳥（1）、羽龍《はねりう》（1）、蛇（2）、ペリカン（1）、羽《はね》の生えた龍（1）　＊化石爬虫類（恐竜／恐竜以外不明）：原始動物（1）、爬虫類（1）、巨大爬虫類（2）　＊現生爬虫類：大蛇（1）、蛇（1）、物（1）　＊哺乳類：悪魔（1）、食蟻獣《ありくひ》（2）、猪（1）、インヂアン（18）、獣《けだもの》（6）、穴居民族（1）、ゴリラ（1）、猿（39）、鹿（1）、大鹿（3）、小鹿（1）、自然人（2）、人種（2）、人類（1）、赤色人種（1）、動物（1）、土人（32）、人間（13）、貘《ばく》（1）、人（2）、獣《やつ》（2）、豪猪《やまあらし》（1）、類人猿（35）

＊鳥類：鳥（2）　魚類：魚（2）　＊その他（全体を含む）：鰐魚（1）、巨獣（3）、怪獣（2）、獣《けだもの》（5）、生物（2）、象（1）、動物（8）、近代的動物（1）、原始動物（1）、侏羅紀動物（1）、白鳥（1）、物（1）、野獣（3）

○台地外の化石爬虫類

＊恐竜：動物（1）、怪物《ばけもの》（1）　＊恐竜以外：怪物《くわいぶつ》（1）、動物（2）、羽龍《はねりう》（1）　＊恐竜／恐竜以外不明：蜥蜴《とかげ》類（1）、怪物《くわいぶつ》（2）、動物（1）、原始動物（1）

当然といえば当然だが、もう「恐竜」の言葉が登場する。なお、化石爬虫類（恐竜）に「カンガルー」「鹿」「始祖鳥」など分類に該当しない動物が現れる。これは『地底旅行』のリスト同様、姿や痕跡の比喩（誤認も含む）として使われるため。こうした事情は他の分類でも同じ。全体を通して多い言葉に「イグアノドン」「羽竜」「インヂアン」「猿」「土人」「類人猿」があるが、これらは原作の物語上で登場回数が多い。

さて、問題点を鮮明にするため、「怪物」「怪獣」など、特異性を謳う総称に注目しよう。すなわち「アロソール」「イグアノドン」といった個別の種をあらわす言葉以外のもの、いわば個々の種以上をまとめた言葉で、特別な存在であることを示す語を伴うものを抜き出し、多い順に並べた。なお、比較のため「恐竜」も含める。

○台地の動物の特異性を示す総称
＊化石爬虫類（恐竜）：怪物（5）、怪獣（4）、野獣（4）、恐龍（2）、巨獣（2）、前世紀の怪物（1）、恐龍《デノソール》（1）、肉食大恐龍《デノソール》（1）、草食動物（1）、怪物《ばけもの》（1）、肉食巨大爬虫類（1）　＊化石爬虫類（恐竜以外）：怪物（4）、悪魔（1）、原始動物（1）、前世紀動物（1）　＊化石爬虫類（恐竜／恐竜以外不明）：巨大爬虫類（2）、原始動物（1）　＊現生爬虫類：大蛇（1）　＊哺乳類：自然人（2）、悪魔（1）、穴居民族（1）、赤色人種（1）
＊鳥類：なし　＊魚類：なし　＊その他（全体を含む）：野獣（3）、巨獣（3）、怪獣（2）、近代的動物（1）、原始動物（1）、侏羅紀動物（1）
○台地外の化石爬虫類の特異性を示す総称
＊恐竜：怪物《ばけもの》（1）　＊恐竜以外：怪物（1）　＊恐竜／恐竜以外不明：怪物（2）原始動物（1）

このように、台地上の恐竜について「怪物」（5）「怪獣」（4）「野獣」（4）が多く使われる。「恐竜」は「恐龍《デノソール》」も含めると四回。化石爬虫類全体でも同様だが「怪物」が九回に増える。台地上の動物全部（不明なものも含む）についてみると、「怪物」（9）「野獣」（7）「怪獣」（6）「巨獣」（5）の順である。なお、数は少ないが「怪物」に「ばけもの」とルビをふる例がある。台地を訪れた旅人が残した奇怪な動物のスケッチについて会話する場面で、それが化石学者の復原したステゴサウルスと同じだというのである。該当箇所をあげると、次の通り（丸付き数字は筆者加筆。以下、引用について同じ）。

『①怪物《ばけもの》みたいですね。／［中略］／『之《これ》は僕の親友レー、ランカスターが書いた研究論文だ、茲《ここ》に挿絵があるから見玉《たま》え、其《その》説明に「此②怪物《ばけもの》の後脚は大人の二倍の長さを有す」とある（佐野　一九一五 七・二八）。

原書英文では次の通り。[7]

"It is ① monstrous--grotesque." …… "This is an excellent monograph by my gifted friend, Ray Lankester!" said he. "There is an illustration here which would interest you. Ah,yes, here it is!" The inscription beneath it runs: 'Probable appearance in life of the ② Jurassic Dinosaur Stegosaurus. The hind leg alone is twice as tall as a full-grown man.'

比較のため他の訳を参照すると、大正一一年（一九二二）「怪物界探検」は抄訳で場面自体省略。大正一四年『没落の世界』は次の通りで、後述するがDinosaurに「恐竜」の語を使わないという特徴がある。

『其《そ》れは①法外千万《まん》な——巨大なものです。』／〔中略〕／『此《こ》の書は私の畏友レー、ランクスターが書いた名論文だ。』彼は言つた。『君に面白い挿画《さしゑ》がある。うむ、此処《ここ》にある。題が下に書いてあるが『②ジウラ系化石のステグゾーラス（剣龍）の面影、後足だけで、背丈の高い人の二倍ある（新東　一九二五 四〇—四二）。』

ちなみに、筆者が見た翻訳の中で、『没落の世界』の次の訳は昭和八年（一九三三）の大佛次郎訳「滅びた世界」だが、①は「奇怪です——グロテスクです。」②は「侏羅紀恐龍剣龍《しゆらききようりうけんりう》」とする（大佛　一九三三 三七—三八）。②のうちのDinosaurは、その後の訳でも「恐竜《きようりゆう》」「恐竜《ダイノソア》」「恐竜《ダイノザウルス》」になっている。ルビで原語の発音を補足する例もあるが、文字は「恐竜」が普通である。[8]

ちょうどこの部分は原書の中でdinosaurという語が初めて使われる箇所である。「亡くなつた世界」は、他のところで「恐龍」の語を使っているが、ここではそうしていない。まだ、この語はなじみにくかったのかもしれない。

これら注目される言葉について、英文との対応を瞥見すると次の通り。抄訳なので意訳もある。まず、「怪物」はmonsterが多い。ほかにextraordinary creatureなど。「怪獣」はmonster(3)、strange creature(2)、thing(1)。「恐龍・恐龍《デノソール》」はすべてdinosaurである。

(三) 大正一一年「怪物界探検」の恐竜

次に大正一一年（一九二二）「怪物界探検」の言葉を取りあげる。これについても「亡くなつた世界」と同様、動物の言葉のリストを作ったが、紙数の関係で割愛し、特異性を示す総称だけを掲げる。

○台地の動物の特異性を示す総称

＊化石爬虫類（恐竜）：怪物（12）、恐龍《ダイノソーア》（8）、怪獣（2）、食肉獣（2）、動怪物（1）、食肉動物（1）、葉喰獣《リーフイーター》（1）

＊化石爬虫類（恐竜以外）：怪物《くわいぶつ》（7）、怪鳥（1）、大怪物（1）、怪しい物（1）　＊化石爬虫類（恐竜／恐竜以外不明）：怪物（1）、古世紀の動物（1）、侏羅紀に属する動物（1）、前世紀の動物（1）、侏羅紀の爬行類（1）　＊現生爬虫類：大蛇《おろち》（1）、怪物（1）　哺乳類：怪物（4）、原始人（2）、野蛮人（2）、悪魔（1）、穴居族（1）、自然人（1）、獣人（1）、銅色人（1）、銅色の美人（1）、野獣（1）　＊鳥類：なし　＊魚類：なし　＊区分不明（全体を含む）：怪物《くわいぶつ》（7）、猛獣（2）、大怪獣（1）、食肉獣（1）、原始動物（1）、現代動物（1）、野獣（1

○台地外の化石爬虫類の特異性を示す総称
＊恐竜：なし　＊恐竜以外：なし　＊恐竜／恐竜以外不明：怪物（1）、前世紀の動物（1）

台地上の恐竜には「怪物」（12）「恐龍《ダイノソーア》」（8）がよく使われる。回数は二回で多くはないが「怪獣」がそれに次ぐ。化石爬虫類全体でも同様で「怪物」が二〇回（「大怪物」を含めると二一回）。台地上の動物全部だと「怪物」が三一回（「大怪物」を含めて三三回）、「怪獣」は「大怪獣」を含めて三回である。英文との対応をみると、「怪物」はmonsterが多いが、beastやbruteも。「怪獣」はmonster（2）、strange creature（1）。「恐龍《ダイノソーア》」はdinosaur。

以上、大正四年（一九一五）「亡くなつた世界」と大正一一年「怪物界探検」の言葉のリストを通し、「恐竜」の語が文章上に広まっていること、化石爬虫類に「怪獣」の語が使われていることを確認した。なお、「怪物」の使用が一番多いが、この語については他日を期したい。

（四）大正一四年『没落の世界』の恐竜

このように「恐竜」について文章上の普及を確めたのだが、大正一四年（一九二五）『没落の世界』には奇妙な特徴がある。それは、この「恐竜」の語をあえて避けているようにみえることである。「亡くなつた世界」や「怪物界探検」にもdinosaurを「恐竜」としない箇所があるが、他のところでは遠慮なく「恐龍《デノソール》」「恐龍《ダイノソーア》」を使う。一方、『没落の世界』では、dinosaurを「化石」「爬虫類」「中世紀の爬虫類」「古代の爬虫類」「爬虫巨獣」「剣竜」などと言い換え、「恐竜」を使おうとしない。

たとえば、探検隊がイグアノドンの足跡を発見するところで、“No; a reptile--a dinosaur.”という台詞がある。これを「亡くなつた世界」では「否《いーや》、爬虫類の一種で恐龍《デノソール》といふ奴だ（佐野　一九一五　八・二四）。」また「怪物界探検」は「いや〳〵、恐龍《ダイノソーア》といふ爬行動物だ（石野　一九二二　六月　二六）とする。一方、『没落の世界』をみると「否《いな》、爬虫類、中世紀の爬虫類（新東　一九二五　一三六）」である。ちなみに、昭和八年（一九三三）「滅びた世界」では「いや、爬虫類だ、――恐龍《きようりう》だ（大佛　一九三三　一一八）。」これ以後の訳でも、先述のように原語の発音のルビをふる例もあるが、「恐竜」を用いる。

また、次のような例もある。主人公が恐竜の危険を冒して連絡に行く箇所で、原書英文に In spite of the danger from dinosaurs という表現がある。これについて、「亡くなつた世界」は抄訳で省略。「怪物界探検」は「恐ろしい恐龍《ダイノソーア》をも顧《かへり》みず（石野　一九二二　一一月　一三〇）」である。一方、『没落の世界』は「大きな危険があつたにも拘《かゝ》はらず」と、dinosaurs を無視する（新東　一九二五　二二一）。昭和八年（一九三三）「滅びた世界」は「恐龍《きようりう》からの危険［中略］があつたにも拘《かゝ》はらず（大佛　一九三三　一九三）」で、以後の訳も素直に「恐竜」を使う。

（五）大正一四年『没落の世界』の妖怪

もう一つ『没落の世界』の注目すべき特徴として、恐竜や化石爬虫類にあたる存在を「妖怪」と表現する点がある。

例をあげると、探検隊が大型肉食恐竜に襲われたイグアノドンの絶叫を聞き、その悲劇を想像するところ。原書に the greater dragon pinned the lesser among the slime とある。この dragon は大型恐竜とイグアノドンの両方をさす。「亡くなつた世界」と「怪物界探検」では省略されているが、『没落の世界』は「大きな妖怪《えうくわい》が比較的小さな奴を泥に埋る（新東　一九二五　一四八）」と表現する。昭和八年（一九三三）「滅びた世界」では「あの大龍が小龍を泥の中へ押しつけて動けなくした（大佛　一九三三　一一八）」である。以後の訳でも「竜」または「恐竜」とされるところである。

また、探検隊がアスファルトの斑点つきのイグアノドンを見る箇所で、原書英文にOnce in a grove we observed several of these ① great creatures grazing, and Lord John, with his glass, was able to report that ② they also were spotted with asphalt とある部分。

これを「亡くなつた世界」は「①巨獣の群れをも屢々《しば〱》見たが、ロード、ジヨンは②彼等《かれら》がアスハルトで体を塗り上げたやうになつてゐることを双眼鏡で見たと告げた（佐野　一九一五　八・二九）」とする。「怪物界探検」では省略。

一方、『没落の世界』は「一度森に入るや此等《これら》①大怪物《だいくわいぶつ》が草を食《は》んでゐるのを見た。ジヨン卿は望遠鏡をとつて、[中略] ②其《そ》れら妖怪《えうかい》にも又土瀝青《アスファルト》の斑点があると報じるを得た（新東　一九二五　一五五）」である。

昭和八年（一九三三）「滅びた世界」では「吾々はさういう①巨大動物の数匹が草を食つてゐるところを観《み》たが、ロード・ジヨンは双眼鏡を用ひて、②彼等《ら》にもアスフアルトの斑点がついてゐることを報告することが出来た（大佛　一九三三　一三三）。」以後の訳をみると、①は「巨大動物」「巨大な動物」「巨大な生物」「巨大ないきもの」、②は「彼ら」「その動物」が普通。

また、『没落の世界』の「妖怪」は、化石爬虫類イクチオザウルにも使われている。帰国後の報告会の場面で、原書に as one heard this sane practical Professor in cold measured tones describing the monstrous three-eyed fish-lizards and the huge water-snakes which inhabit this enchanted sheet of water とある（イクチオサウルスはイルカのように頭上に鼻孔があり、原書作者はそれを第三の眼玉と誤解している）。

「亡くなつた世界」「怪物界探検」はここを省略。『没落の世界』は「此《こ》の落付《おちつ》いた、着実な教授が冷静なポツリ〱物を言ふ調子で三つ目の妖怪《えうくわい》□□［蜥蜴カ］魚《ぎよ》、及び大きな水蛇《すいじや》が此の魔の水中に住んでるを聞くと（新東　一九二五　一三九）」としている。

ただし、「妖怪」の使用は恐竜や化石爬虫類に限られるわけではない。正体不明の動物について、次の例がある。主人公が記録をつけながら印象深い出来事を回想するところ。やや長いが、興味ある言葉が多いので引用する。原書英文は次の通り。

ichthyosaurus--a ① strange creature, half seal, half fish, to look at,with bone-covered eyes on each side of his snout, and a third eye fixed upon the top of his head-- …… those long moonlit nights when we lay out upon the shimmering surface of the great lake and watched with wonder and awe the huge circles rippling out from the sudden splash of some fantastic ② monster; or the greenish gleam, far down in the deep water, of some ③ strange creature upon the confines of darkness.

「亡くなつた世界」では省略。「怪物界探検」は次の通り。

若い魚龍《イクシオソーラス》のことを書いてみたいと思ふ。之は一見海豹《かいへう》の様《やう》な動物で、嘴《くちばし》の両側に角質で掩《おほ》はれた眼を持ち、別に第三の眼が頭の頂上に在る①不思議な動物だ。〔中略〕静かな湖水の辺りへ出て、月に輝く湖上を眺めて居《ゐ》ると、突然ばしやんといふ音を立てゝ、大きな②怪物《くわいぶつ》が水中で跳ね上り、同時に大きな円周を描いて漣《さゞなみ》が揺れ動いて来る。深い湖水に輝く緑色の光や、暗中に蠢《うごめ》く③大怪獣《くわいじう》など、凡《すべ》て私の記憶に深く〱刻みこまれて居る（石野　一九二二　一一月　一二八―一三〇）。

一方、『没落の世界』では次の通り。

イヒスオラス（中生代の爬虫類）――一見半分海豹《あざらし》で半分魚《うを》で、鼻の上に骨で掩《おほ》はれた両眼《れうがん》、もう一つの眼《め》が彼の頭の上にある①怪獣――［中略］湖水の微光を放つてゐる水面に出て行て、ある奇怪な②妖怪《えうくわい》が突然飛込んで波紋をつくるのを驚き恐れて眺め、又深い水中遙《はるか》に緑がかつた光、暗黒の帳《とばり》に於《お》ける③妙な動物を見た長い月夜を書かう（新東　一九二五　二一九―二二〇）。

例によって昭和八年（一九三三）の「滅びた世界」をみると、①は「珍妙な動物」、②は「怪物」。③は特に言葉を使わない（大佛　一九三三　一九〇―一九二）。以後の訳では、①「珍妙な動物」「不思議な動物」「奇怪な動物」「奇妙な動物」、②「怪物」「何とも知れぬもの」、③「妙な動物」「奇怪な動物」「何物とも知れぬ動物」「何物とも知れぬ生きもの」である。

『没落の世界』の訳をみると、別なところで「妖怪」だったイクチオサウルスが「怪獣」になっているのも興味深い。

ちなみに『没落の世界』の「怪獣」は、インディオを襲う大型肉食恐竜をさすbeasts（①）の訳語としても使われている。同場面の同じ存在は、「怪物」（② monsters の訳）、「巨獣」（③ monsters の訳）とも表現される（新東　一九二五　二一七―二一八）。さかのぼって「亡くなつた世界」「怪物界探検」をみると、前者では省略。後者は、同場面の同じ存在を、やはり「怪物」（②）「怪獣」（③）とする。①には特に言葉をあてていない。かわりに、『没落の世界』が「彼等」と訳す④ Their ［= monsters］を「怪獣」と表している（石野　一九二二　一一月　一二七―一二八）。昭和八年（一九三三）「絶滅の世界」を含め、以後の訳でも、①は「怪獣」「怪物」、②は「怪物」「動物」、③は「怪物」、④は代名詞である。

なお、「妖怪」は、伝承的・神秘的な存在にも使われている。原書には、プテロダクティルをハーピー(harpies)、すなわち叙事詩『アエネイス』に登場する、爪と翼を持つ女性の顔をした怪物に喩えたところが二箇所ある。その最初のharpies(①)を、『没落の世界』は「妖怪(新東 一九二五 一一六)」。次(②)を「女怪《じょかい》(新東 一九二五 一四三)」とするのである。

「亡くなった世界」「怪物界探検」はこの部分を省略。以後の訳をみると、最初の①は「鳥体女神《ハーピー》」「ハーピイ」「ハーピー」、②は「翼を持った怪物」「怪物」「貪欲な怪物」「ハーピイ」「強欲な怪物」となっている。

ハーピーは海外の存在なので多少の違和感があるものの、伝承的・神秘的存在を「妖怪」ということは、今の感覚でも突飛ではない。正体不明の動物を「妖怪」とするのも、場合によっては認められよう。しかし、恐竜や化石爬虫類を「妖怪」と呼ぶのは、現在の語感では奇妙に響く。

だが、明治一八年(一八八五)の『地底旅行』の訳をみると、「恐竜」の導入以前、化石爬虫類に対して「妖怪」「妖物」という言葉も使われていたのである。

その後、「恐竜」が普及する。『失われた世界』の訳にも「恐竜」が現れるが、大正一四年(一九二五)の『没落の世界』はこの言葉を使わない。読者の理解の程度を考慮したのか、訳者の理解力の影響か。本書の詳細が不明なので判断できないが、いずれにしても化石爬虫類に関する知識の普及が遅れた翻訳と位置づけられよう。ちなみに文体も古風で、肉食大型恐竜を「異形《いけい》」(英語はThing)と表した箇所もある[9](新東 一九二五 一四九)。

そうした大正一四年(一九二五)の翻訳に、化石爬虫類を「妖怪」と呼ぶ作法が残っていた。そして、これ以後、すなわち昭和八年(一九三三)以降の『失われた世界』の主な翻訳に「妖怪」は現れない。化石爬虫類=「妖怪」の小さな伝統は、絶えたようである。

おわりに

恐竜や化石爬虫類に「妖怪」が使われなくなった事情や理由は改めて考える必要があろう。

一方、これらを「怪獣」と呼ぶ例は明治一八年（一八八五）以来、現在も続いている。「怪獣」の要素として、恐竜は主たる位置を占めたのである。

大正一四年（一九二五）、『失われた世界』がアメリカで映画化され、同年八月、『ロスト・ワールド』の邦題で日本でも公開される。当時の『キネマ旬報』の広告（八月二〇一号）には次のようなコピーが記されている。

忽として前世紀の世界は眼前に展開す。／怪鳥空を圧し奇獣地を行く。倫敦市中に出現しては文明人の肝を奪ひタワー・ブリッヂは一蹴せられ大厦高楼は足下に倒壊す

人跡未踏のアマゾンの上流／今尚存在する前世紀の世界／巨大なる怪獣万物を蹂躪し／驚異の探検は生死の裡に！

見よ怪獣は倫敦に現はれたり／コナンドイル卿の空想は／今や驚異の世界に吾人を導かんとす

映画は原作のプテロダクティルを巨大なブロントサウルスに変え、その逃亡が引き起こす都市破壊を売り物にした。この『ロスト・ワールド』の影響を受けたアメリカ映画『キング・コング』も、昭和八年（一九三三）九月に日本で公開される。『キネマ旬報』の同映画の広告には「怪物」「巨獣」「怪獣」などの語が躍る。[10] これらの延長上に、昭和二九年（一九五四）、「水爆大怪獣映画」を謳う日本映画『ゴジラ』が誕生したのである。[11]

注

1　正確にいうと、イクチオサウルスもプレシオサウルスも恐竜（dinosauria）ではない。詳しい説明は到底筆者の任ではないが、科学的には、恐竜は双弓亜綱、主竜下綱の竜盤目または鳥盤目の爬虫類で、陸上を直立歩行する。一方、イクチオサウルスは広弓亜綱、魚竜目。プレシオサウルスも広弓亜綱、鰭竜目で、いずれも水中や水辺で生活した。とはいえ、通俗的には太古の化石爬虫類を総じて「恐竜」とみなす傾向が強いのは否定できない。『地底旅行』の紹介や回顧でも、「恐竜」が登場したとされることがある（齊藤　二〇〇八　五三、五八）。なお、科学的な「恐竜」理解が行き渡っていない状況や問題点は金子隆一『新恐竜伝説』（金子　一九九三）、同『知られざる日本の恐竜文化』（金子　二〇〇七）を参照。

2　翻訳者の三木愛華（愛花・貞一）は『万朝報』の記者、高須墨浦（治助）はロシア語翻訳家。ロシア語原書からの重訳らしい。凡例に「断然《だんぜん》義訳《ぎやく》を取り　略すべきハ之を略せり」とある通り、原書の意訳。かなり原作を改変するが、表現が対応する部分もある。詳細不明な点が多いが、本書については（高橋　一九九四）および（齊藤　二〇〇八）参照。

3　形容する語ではなく、中心になる語について現在の読みでアイウエオ順に並べた。「怪」に「かい」「くはい」「くわい」とあるように、ふりがなの字づかいが一定しないが代表例を記した。なお、今回、比喩・形容の範囲を広げて数え直したので、（齊藤　二〇〇八　五四）のリストより語句が若干増えている。

4　明治四一年（一九〇八）『中学世界』第一一巻第一六号（一二月号）の「探検実話／洪水と怪獣の襲来」に登場するのは、東アフリカの洪水を逃れて出現した蛇・大蛇・猿・野犬・獅子・狒狒・河馬・禿鷹など。いわば場違いで見慣れないという点で「怪しい」動物だ（K・Y　一九〇八）。また、明治二九年（一八九六）の『新少年』一五号に「妖怪」という題の記事があるが、内容は米国ケンタッキー州マンモス洞窟の紹介。そこに生息する目のない「怪魚」など、白色・盲目の動物について、暗黒で目が不要になったため「天」が「奇巧」を弄したものか「不思議」な空洞だと記す。このように自然界の異常も「妖怪」とされていた。ただし、記事末尾に「我邦にては常陸国の鹿島神社には斯《か》る空洞ならねど略《ほゞ》之れに類似する奇石怪川ありて鹿島の七不思議とて世人の最も奇怪に思ふ所ありと聞き侍るめり」とあり、伝承的・神秘的な怪奇現象とも比べられていた。

5　『明治期怪異妖怪記事資料集成』によると、明治四一年（一九〇八）六月一五日付『報知新聞』の記事「怪獣退治」が、アラスカでの「怪獣」目撃とロンドンへ持ち帰る捕獲計画（まさに『失われた世界』ばり）を伝える。同じ騒動を報じたものらしいが、「怪獣」は「有史以前北極圏内に住し現今其跡を存せざる動物」の「ケラトソーラス」という（湯本二〇〇九　六五二）。

6　藤元直樹編「コナン・ドイル小説作品邦訳書誌」によると、大正四年（一九一五）の「亡くなつた世界」が一番早い翻訳らしい（藤元　二〇〇〇　一一八）。他に大正七年「恐ろしき森の一夜」（『英語青年』）、大正一三年『奇怪の足跡』（宇月基訳、新栄閣）、昭和六年（一九三一）『前世界探検』（大戸喜一郎訳、金蘭社）などが挙がるが、筆者は見られなかった。なお、本稿はこうした篤志の研究者の基礎的な調査研究に多くを負っている。

7　原書の英文はThe Project Gutenberg EBook of The Lost Worldを参照した。

8　大佛次郎訳「失われた世界」（『世界大衆小説全集　第一期第一巻　失われた世界・豪勇ジェラール』小山書店、一九五四年）、延原謙訳『ドイル傑作集　Ⅷ――失なわれた世界』（新潮文庫、一九六一年）、新庄哲夫訳『ロスト・ワールド』（ハヤカワ・SF・シリーズ　早川書房、一九六三年）、永井淳訳『失われた世界』（角川文庫、一九六七年）、龍口直太郎訳『失われた世界』（創元SF文庫、東京創元社、一九七〇年）、菅紘訳『失われた世界』（講談社青い鳥文庫　講談社、二〇〇四年）を参照した。

9　筆者が指摘するのは不遜だが、本書には誤訳に近い訳もある。また、「異形」のルビは「いぎょう」が本当ではないか。前出「女怪《じょかい》」など、妙なルビもある。

10　詳しくは改めて紹介したいが、大正一四年（一九二五）の『ロスト・ワールド』の広告（『キネマ旬報』二〇一〔八月〕～二〇九〔一〇月〕）は、化石爬虫類に「怪動物」「怪物」「怪鳥」「巨怪鳥」「奇獣」「怪獣」「巨怪獣」「怪獣鳥」の言葉を使う。一方、「恐竜」は見あたらない。同年の『没落の世界』が「恐竜」を使っていないことも合わせ考えると、「恐竜」は文章に親しんだ、やや知識人向けの言葉で、映画を楽しむ大衆には、必ずしもなじんだ言葉ではなかったようだ。その後、昭和八年（一九三三）の『キング・コング』の広告（『キネマ旬報』四七六〔七月〕～四八三〔九月〕）は、化石爬虫類に「動物」「大動物」「巨獣」「大爬虫類」「恐龍」「雷龍」「剣龍」「翼竜」「翼手龍」「咬竜」「怪物」「怪獣」を使う。「恐竜」もあり、啓蒙が進んだようだ。なお、キング・コングには「巨獣」「怪物」「怪獣」「ぬし」が使われる。

11　恐竜モデルの巨大な「怪獣」を決定的に印象づけたのは『ゴジラ』といってよい。が、その後の映画・テレビの「怪獣」には、恐竜形以外の「怪しい獣」も健在である。とはいえ『ゴジラ』がなければ、こうした怪獣の量産もなかっただろう。

また、怪獣の代表的イメージは、辞書の定義のように、やはり恐竜形であろう。本稿はその成立を跡づける試みである。

参考文献

石野芳喬訳（抄訳 コナンドイル）一九一二「怪物界探検」（『中学世界』一五―六（五月）～一五（一二月））
伊藤恵夫 一九九二「恐竜学事始め」（UTAN驚異の科学シリーズスペシャル『恐龍学最前線 今「恐龍」がおもしろい』学習研究社）
大佛次郎訳（コーナン・ドイル）一九三三「滅びた世界」（『世界文学大全集 ドイル全集 第五巻』改造社）
押川春浪 一九〇九a「奇怪／珍妙／前世界の大動物」（『中学世界』一二―一四（一一月））
―― 一九〇九b「奇怪／珍妙／前世界の大動物」（『中学世界』一二―一六（一二月））
金子隆一 一九九三『新恐竜伝説』早川書房
―― 二〇〇七『知られざる日本の恐竜文化』詳伝社
齊藤 純 一九九九「妖怪と怪獣」（常光徹編『妖怪変化』筑摩書房）
―― 二〇〇八「怪獣もいる科学史」（『生物学史研究』八〇）
佐野生訳（抄訳 コナン、ドイル）一九一五「亡くなつた世界」（『新愛知』七・二七～九・一九（全四九回））
新東信訳（コナン・ドイル）一九二五『没落の世界』万国怪奇・探偵叢書四 金剛社（国立国会図書館蔵）
高橋 修 一九九四「〈人称〉的世界と語り――J・ヴェルヌ『拍案驚奇 地底旅行』をめぐって」（江頭彦造編『受容と創造――比較文学の試み』宝文館出版）
中谷宇吉 一八九六「妖怪」（『新少年』一五）
藤元直樹編 二〇〇〇「コナン・ドイル小説作品邦訳書誌」（『未来趣味』八 日本古典SF研究会）
三木愛華・高須墨浦訳（ジュルスウェルネ）一八八五『拍案驚奇 地底旅行』九春堂（国立国会図書館蔵）
湯本豪一編 二〇〇九『明治期怪異妖怪記事資料集成』国書刊行会
横山又次郎 一八九五『化石学教科書』中 冨山房書店
K・Y生 一九〇八「探検実話／洪水と怪獣の襲来」（『中学世界』一一―一六（一二月））

ツェツィーリエ・グラーフ・プファフの『日本妖怪書』をめぐって

著者の活動と同書の評価および関連動向

安松みゆき

はじめに

本稿では、ドイツ人画家ツェツィーリエ・グラーフ・プファフ（Cäcilie Graf=Pfaff, 以下、ツェツィーリエと略記）と、その夫であった画家オスカー・グラーフ（Oskar Graf, 以下、オスカーと略記）とが、一九二五年にドイツで出版した『日本妖怪書』[1]（図1）を取り上げ、その概要を紹介するとともに、同時代の評価や関連する動向を追う作業をすすめる。同書は、日本においてすらまだ関連研究がなかったころに、日本の妖怪についてドイツ語で出版された大著であることや、妖怪を描いた多くの浮世絵を収録していることなどから、注目すべき書物であるが、日独双方において忘れ去られてきた感がある。

同書の存在がはじめて指摘されたのは、著者の一人であるツェツィーリエに関する研究においてであった。このツェツィーリエについては、森鷗外の『独逸日記』に登場するドイツ人画学生「チェチリイ」と同一人物である可能性が考えられるため、比較文学や美術史の分野で議論されてきた。[2]『独逸日記』において「チェチリイ」は、鷗外と同時期にドイツに留学していた洋画家の原田直次郎に、片想いの恋心を抱く女子画学生として登場する。

この「チェチリイ」との関連において、一九八五年に横川善氏がドイツ側の文献と現地調査に基づき、ツェツィーリエの生涯を概説したが、その際に『日本妖怪書』も言及されたのである。[3] しかしこの時点で横川氏は同書を実見することができていなかったため、内容はほとんど紹介されないままになっていた。また「チェチリイ」、すなわちツェツィーリエに関する研究も、横川氏の研究以降は進展していなかった。

一九九四年以来論者はこの「チェチリイ」の研究をすすめ、その調査の一環のなかでこれまで題名しか知られていなかった『日本妖怪書』を、同年にドイツの図書館において実見することができた。その概要と特徴については、別の機会にすでに公にしているが、[4]『日本妖怪書』は、その後日本でもドイツ日本研究所、別府大学、国際日本文化センター、明治学院大学等に架蔵されるようになった。[5]

本稿では『日本妖怪書』について美術史の観点から概説し、次にこの書物の著者についてはまだ日本ではよく知られていないため、その人物像を紹介する。そのうえで、この書物をいかに評価し得るのかを、それ以後の日本の妖怪をテーマにした他の文献や展覧会と比較しながら考察する。

図1　『日本妖怪書』表紙

一　『日本妖怪書』について

『日本妖怪書』は一九二五年にウニオン・ドイツ協会出版社（Union Deutsche Gesellschaftsverlag）から刊行された。全体は大きく二部に分かれており、前半のテクスト部分六三頁と、後半の図版部分一四二頁の、計二〇五頁からなる。頁数からわかるように、この本は図版を中心に編集されており、図版には日本の妖怪に関連する美術作品から、数点の能面、根付、絵巻（部分）、そして浮世絵が掲載されているが、大半を占めるのは、浮世絵である。浮世絵の主な絵師には、歌川国芳、大蘇芳年、葛飾北斎、河鍋暁斎、鳥山石燕などがあげられる。ただしかれらの作品のなかには、珍しい肉筆画が数点見受けられるものの、浮世絵の研究者岩切友里子氏によれば、たとえば国芳の作とされる肉筆画の作品は、オリジナルではない可能性があるという。肉筆画に関しては今後調査されなければならない課題が残されている。

本文の構成および内容

本文は添付された図版を順に解説するかたちをとらずに、まず日本の神話が導入部分で解説され、その後に掲載された図版に対応させて、妖怪や幽霊の話がすすめられている。登場する主な話には、源頼光と四天王が妖怪土蜘蛛を退治する話、茶釜に化けた茂林寺の文福茶釜の話、お菊の皿屋敷、中国の妖怪でもある九尾の狐妲己の話、女幽霊うぶめの話、小幡小平次や雪女の話がある。様々な話が認められるものの、妖怪や幽霊を題材にした話が必ずしも網羅されているわけではない。たとえばガマや河童の話は登場しない。また話の解説はなく、図版のみが掲げられている例があり、その場合には、妖怪や幽霊に加えるには疑問の余地の残る、単に死者を描いたと思われる作品も含まれている。[6] これらの話や言い伝えは必ずしも正確ではないが、[7] その収集には、御雇外国人として知られる日本近代文学の研究者フロレンツ（K.Florenz）や中国文学者のグルーベ（W.Grube）等が関わっていたとされる。[8]

さてそうした問題点を含みつつも、この本の特徴には次の3点をあげることができる。最初の特徴は、妖怪を未整理なままに取り扱うことなく、三つのカテゴリーに分類していることである。[9] 第一グループは[10]「悪魔や妖精に関するもの」で、大体が神話から生まれ、太古の自然崇拝に基づく神や悪魔が仏教の概念と合体したものであり、具体的には天狗や鬼などを指す（図2）。第二グループは動物が魔力を持って人間に変化するもので、龍、虎、狐、狸、蛙、猫がこの分類に含まれる（図3）。第三グループは人間の亡霊である。この第三グループはさらに三つに分けられ、まず菅原道真や平家の亡霊などの歴史上の人物を題材にとったグループ。つぎに地方の言い伝えなどに由来したものや、馬琴の話などに登場するような「純粋でロマン的な性格をもつグループ」。そして雪女のような民話に見られるグループに分類されている（図4）。現在広く支持されている諏訪春夫氏や小松和彦氏による分類では、大きく妖怪と幽霊に分けられ、元々人間であったものが死んだ後、人間の属性をそなえて出現するものを幽霊と考え、人間以外のもの、あるいは人間が人間以外の形をとって現れるものを妖怪と分類する基準が示されている。[11] それにしたがうと、『日本妖怪書』の分類では、第一と第二が妖怪に、第三グループが幽霊に該当することになる。

　この本の第二の特徴には、美術史の側面からみた場合に資料的な価値のあることが指摘できる。まず、紹介された作品はすべて在外コレクションによるものであることが注目される。その所蔵先は、ベルリン東洋美術館といった公的機関と、個人

図2　鳥山石燕《天狗、『画図百鬼夜行、前編、陰》『日本妖怪書』より

図3　葛飾北斎《平井の保昌土蜘蛛退治、『和漢絵本魁』》『日本妖怪書』より

図4　歌川国芳《雪女》（肉筆）『日本妖怪書』より

蔵では画家オッペンハイム（Alfred Oppenheim）[12]、日本の御雇外国人であったベルツの息子トク・ベルツ（Toku Bälz）[13]、地質学者で鷗外と論争したナウマン（H.E.Nauman）[14]、御雇外国人で鉱物学を教授したネトの妻ネト夫人（Frau Netto）[15]、版画家で日本美術史家ルムプフ（F.Rumpf）[16]、ミュンヒェンの日本美術を扱っていた画商マイル（Meyl）等である。御雇外国人や来日経験のある者たちは日本から多くの浮世絵を持ち帰っていることが知られているため、その際におそらく妖怪に関するものまで幅広くコレクションしたのであろうし、また来日経験のない者は、画商マイルが所蔵しているように、画商を通すなどして浮世絵を入手し得たのであろう。公的機関では、関係者を日本に送ってコレクションとなる作品を収集していたことが知られる。

図５　歌川国芳《殺された女が子供を連れて現れる》（肉筆）『日本妖怪書』より

　公的機関であれ個人であれ、いずれにしても『日本妖怪書』からは、浮世絵の在外コレクションにおいて美人画や春画に限らず、妖怪や幽霊のテーマを含めて幅広く収集されていたことが改めて確認できる。

　そしてもうひとつ美術史的に注目されるのは、本文のなかで「これらの木版画家は同時に画家であった」として、浮世絵師を版画家でなく、画家として評価する意図を持って紹介していたことである。[17]「かれらの幽霊の絵では絵画的な繊細さと感情の深さが木版を凌駕している」と称賛もしていた。[18]そのために、『日本妖怪書』では、肉筆画を多く含めて掲載し、加えて表現の上でもグロテスクな作風だけでなく、叙情的な作風の作品を組み込んで（図５）、既述のようにたとえ絵師に関する判断に問題があるにしても、妖怪や幽霊の「絵画」としての表現の幅の広さを提示していたことは美術史的に高く評価される。[19]

二　著者について

『日本妖怪書』の編著者にはツェツィーリエとその夫オスカーがあがっているが、二人の役割分担について、序文のなかにツェツィーリエが本文を担当したことが指摘されている。加えて前述したようにツェツィーリエは鷗外の『独逸日記』に登場する「チェチリイ」であり、別稿で詳述しているが、彼女は画家原田直次郎への感情は日本美術への関心へと導かれることになるため、[20]この書物はツェツィーリエが中心となってすすめたと考えてよいだろう。

しかしツェツィーリエとオスカーがいかなる人物だったのかはほとんど知られていない。一九二九年刊行のティーメ・ベッカーの事典によれば、二人は郷土的な作品を残した画家として指摘されている。[21]つまり二人は一九二〇年代にはその活躍が知られていたものの、その後忘却されていった画家なのである。オスカーに比べツェツィーリエに関しては鷗外との関係で日本では紹介されているとはいえ、まだ生涯や画業の詳細に立ち入った研究がないために、論者は以前から彼女の軌跡を追うことを研究テーマに据えて考察してきている。本稿では、これまでの論者の研究成果を報告するかたちで『日本妖怪書』の主たる著者でもあるツェツィーリエについて紹介するが、オスカーについても日本では名前すら知られていないため、ここでは二人をまとめて概説する。[22]

図6　オスカー・グラーフ　晩年の写真

まずオスカーについてだが、かれは日本美術研究者でなく、画家・版画家であった（図6）。一八七一年に南ドイツのフライブルク・イム・ブライスガウに生れ、ミュンヒェンの造形美術アカデミーで学んだ後、油彩および版画の分野で活躍した。特にド

図7　オスカー・グラーフ《リンブルク・アン・デア・ラーン》油彩、1940年、所蔵先不明

図8　ツェツィーリエ・グラーフ・プファフ晩年の写真

イツ第三帝国の時代には高く評価され、郷土を描いた風景画や風俗画などの作品を数多く残している。またミュンヒェン工科大学において版画やデッサンの教授として後進の指導も行っていた。オスカーの作品には、たとえば、一九〇〇年代銅版画《ダッハウの女性達》、一九四〇年油彩画《リンブルク・アン・デア・ラーン》（図7）がある。一九五六年に八五才でオスカーはバーデン・ヴュルテンベルク州のバード・ボルにおいて亡くなっている。

次に彼の妻であったツェツィーリエは（図8）、一八六二年にニュルンベルクに近いエアランゲンに生れ、ミュンヒェンの造形美術アカデミーに学んで画家および版画家として活躍した。オスカーの伴侶となる前に、画家で版画家のヴィルヘルム・バーダー（Wilhelm Bader）と結婚して、彼との間に一人娘を設けたが、バーダーが病気で亡くなり、その後すぐにオスカーと再婚し、それ以来生涯オスカーの伴侶であった。彼女の作品はオスカーの作風と類似し、情趣的で郷土的な作風のため、第三帝国の時代に入ると、高い評価を受け、ヒトラーに作品（図9）を買い上げられたほどであった。しかしその買い上げの直前に、交通事故が遠因となって一九三九年に七七才でニュルンベルクで亡くなっている。彼女の作品には、たとえば、銅版画《冥界のスティクス河》（一九三三年以前）、油彩画《花壇で》（一九二四年）（図10）、テンペラ画《イタリアのホーエンシュタウフェンブルク》（一九三九年以前）（図9）がある。

ツェツィーリエの生涯において重要なのは、既述したように、まだ画学生の頃にミュンヒェンに留学していた洋画家原田直次郎と出会い、その関係を鷗外が『独逸日記』に書き残していたことである。しかも別稿において指摘したように、彼女は、原田がミュンヒェンを離れてからも引き続き日本美術に関心を持ち続けた。彼女は、それを画家として作品に表現することもあったが、それ以上に日本美術研究者として、日本美術を展示する展覧会を企画したり、ドイツの美術雑誌などで日本美術をテーマに執筆することで、日本美術の魅力を紹介していった。その最も大きな成果のひとつといえるのが、ここでとりあげている『日本妖怪書』なのである。

三　『日本妖怪書』出版以降の日本の妖怪に関する著述と展覧会

『日本妖怪書』は豊富な図版を掲載しており、現在においても貴重な書物であることは繰り返し述べてきたとおりである。ここでは、この書物が出版された後の関連する動向について考察し、その流れのなかにこの著作の位置づけを試みる。

『日本妖怪書』が一九二五年に出版された以後に日本の妖怪や幽霊をテーマにした著述や展覧会を探してみると、（1）一九二六年の同書の書評、（2）一九二七年のティコティンによる「日本の妖怪（Japanische Gespenster）」展覧会、（3）一九四九年に刊

図9　ツェツィーリエ・グラーフ・プファフ《イタリアのホーエンシュタウヘンブルク》テンペラ、１９３９年以前、ドイツ歴史博物館蔵

図10　ツェツィーリエ・グラーフ・プファフ《花壇で》油彩、１９２４年、個人蔵

行されたフンメルによる書物『日本美術にみる妖怪（Das Gespenster in der japanischen Kunst（Bakemono））』、（4）一九八〇年のケルン東洋美術館開催の「日本の妖怪（Japanische Gespenster）」展覧会を見出すことができた。以下に各項目を簡単に解説しながら、それらとの関わりのなかから『日本妖怪書』の価値づけを試みたい。

一九二六年　ルドルフ・ベルノッリによる書評

『日本妖怪書』が出版された翌年の一九二六年に同書の書評が出された。ルドルフ・ベルノッリ（Rudolf Bernolli）によって、ヨーロッパの東洋美術研究者のための専門誌としてベルリンで出版されていた『東亜雑誌（*Ostasiatische Zeitschrift*）』で紹介されたのである。[23]この『東亜雑誌』には、『日本妖怪書』が出版された一九二五年にも「未知なる日本美術の側面」として裏頁全面に『日本妖怪書』の広告が掲載されていた。

書評を書いたルドフル・ベルノッリは一八八〇年に生まれ、一九三九年に亡くなった美術史家であり、書評執筆当時はチューリヒに住んでいた。また、アジア美術、特に版画に詳しかったらしく、一九二三年にベルリンの美術工芸図書館所蔵の東アジアの版画について写楽を評価したユリウス・クルト（Julius Kurth）とともに『東アジア版画（*Ostasiatische Graphik*）』をまとめている。[24]一九一九年にはドイツ・オカルト協会において美術とオカルトとの関係を報告しており、版画への関心に加えて、オカルトといった心霊的な領域への強い興味を持つことから、妖怪を題材にした浮世絵を多く掲載した『日本妖怪書』にたいして批評することになったのであろう。

さてこのベルノッリの具体的な書評の内容だが、かれはこの『日本妖怪書』について、全面的に称賛していたわけではなく、評価する点と問題点の両面から批評していた。ベルノッリが高く評価したのは、『日本妖怪書』のテクストの内容であった。彼は、『日本妖怪書』では、伊邪那岐、伊邪那美からはじまって近代にいたる日本の歴史が語られており、「歴史的内容を振り返る本文は、自分が知るかぎり優れたものであり、芸術愛好家たちが望む文化史的空間を与えた」として高く評価した。また『日本妖怪書』では掲載された図版の数が多く、その点も肯定的に評価された。

しかしその一方で否定的な評価もなされていた。その要点は二つにまとめられる。ひとつは図版の選択の問題で、図版を選ぶ際にドイツ国外の収集家の作品、たとえば林忠正やサミュエル・ビングの収集する作品が含まれておらず、またドイツ国内においてもベルリン美術工芸図書館で既に公にされている作品も加えられずに、結果的に歌麿などの作品が欠落しているとして批判していたことである。[25] ツェツィーリエが高く評価した絵師の国芳にたいしても、歌川派の最良の画家としつつも、人工的な単調さを感じさせる作品を描いているとして、ベルノッツリは国芳を全面的に評価しなかった。

もうひとつ彼が批判したのは、妖怪や幽霊にたいする認識の違いである。彼は妖怪や幽霊を架空のものと見なしているために、現実の世界のものではないそれらを、『日本妖怪書』ではあたかも現実味をもって話しがすすめられていることに違和感がある、と懐疑的な立場を示していた。

こうしたベルノッツリの書評が出された一九二六年は、『東亜雑誌』が、ドイツで多くの日本美術の専門家が会員となっていた「東亜美術協会」の機関誌になった年でもある。[26] そのため、現時点でこの書評にたいする反響は把握できていないが、一九二六年以前に比べて、このベルノッツリの書評は、多くの日本美術愛好家や専門家の目にとまったことはまちがいないだろう。

一九二七年　ティコティンによる「日本の妖怪」展覧会

『日本妖怪書』の出版から二年後の一九二七年には、ベルリンの画商フェリックス・ティコティン（Felix Tikotin）が「日本の妖怪」と題して、妖怪をテーマにした浮世絵の展覧会を自身の画廊で行った。ティコティンは当時有名な浮世絵収集家で、多くの浮世絵を収集しては販売していたという。[27]

ティコティンは、粋な人物だったようで、展覧会では妖怪がテーマであるために、オープニングに趣向を凝らして、夜中の午前0時にオープニングセレモニーを行ったといわれている。[28]

この展覧会では図録が出版されており、そこから確認し得る展示内容と、『日本妖怪書』の掲載作品を照合してみると、広重、北斎、国貞、国芳、石燕、春泉、初代豊国、芳年等の『日本妖怪書』にも登場する絵師の名が認められる。ただし同じ絵師による同テーマの作品として確定できたのは、広重の《平清盛福原にて怪異を見る図》、葛飾北斎の百物語からの《こはだ小平次》《しゅうねん》《さらやしき》《笑ひはんにゃ》の五点にすぎなかった。その一方で、『日本妖怪書』には掲載されていなかった北周、国周、貞広、芳艶、芳豊等の名も見られ、ティコティンの展覧会が単に同書の内容の部分的な踏襲ではなく、独自の要素を含んでいたことが判明する。

ティコティンの展覧会図録には『日本妖怪書』の広告が掲載されているが、[29]このことを引くまでもなく、浮世絵の収集家であったティコティンが、同書の存在を知らなかったとは考えにくい。画商でもあった彼にとって『日本妖怪書』の出版は、おそらく妖怪の浮世絵を販売する絶好の機会と感じられたのであろう。しかし同時に彼は、あえてツェツィーリエとオスカーが取り上げなかった作品も展示に組み込むことで、自らの博識と収集の充実ぶりを示そうとしたと想像される。後で再度検討するが、当時のドイツには、日本の妖怪やその美術における表現に関心を寄せる人びとの動きがあった。『日本妖怪書』の出版直後に実施されたこの展覧会は、同書の反響であると同時に、ティコティンも同じテーマで独自に収集をすすめていたことを示唆しているのである。

一九四九年　フンメル執筆の書物『日本の美術における妖怪なるもの（化け物）』

ティコティンの展覧会のあと、しばらく日本の妖怪に関する展覧会や著作は見られないが、ようやく戦後の一九四九年に、ジークベルト・フンメル（Siegbert Hummel）が『日本の美術における妖怪なるもの（化け物）』をライプツィヒにおいて出版した。同書は題名にあるとおり、日本美術における妖怪や幽霊などの化け物の表現を扱っているが、チベットの神々など、広い文化的関連のなかに日本の妖怪を位置づけようとしている。またその芸術表現については、画面上の動きに基づいて表現を類型区分する点に、特徴的な考察方法を見せている。たとえば北斎の《皿屋敷》は立ち昇る煙草の煙や炎によって曲線の動きを示すタイプとして、また芳年の新形三十六怪撰の《老婆鬼腕持去ふの図》は、鬼女の頭が位置する中心に力が集中するタイプとして位置づけられている。

このように同書は考察方法においては独自性を見せるが、作品の選択では、対象となった二〇点の作品は、いずれも『日本妖怪書』に掲載されたものばかりである。ティコティンが独自な作品選択をなし得たのとは異なり、フンメルは史料を独自に収集せずに『日本妖怪書』に基づいて研究をすすめたと見なし得るであろう。

このフンメルは中国学者で、東アジアや中央アジアの宗教学、考古学、美術史の分野で二〇〇にわたる論文を残したとされる。一九四七年から一九五五年にかけて、ライプツィヒの民族博物館長に就任している。ひとまず東洋の芸術や文化の専門家といえる人物であるが、そのフンメルが『日本妖怪書』を基礎史料としていることは、この頃のドイツにおける同書の評価を考える上で、ひとつの指標的な意味を持つであろう。いずれにせよフンメルの著作は、『日本妖怪書』を超えるものとはいいがたく、むしろその枠内で生まれた、やや特殊な解釈と捉えることができるだろう。

一九八〇年　ケルン東洋美術館開催の「日本の妖怪」展覧会

フンメルの著作以降、日本の妖怪に関する著作や展覧会は、ほとんど見られなくなった。日本の妖怪はドイツにおいてはきわめて特異なテーマであるので、著作や展覧会が少ないのはむしろ当然といえる。ようやくフンメルの著作からほぼ三〇年を経た一九八〇年に、ケルンの東洋美術館において「日本の妖怪」と題する展覧会が開かれた。同展の図録によれば、一九二九年に同名の展覧会を開いたティコティンのコレクションのうち、一八・一九世紀の浮世絵、絵本、下絵を展示したものだったことがわかる。それゆえに展覧会図録には、一九二七年の図録からティコティンによる序文が再録された。

ところが実際に一九二七年の展覧会と比べてみると、北斎の《皿屋敷》以外には出陳作品のなかに共通するものは見られない。逆に『日本妖怪書』と照合すれば、北斎のこの作品のほかにも、国芳の作とされる《殺された女が子供をつれて現れる》や《百鬼夜行》等をはじめ、掲載図版はすべて『日本妖怪書』に共通している。つまり、ティコティンの展覧会を中心に置きながらも、『日本妖怪書』を参考に展示内容を再構成した面が見られ、日本の妖怪やその美術について、同書が依然として判断の基準になっていることがうかがわれる。

一九二五年以降の日本の妖怪に関する著述および展覧会の動向と『日本妖怪書』

このように、『日本妖怪書』が一九二五年に出版された以後の、日本の妖怪や幽霊に関連する動きを見てきた。たしかに『日本妖怪書』との繋がりを示すような展覧会の開催や、研究成果が認められた。ドイツにおける日本の妖怪の研究は、ツェツィーリエの『日本妖怪書』にはじまり、依然としてこの本に最も包括的な成果を見出しているように思われる。

しかしながら、妖怪への関心のはじまりという点においては、検討しなければならないことが残されている。なぜなら『日本妖怪書』が刊行された同じ一九二五年に、中国の織物に関する研究で学位をとった東洋美術研究者のエルンスト・シャイヤー（Ernst Scheyer）が、「日本の木版画における妖怪とグロテスクなもの（*Gespenster und Groteskenim Japanholzschnitt*）」と題して『アジア美術紀要（*Jahrbuch der asiatischen Kunst*）』に日本の妖怪や幽霊の浮世絵についてまとめているからである。[30] 論文では、シェイヤーは浮世絵そのものの評価の変遷に論及し、浮世絵は日本の民衆の芸術であり、また末期の浮世絵が豊富な内容を包括しているとしたうえで、そのなかに妖怪や幽霊があると指摘している。そして、土佐派や狩野派、鳥山石燕、豊国などをあげて、油赤児、見越入道、カッパ、獏、天狗など（鬼、閻魔）を紹介している。元々雑誌掲載の論文であり、紙面が限られていたためか、論文に添付された図版は一柳齋芳豊と豊国二世による《累》、鳥山石燕の《火間蟲入道ひまむし》と《茂林寺釜》のわずかに四枚だけであった。

ツェツィーリエとシャイヤーのいずれが先に日本の妖怪や幽霊の研究成果を提示したのか、という点については、刊行の月日が不明のために確定することはできない。しかし前後関係よりも、ドイツにおいて日本の妖怪をとりあげられはじめたこの創成期に、二人が同時に研究成果を出していることに注目すべきであろう。シャイアーの論文には、さらに前年にあたる一九二四年には、日本の妖怪をテーマにした浮世絵の展覧会が三つの画廊で開かれた、と書かれている。残念ながらそれらを確認できておらず、したがってそれらが三つの独立した展覧会なのか、あるいは一つの展覧会の巡回によるものか否かも判断できない。

ティコティンの展覧会は一九二七年だったことを思うと、それら展覧会はその三年前にあたる。つまり一九二五年前後の短い期間内に、日本の妖怪をテーマとして、二つの著作と、少なくとも二つの展覧会が相次いで実現されたことになる。この時代には、日本の妖怪にたいして関心を持つ人々が、競い合うかのように成果を出しているのである。『日本妖怪書』も、孤立した事例ではなく、そのような関心の高まりのなかに結実したのである。

ただし、そのなかで『日本妖怪書』は、多くの作品を図版で紹介しつつ詳細な説明を与えており、最も充実した内容を見せている。その後もドイツでは、このテーマで同書を凌駕する著作や展覧会は見られず、現在も基本的な文献と見なされている。

なお『日本妖怪書』と同じ一九二五年には、日本においても風俗史家で画家、そして浮世絵の収集家の吉川観方も『絵画に見えたる妖怪』と題して、妖怪や幽霊の浮世絵に関する著作を出していた。この書物と『日本妖怪書』についてはすでに別稿でまとめている。[31] そこでは、これら妖怪への関心が、同時代性を持つものであり、日独双方においてこの頃に個別に流行するオカルトや心理学への関心と結びつく可能性を指摘したが、さらに具体的な裏付けによって確定することが課題として残されている。

おわりに

以上のように『日本妖怪書』を取り上げて、この書物を簡単に紹介しながら、著者のツェツィーリエとこの書物の関連動向をめぐって検討してきた。ツェツィーリエはこの書物と同様に長らく日独双方で忘却されてきていたが、郷土的な作風による作品を残した画家であり、また画家原田直次郎との関係から日本美術に関心を持ち、雑誌や展覧会を通じて、日本美術をドイツにおいて紹介した日本美術研究者でもあった。その彼女が中心となってまとめた『日本妖怪書』は、その後の同様の書物や展覧会に参考にされていた。ただし、『日本妖怪書』が刊行された一九二五年ころには、他にも日本の妖怪への注目から展覧会が行なわれたり、論文がまとめられており、ドイツでは一部において妖怪や幽霊にたいする関心が高まっていたことが確認できた。

『日本妖怪書』は、現在から見れば特異な書物といえるが、同時代に差し戻してみると、そのような関心の高まりのなかに位置づけられる成果なのである。その後もドイツでは、このテーマで同書を超える著作は現れていない。

注

1　Hrsg. v. Oskar und Cäilie Graf, *Japanisches Gespensterbuch*, Stuttgart 1925 の形状は縦二九㎝、横二二㎝、厚さ六㎜。以下、[*Japanisches Gespensterbuch*] と略記。

2　ツェツィーリエについては以下を参照。丹尾安典「「ドイツの少女」原田直次郎筆」(『青淵』三二七号［一九七六年六月号］、二五頁)。芳賀徹「森鷗外と原田直次郎」(『絵画の領分』朝日新聞社、一九八四年、一八一—二七八頁)。丹尾安典「原田直次郎評伝、うたかたの自然児」(『日本の近代美術1　油彩の開拓者』大月書店、一九九三年、九一—九六頁)。山崎一穎「鷗外文学と三人の画家——原田直次郎・大下藤次郎・宮芳平」(『森鷗外と三人の画家たち展、装丁　本と主人公画家　原田直次郎・大下藤次郎・宮芳平』豊科近代美術館開館五周年記念展覧会図録、一九九七年、四—一一頁)。『森鷗外と原田直次郎展』展覧会図録、北九州市立美術館、一九九九年五月。大石直記「絵画と文学のセッション　鷗外の絵画論——原田直次郎との関係に触れて」(『國文學　解釈と教材の研究』七月号、學燈社、二〇〇〇年、四〇—四四頁)。新関公子「藝大コレクションによる『日本の洋画、明治・大正・昭和前期——由一から靉光へ』」(『日本の洋画、明治・大正・昭和前期』展覧会図録、東京藝術大学大学美術館　コレクション、二〇〇三年、四—五頁)。『森鷗外と美術』展覧会図録、島根県立石見美術館、二〇〇六年七月。

3　横川善「原田直次郎とドイツ婦人画家C・Pfaff——「独逸日記」より」(『鷗外』第二九号、森鷗外記念会、一九八五年、一八〇頁)。

4　拙稿「ドイツで出版された日本の妖怪の本(上)——編著者ツェツィーリエ・グラーフ＝プファフと『日本の妖怪の本 *Japanisches Gespensterbuch*』」(『別府大学院紀要』第三号、二〇〇一年［以下『別府大学院紀要』第三号と略記］、三七—五四頁)。拙稿「ドイツで出版された日本の妖怪の本(下)——吉川観方著『絵画に見えたる妖怪』(一九二五年)との比較において」(『別府大学院紀要』第四号、二〇〇二年［以下『別府大学院紀要』第四号と略記］、一—一六頁)。

5　二〇〇三年に論者の勤務校の別府大学において同書を購入し所蔵している。ただし、本の装丁はドイツ日本研究所での所蔵書と同じく北斎の挿絵のない簡易なものに変更されている。二〇〇六年一〇月に法政大学横山泰子氏より、国際日本文化センターでも所蔵されているという情報を得た。

6 妖怪や幽霊はこの世の命がなくなってからこの世に再び現れるのであって（諏訪春雄『日本の幽霊』岩波新書、一九八八年、二〇―二四頁）、今殺された瞬間を描いたと見られる作品、たとえば歌川国芳の《犠牲者》のような作品は、妖怪や幽霊を描いた作品に含み得ないだろう。また四谷怪談、皿屋敷等に関しては歌舞伎で好まれた演目でもあり、そのためにそれらを題材にした作品のなかには、役者の名前が付記され、役者の迫真の姿を描いた役者絵としても見なされるものがある（武藤純子、藤澤茜、滝澤優綾「怨念の跳梁　浮世絵版画」『別冊太陽　日本のこころ　九八号、幽霊の正体』平凡社、一九九七年、三三頁）。おそらく、ツェツィーリエは、妖怪や幽霊を元来の範疇を超えてグロテスクなものの表象として捉えていたと考えられる。なおツェツィーリエは『日本妖怪書』のなかに、人物表現のうえで、日本ではなく、欧州の魔女と思われるナウマン所蔵の作品を含めている（〔*Japanisches Gespensterbuch*〕＝註1,a.a.O., S.98.）。

7 〔*Japanisches Gespensterbuch*〕＝註1,a.a.O., S.41.

8 カール・フロレンツに関しては、佐藤マキ子『カール・フロレンツの日本研究』（春秋社、一九九五年）を参照。フロレンツは『日本文学史』の執筆においてグルーベの『中国文学史 *Geschichte der chinesischen Literatur*』（一九〇二年）を参照したことを書き留めている（Karl Florenz : *Geschichte der japanischen Literatur*, Leipzig 1908, S.VII）。妖怪や幽霊の話に協力した人物として他に「横山教授」の名前があがっている。横山教授については、同姓名でたとえばナウマンの助手を務めたのち、ミュンヒェン大学に学び、一九〇八年から一九〇九年までの一年間、再び欧米を訪れた古生物学者の横山又次郎が見出せる（冨田仁編『海を越えた日本人名事典』日外アソシエーツ、一九八五年、六二五頁）。

9 〔*Japanisches Gespensterbuch*〕＝註1, a.a.O., S.41.

10 〔*Japanisches Gespensterbuch*〕＝註1, a.a.O., Vorwort.

11 小松和彦『妖怪学新考、妖怪から見る日本人の心』（小学館、一九九四年、一六頁）。諏訪春雄前掲書＝註6、二〇―二四頁。

12 Hrsg.v. Hans Vollmer: *Allgemeine Lexikon der bildenden Künstler des XX Jahrhunderts*, Leipzig 1953, S.29.

13 マリー＝ルイーゼ・ゲールケ「二度の世界大戦」（『東京・ベルリン』シュプリンガー社、一九九七年、二二九頁）。

14 武内博編著『来日西洋人名事典』（日外アソシエーツ、一九九五年、二七八頁）。

15 C, Netto u. G. Wagerer: *Japanischer Humor*, Leipzig 1921.

16 拙稿「美術史家上野直昭とベルリンの「日本研究所（Japaninstitut）」の活動をめぐって」（『別府大学紀要』第四三号、

一一七—一一八頁)。

17 [*Japanisches Gespensterbuch*] = 註1,a.a.O., S.41.

18 [*Japanisches Gespensterbuch*] = 註1,a.a.O., S.41.

19 現在これら作品の所蔵先は、ベルリン美術館での作品の場合には、大方変更なく継続した所蔵が確認できるものの、個人蔵についてはケルン東洋美術館に移されたもの以外は不明である。

20 『別府大学院紀要』第三号=註4、三九頁。

21 Hrsg.v.Thieme-Becker: *Allgemeine Lexikon der bildenden Künster von der Antike bis zur Gegenwart*, Bd.14. Leipzig 1921, S.482.

22 Michael Berolzheimer: *Oscar und Cäcilie Graf*, München 1903, S.Vf.Thieme-Becker(Hrsg.)= 註 15, a.a.O., Band 35/36,S.485f. Gerhard Halm: Oskar Graf, *Der Radierer und Maler*, München 1953, S.10.

23 Rudolf Bernolli : Japanisches Gespensterbuch in: *Ostasiatische Zeitschrift*, 1926, 12 Jg. S.95-97.

24 Hrsg.v.Julius Kurth: *Ostasiatische Graphik*, Berlin 1923.

25 おそらく歌麿の作品とは現在もベルリン美術図書館に所蔵される一八〇六年頃の作とされる《百物語》と考えられる。

26 拙稿「ドイツの「東亜美術協会 *Die Gesellschaft für ostasiatische Kunst*（一九二九年～一九四二年）」にみる日本美術の動向」(『別府大学紀要』第四四号、二〇〇三年、六九—八三頁) を参照。

27 鈴木重三「チコチン・コレクション私観」『開館一周年記念　チコチンの浮世絵——新収蔵作品展』(展覧会図録、一九九二年、一〇—一三頁)。

28 Hrsg.v. Deutsches Zentrum Berlin: *Du verstehst unsere Herzen gut, Fritz Rumpf (1888-1949) im Spannungsfeld der deutsch-japanischen Kulturbeziehungen*, 1989. S.120.

29 宣伝にとりあげた文面は、雑誌『ドイツ・ルントシャウ』五三号に掲載されたカール・ハンスホーファーによる (Karl Hanshofer in der *Deutschen Rundschau*, 53. Jahrgang, Heft1)。

30 Ernst Scheyer: Gespenster und Grotesken im Japanholzschnitt, in: *Jahrbuch der asiatischen Kunst*,1925, S.34-40.

31 『別府大学院紀要』第四号=註4。

恋愛劇と「大魔神」

泉鏡花「飛剣幻なり」の妖怪像

清水　潤

はじめに

明治中期から昭和初期に掛けて多くの小説・戯曲を発表した泉鏡花は、自作に幾度も「妖怪」を登場させた作家として認知されている。戦後派作家の代表・野間宏は鏡花の「高野聖」（『新小説』明治三三・二）について、「『高野聖』のなかのこの美女、妖怪は、日本資本主義の勃興期に、すでにその社会の裏面にあっておしつぶされて行った多くの敗残者の目の見た妖怪であるが、鏡花はその妖怪を見る目を備えていたのである」と説いたし、[1] 一九九〇年代以降のホラー小説の活況を牽引する評論家・東雅夫氏は、「こと妖怪小説の観点から眺めたとき、鏡花は断然、「日本近代文学史上の群鶏の一鶴」であるのだ」、「鏡花の描き出す妖怪たちの存在感はひときわ鮮烈で、早い話が「キャラ立ちまくり」なのである」と称賛する。[2] 代表的な鏡花研究者の笠原伸夫氏が「天守物語」（『新小説』大正六・九）を論じた一書は、『評釈「天守物語」　妖怪のコスモロジー』（国文社　平成三・五）と題されている。『妖怪談義』（修道社　昭和三一・一二）を著した民俗学者・柳田國男との長年の交友関係も作用し、鏡花が「妖怪」を好んで描いた作家であることは半ば自明視されてきた。だが、世代や立場を異にする野間や東氏や笠原氏、そして、柳田がそれぞれに指し示す「妖怪」が同一であったとは限らない。

近年では京極夏彦氏が「「妖怪」とは何なのかと問うた時、万人が納得できるだろう回答を得ることは容易でない。例えば「妖怪」なる言葉――概念を、積極的に学究の場に持ち込んだと思われる学問――民俗学ですら、「妖怪」を明確には定義し得ていない」と述べるように、[3]「妖怪」の定義を巡って活発な議論が生じていることは周知の通りである。実際、田中貴子氏は京極氏の問題提起なども踏まえた上で、「鏡花は「えうくわい」という漢語訓みよりも、「ばけもの」、「おばけ」という和語訓みを優先的に使っている」と指摘し、「鏡花の描く「あやしいもの・こと」に対して、笠原のように近代語である「妖怪」を用いることは安易にすぎる」と批判する。[4]ただし、『評釈「天守物語」妖怪のコスモロジー』の巻頭で笠原氏は、「妖怪とは説明しえぬものの名」「妖怪とは説明しえぬなにか」などと、端から「妖怪」を「説明しえぬ」存在と規定しているので、むしろ、「妖怪」という言葉の曖昧性については自覚的であったとも見做される。一方で鏡花の小説・戯曲に描かれた「あやしいもの・こと」の中には、従来の「ばけもの」「おばけ」などでは捉え切れない要素もあり、その意味では、笠原氏が「近代語である「妖怪」」を用いたことは一概に「安易」とも断じられない。「ばけもののコスモロジー」や「おばけのコスモロジー」では、近世の奇談を耽美的に劇化した「天守物語」の戦略性が見失われるだろう。

本論でもまた、鏡花自身は「妖怪」という言葉の語義に対して自覚的とは限らず、生前の鏡花にとっての妖怪像が、現代の一般的に流布する妖怪像と必ずしも合致しない（かもしれない）ことは承知の上で、敢えて「妖怪」という、鏡花自身は特に意識しなかった可能性もある枠組の下に論じたい。その検討を経た上でこそ、鏡花文学に登場する「妖怪」の特質もより明確になると思われる。本論で具体的な研究対象として取り上げるのは、鏡花が昭和三年八月に『改造』に発表した「飛剣幻《ひけんげん》なり」である。後に作品集『斧琴菊《よきこときく》』（昭和書房　昭和九・三）の巻頭に収録されたが、同書には「飛剣幻なり」以外にも伊豆浄蓮の滝の伝説に材を得た表題作（『中央公論』昭和九・一）や、ユーモラスな河童が活躍する「貝の穴に河童の居る事」（『古東多万《ことたま》』昭和六・九）、奥州片原の「白鷺明神」の霊威を描いた連作である「燈明之巻」（『改造』昭和八・一）と「神鷺《しんろ》之巻」（『文芸春秋』昭和八・一）など、土俗的なモチーフを扱った作品が並んでいる。これらの作品からは、現代では「妖怪」と概括されそうな「あやしいもの・こと」が、昭和初期の鏡花の持続的な関心対象であったことが見て取れる。

一　虚構と現実との狭間

「飛剣幻なり」は鏡花の作品の中でも余り論じられていない部類に属するが、「幼少期の思い出の人と、帰省して再会するという構想は、作者が繰返し用いているもの」と指摘され[5]、また、「「道陸神の戯」他と素材を同じくする金沢帰省物の一篇」と位置付けられるように[6]、一般的には作者の金沢帰省を題材とした作品として捉えられている。ただし、厳密には作中で、鏡花の現実の故郷である「金沢」という地名が出ることはない。さらに、主人公・相沢蕭吉《しょうきち》の「東京の――大学の先生で、歌よみ」という設定も鏡花自身とは異なる。とはいえ、鏡花は自伝色が濃厚な大正期の代表作「由縁《ゆかり》の女」（『婦人画報』大正八・一～一〇・二）をはじめ、「道陸神《どうろくじん》の戯《たわむれ》」（『サンデー毎日』大正一四・一・一）や「卵塔場の天女」（『改造』昭和二・四）といった多くの作品で金沢帰省を題材化している。それらの中の幾つかには蕭吉の従姉・お律や、蕭吉が恋慕する女性・お須賀《すが》に相当する設定の人物も登場する。従って、鏡花の作品に親しんでいてある程度の予備知識を持つ読者には、本作はある程度までお馴染みの世界として享受されただろう。本作と同じく単行本『斧琴菊』に収録された作品でも、「古狢《ふるむじな》」（『文藝春秋オール読物号』昭和六・九）と「菊あはせ」（『文藝春秋』昭和七・一）の二作が金沢帰省を題材としているので、単行本『斧琴菊』の読者は、それらと重ねて「飛剣幻なり」を読み返すことも出来たはずである。

「由縁の女」では詩人・麻川礼吉が父母の墓地の改葬のために帰省し、お律に相当するお光《こう》の一家の世話になった上で、作品後半では恋慕していたお楊との再会のために秘境・白菊谷へと踏み込み、お楊との再会を果たした次の瞬間に狂人の襲撃を受けて絶命する。また、「道陸神の戯」では作中で仮に「権九郎」と呼ばれる劇作家が帰省し、お須賀に相当する初恋の女性・お美根への思慕を吐露しようとするが、果たせなくてお美根の妹（主人公との関係は異なるが、勝気な人物像はお律やお光に類似する）に発破を掛けられる顛末が描かれる。お須賀やお楊やお美根のモデルは鏡花の近所の時計商の娘・湯浅しげであり、お律やお光のモデルは鏡花の又従姉・目細てるであると目されている。その意味では、「飛剣幻なり」は過去に作品化されていた題材の焼き直しという側面も孕む。とはいえ、本作最大の特色である「大魔神」の使者は先行作品には登場しないし、〈礼吉＝「権九郎」＝蕭吉＝鏡花〉や〈お楊＝お美根＝お須賀＝湯浅しげ〉などと単純に断じてしまっては、モデルに引きずられ過ぎて個別の人物像を見失うことにもなる。

従って、「飛剣幻なり」を「構想は、作者が繰返し用いているもの」、「金沢帰省物の一篇」として捉えることは、作品の位置付けの重要な指標にはなるとしても、それだけでは必ずしも有効な作品読解の視座にはなり得ないだろう。金沢帰省に限らず、鏡花の後期の小説では同じ題材が幾度も反復して用いられるようになるが、そのことを単なるマンネリ化として遇するのは早計であり、むしろ、自己の作品世界を再構築するための戦略であったとも考えられる。「飛剣幻なり」の場合も先行作品の題材を反復的に用いることで、主人公の恋慕の極点での死によって一つの完成を迎えた「由縁の女」や、第三者が主人公の行動を煽り立てる（逆に言えば、主人公の主体的な行動としての性格が弱められる）「道陸神の戯」の作品世界を更新し、それらで描き出した男女の恋愛劇を改めて構築し直そうと試みたのである。そうした反復性の中の一回性を積極的に見据える視座を持たなくては、単なるマンネリ化とも見える鏡花の後期の小説は正当に評価できない。「飛剣幻なり」が先行作品の反復的な側面を持つことを前提とした上で、そこに展開される恋愛劇の先行作品との相違、そして、「大魔神」の使者の登場という本作固有の要素について検討する必要がある。

本作は冒頭に「此の篇の読みはじめに、五百羅漢堂の一條を出したいと思ふにつけて、何処《どこ》か、近郊の寺院に其の堂があるまいか、と心当りを聞合せた」とあり、まずは、「筆者」が「目黒の羅漢寺」を訪れた体験が語られる。この導入部では「これからお話をしようとする、本篇の主人に当る男が、其の仲よしの、「お律姉さん。」と言へば、「蕭吉兄さん。」……で、従姉と連立つて参詣した、渠が故郷の五百羅漢」、「その堂の裡を筆者は見ない。が、床板を段々のぼりに、螺旋にめぐる、輪なりに五百羅漢を安置す、と言ふのである」と述べられ、「故郷の五百羅漢」（金沢市寺町の天祥山桂岩寺がモデル）に参詣した「本篇の主人に当る男」蕭吉と、「その堂の裡」を見ていない「筆者」とは、別個の存在として明確に区別されていることが読み取れる。さらに、蕭吉がお須賀を訪ねた先でやはり旧知の女性・牧子と出会う場面でも、「歌人《うたよみ》はこれには見惚れた――実は……作者も大好である。此姿態は我が好む処、読者のためにも描写を委細にと思ふ」とあることから、「読者」のために「描写」する「作者」と蕭吉（「歌人」）との区別化は明白である。

「筆者」「作者」の作中への介入は「眉かくしの霊」（『苦楽』大正一三・五）や「河伯《かはく》令嬢」（『婦人倶楽部』昭和一二・四、五）、「山海評判記」（『時事新報』昭和四・七・二〜同・一一・二六）といった鏡花の後期の小説にはしばしば生じる。こうした奇妙な反復的事態について、越野格氏は「単に私小説的な物語ばかりでなく、様々な物語の型、様々な語りの様式化が試みられたのも、大正中・後期、昭和期の特色なのであった」と説き[7]、安部亜由美氏も「作品の中核となる物語の前置きとして、虚構の「筆者」による随筆風な語りが展開されるのは大正末期から昭和期の一つの特徴である」と指摘しているが[8]、これらの作品の中には、「筆者」「作者」の介入の必然性が捉え難いことも少なくない。ただし、「飛剣幻なり」に関する限りでは、「筆者」「作者」を敢えて作中に介入させて蕭吉と区別化することは、蕭吉とお須賀との恋愛劇を掘り下げるために必然的であっただろう。「筆者」「作者」とは明確に区別される虚構性も強調することで、鏡花は自己の分身的な側面を孕む蕭吉をあくまでも作中人物として描き得る。そうした虚構と現実との狭間を際どく掻い潜る操作の上に、「飛剣幻なり」固有のエキセントリックで反社会的な恋愛劇は展開される。

なお、「御存じの行人坂を下りて、川筋を左へ、野道少しばかり横ぎつて新開地を行くと、町家続きの右側の石段を上つた奥に、伽藍の棟が聳えて居る」と「筆者」が説明する「目黒の羅漢寺」は、目黒区下目黒の天恩山五百羅漢寺として説明通りの場所に現存する。現在では昭和五六年完成の近代的な堂宇も配して整然としているが、本作発表当時は「震災のあとを、未だ其のまゝの大破らしい」、「掲示によれば、堂を修すべき檀越が今ないらしい」などと、荒廃した様子が描かれる通りの状況であったと思しく、[9]同時代の読者にとっては「筆者」の慨嘆も共有し易かっただろう。もっとも、「大正七年の大暴風雨ともろともに、凄じい海嘯《つなみ》の時、ノアの船に乗るやうに、虚空の濤に盪《たう》々として此処に漂着された、前記、本所栄螺堂の羅漢たちであるのを知つた」という作中の記述は事実に反する。五百羅漢寺が元々は本所に存在したのは事実だが、「大正七年の大暴風雨」とは、大正六年九月三〇日の台風上陸に伴う大水害を指すはずであるし、そもそも、五百羅漢寺の下目黒への移転はそれ以前の明治四一年のことである。[10]とはいえ、これは「ノアの船に乗るやうに、虚空の濤に盪々として此処に漂着された」という

天恩山五百羅漢寺のパンフレットより。現在の本堂の中に並ぶ羅漢たちの像。

神話的な属性を優先させるために、やはり虚構と現実との狭間を掻い潜る操作（「大正七年」も錯誤ではなくて意識的な虚構化？）が施されたと見るべきだろう。

二　引き裂かれる主人公

「由縁の女」の麻川礼吉は故郷を呪詛する詩を発表していたことから、帰省中に旧士族の大郷子《だいごうじ》たちから追い回される羽目に陥るが、蕭吉の帰省の場合、歌人としての名声が広まっているためもあって途中までは平穏である。寺の住職の姪は「写真でも知つてますわ。写真より少々何だけれど……あの方の名刺を胸へ受けとつてから、急に私いゝ歌が出来さう」と、初めて実見した名士に対する無邪気な崇拝の念をあらわにし、お律の知り合いの魚問屋の主人も「……お歌の先生、承つて存じて居ります」、「東京からおいでは可懐《なつかし》い。是非一献」と、東京にいる娘婿の劇作家から「予て様子を聞い」ていた蕭吉を歓迎する。そして、夫と別居中のお須賀との再会も決して後ろ暗くはないはずであった。お律は蕭吉からお須賀に贈る進物を見立てるために魚問屋を紹介し、蕭吉を送る途次でも「誰が岡惚に逢ひに行く世話なんかするもんですか。……尤もこれから先きは頼まれたつて一所には行つて遣りやしない」と冷やかす（ただし、この台詞からは、蕭吉とお須賀との関係から疎外されたお律の屈託も読み取れなくはない）。魚問屋の小僧を通じてお須賀が進物を受け取ったことが伝えられた際も、主人は「さあ、泊りは知れました、御緩《ごゆつく》り」とからかうものの、この気が良さそうな人物は、蕭吉がお須賀と一夜を過ごすなどと本気で勘繰った訳ではないだろう。

実際、再会した蕭吉とお須賀との間で交わされる話題も最初のうちは、蕭吉の摩耶夫人への参詣を中心とした無難なものであり、地の文では「いや、たあいがない」と呆れ気味に評されてもいる。だが、お須賀の「おめくら、と言へば、脂貞《やにさだ》さんでございますね。あなたの仲の悪かつた」という台詞から不穏な色調が漂い始める。蕭吉と同様にお須賀に恋慕していた盲目の相場師・脂丸貞治《やにまるさだじ》は、没落したお須賀の旧宅を買い戻すために無理を重ねて破産し、二年前に毒を呷って自殺したというのだが、それを聞いた蕭吉は「ハツと恋に負けたやうな気がして、……急に得も言はれぬ寂しさを感じた。とともに、脂貞を侮り卑んだ己を恥ぢた。「偉い、」と言はうとした声を呑み」という動揺した反応を示す。鏡花の作品で盲目の人物が恋敵として登場するという設定自体は、初期の「黒猫」（『北国新聞』明治二八・六・二〜同・七・二三）に始まって本作以外にも類例が見られる。ただし、他作品での盲目の恋敵は主人公から徹底的に嫌悪されて排除されがちなので、本作のような恋敵に対する共感や敗北意識が示されることはない。

さらに、蕭吉の人物像を考察する上で見逃すことが出来ないのが、続いて登場する牧子の息子・弥一に対する突発的且つ暴力的な言動である。前夫が病臥している間にデパートの支店長の後妻になるという、お須賀とは対極的な生を選んだ女性として造形されている牧子は、幼い弥一を伴った帰省の最中にお須賀の間借り先で休息していた。弥一がお須賀の作ったお萩を踏んで掴むのを見た蕭吉は、牧子やお須賀の目前で弥一を殴ってねじ伏せて「「生首を引抜くんだ。」／と、昂然として言」い、再び殴り付けた挙句、「小僧、泣くと片耳引断《ひつちぎ》るぞ。可《よし》、何《ど》うだ。吃逆《しやつくり》も留つたらう。泣く子も黙ると言ふのは此の事だ。しつけ方を覚えて置け」、「ろくでもない歌なんぞ、……世間に何の益《やく》たゝず、御奉公の真似も出来ないが、其奴《そいつ》の横ぞつぽを撲つたばかりは国家のおためだ」と壮語する。鏡花の小説では、作者がモデルと目される男性がこの種の荒々しい言動を見せることはなく、鏡花文学の男性像をほとんど根幹から覆すまでの衝撃的な一幕である。妖怪像という問題からはやや離れるが、蕭吉のエキセントリックな言動が生じる淵源についてしばし考察したい。

鏡花の後期の小説の男性像に従来と異質の要素が見られることについては、夙に野口武彦氏が注目を促している。野口氏によれば、「昭和初年代に入ってからの鏡花は、作中主人公にようやく自己の「男性」性を認知させはじめているように目測される」とのことだが[11]、その具体例として挙げられるのは最晩年の「雪柳」（『中央公論』昭和一二・一二）、そして、「飛剣幻なり」と共に『斧琴菊』に収録されていた「菊あはせ」である。主人公がそれと知らずに母娘二代と交わろうとする前者については、「かつての鏡花だったら、こんなにあからさまに男の性的欲求を描くことはなかった。以前の主人公たちは、いつもどこか少年じみていて、つねに無性的にしか「女」と接触したことはなかったはずである」（傍点ママ）と指摘し、謎の女性が背負う赤子の顔が中年の主人公であった（「負《おぶ》はれて出た子供の顔が、無精髯を生《はや》した、まづい、おやぢの私の面《つら》です」）後者については、「この主人公は甘美な幼児退行の夢想からも疎外されているのであって、そのことはおそらく「雪柳」に見たむくつけき「男性」性の露呈と表裏一体の関係にあるだろう。いまや鏡花は、作中の自己の分身に、あえて汚れ役を演じさせることを辞さない」（傍点ママ）と論ずる。[12]

　蕭吉に「あからさま」な「男の性的欲求」を当てはめるのは、お須賀をあくまでも恭しく奉ろうとする態度に対して的外れとも見える。弥一を殴り付けた直後の蕭吉は「東京へお出でなさいませんか」とお須賀を誘うが、その際、「決して、御心配なく——申しては如何ですが……間違つた了簡は出しません——実は家内も存じて居ります」とも誓言しているのであり、お須賀を「性的欲求」の対象として捉える意識は希薄であっただろう。ただし、これは「無性的にしか「女」と接触したことはな」い少年が発する台詞でもない。お須賀を誘うに際して蕭吉は、「間違つた了簡」への気遣いや「家内」の存在を意識せざるを得ないのであり、例えば、「由縁の女」で礼吉がお楊に向かって発した「私は女房を持ちました。しかし女房は世の一切ではありません」、「女房のほかに、貴女《あなた》をお慕ひ申すのは、女房と二人して、月を見ますのも同じです」などという台詞の現実感を欠いた野放図さ[13]と比較すれば、齢を重ねた妻帯者としての世俗的な分別を弁えた台詞と言える。その意味で、蕭吉は既に「甘美な幼児退行の夢想からも疎外されている」存在であり（これに対して礼吉は、半ば強引に「甘美な幼児退行の夢想」への突入を試みていたと捉えられる）、だからこそ、脂貞のお須賀に対する自己破壊的なまでに一途な恋慕への敗北意識を抱く。

蕭吉の弥一に対する言動は一見、弥一の幼児的な言動に誘発された自己の幼児性の露呈のようだが、お須賀の前で単純に大人気ない暴力を振るったという訳ではない。弥一を殴り付ける蕭吉は「国家のおため」という父性的（？）な論理を振りかざし、あまつさえ、「色つぽい年増の母親の見て居る前で、これが打《ぶ》てるものなら打つて見ろ。其処《そこ》をのし切つたんだ。（中略）。――尤も、おいらに、一度、口の端《はた》でも舐めさしとけば、そんな小児《こども》は生みやしない！」などと露骨に性的な嫌がらせを孕んだ罵言を牧子に向かって叩き付ける。自分が牧子と性関係を結んでいた可能性にも言及する蕭吉は、女性に対する性的欲求を持つ成人男性としての自己を明白に意識している。お須賀の前でそうした成人男性としての自己を（「汚れ役」的に）曝して見せることは、正に野口氏の言う「むくつけき「男性」性の露呈」に他ならない。蕭吉はお須賀に対する少年時代以来の恋慕を再確認する一方で、自分が社会的にも身体的にも既に少年でないことを認識させられ、いわば、純情な少年と世俗に塗れた成人男性との狭間で引き裂かれてしまう。

もっとも、蕭吉の「いまの暴力に愛想を尽かして、退散せしめらるゝ、と思つた」という懸念に反し、お須賀は「ありがたうございました、蕭さん。私は生れましてから此方《このかた》、（中略）、いま貴方《あなた》が、あの児になすつたり、おつしやつたりした事を、……為《し》ては成らないばかりではありません、出来るものとは思はなかつたのでございます。（中略）。身を投げます処を助けられましたより、どんなに嬉しいか知れません」と感謝の念をあらわにする。そこには、夫の愛人にも気遣わざるを得なかったお須賀の積年の鬱屈が見て取れる。そして、お須賀は「大切な貴方のお身体、蔭口がないとも限りません。いまこゝへ名をかいて、きつぱりと別れます。離縁をされます」と言い、「夫より、妻に離婚の承引を求めた証券」に署名捺印することになる。蕭吉の恋慕があっさりと報われる格好のこうした物語展開は、不幸であった夫婦生活を引きずるお須賀の事情が示唆されているにしても、男性の身勝手な恋慕に対して余りにも寛容な通俗ドラマとも捉えられる。しかも、読み方によっては蕭吉のモデルが作者・鏡花であることは明白であり、ここまでの物語展開に関しては、作者の自己愛の安易な垂れ流しと批判されても止むを得ない。だが、「不意に裏窓の四枚の障子が、音もなしに、真中から両方へすつと開《あ》」き、「対の麻裃、二人」の怪人物が登場することで、蕭吉とお須賀との恋愛劇はやや唐突な新展開を迎えるのである。

三 「大魔神」の使者の登場

麻裃姿の二人の怪人物のうちの一方は蕭吉とお須賀に対し、「妖怪変化……魑魅も同然、隠すも詮ない。此の老の身は、椎の下闇に底暗く、藻を被《かつ》いで生を続くる、河童、人とりがめの一類、だつぢや、獺でござる。——又これなるは、其の椎の根より池のあたり、館の庭に経立《ふッた》つた蝦蟆《がま》どのでござつての」（傍点ママ）、「いづれ日蔭のものにはござれど、八千坊内に於ては、蝦蟆どの、老獺《それがし》。おの〱槍一條《すぢ》は立てさせます、伴も少々召連れをります」と自己紹介する。「皺びた長い顔」とされる「獺」がこの台詞のように、お須賀や蕭吉に対して自分たちが来訪した理由を饒舌に語る一方で、「角面《かくづら》の肥つた」とされる「蝦蟆」の方は専ら「とう、とう、とう、とう」、「が、が、が、ががががツ」などと奇声を発し続ける。そのユニークなキャラクターは現代の一般的に流布する妖怪像に近く、水木しげるのマンガに登場しても違和感はなさそうだが、彼らについても先行研究では十分に論じられていなかった。その一因としては、赤尾勝子氏が「作中では、主人公（鏡花の分身）と離縁した人妻（茂《ママ》がモデル）とのしみじみとした語らいが描かれる。しかし、その彼らの前に突然火事を報せに対の麻裃を着た二人の魔神の使い（獺と蝦蟆）が降り立ち、（中略）奇妙な言葉を操って会話をする荒唐無稽な場面も描き出される」と論ずるように[14]、「獺」と「蝦蟆」の登場が余りに「荒唐無稽」なことも挙げられるだろう。

だが、「荒唐無稽」な物語展開の意味についても一考する必要はある。念のために確認すれば、「獺」と「蝦蟆」は蕭吉とお須賀を前にして全く初めて登場するのではない。羅漢堂（栄螺堂）に詣でていた蕭吉とお律が壊れた三味線を持ち去った直後、外回りから帰った住職は「黒樹山の方から、二人、汚れて、ぐなりとした虚無僧と、肩も肱もごわ〱突張つた山伏と、連立つて来る」のを目撃したと語る。「虚無僧は笠を仰向け、山伏は金剛杖を脇へそばめて、一度栄螺堂の擬宝珠を仰ぐやうにして、すツ、と入つた」が、住職が「ようないぞ。あの人たちの来《わ》せた方角が、六方壁、八千坊、熊《くまン》堂（また九万堂と云ふ）、坊主火山と累《かさな》つて、名代の、おもしろうない所、とぎよツと気を打つ」ていると、二人が入ったはずの堂内には「何処を覗いても、形も見えぬ」という奇異な事態になる。この虚無僧と山伏は、後に蕭吉たちの前に現れる「獺」と「蝦蟆」と同一存在と解される。「六方壁、八千坊、熊堂」については、これに先立って蕭吉とお律が羅漢堂に詣でている場面でも、「此処から近い黒樹山、六方壁、八千坊、熊堂、累々たる峰谷に、鬱林の暗闇《やみ》を鎖して、天狗魔神、眷属もおびたゞしく、殆ど異境と称して可《よ》い」と説明されていた。こうした伏線も周到にしつらえられている以上、本作の物語展開は「荒唐無稽」ではあっても単なる支離滅裂ではない。

蕭吉たちに告げられる台詞によれば、「当夜。正……九つ時を前後に、当町中は一大事、（中略）、一面の火の海ぢや」という大火事が起こるのであり、「獺」はまた、その大火事について「魔火でござる。魔縁、魔性のなす処、千年百年、修羅の炎、瞋恚《しんい》の焔《ほむら》。虚空三界に燃えに燃ゆる、祭らざる悪霊、虐げられたる怨念、侮られ嘲らるゝ、天狗、鬼、水なき亡者、飢ゑたる幽霊。尽く、悪執を八千坊、九万堂の大魔神。――われら魔縁の頭目《おかしら》に托《ことよ》せて、即ち暴威《あらび》を働き申す」とも説明する。これに続けて「無礼、暴慢、余りに驕横なる時は、人間とても忍ばれまい」とあるように、大火事は人間の「無礼、暴慢、余りに驕横なる」所業に対する懲罰の意味も含む。ただし、本作の世界観で人間を罰するのは必ずしも「大魔神」の一党のみではない。「彼処《かしこ》に、天高く、雲遥に、峰白き処にまします、姫神。……其の言葉《ことだま》の声なきまでも、幽黙暗示の御許容なうては、(中略)、時節到来いたしたりとて、卒都婆一基灰にならず、炭俵も焼け申さぬ」、「此を熊川の水源《みなもと》の清水に翳す、火の卜《うらなひ》、火の象《かたち》でござつての、おゝ、影が鮮明《あざやか》に燃えました。さては姫神も御承引な」と述べられるように、白山を彷彿させる「峰白き処」の「姫神」も大火事を容認すると思しく、いわば、善悪二元論を突き抜けたアナーキーな終末が到来することが予告される。

「獺」たちが「大魔神」の使者としてお須賀と蕭吉の前に現れたのは、没落前のお須賀の旧居「椎の木御殿」をこの大火事から守るために、お須賀を現在は競売中の旧居へと連れ戻すことが目的であった。すなわち、「われら九万堂に窺へば、おゝ、火焔の只真中ぢやと一口に告《の》るのでござる。其処をば、何とぞ、何とかいたして、と縋り申すと、うむ、美しく、優しく、神もおん慈《いつくし》みの、あの奥方、貴女にして、館に返住まうならば、毛を捌いて煙を分け、焔を掴んで投げ散らし、風を乗挫《ひし》いで、一棟ありのまゝに助けうと、大魔神の内意」、「そのうちに時刻近づく。取るものも取りあへずお迎へのため罷出ました。」というのだが、夫との離婚届に署名捺印したばかりのお須賀は、「此のお客様。――此のお方と、屹としたお約束申しました。つい今しがたまでは、あの、名ばかりも椎の樹に縁があつたのでございますけれど」と言い、蕭吉との「お約束」を理由にして旧居へと戻ることを拒絶する。人間に対する懲罰として「大魔神」が一方的に起こすはずの大火事は、ここに至ってお須賀や蕭吉の個人的な意志とも無関係でなくなる。お須賀が仮に「大魔神」の使者の勧めに従うならば、「椎の木御殿」の豪奢を極めた建物や美術品は火難を免れるのであり、お須賀の決断には、文化的な価値を持つそれらの事物の存否への責任も伴わざるを得ない。

だが、旧居の「御主、女君の座」に返り咲けると「獺」が説得しても、お須賀の拒絶の姿勢は変わらない。さらに、蕭吉と共に戻ることを提案されたのに対して「いまはいかに他人とは申しても、旧《もと》の夫の住居《すまひ》の家へ、此のお客様御一所は――私から申します、此の方も、嘘にも御承知はなさいません」、「無情《つれな》いと申しても――夫が彼処《あすこ》にをりますれば、火の中も厭ひません、髪も煙に包みませう。――何の、家、邸、庭などに」とも断言する。お須賀の決然とした態度に接した「獺」は、「貴女仰せらるゝ処も一理ある。名画、名器。立処に灰に成らば、皆それ〴〵身の上の不祥なのぢや」という判断を示し、「あゝ、幽冥と人界は、近う見えても霧が遠い。又の御見《ごげん》も如何ござらう。……」などと別れの挨拶を告げた上で、「蝦蟇」と共に「屋根を四五尺あとじさりに退《しさ》ると思ふと、すつと空へ縮んで」去っていく。蕭吉とお須賀が「摩耶夫人の御像《おすがた》を守護しよう」と庵室に向かうと、「羅漢堂と思ふあたりに、むく〳〵むく〳〵と、仏手柑《ぶしゆかん》の形の雲が、湧並び、立重つて、拳《こぶし》を合せ、頭《かうべ》を揃へ」、「大魔神」の使者たちが予告した通りの大火事が生じて本作は終わる。

四　登場しない「大魔神」

前節で「大魔神」の使者たちの作中での役回りを概観したが、彼らが単に「荒唐無稽」なだけの存在ではなく、蕭吉とお須賀との恋愛劇を照射する存在でもあることは明白だろう。即ち、使者たちがお須賀に「椎の木御殿」へ戻るようにと要請することで、お須賀の蕭吉に対する恋慕が力強く表明されることになる。この場面の直前までのお須賀は、蕭吉から贈られた歌集を手に取ることも控え続けてきたのだから、その思い切った変心には、蕭吉の積年の恋慕に応えるのみでない主体的な意志が捉えられる。しかも、お須賀は建造物や美術品を重んじる「獺」の提案にも頑なな拒否を続ける。松村友視氏は「鏡花文学を貫く論理の基本構造」について、「境界領域にいる女の情の論理が、社会秩序と衝突し合いながら、社会制度に根ざす男の規範の論理を突き動かし、解体させ、社会的破滅と引きかえに男を他界に取り込んで行くという構造をもっている」と概括しているが[15]、名画名器の保存より蕭吉との関係を優先するお須賀の姿勢にも、鏡花文学一流の反社会的且つ反文化的な「女の情の論理」は見て取れる。ただし、「獺」たちが蕭吉やお須賀の恋愛劇の単なる引き立て役とも断じられない。

なぜならば、「大魔神」の一党が大火事を生じさせるのは先にも確認したように、蕭吉やお須賀は無論のこと、人間界の事情とは断絶した「魔縁、魔性」独自の論理に基づくからである。「大魔神」の使者たちについて、「蕭吉とお須賀との恋愛劇を照射する存在」と一旦は規定したが、市街を焼き払おうとする彼らの暴力的な行為自体は、蕭吉やお須賀の恋愛劇から基本的に独立していることにも注目したい。「大魔神」の使者たちは蕭吉やお須賀の心象の具現化などではないし、そもそも、作中に登場して蕭吉たちと対面するのはあくまでも使者だけであり、「大魔神」の存在自体は「獺」の台詞によって示唆されるに止まる。鏡花はかつて『怪談会』（柏舎書楼明治四二・一〇）所収の「一寸怪《ちよいとあやし》」と題した一文で、「この現世以外に、一つの別世界といふやうなものがあつて、其処には例の魔だの天狗などといふのが居る」などと、自己の「別世界」観を披歴していたが、「大魔神」の一党はあくまでも人間界と別個に存在し、蕭吉やお須賀の恋愛劇とは偶さか交錯したに過ぎないという点に、近代的な内面化には還元されない本作の妖怪像の独自性がある[16]。「大魔神」の一党は蕭吉とお須賀との恋愛劇を強化する役割を果たす一方で、人間界とは異なる「魔縁、魔性」の視座から恋愛劇を相対化してもいる。

「大魔神」の設定自体は、金沢城下近辺で流布していた黒壁山（作中では「黒樹山」）の天狗伝説に由来すると目される。宮田登が「以前は黒壁山に勝手に出入りすることは禁じられており、もしあやまって入り込んだならば、いろいろな異変が起こったといわれている」、「金沢市街と川で区切った向う岸の奥に黒壁山があり、魔所として代々伝承されており、そこには淫祠邪教の類が集結しているということになる」と論じたように[17]、黒壁山は地元の人々から独自の空間として認識されていたらしい。当の鏡花も「飛剣幻なり」以前に、「黒壁」（『詞海』明治二七・一〇・二二、同・一二・二〇）や「妖僧記」（『九州日日新聞』明治三五・一・一）で黒壁山を禍々しい「魔境」として描き出した。また、鏡花と同郷の作家・室生犀星は「天狗」（『現代』大正一一・一二）で、作中の「私」に「今でもその黒壁には、権現堂があつて天狗がまつつてあるのだ」と語らせている。[18]「飛剣幻なり」でも、作中で「天狗魔神」といった類いの表現があることは先の引用の通りだが、「大魔神」の存在自体は示唆されるのみであり、「獺」たちに見られるユーモラスな描写を全く欠くことには留意したい。「大魔神」を直接的には描かないことこそが、金沢土着の天狗伝説を「飛剣幻なり」という小説固有の虚構へと昇華し、「一つの別世界といふやうなもの」を表現するための手法であった。

　しかも、作中では「大魔神」の一党と区別されるような「あやしいもの・こと」も描かれる。脂丸貞治の自殺から半年後に洪水が起きた際、兄の形見の屏風を二階に引き上げようとしたお須賀は、「屏風の裏に、黒い大きな袋蜘蛛のやうなものが附着いて居て、あゝ、吃驚《びつくり》しますと、何《ど》うでございませう、其が脂貞さんの、黒い、血だらけな顔で、手足がずる〳〵と伸びました」という不気味な事態に遭遇する。お須賀自身が「気の所為《せゐ》だと思ひますし、……それに知つた方は、さうした洪水や、暴風雨《あらし》には、急にかはりがあるから、相場を聞きに耳を突出したに違ひない、相場の亡者は、場所へ行けば、ぞろ〳〵して居る、と笑つて下さいます」と語るように、この「袋蜘蛛のやうなもの」は脂丸のお須賀に対する執着心の具現化、または、脂丸の執着心に脅えるお須賀の強迫観念の具現化と見做される。その意味では、極めて近代的で心理学の見地からも解釈し易い「妖怪」である。[19]だが、「飛剣幻なり」はそうした近代的な妖怪像も一旦は提示した上で、さらに、それを覆すような独自の論理を持つ「大魔神」の一党を登場させる。そこには、土着の伝説や近世的な「ばけもの」「おばけ」とは一線を画し、近代的な内面化にも還元されない「妖怪」の暴力性を描き出そう（ただし、「大魔神」自体に関しては敢えて直接的に描こうとしない）という、「妖怪小説」作家としての意志的でラディカルな戦略性が捉えられる。

　付言すれば、鏡花自身がモデルであることが読み取れる人物・蕭吉を主人公に据え、彼に対するヒロインの態度が豪邸の焼失と直結するという物語展開は、関東大震災から五年後の当時にあってかなり大胆な試みであっただろう。作品の末尾では市街を焼き払う大火事の様子が、「町の中心に火の柱が立つて、五つに折れて落ちて七つに裂けた。／暁かけて家数凡《およ》そ三千軒余、実《げ》に土地としては明暦にありし大火以来と云ふ。十万石邸の落つるとともに、飛火は卯川を越した」などと生々しく描かれるが、[20] この臨場感に溢れたダイナミックな筆致は、鏡花の被災記録「露宿」（『女性』大正一二・一〇）で火災の様子が「斜の空はるかに、一柱の炎が火を捲いて真直に立つた。続いて、地軸も砕くるかと思ふ凄じい爆音が聞えた」、「北東の一天が一寸を余さず真暗に代ると、忽ち、どゞどゞどゞどゞどゞと言ふ、陰々たる律を帯びた重く凄い、殆ど形容の出来ない音が響いて、炎の筋を蜿《うね》らした可恐《おそろし》い黒雲が、更に煙の中を波がしらの立つ如く、烈風に駈廻る！」などと述べられるのに近似する。その意味で、本作が描くカタストロフィーの光景は関東大震災の再来的な要素も多分に含む。

　従って、先述したように、「筆者」が被災の痕跡が残る五百羅漢寺を訪問した体験が語られ、あまつさえ、その惨状が「見るからに、扉は傾き、軒は頽《くず》れ、棟には、ぐわら〳〵と瓦の落込んだ、猛獣の噛合つたやうな穴がある」と詳述されるのも、震災後の東京と作中世界とを連繋させるための戦略と捉えられる。鏡花は良くも悪くも時代から隔絶した作家と見做されがちだが、「飛剣幻なり」というこれまで余り論じられなかった作品からは、昭和三年当時の鏡花なりのアクチュアリティーを読み取ることが可能であり、作中の舞台が架空の地方都市に設定されているとはいえ、カタストロフィーの再来への予感を活写する鋭利な感性は際立っている。昭和期に入ってからの鏡花は「古狢」や「雪柳」といった複数の作品で、人間をほとんど理不尽に懲罰する魔性の存在たち（読み方によっては、「山海評判記」に登場するオシラ神を信奉する一党もそれらに含められる）を執拗に描き続ける。

そこには、初老に達して自己の生と性を検証する作家の個人的な不安感と共に、モダニズム時代に潜在する前近代以来の恐怖を抉る批評性も捉えられるが、「飛剣幻なり」もまた、鏡花自身やその周囲の人々をモデルとした人物を登場させつつ、震災後ならではの終末幻想の中に、同時代を不気味に切り裂くラディカルな妖怪像を提示している。

注

1 野間宏「泉鏡花『高野聖』を中心に——日本近代小説の二つの領域」（猪野謙二編『小説の読みかた』、岩波ジュニア新書　昭和五五・九）。
2 東雅夫「魔界瞥見　伝奇と怪異をめぐる鏡花幻想文学案内」（『ユリイカ』平成一一・一〇）。
3 京極夏彦「通俗的「妖怪」概念の成立に関する一考察」（小松和彦編『日本妖怪学大全』、小学館　平成一五・四）。
4 田中貴子『鏡花と怪異』（平凡社　平成一八・五）。
5 「鏡花小説・戯曲解題」（村松定孝編『泉鏡花事典』、有精堂　昭和五八・四）。
6 須永朝彦監修「鏡花曼荼羅——全作品ガイド」（『幻想文学』三五　平成四・七）。
7 越野格「鏡花における語りの形式——その一人称小説の構造について（1）」（『国語国文学』三九　平成一一・三）。
8 安部亜由美「泉鏡花「河伯令嬢」論」（『国語国文』平成一五・八）。
9 五百羅漢寺の歴史については、高橋勉著・天恩山五百羅漢寺編『甦える羅漢たち　東京の五百羅漢』（東洋文化出版　昭和五六・一〇）が詳しい。
10 注（9）の『甦える羅漢たち　東京の五百羅漢』は、大正六年移転説や明治四十二年移転説があることも紹介した上で、最終的に明治四十一年移転説を採用している。
11 野口武彦「泉鏡花の人と作品」（同編『鑑賞日本現代文学・泉鏡花』、角川書店　昭和五七・二）。
12 注（11）に同じ。

13 アダム・カバット「泉鏡花と「甘え」――『由縁の女』を中心に」（平川祐弘・鶴田欣也編『「甘え」で文学を解く』、新曜社　平成八・一二）は、お楊に対する礼吉の台詞について、「甘えている男のとんでもない身勝手な都合のいい理屈」、「礼吉の精神状態はむしろ無邪気な子供と同じ」と論じている。
14 赤尾勝子「「卯辰新地」論――「由縁の女」序曲」（『泉鏡花論　心境小説的特質をめぐって』、西田書店　平成一七・一二）。
15 松村友視「鏡花文学の基本構造」（『文学』昭和六二・三）。
16 中条省平「泉鏡花――内面を拒む神秘神学」（『反＝近代文学史』、文藝春秋　平成一四・九）は鏡花の「草迷宮」（春陽堂　明治四一・一）について、『草迷宮』の魔ものは、明の自我や内面を補完するための道具だてなどでは断じてなく、ひたすら外に実在する驚異、純粋にして無意味な驚異であ」ると指摘する。ただし、この指摘に付け加えるならば、「飛剣幻なり」で「大魔神」自体が直接的に登場しないのと同様に、「草迷宮」でも、魔界の住人たちが一端しか姿を見せないことには留意するべきだろう。
17 宮田登『妖怪の民俗学　日本の見えない空間』（岩波書店　昭和六〇・二）。
18 「天狗」の引用は『室生犀星未刊行作品集』第一巻（三弥井書店　昭和六一・一二）に拠る。
19 「由縁の女」でもお楊との再会に向かう礼吉が抱く心理的な動揺は、「黒くぼと〳〵と蠢《うごめき》出《い》づる」「大きな蜘蛛」として具現化されている。
20 「卯川」は鏡花の生家近くを流れる浅野川を踏まえ、また、「明暦にありし大火」は宝暦年間の金沢の大火事に基づくと推測される。
※鏡花作品の引用は『鏡花全集』全二九巻（岩波書店　昭和四八・一一～五一・三）に拠る。その他の文献からの引用も含めて漢字は基本的に新字体に改め、不必要なルビは省略してある。

【再創造される妖怪】

黎明期の妖怪映画

その隆盛と衰退にかんする一考察

志村三代子

はじめに

近年の妖怪人気の高まりとともに、実写映画の分野でも『妖怪大戦争』(二〇〇五年、三池崇史監督)や『ゲゲゲの鬼太郎』(二〇〇七年、本木克英監督)、『ゲゲゲの鬼太郎　千年呪い歌』(二〇〇八年、本木克英監督)といった妖怪映画が相次いで劇場公開された。しかし、こと実写映画にかんする限り、『リング』(一九九八年、中田秀夫監督)の〝貞子〟に代表される、幽霊の登場回数に比べると、妖怪は圧倒的に分が悪い。そもそも日本人が考える妖怪像のほとんどが、「百鬼夜行図」のような絵画や水木しげるの漫画のなかの妖怪であることを考えると、アニメーションの方が、アナロジーという点では実写よりもはるかに有利である。ところが、日本の怪奇・幻想映画の源流に遡ると、幽霊よりも妖怪が、製作本数において席捲していた時期が存在した。それが、当時「妖怪もの」と呼ばれた妖怪映画が、九八本も製作された一九一四年から一六年までの期間であり、その数は、旧劇(時代劇)の総製作本数四〇四本のうちのおよそ二四%を占め、[1]一方の幽霊映画は、七本にとどまった。日本映画史を紐解いても、これほど超自然的な現象を扱う怪奇映画がブームとなった時期は見あたらない。

しかしこれほどの人気を誇った「妖怪もの」は、初期の怪談映画にあらわれた一過性の流行として位置づけられており、それは時代が下るにしたがって顕著になっていった。それとは対照的に、「四谷怪談」をはじめとする「幽霊もの」は、現在まで断続的に製作されており、たとえば「四谷怪談」のお岩が映画にあらわれた〈女の幽霊〉の原型であるならば、〝貞子〟もお岩の継承者であるといえるだろう。しかし、それが妖怪となるとまるで事情が違ってくる。日本映画の草創期に、妖怪が幽霊を製作本数で圧倒していたのに対し、なぜその後、妖怪映画は怪奇映画の主流になりえなかったのだろうか。

一九一〇年代のフィルムはほとんど現存しておらず、本稿の分析も、当時の雑誌・新聞等から推測できる範囲に留めざるをえないのだが、ここでは出来得る限り、一九一〇年代半ば前後に流行した「妖怪もの」、すなわち黎明期の妖怪映画の軌跡を跡付ける。さらに、妖怪映画が日本の怪奇映画の元祖であったにもかかわらず、その後傍流へと脱落してしまった理由を探ることによって、これまであまり顧みられてこなかった妖怪映画の特徴を明らかにしていきたい。

一　トリックと怪異

妖怪映画の特徴を考える前に、一九一〇年代半ば頃の日本映画にかんする基本的な事項をまずは確認しておこう。当時の映画は、「活動写真」と呼ばれた、モノクロの無声（サイレント）映画であり、女優の代わりに女形が女性を演じていた。スクリーン投影式という上映方式は現在とほとんど変わらないが、無声の画面に説明を加える活動弁士が存在していた。「カツベン」と呼ばれた、活動弁士の人気は高く、当時の観客は、声色入りの説明を聴きに行くために、その弁士が所属する映画館へと足を運んだのである。彼らが説明を担当する映画作品は、概ね三つに分類された。それが、外国映画と、日本映画の旧派と新派であった。

旧派（旧劇）は、明治以前の時代を背景とした劇であり、新派は現代（明治維新以降）を背景とした劇を意味する。妖怪映画は、時代区分からいえば旧派であり、それらは歌舞伎の怪談狂言や講談[2]の翻案からはじまったのである。たとえば、小松弘は、旧劇映画が歌舞伎の演目を積極的に借用した、初期の日本映画の特徴について次のように述べている。

日本における全ての映画製作会社は、初期の段階から伝統的な型を保とうとしていた。その理由は、それが断じて最も日本的な表象であり、この型によってのみ、日本的な発話が可能であると信じられていたからである。この型が一九二〇年代初めまで生き残り得たとすれば、それは、この型がたとえどんなに原始的であったにせよ、この型を見たい多くの観客が存在したのだという仮説を証拠づけるものであったに違いない。西欧的視覚芸術の単眼的感覚を獲得した人々は、この強度にコード化された型を批判した。だがそれでも、この型は長い間生きのびた。[3]

ここで小松弘がいう「伝統的な型」とは、歌舞伎の表象モードを指している。当時の日本映画は、クロースアップやカットバックなどの撮影技法がほとんど使用されず、カメラに対する被写体の位置が固定されている場合が多かったからであり、その傾向は一九二〇年代はじめ頃まで続いた。とくに日本の旧劇映画は「歌舞伎に使われているような表現をくり返すことがむしろ重要であり、そのモードの範囲内でもリアリティを持っていた」[4]のである。もちろん、一九一〇年代当時の歌舞伎は、様々な上演形態が存在しており、その表象モードを一概に論ずることはできないのだが、しかしたとえば、妖怪映画に登場する妖怪のぬいぐるみや、怪猫に見立てられた化粧を施した役者などは、歌舞伎の怪談狂言で一般に使用されていたぬいぐるみのかたちや化粧法を模倣していたことから、それらもまた「伝統的な型」として、映画観客に違和感なく受容されていたことが考えられる。

だが、初期の妖怪映画は、歌舞伎で馴染みの怪談狂言がそのまま映画に応用されているという理由だけで人気を集めたわけではないだろう。たとえば、歌舞伎の怪猫ものである『独道中五十三次』では、老婆が怪猫へと変身する際に見られる役者の「早替り」や、怪猫の「宙乗り」といった、いわゆるケレンによって観客を驚愕させ、ときには恐怖に陥れたが、一方の映画では、そうしたケレンの代わりに「トリック」という撮影技法を使って怪異を創出し、それが歌舞伎にはない映画独自の表現方法として当時の観客を魅了したのだ。

当時の新聞や映画雑誌の批評では、妖怪映画のトリックについて盛んに言及されているのだが、それは、妖怪映画の見せ場がトリック場面に他ならないことが理解されていたからである。たとえば、『天竺徳兵衛』[5]（一九一六年、天活）では、「大蟇が花四天を二度迄で腹中へ吸込むトリック」[6]が注目されており、これはおそらく、大蟇に仕立てられたぬいぐるみの腹に、人間（花四天）が一瞬で吸い込まれる動きを置換トリックで撮られたことを示している。置換トリックとは、撮影の際に撮影機のクランクを一時停止して、被写体をキャメラの前から移動させた後、再びクランクを回す撮影方法であり[7]、これを使うと、画面内の人物やモノが一瞬にして出現／消滅することが可能になる。また、置換トリックでは、白煙が使用され、その白煙のなかで人物やモノの一瞬の出現／消滅の動作が行われていた。ところが、『熊本の猫』（一九一五年、天活）では、当時の批評は「怪猫の出没に煙を使用されなかったという。この作品で煙が使われなかったことに関して、怪猫の出没／消滅の場面に煙が使用されなかったという。この作品で煙が使われなかったことに関して、当時の批評は「怪猫の出没に煙を使はぬのは、日活に対する一見識だらうが、もとゝ日本物の写真は外国写真の模倣から生じたのだから、今更他派の真似はさせたくないなどゝ、ケチな排他根性は出さないがよい」[8]と苦言を呈している。この発言からも分かるように、初期の妖怪映画の置換トリックでは、煙が常用されていたことがうかがえる。

置換トリックの他に怪異を創出する方法として、「二重焼」と呼ばれた撮影技法がある。二重焼とは、別々に撮影された背景と主要な被写体を重ね、ひとつの画面として構成することによってイリュージョンを作り出す技術である。たとえば、『日本怪猫伝』(一九一四年、天活)では、「検校が霊夢に三筋の絲を感得する件と足利将軍の愛妾が怪猫の正体を現して段々相好の変わつて来るトリック」[9]が使われており、これは、検校が夢のなかで妖術を会得する件と、将軍の愛妾が次第に怪猫へと変化していく顔の表情を、二重焼で表現していたのだろう。

このように、置換トリックや二重焼は、妖怪映画には欠かせない撮影技法であったのだが、映画批評家の吉山旭光《きょっこう》は、トリックが頻繁に使われた当時の妖怪映画の流行について次のように述べている。

魔術物の衰微と技工物の発達

戦役前から歓迎されて居た魔術物も、成程不思議なものだが、如何なる巧妙な技倆はあつても、実際魔術師が舞台でこんなことは演じ得られない。これには何か仔細があるだらうと、ソロヽ気が付き始めた見物は、やがてこれは撮影技師の手腕によつて、どうでもなることだと悟りて見ると共に、何となく馬鹿々々しくなつて来た。のみならず、千変万化の奇々妙々も、魔術は兎角千篇一律になり易い傾向があるので、三十七八年戦役後頃になると、何時となく見物に飽かされて、次第に顧みられぬやうになつて来た。併し魔術写真を発達せしめた撮影上の技巧(即ちトリック)は、魔術以外の写真としての劇が、此頃ソロヽ頭を持上げて来たのに応用されて、それがやがて今日の写真劇の特長たるお化、妖術、夢等のケレンとなつて、見物を驚かせて居るのだ。此点に於て、魔術物は少なからぬ貢献を斯道の為に尽したと云つて差し支へはなからう。[10]

吉山旭光が指摘する「戦役前から歓迎されて居た魔術物」とは、一九〇〇年代初頭に流行した、フランスのジョルジュ・メリエスなどの魔術映画のことを指しており、日露戦争前に大流行した魔術映画が、一九一〇年代初頭になって、日本の怪談映画のトリックに応用され、「今日の写真劇の特長たるお化、妖術、夢等のケレンとなつて、見物を驚かせて居る」といわれることになったのである。つまり、妖怪映画で使われたトリックとは、およそ十年以上前の魔術映画で流行し、観客はやがて種明かしに気づかされ「何となく馬鹿々々しくなつて来た」といわれるほどプリミティブな撮影技術であったのだ。この吉山の文面からは、外国では既に時代遅れとみなされたトリックを、今さら応用する日本映画の後進性を揶揄する姿勢が浮かび上がってくる。

しかし、「真面目過ぎちや見物がありません、何でもおどかしつけて、ケレン沢山で通した方が勝ですよ」[11]という当時の映画会社の言葉からは、トリックを駆使した妖怪映画が、興行価値の高い「商品」として位置づけられていることが見て取れる。このように、旧劇の妖怪映画は、歌舞伎の怪談狂言の表象モードに倣いながら、魔術映画のトリックを導入することによって、舞台では実現不可能なイリュージョンを作り出し、それが当時の観客から支持されていたのである。

二　人気の「怪猫もの」

トリックの他に初期の妖怪映画の特徴としてあげられるのは、化猫を扱った怪猫映画の製作本数の多さである。一九一四年は、『有馬怪猫伝』（小林商会）、『雷鳴六郎』（日活）、『実説岡崎猫騒動』（日活）、『怪猫奇談赤壁明神』（天活）、『怪猫義民伝』（日活）、『日本怪猫伝』（天活）、『山王の化猫』（日活）、『鎌倉殿中猫騒動』（日活）といった「怪猫もの」が八本も製作され、とくに『怪猫奇談赤壁明神』、『怪猫義民伝』、『日本怪猫伝』、『山王の化猫』の四作品は、六月から七月にかけて公開されていることから、一九一四年の夏興業は、怪猫映画の競作のような状況さえ生み出されたのである。

このような怪猫映画の人気は、新聞広告からもうかがえる。たとえば、一九一四年七月一五日の「都新聞」では、「日本、支那、朝鮮三国を荒廻りし大怪猫十五日大勝館来る」という文面のなかの「大怪猫」の文字が他の文字より格段に大きいことから、大怪猫の存在を際立たせた広告であることがうかがえる。[12] 一方、同じ紙面には、「化猫」の文字だけが大きい「麹町山王の化猫　浅草千代田館」が猫の顔のイラストとともに掲載されている。このように、怪猫映画の新聞広告には、映画会社や役者の知名度に関係なく、怪猫というキャラクターの人気によって集客が期待されていたのである。[13]

もちろん、当時の妖怪映画のなかには、狐、狸、蟇、蛇といった、化猫以外の妖怪も登場する。本来、日本の動物霊といえば、猫よりも狐や狸の方がポピュラーであったにもかかわらず、映画の製作本数では、圧倒的に化猫に軍配があがるのである。おそらく、狐や狸の場合、猫と比較すると物語が「報恩」である場合が多いため、[14] 怪奇映画の内容にそぐわないことが考えられるだろう。一方、怪猫映画は、その多くが歌舞伎の怪談狂言である「猫騒動物」の翻案であり、無念の死を遂げた飼い主のために、猫が妖怪となって主人の怨念を晴らす内容である点で、怪奇的な要素が強い。また、敵方の女性が怪猫の犠牲となり、ときには亡霊となることから、実は幽霊映画と厳密に線引きするのは困難なのである。

怪猫と幽霊との決定的な違いをあげるとすれば、怪猫は、大猫のみならず、怪猫の犠牲となった女性に変身するという点にあるだろう。もちろん、猫以外の動物霊の場合も人間から瞬時に妖怪に変身するのだが、しかし、怪猫の場合、女性に対する吸血行為を機に次々と別の女性に感染していく点が、他の動物霊と一線を画している。当時は、怪猫の存在が俗信として機能しており、もっとも身近な愛玩動物である猫が人を脅かす恐怖は、現代よりもはるかにリアリティがあった。怪猫映画では、置換トリックや二重焼といった撮影技法によって、あたかも人間から怪猫へと変身しているように描いてみせたのである。とはいえ、初期の怪猫映画において、猫に変身する女性はあくまで女形であったため、女優が怪猫を演じることによって再びブームとなる一九三〇年代後期の怪猫映画のリアルさにははるかに及ばなかった。したがって、初期の怪猫映画の人気は、怪猫／女性への変身よりも、ラストシーンで繰り広げられる怪猫退治にあったようである。たとえば、映画評論家の南部僑一郎は、怪猫映画の魅力について以下のように述べている。

われわれ年配の、カツドーの夢は、たいてい尾上松之助や沢村四郎五郎などの旧劇、とくに忍術とか妖術、さては化猫騒動から生れてきたような気がする。（中略）バケネコもののラストは、たいてい天守閣の大立ち廻りということになっていた。正体を現わした大ネコを、忠臣小森半太夫が追っかけ、お城のてっぺんまで昇る。どこを伝ってあんな高い所まで登ったか、などとヤボナことは云はない。なにしろ怪猫と忠臣だから、常人のできないことはないだろうと、ちゃんと納得している。[15]

南部が証言するように、怪猫とそれを追いかけるヒーローとの対決は、歌舞伎の「猫騒動物」においても劇中最大の見せ場であったのだが、その場面が映画に移植された場合、トリックによって神出鬼没な怪猫が立ちあらわれることになったのである。つまり、怪猫映画の特徴は、トリックによって生み出された変幻自在な怪猫と、それを追いかける役者のスピーディなアクションにあり、怪猫と役者の立ち廻りが鮮烈であればあるほど、怪猫映画の人気が一層高まることになるのである。

怪猫映画を筆頭に妖怪映画を愛好する当時の少年たちから圧倒的に支持された役者が、日本映画最初のスターである尾上松之助であった。「目玉の松ちゃん」の愛称で親しまれた尾上松之助は、小芝居出身の歌舞伎役者で、一九〇八年に「日本映画の父」と呼ばれた牧野省三が監督した『碁盤忠信』（横田商会）に出演したのをきっかけに、門閥に属さない歌舞伎役者としての前途に見切りをつけて映画俳優に転向した。以後、横田商会を経て、一九一二年からは日活専属の旧劇俳優として活躍し、立ち廻りのうまさには定評があったという。尾上松之助は、主に英雄豪傑を演じ生涯で約千本の映画に出演したといわれているが、とくに尾上松之助が観客から喝采を浴びた役柄が、忍術使いや、ラストの妖怪退治で大立ち廻りを繰り広げる妖怪映画のヒーローであった。とりわけ怪猫映画では、尾上松之助はヒーローと妖怪の一人二役を演じ、その多彩な芸が注目された。たとえば、『実説岡崎猫騒動』（一九一四年、日活）では、松之助は、有馬家お抱えの力士小野川喜三郎となり、肉襦袢のコスチュームを着用し堂々とした体躯の力士を演じる一方で、悪役の怪猫の二役に扮し、「多方面の芸を見せて居るのは御器用」[16]と賞賛された。他にも『化銀杏』（一九一六年、日活）は、本来銀杏の大木の精霊が、妖艶な女性に化けて殿様を殺そうとする物語だが、「銀杏が変化《へんげ》となる」場面では、銀杏の木が怪猫に変身する。この作品の松之助はヒーローであり、怪猫は他の役者が演じたが、銀杏の大木の変化と怪猫を結びつける設定は怪猫映画の人気にあやかってのことだろう。他にも、狸が主役の『狸《まみ》穴御殿』（一九一七年、日活、図1・2）でさえ、怪猫が登場し、また、少年豪傑（『少年豪傑水戸三郎丸』）が対峙する妖怪もまた、怪猫がつとめている。このように、妖怪映画では、怪猫の人気に乗じて、怪猫が他の動物霊と組み合されることによって、様々な妖怪映画のヴァリエーションが生み出されていったのである。

妖怪映画のトリックで優れた効果を生み出したのは、一九一四年に創設された天然色活動写真株式会社（天活）であった。たとえば、『日本怪猫伝』（一九一四年、天活）のトリックにかんする批評は、「伯龍憤死の吹ボヤの火の手は凄味があつて上出来、抜けの光沢鮮明なのは松之助一派以上で日活京都派の好敵手たる価値は確かにある」と記録されており、火を使用したと思われるトリックに加え、「抜けの光沢（が）鮮明」であることが賞賛された。

この「抜けの光沢鮮明」とは、フィルムを映写した際の画像が鮮明であることを意味している。日活の場合、フィルムを節約するために、撮影時のクランクの回転を遅くしていたことから、映写される映像の多くは動きが不自然であり、フリッカー（光の明滅）は見る人々の目を疲れさせた。しかし天活は毎秒一六コマから一八コマのクランクの回転スピードを守ったため、映像の仕上がりが美しかったという。[17] このような映像プリントの鮮明さに加え、天活はロケーション撮影にも工夫を凝らしていたようである。たとえば、『熊本の猫』の批評では次のように述べられている。

図１『狸穴御殿』

図２　同上

天活一流のトリックも日活のを参酌し大分変つた撮り方をした此館向きの写真本猫をつかつたは大いに他の派と異なつて居る、波の中を猫が駆け回す所や大詰の有明海の場は太陽の逆光線を用いたらしいが美しい事総体に鮮明でムラがない心持の宜い写真である。

この批評を読む限り、『熊本の猫』の怪猫は、ぬいぐるみではなく「本猫」すなわち本物の猫が使われており、大詰の怪猫退治の場面は、有明海でロケーション撮影されていることがうかがえる。また有明海の「波の中を猫が駆け回す所」では逆光線が使用されているのである。天活は、本物の猫を使って海岸で野外撮影を行うことによって、舞台という仮想空間から現実の風景へと移され、その結果、これまで舞台劇に依存していた怪猫映画は歌舞伎と一線を画すことになったのである。[18]

三　映画的演劇の可能性

一方、このような天活の試みと同時期に、舞台劇に映像を取り入れることによって新たな可能性を模索する動きがあらわれた。それが、後年、舞台と演劇の融合といわれた連鎖劇の上演である。連鎖劇とは、演劇と映画を混合した見世物で、ある場面では俳優が舞台上で演技し、次の場面になるとスクリーン上にあらかじめ同じ俳優によって撮影されていた映画が映され、そしてそれが終わると再び舞台に場面は戻るという形を持つ劇であり、[19]当時の連鎖劇の人気は、小芝居が次々と廃業に追い込まれるほどの勢いであったという。[20]

連鎖劇が注目されたのは、おそらく、現前する俳優の身体と同一の身体がスクリーン上に映し出され、しかも彼が、舞台では実現不可能なアクション（ときには背景）を披露することにあるだろう。しかし、スクリーンに投影された対象が動物である場合は留意が必要である。たとえば、連鎖劇の『血達摩』（一九一六年）では、ぬいぐるみの馬が舞台で使われたが、スクリーンでも同じぬいぐるみが映されたために、「写真と実物との調和上の為であらうが、これは一考すべきことだと思ふ」という疑問が投げかけられた。[21]『血達摩』の事例は、舞台上でぬいぐるみが使われていようと、スクリーンではその動物が妖怪（架空の動物）でない限り、ぬいぐるみではなく本物を映すことが求められていたのである。こうした連鎖劇の「規則」のなかにあって、注目すべき現象は、一九一五年に『岡崎猫古寺より谷底まで』『怪猫伝』(Mカシー)『鍋島の猫』といった連鎖劇と思われる三本もの「怪猫もの」[22]が上演されたことである。たとえば、「はじめての［怪猫ものの］連鎖劇[23]」として注目された、小松商会の『嵯峨猫騒動』は、次のような批評がなされた。

他の連鎖劇で時として見受けるやうに、写真を道具替りのほんの繋ぎ同然と思つて、ぞんざいに撮るのとは違つて一々丁寧に撮つてあるのだ。それが為に舞台では出来ぬ活動写真独特のトリックが巧に使用されて居たのは何より嬉しい小森宅の屋上の立廻りから、怪猫の飛去りなど面白く出来た。

評者は、「舞台では出来ぬ活動写真独特のトリック」として、「屋上の立廻りから、怪猫の飛去り」をあげていることから、屋上での立ち廻りの際、怪猫が敵の刃から逃れて空中を飛ぶところで映像が使われたことが考えられる。「怪猫もの」の連鎖劇が人気を集めたのは、観客が、役者と怪猫（ぬいぐるみ）の立ち廻りのなかで、生身の役者たちの演技を堪能する一方で、怪猫の出没／消滅といった超自然的な現象を描いた場面に、映像が使用されることによって、舞台上でありながら、舞台とは異なるスペクタクルを違和感なく楽しむことができるからである。つまり、妖怪という架空の動物は、『血達摩』で問題となった馬のように、舞台と映像というおよそ表象モードが異なるメディアを組み合わせたときに生じる齟齬を反故にするのだ。

以上のように、「怪猫もの」は、映画のみならず連鎖劇の分野においても人気を得ることになったのだが、しかし、連鎖劇のブームは一九一五年と一六年のわずか二年間にすぎず、その後は姿を消すことになってしまった。なぜなら、一九一七年七月に警視庁は「活動写真取締規則」を公布し、映画興行に制限を設けたからである。これによって映画と舞台劇が組み合わさっている連鎖劇は防災上不許可となり、それ以降連鎖劇の上演はできなくなってしまったのである。

四　旧劇から時代劇へ

先にも述べたように、妖怪映画のピークは一九一四年であり、その後は徐々に製作本数が減っていくのだが、しかしそれでもなお怪猫映画は、連鎖劇が禁止される一九一七年七月以降も毎年三本が製作され、それは一九二二年まで続くことになるのである。とはいえ、小松弘のいう「西欧的視覚芸術の単眼的感覚を獲得した人々」、すなわち日本映画の西欧化を目指した、新聞や映画雑誌の記者を中心としたインテリゲンチャは、妖怪映画をはじめとする旧劇映画を、日本映画の後進性を象徴する作品とみなして批判の急先鋒に立っていった。たとえば、一九一六年七月号の『活動写真雑誌』では、妖怪映画について次のように述べている。

さりながら見物の目も追々高くなつて来てゐる。活けるが如く映画中の人物が動くに対して驚喜し喝采した時代は昔の夢となつてしまつて、今は写真劇の脚色、撮影技術、さては俳優の技量等の巧拙を評する考さへ多くなつて来た。随つて写真に対する傾向も追々変つて来て、撮影上の技巧を見せた日本物の妖怪劇と西洋物の冒険的な活劇物が一時大いに歓迎されたが、それも後には理由なくしてそれが起るのは好まず、何処かしんみりとした処のある写真を要求して来たなどは、写真に対する好奇心ばかりではなく、確に一種の鑑識眼が出来た証拠と云はねばならぬ。[24]

この記事によれば、「日本物の妖怪劇」は、「撮影上の技巧」、すなわちトリックによって、一時大いに歓迎されたにもかかわらず、しかしその後は、観客の嗜好が、トリックを主眼とした映画からより複雑な物語と映画的技巧に基づいた映画へと変容したことが指摘されている。つまり、妖怪映画とは、ただでさえ日露戦争以前に流行した魔術映画のトリックを借用したプリミティブな映画にすぎないのであり、やがて魔術映画が飽きられてしまったように、「日本物の妖怪劇」もまた同じく飽きられてしまうことが確認されているのである。さらに留意しなければならないのは、日本映画の改革論者たちは、妖怪映画が依然として製作されていた一九一六年の時点でさえ、トリック本位の映画には難色を示していることである。たとえば、『幽霊屋敷』（一九一六年、日活）の批評では次のように述べられている。

トリックも巧に、飛行機の空中飛行も上出来、いや最う小さい子供等は大喜び、併しトリックは成るべく使はぬ方はよいと思ふ。

おそらくこの作品では、飛行機の空中飛行や、幽霊の出現／消滅といったトリックの秀逸さが、年少者の関心を大いに引いたのだろう。他にも一九一七年の『鹽原多助』の批評では、「お化や妖術の狂言以外に、此種のものを出したは賛成」と述べられており[25]、評者は、映画会社が妖怪や幽霊の物語ではなく、鹽原多助という人物の一代記に活路を見出した点に賛辞を送っているのである。

このようなトリック批判のなかでも、とくに妖怪のぬいぐるみに対する批判が多く見受けられる。たとえば、『活動写真雑誌』の「一記者」は、妖怪のぬいぐるみについて以下のように述べている。

幽霊は先づゝ差し支へはないとして、化物となると、天活、日活共に随分不恰好なのが度々お目にかゝる。

三つ目大入道や、女の大首のお化などは、京都名物のチョロケンの出来損ないじみて、凄いどころか、却つて吹出さずには居られなくなる。これではたとえば天活の旧劇写真の名物男、お化役者の阪東佳玉が居て、鬼気人に逼る凄みを見せても、日活京都派の得意なトリック応用の大ケレンを巧に見せても、其割合に凄みが乏しくなるのは当然だ。これは日活と云はず、天活と云はず、お化の出る狂言の写真を撮るに際して、注意すべきことではあるまいか。[26]

これまでにも、幽霊に比べると、妖怪のぬいぐるみをはじめとする拵え物が稚拙である点が、たびたび指摘されてきた。つまり、いかに役者の阪東佳玉が、鬼気迫るお化けを演じても、また「トリック応用の大ケレン」が成功したとしても、「三つ目大入道や、女の大首のお化」などが不恰好であれば、「凄みが乏しくなる」のである。ここで「凄み」という言葉が使われているのだが、これはおそらく、対象がいかにリアルであるかを判定する指標を意味しているのだろう。興味深いことに、幽霊は、役者の演技の巧拙やトリックによって「凄み」が増すのに対し、妖怪のぬいぐるみは、「凄み」を減じさせる原因として批判の矛先に晒されていることである。このように、幽霊と妖怪は、同じ怪談映画のキャラクターであるにもかかわらず、怪談映画の人気が定着するにしたがって、リアリティの面からは厳然と区別されてしまったのである。

ぬいぐるみにかんする批判を受けて、天活の『熊本の猫』のように本物の猫と毛皮を使った怪猫を登場させた作品も製作され、「確に日頃のむく犬じみた縫ぐるみより結構」と一定の評価がなされたが、しかし一方で、『犬上刑部狸』（一九一六年、日活）で使われた狸のぬいぐるみは、「本毛皮の為に、熊の様なのも閉口」といわれてしまった。要するに、ぬいぐるみは毛皮であろうとなかろうと、舞台劇の残滓であり続ける限り、日本映画の発展を阻害する代物であることに変わりはないことが示唆されているのである。このような意見は、一九一七年頃から本格的に主張された、女形や活動弁士の廃止を唱え、日本映画の欧米化を目指した「純映画劇運動」に接続され、やがて妖怪映画も「伝統的な型」を捨象することを余儀なくされることになるのである。こうした表象モードの変容の他にも、妖怪映画が衰退していく一因として、妖怪映画の濫作によるマンネリズムが考えられるだろう。怪猫人気にあやかった様々な妖怪映画のヴァリエーションでさえも、所詮は怪談狂言や講談の物語から逸脱しない内容であり、観客は、妖怪の変身やヒーローと妖怪との立ち廻りといったスペクタクルが反復された、旧態依然の妖怪映画に飽きてしまったのである。

怪猫映画は、一九一二年から十一年連続で製作されていたが、一九二三年を境に終りを告げる。旧劇からの脱却を目指した「時代劇」である『女と海賊』が公開された時期が同じく一九二三年であるのは、おそらく偶然ではないだろう。時代劇の登場を機に、トリック本位の妖怪映画は完全に時代遅れのものとみなされるようになっていく。しかし、怪猫映画は、その後も完全になくなることはなく、やがて一九三七年に、「化猫女優」と呼ばれた新興キネマの鈴木澄子のように、ぬいぐるみに代わって女優が怪猫を演じることにより、新たな意匠が見出されることになるのである。[27]

おわりに

これまで見てきたように、初期の妖怪映画は、歌舞伎の怪談狂言や講談の翻案から出発し、魔術映画のトリックを借用することによって、舞台とは別の映画的表象を獲得した。とくに怪猫映画は、トリックを使った怪猫／女性の変身場面と、ラストに繰り広げられる怪猫退治のアクションといったスペクタクルによって、人気を集めた妖怪映画であった。

このようなトリックを駆使した妖怪映画の見世物的志向は、連鎖劇の分野で新たな可能性を拓いていった。とりわけ「怪猫もの」の連鎖劇は、ラストの立ち廻りを映像で表現することにより、生身の役者のアクションと、映像によるイリュージョン双方を提供できる舞台劇であり、そこには「純映画劇運動」が規範とした表象モードとは別の可能性が内在していたのかもしれないのである。ところが、短期間の流行で終わった連鎖劇は、それ自体が稚拙なものとみなされてしまったために、正当な評価がなされず、その可能性は封印されてしまった。しかし、およそ二十年後に、演劇と映画の融合が再び目指された「キノドラマ」や「トーキー連鎖劇」といったトーキー時代の実験的な試みを考慮すれば、それらに先んじた一九一〇年代の連鎖劇の先駆性を無視することはできないだろう。

こうした「怪猫もの」の連鎖劇の成功例からも明らかなように、初期の妖怪映画は、トリックがいかに巧妙に使用されようとも、ぬいぐるみが妖怪役にあてがわれている限り、舞台劇と親和性を持つメディアであり、一九二〇年代初頭からはじまった表象モードの変容に追随することは困難であった。しかし、変身や立ち廻りといったスペクタクルを重視する姿勢自体は、その後の日本映画においても生き続け、映画観客が要求する視覚的快楽を満たそうと、様々な努力が重ねられてきたのは周知の通りである。とくに映像によって作り出されたイリュージョンは、近年の妖怪実写映画の復活が示すように特撮やCGといったテクノロジーのさらなる発展によって、手を替え変え品を替えて〈妖怪的なるもの〉を作り出し、それらは相変わらずスクリーンのなかで跋扈することになるだろう。

付記　本稿執筆にあたり貴重なご助言を頂きました鷲谷花氏に対して厚く御礼申し上げます。

注

1 当時の製作本数は、『日本映画作品大鑑』（キネマ旬報社、一九六〇年）、泉速之『銀幕の百怪　本朝怪奇映画大概』（青土社、二〇〇〇年）を参照した。また、紙屋牧子は、「一九一三年にわずか九本であった怪奇映画の本数が、一九一四年に四二本となったかと思うと、一九一五年に三五本、一九一六年には二四本となっていることからも、一九一四年の特異性は浮かび上がる」と述べており、一九一四年からはじまった怪奇映画の流行に注目している（紙屋牧子「初期日本映画の怪奇とトリック　牧野省三と尾上松之助の忍術映画を中心に」内山一樹編『怪奇と幻想への回路』森話社、二〇〇八年、四三頁）。

2 当時の妖怪映画は、歌舞伎の怪談狂言のみならず、新聞に連載された書き講談が盛んに映画化された。書き講談と旧劇映画との相関関係については、下記の文献を参照されたい。小川佐和子「講談から旧劇映画へ——題材の普及という観点から」（『映画学』22、早稲田大学映画学研究会、二〇〇九年）。

3 小松弘「天然色映画から純映画劇へ——日本映画史における天活の意義」（『芸術学研究』一九九五年、二五頁）。

4 小松弘、三〇頁。

5 山本喜久雄は、「霊験もの」「幽霊もの」「忍術もの」を包摂したカテゴリーとして「変化もの」を設定し、『天竺徳兵衛』を「忍術もの」とみなしているが、本作では大蟇が登場することから、本稿では妖怪映画に分類する（山本喜久雄『日本映画における外国映画の影響』早稲田大学出版部、一九八三年、二九—三〇頁）。

6 『活動写真雑誌』一九一六年六月号、一六一頁。

7 たとえば、置換トリックに言及した記事として以下のようなものがある（「待った」で、カメラがとまり、被写体の、ぬいぐるみの白狐が現場を外れ、あとで、硝煙をぱっと燃したところで、またカメラが廻りはじめれば、これで妖術の白狐は消え失せるのだ。いくら巧妙な仕掛けでも、舞台では、これほど鮮やかな芸当はできなかった」南部僑一郎「特殊撮影発展裏面史」『日本映画』一九三六年三月号、二四頁）。

8 『活動写真雑誌』一九一五年一〇月号、二四頁。

9 「都新聞」一九一四年七月二〇日号。

10 吉山旭光「東京に於ける活動写真の発達変遷（其四）」（『活動写真雑誌』一九一六年二月号、九頁）。

11 『キネマレコード』一九一五年四月号、二頁。

12 この広告には、映画作品のタイトル、映画会社や役者の情報が記載されていないのだが、「大勝館」という映画館の名前から、この作品が天活の『日本怪猫伝』であることがわかる。

13 他にも「都新聞」の新聞広告では、「本日よりキリン館に幽霊が出る十万二十万愚か百万円積んでも権利の買へない空前の大写真怪鳥は愈々十三日限り話の種に一度は是非御覧あれ！帝国館」や「恐ろしい怪鳥が出る　上野みやこ座」などが掲載されており、「怪」や「幽霊」の文字を大きくすることによって、読者に関心を引こうとする宣伝手段が採られた。

14 狸が妖怪となり、人間に害をなす映画作品として『麻布怪談』があげられる。

15 南部僑一郎、二五頁。

16 「都新聞」一九一四年四月二七日号。

17 小松弘、三一頁。

18 紙屋牧子、五八頁。野外撮影に関していえば、日活は天活に先行して、尾上松之助主演の作品で野外撮影が行われ、一定の評価を得ていた。しかし、先述したように、天活作品は画像の鮮明さで日活よりも優れていたために、それを見る観客は天活作品により魅力を感じていたのではないだろうか。

19 小松弘、三〇頁。

20 たとえば、『演芸画報』（一九一五年一一月号）では連鎖劇の人気を嘆く次のような感想が漏らされている（「東京で連鎖劇は急に勢力を得て来て、それに伴つて、小芝居は片つ端から此方面に蚕食され、新旧の中流以下の俳優のみならず、高等の新派俳優深澤の如きまでが、続々として此方面の人となるので、そうでなくてさへ、活動写真の隆盛につれて、劇界に兎角打撃を受け易かつた処を、此連鎖劇勃興につれて、一層恐慌を来したことは見遁れぬ」）。

21 『活動写真雑誌』一九一六年一二月号、一六二頁。

22 『岡崎猫古寺より谷底まで』と『鍋島の猫』は製作会社は不明だが、前者は「実演連鎖」として浅草公園パテー館、後者は「新狂言」として十二階で上演されたことから、いずれも連鎖劇と推察される。

23 『活動写真雑誌』一九一六年一〇月号、七六頁。ただし、『岡崎猫古寺より谷底まで』が一九一五年に上演されているため、『嵯峨猫騒動』は「はじめての連鎖劇」ではない。

24 旭光（吉山）「東京に於ける活動写真の発達変遷（其九）」（『活動写真雑誌』一九一六年七月号、五三頁）。

25 『活動写真雑誌』一九一七年二月号、一九九頁。

26 『活動写真雑誌』一九一六年一二月号、七八—七九頁。

27 新興キネマの怪猫映画と女優・鈴木澄子については拙稿（「ヴァンプ女優論——鈴木澄子とは誰だったのか」岩本憲児編『時代劇伝説　チャンバラ映画の輝き』森話社、二〇〇四年）を参照されたい。

猫目小僧と妖怪ブーム

一九六八年の『少年キング』と少年的知識

高橋明彦

楳図かずお『猫目小僧』は全七話のうち最初の二話が月刊漫画雑誌『少年画報』に連載され（一九六七年一二月号〜一九六八年五月号）、残りの五話が同じ少年画報社の週刊漫画雑誌『少年キング』に移籍して連載された。先立つ『少年画報』版の二作はいわゆる妖怪が登場しない怪奇スリラー的な作風である。第二話「みにくい悪魔」には醜く生まれついた男の脳を美男子に移し替え、その前段階の実験台として男の父親に豹の脳を移植する科学者が登場する。この科学者は「わたしの名は妖怪博士」と自称する（図1）。

なぜ彼が「妖怪（博士）」なのであろうか。「妖怪（をつくる）博士」ということであろうが、彼が何をしたかと言えば脳移植であった。なぜこのドクターモローのような博士が「妖怪博士」なのか。率直に言ってこれは妖怪概念の多様性やゆらぎ（あるいは誤解）にすぎないとも言えるが、私はここに、絶滅はしたが可能性としてあった「妖怪」のあり方の一つを見ることができるように考えている。

怪奇スリラー風な『少年画報』版に引き替え『少年キング』版では、それまでの二話では不明であった主人公猫目小僧の出自が吉野の大峰山に住む猫又の子供（あまりに人間に似ているため生まれてすぐ捨て子となる）として示され、妖怪水まねき、大台の一本足といった、京極夏彦[1]の示唆的な言い方でいうところの通俗的妖怪（すなわち水木しげる的な妖怪）、その特徴である民俗的・前近代的な装いの妖怪も登場する（これらも基本的に楳図の創作妖怪であるが）。すなわち『少年キング』への移籍は『猫目小僧』の妖怪マンガへの仕切り直しといった体である。

その意味で、『猫目小僧』はいわゆる妖怪ブームの産物であるが、ではその妖怪ブームとはどのようなものであったのか。もちろん、妖怪ブームの立役者が水木しげるであることに特に異存はない。水木しげるによる少年漫画雑誌における画報類の嚆矢は一九六六年三月であり、そして冊子体で妖怪図鑑の類が陸続と出版され始めるのが一九七〇年代に入ってからだとして、[2] その間妖怪に関する情報・知識はもっぱら少年漫画雑誌などが供給していた。このおよそ五年間と少しの間に何が起こっていたのか。ここから見えてくるものは、所詮は絶滅種の歴史に過ぎないのかもしれないが、通俗的な妖怪＝水木しげるという今日的な視点からはもはや失われたカオスの風景である。

一　子供漫画雑誌における妖怪関連画報

画報とは絵画によるヴィジュアル面を重視した特集記事である（これが絵画でなく写真であればグラビア記事という）。巻頭に位置することが多いが中程の頁に在ることもある。四色カラーや二色カラーのものが多い。これ以前の月刊漫画雑誌が別冊付録や組み立て付録の類を重視してきたのに対し、六〇年代から七〇年代初頭の少年漫画週刊誌は、少年を対象とした総合雑誌の傾向が強く、本旨たる掲載マンガにも劣らず力を入れて特集が組まれていた。

図1

さて、週刊『少年マガジン』（講談社）における水木の妖怪画報の嚆矢は、一九六六年11（三月二〇日）号の「日本の大妖怪」からのようであるが、こうした漫画家を起用した妖怪・怪奇ものの画報は必ずしも水木一人の仕事ではなく、楳図もその一翼を担っていた。水木との競演もあり、それを『少年マガジン』から並べてみる。

①楳図「スリラー大画報」六六年29（七月二四日）号
②水木・楳図「世界の妖怪／スリラー大画報」六七年33（八月一三日）号
③水木「水木しげる日本妖怪大全」六八年増刊（一二月八日）号

①は「楳図先生の名画でおくる。悪魔と妖怪のきょうふ！」とアオリ文句が付けられ作家性が強調されている。クレジットには「構成／高沢康俊・楳図かずお、絵・楳図かずお」とあり楳図の単独構成ではないが、全一一頁にわたる巻頭画報として、むかでの大来襲、大妖怪ゴーゴン、変身の恐怖・お

図2

おかみ男と半魚人、フランケンシュタイン、吸血鬼ドラキュラ、犬神つき（ほかにコラム記事で日本の狐つき・蛇つき、ヨーロッパのこうもりつき、アフリカのわにつき）、トランシルバニアの妖怪城（吸血鬼・悪魔・魔女・幽霊などが住んでいる）（図2）が紹介されている。ギリシア神話の怪物ゴーゴンが妖怪であり、吸血鬼や悪魔の住む城が妖怪城であるという、妖怪という語彙のこの用例に注意しておこう。

②は「世界の妖怪」と題して日本編を水木が、西洋編を楳図が担当する。扉頁では「わたしのいちばんすきな妖怪」として、水木はあずきあらいを、楳図はゴーゴンをあげている。「へび少女」等ヘビものを代表作としていた当時の楳図としては分りやすい選択である。そして以下、全一五頁に渉って、「日本の地獄めぐり（1）、決戦妖怪が原」（水木）、「大海神妖怪えい」（水木）、「半魚人襲来！」（楳図）、「日本の地獄めぐり（2）、佐度が島

の妖怪大合戦」（水木）、「人さらい片輪車」（水木）、「のろわれた白骨騎士」（楳図）、「西洋の地獄めぐり」、「こうもり城 月下の対決」（楳図）、「いたずらからす天狗」（水木）、「吸血鬼きょうふの出現」（楳図）、「恐怖のミイラ妖怪」（楳図）が並ぶ（本文中のカギ括弧は見開き単位で附したもの）。

水木は『少年マガジン』で『墓場の鬼太郎』に続き六六年1号から『悪魔くん』の連載を開始しており、つまり世界のそれにも通じていることは周知であり、他方楳図は故郷である奈良や和歌山の伝説に対する興味もあって関連する作品も描いていて、また①では楳図が日本西洋問わずに描いていたが、ここでは水木＝日本、楳図＝世界（西洋）という役割分担が見て取れるものになっている。

③は水木による最初の妖怪画の集大成であり、比較のためにここに並べたもの。時期は六八年の暮れで、映画『妖怪百物語』（この映画については後述する）に続く第二弾『妖怪大戦争』の封切り時と重なるのでもはや状況は異なっているが、①と②はそれ以前の段階のものである。水木は一九六六～六八年に鬼太郎や悪魔くん関連の画報も多く描き水木の妖怪ブランドを印象づけていき、他方楳図はたった二回しか無くかつ六八年にはもはやこうした画報を描かなくなるが、①②の段階では水木に比して楳図も対等にこれに応ずるかたちをとっており、決して水木のみの仕事ではなかったことが知れると思う。

今見た『少年マガジン』とは別に、少女漫画誌『少女フレンド』（講談社、週刊。また別冊は一～二ヶ月での不定期刊行）にもこうした画報・記事類を楳図や水木は描いている。

④楳図「これはびっくり世界のゆうれい」別冊『少女フレンド』（六五年八月一五日号）
⑤楳図「東海道ふしぎの旅」同右（六五年九月一五日号）
⑥楳図「世界のおばけコンクール」同右（六五年一一月一五日号）

⑦楳図「世界のおばけコンクール」同右（六六年一月一五日号）
⑧水木・楳図「絵で見る日本の怪奇大特集」週刊『少女フレンド』21（六六年五月二三日号）
⑨楳図・竹中「これはゆかい世界の魔女世界のゆうれい」同右・33（六六年八月一六日）号
⑩「楳図かずお先生の怪談名場面集」同右・37（六六年九月一三日）号

このうち画報は⑧と⑩、他は特集記事（解説文が主体で絵はカット程度のもの）である。それぞれのラインナップをみておこう。

④は、おおかみ男、さまよえるオランダ人、フランケンシュタイン、ドラキュラ、ミイラの怪人、ジキルとハイド。お玉（佐賀の化け猫）、お岩、ろくろ首、のっぺらぼうが全二頁で紹介される。末尾には「文／佐伯誠一。絵／楳図かずお」とクレジットがある。

⑤は「新幹線が走る世の中に、まだこんなびっくりするようなふしぎな話があるんです。」とリード文が付き、現代の不思議な現象を紹介したもので、おばけ・妖怪等のキャラクター紹介ではない。内訳は、真珠が口からざくざく（横浜市の佐藤妙生さん）、のろわれた沈没船（神奈川・久里浜）、てんぐのわび状（伊豆・仏現寺）、国道のゆうれい（名古屋）、湖底のミイラ（琵琶湖）、おそろしい石のたたり（逢坂山）、血をながす木（京都・三十三間堂）、ゆうれいの足跡（守口市・来迎寺）。なお、文・絵ともにクレジットはないが絵は明らかに楳図の手である。

⑥と⑦はたった二回しか続かなかったし全四頁のちょっとした特集記事といった分量ではあるが、「おばコン」と称して西洋と日本とでどちらのおばけが恐いか比べてみようという、東西の対比の姿勢（すなわち同類と見なす姿勢）が見て取れるもの。リード文は「世界のおばけがあつまって、世界一をあらそう、世界ではじめてのコンクール。さあ、優勝者は——？」である。⑥は日本代表として、ぬっぺらぼう、大首、天井なめ、雪女、カッパ、

一つ目こぞう（図3）。外国代表として、首なし騎士（スコットランド）、歯ぬきがいこつ（フランス）、火のばけものガトン（スペイン）、夢魔（イタリア）、あくま（国名はないがヨーロッパが想定されている）、ぼたんどうろう（中国）、ポルターガイスト（地名は無い）。文・絵ともにクレジットはないが、絵は楳図である。文は同じシリーズの⑦がそうであり、かつぬっぺらぼうの解説文の類似（後述）からも斎藤守弘と思われる。

⑦は日本代表として、女郎ぐも、てんが火、ばけぎつね、あみきり、がま女房、ぬれ女、しょうけら。外国代表として、吸血鬼こうもり（ギリシア）、ふくろう姫（メキシコ）、ねこ女（フランス）、とらむすめ（マレーシア）、くま婦人（中国）、ねずみ人間（ブルガリア）、ゆうれい猟師（イギリス）、穀おおかみ（ドイツ）である。ここにはクレジットが「文／斎藤守弘、絵／楳図かずお」と銘記されている。

図3

図4

⑧はこれまでの特集記事と異なり見開き画四作品（全八頁）の堂々たる画報である。また②に先立ってなされた水木・楳図の競演であることも重要であろう。内訳は石妖（水木）、あめだまを買うゆうれい（楳図）（図4）、がまの怪（水木）、川原ばば（楳図）。

⑨は読み物的な体裁となっており、クレジットに「文／久米みのる。絵／竹中きよこ・楳図かずお」。竹中が魔女を、楳図が幽霊をそれぞれ各二頁ず

図5

つ分担している。内訳は、わざとおぼれる魔女、宿題をやってくれる魔女、人形にばける魔女、魔女をじゃまする大男、わらいの魔女。写真ずきのゆうれい、鼻をたかくするゆうれい、お酒のみのゆうれい、サッカーずきのゆうれい、金のかぎをもつゆうれい。本記事はこの時期の『少女フレンド』にアメリカのTVドラマ「奥様は魔女」（そのスチール写真を使った読み物）が連載されているために題名に見るように「ゆかい」というくくりかたがなされたもので、純然たる怪異物とはすこし毛色がちがっている。

⑩は東西のそれを絵入りで紹介するもの（図5）。文章に関するクレジットはないので楳図が文も書いたと考えるのが妥当である。描かれたものは、雪女、お岩、ろくろ首、ドラキュラ、黒ねこ。楳図は一九六五年六月から続けて『少女フレンド』で「ねこ目の少女」「へび少女」等の連載を持ち大人気を博したので、同誌においては水木より知名度は高かったはずである。

二　『少年キング』における妖怪関連画報

引き続き六八年よりも前のものを『少年キング』から拾ってみよう。ただし本誌でなく別冊である。また漫画家の筆になるものでなく、専門の書き手と画報画家らの手になる最も一般的な画報である。

⑪「ショッキング特集／世界の怪人大行進」一九六七年八月号

⑫「世界のおばけ勢ぞろい」一九六七年九月号

⑪は全一一頁（構成・梶敬太郎。絵・斎藤寿夫、木村正志、丸山元博）。内訳は、不死怪人としてドラキュラを巻頭に置き以下、変身怪人としてオオカミ男、カメレオン男、人間ヒョウ、ヘビ女。再生怪人としてオペラの怪人、ゴーレム、白骨怪人、フランケンシュタイン、ミイラ男、吸血ゾンビー、青銅の魔人。半獣怪人として半魚人、ゴーゴン、モグラ人、ハエ男、双頭怪人。科学怪人として透明人間、ロボット怪人、４次元男、Ｘ線マン、軟体怪人、ジキル博士。怪人博士としてサイクロップス博士、カリガリ博士、フー・マン・チュー博士、怪人マブセ博士、モロー博士。以上二八怪人。いずれも「世界の」とある通り日本以外を対象として怪奇文学やＳＦ、ムービーモンスターなどから選ばれ、範囲の広いこれらを「怪人」というくくりで紹介している。この記事に妖怪という語彙はない。

⑫は翌月号で、全五〇種類。[3] 内訳は次の通りであるが、斎藤守弘はこれに先だって『少女フレンド』⑥⑦でも解説文を書いていた。＊印はその「おばコン」と重複しておりかつ文に類似が見られるもの。[4]

黒女（インド）、＊あみきり（日本）、輪入道（日本）、墓つつき（イタリア）、影くらい（スペイン）、ずんべら（日本）、野ぶす女（ポーランド）、もろ首（日本）、骨ばば（ソ連）、毛女郎（日本）、見こし入道（日本）、がしゃどくろ（日本）、吸血鬼（ブルガリア）、コウモリ男爵（エール共和国）、ゴーゴン（ギリシア）、おおかむろ（日本）、ダブル（ペルー）、なめかわず（日本）、ホウホウ（メキシコ）、船ゆうれい（日本）、えきびょう魔（日本）、魚怪人（ブラジル）、＊女郎グモ（日本）、まだら（フィンランド）、米つき座頭（日本）、天じょうさがり（日本）、火鬼（トルコ）、かぎ男（ドイツ）、あかなめ（日本）、人オオカミ（ルーマニア）、バララ（ポルトガル）、＊幽霊ハンター（イギリス）、山ちぢ（日本）、モズマ（イギリス）、うわん（日本）、いおう人間（ジャワ）、はたおんりょう（日本）、蛇骨ばば（日本）、白髪鬼（中国）、＊ぬっぺらぼう（日本）、＊しょうけら（日本）、かえんそ（日本）、ぬけ首（日本）、ネコ魔人（フランス）、白うねり（日本）、ふた口女（日本）、とりかえっ子（イギリス）、一角巨人（ドイツ）、こさめぼう（日本）、半獣人（ルーマニア）。リード文には「ぶきみな妖怪、きみょうなおばけが五〇種類も見られる!!」とあり、解説文中にも「妖怪」という語彙が見られるが、特に「おばけ」と区別して使われているとは思えない。

さて以上、一九六七年以前の画報・特集記事類を見てきたが、ここで確認したいのは次の三点である。

まず少年誌のみならず少女誌にもこうした怪異関係の記事が載っていること。後に見るように一九六八年に入り『少年キング』は誌面全体をこの怪奇路線一色にますます染め上げる観がある。『少年マガジン』はそこまでなくもう少し多彩な記事（野球記事や戦記物、純粋な通常科学記事など）も持つし、少女誌においてはこうした怪談記事は間断なく立てられてはいるものの、少女の関心の核はおしゃれと芸能人（特に御三家を過ぎてGS〔グループサウンズ〕ブームがそれに拍車をかける）であり、怪談は一コーナーとして添え物的な感触は否めない。そうした多少の濃淡はあるにせよ、である。また画報でなく特集記事にすぎないためかもしれないが、④から⑦が年代的に早いことは注目して良い。

次に、①②で見たように『少年マガジン』においてさえ、今日の了解地点から見るほどには、その水木＝妖怪という図式は自明のものではなかったということ。もちろん『少年マガジン』は水木が最初に成功した少年漫画誌であり、『墓場の鬼太郎』『悪魔くん』の人気も上々であったはずだ。ただし、水木は「妖怪」を広めてはいたが、それは他方『墓場の鬼太郎』や『悪魔くん』という作品の背後にある世界観の披瀝といってもよかった側面がある。水木漫画が一番面白いと思って楽しんだ子供はさておき、そうでない子供にとってこれらはある特定作品の背景解説でしかないのである。他方、おばけや怪談全体を盛り上げるために、棋図なども その一翼を担っていたのである。

三つ目として、それらの広義の怪異・怪談記事において妖怪という語彙は必ずしも定着したものではなかったということ。これも、水木＝妖怪という今日的視点からすれば違和感を覚えるものであるにせよ、この時期、そもそもまず妖怪の範囲（意味内容）が定着しておらず、他方、語彙（意味表現）としても「おばけ」のほうが通りが良かったということである。

特に少女誌④から⑩すべてに共通するが、ここには「おばけ」「怪物」「ゆうれい」という言い方はあっても「妖怪」という語彙は無かった。これはたんに少女雑誌である故の情報・流行の遅れに過ぎないのか。未だ模索段階の妖怪という語彙は一般的な恐怖や興味を伴う語彙でなく、「おばけ」のほうがより具体性があり（その実体はたとえ不明なままであっても）説得力のある怖い言葉だったのではないか。「お〜ば〜け〜がでるぞ〜」は夜に定番の実効力ある脅かし文句であったし、TV版『ゲゲゲの鬼太郎』の主題歌にも「妖怪」でなく「おばけ」という語彙が使われていたことが思い起こされる。

ただし、以上の三点は京極氏を始め、多くの研究家が指摘するところであろう。妖怪ブームについて私なりに考えておこうとする本稿におけるささやかなきっかけとして、まずこの三点を確認しておいた次第である。これは決して、水木の創意や努力を相対化しようという意図からではなく、「妖怪」概念のみならず、子供にとって怪異怪奇への興味や恐れに潜在しているものが何なのかを再確認したいと思うがゆえなのである。

この三点目、妖怪という語彙のありかたをもうすこしほりさげておこう。

三　妖怪概念の多様性とゆらぎ

本稿冒頭で『猫目小僧』第二話に「妖怪博士」が出てくると書いた。これは一九六八年一月号に出る語彙であるが、これと似た「妖怪」の用例を指摘しておこう。

まず都筑道夫の読み物「妖怪紳士」である（絵・柳柊二）。『少年キング』一九六八年34（八月一八日）号から連載されたもので、異次元のパラレルワールド（平行世界と呼ばれている）を往還する冒険ＳＦである。

ここに出てくる妖怪紳士自身も妖怪だが、柳柊二の描くそれはタキシードにシルクハットをかぶった洋風な紳士である。そしてＳＦと妖怪の組み合わせであることが重要である。

もう一例、少年漫画雑誌からはすこし外れるが、[5] ＴＶアニメ『妖怪人間ベム』（第一動画制作。全二六話。フジテレビ系・一九六八年一〇月七日初回放送〜六九年三月三一日最終放送）がそれである。視聴率は常に二〇％をキープする人気番組であったし、再放送も多かった。[6]

ベムとはもちろんＳＦで言うところのＢＥＭ（Bug Eyed Monster あるいは Big Eyed Monster）すなわち昆虫のような巨大な目を持った怪物で、元来は宇宙人・宇宙生物を指したものであるが、造形的には多少の類縁性はあるにしても作中にスペースオペラや宇宙開発的雰囲気は皆無である。他の二人（ベラ・ベロ）の名前の音韻的近接性によっても本来の意味は薄れている。また、毎回の冒頭ナレーションにあるように彼らは「一つの細胞が分かれて増えていき、三つの生き物が生まれた」のであるから、マッド・バイオ・サイエンティフィックな出自を持つはずだが、こうしたＳＦテイストも作中には全くない。もちろん、ドラキュラやフランケンシュタインなど西洋の妖怪（モンスター）に類する印象はある。とはいえ、西洋を舞台としつつ、怪奇・怪談的な独自のキャラクター（敵役も含めて）とヒューマン・ドラマ性を持つ作品であった。『ゲゲゲの鬼太郎』と比べて今日顧みられる機会は少ないが、当時大きな影響力を持っていたのではないだろうか。そして、この「妖怪人間」という発想・概念・語彙は、藤子不二雄『怪物くん』の従者たちにくらべてもよりいっそう、水木的妖怪が確立するために非常に邪魔になった用例だったのではなかろうか。

もう一例は現代の世相を描いたもので文脈があまりにずれるから適例とは必ずしも言えないが、『猫目小僧』以外で楳図かずおの妖怪観が最も的確に現われた作品でもある。青年誌『ビッグコミック』（一九六九年九月一〇日号、小学館）の巻頭カラーイラスト「現代妖怪群饗宴之図」である。諷刺として描かれた妖怪は、フォークゲリラから新宿西口の奪取に大挙繰り出した妖怪たち、女の子を手あたり次第に食うゲイノウカイ、国産の毒ガスであるスモッグ、庶民をふり落して舞いあがるインフレ、善男善女をおびやかすスピロヘータ、学生と機動隊を齣にして、ゲームを楽しむベトナムとアンポ、人の食い物を食い物にするジンコウチャクショクザイ、日本中の道路にのさばるジドウシャ、現金をむさぼり多くの人を自由にあやつるバンパク、妖怪どもに奉仕するボーイ（佐藤栄作総理大臣）の一一種で、これらを一図にまとめた戯画である。上述の説明文（カタカナ部分が妖怪である）はその画に添えられたもの。ここで言う妖怪は、たとえば福田赳夫元総理大臣が妖怪と渾名されたように、斯界の大物を妖怪と称するごとき、人間世界に内在しつつも人知のおよばぬ力能を有し（ただし悪魔と呼ぶほどのワルでも超越的でもない）、その個体・様態の誕生・成立過程が不分明なものを指す、妖怪という語彙の最も一般的で広義の意味内容を含む使用例である。

三例目はさておこう。妖怪博士、妖怪紳士、妖怪人間といった用例は、単にある語彙がブームとなる際の意味内容の拡大現象の一つにすぎないのだろうか。そして肥大部分はいつの間にか絶滅してしまう、といったもの。たしかに、事後的にはそのように総括可能な事象にすぎないにせよ、絶滅種であってもかつてそれがかつて存在していたという事は事実であり、ならば可能性として別の進化もありえた筈である。

四　『妖怪百物語』と『藪の中の黒猫』

さて、改めて本題たる一九六八年である。妖怪ブーム考えるに当たってこの年は三つの意味でおそらく画期的である。まずはＴＶアニメ『ゲゲゲの鬼太郎』がこの年の一月から始まっているということ。翌六九年三月まで一年以上に亘って放送されたそれが妖怪ブームに果たした役割については贅言を要すまい。水木＝妖怪ブランドの本丸である。いま一つはこの年が楳図の妖怪マンガ「猫目小僧」を『少年キング』で連載を始めた年であるということ。なぜ楳図は妖怪マンガを描いたのか。これは楳図研究においては決して小さくない課題であり本稿執筆の直接的動機でもある。

最後の一つは妖怪映画（水木的な意味での妖怪）『妖怪百物語』が発表された年であるということ。これは一般的な妖怪研究において小さくない課題であろう。この三点目、映画『妖怪百物語』の発表前後における、その享受のされ方を『少年キング』を例に見ておきたい。

まず、12（三月一七日）号は実売日は三月一日（金曜日）であるが、この号では三月二四日の映画公開に先立って巻頭グラビア記事に「大日本妖怪カード／おらあ、妖怪だド!!」と題して映画に登場する妖怪たちのスチール写真が載り、ついで映画をほぼ忠実にコミカライズした水木「妖怪百物語」の短期集中連載の第一回が巻頭マンガとして載る（扉絵に「原作・吉田哲郎／大映《妖怪百物語》より」とクレジットされている。後に「妖怪長屋」と改題）。翌13（三月二四日）号にも連続して「日本妖怪大行進」と題した巻頭画報記事が載る（全一一頁。構成・永山秀雄）。ただし絵は中村英夫・南村喬之・水気隆義という画報専門の画家たちであり、水木しげるの作画は一つもない。この記事ではストーリーを丁寧に紹介しつつ、妖怪それぞれの特徴や弱点、妖怪のヒエラルキー、映画の特撮技術などにまで触れている。

また、すこし後になるが同年末の『妖怪大戦争』の公開に合せて、50（一二月八日）号では同映画を四色グラビアも含めたスチール写真と絵（石原豪人）とで全一五頁の巻頭特集を組んでもいる。少年雑誌に映画の大々的な特集が組まれるのは通例ではあるが、『少年キング』も当然これをきっちりと特集しているわけである。

さて、かくのごとく『少年キング』においても大きく扱われた『妖怪百物語』であるが、『少年キング』編集

図6－a

図6－b

部は、これほどまでの妖怪ブームが起こると確信していたわけではなさそうな記事が存在する。これらにさかのぼる5号（一月二八日）の「妖怪ぞくぞく登場」という記事である（図6a・b）。「ことしは〝おばけ〟の当たり年!?」などとアオリ文句が付いており、実際この予言は当たったわけだが、その内実が少々ピント外れなのだ。この記事で中心的に紹介されている作品は三つあり、順に『藪の中の黒猫』、『妖怪百物語』、『フランケンシュタインの逆襲』がそれであるが、『フランケンシュタインの逆襲』は今は措く。[7]

記事本文は次のように始まる。

「ことしの映画は、おっかないおばけが、つぎつぎと登場してくる。中でも東宝『藪の中の黒猫』、大映『妖怪百物語』は、さいきんでは、めずらしいおっかない映画だ。

〔藪の中の黒猫〕女優の乙羽信子さんが、おそろしいばけネコにふんして、みんなをびっくりさせる。物語の舞台は、平安時代の中ごろ（いまからやく千年前）の京都。

盗賊の一団に、前足を切られた黒ネコが、人間のすがたにばけ、それをとりかえすという、おっかない話だ。人間への復しゅうに燃えたネコが、つぎつぎと生血をすって盗賊たちを殺していく場面は、おもわずぞっとするほど。また、美しい女の人が、世にもおそろしい、ばけネコにかわっていく場面も気の弱い人は、気ぜつしてしまうほどの、おそろしいシーンだ。

〔妖怪百物語〕日本に、むかしからつたわっている、一つ目小僧、ろくろっ首などが主人公。登場するおばけは三〇以上で、ラスト場面で、このおばけたちが大行進する。大映自まんの特撮映画で、俳優の出演は、ルーキー新一さんなどだ。

〔フランケンシュタインの逆襲〕（後略）」

問題は『妖怪百物語』と『藪の中の黒猫』である。この二作品がほぼ対等（あるいは事前に知り得た情報量の寡多に拠っているだけかもしれないが『妖怪百物語』のほうが記事は短い）に扱われている事が重要なのである。私は『藪の中の黒猫』を今回DVDで初めて見た。たしかに作中で化け猫は「妖怪」と呼ばれている。しかし、この作品の中から少年が見て喜ぶであろう要素を見いだすのはかなり難しい。新人時代の太地喜和子のヌードを伴う妖艶な寝所シーンなどもあって、勿論少年はこういうものにも敏感に反応するではあろうが、親の手前、顔に出して喜ぶことはなかなかしにくいし、心の中であっても太地喜和子を最も美しい女優と感じる少年が多いとは到底思えない（彼女は、青年か中年がその美しさを感得する女優であろう）。太地の義理の母親役の乙羽信子が演じる猫の変化にしても、宙吊りやアクロバチックな演出が随所にほどこされており、今の私がこれを見れば決して悪くない演出なのだが、もし小学五年生の時にこれを見たとしたら「仮面ライダー」や「アクマイザー3」などの多彩なアクロバットにくらべて、その単純なジャンプや宙吊りにチープさを感じたであろう。そもそも乙羽扮する化け猫の造形も「カッコいい」ものではないだろう。なお、子供が妖怪を好きになるのは妖怪が持つ怖さをある程度克服しているからであろう。その克服法のひとつに「カッコよさ」の感得がある。[8]

ともあれ本作は子供が喜ぶ作品ではないのだ。それは、一方では乙羽信子の抑えた味わいと太地の若々しい妖艶さ（幼さとのギャップ）、全体を流れる平安貴族趣味、そして同じく若々しい梨園の御曹司中村吉右衛門による三船ばりの荒々しい爆発力ある演技を見る作品であり、他方で武士（前掲説明文の「盗賊」は誤解）と戦争に対する怨念という新藤兼人監督ならではの社会派的教訓と、その象徴とも言える（本来ヒーローでしかあり得ないはずの）源頼光の身勝手な冷酷さを見るべき作品なのだ。頼光の性格は佐藤慶がそれを演じることでよりいっそう引き立っている。

アオリ文句に言うとおり、一九六八年は「おばけの当たり年」だと言ってよい。しかし、この記事の問題はこの時点で『妖怪百物語』が『藪の中の黒猫』と対等かそれ以下の扱いでしか紹介されていないことである。これは単に、この記事を書いた（無記名）記者の個人的センスの問題に過ぎないかもしれないし、編集部全体の責任であるとしてもならば逆に『少年キング』のズレっぷりを露呈しているという意味しか持たないかもしれない。果たして、この後『藪の中の黒猫』は本誌に全く登場しないが、『妖怪百物語』が公開直前に連続して巻頭カラー企画で記事を載せることになるのは前述のとおりである。いずれにしても、妖怪ブームを予言した記事ではなく、むしろ同誌には不名誉な記事ではある。

しかし、それを言うのは酷であろう。この記事に読むべき教訓は、たとえ近いものであっても未来予測は意外と困難だということであるが、のみならず、水木以外での妖怪・おばけの可能性を同誌が探っていたと言える可能性がここに無くはなかろうから。ただし、この例だけではそうした『少年キング』の独自性を語るには少々論拠が薄いかもしれないので、もう少し見ておく必要があるだろう。

五　一九六八年の『少年キング』の怪奇路線

「おばけの当たり年」となった一九六八年であるが、『少年キング』におけるそれは決して水木一人に頼るもの

図 7–a

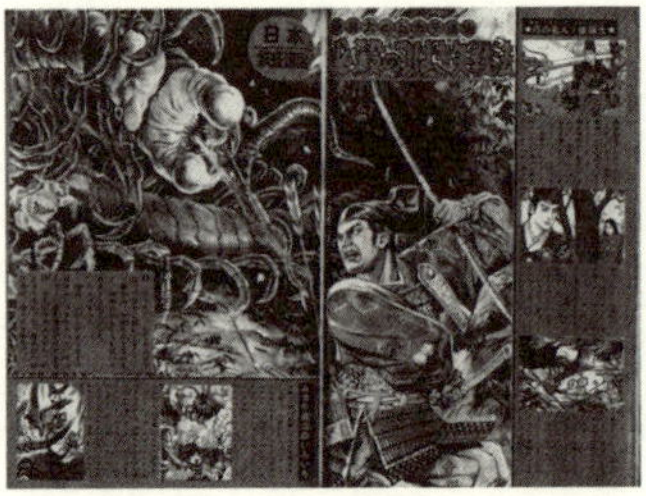
図 7–b

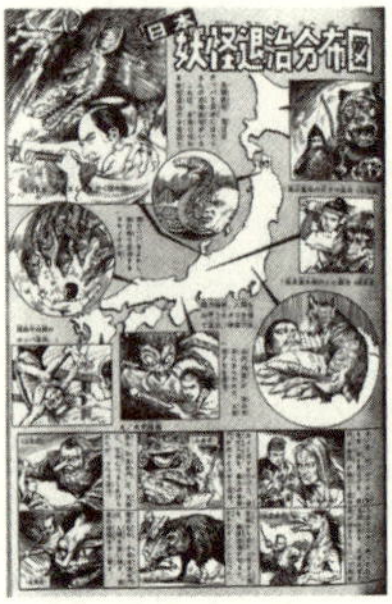

図 7–c

ではなく、自前の努力の跡を見ることが不可能ではないはずである。同誌は水木研究において中心的テキストではなかろうし、わたしも楳図研究の一過程として見た程度にすぎなかったが、しかし改めて見直すにつけ、その独自路線によって妖怪ブームに参入しようとしている姿勢になかなかの好もしさを見いだすことができる雑誌なのである。尤もその好もしさも、既に大人になった今の私のそれと、もし六八年に小学校高学年で同誌を読んだと仮定してのそれと、少々異なるものではあるのだが。

その独自路線とは、いささか極端な怪奇趣味である。しばらくそれを順に見ていこう。

まずは『妖怪百物語』『妖怪大戦争』などの映画紹介以外で「妖怪」を冠した特集である。これらは、いわゆる通俗的妖怪概念たる民俗的・前近代的な性格をたしかに持っている（はずの）ものであるのだが、その実態は今日的予想といささか異なるものである。

17（四月二一日）号の「日本妖怪退治」は『妖怪百物語』の特集後の最初の妖怪記事である。また『猫目小僧』が『少年キング』に移籍して「妖怪水まねき」の連載を巻頭カラーで開始した号でもある。巻頭の『猫目小僧』に続いてカラー大特集として全七頁に渉るもの（図7a・b・c）（文・永山秀雄、絵・柳柊二、山本耀也、木村正志、南村喬志、中村英夫、水気隆義）。扉頁のリード文に「日本の歴史に登場した恐怖妖怪。命がけで戦った豪傑たち。今週はその決死場面を名画で見よう!!」とある。内訳は、源三位頼政とぬえ、高知の注連太夫と三目八面妖怪、手裏剣名人薩摩守仲俊とめすダヌキ妖怪（小田原）、源頼光クモ切丸と土蜘蛛、久保大八郎と巨大ナマズ（長崎・しとりが池）、俵藤太とムカデ退治（ほかに飛騨の西川主膳、山伏大山石尊のムカデ退治）、新馬守仲康と大すっぽん（京都）。最後に「日本妖怪退治分布図」一頁を附す。

さて、このラインナップを見て少年はどう思うのであろうか。私自身小学生のうちに頼光の酒呑童子退治や俵藤太のムカデ退治などを子供向けの御伽草子で読んでいたから既に知っていたが、これが少年の興味対象ナンバーワンではないことは確かである。いまさらの御伽草子や講談ネタは端的に言って古くさい。「妖怪退治」というテーマに抱く少年の期待はちょうど、版権に抵触しないよう微妙に造形を違えたウルトラセブンや仮面ライダーのまがい物を親戚からおみやげでもらった時の期待はずれ感にも似たかたちで打ち砕かれる。また、このラインナップは確かに前近代的ではあるし、それぞれのキャラクターも立っていなくもない。が、民俗的というよりは歴史的・文学的ではある。が、それらはさておこう。今日文学研究を専攻する私から見れば、子供にこうした知識を与えることは極めて好もしい事であると思うし、また絵も今見れば決して怖いだけでなく素晴らしいと思う。少年はなかなか高度な知識をマンガを読むついでに手軽に得ることができる環境にあったのだ。

図8

図9

次に、34（八月一八日）号の「日本の8大怪談」（図8）と、翌35（八月二五日）号の「世界の8大怪談」（図9）は、夏は怪談の季節ということでの連続企画なのであろう。それぞれラインナップは、鍋島の化け猫、累が淵、牡丹灯篭、四谷怪談、番町皿屋敷、雨月物語「菊花の約」、小泉八雲「破約」、佐倉宗五郎

（文・豪慎太郎、絵・南村喬之、山本耀也、水気隆義、石原豪人、柳柊二、石津博典、木村正志、丸山元博）。ポー「黒猫」、ジェイコブス「猿の手」、ホワイト「クルンド」、ブラックウッド「猫町」、事故を予言する幽霊、クロフォード「上段寝台」、ラブクラフト「ダンウィッチの怪」、エーベルス「くも」（文・仁賀克雄、絵・柳柊二、山本耀也、水気隆義、丸山元博、石原豪人）。

八つという数は、八大地獄などの名数とは無関係でたんに頁数の都合によるものではなかろうかと思うが、日本のラインナップは興味深い選択であるし、西洋のそれもスリラーやSFに通じた仁賀克雄らしい、子供の目の前の興味に迎合せずかなりハイセンスな選択ではなかろうか。広い意味での文学趣味として教育的に極めて好ましい。ただし、キャッチーかどうかという点では微妙であろうし、導入記事としても少年らがそれらの原典を書店で探してすべて読めるほどの出版状況でもなかったはずだ。

また、15号（四月七日）から北川幸比古による「日本怪奇探検ルポ」という連載記事が半年以上にわたって連載されている。これが今日的に見て素晴らしい記事で、後年子供向けSFや児童詩などで活躍する北川が、四谷怪談・累・道成寺・安達原・鍋島・松江など有名どころからマイナーマニアックなところまで、東北から九州まで全国に渡ってさまざまな場所へ怪奇を求めて現地ルポを行っている。怪異の実在を無闇に煽るわけでも逆に怪異の非在の啓蒙をするでもなくその配分は適切というべき書き方である。少年には地味な記事として映ったかもしれないが、力作連載記事である。北川にはこれに先立って同じく少年画報社の少年文庫シリーズの一冊『怪談』（一九六五年刊）という日本の伝説や物語から西洋の怪奇小説までを網羅した単行本があり、[9] 私はその単行本のネタを使い回しているのではないかと疑って調べてみたが、こちらもそんな無礼な疑いを全く許さない文学・伝説系のきっちりした書籍である。

この他には、西洋物として15（四月七日）号のワイド特集「世界の怪物大研究」（文・永山秀雄、絵・南村喬之ほか）

がある。水木『悪魔くん』の「エロイムエッサイム」の元ネタ紹介こそ無いが、世界各国の悪魔・怪物の招来法を紹介したり等これもかなりの力作である。

次いで、怪談・怪物・妖怪以外のオカルト系記事もみておこう。まず空飛ぶ円盤（ＵＦＯ）が「空飛ぶ円盤シリーズ」「空飛ぶ円盤特ダネ実話」「空飛ぶ円盤質問箱」「空飛ぶ円盤の科学」とタイトルや形式こそ変化するが、ほぼ途切れなしに連載記事として組まれている。担当したのはこの分野の第一人者たる南山宏で、少年の目先の興味に十分に答えたキャッチーな記事たりえている。紹介される事件も詳しく多彩なバリエーションを持っている。今でこそ、見間違いも多くてすべてを信用してはいけないなどと客観性を装いつつも結局はちょっと不可解な現象をすべて宇宙人のせいにしているその姿勢にいい加減にしてくれよと軽い怒りを覚えるが、少年にとって空飛ぶ円盤や宇宙人はＳＦ・物語的興味であったのと同時に、それが実在するかどうかも（私自身）最大の関心事の一つであった。

また、1号から14号まで「ミイラの科学」と題する全七回の連載記事があり、また10号にはカラー口絵「世界のミイラ調査大報告！恐怖のミイラ寺」（文と写真・羽仁進）があり、つづいてワイド特集「世界のミイラ大研究」が掲載されている。私自身全く忘れていたし、なぜこんなものに興味を持ったかも思い出せないが、世界の魔境・秘境などの興味の中でも少年はミイラが大好きであった。

さて、後に斯界の一流へ育っていく若手作家らを起用して（逆に言えば駆け出し時代の食い扶持稼ぎでもあった）レベルの低くない特集を組むのは決して『少年キング』だけの特徴ではない。またオカルトへの興味は『少年サンデー』『少年マガジン』にも共通するものだ。ここでは『少年キング』が他の二誌に決してひけをとらない特集を組んでいたということだけを確認しておけばよい。『少年キング』の特徴はといえば、（このミイラ記事もそうだが）オカルトとしてでなく作れる記事なのにオカルトになってしまっているものが少なからずあるという点なのである。やけに「怪奇！」だの「怪物」だのと煽っている感じが随所に見られるのである。その典型例はプロレス記事である。11（三月一〇日）号のワイド特集「これはびっくり世界の怪物レスラー」（解説・石川雅清、絵・石原豪人ほか）をはじめ、デイリースポーツの運動部記者・石川に取材した記事であり、もちろん正確なものではあろうが、怪奇趣味で彩られている。野球選手が少年の現実と地続きにあるのに対してプロレスラーは異人だということかもしれないが。

『少年キング』の独自のテイストはちょうど、毎度三色ふりかけをかけて食べる子供のようなもので、いつも同じ味になってしまっているのである。もちろん怪奇色・オカルト色の全くないいわゆる健全な記事もある。目に付くところでは、メキシコ五輪で一〇月二四日に銅メダルを獲得することになるサッカーについて、44（一〇月二七日）号の「メキシコ五輪・サッカー大解剖」（解説・牛木素吉郎、絵・山屋魔佐美。全一一頁、実売日は一〇月一一日）は、サッカーの世界的人気の程、国内外の名選手のプロフィールやプレイスタイルから英国アーセナルのそれを取り入れた日本の五輪代表の戦術紹介、最新の科学分析方法（キックされたボールの速度や選手の走距離の測定法など）にまで及ぶもので、さすが牛木素吉郎から取材しているだけあってしっかりした記事である。ペン画のイラストも画報特有の怖さは無く、また同時に漫画風のかわいらしい絵柄も使われている。日韓WCを実現させた後のJFA会長で当時の日本代表監督である「長沼健のサッカー教室」もこの号から連載が始まっている。この他、「さんぺいのつり大学」（釣キチ三平ではなく、大ベテランともいうべき漫画家わちさんぺい）など、ほのぼのした絵柄の釣記事の連載も有るにはあるし、[10] 読者のお便りに答える形の「ふしぎ相談室」といったコーナーもある。「ふしぎなことがあったら、おたよりください」とあるが妖怪を見たとか宇宙人にさらわれたとかではない。その「ふしぎ」は、ネコのひげを切ると方向性を失うのはなぜか、くもりガラスにセロテープを貼ると透き通って見えるのはなぜか等、通常科学の埒内にあるいわゆる健全な（いささか定番めいた）質問である。

とはいえ、もっとも少年の興味を誘うはずの野球記事などは意外なほど少ない。また、全国でがんばっている小学生の紹介、誌面をかざっている漫画家の紹介など『少年サンデー』や『少年マガジン』での定番記事も少ない。或いは、自動車や鉄道、アポロ計画、ロボット工学といった通常科学の記事、芸人（林家三平など）や芸能人の話題など、この六八年の他の二誌に見られる記事も本誌には無いか少ない。話題の幅広さに欠ける面はあると言える。

こういう見方ももちろん出来るだろう。まずもって、話題の幅に広がりがないのはそもそも出版社・編集部の底力も予算も違うからだ。そして、妖怪の展開に関しては、水木を擁した『少年マガジン』や『少年サンデー』が先行していて『少年キング』はそれを後追いしていただけだ。主導的なリードあるいはまた一翼を担うだけの力量を持ち得なかった。ただ後追いして、水木をフィーチャーすることがほとんどできず、相変わらず藤子の『怪物くん』に頼り、怖い話ならと楳図に妖怪マンガを描かせて、そのブームに乗っかることだけに汲々としていた。円谷プロ『怪奇大作戦』を影丸譲也に描かせたがＴＶ番組自体の人気も今一つで失敗だった、云々と。しかし、そこしか見ないのは一面的に過ぎるかあるいは悲しい見方である。

話題やテイストは少々狭いものであったかもしれないが、そのレベルは決して低くないし、怪奇・オカルトとは言っても決して下品でもグロテスクでもなく、もちろん怖いがむしろ上品でさえある。妖怪の展開に関しても、水木人気は当然了解していたが、それ以外にも可能性を見いだそうとがんばっていたのである。なぜなら「妖怪」は水木一人の専売特許ではないはずだから。実際、妖怪概念はまだまだカオスの中にあったはずであった。

そもそも『少年キング』における妖怪・怪談系記事はあくまで、幅広いオカルト文脈の一ジャンルであっただろう。このことは強調されるべきである。かつ怪異・オカルト記事とて少年にとって広義の知識対象であることも忘れてはいけない。少年たちが読んだ雑誌には、妖怪・怪談以外のオカルト記事、怪奇的な味付けをされた記事、そして比較的少ないいわゆる健全な記事、それらが雑居的に一つの均質的平面上に置かれている。この事は今現在ある種のスペシャリスト（文学研究者）として生きている私にとって改めて強く気づかされたところである。少年の頃はいろんなものを読んでいたのだなという、所詮たんなる感懐に過ぎないのだが、それに思い至るのである。

もちろん少年はサンタクロースもおばけや幽霊も実在しないとも思っている、あるいは知っている。たとえ怖れていても、である。鬼太郎や猫目小僧はマンガの主人公にすぎずフィクションであることももはや弁えている。子供は広い世界の中の認識すべき対象それぞれを区別できるまでにすでに育っている。しかし、にも関わらず、それらに対する興味（よりもむしろ根源的には恐怖心）を情動として有しており、その情動が子供を森羅万象の不思議へと向かわせるのである。子供にとっては、虹が七色で夕日が赤いのも、鳥が空を飛べて人が飛べないのも、すべて「ふしぎ」である。それらの原因の背後に通常科学が有るのかオカルトがあるのかも必ずしも判然としない。科学とオカルトの区別の前に、森羅万象の「ふしぎ」が有るからである。知的対象としての世界は元来オカルトと通常科学の境界を持っていなかったはずだと言い換えても良い。

いちはやく妖怪に最も興味を抱きファンとなった子供はそうした均質的平面から興味対象を分節しえた。小さなスペシャリストの誕生がそこにある。昆虫採集に熱中した少年（大台の一本足に罰をうけた）などもそうした類であったろう。しかし他方、まだそうした分節への方向性を持ち得ず、多方面に興味を持ったままの少年がいたであろうこともまた事実であった。特に秀でた所もない平凡な少年などもこれに含まれる。その意味で少年とは、未だ潜在的であるがゆえにオールラウンダーであり、オールラウンダーとはスペシャリストではない者の謂いである。そして、その潜在的オールラウンダーであることをヴィジュアルとして体現しているのが総合雑誌としての少年漫画雑誌である。

六　世界の「ふしぎ」と少年的知識

『少年キング』の雑居性は、もちろん雑誌という媒体それ自体がそもそも雑居的なものであるからに他ならない側面はある。たとえば今日『プレイボーイ』（集英社）などは、単なるエロ雑誌ではなくワーキングプアや格差社会への憤りといった政治・経済問題を巻頭記事として、スポーツから趣味の事柄まで、青年層が興味を持つであろう対象という限定付きではあるにせよ、総合雑誌たる要件を兼ね備えており、それゆえ雑居的である。中年向け女性向けそれぞれの性別・世代別週刊誌においても雑居的であろう。雑誌とはそういうものだ。

が、私には、そのメディア的性質のみを見てことたりるとするにはもったいない何かがこのころの週刊少年誌にはあったと思われる。そもそも現在の雑誌は、たとえそれが雑居的であっても読者がすべての記事を読むものではないだろう。昔の子供は、小遣いをはたいて自前で買うか親や親戚に買ってもらうかしたそれを、何度も何度も読んだのだ。毎週定期的にすべて買ってもらえた金持ちの子供はその当時から好きなマンガだけ読んだらあとはうっちゃっておいたのかもしれないし、いろんな事情で床屋でや友達のものを見せてもらって読むしかなかった子供はやはり記事全部を読むことはできなかったろう。しかしそんな後者の少年ならなおのこと、折良くそれが自分の（家の）専有物となれば誌面欄外にあるマメ知識コラムから切手やモデルガンの広告に至るまですべてを読んだものである。マンガはもちろん空飛ぶ円盤やミイラ、そして妖怪も、専門書籍はまだまだ少なく、そうした知識は雑誌にしかなかった。

妖怪概念の多様性・ゆらぎ（必ずしも妖怪ファンではなかった少年にとっての）と、知識対象のなかでオカルトと通常科学との境界のあいまいさとは、少年にとってパラレルな関係にある。それは少年という存在がそもそも知識に対して未だ潜在的な存在だからである。雑居的で均質な同一平面上に並べられたそれらを読む少年にとって知識もまたカオス的な雑居状態にあり、少年は潜在的オールラウンダーである。

もっとも少年漫画誌は、この後七〇年代に入り、編集者は記者から担当へとかわり、[11] 巻頭の画報や特集記事が激減していく。そして、中三トリオやアグネス・チャン、浅田美代子といったアイドル歌手ブームも手伝い、GSファンの少女に少し遅れて少年の興味もそちらへ移っていく。あるいは妖怪博士やドラえもん博士のごときスペシャリストを生んでいく。オカルト的興味は学習研究社ユアコース・シリーズのオカルト系諸冊を経て『ムー』へと集約され、雑誌の雑居性は影を潜めて専門性を強くしていくことになる。

再説しよう。子供にとってオカルトとは何であるか。

子供は、世界に対する恐怖の中で生まれた存在である。子供が物心がつくとは、世界を恐怖の対象として捉え、それと闘うことである。世界とは時間と空間である。子供にとって最大の疑問であり恐怖なのは要約すれば次の二点に集約される。即ち「世界の果てはどうなっているのか」と「死んだらどうなるのか」である。[12] この懐疑に対して、理性・情動双方面においてかつ万人にとって満足しうる回答はおそらく今以て存在しないと言ってよいだろうから、その意味で通常科学とオカルトとに本質的な境目はない。オカルトも通常科学も世界への「ふしぎ」という枠組みにおいて一つのものとして地続きにあるからだ。大人はそうした懐疑にみずからを自己規定することで自分なりの回答を与えている。同時に、オカルトと通常科学の境目も(自分なりに)与えられる。しかし、子供の森羅万象への知的な興味の根底にはこの二つの懐疑がむき出しになっている。このことが恐怖なのである。その恐怖は「カッコよさ」(注8参照)という情動的な動因だけでは決して乗り越えられないものである。知識を得ることすなわち理性的な動因は世界への恐怖から身を守る護法のはずだが、同時にその知識によって自分の世界が広がれば広がるほど子供にとっての「ふしぎ」はまだまだいっそう増えていくからである。この恐怖を乗り越えるためには、自身を何かしらの専門家として自己規定するのを待たねばならないだろう。

注

1　京極夏彦「妖怪の理妖怪の檻」第8回（『怪』18号、角川書店、二〇〇五年）は、妖怪を本質論的に定義づけることをせず、逆に妖怪が享受されたあり方を通時的に問うことで妖怪の輪郭付けの逆照射を試みている。こうして析出される妖怪概念（具体的には水木しげるのそれに集約されていくもの）を氏は通俗的妖怪概念と称する。そしてその特徴を①前近代的な存在であること、②民俗的なイメージを持っていること、③それら二つの条件を備えたキャラクター化がなされていること、とした。京極氏のこのスタンスおよび分析結果は極めて示唆的である。今日まで一線で生き延びてきた妖怪作家（漫画家）が水木しげるである以上、六〇年代以降の通俗的妖怪概念は、水木しげるのそれであるほかはない。本稿では、一九六八年あたりの妖怪像を私なりに見る事で、この問題に取り組みたいとおもうのである。

2　これらの出版状況を概観したものとして、前注京極論文が詳しい。

3　これは、京極前掲論文によれば『世界怪奇スリラー全集2　世界のモンスター』／山内重昭＋斎藤守弘（秋田書店・一九六八年刊。私の所見は一九八四年の再版本）の中のコラム「世界の妖怪ゆうれい勢ぞろい」の元ネタとしたもの。

4　ぬっぺらぼうの紹介文を⑥『少女フレンド』のそれと比較しておく。

フレンド「このおばけは、おもに寺や墓場のちかくにでる。なまぐさい風がサーッとふいたあと、とつぜん、すがたをあらわす。白っぽいぶよぶよのかたまりで、人間のからだより大きい。表面にしわがより、目や鼻や口の形になっている。うごくたびにかっこうがかわり、すごくいやなにおいをだす。このおばけに、べったりはりつかれると、息ができなくなって死んでしまう。」

キング「墓場の近くにあらわれる全身ブヨブヨのおばけ。とおりかかる人にべったりはりつき、いきをできなくさせてしまうという。死んだ人のからだがくさって、どろどろになったもののかたまりだといわれている。」

本例に限らず概して『少女フレンド』のほうが詳しい解説となっているのは、頁数と紹介すべき項目数の関係からであろう。

5　本放送に先立って講談社の月刊誌『ぼくら』の付録冊子「テレビコミックス」に一九六八年八月号から翌年四月まで、新人漫画家田中憲によるコミカライズが掲載されている。作者や担当編集者の工夫によって、妖怪人間が旧ナチス・ドイツの研究によって生まれたとする等、独自解釈によるストーリーはTV版とは異なる部分が多いが、これは放送前から連載が始まったためでもある。「『ぼくら』連載漫画版・妖怪人間ベム」（講談社、二〇〇二年刊）参照。

6　DVD（全5巻）がパイオニアLDC（株）から販売されている。視聴率・放送日は、その解説冊子による。

7　『フランケンシュタインの逆襲』については、後の9号（二月二五日）での巻頭カラー画報「宇宙大妖怪」（文・大伴昌司、絵・南村喬之ほか。全一一頁）でもとりあげられている。この記事で注目しておくべきは、宇宙人・宇宙怪物を「妖怪」「宇宙妖怪」と呼んでいることである。

8　水木のコミカライズ版『妖怪大戦争』の初回連載の扉頁のアオリ文句には「全身わらのような土ころび、一本足の一つ目がさ……。カッコいいお化けが、ぞくぞく出るよ!!」とある。また油すまし・から傘おばけ・牛鬼などの妖怪のプラ模型（日東科学教材）の懸賞記事にも「おもしろくて、こわくて、かっこよく、集めて楽しい、妖怪シリーズの決定版!!大映映画『妖怪百物語』の中にでてきた妖怪が、ずらり勢ぞろいだ!!」とある（六八年25（六月一六日）号）。ちなみに極度の恐がりであった幼少期の私は仮面ライダーの怪人はカッコよかったが、妖怪は無理だったし、そもそも石原豪人らの絵柄が怖くてダメだった。四歳下の弟は小学校に上がった頃にはすでに妖怪ファンであった。

9　全体が5部に分かれ、その内訳は「怪談名城物語」（首なし武者、早百合の火、オサカベ姫、かたむいた天守閣）、「怪談おとぎ物語」（浦島太郎、かぐや姫、桃太郎）、「怪談伝説物語」（衛門三郎・玉の石、雪女、なぞの球体船、怪談矢口の渡し、肉づきの面）、「怪談一口ばなし」（橋の怪、首がのびる、ナスばたけの怪、雪隠の怪、お化けにすかれた男、耳なし芳一、キツネの怪、番町皿やしき、火の玉、四谷怪談、タヌキの怪、あかずの門、カッパの怪、東尋坊のたたり、鬼ばば、幽霊のたてた寺）、「怪談名作物語」（信号手・ディケンズ作、幽霊学校・蒲松齢作、鯉になった男・上田秋成作）。

10　画報や特集記事のカットなどの絵柄にしても、他の二誌にはギャグ的要素やほのぼのしたマンガ風絵柄がもっと多いし（たとえば『マガジン』で言えば木の実光など）、『少年画報』にもその雰囲気は有った。『少年キング』にこうしたほのぼの・ギャグ系が内容・絵柄ともに少ないのも、怪奇一辺倒に見えてしまう要因であろう。

11 二〇〇一年四月二三日、小学館第一編集部・上野明雄部長の御仲介により常務取締役・白井勝也氏にお話を聞くことができた(肩書きはいずれも当時)。「「白井記者」とか「武居記者」とか、記者って言ってましたが、今は言いませんね?」という私の質問に対する白井氏の回答。『漂流教室』のころ(一九七四年)までは「記者」と言った。たしかに「記者」だったんだよ。自分で取材に行って、原稿を書いて、入稿する。今は「記者」とも言わないし、そういう仕事もなくなっている。」

12 二〇〇二年一一月三日、金沢美術工芸大学の大学祭で楳図氏を招いた講演会「ウメズのメ! ウメズのズ!」で、作品『14歳』の結末部分に関する私の質問に対しての氏の回答。「はい。あのね、子供のとき絶対に質問することが、一つが「死んだらどうなるの?」というのと、「宇宙の果てはどうなってるの?」というの、だったんですね」。講演会の全文は私のサイト「半魚文庫」にあります。

学校の異界／妖怪の学校

峰守ひろかず『ほうかご百物語』を中心に

一柳廣孝

一　ライトノベルと異界

現代にあって、きわめて異界性の高い作品群を有している文芸ジャンルがある。ライトノベルである。ライトノベルとは、主に一〇代の若者層を読者のターゲットとするエンターテインメント小説であり、イラストに依存する割合が高く、その点からもメディアミックスに適した媒体となっている。ドラマCD、アニメ、ゲーム、コミックスなどと連動するこのジャンルの影響力は、看過できない。ライトノベルは、現在もなお急速に発展している。雑誌やコミックスが売り上げを落としているなか、市場規模を毎年拡大しており、二〇〇七年の段階で、一一〇億円を越えるまでになった。読者層もまた、上は四〇代から五〇代にまで広がっている。ライトノベルは、今や巨大で複合的な文化現象にまで成長したと言えよう。[1]

さて、異世界ファンタジーをその起源のひとつとするライトノベルは、現在も多くの異界の物語を量産している。これらの作品群に示されている異界観は、現代の異界表象の一翼を担っている。ライトノベルの異界性に注目する所以である。ここでは、峰守ひろかず『ほうかご百物語』（二〇〇八年二月、電撃文庫）を取りあげることとする。この題名の「ほうかご」は学校の放課後を、そして「百物語」は、異界（彼岸）と現世（此岸）を繋ぐ方法を示している。前者は、学校内部での非日常的時間帯とともに、逢魔刻という、妖怪とアクセスする時間帯を象徴する。[2]後者は、江戸期からつづく儀式としての「百物語」のニュアンスだけではなく、「ほうかご」を舞台にした、妖怪を主な主人公とする多くの物語という意味を含む。また、この物語のヒロインは化けイタチである。つまりこの作品は、かつて「学校の怪談」で注目を集めた「学校」という空間を活用しつつ、そこに妖怪を湧かせている作品ということになる。

しかし、学校を舞台にして妖怪の物語を展開するのは、意外に難しい。そもそも学校は「怪談」の場であって、都市伝説の範疇に属する現代妖怪は登場させられても、化けイタチをはじめとする民俗的な妖怪とは相性が良くない。では『ほうかご百物語』は、いかなる戦略のもとに物語を構築したのか。またその戦略は、「学校の怪談」がブームになった九〇年代半ば以降に、新たな「学校の異界」の物語を形成するうえで、はたして有効に作動し得たのか。

『ほうかご百物語』は、第14回電撃小説大賞の大賞受賞作品である。選考委員選評では「高校を舞台に妖怪たちとの闘いが繰り広げられる、学園バトルもの」（高畑京一郎）、「美人の妖怪イタチが学園に起こる様々な妖怪にまつわる事件を解決していくほのぼの学園伝奇もの」（豊島雅郎）、「美術部員のちょっと天然な主人公、イタチの化身である可憐な少女、怪奇現象研究家のセンパイ（容姿は女子小学生）という個性的なキャラ達が、学校に次々と現れる妖怪を退治するお話」（電撃文庫統括編集長・鈴木一智）と、その内容が紹介されている。[3]

また選考委員は、作品の完成度や軽快な文章の魅力といった点以外に「全体的に漂うなんとも言えない微笑ましさ」（高畑）、「メインヒロインの「伊達ちゃん」の魅力」（時雨沢恵一）、「「イタチさん萌え」この一言に尽きる」（佐藤竜雄）、「日本の妖怪の伝承がストーリーの重要な要素であり、かつ、トリビア的な趣もあり面白かった」（豊島）などの点を高く評価していた。ただし、審査委員の指摘に「いかにもありがちなライトノベル」（高畑）、「よくあるモチーフ」（鈴木）とあるのは、少し気になる。

魔法をメインとした学園ものは、たしかに数多い。しかし、伝統的な日本の妖怪が学校に出現する物語は、意外なほど少ないのではないか。「学校の怪談」との強い連動性という点では、葛西伸哉『不思議使い』(二〇〇五年八月、MF文庫)、学校に通う妖怪たちの物語としては、木村航『ぺとぺとさん』シリーズ(二〇〇五年五月〜二〇〇六年五月、電撃文庫)、田代裕彦『セカイのスキマ』シリーズ(二〇〇六年六月〜、富士見ミステリー文庫)などがあるものの、決して「ありがち」でも「よくある」ものでもない。では、なぜ少ないのか。

実作者の観点から言えば、使い勝手の問題があるようだ。たとえば異能バトルものにおけるシチュエーションの問題。魔法や妖怪、超能力などを使う場合、戦闘を含めた派手な演出が欠かせない。しかしそれを学校のみでおこなうには狭すぎる。一方、激しいバトルさえなければ、擬似社会である学校は、怪異譚の舞台としては使いやすい。枚数制限のある短篇の場合、同じ場所が舞台だと状況説明が省けるという利点もある。[4] ただしここでは問題を限定して、「学校と妖怪」の組み合わせの問題から考察を進めていきたい。

二　学校と妖怪

そもそもライトノベルの主要読者が一〇代の若者層に設定されている関係上、それこそほとんどのライトノベルが、何らかの形で学校を舞台としている。そこに異世界ファンタジーを展開させせようと考えれば、たしかに妖怪は使い勝手の良いアイテムのひとつだろう。だからこそ「ありがち」だし「よくあるモチーフ」と思われるのだとしても、本当にそうなのだろうか。冒頭にも触れたように、実は学校と民俗妖怪は、あまり相性が良くない。

学校という場所と怪異の関係については、物語内のいわば妖怪ガイドの役割を果たしている経島御崎《ふみしまみさき》が、次のように述べている。彼女は高校二年生。「怪異なるものをこよなく愛する素敵な変人」で「妖怪だとか怪談だとかを分析するサイトを立ち上げているのだが、これがなかなか一部の世界で評判なのだそうだ。聞いた話では、どっかの大学教授が論文の参考にさせてくれと頼んできたとかこなかったとか」という逸話をもつ。京極夏彦の妖怪小説における京極堂こと中禅寺秋彦、またはサイト「白澤楼」を主催する作家の化野燐などを髣髴とさせるキャラクターである。

昼間は大勢の人間が出入りして、夜には完全に無人になる閉鎖空間。怪談には打ってつけの舞台装置なのよね、学校って。事実、近世以前に村の中や家々で語られていた妖怪達が、近代以降の社会の変革の中で居場所を無くして、その出現場所を学校に移したケースも多い。つまり近代の学校は、何が出てもおかしくない無法空間になっちゃってるわけ。[5]

たしかに民俗的な妖怪が、学校に出現した例は存在する。たとえば明治三五年ごろ、熊本県飽託郡天明村の学校の便所には、一カ所、手が出てきてお尻をなでる所があったという。[6] また明治四五年ごろ、岩手県遠野郡土淵村本宿にある村の尋常高等小学校には、ザシキワラシが出たという。[7] しかしこれらは、前者なら河童、後者なら座敷童子といった、もともとその土地に伝承されていた妖怪が存在しており、それがたまたま学校に出現したケースと考えられる。

妖怪は、民俗社会のなかで伝承され、定位されてきた。そして学校というシステムは、時海結似が指摘するように、かつてのムラに類似した特徴をもつ。生徒には、他集団（学校、クラス）への移動の自由も、権力者（教師）に対して反発する自由も認められていない。規律は厳しく、定期的にやってくるハレの日（運動会や文化祭など）以外、日々の生活も基本的には単調である。[8] ただし、ムラと学校が決定的に異なる点もある。伝承を受け継ぐべき定住的な層の有無である。学校社会の構成員は主に先生と生徒だが、彼らはみな限られた時間をそこで過ごすにとどまり、いずれは学校の外に出て行く。かつては、学校用務員が住み込みで学校に滞在していた。よって、彼らが学校に伝わる伝承を媒介してきた可能性はある。しかし一九八〇年代半ば以降、機械警備の普及によって、住み込みの学校用務員はほぼ姿を消した。

とはいえ、学校が独自の「怪談」を蓄えてきたことも事実である。それは経島が指摘するように、学校という空間の特殊性による。学校は、そこに通う生徒たちにとっては一回的・直線的な時間が流れる場である。しかし学校自体は、ほぼ同じ学校行事を毎年繰り返しているという意味で、循環的・円環的な時間が流れている場所と言える。だから学校の内部には、記憶や情報がとどまりやすい。また学校は、しばしばその地域の伝承を担う中核となる。その土地にまつわる固有の歴史が、学校に集約されるのである。[9] その意味では、地域に伝承されてきた妖怪の記憶が、学校内部で保たれたとしても不思議ではない。

では、現在流布する「学校の怪談」に民俗的妖怪の姿を見いだせるかというと、ほとんど存在しないのだ。トイレの花子さんや口裂け女、てけてけといった、都市伝説が介在する現代妖怪は現れても、河童や鬼や天狗が学校に住み着いているという話は聞かない。おそらくその背景には、地域環境の変化にともなう民俗的伝承の喪失、水木しげるの登場によって古典的な妖怪がキャラクター化し、実体性を失ったこと、「学校の怪談」ブーム以降、メディアの影響によって学校にまつわる怪異が平準化した、などの要素が考えられるだろう。

ただし「学校の怪談」のなかにも、民俗的な妖怪の特性を残すものは存在する。たとえばトイレの花子さんには、どこか座敷童子の面影がある。童形で子供と遊ぶのを好み、トイレという特定の空間に居住する。[10] トイレの花子さんが長く寿命を保っているのは、従来の民俗系妖怪の特性を残しているためかもしれない。また戸塚ひろみは、「花子」という名前に「絶えず自分の名前によって自己確認させられる」学校の特性を見いだしている。「トイレの花子さん」と呼びかける行為には、学校制度の中で名前を呼ばれつづけてきた我々の記憶が刻み込まれているのである。[11]さらには、トイレという空間の特殊性という問題がある。常光徹の指摘があるように、そもそもトイレの怪は長い伝統をもつ。汲み取り型だった時代、トイレの穴は使用者の不安をかき立てる恐ろしい空間だった。またトイレでは無防備な体勢を強いられることもあり、それがさらに恐怖をかき立てた。また、初潮を迎える女子生徒から見れば、女子トイレは血のイメージと結びつく。こうした複数の要因が、花子さんという存在を支えている。[12]

このトイレの例は、一方で学校内の特異な空間の問題を想起させる。現在は水洗式になってそのイメージこそ薄れたものの、そもそもトイレは「外部」に通じる場所であった。排泄物を流すその先は、どこかと繋がっている。穢れたものを流すという行為自体が、民俗的な記憶と結びつく。流されていく排泄物の行き着く先は、象徴的な意味で、異界である。よってトイレは、異界への入り口でもある。特に女子トイレのように個室仕立てになっている場合、扉を閉じれば、そこは一種の密閉空間となる。扉の内と外が弁別されることで、その内部はしばしば異界と化す。

このように見れば、学校は一種の閉鎖空間を形成しながら、外部へと繋がるいくつかのルートを内包している。この外部へのルートが、学校という安定した空間に亀裂を発生させる。たとえば、鏡。鏡が別の世界に繋がった時、鏡の前にいると吸い込まれてしまうという話は、「学校の怪談」ではおなじみのモチーフのひとつである。学校に妖怪を湧かせるひとつの方法は、この空間を利用することである。異界と繋がった特定のルートを通じて、妖怪は学校に姿を現わす。それに対して、学校の内部から妖怪が生まれるケースもある。たとえば、理科室の人体模型、校庭の二宮金次郎像、校長室に飾られている歴代の校長先生の写真、音楽室のピアノなどだ。これらの場合、学校に残されたさまざまな「思い」がモノに付託されるという意味で、憑き物的な発生パターンと言えるかもしれない。[13]

この場合、人体模型も写真もピアノも「器」として機能する。また金次郎像も、学校全体の「思い」（勤勉、精励など）を反映して、生真面目に毎晩校庭を走っているのかもしれない。これらのモノは、長い年月を経た結果、ツクモガミ化するケースもあり得る。「学校の怪談」が映像化されるさいに舞台として木造校舎が選ばれるのは、ノスタルジックな雰囲気をかきたてるためだろうが、怪異の発現という観点から言えば、校舎自体がツクモガミと化しているため、という見方もできる。ちなみに末永外徒『１０８年目の初恋。』（二〇〇七年一月、ファミ通文庫）は、ツクモガミとなった「旧校舎」の恋物語である。

最後に、学校に妖怪が現れるケースは、外部から持ち込まれる場合である。妖怪の付着したモノが運び込まれるケースも考えられるが、もっとも多いのは、霊的親和性の高い生徒が運び込むパターンだろう。「学校の怪談」の担い手、伝播者には三つのタイプがあるという。一つは聞き役。二つめに、本やテレビで「学校の怪談」の知識を集めてきて友達に伝える、話し好きの生徒。そして三つめに、自分が体験したと告白する生徒。[14] この三つめのタイプが霊的親和性の高い生徒に該当する。彼らこそが、「学校の怪談」にある種のリアリティを与えてきたと言えるだろう。

多様な文脈を吸収しつつ、学校は時代の波のなかで変容にさらされながら、今もなお高い異界性を保持し、異界のモノを内在させている。では『ほうかご百物語』は、学校にいかなる異界を発生させ、妖怪を湧かせているのだろうか。

三　『ほうかご百物語』における妖怪の顕現

『ほうかご百物語』では、主人公の白塚真一が夜の学校に侵入して美術室で宿題を探していた時に、はじめて妖怪が顕現する。現れたセーラー服姿の美少女は、彼に「あなたの血、吸っても、いいかな」と迫る。しかし彼は、美少女の正体をイタチと看破することで、危機を脱する。ではまず、なぜイタチは顕現したのか。次に、なぜイタチは正体を見破られたのち、あっさりと退散したのか。

イタチの顕現については、彼女自身の「あたしが出てこられたってことは、この場所はね、あたし達にとって、すごく出やすい場所なの」「建物そのもの、って言ったほうが近い、かも。ここはね、色んな気配が、すごく溜まりやすい作りになってるの」という発言がある。まずは、場所の問題である。つぎに、前提条件。この日、白塚は美術室で経島らと、イタチの怪異について話していた。血を吸う、美人に化ける、正体が見破られると消える、などの情報がそこで披露されている。また妖怪そのものについても「いると思えばいる、いないと思えばいない」「そういう話をしてると喜んで出てくる」「逆に、何にも気にしてなければ出てこない」などと語られていた。

この話題を夜の美術室で頭に浮かべてしまったため、イタチは顕現した。しかも彼は、特殊な能力の持ち主であるらしい。イタチは言う。「真一は、あたしを感得した人だから。それは、彼岸の気配に引っ掛かりやすい質を持ってる、ってことだろうし」「そんなところでね、そんな人が、いつまでも無事でいられることなんて、まず、ないでしょう」。彼女の発言を受けて、彼は尋ねる。「この学校はいつの間にか妖怪変化と気軽に接近遭遇できるミステリースポットと化していて、しかも僕はあちら側の存在を引きつけやすい性質だから、近いうちに、タチの悪いお化けの手に掛かってどうにかなっちゃうに違いない、と。要するにそういうことなんですか?」。

つまり、こういうことである。もともとこの学校(蒼明高校、通称蒼高)は、異界との親和性がきわめて高い場所にある。そこに、彼岸の存在を引き付けやすい性質をもつ白塚が通っている。ある日、彼は化けイタチに関する情報、妖怪の発生条件を経島に示唆される。その夜、学校に入り込んだ彼は、つい昼間の経島の話を思い浮かべる。以上の条件が重なることで、深夜の美術室に化けイタチは顕現した。この後、彼女が彼岸から呼び出されたことで彼岸の入り口が拡大し、様々な妖怪が学校内に出現しはじめることとなる。

このような妖怪の顕現に関する条件設定には、「学校の怪談」の要素が巧みに取り入れられている。ひとつは、学校自体に内在している土地の特殊性、つぎに霊的親和性の高い生徒の存在である。近代以降、しばしば学校は土地にまつわる固有の伝承を抱えてきた。たとえば「昔ここは墓地だった」といったものである。こうした要素は、学校が建つ土地自体を神秘化する。また「学校の怪談」にリアリティを与えたのは、霊的親和性の高い生徒による具体的な語りだった。したがって、白塚を媒体にして美術室にイタチが現れることは、「学校の怪談」の文法にしたがえば、十分にリアルな事態となる。

一方、「あとがき」を重視するライトノベルの文法にしたがえば、一巻の「あとがき」で、この作品はフィクションであるとわざわざ断ったうえで、実在の伝承・伝説・昔話・妖怪譚などを積極的に利用しているものの「ストーリーの都合上、妖怪の設定を意図的に曲解したり、あるいは創作した箇所もすくなからずあ」るので、作中の内容をそのまま信用しないように、と作者が訴えていることは注目に値する。

同様の注意書きは、現在(二〇〇九年九月時点)までに刊行されている五巻すべてに共通している。三巻(二〇〇八年一〇月)では、研究者とともに「特にデータベースを公開しておられる研究機関の方々には深くお礼を申し上げます」と、(おそらく)国際日本文化研究センターの怪異・妖怪伝承データベースに謝辞が捧げられ、四巻(二〇〇九年二月)では、フィクションではあるけれど「決して勝手に設定を作ったりしているわけではありません」と述べる。そして五巻(二〇〇九年六月)の「あとがき」には、次のように記されている。

この作品はフィクションです。実在する妖怪譚をベースにしてはいるものの、いつものように曲解と拡大解釈を重ねていますので、それはもう明らかにフィクションです、はい。

と書くと、真面目な方は「伝承どおりの設定を使えよ！」と怒るかも知れませんが、そもそも妖怪ってかなりアバウトな存在なので、ある程度補正しないと物語には使いづらいんです。明確な容姿や設定が決まっていない妖怪は多いし、同じ名前の妖怪なのに伝承される地域や媒体によって容姿や設定が違うなんてこともザラにあるわけで。また、もともと別の伝承だったのが同じ名前の下にくくられただけ、というケースも（以下、長ったらしいので省略）

……以上、好き勝手に妖怪の設定を作ってるわけじゃないんですよ、ちゃんと調べてるんですよー、という弁解でした。五巻にもなって今さらなによとか言わないで。[15]

おそらくはマニアックな読者に対して「そもそもこの物語はすべてフィクションである」という、いわば言わずもがなのことを述べている訳だが、[16]しかし同時に著者が強調しているのは、個々の妖怪の描写を支えている「調査」という内実である。たとえば小豆とぎについて、経島は次のように語っている。「ただ豆を洗うような音がするだけの、日本全国津々浦々、山道から古寺からお屋敷まで節操なく分布するありふれた妖怪現象。常識よー。特に対処すべき方法もないけど、そもそも害もない妖怪だから放置しても問題ないでしょ」。

この描写の精度は、たとえば千葉幹夫編『全国妖怪事典』（一九九五年一〇月、小学館ライブラリー）の「アズキアライ」「アズキトギ」の項目と照合すれば、容易に見当がつく。この経島の説明には、誇張がある。しかし読者が楽しむべきは、物語に妖怪を導入するさいの、このような設定のありよう、補正のありようなのである。

さて、正体を見破られることでイタチが退散するという設定は、この物語における妖怪の定義に関わる。彼女は経島の情報どおりにふるまう。それは、ルールだからと言う。「汝本性を言い当てられし時は速やかにその場を立ち去るべし、如何なる事由事情があろうともこの約定を違うことはあるべけんや……だった、かな。とにかく、そういう決まりがあって、それは絶対に守らなくちゃ」。

また、白塚から絵のモデルを頼まれ、それを承諾したイタチは、次のようにも言う。「約束は必ず果たさなくちゃいけないいって決まりも、同じくらい大事」。また、これらのルールには優先順位が存在する。しかし、こうしたルールが適用されるのは、一部の妖怪に限られる。経島は言う。「人格のない現象的な怪異もあるわけだし、って言うか自意識なんか持ってない妖怪のほうが多いわけだし。ん、でも逆に言えばある程度の自我を持った妖怪なら共通のタブーを持っていてもおかしくないのか」。

これらの言説は、妖怪が規範的存在であることを示している。白塚は言う。「妖怪ってのは基本的に自分ルールで動くんですよね、確か。で、それを破ったり破られたりすると、存在そのものが危うくなる」。ここでは「パターンとロジックで行動するのが妖怪」なのである。よって、妖怪を撃退する場合には、個々の妖怪が縛られているロジックを使用するのがわかりやすいということになる。しかしそのためには、膨大な数の妖怪に対して、それぞれの特性を理解したうえで、それぞれに適した撃退法を個別に使わねばならない。しかしそれは、言い換えれば、物語のなかに多様な妖怪のサンプルを導入し得るということである。[17]

このような妖怪の定義は、京極夏彦のそれを想起させる。京極は「モノ」化された「コト」、つまり、理解不能な現象（コト）に対して一定の解釈＝名前・形が与えられ、キャラクター化されたもの（モノ）が江戸期の「化物」であり、それが現代の通俗的妖怪のカテゴリーに組み込まれていると指摘した。[18]現代における妖怪はキャラクターに拘束された存在であり、その枠から外れることができない。そして、固有の情報量が多ければ多いほど、その妖怪のイメージは明確になる（もちろん、情報が錯綜していればその限りではないのだが）。『ほうかご百物語』には、つぎの指摘がある。「文献資料とか絵画資料、あとは伝承なんかにしっかりした描写が残ってる妖怪は、その情報が反映された結果、明確な実体を伴って現れる」と。

また、このキャラクターの部分を強調していけば、イタチの造形に至り着く。佐藤竜雄の「「イタチさん萌え」この一言に尽きる」という『ほうかご百物語』評は、キャラクターとしての妖怪が最大限に利用されていることを意味している。キツネやタヌキといった、それこそ有象無象の情報に溢れかえった妖怪ではなく、情報量が限定されており、なおかつ耳や尻尾といった萌え要素を兼備する妖怪として、イタチは最適だった。だからこそ彼女は、固有名詞を持たない。「キツネやタヌキみたいな『化ける動物』にはグループ内での序列とか階級についての設定がちゃんと残ってるのに、イタチについてのそういう話は聞いたことない」からだ。『いわゆるひとつの化けイタチ』のイメージが漠然と具現化した存在」だからこそ、彼女の物語内の自由度は高いのだ。[19]

では、彼女はどこから現れたのか。また、そこではどのように過ごしているのか。この点について、経島とイタチは、次のような会話を交わしている。「顕現してない時は、あたしはどこにもいないから。あっち側に誰かを待たせてる、なんてことはできないし」「あなた達は普段は向こう側の世界にいて、呼ばれた時だけやってくるって設定かと思ってたけど。現れてない間は存在自体が消えちゃうわけなの?」「うん」「ほほー、またも新発見。それでも記憶は断絶しないのが凄いわね」。

だとすれば、なぜ妖怪はこちら側に顕現するのか。その契機は何か。まず、妖怪がこちら側に現れるのは、呼ばれるからである。「久しぶりに喚んでくれた人だし」とイタチが語っているように、彼女は白塚に呼ばれたから、現れた。つまり、妖怪が出現するひとつの契機は人間ということになる。妖怪たちに「意味」を与えたのは人間である。妖怪は、ふだんは存在しない。人間が特定のイメージを与える＝呼び出すことで、はじめて形をなす。それぞれの妖怪が背負っている存在理由は、すべて人間の与えた解釈によって成り立っているのだ。

ただし付け加えておけば、「向こう側の世界」そのものに関する情報は、ほとんど書かれていない。また「妖怪の発生条件はわからない」。妖怪の顕現条件については、あくまで「今後の課題」にとどまっている。この学校は「色んな気配がすごく溜まりやすい」とあることから、溜まった気が妖怪に変じているとも考えられるが、しかしイタチは向こう側の世界から来たと述べている。

ここでいう「向こう側の世界」、いわゆる彼岸は「妖怪が、彼岸と此岸を行き来する時には、自動的に開く」という。百物語をおこなうことも、彼岸への通路を開く方法のひとつである。彼岸が開くと、青白い光が開いて弾ける。また妖怪は、現世に留まる理由が消滅すると、自動的にあちら側へ送還される。そして「妖力が大きいほど、彼岸に近い」妖怪である。だとすれば、この物語では二種類の妖怪が設定されているのだろう。彼岸を出自とする妖怪と、こちら側で発生した妖怪と。しかし、これ以上の情報は提供されていない。おそらくこの問題は妖怪の定義とも深く関わるので、注意深く回避したのかもしれない。

彼岸とそこに潜む妖怪について、たとえば田代裕彦『セカイのスキマ』では、次のように語られている。「彼岸は曖昧な世界です。曖昧であることが彼岸であることなんです。ですから、彼岸に棲むモノもまた、曖昧な存在です。姿形も、性質も、それどころか存在する（いる）ということさえも曖昧なモノ――それが、彼岸《アチラ》の住人《モノ》です。彼らは……あるいはそれらは、《意味》を欲しがります。存在する《意味》、存在していい《理由》をです。彼らは曖昧でなくなりたいと願うんです。その彼らに《意味》を与えてしまうのが、此岸《コチラ》の住人《ヒト》――つまり、人間です。彼岸《アチラ》にザシキワラシという存在《モノ》がいるのではなく、此岸《コチラ》に来ることでザシキワラシという怪異《モノ》になるのです」。

ぼんやりとした意味不明なモノに「意味」が与えられることで具現化する、妖怪。この設定は、『ほうかご百物語』において、一部の妖怪が発生するシステムと重なる。おそらく両者を結ぶのは、「モノ化されたコト」という妖怪観である。ともあれ『ほうかご百物語』は、「学校の怪談」が作り出したリアリティを踏まえつつ、現代の妖怪研究の成果によって妖怪のディテールを押さえることで、新たな異界の物語を紡いでいると言っていいだろう。

四　ライトノベルの妖怪

記号的要素の強いライトノベルにあって、妖怪は格好のガジェットと言える。それぞれ歴史的な意味の蓄積をもち、近世以降急速にキャラクター化が進行した妖怪は、その「キャラクター」性ゆえに、ライトノベルとの親和性が高い。たとえば『ほうかご百物語』で高く評価されていた化けイタチというキャラクターが「可愛らしさは反則級」「ケモノ属性のフロンティアはここにあります」と語られていたように、妖怪はライトノベルの世界に、きわめて強化された「萌え」のパターンをも提供した。

一方『ほうかご百物語』では、多量の情報を集積している妖怪をあえて選び、そのイメージをずらして落差を作り出すことで、キャラクターを確立するという方法もとられている。たとえば、白塚たちの高校に英語教師として赴任してきた、金毛白面九尾狐の稲葉前《いなばさき》。九尾狐は「社会秩序の崩壊」をその存在目的とし「スケールのデカさとネームバリューでは妖怪界でも五本の指に入りそうな大物」にも関わらず、その根源的な悪のイメージは薄められ、大人の女性の魅力をふりまく高飛車な美人教師として物語内に配置される。または、是害坊。中国から飛来して日本の僧侶を堕落させようと暗躍した大天狗も、ここでは白塚と同じ美術部員で、いつも風景画を描いている無口で優しい高校生として生活している。[20]

『ほうかご百物語』は、巧みに妖怪情報を操りながら、独自の妖怪の形象化に成功している。このようなライトノベルの試みは、現代にあって、新たな妖怪イメージを生み出していく契機になるかもしれない。

注

1　ライトノベルの全体像については、一柳・久米依子編『ライトノベル研究序説』（青弓社、二〇〇九年四月）を参照。

2　『ほうかご百物語』三巻（電撃文庫、二〇〇八年一〇月）では、妖怪が放課後にばかり出現する理由として「夕方が妖怪の活動時間帯だってのは、昔からの決まり事だからねー。日暮れの時間は誰そ彼時《たそがれどき》、あるいは別名逢魔が時《おうまがとき》ってね」と語られている。

3　なお「新人賞受賞全33作品紹介！」（『このライトノベルがすごい！２００９』所収、宝島社、二〇〇八年一二月）では、次のように紹介されている。「白塚真一が部長を務める美術部の新入部員は、キュートな妖怪のイタチさん！得意の妖術を活かして、妖怪マニアの経島先輩たちと共に、学校で起こる妖怪がらみの異変を解決していくお話。妖怪に関するウンチクがおもしろいだけでなく、テンポの良い文章で描かれるキャラクターたちが生き生きしていて実に魅力的です。特にヒロインのイタチさんの可愛らしさは反則級で、思わず尻尾を「ぎゅー」っとしては怒られたくなるほど。ケモノ属性のフロンティアはここにあります」。

4　三田誠氏、峰守ひろかず氏のご教示による。

5　引用は『ほうかご百物語』（電撃文庫、二〇〇八年二月、二頁）による。なお、以下の本文の引用は、但し書きのない限り、すべて同書による。

6　松谷みよ子『現代民話考』七巻、立風書房、一九八七年六月。

7　佐々木喜善『遠野のザシキワラシとオシラサマ』宝文館出版、一九八八年四月。

8　「学校は今、異界への残された接点」（『日本児童文学』二〇〇五年一〇月）。

9　一柳「はじめに――「学校の怪談」という問題系」（一柳編『「学校の怪談」はささやく』所収、青弓社、二〇〇五年九月）。

10　たとえば、学校を守る花子さんたちが活躍するライトノベルとして、葛西伸哉『不思議使い』（ＭＦ文庫、二〇〇五年八月）がある。

11　「「花子さん」と呼ぶとき――学校とリテラシーの近代から」（『「学校の怪談」はささやく』所収）。

12 『学校の怪談　口承文芸の研究I』角川ソフィア文庫、二〇〇二年七月。

13 榎村寛之氏のご教示による。

14 宮田登『都市空間の怪異』角川選書、二〇〇一年一一月。

15 『ほうかご百物語』5巻、三二二頁。

16 実は、同様のケースは妖怪を扱った他のライトノベルにも見受けられる。たとえば田代裕彦『セカイのスキマ』（富士見ミステリー文庫、二〇〇六年六月）の「あとがき」には、次のように書かれている。「妖怪というのは、単に訳の判らない化け物というわけでもないようで、個々の妖怪について定説だの異説だの飛び交う立派な学問だったりします。／調べられることは調べますが、にわか勉強でどうにかなるようなことでもないでしょう。なので、作中では結構、適当に使用してしまっています。／まあ、この作品に出てくる《妖怪》は、《妖怪の名を借りた化け物》で、実在の妖怪（？）とは異なるものだと、あらかじめ言い訳させてもらいます」。また湖山真『耳鳴坂妖異日誌　手のひらに物の怪』（角川スニーカー文庫、二〇〇九年五月）では、次のとおり。「この物語には妖怪や妖精や魔物や怪物、作中の言葉で言う〝妖異〟が登場します。／基本的には実在する伝承や昔話などをもとにして書いていますが、ストーリーの都合上、意図的に設定をねじ曲げたり、独自の解釈を加えたりしている部分が結構あります。場合によっては、小説や漫画、ゲームなど近代以降に生まれたイメージを優先させていただきました。専門家および研究者、マニアな方々はどうかツッコミ無用でお願いします」。

17 なお『ほうかご百物語』3巻には、妖怪に対する次の言及も存在する。「妖怪ってのは、伝承地域や受け手のイメージ次第で縦横無尽に拡大再生産されていく、いわば自発的に成長を続ける情報の塊よ」。

18 「通俗的「妖怪」概念に関する一考察」（小松和彦編『日本妖怪学大全』所収、小学館、二〇〇三年四月）、および『妖怪の理　妖怪の檻』（角川書店、二〇〇七年九月）。

19 あわせて、彼女の顕現条件も自由度が高い。『ほうかご百物語』5巻に描かれているとおり、白塚の絵のモデルになるという彼女の条件は、彼女が絵に描かれるまでは無期限に顕現でき、行動制限もないことを示している。

20 同様の手法は、たとえば柴村仁『我が家のお稲荷さま。』シリーズ（電撃文庫、二〇〇四年二月〜）などにも見られる。

鎌鼬存疑

「カマイタチ現象」真空説の受容と展開

飯倉義之

一　鎌鼬とは「何か」

カマイタチは、現在も意外なほど多くの人に知られている妖怪、もしくは現象である。俳句では冬の季語とされているほかに、例えば昭和末期にはかまいたちを名乗るロックバンドが名を上げ、現在はかまいたちを名乗るお笑い芸人コンビがテレビで活躍している。[1]彼らの名前は妖怪／現象であるカマイタチからとられたものである。まずはカマイタチの概要を、『世界大百科事典』（平凡社、二〇〇五）の記述に沿って整理する。

かまいたち　鎌鼬　旋風に乗ってきて人を斬ったり、生き血を吸うといわれる魔物。鎌できられたような傷をうけるが、痛みも出血もみられないという。広く各地に分布するが、とくに雪国に多く見られる。かまいたちは新潟や長野では悪霊や魔獣の仕業だというが、飛騨の丹生川地方では3人連れの神によるもので、先頭の神が人を倒し、2番目が刃物で切り、3番目が薬をつけていくと伝承している。また四国では墓地や野ざらしの鎌の化物だとされている。旋風そのものをカマカゼ、カマイタチと呼ぶ所もあり、かまいたちの傷は小旋風の中心にできた負圧の部分に触れたことによるのではないかと説明されている。（後略、項目執筆・飯島吉晴）

三匹連れという例は、柳田國男編『山村生活の研究』(民間伝承の会、一九三七)に報告され、のち『綜合日本民俗語彙』(平凡社、一九五五)に収録された事例である。この他に、カマイタチの傷は古暦の黒焼をつけると治る等の俗信も伝承の一部をなしている。そして他の事典類も飯島とほぼ同じく、カマイタチの伝承に加えて「カマイタチ現象=真空の発生による皮膚の破裂」説に、肯定否定の差はあれども、触れている。

右のようなカマイタチの俗信は、現在も新潟・長野を中心として伝承されている。以下に、二〇〇二年夏に新潟県東蒲原郡津川町(現・阿賀町)で報告者が聴いたカマイタチの例を挙げる。話者は昭和四年生まれの女性である。——は聴き手(飯倉)の発言である。

《事例1　カマイタチにかけられる》

——カマイタチってことよく聞くんですけど、どういうものなんでしょう?——

(同席女性　んだんだ。カマイタチにかけられた、なんて人よくあったな。)

おれカマイタチにかけられたぞ、なぁ。

——そうなんですか?——

膝さ、いまでもここにハゲあるわ。ヒザカブんとこ。それさ、原石山のほれ、あそこさ、うちはほれ、馬だの牛だの飼っているちゅったろがね、それ餌、採り行ってね、こう、ツル切ってね、そってこう、まるげっかと思ったん。したっけ、こうやった[注：上から下へ鎌を振り下ろすしぐさ]けんが、そのツルも切れども、もとだとほれ、足さとんできたんね。したってが今度ね、もと、もとって今も、こういうズボンはいてっども、もとだとほれ、縞の、なんていうか、日出谷[注：現・阿賀町の地名、話者の出身地]あたりはサッパカマっていいんした、モックラだべな、ここらだとモックラっていうか、それはいてたっけがね、ここ切れてあったん。それ痛くなぁよ。切れたったって空気のあれみたいなんで切れたんだってば、おら聞いたどもさ。切れてね、このくらい［注：5㎝くらい］切れてあったん。したっけがこのヒザカブんとこアックアックって、こうなって、口開いてね、血も出ねぇよ。したっからわかんなかったわけ。ハカマ脱いだっけがね、ちゃ！んと切れてった、こんなほど。それ今でもここにね。で、あのころだから医者行くあてねぇだから、そのままそうやってて治したが、口開いてでこうなってた。今でも傷あるがね。……（中略）……

――不思議ですね――

ねえ。痛くなかったし、ビビッともいわねかった。普通切れればほれ、血も出るべし、ビビッとも痛いだにね。

――パクって開いてるのを見ても、痛くなかった――

うん。骨見えてても痛くねえって話だ。

山仕事中、振り下ろした鎌の柄が膝頭に当たった。痛みも出血もなく着物も無事だったがあとで確かめると膝頭に大きな傷が開いており、その傷跡がいまだに残っている、という体験である。痛みも出血もなく、傷ついたことさえ感知できない、それでいて見た目には「骨が見え」るほど大きく開いた傷を負うという不可思議な経験を話者は、民俗知識に照らして「カマイタチにかけられた」と判断している。

この話者だけでなく、同地では他にもカマイタチにかけられた経験を持つ人にめぐり合うことができた。カマイタチは空想上の妖怪ではなく、実見しうる現象なのである。

こうしたカマイタチの伝承は近世中期にはすでに広く知られており、橘南谿『東遊記』（一七九五）、伴蒿蹊『閑田次筆』（一八〇六）、橘崑崙『北越奇談』（一八一二）、小宮山昌秀『楓軒偶記』（一八一四）、堀内元鎧『信濃奇

図1　鳥山石燕『画図百鬼夜行』「窮奇（かまいたち）」（出典：『画図百鬼夜行』稲田篤信・田中直日、国書刊行会、一九九二年）

図2　石燕の「窮奇（かまいたち）」を基にしたカマイタチの例。寺沢大介『WARASHI』1（講談社、一九九〇、一一二頁）

談』（一八二九）、橘春暉『北窓瑣談』（一八二九）、三好想山『想山著聞奇集』（一八五〇）、林百助『立路随筆』（江戸中期）などにカマイタチを伝える記事がある。[2] 特に『北越奇談』では、カマイタチは越後七不思議新撰七奇の一つとして、越後の奇事の代表に挙げている。このような当時の伝承をもとに、絵師・鳥山石燕は『画図百鬼夜行』（一七七六）でカマイタチを「窮奇《かまいたち》」と題し、前脚の先が鎌となった旋風に乗って駆けるイタチの姿に図像化した（図1）。

しかしカマイタチの知名度は、近世以来の民俗知識が濃密に伝承されているからでは決してない。カマイタチという知識は、現代では、まんがや小説・ライトノベル、テレビゲーム、フィギュアなどのポピュラー・カルチャーを通して広められているのだ。[3] そこでは石燕の絵を基とした造型に、[4] 民俗学の知見を利用した解説が付され、「正体はつむじ風の作り出す真空」という擬似科学的な解説が加えられている（図2）。

以上のようなカマイタチを巡るもののいいを整理すると、カマイタチという一語が

①　痛みや出血をほとんど伴わない、手足に出来る不可

思議な傷

② 野外で、遭遇した人間に①の傷を負わせる（一匹もしくは三匹の）妖怪

という、不可思議な現象と妖怪存在との二つのレベルの事項を包括していることがわかる。[5] そしてそこに「その正体は真空により皮膚が裂けるという〈科学的〉現象である」という「知識」が付加されている。

カマイタチが現在も伝承され、またポピュラー・カルチャーにおいて再生産される理由も、カマイタチが妖怪＝存在でありつつ、なおかつ妖怪＝現象である点に求められるのである。本稿ではカマイタチ伝承の伝統と創造の回路を、妖怪文化のありようとして考察する。

二 「カマイタチ＝真空」説の誕生

カマイタチの正体が真空だとする説は、以下のようなメカニズムで説明される。つむじ風が巻き起こることで旋風の内部と外部に気圧の差が生じ、内部の大気が吸いだされて真空が発生する。人体がその真空に行き遭うと、ふだん大気圧と拮抗している人体内部の圧力が行き場を失い、内側から皮膚を裂いてしまう、という。この「カマイタチ＝真空」説は、民俗知識のレベルでも広く浸透している。再び東蒲原郡の例を挙げる。

《事例2 カマイタチは真空 1》

――あの、このへんでちょっと聞いたことなんですけども、「カマイタチにあてられる」なんてことをですね

――

おお、それはあるそれはある。それはあれだよ、最近はないけどね、あったよ。……（中略）……あれはね、

どういうのかな、おそらくね、ある部分行くとさ、真空状態になっているね、ところにちょっと触れると、そうなるんじゃないかってはなしはちょっと聞いたね。別にそれはさ、神様とか祟りとかさ、そういうあれじゃないんだよね。

新潟県東蒲原郡鹿瀬町（現・阿賀町）男性・T13生

《事例3　カマイタチは真空　2》

――カマイタチにあてられる、なんていう話を――

ああ、カマイタチっていうのは、あれはね、真空状態で肉が切れるっていう。わたしも何回か、あー、見ました。

――普通と違う傷になるんですか？――

あれは、うーん、パカッと開くっていうか、まあ、千葉周作の真空斬りっていうのも、そっからきたんでねぇか。真空状態にすると、刃物が当ったように切れるって。それが千葉周作の真空斬りじゃねぇか。……（中略）……転んでね、ぶつけて、ぶつかったときに真空状態になるんでないのかね。あたって痛いより、アレ？って。中だけ切れんだよ。ズボンなんかめくってみて、切れてねぇんだから。中の肉だけ切れんだから。だからもしね、なんか石かなんかでえぐって切れてんだったら、ズボンも切れてるね。刃物で切っても。それなのに、肉だけ切ってる。これをカマイタチって、昔は言った。これは真空斬りだな、真空斬り。真空状態になって、肉が裂けんだ、皮が裂けんだ。口みたいに開く。

新潟県東蒲原郡津川町（現・阿賀町）男性・S9生

二人の話者はカマイタチを、「神様とか祟りとかさ、そういうあれじゃない」自然現象ととらえ、「真空状態」というメカニズムをもって説明している。

このような説明は「真空」概念の普及以前にはありえない。「真空」の語は蘭学者で長崎通詞の志筑忠雄（一七六〇〜一八〇六）が訳出・造語したとされる。[6] 日本における「真空」概念は、外国より輸入され、比較的新しく定着した知識であるはずだ。

しかし「カマイタチ＝真空」説は、世の中にすみやかに広まったようだ。井上円了は『妖怪学講義』（一八九六）で、カマイタチを「物理的妖怪」に位置づけ、「その説明につきては、今日一般に説くところによれば、空気の変動によりて空気中に真空を生じ、もし人体の一部その場所に触るるときは、外部の気圧を失うより、人体内部の気の外部に迸発せんとして、わが皮肉を破裂せしむるものなりという。」と解説している。そして講義録発行時に「この問題につき答案を徴収」した結果、「いずれも大抵同一の意味を持って解釈」していたと記し、模範回答として「山口県、天野六郎氏」と「秋田県、佐々木甚之助氏」の文を掲げて例としている。[7] 「カマイタチ＝真空」説は、一九〇〇年前後にはすでに全国の購読者が「大抵同一の意味を持って解釈」し「今日一般に説くところ」、すなわち常識的な〈科学〉知識となっていたことがわかる。もう一つ例を挙げれば、牧野信一は短編「爪」（一九一九）において、突発的な狂気の比喩としてカマイタチを用いている。[8] ここでは、カマイタチが狂気よりも身近なものとして扱われているのである。

明治中期は日本に近代心霊学《スピリチュアリズム》が移入され、流行していた時期でもあった。[9] カマイタチのように、これまで化け物の仕業とされてきた不可思議な現象はすべて「科学」で解明できる、という期待が世の中に溢れていたことは疑いない。そうした新知識は、主に雑誌の科学記事や学校の授業といった近代メディアを通じて浸透していった。「学校の先生」が広めたカマイタチの例を挙げる。

村の人たちは、「かまいたち」にかけられた。と称し、それを、いたちの仕業であるといっていた。……(中略)……学校の先生たちは、何かの衝撃によって、一瞬、真空の部分が生じ、その小旋風の中心の真空に接した身体の一部分だけが、空気の圧力を受けないので、にわかに膨張してキ裂が生ずる全く瞬間的な出来事である。と説明してくれた。[10]

「カマイタチ＝真空」という知識は、こうした新時代の媒体《メディア》を通して流通していったと思われる。

三　手足に傷をつくるもの

カマイタチは真空・つむじ風と重ねあわされて、五島列島の「カゼ[11]」や上毛の「ダイバ神[12]」などの風の怪異と同列に考えられている。しかしカマイタチの正体は、「カマイタチ＝真空」説が浸透する以前には、通俗的な「科学」とは別の体系によってさまざまに説かれていた。

代表的な説明は、聖域で不浄を働いたものに山の神もしくは天狗が当てる罰というものだ。福井県三方郡ではカマイタチを「神様が太刀を構へてゐられてそれに出くわしたからである[13]」と説明しているし、栃木県では山の木改めの日に山仕事をすると「鉈で手を切る、かまいたちになる、木の下じきになって死ぬ等」のことが起こるという。[14] 早川孝太郎「鼬の話」の「カマイタチは、尾張のある刀鍛冶の秘伝であつたが、鍛冶、その弟子に秘伝を譲つた時、封じ方を教へず死んだ為、此の如く横行して害をするのだと云ふ[15]」という報告から、笹谷良造はイタチが鍛冶神／火の神の駆使する役霊であったと論じた。[16] 笹谷説の当否はともかく、兵庫県竹野町ではカマイタチを「カミタタレ、カミイタチともいう[17]」という報告などを考え合わせると、カマイタチを神の太刀や神のタタりとする考えがあったことは疑いない。
また不浄をしでかした者でなくとも、偶然神に出会って傷を負わされる、行き逢い神に近いものとしても考えられていた。滋賀県虎姫町で編まれた民話集『虎姫のむかし話』二に収録の「かまいたち」では、「このような傷は、天狗が一生懸命に剣術のけいこをしている時に、出会って切られたものだとか、空気の力で切れるのだとか言うことだった」として、傷が痛まないのは「天狗が痛まないように、早くなおるように、と祈ってくれている」からだとしている。[18]
四国でカマイタチの傷をつけるとされるされるのはノガマである。ノガマは新墓に立てられた魔除けの鎌の怪異で、「何年もたつとひょっと人に祟ることがある」という。[19]カマイタチはけっして風の怪異に限られてはいなかった。
さらにカマイタチを「手足に傷を作る怪異」と考えると、その類例は多いことがわかる。足の裏にマメを生じたり、原因不明の痛みを感じたりするのは、那須の殺生石の全国に散らばった破片を踏んだからだとする伝承は、各地で聴かれる。[20]
山形では「かや蛇」という不可思議な傷病が伝わる。蝮の子蛇は親蛇の腹を食い破って生まれるといい、「親蛇は、苦しさに耐えかねて、所かまわず、あたりの草木に噛みついて毒を撒き散らす。朝露でまだその毒が乾いていないところや、毒を撒き散らした直後のところなどを、たまたま人間が入り込んで、その毒が皮膚に触れると、毛穴から毛細管に浸みこんで、あたかも蝮に噛まれた時のような症状を呈したのである。」という。[21]
カマイタチもこれら殺生石やカヤヘビと同じく、またカゼやダイバと同じく、霊的存在を原因とする〈超自然的傷病〉として伝承されていたはずだ。しかし「カマイタチ＝真空」というものいいが支配的となるにつれ、天狗や山の神の「構え太刀」という説明は後退し、イタチの怪異と説明されるようになる。東蒲原の話者が「神様とか祟りとかさ、そういうあれじゃないんだよね」と述べ、虎姫の民話集が天狗説と「真空」説を併記しているように、〈タタリ〉〈イキアイ〉といった性質が後退して、「科学的に説明可能な現象」と見なされ、カマイタチは〈超自然的傷病〉ではなく、「科学知識」によって説明のつく〈自然現象〉として語られるようになる。そして四国のノガマのような、カマイタチ同様の「傷をつける怪異」も同様の〈真空の〉メカニズムによって説明されていくのである。

四 「カマイタチ＝真空」説存義

こうして「科学的」な「常識」の位置を獲得したかに見えた「カマイタチ＝真空」説だが、この説には大きな疑問があった。「動植物や物品への被害が報告されない」ことである。自然現象であるならば、動植物は襲わず人間だけを襲うというのは腑に落ちない。また気圧の変化に弱い密閉容器やガラス窓などに被害が出てよいはずだ。さらに「手足以外の部位、腹部などに傷ができることはめったにない」ことも疑問視されていた。付記すれば、「つむじ風の中の真空が人体を傷つける」というのは日本だけで唱えられている説である。

こうした「カマイタチ＝真空」説に早くに疑義も提出したのは、文人科学者・寺田寅彦であった。寺田は随筆「化け物の進化」（一九三九）で次のように述べる。

鎌鼬の事はいろいろの書物にあるが、「伽婢子」という書物によると、関東地方にこの現象が多いらしい。……（中略）……この現象については先年わが国のある学術雑誌で気象学上から論じた人があって、その所説によると旋風の中では気圧がはなはだしく低下するために皮膚が裂けるのであろうと説明してあったように記憶するが、この説は物理学者には少しふに落ちない。たとえかなり真空になってもゴム球か膀胱か何かのように脚部の破裂する事はありそうもない。[22]

として、「カマイタチ＝真空」説を退け、その原因を「強風のために途上の木竹片あるいは砂粒のごときものが高速度で衝突するために皮膚が切断されるのである」と指摘している。なるほど人体組織はそんなにやわいものではないとする寺田の意見は当を得ている。しかし寺田の「木竹片あるいは砂粒」を原因とする説では、カマイタチの傷が「出血や痛みがほとんどない」「着衣などに被害がない」という点を説明できない。

解答は意外な方面からもたらされた。高層気象台長であった高橋喜彦は「かまいたち―気象書から消したまえ―」[23]という短文を日本気象協会のPR誌「気象」に発表した。高橋は千葉県の主婦が、自宅で転倒しカマイタチにかかった体験をもとに、カマイタチは緊張した皮肉が衝撃で裂ける生理的な現象ではないかと推測した。同じく高層気象台の田村竹男が「新潟県における「かまいたち」の調査」[24]を発表、六の実例と一一の伝聞例をもとに、「「かまいたち」は凶風が吹いたためとか、真空がおこったために生じた現象というより、体質的にかかりやすい人がいて、なにか急激に運動したとき筋肉がおこり、皮肉が裂けると考えたほうが妥当のようである」として、カマイタチは外傷ではなく、ひびやあかぎれに似た生理的現象だろうと結論した。

高橋・田村論文は二〇年以上を経て、カマイタチの本場・越後において再注目された。新潟県民俗学会の機関誌「高志路」にカマイタチに関する論文が続けて掲載されたのである。高橋八十八は『鎌鼬』よもやま話[25]」において、「新潟日報」一九七三・一〇・一四掲載の、人事院が公務中カマイタチにかかった公務員に対し、カマイタチを「生理的現象」であるとして労災を認める裁定を下した記事を紹介。大竹信雄は「かまいたち談義[26]」で、聴き取った実例9例を高橋・田村の生理現象説と照らし合わせ、カマイタチが起きるときには不意の衝突や転倒などを伴っているとして、高橋喜彦と田村説竹彦の説を支持した。

張り詰めた皮膚が衝撃で断裂する現象は、額などでしばしば起きる。裂けたのは皮膚のみで神経や血管のある筋肉組織は無傷であるため、傷のわりに出血も痛みも僅かである。そうした皮膚の緊張は、皮膚の水分や油分が失われがちな乾燥した冬場に多い。これもまたカマイタチが多く発生する日時（冬場の怪異とされる）や行動（山仕事、畑仕事のとき）と合致する。東蒲原の話者の「最近はない」という実感も、栄養状態の改善やライフスタイルの変化（冬場の野外労働の機会の減少、ハンドクリーム等の普及）の反映ではないか。

さらにカマイタチを皮膚の裂傷と考えれば、「人間以外への被害が出ない」「手足にのみ発生する」という真空説の矛盾も解決する。動物の外皮は毛で覆われ水分や油分が保たれているし、物理現象でないとすれば物品への被害が出ないのは当然である。腹部などは無理な姿勢をとっても手足ほど皮膚が緊張する箇所がなく、また弾力も失われにくいためカマイタチがおこらないと考えられる。

寒さや乾燥、仕事で付いた砂ぼこりなどで弾力を失った手足の皮膚が、伸び切った状態で「鎌の柄が当たった」「ヤマで転んだ」などの衝撃を受け、ぱっくりと裂ける、というのがカマイタチのメカニズムとみてよいようだ。つまり「カマイタチ＝真空」説は、根拠のない疑似科学的説明なのだ。[27]

五 「真空」説の受容と需要

にもかかわらず「カマイタチは空気中の真空によりひきおこされる自然現象が、昔の人には妖怪とみなされたもの」という説明が、科学的常識として通行している現状がある。そこには「カマイタチ＝真空」説を再生産するポピュラー・カルチャーの影響が大きい。

図3　伝承を引いてなされるカマイタチの解説。手塚治虫『ブラック・ジャック』一六（秋田書店、一九七九、一七六〜一七七）

手塚治虫『ブラック・ジャック』第151話「通り魔」をその典型として挙げうる。アメリカの田舎町で起きた連続通り魔殺人事件を、主人公の天才外科医ブラック・ジャックは軍のミサイル実験の衝撃波によるカマイタチ現象だと看破し、「日本の伝説にかまいたちってやつがあってな」「日本の東北地方のいいつたえだ／かまいたちという三人一組の妖怪がいて　村人なんかを急にうしろからおそう／ひとりめはつきころがし／ふたりめはカマでサッと切り／三人めはすばやく血止めグスリをぬって　逃げていくというんだ」「――つまりなにも刃物を使わないのに／からだがスパッと切れる現象だ」と、カマイタチ伝承を引き合いに出して解説する。加えて「だがこれは科学で説明がつく」として「ちいさな旋風によって真空ができる／それに瞬間的にすいつけられてからだが切れるのだ[28]」と「カマイタチ＝真空」説という「知識」をもって伝承を補足する（図3）。まんが・ゲームにおいては、伝承の存在＝妖怪であるカマイタチの正体が、現象＝妖怪の説明である「真空」説をもって解説される。

そしてカマイタチ現象の〈科学的説明〉は、存在＝妖怪としてのカマイタチを離れて一人歩きしている。カマイタチの原理がヒーローの奥義、必殺技としてもてはやされているのである。先に触れたゲームソフト『かまいたちの夜』の関連本『かまいたちの夜　公式ファンブック』では、「かまいたちア・ラ・カルト」と題して、「妖怪!?それとも自然現象!?〝かまいたち〟の正体は？」「技としても活躍する〝かまいたち〟!!」という見出しで、まんがやゲームに登場したカマイタチ技を紹介している。

　そして、この〔注：カマイタチの〕原理はマンガなどの必殺技としても、驚くほどの頻度で登場する。／スッパリと血も流さずに切り裂くという劇的な効果。〝真空〟云々のもっともらしい科学解説。必殺技のネタとして、これほどマンガにマッチした素材は他にないということだろう。かつての人気少年時代活劇「赤胴鈴之助」あたりの〝真空切り〟あたりが、その元祖ではないかと思われるが、とにかく良く出る！[29]

『赤胴鈴之助』は一九五四年開始の竹内つなよしの人気まんがで、ラジオドラマ化・実写映画化・テレビドラマ化・テレビアニメ化もされた作品である。少年剣士鈴之助が千葉周作道場で伝授される必殺技が「真空切り」で、拳をすばやく動かして竜巻を起こし敵を倒す技である。東蒲原の話者が「千葉周作の真空斬りっていうのも、そっからきたんでねぇか」と述べるように、つむじ風＝真空というイメージが利用されている。

　一例を挙げれば、国民的人気をもつロールプレイングゲーム「ドラゴンクエスト」シリーズでは、攻撃魔法「バギ」としてカマイタチ現象が使われている。ガイドブックでは「聖なる力で真空状態を作り出し、それにより発生した「かまいたち」

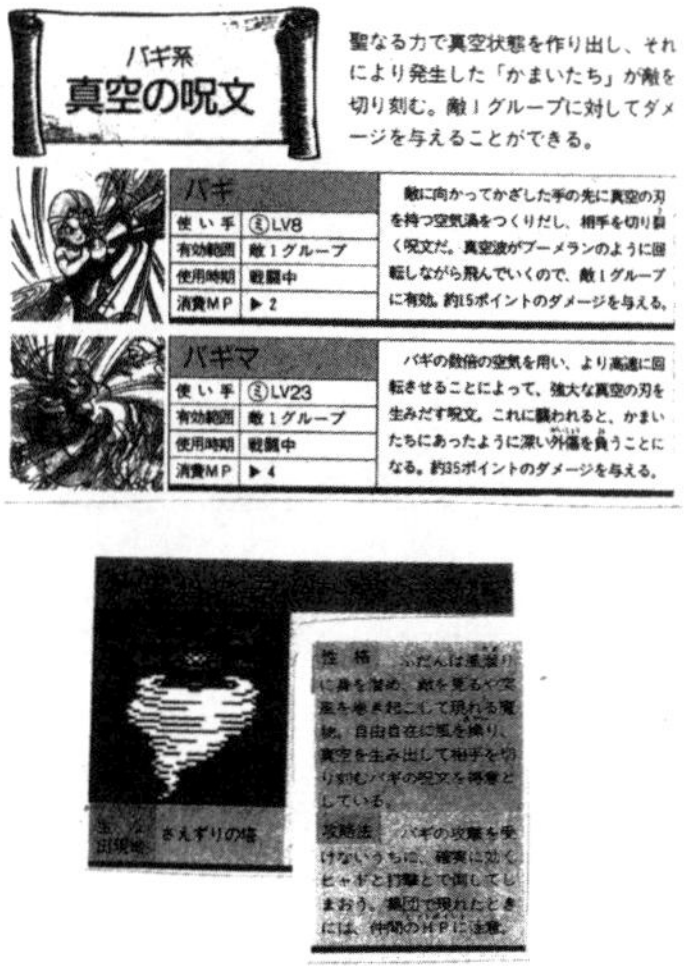

図４　ゲーム攻略本における攻撃魔法「バギ」と、敵モンスター「かまいたち」の解説。『ドラゴンクエストⅣ公式ガイドブック』下（エニックス、二〇〇二）

図５　大豪院邪鬼の放つ「奥義・真空殲風衝」を解説する登場人物たち。宮下あきら『魁！男塾』一〇（集英社、一九八八）

が敵を切り刻む」と説明されており、「ドラゴンクエストⅣ」にはバギを得意とする「かまいたち」という敵まで登場する（図４）。

魔法の力に頼らずとも、宮下あきら『魁！男塾』では強敵・大豪院邪鬼が鍛えぬいた拳の力によって岩で出来た壁に穴を開けるほどのカマイタチ現象を起こしている。格闘ゲーム「ストリートファイター」シリーズで、アメリカの軍人・ガイル少佐が腕を音速で動かして放つ「ソニックブーム」という衝撃波なども、仲間に入れてよいだろう。他にも拳や剣やアイテムの力で真空を作り出すヒーローは枚挙にいとまがない。カマイタチ現象が、ここではヒーローたちの必殺技としてもてはやされているのである（図５）。

このような「真空」説の魅力は、『かまいたちの夜　公式ファンブック』が述べるように「〝真空〟云々のもっともらしい科学解説」にあるだろう。人間離れした技でありながらも、真空や衝撃波などの疑似科学的説明が、ある種のリアリティを担保する。さらに「疾風」「旋風」のスマートな印象や、「すごい速さで拳や剣を振り、斬撃を打ち出す」という正々堂々さ、その速度を可能とする努力や鍛錬を想起させる点から主人公やライバルにふさわしい技として「真空」が持ち出され、その〈科学的説明〉にカマイタチ現象が、その背景となる「知識」としてカマイタチ伝承が持ち出されるのである。

カマイタチ＝存在＝妖怪の解説としてカマイタチ＝現象の（擬似）科学的説明が引き出され、（擬似）科学的説明に彩られたカマイタチ＝現象の解説に、それがカマイタチという存在＝妖怪だという「知識」が引用される。カマイタチという現象＝存在は、ポピュラー・カルチャーの世界で再構成・再創造され、広まっているのである。

六　回収装置という〈話型〉、科学という〈話型〉

知らぬ間に手足にできていた傷。――これが「現象＝妖怪」としてのカマイタチ。前足が鎌になったイタチ。新墓の鎌の化けたもの。天狗の構え太刀。三匹一体のタタリ神。つむじ風が引き起こす真空。――これが「存在＝妖怪」の「知識」としてのカマイタチ。

妖怪は不可思議な現象を日常の秩序へと回収する民俗的な装置である、という説明は多くなされている。だが「知識」が解説すべき「現象」を凌駕し、言説のみが一人歩きするという展開も、妖怪言説の一形態として注目されてよい。論者は以前、こうした妖怪言説の展開について、所持することにより幸運を呼ぶという妖怪的存在である「ケサランパサラン」を例として論じた。[30]

ケサランパサランは、幸運を呼ぶ白い毛玉という「存在＝妖怪」の「知識」が、毛玉や植物の冠毛を「現象＝妖怪」として発見させていくという例であった。カマイタチは「現象＝妖怪」を説明する幾つもの「存在＝妖怪」の知識が、より有力な知識（ここでは真空）に収斂され、その支配的な知識が一人歩きして「造型＝妖怪」（カマイタチという妖怪キャラクター）が作られ、そのキャラクターの展開によって「存在＝妖怪」の知識が強化されるという展開をたどっている。そこでは初発の「現象」（不思議な傷）は括弧にくくられ、展開の外にあるかのように見える。

しかし「カマイタチ＝真空」説は、「身を切るような風」などの慣用表現に現れるような、われわれの身体的・直覚的な理解に支えられている。また竜巻や渦巻などの「巻く」力に対する民俗的思考も「真空」説を下支えしているはずだ。人はみな信じたいものを信じる。信じたいものが否定されそうなとき、人は信じるに足る理由を捏造してでも信じる。先に引いた牧野信一「爪」の後半部分には、「爪を燃すと気違ひになつてよ」という俗信を「爪の中には酸素の一種で笑気と称する元素が含まれてゐるんだ」と解説し「さう、やつぱり昔の人の云ふ事には何かしら原因があるものね」と納得する場面がある。[31]「存在＝妖怪」の知識も同様に「現象＝妖怪」の直覚的な理解を肯定し、納得するために作られている。

こうした知識（誤った信念）の創造と流通を社会心理学者のファーンハムは「しろうと理論」[32]と名付けた。それは様々な情報や知識を再構成して作り上げられる、各人による世界把握の方法である。また野村典彦は論文「健康に生きる」[33]において、「冬至にカボチャをたべると中風にならない」という俗信を「ビタミンがある」、「食べてすぐ寝ると牛になる」という諺を「消化によい」などとして再評価するような、「迷信」を「合理化」しようとする〈物語〉を指摘した。慣れ親しんだ習慣（＝民俗）に、現在も通用する合理的な裏づけを求める心が爪の中に笑気ガスを発見し、カマイタチを真空にしたといえる。そしてその媒介となったのは、知識を流通させる近代の活字文化や学校制度だったはずだ。このような、合理化され説明される現象＝妖怪と、その合理化を背景に広がる創造＝妖怪をめぐるものいいについては、「メディア」という魔法のことばに必要以上にとりこまれないように、細心の注意をはらいつつ考える必要があるだろう。

近代の妖怪文化は、一人ひとりが自らの知識＝世界観を強化するものいいを「媒体《メディア》」から選択して取り入れ、そうして生み出されたものいいを再び「媒体《メディア》」へと戻す、相関的な営みの中に存在しているのである。

注

1　ヴィジュアル系ロックバンド「かまいたち」は一九八五年結成、一九九一年解散。お笑い芸人コンビ「かまいたち」は吉本興業所属。二〇〇四年結成、現在活動中。

2　近世随筆の事例は、国際日本文化研究センター「怪異・妖怪伝承データベース」(http://www.nichibun.ac.jp/YoukaiDB2/index.html) に多く教えられた。

3　そのような作品の代表格がスーパーファミコン専用ソフト『かまいたちの夜』(チュンソフト、一九九四)である。同作品はサウンドノベルという形式の推理ゲームで、雪に閉ざされたペンションで起きたバラバラ殺人事件を、カマイタチ伝承と「カマイタチの正体は真空」という「科学知識」を手がかりに解いてゆく。同作品は好評を博し、続編(二〇〇二)・続々編(二〇〇六)の作製やテレビドラマ化(二〇〇二)がなされた。

4　二〇〇一年の食品玩具ブームに発売されたフルタ製菓『百鬼夜行　妖怪コレクション』でも、石燕の画を基に「鎌鼬」が立体造型された。

5　小松和彦は『妖怪文化研究入門』(せりか書房、二〇〇二)で、妖怪を文化的に考察する場合、出来事レベルの「現象=妖怪」、伝承される存在としての「存在=妖怪」、造型されキャラクター化されるようになった「創造=妖怪」の三段階の差異と相互の関連を視野に入れる必要があると論じている。

6　志筑忠雄については『蘭学のフロンティア　志筑忠雄の世界』長崎文献社、二〇〇七、松尾龍之介『長崎蘭学の巨人　志筑忠雄とその時代』弦書房、二〇〇七、など参照。

7　『井上円了・妖怪学全集』一、柏書房、一九九九、五七八～五八〇頁。

8　「僕はねこの間Kさんから直接聞いたんだがね、その時Kさんは自分が気が狂つた時の気持を僕に話したんだ…(中略)…ただある種の空気と自分の精神とが触れ合つた一瞬間に、別の世界を見せられたのだ。よく歩いてゐる人が真空域に触れて突然筋肉の裂傷を見る場合があるぢやないか、――何とか云つたね。」「カマイタチとか云ふわ。」「それそれ、――丁度それと同じやうなものさ(後略)」「爪」『牧野信一全集』二、人文書院、一九六二、一三頁。

9　一柳廣孝『〈こっくりさん〉と〈千里眼〉』(講談社、一九九四)。

10　井場琢蔵『ふるさとの子ども歳時記』みどり新書の会、一九七二年。

11 「カゼ」については佐々木宏幹「「カゼ」と「インネン」」『人類科学』三七（九学会連合、一九八五）など参照。

12 「ダイバ神」については、本多夏彦「馬の病気「だいば神」」『上毛民俗』三三（上毛民俗の会、一九五六）、上野勇・角田恵重・住谷修・伽婢子「ダイバ神資料」『上毛民俗』三四（同、一九五六）など参照。

13 玉岡松一郎「若狭常神小集」『近畿民俗』一―三（近畿民俗学会、一九三六）。

14 手塚邦一郎「下野の山の神信仰」『伊勢民俗』三―三・四（伊勢民俗学会、一九五七）。

15 早川孝太郎「鼬の話」『郷土研究』四―一（郷土研究社、一九一六）。

16 笹谷良造「八幡根元信仰」『國學院雑誌』（國學院大學、一九六七）。

17 國學院大學民俗学研究会『民俗採訪』S38年号（自刊、一九六五）。

18 虎姫むかし話編集委員会『虎姫のむかし話』二（虎姫町教育委員会、一九八〇）。

19 武田明『祖谷山民俗誌』（古今書院、一九五五）。

20 例えば堀内真「都留市谷村の昔話」『甲斐路』六七（山梨郷土研究会、一九八九）では、何の原因もなく起こる足の痛みは、殺生石のかけらを踏んでなるイシブという病だという。

21 （注10）に同じ。この事例にも「毛細管」などの（擬似）科学的説明がある。

22 『寺田寅彦随筆集』二、岩波書店（岩波文庫）、一九六三、一九九頁。

23 『気象』一六〇（日本気象協会、一九七〇）。

24 『気象』一六一（日本気象協会、一九七〇）。

25 『高志路』三二一（新潟県民俗学会、一九九六）。

26 『高志路』三三〇（新潟県民俗学会、一九九八）。

27 実は論者も「カマイタチ」の経験者である。一〇歳のころ、積まれたマットレスの上から落下し、畳で膝をぱっくりと割った。そのとき「ほとんど血が出ず、痛みがなかった」ことを憶えている。しかし「カマイタチ＝皮膚の緊張」説に出会うまで、これが同様の現象であることに思い至らなかった。日本以外でカマイタチ傷病の報告がないのは、そもそもそのような傷が「不思議な現象だ」と意識されていない可能性が高い。

28 手塚治虫『ブラック・ジャック』一六（秋田書店、一九七九）。飛騨の事例であった三匹連れの伝承が「東北地方」

にすり替わっている点からは、一九七〇年代のディスカバー・ジャパンにおける「民俗」へのまなざしがかいま見える。
29 『かまいたちの夜　公式ファンブック』（チュンソフト、一九九五）。
30 飯倉「「名付け」と「知識」の妖怪現象」『口承文芸研究』二九（日本口承文芸学会、二〇〇六）、同「毛玉たちの沈黙、あるいはケサランパサランの独白」一柳廣孝・吉田司雄『妖怪は繁殖する』（青弓社、二〇〇六）参照。
31 （注9）に同じ。「笑気」は笑気ガスの主成分亜酸化窒素（N_2O）だが、爪の主成分ケラチンには含まれず、この説明も現代においては疑似科学となっている。
32 ファーンハム、A・F『しろうと理論』（細江達郎ほか訳、北大路書房、一九九二）。
33 野村典彦「健康に生きる」『世間話研究』一〇（世間話研究会、二〇〇〇）。

女の敵は、アマノジャク

昔話「瓜子織姫」系絵本における妖怪

横山泰子

はじめに

結婚前の若い女のもとに出現し、彼女の仕事を妨害して困らせ、場合によっては殺してしまう……。こんな存在は、「女の敵」以外の何者であろうか。この「女の敵」と、被害者である「女」に関する昔話として、東北から九州まで広く伝承されてきたのが「瓜子織姫」である。

「瓜子織姫」は、瓜から女の子が誕生する点で「桃太郎」とあざやかな対照をなす。柳田國男は『桃太郎の誕生』で「瓜子姫の昔話は桃太郎と同時に並び行われたのだが、文筆の士に採録せられなかったゆえに、新奇なる潤色を受けずにすんだ」と述べている。[1] 現代人は「桃太郎」の話を桃太郎の敵が鬼であることも含め、よく知っている。だが、瓜子姫については、敵が何かはもちろんのこと、話そのものもよく知らないのではないだろうか。

本稿では、昔話「瓜子織姫」の絵本化の歴史を追いながら、姫の敵である妖怪アマノジャクについて考える。アマノジャクは長い伝統を持つが、そのイメージは多様で曖昧模糊としている。それゆえに、絵本作家にとっては、新しい解釈で表現する余地のある妖怪である。このことに注目し、筆者は前近代のアマノジャクの姿や性質をふまえつつ、現代日本で流通している「瓜子織姫」系絵本の中で、アマノジャクがいかなる存在として描かれているかを考察する。

なお、昔話における名称は地方によって違いがあるので、本稿では一般的な主人公名を「瓜子姫」(昔話の題名としては「瓜子織姫」)とし、姫の敵は「アマノジャク」と呼ぶ。個々の作品分析にあたっては、作中の名称をそのつど用いることとする。

一　昔話「瓜子織姫」と前近代のアマノジャク

まず、昔話「瓜子織姫」の標準的な筋を紹介しておく。子のない老夫婦が、川上から流れて来た瓜の中から生まれた娘を子供として育てる。瓜子姫は機織りを好み、毎日機を織る。爺婆の留守中に、アマノジャクが家に侵入し、姫を誘い出して木に縛り付ける。アマノジャクは偽の花嫁として嫁入りする。途中で木に縛り付けられた姫が、花嫁はアマノジャクであると知らせる。姫は助けられて結婚し、アマノジャクは退治される。このパターンは西南日本に多いので、以後「西南型」と呼ぶ。それに対し、姫が敵に惨殺される話は東北に多く(以後「東北型」とする)、切り刻まれた姫を爺と婆が食わせられる例すらある。姫の運命の大きな違いは、姫の敵の残虐さの違いでもある。

姫の敵の正体にも、地域差がある。「瓜子織姫」の悪役の違いを検討した丸谷仁美によれば、姫の敵は全国的にはアマノジャクが多いが、ヤマンバや獣、人間の例も見える。そして、東北地方のアマノジャクは「背中に刺がある」「長い爪を持つ」など、獣のような特性を持つ。また、東北地方ではヤマンバが散見され、大抵の場合、姫を食い殺す殺害方法を取るという。西南型では特に外見的な特徴は見出せないそうである。[2] 要するに、姫の敵のイメージは多様であり、名前も性質も外見も統一されてはいないのだ。

図1　『瓜子姫物語』

図2　『瓜子姫絵巻断簡』

このような「瓜子織姫」は、『瓜姫物語』として古い時代に成文化された。『未刊中世小説三』古典文庫に翻刻があり、物語の成立は室町後期と推定されているが、その内容は、姫が殺害されずに結婚する、西南型のストーリーである。藤沢衛彦コレクションの『瓜子姫物語』は、姫に化けて駕篭に乗った鬼の如きアマノジャクと背後に縛られた姫を描くので（図1）、これもまた西南型と思われる。また、梅津次郎によって紹介された『瓜子姫絵巻断簡』の中にも、花を使って姫をだますアマノジャクの絵が認められる。[3] 人間に似ていなくはないが、足の形が異常である（図2）。

江戸時代においては、『昔話きちちゃんとんとん』（天保元年、豆本、柳亭種彦作、歌川貞秀画）も作られた。序には、「越の国人に聞しとて、むすめ豊が物語る童話」に「私意を加へ」とあり、その内容は、西南型の話に種彦が脚色を加えたものとなっている。[4] この作品での「天邪鬼」は、「身の丈八六尺あまりに色黒く、眼光り、顔しかミ、さながら地獄の画に描ける鬼の如くの者」と説明され、絵も鬼の如き姿となっている（図3）。また、一光斎芳盛画　全亭愚文作の合巻『昔咄猿蟹合戦』に、火鉢を囲んだ子どもが昔話を順番に披露する様子（図4）が描かれ、「おとくさん、きちちゃんとんとんのはなしをしなよ」と記されており、「瓜子織姫」の昔話が「きちちゃんとんとん」の名で呼ばれていたと考えられる。これらの資料から、当時「瓜子織姫」が、子どもたちの間で語られ、楽しまれていたことが推測されるが、それと同時に『嬉遊笑覧』下巻が、西南型の粗筋を示すとともに「今江戸の小児多くは此話をしらず」としているので[5]、それほど一般的な普及率ではなかったこともうかがえる。

図3　『昔話きちちゃんとんとん』

図4　『昔咄猿蟹合戦』（名古屋市蓬左文庫蔵）

以上、口承文芸、および前近代の資料に描かれたアマノジャクを眺めてきた。ここで注意しておくべきことは「口承文芸の世界では、姫の敵は多様であること」「江戸時代までに文字と絵で表現された『瓜子織姫』は、どれも西南型であった。そのため、アマノジャクは残虐な殺人鬼としては描かれなかったこと」の二点である。

江戸時代は昔話絵本が数多く出版された時代であったが、多種多様な話が絵本化されていたわけではない。同じ昔話（桃太郎、猿蟹合戦、舌切雀、花咲爺、かちかち山など）がくり返し絵本になっていたのである。[6] 当時、「桃太郎」は頻繁に絵本化されたにもかかわらず、「瓜子織姫」が種彦豆本以外にほぼ見られないというのはどういうわけであろうか。三浦佑之は「文献の『桃太郎』は江戸中期に出版された赤本にしか遡れず、内容的にも、中空部分のない『桃』に神の子が宿って流れてくるという不自然さや、理由もなく鬼退治に出かけるといった緊張感の無さなどを考慮すれば、『瓜子姫』以前にその成立を認めることはむずかしい」と述べ、「瓜子織姫」が「桃太郎」よりも古い話であると示唆している。[7] 後発と思われる「桃太郎」が、江戸時代の絵本の世界で「瓜子織姫」を圧倒してしまったのはなぜか、私はその答えを持たない。ただ、事実として、女の子を主人公とする日本の代表的な昔話「瓜子織姫」が、その古い歴史にもかかわらず、江戸時代の「桃太郎」のような普及度を持ちえなかったことを確認しておく。

江戸時代に有名になっていた昔話は、明治以降、小学校の教科書に収録されたり、口語唱歌として歌われるようにもなり、いわゆる「五大童話」として広く普及することとなった。そして、その普及度は、現代にも影響している。岩崎文雄・小松崎進共編『民話と子ども』には、東京下町の小学生を対象として行われた「子どもがもっともよく知る民話」の調査結果が出ている。それによると、一年生から六年生までのすべての学年で、「桃太郎」が上位一〇位の中に入っているのに対し、「瓜子織姫」は完全にランク外であった。[8]

このように、「瓜子織姫」は、古いが知られていない昔話なのである。アマノジャクの知名度の低さは、表現の型の無さに通じる。日本の昔話絵本のすぐれた再話者である松居直は、日本の昔話には、鬼、河童、天狗、山姥など不思議なものが出てきますが、日本の伝承されてきたものには型があります。（中略）それを変えるとすれば、それに匹敵するぐらいの型を作らなければなりません。伝承のイメージを新しく現代に再創造することはほんとうにむずかしいことです。それをする絵本作家は、伝承の型をしっかり学んで、その上でそれを越えていく新しい型を作っていかなければなりません。[9]

と述べている。先ほど桃太郎が繰り返し絵本化されたと述べたが、桃太郎の敵（鬼）については、あまりに多くの表現がなされてきたがために、その性格や視覚的なイメージは型になっている。それに比べ、「瓜子織姫」は知られておらず、姫の敵であるアマノジャクの型はない。そもそも、昔話の世界では、姫の敵は、名前も性格も視覚的なイメージも地方格差が甚だしく、まちまちなのである。それゆえ、絵本でアマノジャクを表現する際、伝承の型がないための困難さもあるが、自由さもある。この点を念頭に置き、現代の絵本作家たちが創造したアマノジャクを眺めながら、子どもと絵本の妖怪について考えたいと思う。

二　口まねをするアマノジャク――木下順二

昔話絵本じたいは前近代から作られてきたが、戦後は昔話に対する新しい考え方が生まれ、斬新な絵本も誕生することとなった。その動きの中心にいた人物として、劇作家・木下順二（一九一四～二〇〇六）をとりあげてみたい。木下は代表作『夕鶴』で知られるが、「民話」を題材に数々の戯曲、児童向けの絵本や読み物を作った作家である。なお、今「民話」といったが、この言葉――「昔話」ではなく「民話」――にこだわったのは木下自身であった。

木下は一九五二年に組織された「民話の会」の中心的メンバーであり、民話を祖先からの伝承として語り継ぎ、再創造すべきという考えを持っていた。木下自身は「民話によって仕事をするぼくの意識は、過去と現在との結節点に立って話を作り出す」(「民話について」)と述べており、昔話の忠実なる採集にとどまらず、「民衆と合作する」という意識で話をつくろうとしたのである。かくの如き民話観の是非はともかく、木下が「瓜子織姫」という素材に対しても、意識的に創造行為をしようとしていたことをおさえておきたい。

木下順二による「瓜子織姫」を素材とした作品は、以下のとおりで、ジャンルの違いによって細部に差異はあるものの、大筋は似ている。

1 放送劇『瓜子姫とアマンジャク』(一九五三年四月 文化放送より放送)
2 民話劇『瓜子姫とアマンジャク』(一九五三年六月 ぶどうの会が上演)
3 絵本『うりこひめとあまんじゃく』(一九五六年一二月 岩波書店『岩波の子どもの本 ききみみずきん』に『ききみみずきん』と共に収録、後にそれぞれ『ききみみずきん』『うりこひめとあまんじゃく』という独立した大型絵本として再刊。絵は初山滋)
4 民話『瓜コ姫コとアマンジャク』(一九五八年一二月 岩波書店『日本民話選』、後に『岩波少年少女文学全集
6 日本民話選』『わらしべ長者』に採録。絵は赤羽末吉)

なお、2の上演の際のパンフレットで、木下は「『瓜子姫とアマンジャク』という戯曲は、民話劇というより、むしろ童話劇といったほうがいいかも知れない」「ひとりでお留守番をしている子供の恐怖というようなものがふんい気として基調になっている」と述べている。[10] 木下の「瓜子織姫」の取り組みについては、民話劇を論じた

向井芳樹の論考があるが、[11]対象を子どもに特化した作品の方が、その童話的な性格がより生きるのではないだろうか。[12]木下は同一素材で色々な作品を書き分けた作家だが、1〜4を比較した時、私は3が優れていると考える。

絵本『うりこひめとあまんじゃく』の梗概を示す。うりこひめが歌いながら機を織っている。機の音と同じ音がかえってくるので、ひめは「あまんじゃくのいたずら」だと思いつつ仕事を続ける。ひめはあまんじゃくに呼びかけるが、物まねの声が近づくので怖くなる。あまんじゃくが戸口までやって来て騒ぐので、ひめはつい戸を開ける。あまんじゃくはひめの着物を脱がせ、柿の木のてっぺんに縛り付ける。あまんじゃくはひめの真似をして機を織るが、うまくいかず大騒動になる。おじいさんとおばあさんが帰宅すると、あまんじゃくはうっかり鳥の鳴き真似をしてしまい、捕らえられそうになるが逃げる。ひめは助けられ、また楽しく機を織る。以上、昔話「瓜子織姫」の標準的な筋立てからすると、かなり大胆なアダプテーションであった。

『日本民話選』のあとがきによると、木下が参照した原話が日本放送協会編『日本昔話名彙』であることがわかるが、そこに収められた「瓜子姫子」は、典型的な西南型の話であった。木下はこの話を時系列に追うということをせず、うりこひめとあまんじゃくが対峙する場面を集中的に描いたのであった。木下自身は、前掲のパンフレットで「最初この原話に関心を持ったのは、山彦という自己の投影と自己との対立から出てくるいろんな問題への興味だった」と述べている。「瓜子織姫」の話のどこに、自己と山彦という要素が見られるのか、少なくとも『日本昔話名彙』からだけではわからない。柳田の『桃太郎の誕生』は「山の反響が人間の声を真似るのを、小児等は普通眼に見えぬ物の悪戯と考えて、土地によってこれをヤマンボとも謂えば、あるいはまたアマノジャクとも謂ふのである」[13]と述べているので、木下はこうしたアマノジャク＝山彦という観念を取り入れたのであろう。このことにより、木下作品におけるアマノジャクは「物まねをする山彦」として形象されることとなる。

また、絵本の享受者を意識してのことであろうか（『ききみみずきん』の表紙には、対象年齢＝幼児〜小学1・2年生向を示すマークがついている)、作中のうりこひめは子どもとして表現されている。その子が「およめいりのときにきるだいじなぬの」を織っているというのは、やや腑に落ちないが、初山滋も主人公を女の子として描いている。よって、作中のひめの敵も、「女の敵」というよりは「女の子の敵」として描かれる。

それでは、女の子の敵とは、何だろう。『うりこひめとあまんじゃく』の、ひめの敵は、「いたずらこぞう」である。作中のあまんじゃくは、うりこひめと遊ぼうと思って、ひめにちょっかいを出す。ひめも機織りをしながら、つい「やあい、あまんじゃくう」と呼びかけてしまう。木下はひめの出す音や声と、口まねをするあまんじゃくの声を丁寧に描写する。

「あまんじゃくは、だんだんと　ちかづいてきます。もう　すぐそこへ　きたようです。うりこひめが、はたを、きこばた　と、ならすと、すぐに、きこばた　というおとが、おいかけてきます。そして、うりこひめの、とんとん　というおとがおわらないうちに、とんとん」

などと、あまんじゃくが徐々に近づいてくる過程には、スリルがある。しかし、まだこのあたりまではよい。あまんじゃくが大騒ぎを始め、しかたがなくなったひめが戸をあけると、あまんじゃくはいきなり入って来て、ひめを木に縛り付けてしまうのである。なぜ、こんな悪行をしたのだろうか。木下は

「いたずらこぞうの　あまんじゃくは、はじめのうちは、うりこひめと　あそぶ　つもりで、とおくの　ほうから　やってきたのに　ちがいありません。けれども、うりこひめが、なかなか　うちへ　いれてくれないので、だんだん　おこりだしたのです。そして、おおごえで　さわいでいるうちに、きっと　じぶんでも、な

にが　なんだか、わからなくなってきて、こんな　いたずらを　してしまったのでしょう」

と書いている。両者の間は、大人を介さない子ども同士の、遊び友だちの如き関係であった。だが、子ども同士が遊んでいるうち、ちょっとしたいたずらがエスカレートして、大騒ぎになることがある。木下のあまんじゃくと姫の関係も、小さい男の子と女の子の関係に擬せられる。あまんじゃくは最後にはおじいさんによって簡単に追放されてしまうが、この点もあまんじゃくの子どもの如き無力さを示している。

『うりこひめとあまんじゃく』の享受者である子どもは、自分に近い世界として、ひめとあまんじゃくの物語を受けとめるものと思われるが、多くの場合、この本は大人が読み聞かせる。音読してみると、作中に多様な音が含まれているのに気づく。ひめの歌や機の音、ひめのセリフ、鳥の声などの様々な音声、それに加えてあまんじゃくのものまねが繰り返される。音読の方法は読み手にまかされるが、あまんじゃくのセリフをそれらしく読もうとすれば、ひめのセリフを読んだ時の自分の発声をまねつつも、少し違う声を出すなどの工夫が必要となる。『うりこひめとあまんじゃく』は、難しくもあるが、様々に遊べる音読テクストである。

そもそも『うりこひめとあまんじゃく』の原点は、木下が女優の山本安英にあてた放送用の朗読劇であった。山本は、木下の朗読用の作品について「朗読していると楽しい」と述べ、その理由はくり返しにあると指摘する。[14]木下作品の「くり返し」という特徴は『うりこひめとあまんじゃく』にはっきりと現れている。何せ、音声をくり返すあまんじゃくが登場するのだから。読み手は自分で声に出した音をたしかめ、くり返しながらすすめるが、音をくり返す楽しさは、黙読や速読では味わえない感覚である。読者自身があまんじゃくになる、といったらよいのであろうか。

さて、木下の文章ではあまんじゃくの外見的な説明を一切行っていない。それに対して初山滋は、ぼんやりと

図5　『うりこひめとあまんじゃく』（絵　初山滋）

した影のような、不思議なあまんじゃくを登場させた（図5）。初山は色の濃淡を生かし、あまんじゃくの実体をぼやかすように描いた。そのことにより、あまんじゃくが正体不明であることがよく表れている。子ども向けの絵本で妖怪を描く際、あまりにグロテスクな表現では、子どもが見たがらない。かといって、妖怪を怖ろしくないように描こうとするあまり、かわいらしくしすぎると本質が伝えられない。その点で、初山のあまんじゃくはグロテスクではないが、どこかつかみどころのない不思議さが出ていると思う。

図5は、山の向こうからあまんじゃくがひめに接近しつつある場面だが、登場人物や背景を簡略化し、デザイン性の高い斬新な画面を得意とした初山の個性がみてとれる。岩波書店の担当編集者だったいぬいとみこは、「当時の絵本の常識ではあまりつかわなかった紫とかオレンジとか、大人の色がつかわれて、びっくりさせられた。製版の技術もまだ十分でなくて、初山先生の原画のニュアンスを、ちゃんと生かせなかったのは申しわけない気がする」[15]と当時を回想している。この絵本は時代の制約ゆえ、すべての場面がフルカラーになってはおらず、頁ごとにあまんじゃくの色が変わっているのだが、かえって妖怪変化にふさわしい表現になっている。妖怪を登場させた子ども向けの絵本で、かわいいものや滑稽なものは多いのだが、美しいものはなかなかない。その意味でこの絵本は、幻想美を放つ妖怪絵本として印象に残る一冊といえよう。なお、一九六八年の『うりこひめとあまんじゃく』（木島始文、朝倉摂絵、岩崎書店）にも、木下・初山の影響を見るこ

とができる（図6）。
木下の再話も初山の絵も、昔話の忠実な絵本化を理想とする限りは、評価しにくい作品である。ただし、木下と初山は、「瓜子織姫」をどこかの地方の古い話としてではなく、モダンで独創的な作品に作っていることはたしかである。「妖怪文化の新しい創造」という点で、私は注目すべき作品だと思う。

図6　『うりこひめとあまんじゃく』（絵　朝倉摂）

三　必要悪としてのアマノジャク——西本鶏介

「瓜子織姫」の筋には地域差があると述べたが、物語の途中で姫が殺されるのと、生き残って結婚するのとでは、現代人の読後感は異なる。絵本作家が「瓜子織姫」を絵本化する場合も、どちらのストーリーを選択するかでアマノジャクの性質もまた変わる。

現代の絵本作家の多くは、姫が死なずに生き残るストーリーを選び、絵本化しているが、例外的なのは西本鶏介である。西本は子ども向けに何度も「瓜子織姫」を再話しているが、常に姫が死ぬストーリーを選択してきた。一九八〇年に『うりこひめとあまんじゃく』（深沢邦朗絵）、一九八八年に再度同題の絵本（田木宗太絵）をともにチャイルド本社から、絵の割合の少ない『幼児のためのよみきかせおはなし集6』（ポプラ社、二〇〇二年、村上豊絵）を出しているが、いずれも姫が死ぬ物語を採択している。以下、『うりこひめとあまんじゃく』の梗概を記す。

子のない老夫婦の畑に巨大なきゅうりができ、その中から女の子が誕生する。うりこひめと名づけられた子は大きくなり、村いちばんの美女になり、機織りも上手であった。老夫婦の留守に、あまんじゃくが侵入する。そして気絶した姫の体にのりうつる。帰宅した夫婦は、普段と異なるうりこひめの様子に驚く。二人の前に鳥が飛んで来て「うりこひめはあまんじゃく　あまんじゃくはうりこひめ」と鳴く。あまんじゃくがひめにとりついたと知ったじいさまが、棒でたたこうとする。あまんじゃくは逃げようとして頭と胸を打つ。うりこひめの体から真っ黒な鳥が抜け出した。しかし、ひめは生き返らず、その体は長い瓢箪に変わった。以後、畑では葉一枚ごとに必ずきゅうりが一本とれるようになったというストーリーである。

なお、八〇年版『うりこひめとあまんじゃく』の最後に、参考文献として関敬吾編の岩波文庫『こぶとり爺さん・かちかち山』が挙げられていた。同書掲載の「瓜姫（新潟県古志郡）」と比較してみると、西本の再話は、岩波文庫版にほぼ忠実であることがわかった。岩波文庫掲載の「瓜姫」は、姫が死んで生まれかわるが、日本各地に伝わる「瓜子織姫」のほとんどは、姫の植物への転生を語らないので、珍しい例といえるだろう。

西本鶏介は八〇年版の絵本解説で、こう述べている。

「この新潟の話は、うりこ姫が最後にふくべ（ひょうたん）になり、葉一枚ごとにきゅうりをならせるという、いかにも農民の願いを象徴した結末です。ふくべは、幸福をもたらす宝物と考えられてきたもので、その中から、米やお金の出てくる話が少なくありません。殺されたうりこ姫が、ふくべにかわるというのも、そんな庶民の思いがこめられているからです」。

『うりこひめとあまんじゃく』の最後の頁では、きゅうりの収穫を喜ぶ老夫婦の姿が描かれている。うりこひめの死は悲しく、あまんじゃくは怖いが、結局人間には幸せが訪れるのだ。農民の願いを叶えるため、うりこひめは死なねばならなかったのである。大局的にみれば、あまんじゃくの暴力は、農民の希望をかなえるための「必要悪」ということになろう。

昔話研究者によると、「瓜子織姫」にはもともと古い民俗信仰の名残が見られるという。剣持弘子は「瓜子織姫にはもともと死→再生のモティーフがあったが、そのモティーフが欠落して伝播した」と考察しているが[16]、新潟県古志郡の話は、死後の姫の再生モティーフを持つ、古い話なのかもしれない。「瓜子織姫」の原型的な形を考えたり、民俗信仰の痕跡を見いだそうとする研究者の視点でみると、新潟県の話とその再話絵本である『うりこひめとあまんじゃく』には、興味深いものがある。

しかし、現代の昔話絵本の主たる読者対象は、子どもである。そして、当の子どもは文字を読むことができないので、大人が絵を見せながら、読み聞かせを行う。じっさい、筆者は五歳の長女に、「瓜子織姫」系の絵本の数々を読み聞かせているが、作品によって彼女の反応は大きく異なる。前掲の『うりこひめとあまんじゃく』では、口まねをするあまんじゃくが面白いらしく、自分でも擬音の口まねをしていた。しかし、主人公が突然死ぬパターンは、どれを読んでも「お話がわからない」と言うばかりであった。「あまんじゃくがこわい」のではなく、ただ「わからない」のだと言う。そこで、子どもにとって、どこがわからないのかを考えてみる。

松居直によると、大人と子どもでは物語に対する興味のあり方が異なる。「大人は作品の主題に関心を持つが、子どもは「いつ・どこで・だれが・なにを・どうして・どうなったか」という物語そのものの展開、表現に興味を示すという[17]。思うに、西本の『うりこひめとあまんじゃく』は、「豊作祈願」や「死と再生」というテーマが大人の関心をひくが、物語そのものの展開にはかなり飛躍があって、子どもの理解をこえるところがあるのではないだろうか。

図7　『うりこひめとあまんじゃく』（絵　深沢邦朗）

また、子どもは、主人公と自分を一体化させて物語を楽しむ傾向があるようだ。松岡享子は「子どもが物語の中の主人公と容易に一体化できるように物語が作られているかどうか、物語が語りすすめられていく視点が、子どものそれとうまく重なっているかどうかは、子どもにとっての、その物語の成功をきめる最大のかぎ」だと述べている。[18]西本の『うりこひめとあまんじゃく』では、子どもが主人公に一体化しようとすると、誕生から大きく美しく成長し、機織りの名手となる前半部分まではよい。だが、途中で、青鬼のようなあまんじゃくが侵入し（図7）、それにのりうつられたひめは死んでしまい、植物と化すのだ。大人の目には、姫の死は収穫をもたらす尊い犠牲であり、あまんじゃくの暴力も必要悪にうつるが、主人公に同化している子どもにとっては、あまりにも理不尽で不条理なのであろう。

かつて、昔話は、年齢を問わず幅広い年齢層の人々に楽しまれたものであったに違いない。大人も子どもも、口承文芸としての昔話をともに享受していた時代は、子ども向けでない要素や理解しにくいストーリーは、そのまま伝えられるか、あるいは聞き手の理解力に応じてそのつど改変されたと思われる。しかし、昔話が絵本を通じて子どもに与えられるものとなった現代、対象者の理解力と好みが重視されるのは当然である。私は『うりこひめとあまんじゃく』のストーリーは、大人にはよいが、子どもむけではないと考えている。現代の「瓜子織姫」系絵本の多くが、姫が死なない明るいストーリーにしているのも、その方が子どもが喜ぶためではないだろうか。

四　対象年齢に応じた「瓜子織姫」――松谷みよ子

先ほど、物語の楽しみ方が、大人と子どもで大きく異なることを述べた。しかし、子どもも永久に子どもでいるわけではない。昔話に対する態度も、子どもが成長するとともに変わっていくであろう。その点に配慮をしながら、「瓜子織姫」に取り組んだ作家として、松谷みよ子をとりあげたい。

図8　『うりこひめとあまのじゃく』（絵　梶原俊夫）

図9　『うりこひめ』（絵　つかさおさむ）

児童文学作家の松谷は、民話を素材にした創作童話や、『現代民話考』など現代民話の採録にも力を注いできたが、「瓜子織姫」関連では、複数の作品がある。

A『松谷みよ子民話珠玉選　うりこひめとあまのじゃく』梶原俊夫絵、童心社、一九七三年（図8）

B『うりこひめ』松谷みよ子作、つかさおさむ絵　童心社、一九九四年（図9）

C『むかしむかし3　うりこひめとあまんじゃく　さるじぞうほ

か』松谷みよ子作、土橋とし子絵、講談社、一九九七年（図10）
D『瓜子姫とあまのじゃく』松谷みよ子作、ささめやゆき絵

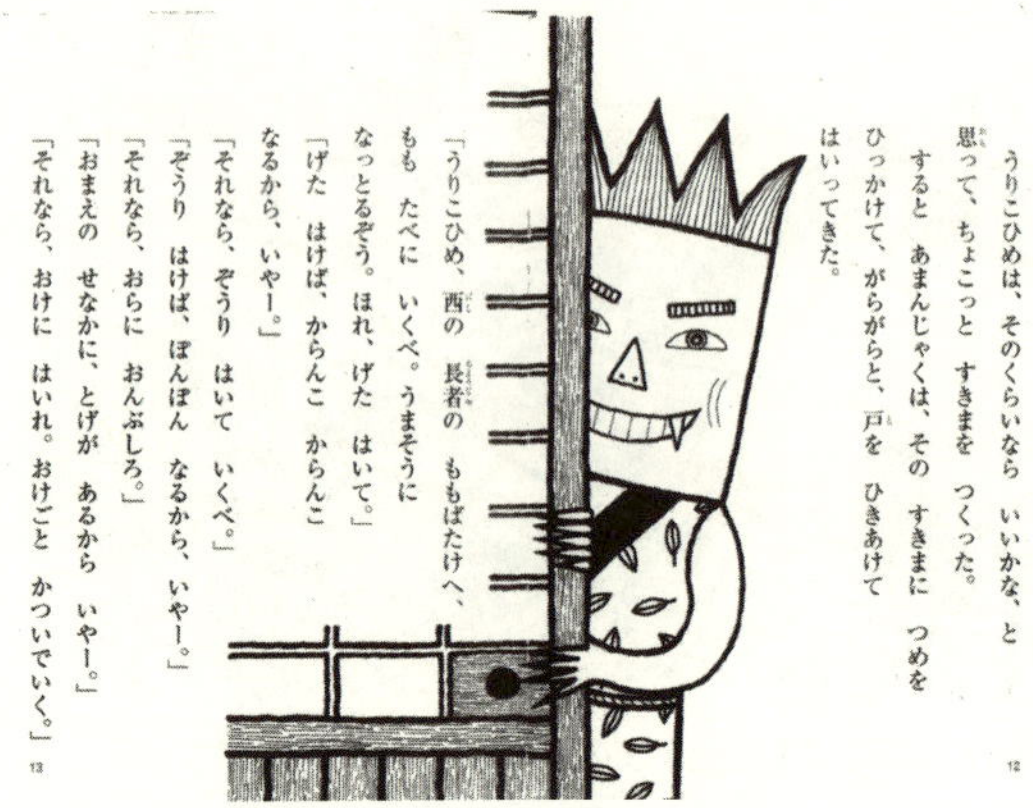

図10　『うりこひめとあまんじゃく』（絵　土橋とし子）

図11　『瓜子姫とあまのじゃく』（絵　ささめやゆき）

講談社、二〇〇八年（図11）

Aは紙芝居、Bは絵本、CとDは挿絵をともなう幼年向けの昔話集で、Cの裏表紙には「小学1年生から」、Dの裏表紙には「小学中級から」と、およその対象年齢が示されている。これらは、すべて違う画家による絵がついているので、アマノジャクの印象はそれぞれ異なるが、ほぼ同じ西南型の明るいストーリーになっている。

松谷みよ子の「瓜子織姫」の特徴は、主人公とアマノジャクのかけあいが入っているところである。松谷はAの解説文で「秋田で語られているこの『うりこひめとあまのじゃく』は、わたしのだいすきな民話の一つである。」というのは、語りの中にあるあまのじゃくとのかけあいの部分があるからで、このあたりをわらべ唄のようにふ

しをつけて語ると、幼い子どもはひどくよろこぶ」と言う。かけあいとは、次のような部分（引用はB）であろう。


「うりこひめ、にしのちょうじゃのももばたけへ、もも　食べにいくべ。ほれ　げた　はいて」

「げた　はけば、からんこからんこ　なるから　いやー」

「それなら　ぞうり　はいて　いくべ」

「ぞうり　はけば、ぽんぽん　なるから　いやー」

「それなら　おらに　おんぶしろ」

「おまえの　せなかに　とげが　あるから　いやー」

「それなら　おけに　はいれ。おけごと　かついでいく」


こうした場面は、ひめが敵とともに遊んでいるような雰囲気をかもし出し、不気味な妖怪が子どもにとって身近な存在とも思える箇所である。また、ひめに化けたアマノジャクがひめの真似をして老夫婦と会話をする場面にも、ユーモアが感じられる。このような箇所は大人にとってはどうということはないが、子どもは自分がアマノジャクとかけあいをしているように楽しむように見える。

いったんは身近に感じられたアマノジャクが、豹変して人に悪さをするところが重要である。しょせんアマノジャクは敵である。人の隙を見て入り込んで来て、突然恐ろしい行動に出る怖い存在だ。松谷はAの解説文でさらにこうも述べる。「幼い子にうりこ姫を語るとき、いちばん力を入れるのもここなのである。だれがきても戸をあけてはいけないよ、といってでかけるじいさまとばあさまの心は、そっくり現代のわたしたちにもつながる」。じっさい、親は子どもに対し、「一人でいる時には油断をするな」と、日常生活の色々な場面で言い聞かせるわ

図12『あまんじゃくとうりしめ子』（絵　丸木位里、丸木俊）

けだが、アマノジャクの怖さを伝えることは、子どもにとっての生きるための知恵、教訓ともなる。

妖怪の話を通じて、子どもに危険に対する心のそなえをさせることは、人類が古い時代から行ってきたことであるだろう。「瓜子織姫」の主人公は、保護者の言いつけを守らないで、つい妖怪を家に入れてしまったために、危険な目にあう。だが、いくら言いつけを守らなかったとはいえ、主人公がアマノジャクに惨殺される話は、教訓としては厳しすぎる。松谷はその点を考慮し、小さな子ども向けに、主人公がアマノジャクの危険から救われる展開の話にしているのであろう。

妖怪の残酷さに向き合うには、話を話としてある程度客観的にとらえる知性が必要となる。そうした理解力は、いつから芽生えるのであろう。松谷のC『うりこひめとあまんじゃく』では、内容はABと同様であるが、小学生向けの解説が書いてある。それには「桃太郎と同じように川上からながれてきたくだものから、赤ちゃんが生まれ、苦難のあと、結婚によるしあわせを得ます。けれど、うりこ姫がそのまま殺される話も多いのです」と、簡単にではあるが東北型のストーリーの存在を記している。ある程度成長した子どもには、「瓜子織姫」の筋にバリエーションがあり、中には残酷なものもあることを、松谷は知識として読者に伝えようとしている。

さらに、松谷みよ子には、大人を対象とした「瓜子織姫」の再話の仕事もある。それは、

E　「あまんじゃくとうりしめ子」、瀬川拓男との共編『日本の民話2　自然の精霊』角川書店、一九七三年所

収、絵は丸木位里、丸木俊（図12）

F「あまんじゃくとうりしめ子」、松谷みよ子『民話の絵本』すばる書房、一九七七年所収、絵は宮本忠夫（図13）である。Eには、東北地方の「あまんじゃくとうりしめ子」がおさめられている。あまんじゃくが裸のうりしめ子をまな板に載せ、包丁で切り刻むという残酷な話であり、絵と解説がついている。この話は、Fでも絵入りで再録され、あとがきには「『あまんじゃくとうりしめ子』にしても、その残酷さに顔をそむけることは容易だけれども、私たちの祖先の原始的な農耕儀礼の痕跡がここにあると聞けば、そこから目をそらすことではなく、人間が生きてきた長い歴史をたどってみることもできよう」と書かれている。このように、松谷みよ子は、幼児、小学生、そして大人と、対象年齢別の「瓜子織姫」の語り分けを行っているのである。現代の文化状況では、年齢によって話の受け取り方が異なることを前提にして、昔話を伝える工夫が必要ではないだろうか。[19]

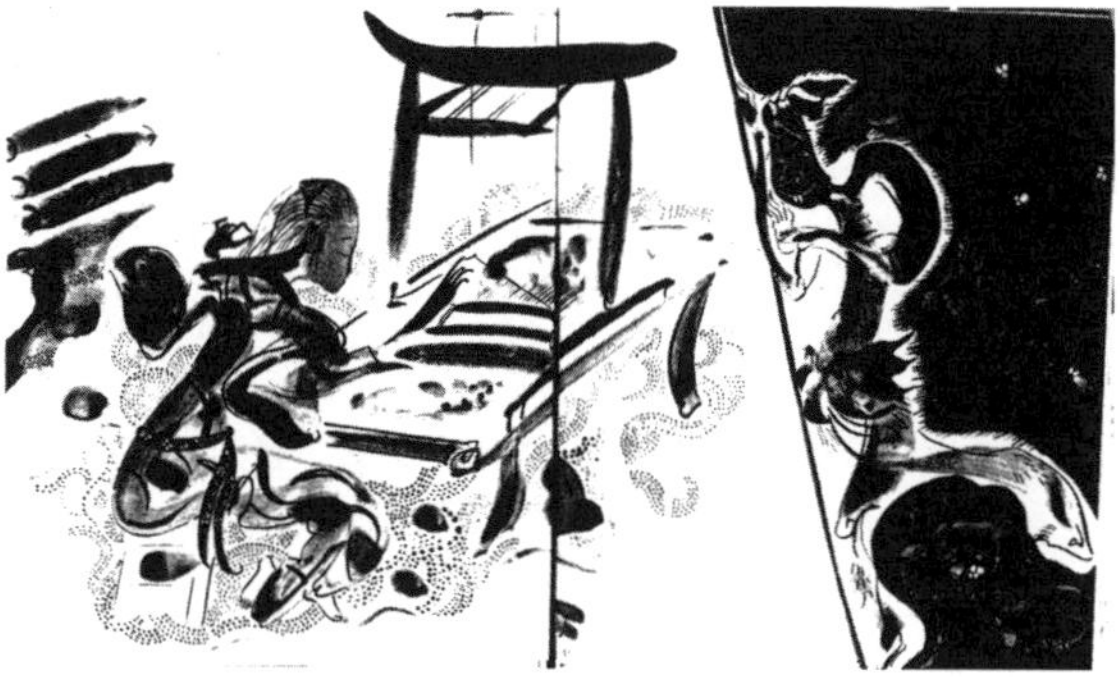
図13『あまんじゃくとうりしめ子』（絵　宮本忠夫）

ところで、松谷みよ子の文章に即して描かれたアマノジャクの姿はどのようなものであったろうか。図を並べてみると、松谷の手になる数々の「瓜子織姫」においては、アマノジャクのイメージの中心に「鬼」イメージがあり、それに画家たちが思い思いの絵をつけていることがわかる（図8〜図13）。前近代において、「瓜子織姫」に絵がつけられる際、アマノジャクは「鬼」の姿で描かれていた。だから、現代人がアマノジャクを鬼の如きものとして思い描くのは、伝統に即しているといえる。

子どもむけのA～Dはともかくとして、姫を殺す大人向けアマノジャクの図像には、私はやや違和感をおぼえる。言葉で表現されるアマノジャクの行為と、絵の雰囲気が釣り合わないような気がしてしまうのだ。例えばEは、まな板の上に寝かされた裸の主人公が、まさに殺害されようとする場面だが、アマノジャクが小さく描かれているせいか私にはあまり危機的な状況に見えない（衝撃的な場面をやわらげようとして、あえてこうした絵にしているのかもしれない）。このことは、西南型のアマノジャクは絵で表現しやすいが、東北型のアマノジャクは難しいということを示しているのではないだろうか。

五　妖怪の創造は許されるか

二〇〇〇年に入ってからの「瓜子織姫」絵本は、伝統を重んじる方向に進んでいるように見える。例えば、『瓜子姫っこ』（鈴木サツ語り、飯野和好絵、川崎洋監修、瑞雲社、二〇〇五年）は、優れた語り手の土地言葉をそのまま用いた絵本である。鈴木サツ（一九一一～一九九六）は、遠野を代表する昔話の語り手で、彼女の語りは『鈴木サツ全昔話集』（翻字）のほか、「CD資料鈴木サツ昔話集」などに記録されている。『瓜子姫っこ』は、「むかす、あったずもな」で始まる彼女の語りに忠実な絵本化であるので、土地言葉に慣れない読者のための共通語訳が付録についている。この絵本は、作り手側の「伝統的な昔話は安易に変えるべきではないので、共通語にもしない」という強い主張をしているのである。

小澤俊夫は、共通語の効用を重視する立場から、『うりひめこ』（おざわとしお　やまぐちさちこ再話、おおたかいくこ絵、くもん出版、二〇〇六年）を作っている。小澤は伝承されてきた昔話を変えることを戒めている。[20] 彼によると、今の日本の昔話絵本や再話本の多くが「再話者の文芸的好みによって文芸的装飾がたくさん加えられていたり、あるいは再話者の道徳観、教育観によって子どもの道徳教育に役立つように手を加えられていたりします。そして、語り口についても、昔話というジャンルがもっている語り口からはみ出して、創作文学の語り口をそのまま持ちこんでいるような場合が多く見られる」という。そして、「昔話の独特な語法は、むかしの日本人が日本じゅうで何百年も語り伝えているあいだに、自然に昔話が獲得してきたものです。ですから、それをなるべくこわさない形でつぎの世代にわたすのが、現代のおとなの責任だと思う」と述べる。こうした観点からすれば、現代人が昔話をもとに細部を語り変えたり、装飾を施したりする行為は否定される。先にとりあげた木下順二の『うりこひめとあまんじゃく』は、原話を大胆に作りかえているという点では、もっとも批判すべきということになる。事実、木下の再話については、既に瀬田貞二が「昔話としての元の形に還元することにならないで、自分の創作をつけ加える方向にいった」と批判していた。[21] 木下は「口まねをするいたずら小僧」という性質をアマノジャクに与え、それに対して初山は独創的な絵を描いたが、そのような「アマノジャクの創造」は昔話絵本の世界では許されなくなっているのだろうか。じじつ、近年の「瓜子織姫」絵本は、画家による絵の描き方の違いはあるものの、アマノジャクの行為や性質はほぼ統一されてきたように思われる。徐々にアマノジャクの「型」が作られてきつつあるのかもしれない。現代の昔話研究に携わる人々が、昔話の改変を好まないならば、昔話絵本において新たな妖怪の創造は難しいのだろうか。昔話絵本というフィールドは、表現者の個性を重んじる立場と、改変を文化破壊として嫌う立場との間が、せめぎあう場なのかもしれない。

ところで、私たちは「妖怪文化の伝統と創造　前近代から近現代まで」というテーマのもとに集まった研究者集団である。様々な議論をしてきたが、「前近代の妖怪文化の伝統が、近現代にまで影響を及ぼしていること」

を前提に、「伝統をふまえたうえで行われる、妖怪文化の現代的解釈あるいは創造行為は興味深い」と、暗黙の了解をしていたような気がする。もしかすると、そこには、重大な問いが抜けていたのかもしれない。それは「妖怪を創造してもよいのか」という問いだ。

山田奨治は、現代の妖怪ブームについて「妖怪はみんなが知っていて、誰のものでもない」から、水木しげるや京極夏彦が自分なりの創作を加え、あらたなものを創出していると述べている。[22] こうした現代の文化現象を、妖怪研究者は、おおむね寛容に受け入れている。筆者も、新しい妖怪文化が創り出されることを期待しさえしている。しかし、「みんなが知っていて、誰のものでもない」ものを、勝手に作りかえてよいのかと批判された場合、どのように応対すべきなのだろうか。今後の課題として再考したい。

注

1 『柳田國男全集第6巻』筑摩書房、一九九八年、二五六頁。
2 丸谷仁美「昔話『瓜子姫と天邪鬼』の地域比較」(『常民文化』一七号、一九九四年三月)。
3 梅津次郎「瓜子姫絵巻の断簡」(『MUSEUM』一二五号、一九六一年八月)。
4 林美一「『昔話きちちやんとんとん』の発見と紹介」(『江戸文学新誌』一号、一九五九年)。
5 『嬉遊笑覧』(『日本随筆大成』第2期別巻、一九二九年、三七〇頁)。
6 内ケ崎有里子『江戸期昔話絵本の研究と資料』三弥井書店、一九九九年、八―一一頁。
7 三浦祐之「瓜子姫の死」(『東北学』一号、一九九九年一〇月)。
8 岩沢文雄・小松崎進共編『民話と子ども』鳩の森書房、一九七〇年、第二章。
9 藤本朝巳『昔話と昔話絵本の世界』日本エディタースクール出版部、二〇〇〇年、一五九頁。
10 木下順二「『瓜子姫とアマンジャク』について」(『演劇の伝統と民話　木下順二評論集Ⅰ』未来社、一九六一年、二八一～三頁）。

11　向井芳樹「木下順二の民話劇について（2）『三年寝太郎』と『瓜子姫とアマンジャク』」（『帝塚山学院短期大学研究年報』一四号）。

12　木下の『瓜子姫とアマンジャク』は、昭和三〇年以来文楽でも「口語浄瑠璃」として上演されてきた。最近でも、平成一九年七月国立文楽劇場での上演例がある。これは、夏休みの「親子劇場」であり、子ども向けの作品と位置づけられているのである。

13　柳田前掲書、三二六頁。

14　木下前掲書、二五四頁。

15　いぬいとみこ「初山滋さん」（『月刊絵本別冊　すばる絵本研究　絵本の作家たち――初山滋・長新太・瀬川康男』すばる書房、一九七八年）。

16　剣持弘子「『瓜子姫』伝播と変化に関する一考察」（『昔話の成立と展開』土曜会昔話論集Ⅰ、一九九一年）。また、猪野史子「瓜子姫誕生譚と南方の説話要素」（『学習院大学上代文学研究』三号、一九七七年）は、ハイヌウエレ神話や南方の諸説話との比較を試み、瓜子織姫の古い要素について指摘する。

17　松井直『声の文化と子どもの本』日本キリスト教教団出版局、二〇〇七年、八〇頁。

18　松岡享子『昔話絵本を考える』日本エディタースクール出版部、一九八五年、八六頁。

19　瓜子織姫は歴史的・地域的にみても多様性を持つ説話であるので、西南型のみならず東北型の残酷なパターンが存在することも、興味を持った若年者には伝えるべきだと思う。網野善彦・大西廣・佐竹昭広『瓜と龍蛇』（福音館書店、一九八九年）は、題名にあるとおり、瓜と龍にまつわる様々な素材を集め、学際的な切り口でわかりやすくまとめた好著で、「瓜子織姫」とその周辺文化にも深く切りこんでいる。昔話絵本を卒業した後の若年者には、興味に応じて、こうした本をすすめてはどうだろうか。

20　小澤俊夫『昔話の語法』福音館書店、一九九九年、一五頁。

21　瀬田貞二「昔話の再話について」（『文学』一九六五年五月号）。

22　山田奨治『日本文化の模倣と創造』角川書店、二〇〇二年、八―一二頁。

図版の出典一覧

図1　『藤澤衛彦コレクション　摺物を中心として』太田記念美術館、鴨川市教育委員会編集発行、一九九八年より転載
図2　梅津次郎「瓜子姫絵巻の断簡」『MUSEUM』一二五号より転載
図3　林美一「『昔話きちちゃんとんとん』の発見と紹介」『江戸文学新誌』一号より転載
図4　『昔咄猿蟹合戦』（名古屋市蓬左文庫）
図5　木下順二　初山滋『ききみみずきん』岩波書店、一九五六年より転載
図6　木島始　朝倉摂『うりこひめとあまんじゃく』岩崎書店、一九六八年より転載
図7　西村鶏介　深沢邦朗『うりこひめとあまんじゃく』チャイルド社、一九八〇年より転載
図8　松谷みよ子　梶原俊夫『うりこひめとあまのじゃく』童心社、一九七三年より転載
図9　松谷みよ子　つかさおさむ『うりこひめ』童心社、一九九四年より転載
図10　松谷みよ子　土橋とし子『むかしむかし3　うりこひめとあまんじゃく　さるじぞうほか』講談社、一九九七年より転載
図11　松谷みよ子　ささめやゆき『瓜子姫とあまのじゃく』講談社、二〇〇八年より転載
図12　瀬川拓男　松谷みよ子『日本の民話2』角川書店、一九七三年より転載
図13　松谷みよ子『民話の絵本』すばる書房、一九七七年より転載

【妖怪で町おこし】

郷土玩具と妖怪

妖怪文化の〈伝統の創造〉

香川雅信

はじめに

郷土玩具とは、土人形、張子、練物など、江戸時代以来の製法を用いて製作され、地方の土産物として販売される玩具のことをいう。現在では後継者不足から廃絶してしまったものが多く、各地の土産物屋でも見かけることは少なくなってしまったが、かつては全国に熱心なコレクターが数多く存在していた。

この郷土玩具には、しばしば妖怪をモチーフとしたものが見られる。しかし、古くからあるもののように思われがちであるが、調べてみるとその多くが昭和になってからの創始であることに気づかされる。

なぜ、昭和になって生み出された新たな郷土玩具のモチーフとして、妖怪が選ばれるようになったのか。本稿では、この疑問を手がかりに、近代・現代の日本人にとって、「妖怪」および「郷土」とは何だったのか、ということについて考察してみたい。

一　江戸の「妖怪玩具」

かつて、妖怪は人間がコントロールすることのできない「自然」の象徴であり、それゆえに畏怖の対象となっていた。ところが江戸時代、とりわけ十八世紀の後半になると、「自然」の恩恵とも脅威とも切り離された大都市では妖怪のリアリティが薄れ、フィクションの世界の存在として、人間たちの娯楽の題材となっていったのである。妖怪を題材とした玩具があらわれたのも、江戸時代のことであった。[1]

もっとも早く見られたのは絵双六で、享保期（一七一六〜三六）にはすでにいくつかの種類が存在していたようだ。のちには妖怪の「いろはかるた」もあらわれるが、これらはマス目や絵札にそれぞれ一種類ずつ妖怪が描かれており、「遊べる妖怪図鑑」としての性格を持っていた。また、幕末から明治前期にかけておびただしい種類が板行された「化物づくし」と呼ばれる「おもちゃ絵」（子どもの玩具として製作された錦絵）は、さまざまな姿の妖怪たちを一枚の絵のなかに描き込んだ「妖怪図鑑」そのものであった。

その他、絵柄が変わる「仕掛絵」や、凧などに妖怪を題材としたものが多く見られたが、これらはいずれも平面的なものであることが容易に気づかれよう。実は、江戸時代の「妖怪玩具」には、立体物が非常に少ないのだ。

例えば、妖怪の人形について見てみよう。当時、庶民がもてあそぶ人形として普及していたのは、土人形と張子であった。これらはいずれも型を用いて作るために量産が可能で、安価で販売することができたのである。それでは、当時作られていた土人形や張子のなかに妖怪を題材としたものがどれくらいあったかといえば、実際のところほとんど見あたらないのだ。強いて挙げるならば、狐・猩々・人魚が「妖怪的」な題材だといえようか。ただし、狐は稲荷、猩々は疱瘡の疫病神の神体として祭祀の対象となっており、人魚も「コロリ」という疫病を避けるための呪物として用いられたもので、純然たる玩具というよりはむしろ信仰用具であった。また、これらは妖怪キャラクターとしては主役級とはいえず、いささか弱い。だが、「見越入道」や「河童」「幽霊」といった人気キャラクターが、江戸時代に土人形や張子として作られていた例は見あたらないのである。[2]

なぜ江戸時代の「妖怪玩具」は平面的なものばかりで、立体物が少なかったのか。それは、立体物は平面的なものに比べてモノとしての「存在感」や「気配」のようなものを感じさせてしまうために、玩具として楽しむにはいささかリアリティがありすぎると考えられたためではなかろうか。立体物は、その厚みや質量のなかに「魂」のようなものを宿してしまう、そのように感じ取られたためではないか。それらは、所有することができるモノでありながら、完全に支配することのできない異質な〈他者〉であったのだ。

江戸時代、妖怪はそのリアリティを失い玩具化した。しかし、モノとして独自の「存在感」を持つ立体物にまでは、そうした認識の転換は及ばなかったのだ。

二 「郷土玩具」の誕生

明治の代となり、人々の生活習慣も変化していくなかで、土人形や張子といった江戸時代以来の玩具は次第に廃れていく。ところが、こうした流れに抗するように、古い玩具に美や郷愁を見いだし、それらを収集する人々があらわれる。

明治二四年（一八九一）、郷土玩具に関する最初の文献とされる『うなゐの友』が刊行される。これは著者の清水晴風（仁兵衛）が自らの所持する古い玩具を描いた絵本であった。東京・神田で運送業を営んでいた晴風は、明治一三年（一八八〇）、向島の料亭で行われた「竹馬会」という趣味の集まりに出席し、その席上で陳列された日本各地の玩具を目にして「美術とはかかるものをいふなるべし」[3]と深く感動したことから、玩具の収集を思い立ったという。この本はたいへん評判を呼び、晴風はのちに「玩具博士」の通称で呼ばれるようになる。

明治二九年（一八九六）、東京帝国大学の人類学教室の関係者が発起人となり、「集古会」という古物趣味の会が作られる。これはもともと、考古遺物について自由に意見を交換する会として作られたものだったが、清水晴風ら市井の好事家たちがそこに加わったことによって、話題はむしろ玩具や人形、千社札など、江戸趣味に関するものが中心になっていく。[4]この集古会に参加していた人々には、旧幕臣の子弟や江戸の町人など、江戸文化にシンパシーを感じる人が多かった。[5]いわば失われつつある江戸文化へのノスタルジアとして、古い玩具や人形に愛着を抱く人々が出現しはじめていたのである。

さらに明治四二年（一九〇九）、この集古会を母体として、「人形玩具に関する智識の交換」を目的とした「大供会《おおども》」が生まれる。「大供」とは「大きな子供」で、大人でありながら子どものように玩具で遊んでいる者、という意味が込められている。この「大供」という言葉は、そののち、郷土玩具のコレクターを指す名称として用いられるようになる。今でいえば「おたく」にあたる言葉であろうか。

こうした玩具を収集する「大供」たちの登場は、立体的な玩具や人形に対する新しい感性の出現を暗示している。彼らは、もはや人形や玩具を信仰の道具や呪物として見ることをしない。彼らにとってそれらはひたすら収集という欲望の対象であった。いわば、近世の呪物崇拝《フェティシズム》は近代のモノへの愛《フェティシズム》へと様相を変えたのだ。

こうして江戸文化へのノスタルジアとして明治期に勃興した玩具収集趣味は、大正期に大きな転換を迎える。それは、時間的ノスタルジアから空間的ノスタルジアへの転換、「郷土」に対する憧憬の出現であった。

大正二年（一九一三）、柳田國男と高木敏雄によって『郷土研究』が創刊される。各地の伝承や風俗慣習についての情報と意見を交換する場として作られたこの雑誌は、のちに民俗学と呼ばれることになる「知」の枠組みを形成する上で決定的な役割を果たしたが、何よりも「郷土」という新たなキーワードを知識人たちのあいだにもたらしたという点で、その後に大きな影響を及ぼすことになる。

柳田によれば、「郷土研究」という言葉にはいつも「人望」があったといい、その原動力となったのは「郷土の語によって運び出された、無垢な行掛りのない前代の懐かしさ[6]」であったという。つまり、「郷土」という言葉の人気を支えていたのは、ノスタルジアだったのである。ただし、明治期のノスタルジアがあくまで江戸時代という時間軸に向けられたものだったのに対し、大正期のそれは失われた時代を「都市」に対するものとしての「地方」に投影する、空間的ノスタルジアであった。つまり、ノスタルジアを「失われたもの」に対する憧憬ととらえるならば、明治期のそれは「近代」が失ったものに対する憧憬であり、大正期のそれは「都市」が失ったものに対する憧憬であったのだ。

この「失われたもの」は、個人の内部においては、それぞれの「子ども時代」と容易に重ねあわされる。いわば個人的な幼年期の追憶としてのノスタルジアが、「郷土」という空間的ノスタルジアの対象と重ねあわされたその交点に浮かびあがってきたのが、「玩具」というアイテムだったのである。[7]

大正七年（一九一八）、京都で『郷土趣味』と題した雑誌が創刊される。「郷土」は「研究」の対象のみならず、「趣味」の対象ともなったのである。この『郷土趣味』は、前年に設立された郷土趣味社の機関誌であったが、その前身の一つは平安おもちゃ会という玩具収集趣味の会であり、郷土趣味社の規定には「全国の凡ゆる郷土的おもちゃを蒐集し且その研究解説等を印行して以て本会員に限り配布す」と記されている。「趣味」の対象としての「郷土」を表象するものとして、「玩具」はとりわけ重要なものとして位置づけられていたのだ。そして、大正一二年（一九二三）一月より、郷土趣味社を主宰していた田中緑紅による「郷土的玩具の話」が、『郷土趣味』誌上で連載を開始する。これはのちに「郷土玩具の話」と改題するが、これが文献上の「郷土玩具」という言葉の初出とされている。[8]

昭和に入ると、郷土玩具普及会を主宰した有坂与太郎らの活動によって「郷土玩具」の呼称が定着し、その収集がブームの様相を呈するようになる。昭和三年（一九二八）に創刊された『旅と伝説』は、観光と民俗学的な伝説研究とを接続しようとした雑誌であったが、同年六月号は「郷土玩具号」と銘打ち、有坂ら趣味家たちによる各地の郷土玩具を紹介する記事を掲載した。この号はかなり売れたらしく、その後は毎年のように「郷土玩具号」が特集されるようになる。また昭和五年（一九三〇）には、童画家であった武井武雄による『日本郷土玩具』が刊行される。これは、北海道・朝鮮・台湾をも含めた全国の郷土玩具を網羅したはじめての書物であり、趣味家たちの収集の手引きとしてその後も大きな影響を与え続けた。こうした雑誌や書物の力もあって、昭和一〇年（一九三五）前後には郷土玩具の収集が空前絶後のブームを迎え、大人の趣味の一つとして定着を見るのである。

「郷土玩具」というカテゴリーは、この頃に完成されたのだが、それは明治期に生まれた「江戸時代の玩具」を対象化する視線をそのまま引き継ぐものであった。そのため、郷土玩具と呼ばれるものの主流を占めるのは、土人形や張子といった江戸時代以来の製法によって作られた「人形」（動物など、人間をモチーフとしたもの以外も含む）なのである。かつて異質な〈他者〉であったそれらは、「郷土」を理想化し、収集の対象とする視線のもとで、コレクションという〈自己〉を構成する小宇宙のなかに取り込まれることになったのだ。この時、「人形」が持っていた立体物としての存在感のようなものは、不気味な〈他者〉の気配としてではなく、まさに所有欲やフェティシズムを満足させるモノとしての存在感となったのである。

三 「伝説玩具」の創生

さて、昭和初期に勃興した郷土玩具ブームのなかで、何よりも「伝統性」に重きを置く本来の方向性とは矛盾するような動きが、郷土玩具の趣味家たちのあいだから生まれてくる。それは新たな郷土玩具の創造、「創生玩具」の運動であった。

この「創生玩具」の運動は、同時期の「農民美術」の運動に対抗するものとしての性格を帯びていた。「農民美術」は大正八年（一九一九）に洋画家の山本鼎《かなえ》によって提唱されたもので、本来は農民が自給自足的に製作する工芸品を意味するが、第一次世界大戦後の不況のなかで困窮に陥った農村の農閑期の副業として、新たな土産物としての手工芸品の製作を指導・育成する運動として展開した。現在も北海道土産として有名な木彫りの熊は、この「農民美術」の運動の一つとして、大正末期より製作されるようになったものである。[9]

「農民美術」も「郷土玩具」と同様に、近代化や都市生活のなかで疲弊した人々の「癒し」となるべく、手作りの味わいや造形の素朴さなどを売りにしていたが、これが旧来の郷土玩具愛好家らの猛烈な反発を買う。その理由は、「農民美術」の製作指導者がごく少数の人々に限られていたため、各地の作品が同じようなものになりがちで、その土地土地の個性、趣味家らが「郷土色《ローカルカラー》」と呼んで何よりも重視する特色が薄弱であったためであるという。[10]

しかし、伝統的な古い郷土玩具のみを骨董的に珍重し、製作者たちの生活の現状を顧みない愛好家のあり方にも問題を感じていた有坂与太郎らのグループは、新たな時代の要請に即した独創的な郷土玩具の創生を提唱し、その考案と育成を支援しようとした。これが「創生玩具」の運動である。「創生玩具」の運動は、新たな土産物としての手工芸品を創造しようとしたという意味では「農民美術」との差異はなかったが、「郷土色」にこだわった点に特色があった。

このような運動のなかで、数々の新しい郷土玩具が考案されたが、実はそのなかに、妖怪をモチーフとしたものが散見されるのである。

例えば大阪府和泉郡信太《しのだ》村の葛葉《くずのは》稲荷で昭和五年(一九三〇)から授与されるようになった土人形の信太狐は、有名な「葛の葉」の説話(信太の森に棲む狐が、葛の葉という名の美女に姿を変え、命を救ってくれた安倍保名の妻となり子をもうけるが、正体を見破られて森へ帰っていくという物語)に基づいたものであるが、これは民俗学者の小谷方明が有坂与太郎の助言を容れて創作したものであった。また同年から堺市少林寺で授与されるようになった土人形の白蔵主《はくぞうす》は、狂言「釣狐」でも知られる白蔵主の伝説(狐が僧侶に化けて狩人に殺生を戒めたという物語)

に基づいたもので、これも小谷によって創生されたものであった。[11]

また同じ頃、温泉地として数多くの観光客を迎え入れていた鳥取県では、地元の鳥取土俗玩具研究会の力もあって、さまざまな創生玩具が生み出された。そのなかで、「柳屋」の屋号で張子を製作していた田中重利が創案したのが、経蔵坊《けいぞうぼう》とおとん女郎という狐の張子玩具であった（写真1）。これらはいずれも地元の伝説に基づいた玩具で、経蔵坊（桂蔵坊）は藩主の文使いを勤めたという狐、おとん女郎は女郎に化けて恩を受けた人に大金を贈ったという雌狐である。これらの玩具は、ショロショロ狐、恩志の狐、尾無し狐の三つを加えて「因幡の五狐」と称し、現在でも「柳屋」で製作されている。[12]

江戸時代には、こうした狐の土人形や張子は稲荷信仰と深く結びついており、玩具というよりは信仰の対象であった。十八世紀末ごろに書かれた百井塘雨の『笈埃随筆』には、伏見稲荷で土人形の狐を買って帰ったが、祠に祀り上げなかったために寺の小僧に狐が取り憑き、自らを祭祀するよう求めたというエピソードが記されている。ここからも分かるように、狐の人形はそれ自体妖怪的なもの、決して人間の支配下に置くことのできない異質な〈他者〉だったのである。

写真1　鳥取張子　経蔵坊・おとん女郎（鳥取県）　平成　筆者蔵

しかし、昭和初期に新たに創造されたこれらの狐玩具は、もはや「信仰」と結びついてはいない。確かに、それらは寺社の授与品としての意味合いを持たされてはいたが、それは「信仰」上の必要性からそうなったわけではない。単に元になった「伝説」が伝えられていたのが、それらの寺社であったからにすぎない。そう、これら新たな郷土玩具は、「信仰」ではなく、「伝説」から生み出されたのである。

実は、江戸時代の土人形や張子の多くは「信仰」と結びついた「由来」に基づいて生まれており、純粋に「伝説」にちなんで玩具が作られるというのは新しい傾向なのである。例えば、昭和一〇年（一九三五）の『旅と伝説』第八巻第八号では「伝説の附随する玩具集成」という特集が組まれているが、おそらくは特集を企画した者の意図に反して、伝説に基づいた玩具が少ないことを各地の愛好家が報告している。

この地方の豊富な伝説も屢々子供の童心に訴へ、純化されつゝ、猶各地にみるごとく玩具としてその生命を持たなかつたことは、単に炉辺の昔話として終らしめた季節の原因もあつたではなからうか。（木村弦三「玩具の伝説を語る――青森・秋田県」）

さて、三重・岐阜・滋賀三県下の伝説を持つおもちやと極め付けられて書出すと案外少数だ。（中略）近江の国には伝説の玩具は一寸見当らない。（伊藤蝠堂「三重・岐阜・滋賀の伝説をもつ玩具」）

大和一国及び、紀伊の大部分を占むるこの地域は早く皇化に浴した地として伝説に富んで居る。しかしながら此の伝説が玩具と結んで表現されるには、夫々適当なる條件が必要である以上、伝説の多い地域に必しも盛んに起り、持続せられるとは云へない。少くとも伝説を玩具に活し得るものたるを要する。この点に於て伝説の多い地に伝説に因む玩具が多く生れ、成長するとは云へない。（岡島誠太郎「伝説に因む奈良・和歌山二県の郷土玩具」）

山陰の伝説玩具はと問はれても一寸困ることである。古い玩具には何等さうした意味のものを有たない。（中略）しかし新しい玩具に至つては、さうした伝説に基いたものを散見する。（板祐生「山陰の伝説玩具概見」）

とりわけ、「新しい玩具に至つては、さうした伝説に基いたものを散見する」という指摘は注目に値する。伝承された物語を「伝説」として対象化し、さらにそれに基づいた玩具を作り出すというのは、きわめて近代的な現象なのだ。「伝説玩具」とも呼ばれるこれらの玩具は、「信仰」上の必要性から生み出されたのではなく、まさに趣味家たちを中心とする観光客たちが「郷土」に対して向ける欲望を満足させるために創出されたのである。いわば、趣味家たちが新たな郷土玩具に対して求めた「郷土色」を作り出すための仕掛けが「伝説」だったのだ。こうした「伝説玩具」の創生のなかで、妖怪の郷土玩具も次々に生まれていったのである。

飛騨の山彦人形もその一つである（写真2）。これは、放浪の仏師として知られる円空上人が、乗鞍岳の魔所として里人の近づかなかった大丹生ヶ池の怪異を封じるため、千体の仏像を作り池に沈めたという伝説に基づいて創作された郷土玩具で、桜の枝に紙粘土で怪異な容貌の首をつけたものである。その顔は、円空が鉈で刻んだとされる仏像を模したものとも、飛騨の峻険な山肌を表現したものともされている。この山彦人形は、昭和五年（一九三〇）ごろに「山彦洞」という郷土玩具店を営んでいた代情《よせ》山彦《やまびこ》（通蔵）によって創案されたものだが、代情はまた山の奇談や風俗慣習などを採集・記録した民俗学者でもあった。[13] なお現在、飛騨土産として有名な「猿ぼぼ」をいち早く商品化したのも彼だったらしい。

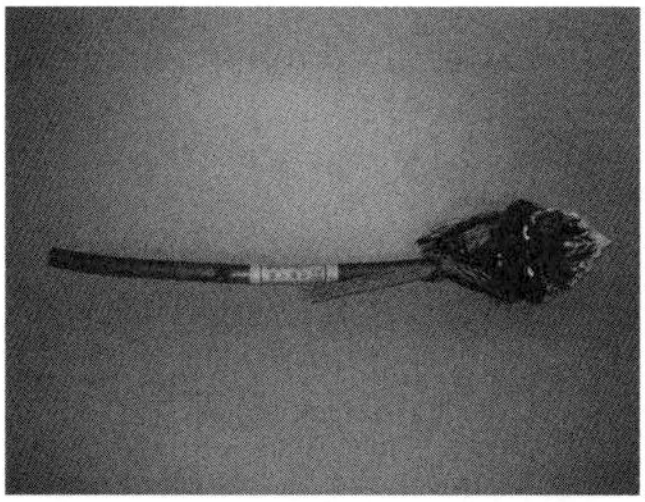
写真２　山彦人形（岐阜県）　昭和 20 〜 30 年代　筆者蔵

河童伝説の本場である福岡県に河童の郷土玩具が創始されたのも、同じころである。安徳天皇を祀る久留米の水天宮は、全国の水天宮の総本宮として知られているが、また河童の総元締であるともいわれ、ここのお札は河童除けに霊験あらたかであるという。それにちなんで昭和八年（一九三三）ごろ、久留米市観光協

写真３　久留米水天宮の河童面（福岡県）昭和戦後　筆者蔵

写真４　久留米水天宮の河童竹（福岡県）昭和戦前　兵庫県立歴史博物館蔵

会が地元の郷土玩具愛好家の協力を得て、河童面（写真３）、河童竹（写真４）、河童土鈴、逆立ち河童の貯金玉などを水天宮土産として創案した。[14] このうち、土製の河童面のみは戦後も生き残っていたようだ。

こうした「創生玩具」の運動、そして先行する「農民美術」の運動は、郷土玩具を「伝統」から解放し、新たな観光土産としての郷土玩具を創作する試みに積極的な意味づけを行うものだった。その影響はとりわけ、戦後になってあらわれる。戦後の観光旅行ブームのなかで、無数の「民芸品」が雨後の筍のように続々と生み出されていったが、それは「創生玩具」や「農民美術」の運動がすでに用意したものであったのだ。そして、そのなかで妖怪は、新しく作られた郷土玩具に「郷土色」を与える格好の素材として積極的に用いられるようになっていくのである。

四　かっぱ天国——簇生する河童玩具

敗戦、そしてその後の占領期を経て、ようやく日本の社会が復興を成し遂げつつあった一九五〇年代、郷土玩具の世界に、にわかに「妖怪ブーム」が巻き起こる。そのきっかけとなったのは、漫画であった。もちろん、水木しげるの登場はもっと後のことである。

その漫画とは、清水崑の『かっぱ川太郎』、および『かっぱ天国』である。清水は、昭和二六年（一九五一）の『小学生朝日新聞』の創刊に際し、子どもの河童を主人公にした漫画『かっぱ川太郎』の連載を開始する。そのかわいらしいキャラクターは人気を呼び、NHKで連続漫画として放映されるに至る。これは、アニメーションではなかったが、日本で最初のテレビ漫画とされている。さらに昭和二八年（一九五三）には、今度は大人の河童を描いた『かっぱ天国』を『週刊朝日』誌上に連載、柔らかい線で描かれた女河童が話題となる。

これら清水崑の「河童漫画」によって、「河童ブーム」が巻き起こる。清水の描くかわいらしくユーモラスな河童キャラクターは、黄桜酒造のマスコットキャラクターとして採用され（これはのちに作者を小島功にバトンタッチし、現在も親しまれている）、昭和三四年（一九五九）からは東京都の「都民の日」のキャラクターにも採用された。また『麦と兵隊』で知られた火野葦平が、昭和二四年（一九四九）の『河童』をはじめとして数多くの「河童小説」を発表したことも、この「河童ブーム」に拍車をかけた。

「河童ブーム」は、郷土玩具の世界にも大きな影響をもたらすことになる。まず最初に、ブームに敏感な反応を示したのは「こけし人形」であった。東北の「こけし」は、現在では知らぬ者がないほど有名な郷土玩具であるが、戦前までは郷土玩具の愛好家にしか知られていないものだった。しかし、昭和二三年（一九四八）に宮城県白石市で、供え餅の形をした「どんこ（だんご）こけし」が創案されたのをきっかけに、伝統にとらわれない新型のこけしが続々と製作されるようになり、進駐軍の帰国土産として人気を集めた。また、本来は東北地方が生産地であったはずだが、同じく木地玩具として有名な箱根細工の産地であった神奈川県小田原市や群馬県前橋市などが、こうした新型こけしの新たな産地となり、手作業ではなく町工場で大量に生産されるものへと変わっていった。こうした新たな「こけし」は、旧来の伝統的な「こけし」と区別されて「こけし人形」と呼ばれている。皮肉なことだが、東北の「こけし」が全国的に知れ渡るようになったのは、こうした「こけし人形」の登場

写真5　かっぱこけし（群馬県）
昭和20～30年代　筆者蔵

写真6　かっぱこけし（産地不明）昭和20～30年代　筆者蔵

によるものであった。[15]

昭和二六年（一九五一）、『かっぱ川太郎』の連載が始まった年に、群馬県・伊香保温泉近くの榛東村で、「卯三郎こけし」の創始者である岡本卯三郎によって「かっぱこけし」（写真5）が創案される。[16] この平べったい頭部の「かっぱこけし」は、その後全国の観光地・温泉地で土産物として売られる「かっぱこけし」の原型となる。また、「河童ブーム」の立役者となった清水崑自身によってデザインされた「かっぱこけし」（写真6）も作られた。

河童伝説が数多く伝えられる九州でも、「かっぱこけし」が製作されるようになった。福岡県浮羽郡吉井町（現・うきは市）では、昭和一〇年（一九三五）頃からいち早く「こけし人形」が製作されていたが、隣接する田主丸町に筑後川流域の河童伝説が多く残ることから、その観光土産として「かっぱこけし」を製作するようになり、やがて福岡県各地で吉井産の「かっぱこけし」が販売されるようになる。[17]

九州では、一九五〇年代以降、こうした「こけし人形」以外にも多くの河童の郷土玩具が作られるようになっていった。とりわけ盛んだったのは福岡県で、門司市（現・北九州市門司区）では昭和三〇年（一九五五）から河童を観光資源として取り上げた関係で、河童の土人形や張子面、河童凧、河童絵馬などさまざまな郷土玩具が創生された。[18] なかでも土製の海御前《あまごぜ》人形（写真7・左）は、地元に伝わる河童伝説をモチーフとしており、興味深い。これは、壇ノ浦の戦いで入水した平教経の奥方の霊が、「海御前」という河童の棟梁になったという伝説に基づいたもので、その亡骸が流れ着いたという門司の大積《おおづみ》には、「海御前の墓」が今も祀られている。

また若松市（現・北九州市若松区）は、「河童小説」で知られる火野葦平の出身地であり、高塔山の山頂には河童封じの地蔵尊が祀られていることから、河童の張子（写真7・右）をはじめとしてやはり多くの「河童玩具」が作られた。とりわけ、「山神堂」の名で民芸品を製作していた奥森晃太郎は、昭和二九年（一九五四）に若松市観光協会の後援を受けて「河童百態」と題する手捻りの土人形を創案し、翌三〇年には、手足が針金を芯にした藁束になっていて、ポーズを自由に変えられる「やまわろ」（山に入った河童のこと）という人形を工夫して、愛好家たちの好評を得た。[19]

河童の郷土玩具が作られるようになったのは九州だけではない。東京都台東区の合羽橋商店街近くにある曹源寺は、通称「河童寺」と呼ばれ、「波乗福河童大明神」として河童が祀られている。これには、文化年間（一八〇四～一八）にこの付近で雨合羽を商っていた合羽屋喜八、通称合羽川太郎が私財を投じて進めていた掘割の工事を河童たちが手伝い、その河童を福の神として祀ったという由来が伝えられている。それにちなんで、曹源寺では現在でも今戸焼の河童の土人形が授与されるが、これも「河童ブーム」の折、昭和二八年（一九五三）ごろから授与されるようになったものだという。[20]

写真7　（左）土人形　海御前（福岡県）昭和30年代　（右）若松張子　河童（福岡県）　昭和36年（1961）筆者蔵

このほかにも、各地で河童をモチーフにした郷土玩具や土産物が、一九五〇年代に続々と作り出されていった。こうしたものは現在でも多く見かけるが、元来、河童の郷土玩具というのは決して多くなかった。郷土玩具愛好家であった山中登は、河童の郷土玩具について次のように述べている。

かっぱの説話が、ほとんどといってよいくらいまで、全国にまたがって、繰り拡げられ、いろいろな粉飾をもっていたるところに発生しているが、土俗玩具は、縁起ものとしてのみで、極めて数も少数である。これは蛇の説話が多数にあるが、その説話が蛇の魔性をテーマとしているために、その形体を見るのさえ人間に厭う習俗があると同様に、かっぱも魔性であるから、したがってその姿を立体的に表現することを忌んだためだろうと思われる。[21]

この山中の指摘は、本稿での議論とほぼ重なり合う。河童は人を襲う忌まわしい怪物であり、江戸時代にはすでに草双紙や浮世絵など二次元のメディアのなかで滑稽なキャラクターと化していたとはいえ、それを立体物として表現することにはまだ強い抵抗があった。立体物という特異な存在感を帯びたモノが、信仰――というか、呪術的な世界観から抜け出せていなかったからである。ところが、近代に登場した収集趣味は、立体物の存在感を畏れから欲望の対象へと変えてしまった。この認識の転換が、河童を立体物にかたどることへの抵抗感をなくしたのである。

そして、河童は土産物に「郷土色」をお手軽に添加するための格好の題材となった。また、一九五〇年代に生み出された「河童玩具」の注目すべき特色として、「かわいらしさ」が挙げられるだろう。これは、もともとこの時期の「河童ブーム」が漫画から興ったものであったことによる部分も大きいが、現在も見かける「かわいい」河童イメージは、この時に生まれたといっていいだろう。

五　増殖する将軍標――郷土玩具のエキゾティシズム

一九五〇年代後半から七〇年代にかけて、「民芸ブーム」と呼ばれる現象が日本を席巻する。[22] 折しも日本は高度経済成長期であり、そのなかで失われていく伝統的な文化や生活にノスタルジックなまなざしが向けられるようになった時代であった。観光旅行がブームになったのも、ちょうどこのころである。

「民芸」とは、もともと柳宗悦らが大正一五年（一九二六）に始めた「民芸運動」のなかで用いられた言葉で、「民衆的工芸」を意味し、手作りで製作された日常的な生活用品のなかに美を見出すというものだったが、「民芸ブーム」における「民芸」とは、手作りであることや伝統的な意匠をきわめて表面的に装った土産物にほかならなかった。しかし、「民芸」や「民芸品」という言葉がポピュラーになったのは、まさにこの「民芸ブーム」の影響であった。昭和初期の郷土玩具ブームが一部の富裕な人々に限られていたのに対し、「民芸ブーム」は、高度成長のなかで経済力の向上した庶民層にも「民芸品」の収集趣味が拡がったという点で、大きな意味を持っている。

写真８　（左）まよけ山姥（長野県）昭和 40 年代　（右）会津磐梯山のべろ長（福島県）平成　筆者蔵

写真９　（左）奄美のケンムン（鹿児島県）昭和 40 年代　（中央）蒜山高原のスイトン（岡山県）　平成　（右）しゃ猫（福島県）　筆者蔵

写真 10　（左）山精（群馬県）（中央）霧島天狗（鹿児島県）（右）安達ヶ原の鬼婆（福島県）　筆者蔵

この時期に、妖怪をかたどった「民芸品」も数多く現れるのだが、それらを眺めわたしてみると、ある共通した特徴を持った一群があることに気づく。写真８〜10をご覧いただきたい。これらはいずれも妖怪をかたどった「民芸品」であるが、モチーフも、産地もまちまちであるにもかかわらず、一見してよく似た形状

写真 11　絵葉書「朝鮮の生活」 大正～昭和初期 兵庫県立歴史博物館蔵

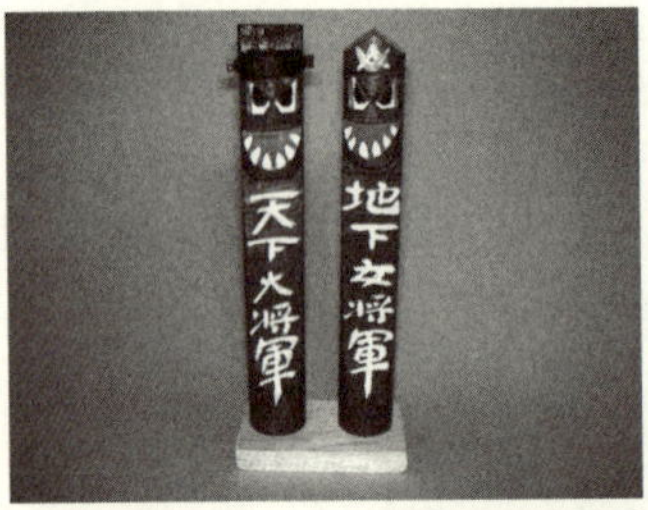

写真 13　飯能の将軍標（埼玉県） 平成　筆者蔵

写真 12　将軍標（朝鮮半島） 昭和戦前 筆者蔵

であることがわかる。いずれも一本の木を刻んで作った、トーテムポール状のものである。

さまざまな妖怪を、このような形状で表現するというのは、考えてみれば奇妙なことである。実はこれらの「妖怪民芸品」には、共通の祖先が存在するのである。それは、朝鮮半島の魔除け「将軍標」である。

将軍標は、チャンスン（張将、長生、長性）とも呼ばれる魔除けの木像で、村の境界の路傍に立てられ、悪疫などが村に入り込むのを防ぐ意味を持っていた。その形状は、柱の上端に怪奇な顔を刻んだトーテムポール状のもので、柱の胴の部分には「天下大将軍」あるいは「地下女将軍」の文字が刻まれ、それら二つが一対になっていた。朝鮮半島が日本の統治下にあった時代、将軍標は異郷の珍奇な風習として好奇のまなざしを向けられ、朝鮮半島の民俗文化を象徴するものとして、絵葉書などの題材となった（写真11）。そして、日本国内で郷土玩具収集や農民美術の運動が盛んになってきたころに、郷土玩具化されたと推測される（写真12）。

戦後になって、将軍標は埼玉県飯能市で郷土玩具として製作され、販売されるようになった（写真13）。隣接する日高市にある高麗《こま》神社の辺り一帯は、もともと高麗郡と呼ばれ、奈良時代に朝鮮半島から渡来した高麗人によって拓かれたとする伝承を持っており、高麗神社にはそれを象徴するものとして一対の将軍標が立てられている。高麗神社では、戦前から将軍標を授与品としていたようだが、戦後、飯能市の画材店「美楽堂」の大河原真雄によって創生玩具として製作されるようになったのである。その考案・指導をしたのが油井外熊という木彫家であったが、彼は若いころに山本鼎の農民美術の講習を受けたことがあったという。[23]つまり飯能の将軍標は農民美術運動の落とし子だったのである。

トーテムポール状の「妖怪民芸品」たちは、この将軍標の末裔であると考えられる。というのは、これらにはかなり早い時点での前例が存在するのだ。それが、大分県別府の「木でこ」（写真14）である。

木でこは別名を「大友人形」といい、かつての領主でキリシタン大名として知られる大友宗麟が、秀吉の朝鮮出兵の折にかの地で目にした将軍標を持ち帰り、魔除けとして作らせたという伝承を持っているが、この伝承は後世に創作されたものと思われる。というのは、戦前における民具研究の拠点であったアティック・ミュゼアムが大正一五年（一九二六）にガリ版刷りで発行した『アティック・ミュゼアム研究資料』と題する冊子のなかで、田中薫が次のように書いているからである。

△別府木人形
同地一陶器商ノ大正十三年ヨリ発案売出シタルモノ。杉ノ小丸太ヲ筒切リトシ朝鮮村落ノ入口ニ立ツル「トーテムポール」（果シテ然ルヤ否ヤ全然知ラズ）様ノモノニ模シテ原始的ノ顔形ヲ現ハセリ。[24]（後略）

写真14　別府の木でこ（大分県）　昭和戦後　筆者蔵

木でこは、大正一三年（一九二四）の「創生玩具」だったのだ。いや、まだこの時期「創生玩具」は提唱されていない。これはむしろ、「農民美術」の運動に影響を受けたものだったのかも知れない。「農民美術」は、玩具としては主に木彫りのものを奨励していたからだ。逆に郷土玩具の愛好家らは、木彫りの民芸品を「農美風」といって毛嫌いしていた。

木でこの由来伝承はこの時の創作と考えられるが、将軍標を模して作ったというのは事実だろう。ただしそれは大友宗麟ではなく、「一陶器商」の発案であったのだが。これと同様に、トーテムポール状の「妖怪民芸品」もまた、将軍標を真似て作られたものだと考えられるのである。というよりは、将軍標を真似た民芸品をそれぞれ模倣しながら、増え続けていったのであろう。例えば、会津磐梯山の「べろ長」は、将軍標というよりは「木でこ」を模倣したもののように思われる。[25]

それでは、なぜ将軍標が妖怪を郷土玩具として造形化する際のモデルとして、多く用いられることになったのだろうか。それは、将軍標の持つエキゾティシズムに由来するように思われる。

将軍標はそもそも日本人にとって「異国」のものであるが、その異様な姿は、朝鮮半島の文化の異質さを強調するものとして用いられていた。例えば、写真11の絵葉書に添えられた説明には次のように書かれている。

朝鮮の村端れで屢々旅人の目を驚かす将軍標は、村人が悪疫除去の呪ひとして立てゝゐる随分奇怪な風習の現はれである。然し又旅人はそれによつて、一層異郷の興味を覚えるであらう。

将軍標は「随分奇怪な風習の現はれ」であるが、それゆえに「異郷の興味」をかきたてるものであった。すなわち、エキゾティシズムこそが、将軍標というアイテムの有する魅力だったのである。

妖怪的なものを題材とした民芸品とエキゾティシズムの結びつきは、ほかにも見いだすことができる。静岡県の伊東温泉には、「どんどろ」という奇妙な民芸品があった。これには、徳川家康に仕えたイギリス人ウィリアム・アダムス（三浦按針）にまつわる次のような伝承がある。アダムスが家康の命を受けて、伊東港の唐人川畔で日本最初の洋式船の建造に当たっていた折、悪疫が流行して工事が難航するということがあった。この時、彼が南洋のある島で入手した原住民の魔除け「どんどろ」を祀って祈願したところ、悪疫の流行は収まり船は無事完成したという。この伝説にちなんで、伊東の民芸品として作られるようになったのが「どんどろ」であるということだが、これは細い木の枝の先端に紙粘土で奇怪な顔を造形したものであった（写真15）。

この「どんどろ」は戦後になってからの創生玩具で、したがってその由来も新しく創作されたものと思われるが、ウィリアム・アダムスや「南洋」の魔除けなど、エキゾティシズムを喚起する要素がちりばめられており、その造形も日本の伝統的なものとは異なる異様なものである。ちなみに、伊東にはこの「どんどろ」とよく似た「トーテムポール」と呼ばれる郷土玩具もあった。

この「どんどろ」の製法は、先に紹介した飛騨の「山彦人形」に非常に近いものである。ほかにこの系統の民芸品としては、長野県諏訪市の「浅間山山神」がある。浅間大権現の大祭の時に売られたもので、非常に奇怪な顔をしているという浅間山の山

写真15　伊東のどんどろ（静岡県）　昭和30～40年代　筆者蔵

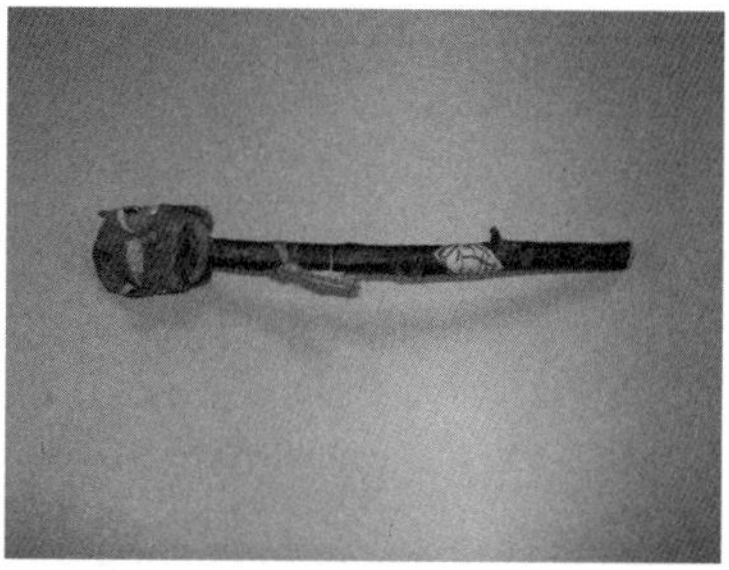
写真16　諏訪のゲテ人形（長野県）　昭和30～40年代　筆者蔵

神の顔を粘土で造形し、木の枝の先端につけたものである。同様のものが「ゲテ人形」（写真16）の名で売られていたが、その名のとおり「ゲテモノ」と見なされていたようだ。これらもまた、戦後に創作されたものと見られている。

これらはいずれも、日本の伝統的な造形とは異質なものを感じさせるものだった。このことは、「郷土玩具」の語に冠された「郷土」という言葉のニュアンスが、戦後、とりわけ一九五〇年代以降になって変質してきたことを物語っているように思われる。戦後生まれの「郷土玩具」、特に妖怪をかたどった「郷土玩具」が表象する「郷土」は、もはやノスタルジアの対象ではなく、まさに「異郷」を眺める好奇の視線の対象と同じものだったのだ。「郷土」が、それとまったく正反対のものであるはずの「異郷」と重なり合ってしまうというのはなんとも皮肉な話であるが、一部の愛好家以外の多くの人々にとっては、愛好家たちが「郷土」と呼ぶものはまさに「異郷」でしかなかったのかも知れない。「郷土玩具」を土産物として買い求めるということが、一般の人々のあいだにも広がったことによって、かえってそのことが明るみに出たということだろうか。

さらに、一九五〇年代から六〇年代という時代は、「妖怪」「怪獣」に対する関心と、「未開」「南洋」「秘境」に対する関心が同時に高まった時代であった。まず「妖怪」「怪獣」について見れば、大正一二年（一九二三）に刊行された江馬務の先駆的な妖怪研究『日本妖怪変化史』が、昭和二六年（一九五一）に『おばけの歴史』と改題されて出版され、さらに三一年（一九五六）には柳田國男の『妖怪談義』が、三四年（一九五九）にはややエログロの色彩の濃い『妖異風俗』が出版されている。そして、日本の怪獣映画の出発点であり最高傑作でもある『ゴジラ』が公開されたのは昭和二九年（一九五四）であった。さらに三六年（一九六一）には『モスラ』、三七年（一九六二）には『キングコング対ゴジラ』が公開されているが、いずれも怪獣の出身地が「南洋」の島であることは注目に値する。

「未開」「南洋」への関心は、ほかならぬ玩具にもあらわれている。この時期、おびただしく作られた「こけし人形」のなかに、「クロンボこけし」(差別的な名称であるが)と呼ばれる黒人、というよりは「南洋」の原住民を題材としたものが多く見られるのである。そして昭和三五年(一九六〇)、同じく黒人あるいは「南洋」の原住民の子どもをかたどったビニール人形「ダッコちゃん」(商品名「ウィンキー」)が大ブームとなったことはよく知られている。また、手塚治虫の『ジャングル大帝』(一九五〇〜五四)や山川惣治の『少年ケニヤ』(一九五一〜五五)など、アフリカを舞台にした漫画や絵物語が人気を博するのもこの時代である。そして、一九六〇年代には、「秘境」ブームが訪れる。[26]

「妖怪」「怪獣」そして「未開」「南洋」「秘境」に対する関心は、「異様なもの」に対する関心、「異」なるものに対する関心として括ることができるだろう。いささか猟奇的でセンセーショナルな「異」文化への関心、それが一九五〇年代から六〇年代にかけての「時代精神」といえそうだ。そして、この時期に創生されたとおぼしき妖怪の民芸品たちは、この「時代精神」を体現するものだったのである。

おわりに

江戸時代において、いまだ呪術的世界観から離陸せずにいた人形は、明治期以降、収集という新たな欲望の対象となることによって、人間とは絶対的に異なる〈他者〉から、コレクションという形で近代的な〈自己〉の一部を構成するものとなった。これにより、妖怪を人形として作ることに対するタブーは消え去った。

そして昭和初期の「創生玩具」の運動のなかで、妖怪は新たな郷土玩具に「郷土色」を添加するための題材として用いられるようになる。この新たな「民芸品」を生み出すという運動は、戦後の観光旅行ブームのなかでさらなる広がりを見せるが、一九五〇年代に生み出された新しい「妖怪玩具」には、対照的な二つの傾向が見られた。一つは、漫画が作り出したブームのなかで生み出された「かわいい」妖怪玩具であり、もう一つは、日本の伝統的な造形とは異質な、「エキゾティック」な妖怪玩具である。

これらはいずれも「伝統性」からはまったく切れたものであり、実のところ「郷土色」すら希薄であった（何しろ「こけし」や「将軍標」など、共通したモデルを元に作られていたのだから）。しかし、それは当時の多くの人々にとっての「郷土」イメージを体現してはいたのだ。何か「田舎」っぽくて、「素朴」な感じのするもの、そして旅の記念品となるもの。熱心な愛好家は別にして、多くの人々は別に「伝統」とか「民俗」といった「本物の文化」を求めていたわけではない。「まがいもの（キッチュ）」で十分だったのだ。そして妖怪は、そうしたキッチュな「郷土」イメージを表象する格好の題材だったのである。

とりわけ、「かわいい」妖怪の登場には注目すべきであろう。江戸時代に妖怪はキャラクター化され親しまれたが、滑稽ではあっても決して「かわいい」存在ではなかった。あくまで〈他者〉として笑い飛ばす存在であったのである。しかし、一九五〇年代に出現した「かわいい」妖怪は、われわれが江戸時代の感性からすでに大きく隔たってしまったことを物語っている。〈他者〉として笑い飛ばすのではなく、〈私〉のものとして慈しみ愛でる――「かわいい」妖怪の登場こそ、妖怪の人形を完全に所有することが可能になったということを示しているのである。

注

1　香川雅信『江戸の妖怪革命』（河出書房新社、二〇〇五年）。
2　同書、二〇七―二一五頁。

3　清水晴風『うなゐの友』初編（大倉、一八九一年）、あとがき。
4　寺田和夫『日本の人類学』（思索社、一九七五年）、四二―四三頁。山口昌男『内田魯庵山脈〈失われた日本人〉発掘』（晶文社、二〇〇一年）、一四二頁。
5　山口昌男『NHK人間大学「知」の自由人たち』（日本放送出版協会、一九九七年）、一四八頁。
6　柳田國男「郷土研究の将来」『柳田國男全集二六』（筑摩書房、一九九〇年）、四六一頁。
7　香川雅信「〈郷土／玩具〉考―二〇世紀初頭における〈イノセンス〉の発見―」『大阪大学日本学報』第二五号（大阪大学大学院文学研究科日本学研究室、二〇〇六年）。
8　斎藤良輔『おもちゃの話』（朝日新聞社、一九七一年）、一五九頁。
9　大石勇『伝統工芸の創生―北海道八雲町の「熊彫」と徳川義親―』（吉川弘文館、一九九四年）。
10　斎藤前掲書、二二四頁。
11　「創生郷土玩具往来」『旅と伝説』第四年第五号（三元社、一九三一年）、八六―八七頁。小谷方明「玩狐ところどころ」『旅と伝説』第五年第一一号（三元社、一九三二年）、七二―七三頁。
12　小椋幸治「鳥取県玩具自慢」『旅と伝説』第六年第一二号（三元社、一九三三年）、七八―七九頁。板祐生「山陰の伝説玩具概見」『旅と伝説』第八年第八号（三元社、一九三五年）、五〇―五一頁。
13　代情山彦『代情山彦著作集』（代情山彦著作集刊行会、一九八一年）。
14　梅林新市「筑紫路玩界近況」『郷土玩具』第二巻第八号（建設社、一九三四年）、三〇〇―三〇一頁。須田元一郎「九州北部の伝説玩具」『旅と伝説』第八年第八号（三元社、一九三五年）、七八―七九頁。梅林新市『福岡県の河童玩具（一）』（八幡民芸会、一九五六年）。
15　斎藤前掲書、三五七―三六〇頁。
16　甲斐みのり『乙女みやげ』（小学館、二〇〇七年）、一六頁。
17　梅林新市「此の頃の郷土玩具」『おもちゃ』第一七号（全国郷土玩具友の会、一九五六年）、三頁。
18　同書、二頁。
19　「生みの親奥森晃太郎のこと」『おもちゃ』第一七号（全国郷土玩具友の会、一九五六年）、二三頁。梅林新市『福岡県の河童玩具（二）』。

20 稲垣武雄「東都社寺信仰縁起玩具番付　解説」『おもちゃ』第四八号（全国郷土玩具友の会、一九六二年）、一七頁。

21 山中登『かっぱ物語』（河出書房、一九五六年）、四一―四二頁。

22 濱田琢司「民芸ブームの一側面―都市で消費された地方文化―」『人文論究』第五〇巻第二・三号（関西学院大学人文学会、二〇〇〇年）。

23 杉山芳之助「奥多摩の木彫の人形」『竹とんぼ』第二四号（日本郷土玩具の会、一九五八年）、三四頁。

24 「アティック・ミュゼアム研究資料」『民具マンスリー』第九巻八・九号（神奈川大学日本常民文化研究所、一九七六年）、三四頁。

25 なお、会津磐梯山の「べろ長」は、製作者であった「はそべ工房」の羽曽部修吉が、もともと磐梯山に伝わっていた「手長足長」という怪物の伝説を元に、昭和四二年（一九六七）に創作したものだという。村上健司「各地の妖怪民芸品と出会う旅へ」『日本怪奇幻想紀行五之巻　妖怪／夜行巡り』（同朋舎、二〇〇一年）、一一九頁。

26 飯倉義之「美しい地球の〈秘境〉――〈オカルト〉の揺籃としての一九六〇年代〈秘境〉ブーム」『オカルトの惑星』（吉田司雄編著、青弓社、二〇〇九年）。

現代の妖怪と名づけ

「かわいい」妖怪たちと暴力をめぐって

安井眞奈美

一　妖怪を作ってみる

ここ数年、妖怪ブームが続いているという。妖怪は、今日も映画やアニメ、漫画や絵本といったフィクションの世界で元気に蠢いている。しかも現代の妖怪は、怖さの対象としてよりも、身近な友達のような存在であったり、かわいいキャラクターであったりする。香川雅信によると、本来は恐ろしく、忌まわしい存在であった妖怪は、近世（とりわけ一八世紀後半）と近代の二度の妖怪観の転換を経て変容し、またその結果として現代のような「かわいい妖怪」が生み出されたという（香川　二〇〇五　一七）。さらに小松和彦によると、妖怪たちはその時代にふさわしい姿にばけて、出現を繰り返すという（小松　二〇〇七〔一九九四〕　二九四）。つまり、妖怪という形を用いて何かを表現したい人がいる限り、妖怪は存在すると言えるだろう。では現代人は妖怪を用いて、いったい何を表現しようとしているのだろうか。

その手がかりを得たくて、筆者は三年前から、担当する民俗学の授業において、学生とともに「妖怪を作る」という課題に取り組んできた。[1] 自分で妖怪を作り、名前をつけてその特徴を示す、という簡単なものである。ただし強調したのは、自分で考えた名前をつけるという点であった。ここで改めて妖怪を、「人間に否定的に把握された不思議現象」（小松　二〇〇七〔一九九四〕　四七）と捉えておくことにしよう。

妖怪に名前をつける――つまり名づけとは、混沌とした世界に言葉で秩序を与え、対象を意味世界の中に取り込んでいく行為といえる。小松和彦によると、かつて人々は「名づけをすることで、不安や警戒心、恐怖心をコントロールしようとした」という[2]。たとえば夜に、ある橋を渡ろうとするといつも不思議な音が聞こえてくる（清水〔中山〕一九一六　七四〇―七四一）。それは、小豆を洗うような音に似ているため、人々はこの音に「小豆洗い」と名づけた。そのような名づけをすることにより、人々は不思議な音に対する恐怖を柔らげてきたのである[3]。たとえその原因が解明されないままであったとしても、である。

ところが、香川雅信がミシェル・フーコーの『言葉と物』を下敷きにして分析したように、一八世紀後半の江戸においても、ヨーロッパと同様、思考や認識を可能にしている知の枠組み――フーコーのいう「エピステーメー」が変容し、妖怪も博物学的思考／嗜好の対象となったという（香川　二〇〇五　一三三～一四九）。つまり「妖怪たちはキャラクターとして、民俗社会のリアリティからメディアによって形成された自律的な虚構の世界――「表象空間」へとその棲息地を移していく」（香川　二〇〇五　一四七）というわけだ。現代の妖怪文化もその延長線上にあるため、学生たちにとって妖怪とは、たとえば水木しげるの『ゲゲゲの鬼太郎』に代表されるような、造形をともなったキャラクターであることが大前提となっている。それゆえ妖怪を作るにあたって、筆者が学生たちに、イラストよりも名づけが重要だと強調したにもかかわらず、多くの学生たちがイラストつきの妖怪を作るに至った。そのようにして出来上がった数多くの妖怪たちが、いま、筆者の手元にいる。

もとより、授業で無理やり生み出された妖怪たちである。漫画やアニメ、映画の世界で蠢く妖怪たちとは比べものにならないほど素朴で、荒削りなものも多い。また、壮大な歴史性や既存の物語などとも切り離されて、妖怪たちは学生のごく身近な関心に基づいて作られた。しかし、ともかく、それらの妖怪たちの名前とその特徴を眺めながら、「妖怪」という形を用いてそこに何が表現されているのかを見ていくことにしたい。

二　作られた妖怪たち

さっそく、学生たちの作った妖怪をいくつかに分類して、主なものを紹介していくことにしよう。これらの妖怪を、大きく四つのタイプに分けてみた。

①身近に起こる不思議な現象を捉えたもの

教室で講義を聴いている時、電車に乗っている時、ふと誰かの視線を感じる時がある。そのような感覚を妖怪にしたものがいくつかある。たとえば、

すき間――誰かが見ている気がするという不安から発生する妖怪。

見太郎――物陰からいつも人間を見ている。ふと視線を感じるのは、こいつのせい。

すみっこ太郎――気がついてくれるまで、ただひたすら見つめている妖怪。気がつけば、ちょっとした幸せが訪れる。

図１　学生の作った妖怪「すみっこ太郎」（部屋のすみっこで、ただひたすら人間（左手前）を見つめている妖怪）

これらの妖怪は、別にとりたてて悪事を働くわけではない。「すみっこ太郎」は、つぶらな瞳で「ただひたすら見つめている」かわいい妖怪として描かれて

図２　学生の作った妖怪「爆睡魔」（どんなに抵抗しても「爆睡魔」に取りつかれると夢の中へ連れて行かれてしまう）

いる（図1）。この妖怪に代表されるように、学生たちの作った妖怪は「かわいい」イラストで描かれたものが多い。

ところでかつて筆者は、近現代の妖怪と身体の関係について、足や手、目、頭などの身体部位に因んだ妖怪や怪異現象が数多く伝承されていることを指摘した（安井　二〇〇九a　二四六―二四七）。これに基づいて学生たちの作った妖怪を見ていくと、身体に因んだものはそのほとんどが目の妖怪である、という際立った傾向が指摘できる。たとえば、鳥山石燕の描いた妖怪の中にも、数多くの目を描いた「目目連《もくもくれん》」や「目競《めくらべ》」といった妖怪がいる。しかし、石燕が強調したのは身体器官としての目であるのに対して、学生たちが妖怪に見立てたのは、より正確に言えば目ではなく他人の視線である。つまり、学生たちに限らず現代人は、つねに他人の視線を意識せざるを得ない相互監視社会に生きていることが、改めて浮き彫りになったと言えるだろう。近代的な個人の成立を前提とした、他人の視線に因んだ妖怪が、いったいいつ頃から誕生してきたのかは興味深い問題である。

②自分の内面にある、コントロールできない何かを妖怪に見立てたもの

複数の学生たちが、授業中に眠たくなることに因んで妖怪を作っている。これらの妖怪はまさに「キャンパスの妖怪」と呼び得るだろう。たとえば「誘々夢《ゆゆむ》」（俗称　睡魔）や「スイマー（睡魔と水泳をする人をかけている）」、「爆睡魔」などと名づけられた妖怪たちである（図2）。筆者が授業中に、学生の妖怪を一点一点紹介したとき、多くの学生たちの賛同を得た妖怪でもある。それはおそらく、誰しも授業中に一度は睡魔に襲われたことがある

からだろう。また元来、「睡魔」という言葉自体が、眠けを魔の力にみたてた熟語だということとも関係しているのかもしれない。[4]ところで、授業中に眠たくなるという現象は、別に「不思議なこと」でもなければ怖いことでもない。多くの場合、前夜の寝不足という明確な原因がある。にもかかわらず、授業中に眠たくなるのは自分のせいではなく、「睡魔」に取り憑かれた状態とみなしているわけである。つまり、自分の内面にあるコントロールできない何かを、妖怪に見立てているというわけだ。

さらに興味深いことに、この妖怪のイラストには大きく二つの傾向がみられた。一つは、巨大な妖怪に呑みこまれるイメージを表現したものであり、授業中という与えられた状況の中で、睡魔に襲われることを不快なもの、あるいは抵抗すべきもの、と捉えていることが窺える。もう一つは、頭や肩に乗ってくるかわいい精霊のイメージで表現したものであり、授業中でありながら、睡魔を心地良いもの、快楽として捉えたという違いがみられる。

次に紹介する妖怪「アッチラホッチラ」は、人の気を散らす妖怪である。せっかく何かに集中しようとしているのに、この妖怪のせいで注意力が散漫になる。それは明らかに、集中力が欠けてしまった自分に原因があるのだが、すべては妖怪のしわざとされる。睡魔の妖怪と同様、自分でコントロールできない状態を妖怪化したものと言える。この妖怪「アッチラホッチラ」は、たとえば江戸時代の『化物尽くし絵巻』（北斎季親画、国際日本文化研究センター蔵）に描かれた妖怪「どふもこうも」を想像させる。『化物尽くし絵巻』は、「どふもこうも・身の毛立・馬鹿・はぢつかきなど、何かのパロディと思われるキャラクターが混じっているのが特徴である」という（兵庫県立歴史博物館・京都国際漫画ミュージアム編　二〇〇九　五〇）。「どふもこうも」の、それぞれ別の方向を向いた二つの首はユーモラスな表情で描かれており、もしかしたら、人が途方に暮れている様子をパロディにしたものなのかもしれない。しかし、学生の作った妖怪「アッチラホッチラ」は、「どふもこうも」のような何かのパロディではなく、人の気を散らす原因として描かれている。つまり、集中力の欠如という自己の内面に生じる現象を、自分ではコントロールできない妖怪に見立てた点で、「睡魔」の妖怪と共通していると言えるだろう。

③社会の規範、モラルに反する逸脱行為を妖怪に見立てたもの

たとえば、「コソチャリ爺」という妖怪が挙げられる。「自転車を盗みまわっている妖怪。こいつにチャリを盗まれたことがある」と説明されているように、この妖怪は、学生が自転車を盗まれたという経験から生み出された。まず犯人は妖怪ではなく人間だろう、という疑問も生じるかもしれないが、「自転車を盗む」という社会の規範に反する行為（犯罪）を、妖怪に見立てていると言える。

他にも、食べ物を粗末にすることを戒めるような妖怪もいる。

肉だるま——人間の食べ残しや、メタボ体型の人間を好んで食す妖怪。
滑郎《ぬめろう》——ぬるぬるした妖怪。捨てられた食品から発生する食中毒菌を飛ばす。

飽食の時代に捨てられた食べ物だけでなく、メタボ体型の人間も、過剰という理由で妖怪「肉だるま」に食べられてしまうのである。この妖怪からは、健康な身体から逸脱した身体への嫌悪観がうかがえる。もちろん、肥満だけではなく痩せ過ぎに関係する妖怪もいる。上杉謙信をもじった妖怪「飢過健身《うえすぎけんしん》」である。

飢過健身——いつも飢えていて痩せこけているが、食べ物を食べると健康な身体になる。女の人に取り付いてご馳走を食べまくり、最後に女の人の心臓を食べるのが目的。

つまりこれらの妖怪は、飽食の時代の食べ残しを戒め、メタボ体型の身体、痩せすぎの身体、つまり健康な身体から逸脱した状態の改善を促すような妖怪として登場している。

④世直しへの期待を込めたもの

これは、二〇〇九年の授業を受講した学生たちの作った妖怪だけにみられた。つまり妖怪に、世直しへの期待をこめたものである。

大口世直しババア――手も足もないが、大きな口がある。裏取引や悪事などの話の途中に割り込んで、悪い話を噛み砕いて飲み込んでしまう。

更生妖怪――人として正しく生きるためには、何をして、何をしてはいけないのかを教える妖怪。

ハートフル・ライオン――人を傷つけあうのが当たり前となってしまった現在、人々の心の中に入って、暖かな心を取り戻すように働きかける。この妖怪が、荒れた世の中を良い世の中に変えていってくれる。

妖怪「大口世直しババア」の名前の冒頭に、あえて「大口」が付けられているのは、現代の代表的な妖怪「口裂け女」を想起させる、妖怪の属性が強調されているからだろう。また「更生妖怪」にも、名前にわざわざ「妖怪」と明記されているのは、「妖怪」と謳わなければ妖怪かどうかわからないかもしれないからだ。もっとも、最後の「ハートフル・ライオン」に至っては、「否定的に把握された不思議現象」としての妖怪ではなく、むしろ幸せをもたらすキャラクターとして描かれている。これを作った学生にとっては、あえて「妖怪」という表現手段は必要なかったのかもしれない。いずれにしても、これらの妖怪には、荒んだ人間社会を立て直してくれるような直接的な世直しが期待されている。

もちろんこれまでにも、世直しや新しい時代への期待はさまざまな形で表現されてきた。たとえば幕末の安政の大地震に際して、大量に出回った「鯰絵」と呼ばれる刷り絵もその一つである。これは周知の通り、大鯰が地震を起こすという民間信仰に基づくものである。多様な姿で描かれた地震の怪物としての鯰の絵には、鯰のもつ破壊者と復興者、嫌悪されるものと崇敬される者という対立的な概念がみられるという（アウエハント一九八六 三二）。つまり鯰絵には、破壊と同時に、新しい時代への期待も描き出されているのである。

現代の若者たちは、妖怪に世直しを期待するほどまでに、夢と希望を失っているのだろうか。もちろん、大学卒業後の就職がきわめて厳しく、安定した雇用も見込めない状況が続く現在、それは当然のことと言えるかもしれない。しかし単純に、因果関係を見出すことはやめよう。ある学生のつくった「夢クイ」という妖怪は、まさにこのような現代社会から生まれた妖怪である。この妖怪は、「忘れてしまいたい嫌な思い出も食べて、記憶から消してくれる。最近は、就職氷河期の渦中にある若者の夢を食べ歩いているとか……」。夢や希望が抱きにくいのは、この妖怪のせいだ、というわけである。

三 「妖怪」と名づけられたもの

ここで、前節で紹介した学生たちの主な妖怪を、もう一度、整理してみよう。

① 身近に起こる不思議な現象を捉えたもの
② 自分の内面にある、コントロールできない何かを妖怪に見立てたもの

③　社会の規範、モラルに反する逸脱行為を妖怪に見立てたもの
④　世直しへの期待を込めたもの

このうち、①については「不思議なものや事象」という、これまでの定義どおりの妖怪と言えるだろう。②は、自分の内面に原因があるにもかかわらず、あえてそれを棚上げしている点に特徴がある。「不思議なこと」よりも、どちらかといえば当事者にとって「不本意なこと」が強調されている。また③と④については、現代社会の規範から逸脱するものを排除し、さらによりよい世の中へ変えていくことを期待しているとも読める。とくに④は、あからさまに世直しを期待している点に特徴がある。

ここで筆者が特に注目したいのは、②のタイプである。なぜなら、学生たちの作る妖怪の中で、この種の妖怪が少しずつ増えてきているからである。

たとえば、先述した睡魔という妖怪は、授業中に眠気を誘う妖怪であり、自身の内面で生じる、自分ではコントロールできないものを妖怪に見立てていた。睡眠不足が原因であるのは明らかであるにもかかわらず、それを自分のせいではなく、さも、外からの力が働いたかのように捉えている。それを「不思議なこと」と捉えるか「不本意なこと」と捉えるか、という違いがあってもである。

この種の妖怪は、かつて小松和彦が『憑霊信仰論』のなかで論じた説明体系としての「つき」と同じである（小松　一九八四）。たとえば、トランプで遊んでいて、誰かが並外れた勝ち方を続けたとき、「今日はなんてついているのだろう」などと称する。小松によると、「つき」とは見せかけの説明でしかなく、「つき」という用語を異常な事態にあてはめただけであって、実際には何も説明されていない（小松　一九八四　二二）。つまり、「もの」とか「つき」とかは、日常的思考によって秩序付けられている意味体系の領域が侵されたときに用いられる概念である」という。これと同様のことが、この場合の「妖怪」という言葉にもあてはまるだろう。

もっとも、説明体系としての「妖怪」を効果的に利用した例もある。芥子川ミカが、ナラティブ・セラピー（物語・セラピー）に発想を得て提唱した「妖怪セラピー」がそれにあたる（芥子川　二〇〇六）。その特徴は、マイケル・ホワイトの「外在化」という方法、つまり「人々にとって耐えがたい問題を客観化または人格化するように人々を励ます、治療における一つのアプローチ」（ホワイト／エプストン　一九九二　五九）であり、これを妖怪セラピーに応用すると、何か問題や悩みのタネが生じたとき、「あの妖怪が悪い、と別の物語を考えること」となる（芥子川　二〇〇六　三三）。たとえば、人前に出ると緊張してしまうという場合、必要以上に緊張してしまう理由を、子どもの頃のいやな体験に求めたり、小心者だからと説明したりする（芥子川　二〇〇六　五八—六〇）。しかしこのときに、「妖怪「ぶるぶる」のせいで緊張する」という「もう一つのストーリー」を用いれば、少なくとも当事者の責任は回避される。「ぶるぶる」は、鳥山石燕の『今昔画図続百鬼』に出てくる妖怪であり、当事者は、この妖怪を考えることによって、落ち着くことができれば、目的は達成されたことになる。このように、自分の中のコントロールできそうにない何かを妖怪に見立てて退治したり、あるいはうまいつきあい方を模索したりしながら、問題解決の糸口を見出そうというわけである。

これら妖怪を用いた問題解決の方法は、ストレスの多い現代社会を生き抜く有効な術の一つだろう。[5] このことから妖怪は、かつてのように「恐怖をコントロールする」方法ではなくなったにせよ、少なくとも現代においても必要とされている、と言えるだろう。

四　妖怪「うざい」と悪役「ウザイナー」にみる名づけの暴力

ところで、学生が作った妖怪のなかで、とくに気になる名前を持つ妖怪がいた。それは「親と子、または〈うざい〉」と名づけられた妖怪である。この妖怪は、夕暮れの公園で遊ぶ母親と子どもを指している。母と子が遊ぶ声がうるさいから「うざい」と名づけたのだという。「うざい」とは、『広辞苑』の第六版（二〇〇八年）から所収されるようになった俗語である。それによると「うざい」は、「「うざったい」を略した俗語。わずらわしい。うっとうしい。気持ちが悪い」と明記されている。[6] 妖怪「うざい」は、公園で遊ぶ親子に、単に「うざい」という否定的な感情を示す形容詞を名づけただけである。筆者は、これまで「妖怪と身体」というテーマのほかにも、出産や育児も重要な研究テーマに据えてきたため（安井 二〇〇九b）、この妖怪を黙認するわけにはいかなかった。公園で楽しく遊ぶ親子を「うざい」と見なす視線と、たとえば新幹線の中で大泣きする赤ん坊を抱く母親に向けられる視線とは重なりあっている。このような視線が子育て中の母親と子どもに向けられる限り、子育てのしやすい社会の実現は難しいと言えるだろう。しかし、本稿ではその問題はとりあえず脇に置き、「うざい」という否定的な感情を示す形容詞が、そのまま名前となったこの妖怪の名づけについて考えてみたい。[7]

ここでもう一度、名づけについて確認しておこう。レヴィ＝ストロースは、さまざまな部族の名づけの体系を示した上で、「名前を分類体系から切り離そうとするのは空しいことであろう」と指摘している（レヴィ＝ストロース 一九七六〔一九六二〕 二二八）。つまり名づけとは、名づける側がいかに分類しているかを示すものであり、分類とは、無秩序なものに秩序を与えていく行為と言える。認知言語学の分野では、私たちには事物から何らかの類似性や一般性を抽出することで、事物間にあるまとまりを認識し分類することのできる能力がそなわっていると考え、このような事物をグループにまとめる認識上のプロセスを、「カテゴリー化」と呼んでいる（早瀬 一九九六 二七）。これに従えば、妖怪「うざい」を作った学生は、公園で遊ぶ母と子を、一つ目小僧やゲゲゲの鬼太郎などと同じく、「妖怪」というグループにカテゴリー化したことになる。

しかしながら、このような感情を示す言葉が、妖怪の名前になるのは奇妙なことのように思える。なぜなら、

表１　プリキュア・シリーズに出てくる悪役の名前

番組タイトル	放送年	敵の名前	敵の戦士の名前
ふたりはプリキュア	2004 年	邪悪なドツクゾーンの王・ジャアクキング	ザケンナー
ふたりはプリキュア Max Heart	2005 年	ジャアクキング	ザケンナー
ふたりはプリキュア Splash Star	2006 年	滅びの国ダークフォールの支配者・アクダイカーン	ウザイナー
Yes プリキュア５	2007 年	ナイトメア	コワイナー
Yes プリキュア５　Go Go	2008 年	エターナル	ホシイナー
フレッシュ プリキュア！	2009 年	ラビリンス	ナケワメーケ

たとえば「一つ目小僧」という妖怪は「目が一つである」という明確な特徴や属性が名前に表現されているのに対して、妖怪「うざい」は、その属性がきわめて漠然としており曖昧であるからだ。また、対象を見たときに「うざい」と感じるかどうかも、人によって異なっているといえるだろう。

ところが、まさに「うざい」と同じような名前をもつ悪役を、ある人気テレビアニメに見つけることができた。それは当時、筆者の四歳になる娘が、毎週、楽しみに観ていた「Ｙｅｓ！プリキュア５」（二〇〇八年）である。このアニメは、五人の中学生の女の子たちが伝説の戦士プリキュアに変身し、ココとナッツという妖精の故郷・パルミエ王国の再建に向けて敵・ナイトメアと戦うという、セーラームーンの系統を引き継ぐ「戦う女の子」アニメである。[8] そして、プリキュアたちが戦う敵たちの名前に、「ウザイナー」とか「コワイナー」とか、不快感や怖さを示す形容詞が、およそ何のひねりも工夫もなく、そのまま名づけられていたのである。

表１は、二〇〇四年にテレビアニメの放送が開始された時点からの、歴代のプリキュア・シリーズに登場する敵の名前を列挙したものである。当初の敵は、「邪悪なドツクゾーンの王・ジャアクキング」であり、実際に戦う相手は「ザケンナー」であった。言うまでもなく、「ドツクゾーン」は「激しく突く」を意味する「ど突く」に由来し、「ジャアクキング」は「邪

悪な王」、「ザケンナー」は「ふざけんな」という相手に対する怒りの表現が短縮されたものに由来するのだろう。その後、邪悪な王は「アクダイカン」（悪代官）に、「ザケンナー」は「ウザイナー」に変わった。「ウザイナー」は、学生の作った妖怪「うざい」とまさに同じ語源から来ていることは明らかである。さらに敵の名前は「コワイナー」から「ホシイナー」に変わり、最新作の敵は、ついに「ナケワメーケ」となった。最後は、敵が欲するもの、敵の欲望（「欲しいな」と「泣けわめーけ」）がそのまま名前となったわけである。

プリキュアの敵の名づけの特徴は、対象をよく観察してその属性——たとえば姿・形や得意技——にちなんだ名前をつけるのではなく、対象を見たときに感じる（であろう）不快感や敵の欲望を、そのまま名前にしている点にある。プリキュアは、「戦う女の子」たちの華麗な変身を見せ場にしているため、おそらく敵の名前など重要視されてはいないのだろう。[9] しょせんは、子ども向け（しかも女子）アニメだから、という製作者の意図もあったのかもしれない。

「コワイナー」や「ウザイナー」という名づけには、それを見た相手が感じるはずの「怖い」や「うざい」といった感情を先取りし、名前に採用することで、それらの感情を相手に強制する「押し付けがましさ」がある。対象を見た相手が、ほんとうに「うざい」と思うかどうかは不明であるにもかかわらず、「うざい」という感情を持つように最初から強制されるわけである。そのような名前は、暴力的とも言える。しかし、文化人類学者の出口顕によると、名づけという行為そのものが、名づける者と名づけられる者という権力関係を生み出すゆえに、そもそも暴力的だという（出口　一九九五）。出口は、かつてある父親が、息子に「悪魔」という名前をつけて出生届を出そうとしたところ、市役所の戸籍係に、社会通念上人名にふさわしくないと指導され、それを不満として家裁に申し立てをした事例を紹介している。出口は、この事件は「悪魔」という名前が悪いのではないとする。彼は「名づけることにおいて、つけられるのがどのような名前にせよ、名づけられる側の「他者性」はまったくといってよいほど考慮にいれられてはいないことが問題なのである。普段は気づかれないこの暴力が、「悪魔」といういささか極端な名のケースにおいて露呈したことに、人々があわてふためき、それゆえに過剰な反応をしたというのが、事態の真相ではあるまいか」（出口　一九九五　二九）と指摘している。

たしかに、名づけそのものは暴力的である。そしてその暴力性が、「悪魔」と同様「うざい」という否定的な感情をそのまま表現した名前に露呈した、というわけである。さらにジュディス＝バトラーは、『触発する言葉――言語・権力・行為体』のなかで、どのような言葉も、文脈によって暴力的になる可能性のあることを指摘している（バトラー　二〇〇四）。これらの、名づけそのもののもつ暴力性や、どのような言葉も暴力的になる可能性があるという点を念頭においても、なお「コワイナー」や「ウザイナー」には、他者を傷つけるまなざしを相手に強制的に持たせるような、脅迫の暴力が備わっている点を指摘しておきたい。

五　妖怪の背後にある暴力性

以上、学生たちの作った妖怪を手がかりにして、妖怪を用いて何が表現されているのかをみてきた。キャラクター化された「かわいい」妖怪から、「睡魔」のような「自分の手ではコントロールできない存在」としての妖怪、そして「うざい」と名づけられた妖怪に至るまで、さまざまなものが含まれていた。前者については、四方田犬彦が指摘しているように、日本文化全体が「かわいい」を容認し、世界に「かわいい」文化が席巻しつつあるとすれば（四方田　二〇〇五）、その文化にどっぷりつかっている学生たちの作る妖怪がかわいくなるのも当然だと言えるだろう。また、「睡魔」なども「自分の手に負えないもの」として「不思議なもの」にひきつけられ、妖怪のカテゴリーに入れられている。さらに、「うざい」のような否定的な感情を示す言葉をそのまま名前に持つ妖怪もいた。本稿では、名づけ自体が暴力的であるという考え方を踏まえながらも、とりわけ「うざい」という妖怪の名づけのもつ脅迫めいた暴力性について指摘した。[10]

そのような暴力を暗示させる妖怪「うざい」は、しかしながら、学生の作った数多くの妖怪たちの中では少数派に属するものであった。したがって、「うざい」のような他者に向けられた否定的な感情や暴力は、現代では、妖怪という形をとって表現されてはいないと言えるだろう。

むしろそのような暴力は、妖怪に作りあげられるよりも、身近な他者に直接向けられているかのようにみえる。そのことを端的に示しているのは、「うざい」という言葉が頻繁に用いられる、いじめの現場においてであろう。たとえば、小中学生の自殺は、同級生から「うざい」や「気持ち悪い」と言われたことがきっかけとなっている場合が多いという。[11]「うざい」という言葉は、他者を排除する言葉として、何よりも優先的に選ばれているのである。もちろん、「うざい」という言葉を用いることを禁止したとしても、決していじめはなくならないだろう。「うざい」に代わる新しい言葉が、すぐに使われるだけである。より重要なのは、他者の痛みにどれだけ共感することができるかという、他者との関係性にあるからだ。

学生たちの作った多数の「かわいい」妖怪と、少数派の妖怪「うざい」は、両者とも、自己にとっての快感・不快感を基準として生み出された妖怪である。両者は、学生たちが作った多数の妖怪たちの住まう世界で、快と不快を軸とした両極に位置していると言えるだろう。本稿での分析を踏まえるならば、現代人は、妖怪という表現を用いて、不快感よりも快感——かわいい、友達のよう、一緒にいて安心する——をより多く、彼ら・彼女らの周りに生み出す傾向にある、と言える。かわいい妖怪たちのいる世界は、確かに居心地がよいにちがいない。しかしそのような世界は、妖怪と密接な関係にあった暴力が、身近な他者へと直接向けられるようになった社会の、裏返しなのかもしれない。

注

1　妖怪を作るという課題は二〇〇八年から二〇〇九年、筆者が担当する「民俗学と文化」（テーマは「妖怪と身体」）の授業や体育学部の基礎ゼミナール、また非常勤で講義を担当した奈良女子大学の民俗学の授業（二〇〇九年春学期）などで行なった。受講生の皆さんに、この場を借りて御礼申し上げたい。なお本稿脱稿後に、国際日本文化研究センターで開催された共同研究会「怪異・妖怪文化の伝統と創造――前近代から近現代まで」（二〇一〇年一月三〇日）にて「現代の妖怪と名づけ――大学生と、妖怪を創る」と題して発表する機会を得、フロアの皆様から有益なコメントを頂いた。あわせて感謝いたしたい。なおこの課題は現在も継続中であり、本稿はその中間発表にあたる。

2　「小松教授の紙上特別講義「妖怪と現代人」①」（『朝日新聞』二〇〇八年三月三一日）より。このシリーズでは、読者に「オリジナル妖怪」を作る課題を出して、小松和彦が講評している。

3　飯倉義之は、一九七〇年代に流行した「ケサランパサラン」の分析を通じて、「〈ケサランパサランもしくはテンサラバサラと呼ばれる「実体」が不可思議であるから、「妖怪」という「知識」や「名付け」によって秩序への回収が行なわれる〉のではなく、「「知識」や「名付け」が先行し、それに見合う「実体」を見つけだそうとするといういとなみが、本来は何の変哲も無かったはずのアザミの冠毛や兎の毛玉を、ケサランパサランという「妖怪」として「発見」せしめているのである」（飯倉　二〇〇六　一三二）と指摘している。これは「名づけによって恐怖をコントロールしようとする」営みと、まさに裏返しの関係にある。

4　柳田国男は、ネブタ流し（ねぶり流し）の年中行事に触れ、ネブタは合歓木と睡魔を意味していたこと、「睡た」は流し去るものとみなされていたことなどを指摘している（柳田　一九九八〔一九三六〕八四～一〇一）。

5　「妖怪」という用語の現代の使用例として、自民党・谷垣禎一氏の発言が挙げられる。谷垣氏は、民主党が圧勝した第四五回衆議院議員総選挙（二〇〇九年八月三〇日）を前にして、「日本をひとつの妖怪がはいずりまわっている。政権交代という妖怪が」と演説して回った（『朝日新聞』二〇〇九年九月二日）。マルクス、エンゲルスの『共産党宣言』の冒頭「ヨーロッパに妖怪が出る――共産主義という妖怪が」を振ったものであり、谷垣氏は政権交代を「手に負えない不本意なもの」と捉えたと考えられる。しかしこの用法は『共産党宣言』における「妖怪」の用い方とは異なる。なお『共産党宣言』の「Gespenst」については、水田洋が「妖怪、亡霊、幽霊などと訳されていた。ここでは、実体がなく、死者の再現でもないという意味で、幻影とした」（水田　二〇〇九〔一九七二〕　六八）としている。

6　『日本俗語大辞典』（米川明彦編　二〇〇三年、東京堂出版）によると、「うざい」とは、「人物に対して使うことが多い。関西でも使用するが、一九八〇年代から主に関東地方で使用。若者語」とある。

7　江戸時代の妖怪画の中にも、「おとろし（恐ろしい）」や「こはい（怖い）」などという名前の妖怪がいる。しかし、鳥山石燕（一七一二〜一七八八）の代表作『画図百鬼夜行』（一七七六）に掲載された「おとろし」は、石燕が参照したとされる佐脇嵩之の『百怪図巻』に「おどろ〱」と記されていた繰返し記号「〱」を、石燕が「し」と読み違えたために「おとろし」になったとされ（多田　一九九九　一五八）、必ずしも感情を示す形容詞から妖怪の名前が生み出されたわけではない。ほかにも、徳田和夫は災いの生じる原因、災いそのものがそのまま名前とされた妖怪として「わざはひ（禍、災い）」を挙げている。また「わざはひ」のように「不安、畏怖、猜疑、嫉妬、吝嗇などの心理・感情や、無知・不分明などの欠損状態を怪物・妖怪化し、その命名に類義の語を用いた例としては、古代中国の神話における「混沌《こんとん》」「盤古《ばんこ》」「先通《せんつう》」があり、日本では「以津真天《いつまで》」（『太平記』巻十二「広有、怪鳥ヲ射ル事」）や民間説話の「覚《さとり》の怪」等がある」という（徳田　二〇〇九　一七六）。

8　「プリキュア」シリーズは、「美少女戦士　セーラームーン」に続いてでてきたTVアニメである。セーラームーンは周知の通り、一九九〇年代初頭に月刊誌『なかよし』に武内直子が連載していた漫画がTVアニメ化されて爆発的な人気となった。四方田犬彦は「『セーラームーン』が興味深いのは、主人公の五人の少女が変身の後にいかなる活躍を見せるかではなく、悪を眼前にした彼女たちの変身にこそ語りの上で大きな力点が置かれていることにある」と指摘している（四方田　二〇〇六　一二六）。同様のことが「プリキュア」シリーズにもあてはまり、両者のアニメとも敵の存在はさほど重視されていないと考えられる。しかし、セーラームーンの敵の名前は「コワイナー」などではなく多様である。

9　飯沢耕太郎は、「セーラームーン」や「エヴァンゲリオン」の綾波レイなど「戦闘美少女」の登場に決定的な影響を及ぼした存在として、宮崎駿の『風の谷のナウシカ』（コミックス版）の主人公・ナウシカを挙げている（飯沢

二〇〇九　二一九—二二〇）。

10　現代社会における暴力と妖怪を考えるにあたって、吉村和真・田中聡・表智之著『差別と向き合うマンガたち』は重要な示唆を含んでいる（吉村・田中・表　二〇〇七）。

11　岐阜県のある中学校では、いじめが原因で自殺した女子生徒の命日に、記憶を語り継ぐ「思いやり集会」を開き、「きもい」「うざい」など「人を傷つける言葉は絶対に使わない」などの「思いやり宣言」の達成を呼びかけたという（『朝日新聞』二〇〇八年一〇月二四日）。

引用文献

アウエハント、コルネリウス（一九八六）『鯰絵——民俗的想像力の世界』小松和彦・中沢新一・飯島吉晴・古家信平訳、せりか書房

飯倉義之（二〇〇六）「「名付け」と「知識」の妖怪現象——ケサランパサランあるいはテンサラバサラの一九七〇年代」（『口承文芸研究』第二九号）

飯沢耕太郎（二〇〇九）『戦後民主主義と少女漫画』ＰＨＰ研究所

香川雅信（二〇〇五）『江戸の妖怪革命』河出書房新社

芥子川ミカ（二〇〇六）『妖怪セラピー——ナラティブ・セラピー入門』明石書店

小松和彦（一九八四）『増補版　憑霊信仰論——妖怪研究への試み』ありな書房

小松和彦（二〇〇七（一九九四））『妖怪学新考——妖怪からみる日本人の心』洋泉社

小松和彦（二〇〇八）『百鬼夜行絵巻の謎』集英社

清水時顕〔中山太郎〕（一九一六）「小豆洗い」（『郷土研究』第三巻第一二号〔小松和彦編二〇〇〇『妖怪』（怪異の民俗学２）河出書房新社に所収〕）。

多田克己（一九九九）『百鬼解読』講談社

出口顕（一九九七）『名前のアルケオロジー』紀伊国屋書店
徳田和夫（二〇〇九）「『わざはひ（禍、災い）』の襲来」（小松和彦編『妖怪文化研究の最前線』せりか書房、一六四頁）
バトラー、ジュディス（二〇〇四）『触発する言葉』竹村和子訳、岩波書店
早瀬尚子（一九九七）「第二章　カテゴリー化と認識」（河上誓作編著『認知言語学の基礎』研究社出版）
兵庫県立歴史博物館　京都国際漫画ミュージアム編（二〇〇九）『図説　妖怪画の系譜』河出書房新社
フーコー、ミッシェル（一九七四）『言葉と物』渡辺一民・佐々木明訳、新潮社
ホワイト、マイケル／エプストン、デビット（一九九二）『物語としての家族』小森康永訳、金剛出版
マルクス、カール／エンゲルス、フリードリヒ（二〇〇八）『共産党宣言・共産主義の諸原理』水田洋訳、講談社
安井眞奈美（二〇〇九a）「妖怪・怪異に狙われやすい日本人の身体部位」（小松和彦編『妖怪文化研究の最前線』せりか書房）
安井眞奈美編著（二〇〇九b）『産む・育てる・伝える――昔のお産・異文化のお産に学ぶ』風響社
柳田国男（一九九八〔一九三六〕）「眠流し考」（『柳田国男全集』第九巻　筑摩書房）
吉村和真・田中聡・表智之（二〇〇七）『差別と向き合うマンガたち』臨川書店
四方田犬彦（二〇〇六）『「かわいい」論』筑摩書房
レヴィ＝ストロース、クロード（一九七六〔一九六二〕）『野生の思考』大橋保夫訳、みすず書房

妖怪町おこしにおける妖怪文化の創造

広島県三次市を中心に

松村薫子

はじめに

都心部から離れた地域では、地域を活性化するために様々な町おこしが行われている。また、都心部においても、大型ショッピングセンター等の出現により、客足が遠のいてしまった商店街などで町おこしが行われている。町おこしは、農作物やお酒など地元の特産品によるものや、伝統的な祭りを復興させるものなど、多岐にわたる取り組みがみられる。中でも、近年注目されるようになってきた町おこしとして、その地域の妖怪伝承を用いた「妖怪町おこし」がある。

妖怪町おこしは、論者が調べた限りでは現在約五十ヶ所の地域で行われている。一例を挙げると、本論で取り上げる広島県三次市では、三次に古くから伝わる『稲生物怪録』という妖怪話を用いた妖怪町おこし活動を行っている。また、鳥取県境港市は、境港市出身の漫画家水木しげる『ゲゲゲの鬼太郎』のブロンズ像を置いた「水木ロード」をつくり、観光客が激増した地域として知られている。さらに、京都市一条通商店街では、『百鬼夜行絵巻』を用いた妖怪町おこしを行っている。妖怪町おこしを行っている地域はこの他にも数多く存在するが、全体的に鬼や河童の伝承を用いた活動を行う地域が多い。

妖怪町おこしは、古くから伝えられている妖怪伝承を活用している行為であり、考察を行うことで、現代における伝統的な妖怪文化のとらえ方や現代の妖怪文化の創造のされ方を知ることができると思われる。

そこで、本稿では、広島県三次市の「物怪（もののけ）プロジェクト三次」による妖怪町おこし活動を中心的な事例として取り上げ、現代の人々が伝統的な妖怪文化をどのようにとらえ、創造しているのかについて考察する。

一　三次市と『稲生物怪録』について

はじめに、三次市と三次に伝わる『稲生物怪録』について説明をしておきたい。

三次市は、広島県の北部に位置し、広島駅からはＪＲで約二時間かかる。人口は、平成二一年四月の時点で五八八七一人であるが、五年前の平成一六年四月に六一八二三人であったことから考えて、年々減少しているのが明らかである。そこで三次市では、地域を活性化するためのさまざまな取り組みを行っている。一例を挙げると、三次観光協会による鵜飼いや各種イベントなどの取り組みや、君田温泉や近隣の農家、県立広島大学による地元の農作物を用いた薬膳料理を開発するグループ、古い酒蔵で卑弥呼蔵「赤猫」という飲食店を営みながらイベントを行うグループなどがある。いずれのグループも「三次を活性化したい」という思いを持ち、真剣に活動に取り組んでいる。

物怪プロジェクト三次は、『稲生物怪録』という三次に伝わる妖怪物語を用いた妖怪町おこしを一九九九年一月から行っている有志のグループである。メンバーは、三次で商店を営む人などが中心である。物怪プロジェクト三次が用いている『稲生物怪録』の内容は下記のとおりである。

稲生武左衛門の息子で十六歳の稲生平太郎（後の武太夫）は、隣の家に住む相撲取りの三井権八と肝試しをすることになった。くじ引きをして当たった者が比熊山に登ってたたり岩に印をつけるという勝負をおこなった。くじは平太郎に当たった。平太郎は土砂降りの真っ暗な夜、比熊山の頂上に上り、たたり岩といわれる巨石に印をつけて帰ってきた。たたり岩は、さわったり傷をつけたりすると恐ろしいことがおこるといういい伝えがあるものであった。

さらに二人は、五月三日の夜、比熊山の千畳敷で「百物語」を語り合った。「百物語」は、交代で妖怪話をし、百ある行灯の灯心を一つずつ消し、百の物語を語り終えると本当に妖怪が現れるといわれて当時江戸で流行していた。

それからしばらく後の七月一日、屋敷が揺れ、畳が浮き上がり、妖怪が出現した。それから三十日までの間、平太郎の屋敷に連日、大髭手の大男、大首の女性、顔だけの老婆など、さまざまな妖怪が出現するようになった。しかし、平太郎は妖怪をものともせず、ことごとく退け、正体を見破るために屋敷に居続けた。

すると、三十日目に、妖怪の魔王である山本（さんもと）太郎左衛門（山ん本五郎左衛門という説も）が現れ、「あなたの豪胆さには驚いた」といって、魔王を呼び出すことのできる「木槌」を平太郎に渡して去った。その後、妖怪は全く現れなくなった。[1]

この話は、寛延二年（一七四九）に稲生平太郎（一七三五～一八〇三）が体験した実話がもとになっているとされる。この妖怪事件は、のちに平太郎自身が『三次実録物語』に書き残しているのでそこから全貌を知ることができる。さらに、平太郎の知人である柏正甫は、平太郎から聞いた話があまりに不思議で真実性の感じられるものだったので、妖怪事件から三四年後の天明三年（一七八三）に『稲生物怪録』としてまとめた。のちに、国学者の平田篤胤は、この『稲生物怪録』をみて興味をもち研究を行い、文化三年（一八〇六）に『稲生物怪録』を著している。

この『稲生物怪録』は、三次において実話であると信じられている。その根拠は、『三次実録物語』に記載されている場所が三次に現存することや、稲生平太郎の子孫が現在も生きているという点などにある。『稲生物怪録』に関係する場所は、比熊山の神籠石《こうごいし》（たたり岩）、稲生家の屋敷跡碑、妙栄寺、吉祥院、西江寺、国前寺などである。国前寺以外は、三次市で実際に見ることができる。

二　妖怪を町おこしに用いる理由

物怪プロジェクト三次の人たちは、妖怪の町おこしをなぜ行おうと考えたのであろうか。『稲生物怪録』を町おこしに用いた理由について代表の吉川光彰氏にお聞きした。その内容をまとめると下記のようになる。

町おこしのきっかけは、前代表である小田伸次氏が、水木しげるの漫画『木槌の誘い』を読んだ際、三次の稲生物怪録をもとにしたものだと知り、これは町おこしに使えるのではないか、と考えたことに始まる。また、三次に「たたり岩」が実際に存在していたことも決め手となった。

小田氏は、約十五年前に三次に戻ってきた。そして同窓会の席で、東映に勤める人から、水木しげるの漫画をもとに映画をつくってはどうか、と提案された。現代の三次を舞台とした映画をつくれば全国的に三次の名前が有名になり、三次を出て行った人も住んでいる人も自分の町を精神的に誇りに思えるようになると考えた。それで映画をつくりたいと考えるようになった。しかし、何の準備もなく映画をいきなりつくるのは無理である。

そこで、小田氏は、『稲生物怪録』を使った町おこしをしてみないか、と友人たちに話をもちかけ、それは面白そうだということで賛同を得た。そして十人程度の人たちと活動を始めることとなった。活動団体の名称を「物怪プロジェクト三次」とした。三次の物の怪を通して、全国の人に「三次」を知ってもらいたいと思っている。[2]

こうした理由で三次での妖怪町おこしは始まることとなった。しかし、活動資金などは、当初まったくなかったので、ちょっとずつ力を出し合ってやっていこうと小田氏は提案した。最初に行ったのは『稲生物怪録』の展示である。小田氏はワイナリーの展示室を貸してもらい、『稲生物怪録』の絵巻三幅を展示することにした。無料展示ということもあって、一一〇〇〇人もの人がきた。来た人々から、「来年もなにかないですか」といわれたので、次の活動もやってみることになった。展示会場で、本を売って活動資金も少しできた。

次に行ったのは、比熊山の「たたり岩」(神籠石)の整備である。「たたり岩」は、比熊山の山頂にあり、守り神としての岩という伝承がある。この場所は京都のように川に囲まれた神の土地とされていた。「たたり岩」までの道は、木が生えていて見晴らしが悪かったので、地権者の許可を得て、木を取り除き、見晴らしをよくした。

その後、「もののけまつり」と称するイベントを年に一~五回程度行うようになった。物怪プロジェクト三次がこれまで行ってきた活動内容は、「稲生物怪物語展」「内田勘太郎トリオコンサート」「稲川淳二の世にも恐ろしい幽霊話」「八次小の物怪オペレッタ」「もののけ映画祭」「『稲生物怪録』と『朝霧の巫女』に関わる場所のウォークラリー」「世界妖怪会議」「妖怪百鬼夜行仮装パレード」などである。ここに挙げた以外にも数多くのイベントが行われている。これまで行われたイベントやその内容については、ホームページ(http://www.m-m.jp/)で詳しく知ることができる。これらのイベントには、他府県からの参加者も多く、大変な賑わいをみせている。

妖怪の町おこしは、現在至るところで行われているが、三次の活動の独自性はどのような点にあると考えてい

妖怪百鬼夜行仮装パレード

るのかについて吉川氏にお聞きした。

三次は妖怪絵巻が残っており、子孫もいる。水木しげるの妖怪や他の地域の妖怪伝承に出てこない妖怪が三次の『稲生物怪録』にはある。本当にあったかもしれないという真実性や、平田篤胤や泉鏡花、折口信夫なども重視していた点が他の地域と比べて独自性があると考えている。

今、境港の妖怪の町おこしがブームなのでそれをまねして妖怪を町おこしに利用しているところも多いが、物怪プロジェクト三次は、他の地域の妖怪町おこしはさほど意識しておらず、他の地域の妖怪町おこしをまねしようと思ってはじめたのではない。『稲生物怪録』は三次の宝だと水木先生がいってくれた。『稲生物怪録』があったから町おこしをしようと思った。もしなかったら妖怪の町おこしはやっていなかったと思う。たたり岩などでは町おこしを行わなかったと思う。[3]

物怪プロジェクト三次の妖怪町おこしの独自性は、「実話である妖怪話の絵巻が存在し、たたり岩も伝承どおり存在する」ということである。つまり、妖怪が実際にこの地域に現れた、という、「真実性」が重要な点なのである。

物怪プロジェクト三次が今後行いたい目標は、「映画製作」、「物怪映画祭の開催」、「全国物怪サミットの開催」、「物怪村（アミューズメント）の設営」、「「物怪伝説発祥の地」を宣言」である。これらの目標に向け、一歩一歩、着実に活動が続けられている。

三　漫画『朝霧の巫女』による影響

物怪プロジェクト三次のイベントには、妖怪ファンのみならず、漫画『朝霧の巫女』のファンの人たちも多く参加している。『朝霧の巫女』は、サブタイトルに「平成稲生物怪録」とあるように『稲生物怪録』を題材にして描かれた漫画である。この『朝霧の巫女』は、妖怪町おこしのイベント参加者や三次への観光客が増加するなど、妖怪町おこしに影響を与えているので、考察しておきたい。

漫画家の宇河弘樹氏は、三次が大変好きな場所であったので、三次に伝わる『稲生物怪録』を題材にした漫画『朝霧の巫女』を考案したという。『朝霧の巫女』は、「YOUNGKINGアワーズ」（少年画報社）に二〇〇〇年三月号から二〇〇七年八月号まで連載されていた。単行本は現在、六巻まで発売されており、テレビアニメ化もされた。『朝霧の巫女』の内容をごく簡単に述べると、以下のようになる。

高校生の天津忠尋は三次で暮らすようになって以来、目の前に次々と妖怪が現れるようになった。天狗面をつけた乱裁道宗は、忠尋が審神者であるとして自分のもとに引き込もうとするが、彼のいとこで巫女の稗田柚子が彼を助ける。

三次に始まった怪異はやがて日本国家に影響を及ぼす問題となっていく。[4]

『朝霧の巫女』に登場する妖怪は、『稲生物怪録』（堀田本）の絵巻にでてくる妖怪が、ほぼ順番どおり登場する。最初の妖怪は、『稲生物怪録』の「大髭手の妖怪」であり、絵巻の絵と構図も全く同じである。その後も、多少のアレンジが加えられながらも、明らかに『稲生物怪録』（堀田本）のものとわかる妖怪が登場する。

『朝霧の巫女』のおかげで、『稲生物怪録』が若い世代の人々に知られるようになった。外国でもファンは多いときく。『朝霧の巫女』をみて、そこから三次のことや『稲生物怪録』を知り、いろいろ本などを読んで詳しく知りたいと思うようになった人が多いという。『朝霧の巫女』は、現代において、『稲生物怪録』を知る一つのきっかけをつくっているのである。

また、『朝霧の巫女』のファンの人々が三次を訪れるようになり、観光客が増加した。『朝霧の巫女』では、現在の三次の街並みが詳細に描かれている。『朝霧の巫女』のファンたちは、漫画片手に漫画のなかに描かれる三次の街並みを一つ一つチェックし、「この場面はここだ」と巡っている。これは、他の漫画においても、近年よくみられる現象である。

漫画の影響は大きく、物怪プロジェクト三次のイベントにおいても、『朝霧の巫女』ファンたちが多く参加するようになり、盛況となっている。朝霧の巫女グッズもよく売れるという。グッズには、お守りのほかお酒、お菓子などがある。

ファンの女性は、物怪プロジェクト三次のイベントの際にも、登場人物と同じ巫女の衣装を着て参加している。

つまり「妖怪」ではない格好をしているわけであるが、そのような巫女ファッションの人も三次の妖怪イベントをもり立てている。また、『朝霧の巫女』ファンの数人は、妖怪行列以外のイベントの際、受付などを巫女のファッションでお手伝いしている。こうした現象をみると、妖怪町おこしにおいては、地元の妖怪以外の要素も一緒に複合される形で発展しているといえる。

『稲生物怪録』をもとに、『朝霧の巫女』という新たな妖怪作品が創造されている。そしてさらに、『朝霧の巫女』が、三次の『稲生物怪録』を使った妖怪町おこしに影響を及ぼしているのである。

四　妖怪町おこしにおける妖怪文化の創造

現代の妖怪町おこしでは、それぞれの地域の妖怪文化の伝統を用いてどのように「創造」しているのだろうか。妖怪町おこしにおいて、妖怪文化をどのように創造しているのかについて考えるために、妖怪文化の創造にかかわっている「イベント」「キャラクター化」「食べ物」「コンセプト」「神格化」「イメージ」といった諸要素について、三次以外の地域の妖怪町おこし活動も取り上げて考察を行う。

〈イベント〉

妖怪の町おこしを行っている地域では、その地域の妖怪文化の「伝統」に基づいた町おこしを行っている。しかし、実際のイベントにおいては、地元の妖怪だけではなく、他の妖怪も含めてイベントを行っているものが大半である。たとえば、妖怪行列は、どの町おこしでもよく行われるイベントであるが、その地域の伝統的な妖怪以外に、『ゲゲゲの鬼太郎』の妖怪（鬼太郎、ねずみ男、猫娘）や、中国のキョンシー、西洋のドラキュラ、宮崎駿『千と千尋の神隠し』のカオナシ、『百鬼夜行絵巻』の妖怪などを含んでいることが多い。三次の妖怪行列においても、『稲生物怪録』の妖怪だけではなく、『百鬼夜行絵巻』の妖怪や『ゲゲゲの鬼太郎』の妖怪、巫女も含まれている。つまり、それぞれの妖怪町おこし地域では、その地域の妖怪文化の「伝統」を用いた町おこしを行いながらも、実際には他の地域の妖怪文化の伝統も取り込む形でイベントが行われている。

妖怪町おこしにより、各地の妖怪文化が混交、融合するという現象が起きているといえよう。

〈キャラクター化〉

妖怪町おこしでは、それぞれの妖怪をキャラクター化して、お菓子や文房具などのグッズ販売をしている。たとえば、河童伝承で町おこしを行う地域では、河童をデザイン化し、河童の像をつくったり、河童グッズをつくったりしている。妖怪のキャラクターデザインは、全般的に恐いイメージではなく、かわいいイメージのものである。境港でも鬼太郎や妖怪のグッズが販売されている。『ゲゲゲの鬼太郎』の妖怪をそのままグッズにするのではなく、癒し系や可愛らしいデザインに変えて販売されている。

妖怪町おこしにおいて、妖怪は、おそれる存在ではなく、身近においておきたい可愛い存在に変化しているといえるだろう。

物怪プロジェクト三次においても、グッズをつくり販売している。稲生平太郎を可愛らしくデザイン化した「平太郎ちゃん」を携帯ストラップやボールペン等につけて販売している。携帯ストラップには、「物怪の里　三次はＭＩＹＯＳＨＩじゃ！」と書いてある。三次を「みよし」と読めない人が多いことから、三次の知名度を上げるためにこのように印字しているそうである。

三次のキャラクターグッズで注目すべき点は、グッズは「平太郎ちゃん」キャラクターのみで、『稲生物怪録』

の妖怪をモチーフとしたグッズが一切ないという点である。妖怪町おこしにおいては、一般的に、河童や鬼などの妖怪をキャラクター化してグッズにするのが大半である。しかし三次のグッズは、「平太郎ちゃん」のみで妖怪キャラクターがみられない。なぜ、妖怪キャラクターのグッズがないのだろうか。『稲生物怪録』に出てくる妖怪をキャラクター化しない理由を前代表である小田氏にお聞きした。

稲生物怪録にはたくさんの妖怪があり、妖怪をキャラクター化する場合にどれを選んだらよいかが難しい、という理由もあるが、一番の理由は、妖怪に打ち勝った勇敢な若者がいて、それは三次の実在の人であり、そうした勇敢な心を持って欲しい、という願いがあるので平太郎をキャラクターにした。平太郎の勇敢な面を前面に出したいと考えたので、キャラクターは妖怪ではなく平太郎にした。キャラクターには、平太郎のような勇敢な人になってほしいという願いをこめている。平太郎のデザインは、美術専門学校の学生さんにデザインしてもらった。[5]

三次の妖怪町おこしでは、妖怪をアピールするのではなく、妖怪にひるまず勇敢だった実在の人物のアピールを重視している。妖怪がでた土地、というより、勇敢な人が三次の人であった、という点に重きをおいているのである。

〈食べ物〉

妖怪町おこしにおけるお菓子や食事メニューなどは、様々な趣向が凝らされている。

三次では、商店街に「甘味処平太郎」という店がある。グッズデザインと同じ「平太郎ちゃん」を焼き印した

「平太郎大判焼き」が販売されており、人気である。

境港では、「妖怪食品研究所」という店で、「銘菓　目玉おやじ」「銘菓　ひとだま」を販売している。これは、地元の彩雲堂という和菓子の老舗の職人がつくったものである。「銘菓　目玉おやじ」は、目玉のつやなどが大変リアルなもので、食べるのも非常に不気味な印象である。さらに、「銘菓　ひとだま」は、「彩雲堂で長年職人をしている方が息をふきこんでつくっているので長寿の魂がはいっている」というストーリーつきである。「妖怪食品研究所」の店の人は実験用の白衣を着用し、そのストーリーを語って販売している。また、「神戸ベーカリー」では、妖怪パンを販売している。さらに「妖怪汁」というジュースも販売されている。

大将軍商店街では、「百鬼夜行どらやき」「百鬼夜行茶」「妖怪ラーメン」などが販売されている。

現代は、人間が妖怪を「食べる」時代とでもいえるのかもしれない。

〈コンセプト〉

三次では、上記に述べたように「平太郎のような勇敢な人・勇気のある人になってほしい」というコンセプトで活動を行っているが、他の地域のコンセプトはどうだろうか。

大分県臼杵市で妖怪町おこしをしている臼杵ミワリークラブは、活動コンセプトを詳細に打ち出している。ホームページには下記のように記されている。

臼杵ミワリークラブとは、大分県臼杵に伝わる妖怪、物の怪、守護神などを発掘し、後世へ伝えるとともに、妖怪出現地の保護と妖怪話の市内外への宣伝を行い、妖怪による町作り、観光、活性化を目的とする。[6]

臼杵市では、妖怪を用いて「町並み・歴史景観の保存、豊かな自然・環境の保護、世代を超えた交流、青少年想像力育成」といったことに貢献したいと考えている。妖怪は恐れる存在ではなく、よりよい環境や社会をつくり出すよい存在になっているのである。

境港では、青年会議所の若手の人々が下記のような「妖怪市民憲章」をつくった。

[妖怪市民憲章]
妖怪を感じることのできるゆとりある心を目指し、妖怪市民憲章を定めます。鬼太郎一家の声として……。
[鬼太郎]
妖怪を感じるための心のアンテナを持ち、私たちのふるさとを大切にしよう。
[目玉おやじ]
大目玉をくらわないように、わるさをせずに物を大事にしよう。
[ねずみ男]
きまりを守り、心も体もきれいな人を目指そう。
[ねこ娘]
すぐに怒らずに一呼吸おけるゆとりある心を持とう。
[こなきじじい・砂かけばばあ]
いつも元気であるようにおじいちゃん、おばあちゃんを大事にしよう。
[ぬりかべ]
心にかべはつくらず、みんなで助け合い、親切にしよう。[7]

この憲章において、妖怪は、「ふるさとを大切に」「心のよい人になろう」「お年寄りを大切に」「助け合い親切に」といった教訓のために用いられている。

大将軍商店街では、下記のようなコンセプトがホームページに記されている。

大将軍商店街では、器物の妖怪である付喪神を題材にエコロジーやリサイクルの重要性を訴えながら、長きにわたり日本人に愛されてきた妖怪たちの奇奇怪怪な魅力をアピールし、より魅力的な町づくりを目指しています。[8]

大将軍商店街では、『百鬼夜行絵巻』の、つくも神の思想をもとに、「エコロジー・リサイクルの重要性（物を大切にしよう）」というアピールを行っているのである。

妖怪は、「怖いもの」「恐れる存在」ではなく、「教訓的な存在」や、「よりよい環境や社会を作り出す存在」に変化しているといえる。

〈神格化〉

民俗学の研究では、妖怪は神の零落したもので、神と同様のものという説が唱えられているが、一般の人々の間では、妖怪は神だという認識はあまり見られない。しかし、近年、妖怪を神格化している現象が多々みられるようになった。

境港では、「妖怪神社」が建てられた。工事の際、目玉のような丸い石が落ち、それをご神体としている。妖怪神社は、観光客むけに作られたものであるが、妖怪が神格化され、神社形式でまつられているのは興味深い。神社の横には、ゲゲゲの鬼太郎のキャラクターによる、電動式おみくじ機があり、鬼太郎などの人形がでてきておみくじをくれる。また、妖怪神社で、結婚式を挙げるカップルや初詣に行く人々がいる。

さらに、徳島県三好市では、妖怪町おこしで建てた「こなきじじいの石像」に賽銭をおくなどの現象がみられるという。子供連れの母親などが賽銭を置くので、「子供生育祈願なのではないか」と主催者は述べている。

妖怪は、おそれられ、忌み嫌われるものであったが、現代では、妖怪が神格化され、神同様の存在として人々に認識されてきているといえる。

〈イメージ〉

三次では、『稲生物怪録』で町おこしを行うことについて、最初は、理解を示さない人もいたそうである。かつて広島藩により『稲生物怪録』について話すことすらも禁止された時代があったため、それを知っている人は妖怪にあまり良いイメージを持っていないのだという。しかし、現在では、長年にわたる物怪プロジェクト三次の活動により、理解を示す人々が増えてきたという。

境港市でも、最初は妖怪のブロンズを置くことに商店街の人々は大反対であった。その時の地元の人々の反応について発案者の黒目友則氏は下記のように述べている。

歩道に設置する鬼太郎をはじめとする妖怪について、「怖い」、「恐ろしい」などのイメージがあり、地元からは「人が来なくなって空き店舗が増えた商店街にそんなものを置いたら、ホントの妖怪通りになる！」と大反対が出たのです。（中略）妖怪を並べるなんて、気持ち悪い、怖い、人が来なくなる……勝手なマイナスイメージばかりができたようです。[9]

当時、商店街は猫しか通らない商店街といわれるほど人通りがなくさびれており、そこに妖怪のブロンズ像など置いたらますますお化け屋敷のようになって人がおそれてこなくなってしまうという懸念があったのである。しかし、商店街の人々は、ブロンズ像が設置され、毎日ブロンズ像を見ているうちに、かわいらしく思えるようになってきたという。そのうち、毎日、店の前に置かれるブロンズ像を磨くようになり、ますます愛着がわいてきたという。黒目氏も、「「かわいい」という感想は、実際にできあがるまでは想像もできないことでした[10]」と述べている。

妖怪町おこしにより、「怖い」、「不気味」、「災い」など、ネガティブなイメージだった妖怪が、「可愛い」、「親しみやすい」、「愛すべき存在」、「神のような存在」といったポジティブなイメージへと変化しているといえる。

結論

物怪プロジェクト三次の人々は、三次に伝統的に伝えられる『稲生物怪録』を、実話にもとづいた妖怪話で他の地域にはみられない三次独自の貴重な文化であると考え、町おこしに活用している。

三次や他の地域における妖怪町おこしでは、その地域の妖怪伝承を活動の中心に据えているものの、地域にかかわりのない妖怪や別要素も加えている。物怪プロジェクト三次の妖怪パレード等のイベントでは、『ゲゲゲの鬼太郎』にでてくる妖怪ファッションの人や『朝霧の巫女』にもとづく巫女ファッションの人が参加しているなど、『稲生物怪録』の妖怪とは別の要素も加わっている。この現象は、三次のみならず、他の地域の妖怪パレードにおいても、その地域に伝わる妖怪以外に、他の妖怪や別要素を含んでいる。

とりわけ、現代において、妖怪パレードで変装する際、参加者が「妖怪」といわれて頭に思い描くのは、水木しげる『ゲゲゲの鬼太郎』の妖怪が多い。論者が大学生を対象に行った妖怪町おこしに関するアンケート結果においても、『ゲゲゲの鬼太郎』の認知度の高さが目立った。アンケート項目の「あなたが知っている妖怪の名前を思いつく限り書いて下さい」では、「のっぺらぼう」「ろくろ首」「河童」などが書かれる一方で、「鬼太郎」「ねずみ男」等の『ゲゲゲの鬼太郎』のキャラクター名を書く人も多くみられた。鬼太郎というのは伝統的な妖怪ではなく、あくまでも漫画上のキャラクターであるが、区別がついていないようである。伝統的な妖怪の名前もみられるものの、それらも『ゲゲゲの鬼太郎』に描かれる妖怪名が多く、地域の伝承や物語等で聞いた妖怪名を書いたというよりも、『ゲゲゲの鬼太郎』の妖怪をもとに書いた人が多いと考えられる。「妖怪」と聞くと『ゲゲゲの鬼太郎』の妖怪」とでもいえるほど、『ゲゲゲの鬼太郎』の妖怪イメージが深く根付いているのである。現代において、『ゲゲゲの鬼太郎』の影響は多大であることがうかがえる。

また、『ゲゲゲの鬼太郎』や『朝霧の巫女』といった漫画が、現代の若い世代の人々に妖怪に対する関心を引き起こしているという現象も見逃してはならない。三次のイベントで採ったアンケートにおいても、『朝霧の巫女』を読んで妖怪に関心をもった人をよくみかける。『稲生物怪録』をもとにして描かれた『朝霧の巫女』から逆に『稲生物怪録』を知る、という現象が起こっているのである。

さらに、妖怪町おこしによって、現代における妖怪のイメージやとらえ方は大きく変化している。妖怪は、「怖いもの」「恐ろしいもの」というネガティブな存在から、「かわいいもの」「身近なもの」「良い環境や社会をつくってくれるもの」「人間にご利益など良いことをもたらしてくれるもの」というポジティブな存在に変化しているといえる。

妖怪の町おこしは、伝統的な妖怪文化を用いながらも、他地域の妖怪や漫画家の描く妖怪、妖怪以外のものなども加える形で、新たな妖怪文化を「創造」している行為であるといえる。つまり妖怪の町おこしは、妖怪文化という伝統・歴史をさまざまなものと複合的に融合しながら楽しんで活用している営みであるといえるのではないだろうか。

注

1 三次市教育委員会編『妖怪　いま甦る「稲生武太夫　妖怪絵巻」の研究』（二―三頁）をもとにまとめた。
2 二〇〇八年五月一六日に聞き取り調査を行った。
3 同。
4 渡辺水央『朝霧の巫女完全解析書』（フットワーク出版社、二〇〇二年八月、五頁）をもとにまとめた。
5 二〇〇八年八月三〇日に聞き取り調査を行った。
6 http://www.coara.or.jp/~yas/miwari/katudou.htm
7 黒目友則『水木しげるロード物語　妖怪になりそこなった男』ＹＭブックス、二〇〇七年七月、一七五頁。
8 http://www.kyotohyakki.com/web_0317/hyakkiyakou04.html
9 黒目前掲書、四二頁。
10 同、四三頁。

参考・引用文献

谷川健一（一九九四）『稲生物怪録絵巻』小学館
三次市教育委員会（一九九六）『妖怪　いま甦る「稲生武太夫妖怪絵巻」の研究』
『怪』（一九九九）第五号、角川書店

倉本四郎（二〇〇〇）『妖怪の肖像――稲生武太夫冒険絵巻』平凡社
水木しげる（二〇〇二）『木槌の誘い』小学館
荒俣宏（二〇〇三）『稲生物怪録――平田篤胤が解く』角川書店
広島県立歴史民俗資料館編集（二〇〇四）『稲生物怪録と妖怪の世界――みよしの妖怪絵巻』
杉本好伸編（二〇〇四）『稲生物怪録絵巻集成』国書刊行会
三次市教育委員会（一九九四）『ふるさとの語りぐさ　三次の伝説と民謡』
三次地方史研究会編（一九九八）『ものがたり　三次の歴史』菁文社
『みよし街並み歴史散歩　三次・十日市・八次・酒屋編』（二〇〇七）菁文社
境港市観光協会（二〇〇五）『水木しげるロードの妖怪たちⅢ』
水木しげる監修・五十嵐佳子著（二〇〇六）『こんなに楽しい妖怪の町』実業之日本社
黒目友則（二〇〇七）『水木しげるロード物語　妖怪になりそこなった男』ＹＭブックス
実業之日本社編（二〇〇七）『妖怪のまち境港　公式ガイドブック』実業之日本社
宮本幸枝（二〇〇五）『津々浦々「お化け」生息マップ』技術評論社
『日本妖怪大百科』講談社　vol. 3・4・5・6・10
「あの町この村　妖怪が商店街を甦らせた　水木しげるロード（鳥取県境港市）」『ベンチャー・リンク』二〇（一四）（通号三六一）
林巧「鳥取県境港市・水木しげるロード 全国各地から年間50万人もの観光客が足を運ぶ「ゲゲゲの鬼太郎が客を呼ぶ」妖怪町の大賑わい」『プレジデント』三八（一六）
シンポジウム「いまに生きる妖怪」『高志路』三五〇号

編集後記

本書は、国際日本文化研究センターの共同研究「怪異・妖怪文化の伝統と創造―前近代から近現代まで―」(研究期間　平成十八年四月~平成二十二年三月)の研究成果報告論集として、共同研究員およびゲストスピーカーの論考を収めたものである。

本研究は、共同研究「日本における怪異・怪談文化の成立と変遷に関する学際的研究」(研究期間　平成九年四月~平成十四年三月)の延長上に企画されたものである。本共同研究では、怪異・妖怪文化の資料の発掘および古代から近代に至る変遷に研究の主眼を置いた前共同研究を発展させ、『百鬼夜行絵巻』『付喪神絵詞』などの妖怪的存在を主要な登場人物とする物語・物語絵の成立以降の文学・演劇・絵画等の作品群に焦点を合わせ、現代のマンガ・アニメ・ラノベ(ライトノベル)等も射程に入れつつ、その歴史的・社会的背景や創造性を学術的に探求した。共同研究に参加したメンバーは、以下の通りである(五十音順、所属は最終年度初頭時のもの)。

研究代表者　小松和彦(国際日本文化研究センター・教授)
幹事　山田奨治(国際日本文化研究センター・准教授)
班員　アダム・カバット(武蔵大学人文学部・教授)
　飯倉義之(国際日本文化研究センター・機関研究員)
　一柳廣孝(横浜国立大学教育人間科学部・教授)
　稲賀繁美(国際日本文化研究センター・教授)
　香川雅信(兵庫県立歴史博物館・主査)
　近藤瑞木(首都大学東京都市教養学部・助教)
　齊藤　純(天理大学文学部・教授)
　佐々木高弘(京都学園大学人間文化学部・教授)

佐藤至子（日本大学文理学部・准教授）
志村三代子（早稲田大学演劇博物館・グローバルＣＯＥ研究員）
鈴木貞美（国際日本文化研究センター・教授）
高田　衛（東京都立大学・名誉教授）
高橋明彦（金沢美術工芸大学・准教授）
辻　惟雄（ＭＩＨＯ　ＭＵＳＥＵＭ・館長）
堤　邦彦（京都精華大学人文学部・教授）
常光　徹（国立歴史民俗博物館・教授）
徳田和夫（学習院女子大学国際文化交流学部・教授）
永原順子（高知工業高等専門学校・准教授）
永松　敦（宮崎公立大学人文学部・教授）
松村薫子（神戸女学院大学・非常勤講師）
湯本豪一（川崎市市民ミュージアム・学芸室長）
横山泰子（法政大学工学部・教授）

本共同研究は、上記メンバーを中心に多くのゲストスピーカーを迎え、三年間の討議を経て、一年間のとりまとめを行い、終了した。四年間で研究報告および編集会議等、研究会を一四回開催した。詳細は以下の通りである。

第一回（平成十八年七月八日〜九日）
常光徹「後ろ向きと妖怪・幽霊―しぐさの想像力―」
小松和彦「サブカルチャーとフォークカルチャー―ヤマタノオロチからゴジラまで―」
安井眞奈美「身体と妖怪・怪異」
第二回（平成十八年十月七日〜八日）

高橋明彦「『ねこ目小僧』と妖怪ブーム」
堤邦彦「「化ける女」の創られ方―『女人蛇体』補遺―」
ヨセフ・キブルツ「護符が語る日本の神仏信仰」
第三回（平成十九年一月二十七日）
飯倉義之「現代メディアが読ませる怪異―実話・都市伝説・アンダーグラウンド―」
安松みゆき「ツェツィーリエ・グラーフ・プファフの『日本妖怪書』をめぐって―著者の活動と同書の評価―」
横山泰子「ツェツィーリエ・グラーフ・プファフ『日本の妖怪の本』と江戸文化」
第四回（平成十九年三月十七日～十八日　※基盤科研「怪異・妖怪文化資料を素材とした計量民俗学の構築と分析的手法の開発に関する研究」第九回研究会と合同開催）
山田奨治「怪異・妖怪呼称の名彙分解とその計量」
鈴木貞美「妖怪文化交流史は可能か―文芸史の立場から―」
安井眞奈美「妖怪・怪異に狙われやすい身体部位―日本人の身体観の解明に向けて―」
朴銓烈「韓国のメディアにおけるキツネの伝承と再構築」
魯成煥「海を渡ってきた日本の妖怪―赤いマスクを中心に―」
金容儀「『遠野物語』における妖怪の世界」
小松和彦「柳田國男『妖怪談義』付載「妖怪名彙」の資料検証について」
常光徹「縁切り榎の俗信」
徳田和夫「わざはひ（禍・災い）の襲来」
堤邦彦「親鸞と蛇体の女―仏教説話から民談への軌跡―」
佐々木高弘「異界のイメージと廃墟―十八世紀のピクチャレスクから現代映画までの表象風景―」
アダム・カバット「ももんがあ対見越入道―黄表紙の化物を通してみる江戸の文化―」
串崎真志「思い描くことと心に留めること―心理療法における想像と記憶―」
林文「調査からみた妖怪・超自然に対する感情と素朴な宗教的感情」

横山泰子「狸は戦い、舞い踊る―近代芸能における狸のイメージ―」
第五回（平成十九年六月二十三日）
佐藤至子「幕末期合巻に見る妖術と怪異」
徳田和夫「『道成寺縁起』：室町絵巻から江戸絵巻へ―国際日本文化研究センター本の怪異性、在地性―」
第六回（平成十九年九月二十九日）
辻惟雄「読本挿絵に見る妖怪」
清水潤「後期鏡花文学に見られる妖怪像」
近藤瑞木「「滑稽怪談」の潮流―江戸草双紙に於ける浮世草子『怪談御伽桜』の享受―」
第七回（平成十九年十二月十五日）
小松和彦「新資料・日文研蔵「百鬼ノ図」をめぐって」
今井秀和「データベースとしての江戸随筆―『甲子夜話』を中心に―」
志村三代子「映画の中の「蛇女」」
第八回（平成二十年三月一日）
木場貴俊「「怪異」という情報と法度―『本朝神社考』などを手がかりに―」
香川雅信「郷土玩具と妖怪―妖怪文化の『伝統の創造』―」
第九回（平成二十年五月十日）
マーク・オンブレロ「南洋と妖怪学―海の幽霊から怪獣まで―」
桑野あさひ「近世における累怨霊像の変遷」
杉原たく哉「天狗はどこから来たか」
第一〇回（平成二十年九月二十日）
永松敦「阿蘇・高千穂の鬼八伝説―人身御供と集団狩猟―」
齊藤純「「恐竜」以前―怪獣史の1コマ―」
一柳廣孝「ライトノベルにおける怪異―柴村仁『我が家のお稲荷さま。』から―」

第一一回（平成二十年十一月十五日）
松村薫子「妖怪町おこしにおける妖怪文化の創造—『稲生物怪録』を活用した広島県三次市を中心に—」
佐々木高弘「上方落語の怪異空間」
第一二回（平成二十一年一月二十四日〜二十五日）
永原順子「能にあらわれる怨霊」
山田奨治「「百鬼夜行図」編集の系譜」
大森亮尚「怨霊から妖怪へ—井上内親王の軌跡—」
山田雄司「怨霊研究の諸問題—崇徳院怨霊をてがかりに—」
第一三回（平成二十一年七月十八日）
小松和彦「九頭龍信仰論素描」
「百鬼夜行の世界」展見学
第一四回（平成二十二年一月三十日）
湯本豪一「明治期における怪異記事にみる〝近代〟の諸相」
山田奨治「怪異・妖怪画像データベースの公開に向けて」
安井眞奈美「現代の妖怪と名づけ」

また本共同研究は、平成二十一年夏に開催された、国立歴史民俗博物館・国文学研究資料館・国際日本文化研究センター連携展示「百鬼夜行の世界」展の事務局を務め、展示・図録・講演会等を通じて研究成果の発信に努めた。また国際日本文化研究センターのデータベース「怪異・妖怪画像データベース」（平成二十二年六月公開）の構築にも大きく寄与し、百鬼夜行絵巻の変遷と妖怪の図像化という怪異・妖怪文化研究の成果を広く世間に発信した。

上記の報告と討議を取りまとめ、共同研究員およびゲストスピーカーに執筆を依頼して成った本書は、第一級の研究者による、前近代から現代に至る怪異・妖怪イメージの始原・変遷・展開を通観しうる論集となったといえる。

金容儀（きむ　よんうぃ）
1961年生。韓国　全南大学日語日文学科副教授。専門は民俗学、口承文芸。著書に『日本の妖怪文化』(ハンヌリメディア、共著)、訳書に『遠野物語』(全南大学校出版部)、『遺老説伝』(全南大学校出版部)など。

永松　敦（ながまつ　あつし）
1958年生。宮崎公立大学人文学部教授。専門は歴史民俗学。著書に『狩猟民俗研究―近世猟師の実像と展開―』（法蔵館）、『九州の民俗芸能　海と山と里と　交流と展開の諸相』（鉱脈社）など。

湯本豪一（ゆもと　こういち）
1950年生。川崎市市民ミュージアム学芸室長。専門は歴史学。編著に『明治期怪異妖怪記事資料集成』（国書刊行会）など。

齊藤　純（さいとう　じゅん）
1958年生。天理大学文学部教授。専門は日本民俗学。妖怪関係の論文に「紀伊加太の法螺抜け―災害伝承と異界―」説話・伝承学会編『説話・伝承の脱領域』（岩田書院）など。

安松みゆき(やすまつ　みゆき)
1959年生。別府大学文学部教授。専門は西洋近代美術史、日独美術交流史。妖怪関連の論文として「ドイツで出版された日本の妖怪の本」（上・下）『別府大学大学院紀要』第3,4号、「Japanische Gespenster im Westen. Einekunstgeschichtliche Anmerkung」Akademischer Arbeitskreis Japan 墺日学術交流会　MInikomi ミニコミ Nr.64、など。

清水　潤（しみず　じゅん）
1970年生。泉鏡花研究会会員。専門は日本近現代文学。近年の論文に「「夫人利生記」「山海評判記」「雪柳」―モダニズム時代の鏡花文学の軌跡―」『国文学　解釈と鑑賞』74巻9号、「小説家の眼差しの彼方に―視線のドラマとしての泉鏡花「山海評判記」―」『物語研究』第10号、など。

志村三代子（しむら　みよこ）
1969年生。早稲田大学文学学術院非常勤講師。専門は映画史。妖怪関係の論文に「大映の妖怪映画」『怪奇と幻想の回路』（森話社）、「憑き物信仰と映画―『犬神の悪霊』の毀誉褒貶をめぐる一考察―」『比較日本文化研究』第13号、など。

横山泰子（よこやま　やすこ）
1965年生。法政大学理工学部教授。専門は芸能文化論。単著に『江戸歌舞伎の怪談と化け物』(講談社)、共著に『怪奇と幻想への回路』（森話社）、『妖怪文化研究の最前線』（せりか書房）など。

高橋明彦（たかはし　あきひこ）
1964年生。金沢美術工芸大学准教授。専門は日本近世文学、マンガ研究。関連論考に「諸星大二郎の太極」『ユリイカ』2009年3月号、「町娘の江戸―杉浦日向子の考証と通―」『ユリイカ』2008年10月増刊号、など。

一柳廣孝（いちやなぎ　ひろたか）
1959年生。横浜国立大学教授。専門は日本近代文学・文化史。共著に『遠野物語と21世紀』（三弥井書店）、共編著に『ライトノベル研究序説』（青弓社）、『幕末明治百物語』（国書刊行会）など。

飯倉義之（いいくら　よしゆき）
1975年生。国際日本文化研究センター機関研究員。専門は民俗学、口承文芸。妖怪関係の論文に「「名付け」と「知識」の妖怪現象」『口承文芸研究』第29号、など。

香川雅信（かがわ　まさのぶ）
1969年生。兵庫県立歴史博物館主査・学芸員。専門は民俗学。著書に『江戸の妖怪革命』（河出書房新社）、共著に『図説　妖怪画の系譜』（河出書房新社）など。

松村薫子（まつむら　かおるこ）
1972年生。大和ミュージアム（呉市海事歴史科学館）学芸員。専門は民俗学。著書に『糞掃衣の研究―その歴史と聖性―』（法蔵館）、共著に『怪異・妖怪百物語―異界の杜への誘い―』（明治書院）、『日本文化の人類学／異文化の民俗学』（法蔵館）など。

安井眞奈美（やすい　まなみ）
天理大学文学部准教授。専門は文化人類学・民俗学。「妖怪・怪異に狙われやすい日本人の身体部位」『妖怪文化研究の最前線』（せりか書房）、編著に『産む・育てる・伝える―昔のお産・異文化のお産に学ぶ―』（風響社）など。

執筆者略歴（執筆順）

小松和彦（こまつ　かずひこ）
1947年生。国際日本文化研究センター教授。専門は文化人類学・民俗学。著書に『妖怪文化入門』（せりか書房）、『百鬼夜行絵巻の謎』（集英社）、編著に『妖怪文化研究の最前線』（せりか書房）など。

徳田和夫（とくだ　かずお）
1948年生。学習院女子大学教授。専門は日本中世文学、絵巻、民間説話学、比較文化論。著書に『お伽草子研究』（三弥井書店）、『絵語りと物語り』（平凡社）、他。論考に「『鳥獣人物戯画』甲巻の物語学」徳田編『お伽草子百花繚乱』（笠間書院）、「異界訪問絵巻」別冊太陽170『妖怪絵巻　日本の異界をのぞく』（平凡社）など。

近藤瑞木（こんどう　みずき）
1967年生。首都大学東京人文科学研究科助教。専門は日本近世文学。編著に『百鬼繚乱―江戸怪談・妖怪絵本集成』（国書刊行会）、『怪異物挿絵大全』（『西鶴と浮世草子研究　第2号』付録、笠間書院、共編）など。

今井秀和（いまい　ひでかず）
1979年生。大東文化大学非常勤講師。専門は近世文学、民俗学、比較文化論。妖怪関係の論文に「お菊虫伝承の成立と伝播」『妖怪文化研究の最前線』（せりか書房）など。

桑野あさひ（くわの　あさひ）
1983年生。武蔵大学大学院人文科学研究科博士後期課程。専門は近世文学。論文に「合巻『総累赤縄取組』―天保八年の「累」、累物先行作の影響について」『武蔵大学人文学会雑誌』42巻1号、など。

高田　衛（たかだ　まもる）
1930年生。東京都立大学名誉教授。専門は日本近世文学。著書に『春雨物語論』（岩波書店）、『滝沢馬琴』（ミネルヴァ日本評伝選、ミネルヴァ書房）、『完本八犬伝の世界』（ちくま学芸文庫）など。

アダム・カバット（Adam Kabat）
1954年生。武蔵大学教授。専門は近世文学。著書に『江戸化物草紙』（校注・編、小学館）、『江戸滑稽化物尽くし』（講談社選書メチエ）、『ももんがあ対見越入道　江戸の化物たち』（講談社）など。

佐藤至子（さとう　ゆきこ）
1972年生。日本大学准教授。専門は日本近世文学。著書に『妖術使いの物語』（国書刊行会）、『山東京伝』（ミネルヴァ書房）など。

佐々木高弘（ささき　たかひろ）
1959年生。京都学園大学人間文化学部歴史民俗学専攻教授。専門は文化・歴史地理学。書著に『民話の地理学』（古今書院）、『怪異の風景学－妖怪文化の民俗地理』（古今書院）など。

木場貴俊（きば　たかとし）
1979年生。甲南大学非常勤講師。専門は日本近世史。論文に「近世社会の成立と近世的怪異の形成」『怪異学の可能性』（角川学芸出版）など。

大森亮尚（おおもり　あきひさ）
1947年生。古代民俗研究所代表。専門は上代文学・民俗学。著書に『日本の怨霊』（平凡社）、『悲のフォークロア―海のマリコへ―』（東方出版）、『本朝三十六河川』（世界思想社）など。

山田雄司（やまだ　ゆうじ）
1967年生。三重大学准教授。専門は日本中世史、諸信仰史。著書に『崇徳院怨霊の研究』（思文閣出版）、『跋扈する怨霊』（吉川弘文館）など。

永原順子（ながはら　じゅんこ）
1969年生。高知工業高等専門学校准教授。専門は日本文化論、宗教民俗学。論考に「能の「不思議」―能における霊魂観―」『怪異学の可能性』共著（角川書店）、「絵金の芝居絵」『比較日本文化研究』第13号、など。

常光　徹（つねみつ　とおる）
1948年生。国立歴史民俗博物館教授。専門は民俗学、口承文芸。著書に『しぐさの民俗学―呪術的世界と心性―』（ミネルヴァ書房）、『学校の怪談―口承文芸の研究―』（角川書店）など。

杉原たく哉（すぎはら　たくや）
1954年生。早稲田大学講師。専門は東洋美術史・図像学。著書に『天狗はどこから来たか』（大修館書店）、『中華図像遊覧』（大修館書店）、『中国ハッピー図像入門』（ＮＨＫ出版）など。

〈妖怪文化叢書〉妖怪文化の伝統と創造——絵巻・草紙からマンガ・ラノベまで

2010年9月10日　第1刷発行

編　者　小松和彦
発行者　船橋純一郎
発行所　株式会社 せりか書房
　　　　東京都千代田区猿楽町 1-3-11 大津ビル 1F
　　　　電話 03-3291-4676　振替 00150-6-143601　http://www.serica.co.jp/
印　刷　信毎書籍印刷株式会社
装　幀　工藤強勝

ISBN978-4-7967-0297-3